Stefan Korioth

Staatsrecht I

Staatsorganisationsrecht
unter Berücksichtigung europäischer
und internationaler Bezüge

Kohlhammer

Studienreihe Rechtswissenschaften

herausgegeben von
Professor Dr. Winfried Boecken und Professor Dr. Heinrich Wilms (†)

fortgeführt von
Professor Dr. Winfried Boecken und Professor Dr. Stefan Korioth

Staatsrecht I

Staatsorganisationsrecht
unter Berücksichtigung europäischer
und internationaler Bezüge

von
Professor Dr. Stefan Korioth
München

unter Mitarbeit von
Michael Wolfgang Müller
München

2., überarbeitete Auflage des von
Professor Dr. Heinrich Wilms
Friedrichshafen
begründeten Studienbuchs

Verlag W. Kohlhammer

2. Auflage 2014

Gesamtherstellung: W. Kohlhammer GmbH, Stuttgart

Print:
ISBN 978-3-17-021183-4

E-Book-Format:
pdf: ISBN 978-3-17-028468-5

Vorwort

Entsprechend der Zielsetzung der Studienreihe Rechtswissenschaft vermittelt dieses Lehrbuch Studierenden aller Ausbildungsstufen einen kompakten Überblick über das Staatsorganisationsrecht. Dabei sollen knapp gehaltene Verweise auf die historischen und staatstheoretischen Grundlagen sowie die internationalen Bezüge des Staatsrechts dem Verständnis der vom Grundgesetz getroffenen normativen Entscheidungen dienen. Am Ende des Buches findet sich ein Wiederholungskapitel, das mit Übersichten und Schemata sowie einer Zusammenstellung möglicher Prüfungsgegenstände aus dem Staatsorganisationsrecht der Vorbereitung auf die Zwischenprüfung sowie die Erste Juristische Staatsprüfung dienen soll. Zur weiteren Vorbereitung auf die schriftliche wie mündliche Prüfung des Staatsexamens wurden die einzelnen Kapitel um Hinweise auf aktuelle Beiträge aus Ausbildungs- und Fachzeitschriften ergänzt.

Die Neufassung des Buches sechs Jahre nach der Erstauflage hat eine umfangreiche Überarbeitung und zahlreiche Ergänzungen und Änderungen verlangt. Sie hat auch zu einer veränderten Schwerpunktsetzung innerhalb des Bandes geführt. Ging es 2007 darum, ausführlich die Veränderungen des verfassungsrechtlichen Gefüges darzustellen, die die 1. Stufe der Föderalismusreform 2006 mit sich gebracht hatte, sind inzwischen die Modifikationen der Kompetenzverteilung im Bundesstaat, auch durch die zweite Reformstufe 2009, weitgehend etabliert. Besonderes Augenmerk des verfassungsrechtlichen Diskurses liegt angesichts der Umgestaltung des Rechts der Europäischen Union im Vertrag von Lissabon und der Herausforderungen der europäischen Wirtschafts- und Finanzkrise nun noch stärker auf der Mitwirkung der Bundesrepublik am Europäischen Integrationsprozess.

Darüber hinaus wurden weitere verfassungsrechtliche Diskussionen der letzten Jahre berücksichtigt: verschiedene verfassungsgerichtliche Entscheidungen haben das Wahlrecht verändert, was im Kapitel zum Deutschen Bundestag ausführlich mit dem verfassungsrechtlichen Hintergrund dargestellt wird. Geschildert werden auch die Auseinandersetzungen über die Regelung der Nebentätigkeit von Abgeordneten des Bundestages, die anlässlich der Rücktritte der Bundespräsidenten Köhler und Wulff geführten Diskussionen über die Stellung des Staatsoberhaupts im verfassungsrechtlichen Gefüge sowie schließlich die erneute öffentliche Fokussierung eines gegen die NPD gerichteten Parteiverbotsverfahrens.

Mein besonderer Dank gilt an dieser Stelle Herrn Michael Wolfgang Müller, der in sorgfältiger und verlässlicher Detailarbeit diese Neubearbeitung vorbereitet hat. Ich danke ferner Dr. Maxi Koemm, Sumiko Sato, Isabella Zimmerl, Julian Eibl, Katharina Rupp, David Malzkorn, Andreas Münsch, Kerstin Latza und Jonas Marx für tatkräftige Mithilfe.

München, im Oktober 2013 — Stefan Korioth

Inhaltsverzeichnis

Abkürzungsverzeichnis

A. A.; a. A.	anderer Ansicht
a. a. O.	am angegebenen Ort
abgedr.	abgedruckt
AbgG	Abgeordnetengesetz
Abs.	Absatz
a. E.	am Ende
a. F.	alte Fassung
Allg.	Allgemein(e/er/es)
Anm.	Anmerkung(en)
AöR	Archiv des öffentlichen Rechts
Art.	Artikel
Aufl.	Auflage
Az.	Aktenzeichen
BAnz.	Bundesanzeiger
BauGB	Baugesetzbuch
BayVBl.	Bayerische Verwaltungsblätter
Bd.	Band
BGB	Bürgerliches Gesetzbuch
BGBl.	Bundesgesetzblatt
BMinG	Bundesministergesetz
BPWahlG	Bundespräsidentenwahlgesetz
BRHG	Gesetz über den Bundesrechnungshof
BVerfG	Bundesverfassungsgericht
BVerfGE	Entscheidung(en) des Bundesverfassungsgerichts
BVerfGG	Bundesverfassungsgerichtsgesetz
BWahlG	Bundeswahlgesetz
BWahlO	Bundeswahlordnung
DB	Der Betrieb (Zeitschrift)
d. h.	das heißt
Dok.	Dokument(e)
DÖV	Die Öffentliche Verwaltung (Zeitschrift)
DRiG	Deutsches Richtergesetz
DRiZ	Deutsche Richterzeitung
DVBl.	Deutsches Verwaltungsblatt (Zeitschrift)
EAG	Europäische Atomgemeinschaft
EG	Europäische Gemeinschaft(en)
EGKS	Europäische Gemeinschaft für Kohle und Stahl
Einl.	Einleitung

EMRK	Konvention zum Schutze der Menschenrechte und Grundfreiheiten
EStG	Einkommensteuergesetz
etc.	et cetera
EU	Europäische Union
EuGH	Europäischer Gerichtshof
EuGrZ	Europäische Grundrechte-Zeitschrift
EuZW	Europäische Zeitschrift für Wirtschaftsrecht
EvStL	Evangelisches Staatslexikon
f., ff.	folgend, folgende
Fn.	Fußnote
FS	Festschrift
GASP	Gemeinsame Außen- und Sicherheitspolitik
gem.	gemäß
GG	Grundgesetz
ggf.	gegebenenfalls
GOBR	Geschäftsordnung des Bundesrats
GOBReg	Geschäftsordnung der Bundesregierung
GOBT	Geschäftsordnung des Bundestags
GOVermA	Geschäftsordnung Vermittlungsausschuss
HStR	Handbuch des Staatsrechts
HbVerfR	Handbuch des Verfassungsrechts
HessStGH	Hessischer Staatsgerichtshof
h. M.	herrschende(r) Meinung
hrsg.	herausgegeben
Hrsg.	Herausgeber
i. e. S.	im eigentlichen Sinne
IGH	Internationaler Gerichtshof
insbes.	insbesondere
i. S. d.	im Sinne der/des
i. V. m.	in Verbindung mit
JA	Juristische Arbeitsblätter
JBl.	Juristische Blätter
JöR	Jahrbuch des öffentlichen Rechts der Gegenwart (Zeitschrift)
Jura	Jura (Zeitschrift)
JuS	Juristische Schulung (Zeitschrift)
JZ	Juristenzeitung
KJ	Kritische Justiz (Zeitschrift)
lit.	litera
m. w. N.	mit weiteren Nachweisen
n. F.	neue Fassung
NJW	Neue Juristische Wochenschrift
Nr.	Nummer

NSDAP	Nationalsozialistische deutsche Arbeiterpartei
NuR	Natur und Recht (Zeitschrift)
NVwZ	Neue Zeitschrift für Verwaltungsrecht
NWVBl.	Nordrhein-Westfälische Verwaltungsblätter
Parl.Rat	Parlamentarischer Rat
ParlStG	Gesetz über die Rechtsverhältnisse der Parlamentarischen Staatssekretäre
PartG	Parteiengesetz
PJZS	Polizeiliche und Justizielle Zusammenarbeit in Strafsachen
Prot.	Protokoll
PUAG	Parlamentarisches Untersuchungsausschussgesetz
RGBl.	Reichsgesetzblatt
Rn.	Randnummer
RuStAG	Reichs- und Staatsangehörigkeitsgesetz
S.	Seite
s.	siehe
SächsVBl.	Sächsische Verwaltungsblätter
SGG	Sozialgerichtsgesetz
Slg.	Sammlung
sog.	so genannt(e/er/es)
Sp.	Spalte
StGB	Strafgesetzbuch
str.	streitig
STWG	Stabilitäts- und Wachstumsgesetz
SÜR	Seerechtübereinkommen
ThürVBl.	Thüringer Verwaltungsblätter
u.	und
u. a.	unter anderem
usw.	und so weiter
v.	von/vom
VBlBW	Verwaltungsblätter für Baden-Württemberg
Verf.	Verfasser
VerwArch.	Verwaltungsarchiv (Zeitschrift)
vgl.	vergleiche
VR	Verwaltungsrundschau (Zeitschrift)
VVDStRL	Veröffentlichung(en) der Vereinigung der Deutschen Staatsrechtslehrer
VwVfG	Verwaltungsverfahrensgesetz
WahlprüfG	Wahlprüfungsgesetz
WissR	Wissenschaftsrecht (Zeitschrift)
WRV	Weimarer Reichsverfassung
z. B.	zum Beispiel
ZBR	Zeitschrift für Beamtenrecht

ZfA	Zeitschrift für Arbeitsrecht
ZfG	Zeitschrift für Geschichtswissenschaft
ZfSH/SGB	Zeitschrift für Sozialhilfe und Sozialgesetzbuch
ZG	Zeitschrift für Gesetzgebung
ZParl.	Zeitschrift für Parlamentsfragen
ZRP	Zeitschrift für Rechtspolitik

Verzeichnis der abgekürzt zitierten Literatur

Albrecht/Küchenhoff	Staatsrecht, 2. Aufl. 2011
Badura	Staatsrecht: systematische Erläuterung des Grundgesetzes für die Bundesrepublik Deutschland, 5. Aufl. 2012
Battis/Gusy	Einführung in das Staatsrecht, 5. Aufl. 2011
Benda/Maihofer/Vogel	Handbuch des Verfassungsrechts der Bundesrepublik Deutschland, 2 Bände, 2. Aufl. 1994 (zit. HVerfR)
Berg	Staatsrecht, 6. Aufl. 2011
Bleckmann	Staatsrecht I, 2002
Bumke/Voßkuhle	Casebook: Verfassungsrecht, 5. Aufl. 2008
Degenhart	Staatsrecht I, Staatsorganisationsrecht, 28. Aufl. 2012
Doehring	Staatsrecht der Bundesrepublik Deutschland, 3. Aufl. 1984
Epping	Grundrechte, 5. Aufl. 2012
Gröpl	Staatsrecht I, 4. Aufl. 2012
Hendler	Staatsorganisationsrecht, 2. Aufl. 2003
Hesse	Grundzüge des Verfassungsrechts der Bundesrepublik Deutschland, 20. Aufl. 1999
Ipsen	Staatsrecht I, 24. Aufl. 2012
Isensee/Kirchhof	Handbuch des Staatsrechts der Bundesrepublik Deutschland, 10 Bände, 3. Aufl. 2003–2011 (zit.: HStR)
Kämmerer	Staatsorganisationsrecht, 2. Aufl. 2012
Katz	Staatsrecht, 17. Aufl. 2007
Kisker/Höfling	Fälle zum Staatsorganisationsrecht 3. Aufl. 2001
Kremser/Leisner	Verfassungsrecht III: Staatsorganisation, 1999
Maurer	Staatsrecht I, 6. Aufl. 2010
v. Münch	Staatsrecht, Bd. I, 6. Aufl. 2000
Pieroth/Schlink	Grundrechte. Staatsrecht II, 28. Aufl. 2012
Püttner/Kretschmer	Die Staatsorganisation, 2. Aufl. 1999
Schlaich/Korioth	Das Bundesverfassungsgericht, 9. Aufl. 2012
Schweitzer	Staatsrecht III, 10. Aufl. 2010
Stein/Frank	Staatsrecht, 21. Aufl. 2010
Zippelius/Würtenberger	Deutsches Staatsrecht, 32. Aufl. 2008

Kommentare zum Grundgesetz

Bonner Kommentar zum GG (zit.: BK)	Loseblattsammlung, Stand: 161. Ergänzungslieferung 2013
Dreier	Grundgesetzkommentar, 3 Bände, 3. Aufl. 2013 (Band 1), 2. Aufl. 2006 (Band 2), 2008 (Band 3)
Jarass/Pieroth	Grundgesetz für die Bundesrepublik Deutschland, 12. Aufl. München 2011
v. Mangold/Klein/Starck	Kommentar zum Grundgesetz, 3 Bände, 6. Aufl. 2010
Maunz/Dürig	Grundgesetz, Loseblattkommentar, Stand: 67. Ergänzungslieferung 2012
v. Münch/Kunig	Grundgesetz – Kommentar, 2 Bände, 6. Aufl. 2012
Sachs	Grundgesetz – Kommentar, 6. Aufl. 2011
Schmidt-Bleibtreu/Klein	Kommentar zum Grundgesetz, 12. Aufl. 2011

Teil I: Grundlagen

1 Die Beschäftigung mit dem Staatsrecht steht traditionell am Beginn des juristischen Studiums. Es geht dabei nicht nur darum, die Staatsorganisation der Bundesrepublik Deutschland kennenzulernen. Vielmehr sollen auch die grundlegenden Prinzipien der Verfassungsordnung unter dem Grundgesetz veranschaulicht werden, die Auswirkungen auf die Ausgestaltung der gesamten Rechtsordnung und damit aller anderen Rechtsgebiete haben.
Diesen Zusammenhängen widmet sich der erste Teil dieses Lehrbuchs. Einführend sollen die Stellung des Staatsrechts als Rechtsgebiet veranschaulicht und sein Gegenstand, der Staat, vorgestellt werden. Weiterhin soll untersucht werden, was es bedeutet, dass das Staatsrecht der Bundesrepublik Deutschland im Wesentlichen Verfassungsrecht ist und wie sich dies historisch herausgebildet und entwickelt hat. Schließlich soll ein Überblick über die Charakteristika des Grundgesetzes gegeben und sein Geltungsbereich dargestellt werden.

A. Staatsrecht als Rechtsgebiet

§ 1 Die Rechtsordnung der Bundesrepublik Deutschland

2 Das nationale Recht der Bundesrepublik Deutschland lässt sich in zwei große Bereiche unterteilen, das öffentliche Recht und das Privatrecht.[1] Vereinfacht gesagt regelt das Privatrecht die Rechtsverhältnisse unter gleichberechtigten – privaten – Rechtssubjekten, die ihre Rechtsbeziehungen autonom gestalten dürfen. Das öffentliche Recht beschäftigt sich demgegenüber – ebenfalls vereinfacht – mit den Rechtsverhältnissen des Staates, also dessen Organisation auf verschiedenen Ebenen und seinem Auftreten in vorrangig Über-/Unterordnungsverhältnissen gegenüber Privaten. Das öffentliche Recht lässt sich danach in verschiedene Bereiche unterteilen:

- Staatsrecht;
- Strafrecht;
- Sonstiges öffentliches Recht, insbesondere Verwaltungs- und Prozessrecht.

Das Strafrecht regelt die Einordnung bestimmter Verhaltensweisen als strafwürdig und die Feststellung und Durchsetzung des daraus folgenden staatlichen Strafanspruchs. Es hat sich traditionell zu einem Sachgebiet mit einer eigenen

---

1 Vgl. dazu *Maurer*, Staatsrecht I, § 1 Rn. 18 ff.

Dogmatik und daher auch in der Rechtswissenschaft zu einer eigenständigen Disziplin entwickelt.
Das Verwaltungsrecht regelt umfassend die Rechtsbeziehungen der Exekutive. Es ist ein klassischer Teil der Wissenschaft vom öffentlichen Recht.
Auch das Recht der Gerichtsverfassung und sämtliche Prozessordnungen (also auch etwa die Zivilprozessordnung), die die Zuständigkeiten der einzelnen Gerichte und das jeweilige gerichtliche (hoheitliche) Verfahren regeln, gehören zum öffentlichen Recht.
Völker- und Europarecht stellen internationale Rechtsordnungen dar, die jedoch in das nationale Recht hineinwirken. Da sie im Ausgangspunkt die Rechtsbeziehungen des Staates auf der internationalen Ebene regeln, werden sie traditionell als Teil des öffentlichen Rechts verstanden.

3 Das *Staatsrecht* ist also Teil des öffentlichen Rechts. Es wird grundsätzlich in zwei große Bereiche unterteilt: die Grundrechte und das Staatsorganisationsrecht.
Während sich die Dogmatik der *Grundrechte* mit subjektiven Rechtspositionen beschäftigt, die die Staatsgewalt beschränken und die Rechtsbeziehungen zwischen Staat und Bürger prägen, befasst sich das *Staatsorganisationsrecht* mit allen anderen Bereichen des Aufbaus der staatlichen Gewalt. Die Bezeichnung ist dabei insofern ungenau, als hierunter nicht nur die Organisation des Staates, die Staatsorgane und die Staatsfunktionen behandelt werden, sondern auch grundlegende Prinzipien und Leitentscheidungen, die zum Selbstverständnis unseres Staates gehören.
Diese grundlegenden Prinzipien entfalten – ähnlich den Grundrechten in ihrer Funktion als objektiv-rechtliche Wertentscheidungen – ihre Wirkung im Verfassungsstaat weit über die bloße Staatsorganisation hinaus. Sie bilden den Rahmen für die gesamte rechtliche Ordnung und sind daher auch bei der Beschäftigung mit anderen Gebieten, nicht nur des öffentlichen Rechts, von zentraler Bedeutung.

§ 2 Staat und Staatsrecht

4 Wenn sich das Staatsrecht also mit den normativen Grundlagen des Aufbaus und der Funktionsweise eines Staates beschäftigt, setzt es dessen Existenz schon voraus: so ist etwa das Staatsrecht der Bundesrepublik Deutschland unmittelbar an deren Bestand geknüpft – mit ihrem Untergang verlöre es seine Geltung.
Die Bestimmung dessen, was ein Staat allgemein ist, also die Festlegung seiner Existenzbedingungen und Ziele, ist demgegenüber eine dem Staatsrecht vorgelagerte Frage der Staatsphilosophie[1], seine internationale Anerkennung Gegenstand des Völkerrechts. Aus der Vielzahl der dort angestellten Überlegungen soll hier nur kurz referiert werden, was als Grundkonsens der gegenwärtigen Staatsphilosophie betrachtet werden kann:
Ein Staat ist eine organisatorische Konstruktion einer Gemeinschaft von Menschen. Nach dem weit verbreiteten Modell eines „Gesellschaftsvertrags“ existiert er dadurch, dass jeder Einzelne seine originäre Selbstverteidigungsfähigkeit, die er in einem (gedachten) vorstaatlichen Zustand besitzt, an eine übergeordnete

1 Ausführlich hierzu die Lehrwerke zur allgemeinen Staatslehre von *Kriele*, Einführung in die Staatslehre, S. 1 ff.; *Zippelius*, Allgemeine Staatslehre, S. 40 ff.; *Schöbener*, Allgemeine Staatslehre, S. 72 ff.

Organisation abgibt, die effizienter und sicherer die individuelle Sphäre eines jeden gegen Zugriffe Dritter verteidigen kann. Von dieser Prämisse ausgehend muss diese Gemeinschaft ihre organisatorische Kompetenz ausschließlich von ihren Mitgliedern ableiten und darf nicht von anderen Gemeinschaften abhängig sein. Sie muss in der Lage sein, ihre Angelegenheiten vollkommen autonom zu regeln, das heißt, sie muss souverän sein.

Primärer Gegenstand des Staatsrechts ist daher das *rechtliche Verhältnis dieser Organisation „Staat" zu ihren Mitgliedern.* Eine Organisation, die ihre Rechtsbeziehungen zu ihren Mitgliedern umfassend regeln kann, ist ein souveräner Staat (**innere Souveränität**). 5
Da in der Welt nicht nur eine einzige Gemeinschaft von Menschen existiert (dies wäre ein Weltstaat), hat jeder Staat auch einen territorialen Bezug und steht in einem Verhältnis zu anderen, gleichartig organisierten Gemeinschaften. Kann der Staat seine rechtlichen Beziehungen *unbeeinflusst von diesen anderen Organisationen* regeln, besitzt er **äußere Souveränität.**

Aus diesen beiden Bezugspunkten, innere und äußere Souveränität, hat sich eine Theorie entwickelt, die als kleinsten gemeinsamen Nenner notwendiger Existenzvoraussetzungen eines Staates drei Bereiche auflistet (sog. *Drei-Elemente-Lehre)*[2]: 6

– Staatsvolk;
– Staatsgebiet;
– Staatsgewalt.

Diese Lehre wird häufig mit *Georg Jellinek* verbunden; er ist jedoch nicht ihr einziger Vertreter – ähnliche Gedanken wurden bereits erheblich vor seiner Zeit und auch außerhalb des deutschen Rechtskreises formuliert[3]. Im Völkerrecht hat sie sich in der Staatsdefinition der sog. Konvention von Montevideo niedergeschlagen.
Jedenfalls alle normativen Aussagen zu diesen Bereichen sind somit Gegenstand des Staatsrechts.
→ S. zur Drei-Elemente-Lehre auch die Übersicht unter Rn. 1008.

§ 3 Verfassung und Verfassungsrecht

Der Begriff des Verfassungsrechts ist enger als der des Staatsrechts:[1] Sein Anknüpfungspunkt ist nicht die bloße Existenz eines Staates, sondern die Niederlegung der für diesen geltenden staatsrechtlichen Regelungen in einer Verfassung. 7

Im modernen, rechtsstaatlichen Sinne setzt eine Verfassung mehr voraus als die bloße Regelung staatsrechtlicher Fragestellungen: Eine grundlegende Norm des Staatsrechts kann auch in einem einfachen Gesetz formuliert sein, sie kann sogar Gegenstand einer nicht niedergeschriebenen bloßen Übung sein, wie die Einset- 8

2 Vgl. dazu auch *Ipsen*, Staatsrecht I, Rn. 5 ff.; *Maurer*, Staatsrecht I, § 1 Rn. 6 ff.
3 S. die umfangreiche Darstellung von *Berber*, Das Staatsideal im Wandel der Weltgeschichte, 1973.
1 Vgl. dazu *Stern*, Staatsrecht I, S. 10 f.; *Maurer*, Staatsrecht I, § 10 Rn. 32 ff.; *Ipsen*, Staatsrecht I, Rn. 21 ff.

zung des Premierministers in Großbritannien oder die Einberufung eines altgermanischen Things.
Der Sinn einer Verfassung liegt darin, dass eine besondere Art der schriftlichen Niederlegung („Verfasstheit") eine höhere Verbindlichkeit – etwa durch den Vorrang vor sonstigem „einfachen" Recht oder erschwerte Abänderbarkeit – gewährleisten soll. Die bloße Schriftlichkeit genügt dabei nicht; es bedarf vielmehr zusätzlicher Sicherungsmechanismen.

9 Dies zeigt sich insbesondere im Vergleich zu Diktaturen, die auch von der Existenz staatsrechtlicher Normen ausgehen, welche teilweise sogar schriftlich fixiert sind, jedoch keine besondere Bindung der Herrschaft zum Ausdruck bringen. Sie sehen staatsrechtliche Normen vielmehr als bloße Deklaration bereits bestehender Gegebenheiten staatlicher Macht im jeweiligen System.
So betrachtete etwa der Nationalsozialismus das sog. Führerprinzip als Norm des Staatsrechts. Die Formulierung dieses Prinzips hatte jedoch nur eine beschreibende Bedeutung, die Staatsführung sollte hierdurch in keiner Weise gebunden oder beschränkt werden.
Auch Art. 1 der Verfassung der DDR von 1968 beanspruchte keine besondere Form der Geltung für sich:

> ***Artikel 1***
> Die Deutsche Demokratische Republik ist ein sozialistischer Staat der Arbeiter und Bauern. Sie ist die politische Organisation der Werktätigen in Stadt und Land unter der Führung der Arbeiterklasse und ihrer marxistisch-leninistischen Partei.

Der Bezeichnung der Deutschen Demokratischen Republik als sozialistischer Staat der Arbeiter und Bauern kam keinerlei normative Funktion zu. Ebenso wenig ergab sich eine Bindungswirkung daraus, dass die DDR nach ihrer Verfassung unter der Führung der Arbeiterklasse stand. In der Praxis war dies gerade nicht der Fall.
Bei solchen staatsrechtlichen Deklarationen ohne besondere Bindungswirkung handelt es sich um bloße Proklamationen.

10 Sinn einer Verfassung im rechtsstaatlichen Sinne ist demgegenüber die *Begründung, Bindung und Legitimation der Herrschaftsgewalt*. Die Ausübung von Herrschaftsgewalt soll durch Normen geregelt werden, die deren jeweilige Inhaber nicht oder jedenfalls nicht ohne weiteres abändern können. Die Beschränkung von Herrschaftsgewalt ist insofern charakteristisch für eine Verfassung.
Die zitierte Verfassung der DDR war daher somit nur der Bezeichnung, nicht aber der Bedeutung nach eine Verfassung, denn der SED verblieb die letzte Regelungszuständigkeit über ihren Inhalt und diese Regelungszuständigkeit kannte keine Beschränkung.

11 Auf die Bezeichnung als Verfassung kann es daher nicht ankommen. Aus der *Beschränkung der Herrschaftsgewalt* als notwendige Anforderung an die Verfassung ergeben sich aber normative Konsequenzen: Ist in der Verfassung die Beschränkung der Herrschaftsgewalt formuliert, diese aber jederzeit durch den Träger der Staatsgewalt problemlos wieder abänderbar, geht auch eine solche Verfassung über bloße Proklamation nicht hinaus.
Die Beschränkung der Herrschaftsgewalt durch die Verfassungsurkunde muss also bestimmte Verfestigungen enthalten: Sie wäre wertlos, wenn die Verfassung

durch denjenigen, der die Herrschaftsgewalt ausübt, ohne weiteres wieder abgeändert werden könnte. Auch darf die Ausübung von Herrschaftsgewalt gegenüber den Gewaltunterworfenen nicht beliebig sein. Vielmehr bedarf eine Verfassung der Regelung subjektiver Rechtsgewährleistungen. Wie diese im Einzelnen aussehen, ob sie formeller oder materieller Natur sind, ob sie vor dem Parlament oder vor Gerichten geltend zu machen sind, ist je nach Rechtskultur sehr unterschiedlich. Entscheidend ist, dass der Herrschaftsgewalt durch subjektive Rechtspositionen der Gewaltunterworfenen Grenzen gesetzt sein müssen.

§ 4 Staatsrecht und Verfassungsrecht

Die Beschränkung staatlicher Regelungsmöglichkeiten durch den Verfassungsstaat stellt sich somit als Fortentwicklung der zum Wesen des Staates und seiner Souveränität aufgestellten Überlegungen dar:

Ausgehend vom oben skizzierten Vertragsmodell, wonach der Einzelne seine Selbstverteidigungsfähigkeit auf den Staat überträgt, sind *Sinn und Aufgabe* des Staates: 12

- Schaffen eines Friedenszustandes;
- Gewährleistung von Rechtssicherheit;
- möglichst weitgehende Verwirklichung von Gerechtigkeit.

Eine erste Bindung des Souveräns (Herrscher) ergibt sich in diesem Modell aus dem (gedachten) Staatsvertrag, durch den der Übergang vom Ur- oder Naturzustand in den staatlichen Friedenszustand ermöglicht wurde: Er darf diesen Friedenszustand nicht infrage stellen, etwa indem er selbst zur Bedrohung für die Bürger wird.

Die Schaffung von Rechtssicherheit und das Anstreben von Gerechtigkeit als weitere Staatsaufgaben gehen demgegenüber über das Minimum hinaus, das für ein Gemeinwesen zu fordern ist, das die Bezeichnung Staat beanspruchen kann. Rechtssicherheit erfordert eine gewisse Bindungswirkung, die der Souverän z. B. in Thomas Hobbes' Leviathan nicht kennt. In dem Moment, in dem der Staat Rechtssicherheit anstrebt, tritt er sozusagen in einen höheren Aggregatzustand. Er wird vom bloßen Staat zum Verfassungsstaat. 13
Verfassungsrecht muss damit im Vergleich zum Staatsrecht zusätzliche Voraussetzungen erfüllen:

- Es muss Regelungen der Begrenzung der Herrschaftsgewalt enthalten;
- eine erschwerte Abänderbarkeit dieses normativen Systems;
- subjektiver Rechtsschutz.

Die Unterscheidung von Verfassungsrecht und Staatsrecht ist heute nur in den Ländern problematisch, die nicht über eine geschriebene Verfassungsurkunde verfügen, die den dargestellten Voraussetzungen entspricht, wie z. B. Großbritannien. Darüber hinaus hat sie für die Staaten Bedeutung, die zwar eine Verfassungsurkunde besitzen, welche jedoch keine oder eine nur partielle effektive Bindungswirkung gegenüber der Staatsgewalt entfaltet, wie dies in den kommunistischen Staaten China, Nordkorea sowie Staaten mit klerikaler Autoritätsverankerung, wie dem Iran, der Fall ist. 14

15 In der Bundesrepublik Deutschland ist Staatsrecht dagegen weitestgehend Verfassungsrecht. Das Grundgesetz regelt die Ausübung von Herrschaftsgewalt im Bundesgebiet, beansprucht eine höherrangige Verbindlichkeit, die mit einer erschwerten und teilweise sogar ausgeschlossenen Abänderbarkeit einhergeht und verleiht den Bürgern subjektive Rechtspositionen. Es gibt allerdings einige Gebiete, die zum Staatsrecht gehören, aber keine verfassungsrechtliche Verankerung erfahren haben. Dies sind beispielsweise die Regelungen der Geschäftsordnungen der obersten Bundesorgane sowie diese betreffende Gesetze, sowie das Wahlrecht, das Staatsangehörigkeitsrecht und das Recht der politischen Parteien.
Dass Staatsrecht in Deutschland im Wesentlichen Verfassungsrecht ist und dass dieser Verfassung, dem Grundgesetz, ein derart überragender Stellenwert im politischen und juristischen System zukommt wie in der Bundesrepublik, ist Ergebnis einer längeren historischen Entwicklung, die im folgenden Abschnitt kurz skizziert werden soll.

B. Deutsche Verfassungsgeschichte im Überblick

§ 5 Die Zeit vor 1848

16 Staats- und Verfassungsrecht im modernen, oben dargestellten Sinne, sind, da sie an die Existenz eines Nationalstaates anknüpfen, erst seit dem Beginn der Herausbildung von Territorialstaaten ab dem 16. Jahrhundert denkbar und ab dem Ende des 18. Jahrhunderts verwirklicht, erst in Nordamerika und Frankreich, später auch in Deutschland. Das mittelalterliche Herrschaftsverständnis war wesentlich von der Vorstellung von Personenverbänden geprägt, die Rechtsstellung des Königs im Heiligen Römischen Reich Deutscher Nation war nicht durch Rechtstexte umschrieben. Erst mit der Zeit wurden einzelne mit der Organisation von Herrschaft zusammenhängende Fragen als Rechtsfragen aufgefasst und in später sogenannten „Reichsgrundgesetzen“ (leges fundamentales, insb. Goldene Bulle von 1356) geregelt. Der Aufstieg der Territorien, der durch den Westfälischen Frieden von 1648 beschleunigt wurde, führte zu einer neuen Konzeption von Staatlichkeit, die den oben vorgestellten Begriff der Souveränität zum Ausgangspunkt nahm. Die Philosophie der Aufklärung (Thomas Hobbes, John Locke und vor allem Jean-Jacques Rousseau) entwickelte das oben dargestellte Vertragsmodell zur Begründung staatlicher Herrschaft.

17 Die mit diesem Staatsverständnis zusammenhängende Idee einer geschriebenen, staatliche Macht begrenzenden Verfassung stellte einen Bruch mit der überkommenen, monarchischen Tradition dar, der mit der Unabhängigkeitserklärung der Amerikanischen Kolonien (1776) und der Französischen Revolution (1789) im Ausland auch in der politischen Realität effektuiert wurde. In Deutschland kam es zu einer derart grundlegenden Umwälzung nie, jedoch hatten diese Ereignisse auch hier großen Einfluss auf die Entwicklung des Staatsverständnisses.

Das Heilige Römische Reich Deutscher Nation (Altes Deutsches Reich), das aus über 30 Monarchien bestand, war durch den Aufstieg der Territorien bereits stark zersplittert, als die napoleonischen Kriege und der daran anschließende Wiener Kongress (1815) zu einer grundlegenden Neuordnung Europas führten. Unter Napoleons Einfluss traten viele Fürsten aus dem Reich aus, gründeten 1806 den sog. Rheinbund und nahmen eigene Souveränität auch gegenüber dem Reich für sich in Anspruch. Am 6.8.1806 legte Franz II. als damit letzter Kaiser des alten Reichs – von Napoleon ultimativ dazu aufgefordert – die deutsche Kaiserwürde nieder. Der Rheinbundakte vom 12.7.1806 traten nach und nach alle deutschen Territorialstaaten mit Ausnahme Preußens und Österreichs bei. Sie waren durch diesen völkerrechtlichen Vertrag mit dem französischen Kaiser diesem gegenüber zur Kriegsbeteiligung verpflichtet. **18**

Die Niederlage Napoleons in den Befreiungskriegen mit der Völkerschlacht bei Leipzig als Höhepunkt und die auf die Besetzung von Paris im März 1814 folgende Abdankung Napoleons resultierten in einer weiteren Stabilisierung der bereits vorhandenen Partikularstaaten. Im Pariser Frieden war eine Versammlung zur Neuorganisation Europas vorgesehen, die als Wiener Kongress von 1814 bis 1815 stattfand und in die Deutsche Bundesakte vom 8.6.1815 und die Wiener Kongressakte vom 9.6.1815 mündete. Mit der Deutschen Bundesakte entstand der Deutsche Bund als völkerrechtlicher Staatenbund, dem neben den deutschen Fürstentümern auch Dänemark, die Niederlande und Luxemburg angehörten. Er umfasste 38 Staaten, wobei Österreich und Preußen eine besondere Machtposition innehatten. Das einzige zentrale Organ des Deutschen Bundes, der Bundestag, tagte unter dem Vorsitz Österreichs in Frankfurt. Primäre Funktion des Deutschen Bundes war die Gewährleistung äußerer und innerer Sicherheit, eine Rechtsetzungskompetenz kam ihm nicht zu. **19**

Erste dauerhafte Verfassungen auf deutschem Boden entwickelten sich daher in den Einzelstaaten, insbesondere in Baden und Bayern (1818) sowie Württemberg (1819). Diese Verfassungen des sog. *Süddeutschen Frühkonstitutionalismus* kamen jedoch nicht durch eine Abspaltung oder Revolution wie in Amerika oder Frankreich zustande, sondern wurden von den Fürsten, die nach Art. 13 der Deutschen Bundesakte sogar zu „landständischen Verfassungen“ verpflichtet waren, als Mittel zur Aufrechterhaltung der eigenen Macht eingesetzt.[1] Sie wurden teilweise oktroyiert (Bayern), teilweise mit den Ständen vereinbart (paktiert, Württemberg), jedenfalls aber waren sie „herrschaftsmodifizierend, nicht herrschaftsbegründend“ (Dieter Grimm). **20**

In dieser Situation zunehmender Verfestigung der partikularstaatlichen Souveränität war eine politische Einheit der über eine einheitliche Sprache und Kultur verfügenden deutschen Nation Sehnsüchten und Wünschen vorbehalten, die sich in den nachfolgenden Jahrzehnten in der Romantik widerspiegelten. Ein erster Schritt zu einer gemeinsamen Zentralgewalt war die Gründung des ab 1834 so bezeichneten *Deutschen Zollvereins* infolge des preußischen Zollgesetzes von 1818, der mit der Etablierung einer zollrechtlichen Freihandelszone zunächst aber nur wirtschaftliche Bedeutung hatte. **21**

---

1 Vgl. zu den unterschiedlichen Perioden des Konstitutionalismus und der Entwicklung im Einzelnen *Stern*, Staatsrecht V, S. 216 ff.

§ 6 Die sog. Paulskirchenverfassung von 1848/1849

22 Den ersten Versuch einer gesamtdeutschen Verfassung stellt die sog. Paulskirchenverfassung von 1848/9 dar. Nach der Niederringung Napoleons führten Bevölkerungswachstum und damit verbundene Massenarbeitslosigkeit, die fortschreitende Industrialisierung sowie Missernten in der Landwirtschaft in den 1840er Jahren zu sozialen Verwerfungen in den deutschen Staaten. Angestoßen durch die (dritte) französische Revolution im Februar 1848 und den damit verbundenen Sturz des französischen Königs *Louis Philippe* kam es auch in Deutschland zu Massenbewegungen und Aufständen, die insbesondere zu blutigen Straßenkämpfen in Berlin sowie zur Abdankung des österreichischen Kaisers sowie zum Austausch der Regierungen in einigen Kleinstaaten führten (sog. Märzminister). Die regierenden Fürsten versuchten durch Konzessionen weitere revolutionäre Fortentwicklungen zu verhindern und ließen die von den Abgeordneten der 2. Kammern im Rahmen eines „Vorparlaments" initiierten Wahlen zu einer verfassunggebenden Nationalversammlung zu.

23 Diese trat, unmittelbar vom Volk (das hieß nach dem Verständnis der damaligen Zeit allen männlichen, selbstständigen Deutschen) gewählt, am 18.5.1848 in der Frankfurter Paulskirche zusammen. Die Nationalversammlung nahm für sich in Anspruch, den Souverän widerzuspiegeln, also Ausdruck und Inhaber der obersten Gewalt in Deutschland zu sein. Am 28.6.1848 wurde von der Nationalversammlung das Reichsgesetz über die Einführung einer provisorischen Zentralgewalt erlassen und *Erzherzog Johann von Österreich* zum Reichsverweser (Reichsverwalter), dem provisorischen Staatsoberhaupt, gewählt.

Der im März 1849 fertiggestellte Verfassungstext sah neben den bereits im Dezember 1848 beschlossenen *Grundrechten des deutschen Volkes* ein auf das monarchische System festgelegtes Staatsorganisationsrecht vor: Es sollte ein Erbkaisertum auf Reichsebene geben, wobei im Rahmen einer kleindeutschen Lösung (ohne Österreich) der preußische König die Kaiserwürde erhalten sollte. Der Kaiser sollte seine Stellung nicht von Gottes Gnaden ableiten, sondern durch die Verfassung zugewiesene Kompetenzen wahrnehmen. Zur Gesetzgebung sollte ein aus Volkshaus und Staatenhaus bestehender Reichstag befugt sein, dem Kaiser sollte lediglich ein Vetorecht zukommen.

24 Diese nach dem Versammlungsort als Paulskirchenverfassung bezeichnete Verfassung trat jedoch nie in Kraft. Nachdem mit knapper Mehrheit (290 Stimmen gegen 248 Enthaltungen) beschlossen worden war, dem preußischen König *Friedrich Wilhelm IV.* die Kaiserkrone anzutragen, lehnte dieser ab. Mit einer Annahme der Krone aus der Hand des Volkes hätte er die Volkssouveränität anerkennen und sich von der Vorstellung eines Monarchen von Gottes Gnaden verabschieden müssen. In einem Brief schrieb Friedrich Wilhelm IV.: „Man nimmt nur an und schlägt nur aus eine Sache, die gebothen werden kann".

Das in der Folge nach Stuttgart verlegte „Rumpfparlament" wurde im Juni 1849 durch württembergische Truppen aufgelöst. Weitere Versuche einer Einigung unter den deutschen Fürsten wie das sog. Dreikönigsbündnis von 1849 oder der Fürstentag von 1863 blieben erfolglos.

§ 7 Der Norddeutsche Bund

1864 kam es, ausgelöst durch Einverleibung der Herzogtümer Schleswig und Holstein durch Dänemark, zum Deutsch-Dänischen Krieg, den Österreich und Preußen gewannen. In der Folge konnten sich diese jedoch nicht über die rechtliche Behandlung der Herzogtümer einigen, was zu einem Krieg führte, den Preußen gegen Österreich, das sich mit Hannover, Sachsen und den süddeutschen Staaten verbündet hatte, in der Schlacht von Königgrätz im Juli 1866 gewann. Der Friedensschluss von Prag sah die Auflösung des Deutschen Bundes vor. 25

Preußen schloss daraufhin am 18.8.1866 mit 15 norddeutschen Staaten und Freien Städten einen Vertrag, der später auf 23 Mitglieder erweitert wurde und das Ziel der Ausarbeitung einer Verfassung und der Konstitution eines Reichstages verfolgte (sog. *August-Bündnis*). Diese *Verfassung des Norddeutschen Bundes* wurde am 16.4.1867 verabschiedet und trat nach der Umsetzung im jeweiligen Landesrecht der Mitgliedstaaten am 1.7.1867 in Kraft. Anders als beim Deutschen Bund handelte es sich beim Norddeutschen Bund um einen Bundesstaat, dem völkerrechtliche Souveränität zukam. Die Verfassung des Norddeutschen Bundes sah als zentrales Organ einen als Länderkammer konzipierten Bundesrat vor. Dessen mitgliedschaftliche Rechte bemaßen sich nach dem Bevölkerungsanteil, so dass Preußen allein 40 % der Stimmen zukamen. Die Führungsrolle Preußens manifestierte sich weiterhin darin, dass „der Krone Preußens" das Bundespräsidium, d. h. die völkerrechtliche Vertretung und exekutivische Leitung des Bundes zustand.[1] Auch das Amt des Bundeskanzlers, der den Vorsitz im Bundesrat und die Geschäfte des Norddeutschen Bundes führte, hatte mit *Otto von Bismarck* der damalige preußische Ministerpräsident inne. Von besonderer verfassungsgeschichtlicher Bedeutung war die Etablierung des Reichstags als Volksvertretung, dessen Abgeordnete in allgemeiner, direkter und geheimer Abstimmung gewählt wurden und Immunität sowie Indemnität genossen. Das „preußische Dreiklassenwahlrecht" galt auf der Reichsebene nicht. 26

Der Bund verfügte über ein weit reichendes Gesetzgebungsrecht, vor allem auf vielen Gebieten des Zivilrechts, der Staatsangehörigkeit, der Zölle und Verbrauchsteuern. Die Folge war eine erhebliche *Rechtsvereinheitlichung* im Gebiet des Norddeutschen Bundes, insbesondere durch das Gesetz über die Freizügigkeit (1867), die Gewerbeordnung (1869), das Allgemeine Deutsche Handelsgesetzbuch (1869), das Gesetz über Erwerb und Verlust der Bundes- und Staatsangehörigkeit (1870) und das Strafgesetzbuch[2] (1870). Die Einheitlichkeit der Rechtsanwendung wurde darüber hinaus durch die Schaffung eines Obersten Gerichtshofes in Handelssachen gewährleistet, der in Leipzig eingerichtet wurde. Die Bedeutung des Norddeutschen Bundes für die Rechtseinheit ist hoch einzuschätzen. Der Kern der hier angestoßenen und nach 1871 fortgeführten Gesetzgebung bildet auch heute noch den Grundbestand wichtiger Bundesgesetze. 27

---

1 Trotz der Bezeichnung handelte es sich nicht um ein Kollegialorgan. Der preußische König war praktisch der Präsident der Organisation, wobei der Begriff aber keine Verwendung fand.

2 Dieses ist aus dem preußischen Strafgesetzbuch von 1851 hervorgegangen, wurde 1871 Reichsgesetz und gilt in der Fassung v. 25.8.1953 auch heute noch in der Bundesrepublik Deutschland.

§ 8 Das Deutsche Reich und die Reichsverfassung von 1871

28 Als 1870 Frankreich nach der Provokation Bismarcks (sog. „Emser Depesche") Preußen den Krieg erklärte, fragte Bismarck auch bei den süddeutschen Staaten um deren Teilnahme an. Daraufhin traten Bayern, Hessen, Baden und Württemberg 1870 dem Norddeutschen Bund mit Wirkung zum 1.1.1871, nach Ratifizierung durch die Landtage, bei. Nach dem Sieg über Frankreich wurde am 18.1.1871 im Spiegelsaal des Schlosses von Versailles ein neues deutsches Kaiserreich proklamiert, das sich aus den Staaten zusammensetzte, die zu diesem Zeitpunkt Mitglieder des Norddeutschen Bundes waren. Dieses gab sich mit der Verkündung im Reichsgesetzblatt am 16.4.1871 auch eine *neue deutsche Verfassung*, die aber im Wesentlichen inhaltsgleich mit der Verfassung des Norddeutschen Bundes war.

Sie ersetzte jedoch das bisherige Bundespräsidium durch den Deutschen Kaiser als Staatsoberhaupt und schuf somit eine konstitutionelle Monarchie in Form eines Bundesstaats. Diese war als Erbmonarchie ausgestaltet, zum ersten Kaiser wurde der preußische König Wilhelm I. proklamiert. Der Kaiser war zwar konstitutionelles, d. h. durch die Verfassung gebundenes Staatsoberhaupt; ihm kamen jedoch eine Reihe Befugnisse zu, die eine stärkere Stellung gewährleisteten, als sie z. B. die englische Monarchie heute besitzt; insbesondere konnte er den Reichskanzler unabhängig vom Parlament ernennen (Art. 15). Er war Oberbefehlshaber von Heer und Marine (Art. 53 Abs. 1, Art. 63 Abs. 1). Die vorzeitige Auflösung des Reichstages bedurfte seiner Zustimmung (Art. 24). Grundrechte kannte die Reichsverfassung nicht, weshalb sie mit Blick auf die Rechtsposition der Bürger einen Rückschritt im Vergleich zur Paulskirchenverfassung darstellt. Von besonderer verfassungsgeschichtlicher Bedeutung ist sie jedoch als erste Konstitutionalisierung der Reichseinheit.

§ 9 Die Weimarer Reichsverfassung

29 Zu einer grundsätzlichen verfassungsrechtlichen Neubestimmung kam es nach der Niederlage des Deutschen Reichs im Ersten Weltkrieg. Die Forderung des amerikanischen Präsidenten Wilson nach einer Abdankung der „Beherrscher der deutschen Politik" und die erfolgreiche Novemberrevolution der Soldaten und Arbeiter führten zur Abdankung Kaiser Wilhelms II., die Reichskanzler Max von Baden am 9.11.1918 bekanntgab: „Der Kaiser und König hat sich entschlossen, dem Throne zu entsagen." Am selben Tag proklamierten sowohl der Sozialdemokrat Philipp Scheidemann als auch das Mitglied des „Spartakusbundes" und der USPD Karl Liebknecht eine „deutsche Republik". Die kurzzeitige Zusammenarbeit zwischen SPD und USPD im „Rat der Volksbeauftragten" als provisorischer Regierung war durch den Streit um die zukünftige Ausgestaltung dieser Republik geprägt: Auf dem Reichskongress der Arbeiter- und Soldatenräte Deutschlands vom 16. bis 20.12.1918 konnten sich schließlich die Delegierten der SPD mit ihrer Forderung, Wahlen zu einer verfassunggebenden Nationalversammlung abzuhalten, gegen den Antrag der USPD auf Schaffung einer sozialistischen Räterepublik durchsetzen. Bei der Wahl am 19.1.1919 waren erstmals in der deutschen Geschichte auch Frauen wahlberechtigt. Die Wahl wurde nach dem Verhältniswahlrecht durchgeführt. Aus ihr ging nach dem

Austritt der USPD aus dem Rat der Volksbeauftragten und der Niederschlagung des sog. „Spartakusaufstands" die SPD als stärkste Kraft hervor. Nach dem Zusammentritt der verfassunggebenden Nationalversammlung in Weimar, das einerseits von den revolutionären Unruhen verschont geblieben war und andererseits Assoziationen zur deutschen Klassik hervorrief, bildete die SPD zusammen mit Zentrum und Deutscher Demokratischer Partei die sog. „Weimarer Koalition". Friedrich Ebert wurde erster Reichspräsident, Philipp Scheidemann erster Ministerpräsident des Reiches. Die vom Berliner Staatsrechtslehrer Hugo Preuß vorbereitete und von der Nationalversammlung am 31.7.1919 angenommene Verfassung wurde vom Reichspräsidenten am 11.8.1919 ausgefertigt. Diese Verfassung, die nach ihrem Entstehungsort als „Weimarer Reichsverfassung" bezeichnet wird[1], ist die erste republikanische Verfassung Deutschlands (vgl. Art. 1 Satz 1 WRV): Alle Staatsgewalt hatte jetzt vom Volke auszugehen (Art. 1 Satz 2 WRV).

Diese Merkmale der Volkssouveränität und der Demokratie wurden durch 30 plebiszitäre Strukturen verstärkt. Die Verfassung sah sowohl Volksbegehren als auch Volksentscheid vor. Weitere Strukturprinzipien der Weimarer Reichsverfassung waren die parlamentarische Demokratie und der Föderalismus. Der Staat bestand aus dem Reich und den Ländern, wobei sich in den starken Kompetenzen des Reichs in den Bereichen Gesetzgebung und Verwaltung eine deutliche Tendenz zur Zentralisierung und Unitarisierung zeigte. Das Prinzip der Verfassungshomogenität (Art. 17 WRV) sollte eine zu starke Autonomie der Einzelstaaten, wie sie die Verfassung des Kaiserreichs noch ermöglicht hatte, ausschließen. Dieses Homogenitätsgebot findet sich heute in Art. 28 Abs. 1 GG.

Zentrale Fragen der Verfassunggebung waren neben dieser Neubestimmung des 31 Föderalismus die Ausgestaltung des Regierungssystems und die Aufnahme von Grundrechten in die Reichsverfassung. Das Staatsorganisationsrecht der Weimarer Reichsverfassung sah als zentrale Organe den Reichspräsidenten, den Reichstag, die Reichsregierung, den Reichsrat und den Reichswirtschaftsrat vor. Eine besonders starke Stellung („Ersatzkaiser") kam dem *Reichspräsidenten* zu, der unmittelbar vom Volk für sieben Jahre gewählt wurde, wobei eine Wiederwahl ohne Einschränkung zulässig war (Art. 41 WRV). Über die gewöhnlichen Aufgaben des Staatsoberhaupts, die völkerrechtliche Vertretung, den Gesetzesvollzug und das Begnadigungsrecht, hinaus besaß der Reichspräsident das Recht zur Herbeiführung eines Volksentscheides über vom Reichstag beschlossene Gesetze (Art. 73 Abs. 1 WRV) und den (delegierbaren) Oberbefehl über die Wehrmacht (Art. 47 WRV) sowie einige starke politische Rechte, die der Rechtsstellung des Kaisers in der Reichsverfassung von 1871 ähnelten. Eine Einschränkung erfuhren seine Rechte dadurch, dass alle Anordnungen und Verfügungen der Gegenzeichnung durch den Reichskanzler bedurften (Art. 50 WRV).

Der Reichspräsident ernannte den Reichskanzler und die Reichsminister ohne 32 Beteiligung des Reichstags (Art. 53 WRV), dem lediglich die Möglichkeit eines Misstrauensvotums verblieb: Dieses verpflichtete die Regierung zum Rücktritt, ohne dass es einer vorherigen Neuwahl bedurft hätte (Art. 54 WRV). Ein besonders großer Instabilitätsfaktor des Regierungssystems war dieses „destruktive

1 Vgl. Nachweise im Einzelnen bei *Stern*, Staatsrecht V, S. 555 Fn. 182.

Misstrauensvotum", vom dem sich die heutige Regelung des Art. 67 GG bewusst abgrenzt (sog. „konstruktives Misstrauensvotum"), jedoch nicht: durch ein Misstrauensvotum endeten lediglich drei Regierungen[2].
Wesentlich größere Probleme bereitete das in der Verfassung für die Wahl des Reichstags vorgeschriebene System der reinen Verhältniswahl, das zu einer gravierenden Zersplitterung des Parlaments und damit Instabilität aller Regierungen führte. Zwar war der Reichspräsident bei der Ernennung des Reichskanzlers grundsätzlich nicht an die Zusammensetzung des Parlaments gebunden, in der Praxis wurde jedoch versucht, eine Führungspersönlichkeit zum Reichskanzler zu ernennen, die das Vertrauen der Mehrheit des Parlaments genoss, um den Beschluss der von der Regierung initiierten Gesetze durch das Parlament sicherzustellen. Ob die Berücksichtigung des Vertrauens des Reichstags eine rechtliche oder nur eine politische Voraussetzung der Regierungsernennung benannte, war in der Weimarer Staatsrechtslehre umstritten[3].
Weiterhin konnte der Reichspräsident den Reichstag auflösen (Art. 25 WRV). Voraussetzungen dieser Auflösung nannte die Weimarer Reichsverfassung nicht; die einzige Beschränkung des Ermessens des Reichspräsidenten bestand darin, dass er den Reichstag aus dem gleichen Grund nur einmal auflösen durfte, was in der Praxis keine ernsthafte Hürde darstellte[4]. Insgesamt wurde der Reichstag achtmal vom Reichspräsidenten aufgelöst[5].

33 Besondere Bedeutung im Weimarer System kam dem *Notverordnungsrecht* des Reichspräsidenten nach Maßgabe von Art. 48 Abs. 2 WRV zu.
Die Norm lautet:

Artikel 48 Weimarer Reichsverfassung

[...]

(2) Der Reichspräsident kann, wenn im Deutschen Reiche die öffentliche Sicherheit und Ordnung erheblich gestört oder gefährdet wird, die zur Wiederherstellung der öffentlichen Sicherheit und Ordnung nötigen Maßnahmen treffen, erforderlichenfalls mit Hilfe der bewaffneten Macht einschreiten. Zu diesem Zwecke darf er vorübergehend die in den Artikeln 114, 115, 117, 118, 123, 124 und 153 festgesetzten Grundrechte ganz oder zum Teil außer Kraft setzen.

(3) Von allen gemäß Abs. 1 oder Abs. 2 dieses Artikels getroffenen Maßnahmen hat der Reichspräsident unverzüglich dem Reichstag Kenntnis zu geben. Die Maßnahmen sind auf Verlangen des Reichstags außer Kraft zu setzen.

[...]

(5) Das Nähere bestimmt ein Reichsgesetz.

Auf Basis dieser Norm – ein konkretisierendes Reichsgesetz wurde nie erlassen und auch nicht für nötig erachtet – konnte der Reichspräsident unter Mitwirkung des Reichskanzlers weitgehend autonom tätig werden und dabei auch wesentliche

2 Vgl. die Übersicht über die Reichsregierungen bei *Huber*, Dokumente zur deutschen Verfassungsgeschichte, Bd. 4, Nr. 161.
3 Die wohl h.M. vertrat die These der rechtlichen Bindung, vgl. *Anschütz*, Die Verfassung des Deutschen Reiches v. 11.8.1919, 1933, Art. 53 Anm. 1; *Thoma*, Handbuch des deutschen Staatsrechts I, 1930, S. 503; für die Gegenmeinung: *Pohl*, Handbuch des Deutschen Staatsrechts, 1930, S. 482 (488).
4 Vgl. *Stern*, Staatsrecht V, S. 588f.
5 Vgl. die Übersicht bei *Huber*, Dokumente zur deutschen Verfassungsgeschichte, Bd. 4, Nr. 162.

Grundrechte außer Kraft setzen. Besonders weitreichende Bedeutung kam Art. 48 Abs. 2 WRV deshalb zu, weil unter „Maßnahmen“ auch, was nach dem Wortlaut alles andere als zwingend war, der Erlass von Rechtsnormen verstanden wurde. Wann immer der Reichstag seinen Rechtsetzungsaufgaben nicht nachkam, was wegen der Parteienzersplitterung häufig der Fall war, konnte der Reichspräsident sog. „Notverordnungen“ erlassen. Dies sowie das praktisch unkontrollierte Auflösungsrecht des Reichspräsidenten bezüglich des Reichstags und seine freie Ernennungsbefugnis hinsichtlich der Reichsregierung machten Art. 48 Abs. 2 WRV zu einem kaum kontrollierbaren Element präsidentieller Macht. Von ihm wurde insbesondere in der Zeit von 1919 und 1925 durch Reichspräsident *Ebert* (mehr als 100 Notverordnungen, vor allem zu wirtschaftlichen Fragestellungen) sowie zwischen 1930 und 1932 durch Reichspräsident *Hindenburg* reger Gebrauch gemacht.

Vom Notverordnungsrecht des Reichspräsidenten streng zu unterscheiden sind **34** die sog. Ermächtigungsgesetze[6]. Das Notverordnungsrecht stützte sich auf eine verfassungsrechtliche Ermächtigungsgrundlage und ermöglichte ausschließlich dem Reichspräsidenten, nicht etwa der Reichsregierung, den Erlass gesetzesvertretender Verordnungen, die auf Verlangen des Reichstags wieder außer Kraft zu setzen waren.

Ermächtigungsgesetze dagegen stellten vom Reichstag erteilte (ursprünglich befristete) Ermächtigungen an die Reichsregierung dar, Rechtsakte ohne Zusammentritt des Reichstags in Kraft zu setzen, delegierten also faktisch die Gesetzgebungszuständigkeit vom Reichstag auf die Regierung. Ohne dass dies in der Verfassung vorgesehen gewesen wäre, waren solche Gesetze von Anfang an üblich: zwischen 1920 und 1923 gab es insgesamt fünf Ermächtigungsgesetze[7]. Obwohl diese Gesetze zumindest mit der Begründung neuer Gesetzgebungszuständigkeiten verfassungsändernden Charakter hatten, erließ der Reichstag keines im Wege der formellen Verfassungsänderung. Da jedoch die verfassungsändernde Mehrheit jeweils gegeben war und es lediglich an der Textänderung fehlte, wurden die Ermächtigungsgesetze von der Weimarer Staatsrechtslehre als zulässige verfassungsdurchbrechende Gesetze angesehen[8]. Diese Möglichkeit der stillschweigenden Verfassungsänderung durch Gesetz wurde generell akzeptiert. Sofern die erforderliche Mehrheit gegeben war, sollte es zu deren Wirksamkeit nicht einmal darauf ankommen, ob sich der Gesetzgeber der Verfassungsänderung überhaupt bewusst war[9]. Im Ergebnis stellte dies den Inhalt der Weimarer Reichsverfassung zur Disposition des Gesetzgebers.

Zwar etablierte die Weimarer Reichsverfassung einen Staatsgerichtshof, jedoch **35** kam auch diesem keine Möglichkeit zu, Verfassungsänderungen und Gesetzgebung zu kontrollieren. Er war gem. Art. 15, 18 und 19 WRV auf die Entscheidung in Rechtsstreitigkeiten zwischen Reich und Land, zwischen Ländern und Anklageverfahren gegen Regierungsmitglieder wegen vorsätzlicher Verfassungsverletzungen beschränkt. Verfahren der Normenkontrolle oder des Organstreits[10] gab es ebenso wenig wie die Möglichkeit einer auf die Verletzung

6 S. *Huber*, Deutsche Verfassungsgeschichte, Bd. 6, S. 444 ff.
7 S. *Huber*, Deutsche Verfassungsgeschichte, Bd. 6, S. 438 ff.
8 S. *Huber*, Deutsche Verfassungsgeschichte, Bd. 6, S. 421 ff., insbes. Fn. 13.
9 S. *Stern*, Staatsrecht V, S. 422.
10 S. *Huber*, Deutsche Verfassungsgeschichte, Bd. 6, S. 549 ff.

subjektiver Rechte gestützte Verfassungsbeschwerde. Insgesamt waren die im zweiten Teil der Weimarer Reichsverfassung enthaltenen Grundrechte ein schwaches Instrument: ihre Bindungswirkung war nicht ausdrücklich geregelt, häufig wurden sie als bloße Programmsätze verstanden. Die Zulässigkeit der materiellen Verfassungsänderung durch einfaches Gesetz (Verfassungsdurchbrechung) und die mangelnde verfassungsgerichtliche Kontrolle stellen somit weitere Defizite der Weimarer Reichsverfassung dar.

36 Die Zersplitterung des Parlaments, die eine Gesetzgebung im ordnungsgemäßen Verfahren schwierig machte, führte zu häufigen Regierungswechseln: insgesamt hatte die Weimarer Republik zwischen 1919 und 1933 18 Regierungen, wobei das am längsten tätige Kabinett unter *Hermann Müller* zwischen 1928 und 1930 auf 22 Monate Regierungstätigkeit kam[11]. Dies zeigt deutlich die Instabilität des Regierungssystems der Weimarer Reichsverfassung.

37 Insgesamt traf die konsequent demokratische rechtsstaatliche Weimarer Reichsverfassung auf eine Gesellschaft, die – in Klassen- und Interessengegensätzen zerrissen – für sie nicht reif war. Sie bot nicht ausreichend Schutz davor, Objekt politischer Opportunität zu werden. Zusammenfassend können folgende „Konstruktionsfehler" der Weimarer Verfassung festgehalten werden, die für den Untergang der Weimarer Republik mitursächlich gemacht werden:

- Das Verhältniswahlsystem und die damit verbundene Zersplitterung des Parlaments.
- Die Instabilität der Regierungen infolge der parlamentarischen Zersplitterung.
- Die Möglichkeit eines destruktiven Misstrauensvotums.
- Das jederzeitige Auflösungsrecht des Reichspräsidenten zu Lasten des Reichstags.
- Das Notverordnungsrecht des Reichspräsidenten einschließlich der Außerkraftsetzung von Grundrechten.
- Die Möglichkeit einer Verfassungsänderung durch einfaches Gesetz (Verfassungsdurchbrechung) und die hieraus resultierende Etablierung von Ermächtigungsgesetzen.
- Die fehlende verfassungsgerichtliche Kontrolle der Tätigkeit der Staatsorgane und der Verfassungsmäßigkeit von Reichsgesetzen.

§ 10 Die Zeit des Nationalsozialismus

38 Zwischen 1930 und Anfang 1933 verfiel die Weimarer Verfassung. Das parlamentarische Regierungsprinzip wich einem Präsidialsystem der Zusammenarbeit von Reichspräsident und Reichsregierung, gestützt auf Notverordnungen. Zur schrittweisen Auflösung der Weimarer Republik kam es nach der nationalsozialistischen Machtübernahme: Als Hindenburg am 30.1.1933 Adolf Hitler zum

---

11 Die einzelnen Regierungen und ihre Geschichte werden ausführlich dargestellt bei *Huber*, Deutsche Verfassungsgeschichte, Bd. 7.

Reichskanzler ernannte, glaubte man, die beim Volk beliebt gewordenen Nationalsozialisten würden sich mit der Zeit totlaufen. Hitler jedoch war von Anfang bemüht darum, seine Herrschaft schnell und konsequent durch Einschüchterung und durch Systemveränderungen zu festigen.
Der Reichstagsbrand gab Hitler bereits im Februar 1933 Gelegenheit, auf eine Notverordnung Hindenburgs hinzuwirken, mit der wichtige Grundrechte wie insbesondere die Meinungs- und Pressefreiheit vorübergehend außer Kraft gesetzt wurden. Das auf parlamentarischem Wege erreichte „Gesetz zur Behebung der Not von Volk und Reich" vom 24.3.1933 ermöglichte eine umfassende Gesetzgebungszuständigkeit der Regierung (sog. Ermächtigungsgesetz)[1]. Seine Verfassungskonformität ist einerseits aufgrund der oben dargestellten Bedenken gegen eine Verfassungsdurchbrechung und die hier bewirkte vollständige Aufhebung der Gewaltenteilung, andererseits mit Blick auf die seinem Beschluss vorangehende Inhaftierung und Einschüchterung von Abgeordneten problematisch. Man kann das Ermächtigungsgesetz als „Selbstmord des parlamentarischen Systems" bezeichnen; in der Folge konnte Hitler, der nach dem Tod Hindenburgs am 2.8.1934 auch das Amt des Reichspräsidenten übernahm[2], weitreichende Umorganisationen der staatlichen Ordnung selbstständig beschließen.
Unmittelbar auf das Ermächtigungsgesetz folgte die Gleichschaltung der Länder in vier Gesetzen: dem vorläufigen Gesetz zur Gleichschaltung der Länder mit dem Reich vom 31.3.1933[3], dem Zweiten Gesetz zur Gleichschaltung der Länder mit dem Reich vom 7.4.1933[4], dem Gesetz über den Neuaufbau des Reiches vom 30.1.1934[5] und dem Reichsstatthaltergesetz vom 30.1.1935[6]. Hinzu kamen die Abschaffung des Reichsrates[7] und des Reichswirtschaftsrates[8] sowie die Umgestaltung der Vorschriften über Volksbegehren und Volksentscheid in eine Befugnis der Reichsregierung, das Volk zu befragen[9], und die Auflösung der politischen Parteien. Schließlich erging das Gesetz zur Sicherung der Einheit von Partei und Staat vom 1.12.1933[10], das die Grenzen zwischen staatlichen und politischen Organisationen vollständig beseitigte. Der NSDAP wurde sogar der Status einer Körperschaft des öffentlichen Rechts zuerkannt. Die Justiz wurde durch eine Umwandlung der Gerichtsorganisation der Länder in Reichsorganisationen in das zentralistische System integriert (sog. Verreichlichung der Justiz).[11] Infolge der Justizänderungen besaß der Staatsgerichtshof keine Zuständigkeit mehr und entfiel. Errichtet wurden vielfältige Sondergerichte, wie insbesondere der berüchtigte Volksgerichtshof[12].

---

1 RGBl. 1933 I, S. 141; das Gesetz wurde von Reichspräsident Hindenburg am 24.3.1933 ausgefertigt und am selben Tag im RGBl. verkündet.
2 S. hierzu das Gesetz über das Staatsoberhaupt des Deutschen Reichs, RGBl. 1934 I, S. 747.
3 RGBl. 1933 I, S. 153.
4 RGBl. 1933 I, S. 173.
5 RGBl. 1934 I, S. 75.
6 RGBl. 1935 I, S. 65.
7 Gesetz über die Aufhebung des Reichsrats v. 14.2.1934, RGBl. 1934 I, S. 89.
8 Gesetz über die Aufhebung des vorläufigen Reichswirtschaftsrats v. 23.3.1934, RGBl. 1934 I, S. 115.
9 S. hierzu das Gesetz über Volksabstimmungen v. 14.7.1933, RGBl. 1933 I, S. 479.
10 RGBl. 1933 I, S. 1016.
11 S. das Erste Gesetz zur Überleitung der Rechtspflege auf das Reich v. 16.2.1934, RGBl. 1934 I, S. 91.
12 Ursprünglich handelte es sich nur um eine besondere Zuständigkeitsregelung für spezielle Delikte, geregelt im Gesetz zur Änderung von Vorschriften des Strafrechts und des Strafverfahrens RGBl. 1934 I, S. 341; später fand eine Hochzonung zum institutionalisierten Gericht statt durch Gesetz v. 18.4.1936, RGBl. 1936 I, S. 369.

39 Vor dem Hintergrund, dass es erklärtes Ziel des Nationalsozialismus war, die alte Rechtsordnung durch einen neuen, vollständig der nationalsozialistischen Ideologie unterworfenen Staat zu ersetzen, wirkt es erstaunlich, wie sehr die Nationalsozialisten um den Schein von Legalität und Kontinuität auf Basis der Weimarer Reichsverfassung bemüht waren. So wurde das auf einem Parlamentsbeschluss beruhende befristete Ermächtigungsgesetz auch nach der Etablierung eines totalitären Führerstaates mehrfach verlängert, so 1937[13], 1939[14] und schließlich durch Führererlass vom 10.5.1943[15] mit unbestimmter Geltungsdauer.

§ 11 Besatzungszeit und Grundgesetz

40 Die Niederlage Deutschlands im 2. Weltkrieg führte zum vollständigen Zusammenbruch des nationalsozialistischen Unrechtssystems und einem Neubeginn unter alliierter Besatzung. Bereits während des Krieges waren Überlegungen für die zukünftige politische und staatsrechtliche Organisation Deutschlands in der sog. Atlantikcharta festgehalten worden. Im auf der Krimkonferenz vom 4.–11.2.1945 beschlossenen Abkommen von Jalta wurde die Forderung nach der bedingungslosen Kapitulation Deutschlands festgehalten, das Potsdamer Abkommen enthielt Regelungen über die Zusammenarbeit der Alliierten, wie insbesondere die Einrichtung des Alliierten Kontrollrates und des Rates der Außenminister.

Die unterschiedlichen Interessen sowie internen Verhältnisse der Alliierten gestalteten das weitere Verfahren schwierig: Einigkeit bestand zunächst hinsichtlich einer Aufteilung Deutschlands in vier Besatzungszonen und der vollständigen Zerstörung der nationalsozialistischen Strukturen. Frankreich und die Sowjetunion sprachen sich für eine möglichst weitgehende Schwächung Deutschlands an, die Sowjetunion strebte auch keine Demokratie nach westlichem Muster an. Der Wiederaufbau des politischen Lebens begann in der Kommune, 1946 und 1947 wurden in ganz Deutschland Länder gegründet. Die Spaltung in Zonen führte schließlich zu einer weiteren Schwächung der ohnehin durch den Krieg beeinträchtigten Wirtschaft. Da insbesondere die USA eine wirtschaftliche Erstarkung Deutschlands für erforderlich hielten, kam es zum Zusammenschluss der Zonen, zunächst der englischen und amerikanischen (sog. Bizone), später auch der französischen (sog. Trizone). Eine Einheit aller vier Zonen wurde wegen der unüberbrückbaren Differenzen der Westmächte mit der Sowjetunion für nicht realisierbar gehalten. Im Rahmen der sog. Sechs-Mächte-Konferenz vom 23.–26.2.1948, an der sich neben den drei westlichen Alliierten auch die sog. Benelux-Staaten beteiligten, wurde eine vorläufige politische Neuordnung eines westdeutschen Staates beschlossen, die einerseits eine Stabilisierung gewährleisten, andererseits jede Anfälligkeit für nationalsozialistische wie kommunistische Ideologien verhindern sollte.

Man entschloss sich zu einem föderalistischen System mit einem erheblichen Gewicht der Länder bei gleichzeitiger Etablierung einer Zentralgewalt, die stark genug sein sollte, die Einheitlichkeit der Lebensverhältnisse und der wirtschaftli-

13 RGBl. 1937 I, S. 105.
14 RGBl. 1939 I, S. 95.
15 RGBl. 1943 I, S. 295.

chen Entwicklung in Deutschland zu gewährleisten. Als Voraussetzungen hierfür wurden die Demokratisierung sowie die Gewährleistung von Recht und Freiheit einschließlich eines Justizwesens mit einem Obersten Gerichtshof, der über die Einhaltung subjektiver Rechtspositionen wachen sollte, gesehen[1].
Die genaue Ausgestaltung des Regierungssystems war zwischen Großbritannien, das die Bildung eines Zweikammersystems auf Zentralebene forderte, und Frankreich, das lediglich eine aus Vertretern der Einzelstaaten gebildete Zentralinstanz zulassen wollte, umstritten[2]. Ein Einlenken Frankreichs in dieser Frage wurde letztlich durch wirtschaftliche Zugeständnisse erzielt, wobei – um eine Schwächung der französischen Position in der Öffentlichkeit zu vermeiden – die Ergebnisse der Londoner Konferenz nur teilweise veröffentlicht wurden[3], was zu Missdeutungen in Deutschland führte.

Sie wurden schließlich von den Alliierten in ein an die deutschen Politiker und die Öffentlichkeit gerichtetes Dokument umgearbeitet, das nach dem Ort der Übergabe im Frankfurter Hauptquartier der Alliierten später „*Frankfurter Dokumente*" genannt wurde. Darin waren die Beschlüsse der Alliierten in arbeitstaugliche Vorgaben an die westdeutschen Ministerpräsidenten umformuliert. Insgesamt wurden drei Dokumente vorgelegt: Dokument Nr. I enthielt Bestimmungen für eine zukünftige Verfassung Deutschlands, in Dokument Nr. II ging es um die Länderneugliederung in den westlichen Besatzungszonen, in Dokument Nr. III wurden Grundzüge eines Besatzungsstatuts[4] mitgeteilt. 41
Dokument Nr. I lautete:

> „In Übereinstimmung mit den Beschlüssen ihrer Regierungen autorisieren die Militärgouverneure der amerikanischen, britischen und französischen Besatzungszone in Deutschland die Ministerpräsidenten der Länder ihrer Zonen, eine **verfassungsgebende Versammlung** einzuberufen, die spätestens am 1. September 1948 zusammentreten sollte. Die Abgeordneten zu dieser Versammlung werden in jedem der bestehenden Länder nach den Verfahren und Richtlinien ausgewählt, die durch die gesetzgebende Körperschaft in jedem dieser Länder angenommen werden. Die Gesamtzahl der Abgeordneten zur verfassungsgebenden Versammlung wird bestimmt, indem die Gesamtzahl der Bevölkerung nach der letzten Volkszählung durch 750000 oder eine ähnliche von den Ministerpräsidenten vorgeschlagene und von den Militärgouverneuren gebilligte Zahl geteilt wird. Die Anzahl der Abgeordneten von jedem Land wird in demselben Verhältnis zur Gesamtzahl der Mitglieder der verfassungsgebenden Versammlung stehen, wie seine Bevölkerung zur Gesamtbevölkerung der beteiligten Länder.
> **Die verfassungsgebende Versammlung wird eine demokratische Verfassung ausarbeiten, die für die beteiligten Länder eine Regierungsform des föderalistischen Typs schafft, die am besten geeignet ist, die gegenwärtig zerrissene deutsche Einheit schließlich wieder herzustellen, und die Rechte der betei-**

1 Vgl. *J.E. Smith* (Hrsg.), The Papers of General Lucius D. Clay. Germany 1945–1949, 1974, Bd. 2, S. 557.
2 Vgl. zur Darstellung der Gegensätze im Einzelnen *G. Wehner*, Die Westalliierten und das Grundgesetz, 1994, S. 47ff.
3 MGMP (48) 1 (2,3), abgedr. in JöR NF Bd. 1 (1951), S. 1–3 u. Fn. 1.
4 Vgl. *W. Grewe*, Ein Besatzungsstatut für Deutschland, 1948; *C. van Wylick*, Das Besatzungsstatut – Entstehung, Revision, Wandel und Ablösung des Besatzungsstatuts, 1956.

ligten Länder schützt, eine angemessene Zentralinstanz schafft und die Garantien der individuellen Rechte und Freiheiten enthält. [...]"[5]

42 Nach einigen Unstimmigkeiten[6] kam es schließlich auf der Frankfurter Konferenz vom 26.7.1948 zu einer Einigung zwischen den Alliierten und den Ministerpräsidenten. Dabei wurden die Londoner Empfehlungen im wesentlichen angenommen, man einigte sich lediglich auf die Bezeichnung „Grundgesetz" statt „Verfassung", was einerseits den provisorischen Charakter eines zu gründenden westdeutschen Staates und seiner Verfassung zum Ausdruck brachte, andererseits an die „leges fundamentales" des Alten Reiches anknüpfte. Ferner wurde statt einer (vom Volk gewählten) verfassunggebenden Versammlung ein aus Ländervertretern gebildeter „Parlamentarischer Rat" als Forum zur Ausarbeitung des Grundgesetzes akzeptiert.

43 Nach der Ausarbeitung eines Verfassungsentwurfs auf dem sog. Verfassungskonvent von Herrenchiemsee im August 1948 konstituierte sich der Parlamentarische Rat am 1.9.1948 in Bonn. Er bestand aus 65 von den Landtagen gewählten Mitgliedern, darunter auch Carlo Schmid, Theodor Heuss und Konrad Adenauer. Neben einer Vollversammlung (Plenum) wurden Ausschüsse gebildet, in denen die Sachfragen im Einzelnen diskutiert wurden: der Hauptausschuss, der Ausschuss für Grundsatzfragen, der Ausschuss für Zuständigkeitsabgrenzung, der Ausschuss für Finanzfragen, der Ausschuss für die Organisation des Bundes sowie der Ausschuss für Verfassungsgerichtshof und Rechtspflege. Außerdem gab es noch interfraktionelle Gremien und einen allgemeinen Redaktionsausschuss.
Nach nur acht Monaten, in denen jedoch über fast jede Verfassungsbestimmung intensiv diskutiert wurde, beschloss das Plenum des Parlamentarischen Rates die endgültige Fassung des *„Grundgesetzes für die Bundesrepublik Deutschland"* in der dritten Lesung am 8.5.1949. Am 12.5.1949 erfolgte die Genehmigung durch die drei Militärgouverneure der westlichen Besatzungszonen, General *Clay* (USA), General *Robertson* (Großbritannien) und General *Koenig* (Frankreich). Mit dem Genehmigungsschreiben wurde den Ministerpräsidenten die Befugnis erteilt, das Verfahren der Ratifizierung in den Landtagen durchzuführen.

44 Das Grundgesetz lag den Parlamenten der elf Länder der westlichen Besatzungszonen zwischen dem 18. und dem 21.5.1949 zur Ratifizierung vor[7]. Der bayerische Landtag lehnte das Grundgesetz am 20.5.1949 ab, stellte jedoch fest, dass das Grundgesetz für den Fall der Zustimmung durch 2/3 der Parlamente der übrigen Länder auch in Bayern wirksam sein sollte. Die übrigen Parlamente nahmen das Grundgesetz an. Am 23.5.1949 wurde es in Bonn vom Präsidenten des Parlamentarischen Rates verkündet und im Bundesgesetzblatt veröffentlicht. Mit Ablauf dieses Tages trat es in Kraft[8].

5 Hervorhebung v. Verf.; Document No. 1 (2,3). Az.: MGMP (48) 1 (2,3), abgedr. in: JöR NF Bd. 1, (1951) 1–3 u. Fn. 1.

6 Die sog. Rittersturzkonferenz, die erste Niederwaldkonferenz, die Frankfurter Konferenz der Ministerpräsidenten und Militärgouverneure, die zweite Niederwaldkonferenz, die Frankfurter Schlusskonferenz; Einzelheiten bei *Wilms*, Ausländische Einwirkungen auf die Entstehung des Grundgesetzes, 1999, S. 58 ff.

7 S. JöR NF Bd. 1 (1951), 13.

8 Art. 145 GG sowie BGBl. I 1949, S. 1.

C. Das Grundgesetz und seine Geltung

§ 12 Überblick: Aufbau und Inhalt des Grundgesetzes

Den Intentionen des Parlamentarischen Rates folgend stellt sich das Grundgesetz als bewusste Auseinandersetzung mit den Schwächen der Weimarer Reichsverfassung und ihrer Perversion in der Zeit des Nationalsozialismus dar. Dies zeigt sich bereits in der Präambel (Vorspruch) des Grundgesetzes, die auf das Bewusstsein des Deutschen Volkes von „seiner Verantwortung vor Gott und den Menschen" Bezug nimmt. Nachdem die vor 1990 in der Präambel als Zielsetzung ausgegebene Wiedervereinigung erreicht wurde, nennt diese nunmehr ausschließlich den Willen, als „gleichberechtigtes Glied in einem vereinten Europa dem Frieden der Welt zu dienen". 45

An den Anfang des Verfassungstextes stellt das Grundgesetz bewusst „Die Grundrechte" (1. Abschnitt) und dort an die Spitze die unantastbare, von der staatlichen Gewalt zu achtende und zu schützende Menschenwürde (Art. 1 Abs. 1 GG). Insgesamt sind die Grundrechte knapper gefasst als in der Weimarer Reichsverfassung; sie werden jedoch nicht, was für manche (nicht für alle) Grundrechte der Weimarer Verfassung galt, als bloße Programmsätze verstanden, sondern – was Art. 1 Abs. 3 GG ausdrücklich klarstellt – als alle drei staatliche Gewalten bindendes unmittelbar geltendes Recht. Diese subjektiv-rechtliche Dimension der Grundrechte hat die 1969 auch ins Grundgesetz eingefügte Möglichkeit der Verfassungsbeschwerde (Art. 93 Abs. 1 Nr. 4a GG) verstärkt, mit der die Verletzung von Grundrechten vor dem BVerfG geltend gemacht werden kann. Bereits in seiner frühen Rechtsprechung hat das BVerfG festgestellt, dass den Grundrechten darüber hinaus eine objektiv-rechtliche Dimension zukommt, kraft derer sie in den gesamten staatlichen und gesellschaftlichen Bereich ausstrahlen und eine objektive Wertordnung erzeugen[1]. Das weite Verständnis der allgemeinen Handlungsfreiheit des Art. 2 Abs. 1 GG durch das Bundesverfassungsgericht[2] führt dazu, dass beinahe jedes menschliche Verhalten in den Schutzbereich eines Grundrechts fällt und staatliche Eingriffe damit stets einer Rechtfertigung bedürfen. Besondere Bedeutung kommt vor dem Hintergrund der Erzeugung einer freiheitlich-demokratischen Grundordnung den Kommunikationsgrundrechten des Art. 5 GG und der Versammlungsfreiheit nach Art. 8 GG zu, die eine umfassende Teilhabe am politischen Meinungskampf ermöglichen sollen. 46

Abschnitt 2 („Der Bund und die Länder") regelt grundlegende Fragestellungen des föderalen Staatsaufbaus. Dabei trifft Art. 20 GG eine zentrale Entscheidung zugunsten der Staatsstrukturprinzipien des Bundesstaates, der Republik, der Demokratie, des Sozialstaates sowie des Rechtsstaates. Die darin zum Ausdruck kommenden Grundsätze, die in Teil II untersucht werden, sind ebenso wie die Menschenwürdegarantie des Art. 1 GG, die Gliederung des Bundes in Länder und die Mitwirkung der Länder an der Gesetzgebung gem. Art. 79 Abs. 3 GG der Verfassungsänderung entzogen. Die Verfassungsänderung, die im 7. Abschnitt 47

1 BVerfGE 7, 198 (205) – *Lüth*.
2 Vgl. BVerfGE 6, 32 (36) – *Elfes*; 80, 137 (152) – *Reiten im Walde*.

(„Die Gesetzgebung") geregelt ist, ist im Grundgesetz auch im Übrigen beschränkt. Zum einen bedarf es einer ausdrücklichen Textänderung der Verfassung, zum anderen sind besondere Mehrheiten in Bundestag und Bundesrat erforderlich.

48 Art. 21 GG nennt ausdrücklich die Aufgabe der politischen Parteien, an der politischen Willensbildung des Volkes mitzuwirken, ermöglicht jedoch auch ein Verbot von Parteien, die auf eine Beeinträchtigung oder Beseitigung der freiheitlich-demokratischen Grundordnung zielen. Diese Möglichkeit des Parteiverbots, die in Art. 18 GG vorgesehene Verwirkung von Grundrechten und das in Art. 20 Abs. 4 GG enthaltene Widerstandsrecht gestalten die Verfassungsordnung des Grundgesetzes als „wehrhafte Demokratie" aus.
Von besonderer Bedeutung im 2. Abschnitt sind darüber hinaus Art. 23 GG, der die Mitwirkung der Bundesrepublik Deutschland am Europäischen Einigungsprozess ermöglicht sowie ausgestaltet, und Art. 28 GG, der eine grundsätzliche Homogenität von Bund und Ländern anordnet und mit dem Schutz der kommunalen Selbstverwaltung (Art. 28 Abs. 2 GG) einen Staatsaufbau „von unten nach oben" etabliert.

49 Die Abschnitte 3–6 regeln die Rechtsstellung der Verfassungsorgane. Diese werden in Teil III ausführlich dargestellt. Das Grundgesetz etabliert ein parlamentarisches Regierungssystem, in dem der Bundeskanzler als Regierungschef vom Bundestag als Parlament gewählt wird (Art. 63 Abs. 1 GG). Darüber hinaus stattet es den Bundesrat als Länderkammer mit besonderen Befugnissen aus, insbesondere im Gesetzgebungsverfahren. Ein wesentlicher Unterschied im Vergleich zur Weimarer Reichsverfassung besteht hinsichtlich der Kompetenzen des Bundespräsidenten als Staatsoberhaupt, die gegenüber denen des Reichspräsidenten deutlich zurückgenommen sind. Auch sieht Art. 67 GG kein destruktives, sondern nurmehr ein konstruktives Misstrauensvotum vor: Will der Bundestag dem Bundeskanzler sein Misstrauen aussprechen, muss er zugleich einen neuen Bundeskanzler bestimmen.

50 Die Abschnitte 7–9 regeln die Staatsaufgaben der Gesetzgebung, der Ausführung von Bundesgesetzen und der Rechtsprechung. Dieses Lehrbuch folgt der Aufteilung des Grundgesetzes, wonach zunächst die Staatsorgane einzeln und sodann ihr Zusammenwirken im Rahmen der Wahrnehmung der einzelnen Staatsfunktionen dargestellt werden, und behandelt die Staatsaufgaben in Teil IV. Abschnitt 10 regelt die Finanzierung der Staatsaufgaben. Abschnitt 10a behandelt den hier nur kurz im Zusammenhang mit den verfassungsrechtlichen Vorgaben für Einsätze der Bundeswehr zu erörternden Verteidigungsfall.

51 Abschnitt 11 enthält Übergangs- und Schlussbestimmungen. Dort von besonderer Bedeutung ist Art. 140 GG, der die Art. 136–139 sowie 141 WRV in das Grundgesetz inkorporiert. Diese enthalten die maßgeblichen Bestimmungen zum Verhältnis von Staat und Religionsgemeinschaften (sog. Staatskirchenrecht) in Deutschland[3]. Als letzter Artikel des Grundgesetzes stellt Art. 146 ausdrücklich klar, dass dieses nach der vollzogenen Wiedervereinigung des Jahres 1990 für das gesamte deutsche Volk gilt. Seinen ursprünglich vorgesehenen Charakter als

3 S. dazu *Jeand'Heur/Korioth*, Grundzüge des Staatskirchenrechts, §§ 8–10, 18.

Provisorium hat das Grundgesetz damit verloren. Art. 23 GG, der in seiner ursprünglichen Fassung („Dieses Grundgesetz gilt zunächst...") diesen provisorischen Charakter zum Ausdruck gebracht hatte, wurde am 3.10.1990 aufgehoben und 1992 als „Europa-Artikel", der die Mitwirkung der Bundesrepublik Deutschland an einer Europäischen Union regelt, neu konzipiert. Darüber hinaus verweist Art. 146 GG auf die stets bestehende Möglichkeit des deutschen Volkes, als verfassunggebende Gewalt das Grundgesetz durch eine neue Verfassung zu ersetzen.

§ 13 Der zeitliche Geltungsbereich

Art. 146 GG spricht von der „Geltung des Grundgesetzes für alle Deutschen". Im Folgenden soll der Frage nachgegangen werden, was es bedeutet, dass eine „Verfassung gilt". Dabei ist der zeitliche Geltungsbereich, d. h. die Festlegung, wie lange eine Verfassung Rechtswirksamkeit entfalten soll, vom funktionalen Geltungsbereich zu unterscheiden, der die Frage beantwortet, wer ihren Regelungen unterfallen soll.

I. Der Ewigkeitsanspruch von Verfassungen

Eine Verfassung ist die entscheidende Grundordnung für ein Gemeinwesen, von **52**
der alle weiteren normativen Beziehungen abgeleitet werden. Sie nimmt für sich daher prinzipiell in Anspruch, solange zu gelten, wie das Gemeinwesen existiert, dessen Grundordnung sie sein soll. Verfassungen kennen daher im Allgemeinen keine Befristung und keine Regelung über die Voraussetzungen, unter denen ihre Geltung aufgehoben wird. Das gilt ausnahmsweise nicht für Verfassungen, die für ein Gemeinwesen errichtet worden sind, das nur befristet oder für eine unbestimmte Übergangszeit existieren soll.

Letzteres war der Gedanke des Art. 146 GG a. F., der die Abfassung einer neuen Verfassung durch das deutsche Volk nach vollzogener Wiedervereinigung vorsah. Als es 1990 zur Wiedervereinigung kam, entschied man sich jedoch, keine neue Verfassung zu schaffen, sondern das „Grundgesetz", auch unter diesem Namen, als Verfassung des gesamten deutschen Volkes mit einigungsbedingten Änderungen beizubehalten. Es gilt nunmehr unbedingt und mit unbestimmter Geltungsdauer. Art. 146 GG sieht jedoch weiterhin die Möglichkeit einer Verfassungsablösung vor, wenn sich das deutsche Volk „in freier Entscheidung" eine neue Verfassung gibt.

II. Die Unterscheidung von Verfassunggebung und Verfassungsänderung

Verfassunggebung meint die Schaffung einer Verfassung[1], sei es einer völlig neuen **53**
in Folge der Gründung eines neuen Staates oder die (oft revolutionäre) Ablösung einer alten durch eine neue Verfassung bei Weiterbestehen des Staates als Rechts-

1 Vgl. *Stern*, Staatsrecht I, S. 146 ff.

subjekt. Verfassunggebung ist ein originärer Rechtsakt, der nur aus einer besonderen höchsten Rechtsquelle, der verfassunggebenden Gewalt (*pouvoir constituant*)[2], entspringen kann. Nach modernem, entsakralisiertem Verfassungsverständnis ist Träger der verfassunggebenden Gewalt stets das Volk[3]. Die Ableitung der Herrschaftsgewalt von einer außerhalb des Gemeinwesens stehenden höchsten Autorität wird als Fundamentalismus abgelehnt.
Vielfach wird die verfassunggebende Gewalt als eine vorverfassungsrechtliche Größe bezeichnet, die originär, also nicht von einer anderen Rechtsquelle abgeleitet sei und grundsätzlich unbeschränkt existiere[4]. Dabei ist jedoch zu beachten, dass das Recht notwendig an eine Gemeinschaft von Menschen geknüpft ist und sich überall dort, wo eine Gemeinschaft von Menschen existiert, immer auch eine Form rechtlicher Ordnung bildet. Das „originäre Recht" ist dann nichts anderes als die individuelle Verteidigungsfähigkeit gegen die Beschränkung des eigenen Handlungskreises durch andere. Die Übertragung dieser originären Verteidigungsfähigkeit auf ein Kollektiv ist nach oben dargestelltem Vertragsmodell die Staatsgründung durch Abschluss eines Staatsvertrags. Die Verfassunggebung als Beschränkung der durch den Staatsvertrag begründeten staatlichen Herrschaftsgewalt ist dieser insofern logisch nachgelagert. Ein Staat bedarf zu seiner Existenz keiner Verfassung. Freilich können Staatsgründung und Verfassunggebung in einem Akt zusammenfallen, was rechtshistorisch jedoch selten geschah.
Art. 146 GG nimmt auf diese Überlegungen Bezug, wenn er davon spricht, dass sich das (auch vor Schaffung der neuen Verfassung weiter bestehende) deutsche Volk eine Verfassung geben kann. Nach dem Gesagten ist aber auch klar, dass die Modalitäten einer neuen Verfassunggebung nicht durch die alte Verfassung geregelt sein können, da diese die originäre verfassunggebende Gewalt nicht binden kann.

54 Ausdrücklich in der Verfassung vorgesehen sein kann ein *Verfahren der Verfassungsänderung*, d.h. die ausdrückliche und teilweise, *inhaltliche Änderung* der bestehenden Verfassung[5]. Die Verfassungsänderung reicht weiter als der Verfassungswandel, mit dem Bedeutungswandlungen innerhalb der Grenzen des Wortlauts bezeichnet werden[6]. Sie beseitigt jedoch nicht die bestehende Verfassung oder schafft eine neue, sondern lässt vielmehr die Verfassung bestehen und ändert nur einen Teil, ohne formal ihre Integrität in Frage zu stellen. Die Verfassungsänderung geschieht nicht durch das Auftreten der verfassunggebenden Gewalt, sondern durch einen in der Verfassung vorgesehenen Rechtsakt des verfassungsändernden Gesetzgebers[7]. Auch die Änderung des gesamten Inhalts einer Verfassung in einem Akt – also eine Totalrevision, die im Ergebnis der Ablösung einer alten durch eine neue Verfassung gleichkommt – ist formal noch keine Verfassunggebung, weil die verfassunggebende Gewalt nicht in Erscheinung tritt, sondern die Änderung im Rahmen des gültigen Verfassungsrechts erfolgt[8].

2 Vgl. *Schneider*, HStR VII, § 158.
3 *Schneider*, HStR VII, 1. Aufl. 1992, § 158 Rn. 3ff.; *Kirchhof*, HStR II, § 21 Rn. 22ff.
4 *Maurer*, Staatsrecht I, § 22 Rn. 1ff.
5 *Badura*, HStR VII, 1. Aufl. 1992, § 160 Rn. 16.
6 *Badura*, HStR VII, 1. Aufl. 1992, § 160 Rn. 13ff.
7 *Maurer*, Staatsrecht I, § 22 Rn. 1ff.
8 *Maurer*, Staatsrecht I, § 22 Rn. 6.

Problematisch kann eine solche Totalrevision jedoch mit Blick auf den Ewigkeitsanspruch der Verfassung sein. Ein verfassunggebender Akt, der die Geltung der vorherigen Verfassung aufhebt, setzt auch deren Ewigkeitsanspruch außer Kraft. Eine Verfassungsänderung, die sich auf einzelne inhaltliche Änderungen beschränkt, beeinträchtigt den Ewigkeitsanspruch dagegen nicht, sondern trägt vielmehr zu seiner Verwirklichung bei, da sich nur eine dynamische Verfassung über lange Zeiträume behaupten und Veränderungen der tatsächlichen Verhältnisse begegnen kann. Abgeschwächt kann der Ewigkeitsanspruch in besonderen formalen Anforderungen auftreten, die eine Verfassungsänderung gegenüber der einfachen Gesetzesänderung erschweren[9]. 55

Umfassende Verfassungsänderungen bis hin zu einer Totalrevision können dagegen mit dem Ewigkeitsanspruch kollidieren, wenn sie die bisherige staatliche Ordnung zugunsten einer radikal neuen beseitigen[10].

III. Die Ewigkeitsgarantie des Grundgesetzes in Art. 79 Abs. 3 GG

Das Grundgesetz schützt seinen Geltungsanspruch außer durch das besondere Verfahren zur Verfassungsänderung nach Art. 79 Abs. 1 u. 2 GG vor allem durch die sog. Ewigkeitsgarantie des Art. 79 Abs. 3 GG[11].

1. Funktion der Ewigkeitsgarantie

Diese Norm nennt als inhaltliche Schranke von Verfassungsänderungen des verfassungsändernden Gesetzgebers einen prägenden Kernbestand von Grundsätzen, die das Grundgesetz für die staatliche Ordnung aufstellt[12]. Ein verfassungsänderndes Gesetz, das gegen die Schranke des Art. 79 Abs. 3 GG verstößt, ist unzulässig und nichtig[13]. Gleiches gilt für die Übertragung von Hoheitsrechten im Verfahren nach Art. 23 GG, d. h. jede Kompetenzübertragung auf die Europäische Union ist an den Voraussetzungen des Art. 79 III GG zu messen; ein vollständiges Aufgehen der Bundesrepublik Deutschland in einem einheitlichen europäischen Staat wäre nur im Wege einer neuen Verfassunggebung zu bewerkstelligen. Gegenüber dem sonstigen, abänderbaren Verfassungsrecht besitzt Art. 79 Abs. 3 GG insoweit höheren Rang[14]. 56

In BVerfGE 30, 1, 24 – *Abhör-Urteil* – heißt es:

> „Art. 79 Abs. 3 GG als Schranke für den verfassungsändernden Gesetzgeber hat den Sinn zu verhindern, dass die geltende Verfassungsordnung in ihrer Substanz, in ihren Grundlagen auf dem formal-legalistischen Weg eines verfassungsändernden Gesetzes beseitigt und zur nachträglichen Legalisierung eines totalitären Regimes missbraucht werden kann. Die Vorschrift verbietet also eine prinzipielle Preisgabe der dort genannten Grundsätze.“[15]

---

9 Vgl. *Stern,* Staatsrecht I, S. 153 ff.
10 Vgl. auch *Schmitt,* Verfassungslehre S. 26, 102 ff.
11 *Stern,* Staatsrecht I, S. 165 ff; *Maurer,* Staatsrecht I, § 22 Rn. 17 ff.
12 *Stern,* Staatsrecht I, S. 113 ff.
13 BVerfGE 30, 1 (24) – *Abhörurteil.*
14 *Pieroth,* in: Jarass/Pieroth, GG, Art. 79, Rn. 6.
15 Vgl. auch BVerfGE 84, 90 (120 ff.) – *Bodenreform I.*

57 Das Grundgesetz legt also selbst fest, welche seiner Inhalte dem Ewigkeitsanspruch unterliegen und nicht Gegenstand einer Verfassungsänderung sein dürfen. Funktion des Art. 79 Abs. 3 GG ist die materielle Bindung der verfassungsändernden Gewalt. Über die Bindung der verfassunggebenden Gewalt sagt Art. 79 Abs. 3 GG nichts aus. Das kann das Grundgesetz auch nicht, weil eine verfassungsrechtliche Bindung der verfassunggebenden Gewalt (pouvoir constituant) nicht möglich ist. Sie steht vor und über der Verfassung[16]. Der nichtrevolutionäre, verfahrensmäßige Weg aus dem Grundgesetz in eine andere Verfassung ist aber an die Erfordernisse des Art. 79 GG gebunden. Aus dem gleichen Grund ist die Änderung von Art. 79 Abs. 3 GG selbst unzulässig. Ansonsten bliebe es möglich, sich durch eine Verfassungsänderung den Vorgaben zu entziehen, die Art. 79 Abs. 3 GG für die staatliche Grundordnung macht[17].

2. Inhalt der Ewigkeitsgarantie

58 Inhalt der Ewigkeitsgarantie sind nach dem Wortlaut von Art. 79 Abs. 3 GG die *Grundsätze der Art. 1 und 20 GG*, die *Gliederung des Bundes in Länder* und die *Mitwirkung der Länder* bei der (Bundes-)Gesetzgebung. Abzustellen ist auf die ursprüngliche Fassung der Art. 1 und 20 GG bei Inkrafttreten des Grundgesetzes am 23.5.1949[18]. Genauso wenig, wie eine Verfassungsänderung die Grundsätze des Art. 20 GG beschneiden darf, ist eine Erweiterung des durch die Ewigkeitsgarantie geschützten Verfassungsinhalts zulässig, die die Kompetenz zukünftiger Gesetzgeber verkürzen würde. Nachträgliche Änderungen, wie die Einfügung von Art. 20 Abs. 4 GG, erfolgen durch den verfassungsändernden Gesetzgeber und unterliegen daher nicht der Ewigkeitsgarantie[19]. Gleiches gilt für Änderungen der Art. 1 GG sowie der Vorschriften des Grundgesetzes, aus denen sich die prinzipielle Gliederung in Länder und deren Mitwirkung an der Bundesgesetzgebung ergibt. Änderungen ihres geschützten Inhalts sind der verfassunggebenden Gewalt vorbehalten[20].

59 *Art. 1* GG enthält die Verpflichtung des Staates zum *Schutz und der Achtung der Menschenwürde* (Abs. 1), das *Bekenntnis zu den Menschenrechten* (Abs. 2) und die *Bindung der staatlichen Gewalt an die Grundrechte* (Abs. 3). Die Grundsätze des Art. 1 GG sind besonders eng verbunden mit den Grundrechten und grundrechtsgleichen Rechten sowie dem Demokratie-, Rechtsstaats- und Sozialstaatsprinzip in Art. 20 GG, jedoch weniger mit den organisationsrechtlichen Vorschriften des Grundgesetzes. Die meisten Grundrechte und grundrechtsgleichen Rechte enthalten einen unantastbaren Menschenwürdegehalt, der nicht verkürzt werden darf.

60 *Art. 20* GG enthält die *Strukturprinzipien*, die neben den Grundrechten für die staatliche Ordnung des deutschen Staates fundamental sind. Unabänderliche Strukturprinzipien sind das *Bundesstaatsprinzip*, das *Sozialstaatsprinzip*, das *Rechtsstaatsprinzip*, das *Demokratieprinzip* und das *Prinzip der Republik*. Die

16 *Stern*, Staatsrecht I, S. 116; *Maurer*, Staatsrecht I, § 22 Rn. 18.
17 *Stern*, Staatsrecht I, S. 115 f.
18 *Pieroth*, in: Jarass/Pieroth, GG, Art. 79 Rn. 12.
19 *Pieroth*, in: Jarass/Pieroth, GG, Art. 79 Rn. 12 m. w. N.
20 *Sannwald*, in: Schmidt-Bleibtreu/Hofmann/Hopfauf, GG, Art. 79 Rn. 35 m. w. N.

Strukturprinzipien setzen sich aus vielen einzelnen Elementen zusammen, die in der Gesamtschau die staatliche Ordnung prägen und in den einzelnen Vorschriften des Grundgesetzes konkretisiert sind.[21] Der Gegenstand des Veränderungsverbotes der Strukturprinzipien ergibt sich aus einer Gesamtschau dieser Vorschriften und nicht nur aus den Art. 1 und 20 GG.

Das bedeutet, dass es dem Gesetzgeber innerhalb der Schranken des Art. 79 61
Abs. 3 GG unbenommen bleibt, die staatliche Grundordnung abweichend von der jetzigen Fassung des Grundgesetzes auszugestalten. Beispielsweise ist die konkrete Anzahl der Länder oder die im Grundgesetz konkret ausgestaltete Mitwirkung der Länder an der Bundesgesetzgebung über den Bundesrat nicht entscheidend[22]. Wie der Gesetzgeber die parlamentarische Demokratie im Grundgesetz ausgestaltet, z. B. durch die Länge der Legislaturperiode oder die Altersgrenze der Wahlberechtigung, bleibt ihm überlassen, solange er den prinzipiellen Beschränkungen von Art. 79 Abs. 3 GG Rechnung trägt.

IV. Die besondere Funktion von Art. 146 GG

Da Verfassungen einen Ewigkeitsanspruch verfolgen, regeln sie grundsätzlich 62
nicht ihr Außerkrafttreten[23]. Die Vorschrift des Art. 146 GG, die eine solche Regelung für das Grundgesetz trifft, ist insofern auch in der nach der Wiedervereinigung gültigen Fassung aus den Besonderheiten der ursprünglichen Teilung Deutschlands nach 1945 zu erklären.
Die ursprüngliche Fassung des Art. 146 GG lautete:

> Dieses Grundgesetz verliert seine Gültigkeit an dem Tage, an dem eine Verfassung in Kraft tritt, die von dem deutschen Volk in freier Entscheidung beschlossen worden ist.

Sinn dieser Regelung war es, ausdrücklich festzuhalten, dass die Teilung des deutschen Staates aus westdeutscher Perspektive nur eine vorübergehende sein und eine gesamtdeutsche Verfassung erst nach einer Wiedervereinigung des ganzen deutschen Volkes zustande kommen sollte.
Dieser ursprüngliche Zweck hatte sich mit der Wiedervereinigung erledigt, die durch die im Grundgesetz in Art. 23 Satz 2 GG a. F. vorgesehene Möglichkeit des Beitritts der ostdeutschen Länder zur Bundesrepublik Deutschland vollzogen wurde. Dadurch wurde das Grundgesetz gesamtdeutsche Verfassung; zur Neukonstituierung eines gesamtdeutschen Staates bei gleichzeitiger Ablösung des Grundgesetzes, wie in Art. 146 GG a. F. vorgesehen, kam es nicht.

Art. 146 GG n. F. besitzt insofern *deklaratorische Funktion*, als er wie nunmehr 63
auch die Präambel die Vollendung der staatlichen deutschen Einheit feststellt und die stets gegebene Möglichkeit des Volkes beschreibt, sich eine neue Verfassung zu geben[24]. Die Vorschrift wird daher auch als Zugeständnis an die politischen Kräfte gesehen, die auch nach der Vollziehung der Wiedervereinigung über die

---

21 S. hierzu im Einzelnen Teil II.
22 Vgl. *Pieroth*, in: Jarass/Pieroth, GG, Art. 79 Rn. 10 f. m. w. N.
23 *Maurer*, Staatsrecht I, § 22 Rn. 22.
24 *Herdegen*, in: Maunz/Dürig, GG, Art. 146 Rn. 9.

Beitrittslösung des Art. 23 Satz 2 GG a.F. die Möglichkeit einer neuen gesamtdeutschen Verfassung i.S.d. Art. 146 GG a.F. aufrecht erhalten wollten[25].

§ 14 Der funktionale Geltungsbereich

64 Der funktionale Geltungsbereich einer Verfassung ist definiert durch den Staat, dessen Herrschaft sie regelt. Er lässt sich daher in die drei Elemente unterteilen, durch die der Staatsbegriff klassischerweise definiert wird: Staatsgebiet, Staatsvolk und Staatsgewalt[1].

I. Staatsgewalt

65 Staatsgewalt ist die *originäre, grundsätzlich unbeschränkte Herrschaftsmacht*, die den Staat befähigt, gegenüber seinen Staatsangehörigen (Personalhoheit) sowie auf seinem Staatsgebiet (Gebietshoheit) hoheitlich tätig zu werden[2]. *Hoheitlich* bedeutet, dass staatliche Anordnungen für den Adressaten verbindlich sind und auch mit Zwang durchgesetzt werden können. Originär heißt, dass sich die Staatsgewalt nicht von einer anderen Instanz ableitet. Sie ist insofern *grundsätzlich unbeschränkt*, als keine übergeordnete Instanz vorhanden ist.

66 Eine Schranke kann sich aber daraus ergeben, dass der Grund für die ursprüngliche Legitimation der Staatsgewalt nicht mehr vorhanden ist. Die Staatsgewalt ist Produkt der Staatsgründung, deren ursprüngliches Ziel die Schaffung eines Friedenszustandes ist. Verfolgt der Staat den Friedenszustand nicht mehr als prinzipielles Ziel, weil er selbst eine permanente Bedrohung für jeden Staatsbürger darstellt, besteht auch die Legitimität der Staatsgewalt nicht mehr. Die Bedrohung des Friedens kann dadurch entstehen, dass der Staat in seinem Innern keine Ordnung mehr aufrecht erhält, also ein Bürgerkrieg herrscht oder auch dadurch, dass die Staatsgewalt selbst die Staatsbürger permanent und in unberechenbarer Weise bedroht. Der Terrorstaat eines *Idi Amin Dada* etwa verliert dadurch, dass er der Friedenssicherung überhaupt nicht mehr gerecht wird, die Basis des ursprünglichen Kontrakts. In einem solchen Staat kann nicht mehr von Staatsgewalt im Sinne der Drei-Elemente-Lehre gesprochen werden.

67 Staatsgewalt ist also letztlich die *unbeschränkte Regelungsfähigkeit gegenüber den Staatsangehörigen*, sofern sie prinzipiell *einen Friedenszustand für die Staatsbürger gewährleisten will.* Ein Staat, der diese Staatsgewalt nicht von einer anderen Organisation, sondern *ausschließlich vom Staatsvolk* ableitet, ist ein souveräner Staat. Die Ausübung einzelner Hoheitsbefugnisse wiederum kann jedoch durch die vom Volk als *pouvoir constituant* gegebene Verfassung beschränkt sein, wie dies im Grundgesetz geschieht.

25 *Maurer*, Staatsrecht I, § 22 Rn. 23.
1 S. dazu oben Rn. 6. Zu weiteren Ansätzen *Stein/Frank*, Staatsrecht, § 3.
2 Vgl. *Jellinek*, Allg. Staatslehre, S. 427ff.; *Maurer*, Staatsrecht I, § 1 Rn. 6ff.; *Randelzhofer*, HStR II, § 17 Rn. 23.

II. Staatsgebiet

1. Umfang des Staatsgebiets

Das Staatsgebiet ist ein dreidimensionaler Körper. Sein Ausgangspunkt ist ein bestimmter in seinem Kernbestand gesicherter, zusammenhängender und beherrschbarer Teil der Erdoberfläche, auf dem sich die Staatsgewalt effektiv und dauerhaft entfalten kann[3]. Nach oben in den Luftraum genauso wie nach unten in die Erde ist das Staatsgebiet soweit ausgedehnt, wie eine technische Beherrschbarkeit möglich ist. Die äußere Grenze des Luftraums wird bei ca. 80–120 km über dem Meeresspiegel gezogen[4]. Der Weltraum ist dagegen, dem Meer vergleichbar, ein internationales Territorium, das der gemeinsamen Nutzung offensteht und Gegenstand völkerrechtlicher Vereinbarungen ist. 68
Die Begrenzungen des Staatsgebiets sind Resultate des Völkerrechts und der historischen Entwicklung[5]. Die seitlichen Grenzen des Staatsgebiets resultieren aus historischen Gegebenheiten: Kriege, Friedensverträge und andere völkerrechtliche Abkommen. Die Grenze zur See war früher die Drei-Seemeilen-Zone (Reichweite eines Kanonenschusses) und kann mittlerweile aufgrund völkerrechtlicher Abkommen auf zwölf Seemeilen ausgedehnt werden[6]. Die Grenzen nach oben und unten unterliegen aufgrund des technischen Fortschritts einer ständigen Ausdehnung, insbesondere durch Bergbau und Luftfahrttechnik.

Vom Staatsgebiet zu unterscheiden ist die Wahrnehmung und Einräumung von Nutzungsrechten durch völkerrechtliche Abkommen, so beispielsweise die Nutzung der Meere, insbesondere die Ausbeutung des Festlandsockels, und die Einräumung von zivilen und militärischen Überflugrechten[7]. 69

2. Gebietshoheit

Auf seinem Staatsgebiet übt der Staat seine Staatsgewalt aus – definiert als Gebietshoheit. Die positive Gebietshoheit erfasst grundsätzlich alle Personen, Sachen und jede erdenkliche Angelegenheit auf dem Staatsgebiet, die negative Gebietshoheit schließt grundsätzlich alle Einflüsse aus, die sich nicht von der innerstaatlichen Gewalt ableiten lassen[8]. Da für die Existenz eines Staates alle drei genannten Elemente verwirklicht sein müssen, ist das Staatsgebiet notwendig auf den Bereich beschränkt, auf dem die Ausübung von Staatsgewalt prinzipiell möglich ist. Dies setzt die Beherrschbarkeit des jeweiligen Gebietes voraus. 70

Der Geltungsbereich der Verfassung beschränkt sich somit auf das beherrschbare Staatsgebiet. Obwohl diese Gebietshoheit zunächst unbeschränkt ist, bleibt es einem souveränen Staat unbenommen, die Gebietshoheit insbesondere durch völkerrechtliche Abkommen sowohl sachlich als auch örtlich einzuschränken. Beispiele für sachliche Einschränkungen sind Überflugrechte oder Zollanschlüsse. Örtliche Einschränkungen ergeben sich z. B. durch Abkommen über Militärstütz- 71

---

3 Vgl. *Isensee*, HStR II, § 15 Rn. 51; *Vitzthum*, HStR II, § 18 Rn. 6 ff.
4 *Vitzthum*, HStR II, § 18 Rn. 24.
5 Vgl. *Vitzthum*, HStR II, § 18 Rn. 19 ff.
6 Seerechtsübereinkommen (SÜR) v. 10.12.1982, BGBl. 1994 II, S. 1799.
7 Vgl. zum Ganzen *Vitzthum*, HStR II, § 18 Rn. 24.
8 *Zippelius*, Allg. Staatslehre, § 12 II.

punkte oder den völkerrechtlichen Grundsatz der Exterritorialität ausländischer Botschaften (sog. Exklaven).

3. Staatsgebiet des Grundgesetzes

72 Das Grundgesetz nimmt auf das deutsche Staatsgebiet in seiner Präambel Bezug. Das Staatsgebiet der Bundesrepublik Deutschland setzt sich aus den Staatsgebieten der 16 Länder zusammen. Es gibt kein Staatsgebiet, das nicht gleichzeitig auch zum Staatsgebiet eines der 16 Länder gehört[9]. Die Festlegung des deutschen Staatsgebiets ist endgültig und bestätigt, dass Deutschland sich im Rahmen der Wiedervereinigung völkerrechtlich verpflichtet hat, keine weiteren Gebietsansprüche mehr zu stellen, und insbesondere die Oder-Neiße-Grenze als endgültige Grenze zu Polen akzeptiert[10]. Dies heißt jedoch nicht, dass der externe Umfang des deutschen Staatsgebiets auf ewig unveränderbar ist, auch wenn Veränderungen in absehbarer Zeit ausgeschlossen sein dürften.

73 Das Grundgesetz gilt auf dem gesamten deutschen Staatsgebiet. Frühere Besonderheiten wie die Frage der Erstreckung auf Berlin oder die Möglichkeit eines Beitritts zum Geltungsbereich des Grundgesetzes gem. Art. 23 GG a.F. haben sich mit der Wiedervereinigung erledigt. Die Regelung des Art. 29 GG betrifft keine externen, sondern nur interne Veränderungen des Bundesgebiets. Die Vorschrift ermöglicht eine Neugliederung unter Beteiligung der betroffenen Bevölkerung. Dem steht nicht Art. 79 Abs. 3 GG entgegen, der lediglich die Gliederung des Bundes in Länder, also das Strukturprinzip des Föderalismus, der Ewigkeitsgarantie unterstellt, nicht jedoch dessen genaue Ausgestaltung und die Anzahl der Gliedstaaten[11]. Das Grundgesetz verbietet grundsätzlich auch keinen Verlust von deutschem Staatsgebiet z. B. durch Grenzabkommen.

III. Staatsvolk

74 Das Staatsvolk ist die *Gesamtheit der Staatsangehörigen*, die einem Staat kraft seines Rechts zugeordnet sind und von Völkerrechts wegen zugeordnet werden dürfen[12]. In der Rechtsprechung wird zusätzlich von einer Schicksalsgemeinschaft gesprochen, was weniger ein rechtliches Kriterium beschreibt als einen historisch gewachsenen Zustand[13]. Kulturelle, sprachliche und nationale Merkmale sind nicht entscheidend. Das Staatsvolk ist Inhaber der verfassunggebenden Gewalt und Anknüpfungspunkt des Demokratieprinzips, das dem Souverän die alleinige Kompetenz zur Legitimierung der Staatsgewalt zuspricht. Die gesetzliche Bestimmung des Staatsvolkes ist wie die Verfassunggebung notwendigerweise ein Akt der souveränen Selbstorganisation[14].

---

9 *Vitzthum*, HStR II, § 18 Rn. 34.

10 Art. 1 des Vertrags über die abschließende Regelung in Bezug auf Deutschland v. 12.9.1990 – *Zwei-Plus-Vier-Vertrag*.

11 *Pieroth*, in: Jarass/Pieroth, GG, Art. 79 Rn. 8.

12 *Grawert*, HStR II, § 16 Rn. 20.

13 BVerfGE 83, 37 (39) – *Ausländerwahlrecht*.

14 Vgl. *Grawert*, HStR II, § 16 Rn. 20, 25 f.; *Hailbronner/Renner*, Staatsangehörigkeitsrecht, Teil I Rn. 1 f. m. w. N.

Abzugrenzen ist der Begriff Staatsvolk insbesondere vom Begriff der *Nation*, der eine politische, kulturelle und sprachliche Einheit beschreibt[15]. Zur deutschen Nation können insofern auch Österreich und der deutsche Teil der Schweiz zählen. Abzugrenzen ist der Begriff Staatsvolk auch von den Personen, die der Staatsgewalt eines Staates lediglich aufgrund der Gebietshoheit unterliegen. Diese gehören, auch wenn dies politisch gelegentlich unter dem Gesichtspunkt einer stärkeren demokratischen Legitimierung gefordert wird, noch nicht automatisch zum Staatsvolk. Vielmehr können in die rechtliche Definition des Staatsvolkes im Rahmen der Selbstorganisation auch andere Erwägungen, wie sprachliche, historische, kulturelle und politische Identifikation einfließen und die Staatsangehörigkeit zum Gegenstand einer besonderen Verleihung gemacht werden. 75

Die Staatsangehörigkeit stellt die Verbindung einer natürlichen Person zu einem Staat dar und bringt sowohl eine besondere Unterworfenheit unter die Staatsgewalt, wie z. B. die Wehrpflicht, als auch exklusive Mitwirkungsrechte bei der Ausübung der Staatsgewalt mit sich. Der Staatsangehörige unterliegt der Personalhoheit des Staates, egal wo auf der Welt er sich gerade befindet. 76

1. Grundprinzipien der Erlangung der Staatsangehörigkeit

Jeder Staat hat kraft seiner Souveränität das Recht zu bestimmen, wer seine Staatsangehörigen sind. Aus diesem Recht jedes Staates ergibt sich die Notwendigkeit, sachgerechte Kriterien und Anknüpfungspunkte zu entwickeln, die der Zuordnung zu einem Staat gerecht werden, um Kollisionen mit anderen Staaten zu vermeiden, die ihr Recht ebenfalls wahrnehmen. Die rechtlichen Kriterien müssen selbstverständlich auch der innerstaatlichen Funktion von Staatsvolk und Staatsangehörigkeit gerecht werden und mit den verfassungsrechtlichen Grundprinzipien vereinbar sein. 77

Grundlegend ist die Unterscheidung zwischen dem ursprünglichen Erwerb bei der Geburt (originärer Erwerb) und dem abgeleiteten, späteren Erwerb (derivativer Erwerb) der Staatsangehörigkeit[16]. 78

a) **Originärer Erwerb.** Es haben sich historisch zwei große Grundtatbestände des originären Erwerbs herausgebildet, das Abstammungsprinzip und das Territorialprinzip. 79

Beim *Abstammungsprinzip* (*ius sanguinis*) erlangt eine natürliche Person *mit der Geburt* die Staatsangehörigkeit der Personen, von denen sie abstammt – also von ihren Eltern. Haben die Eltern nicht dieselbe Staatsangehörigkeit, muss geregelt werden, ob einem und wenn ja welchem der beiden Elternteile der Vorrang zu geben ist, d. h. der Staatsangehörigkeit der Mutter (*ius matris*) oder der des Vaters (*ius patris*). Das Abstammungsprinzip ist eine sinnvolle Bestimmung der Staatsangehörigkeit von homogenen Kulturnationen, die weltweit verbreitet ist. Sie knüpft an den Normalfall an, dass eine Person in dem Staat aufwächst, in dem ihre Familie lebt und dessen Sprache sie spricht. 80

15 *Grawert*, HStR II, § 16 Rn. 17.
16 Zum Folgenden S. *Hailbronner/Renner*, Staatsangehörigkeitsrecht, Teil I, Rn. 33 ff.

81 Beim *Territorialprinzip* (*ius soli*) erlangt eine natürliche Person die Staatsangehörigkeit des *Staates, in dem sie geboren wird* – unabhängig davon, welche Staatsangehörigkeit die Eltern besitzen. Dieses Prinzip ist klassischerweise in Einwanderungsländern vorherrschend.

82 **b) Derivativer Erwerb.** Beim derivativen Erwerb erlangt eine natürliche Person die Staatsangehörigkeit durch einen Rechtsakt, der nicht an die Geburt anknüpft. Dazu gehört die Verleihung durch staatlichen Hoheitsakt (Einbürgerung), aber auch die Anknüpfung einer gesetzlichen Rechtsfolge an andere Rechtsakte wie die Heirat oder die Adoption.

2. Der Begriff des Staatsvolks im Grundgesetz

83 Das Staatsvolk des Grundgesetzes ist das Deutsche Volk. Die Präambel erwähnt diesen Zusammenhang ausdrücklich und beschreibt die Funktion des deutschen Volkes als Verfassunggeber und Souverän. Jedoch benutzt das Grundgesetz an bedeutenden Stellen den Begriff Volk ohne Zusatz: wichtigste Norm in dieser Hinsicht ist Art. 20 GG, der die demokratische Legitimierung der Staatsgewalt festlegt. Daraus kann jedoch nicht auf eine Abweichung von dem im Grundgesetz sonst geregelten Begriff des Staatsvolks geschlossen werden. Denn nur das deutsche Staatsvolk kann die deutsche Staatsgewalt legitimieren[17].

84 Zentrale Regelung der Staatsangehörigkeit im Grundgesetz ist Art. 116 GG. Deutscher ist, wer die deutsche Staatsangehörigkeit besitzt (vgl. Art. 116 Abs. 1 Alt. 1 GG), was den allgemeinen Grundsatz der selbstorganisatorischen Bestimmung des Staatsvolks beschreibt. Die deutsche Staatsangehörigkeit kann vor oder nach dem Inkrafttreten des Grundgesetzes begründet worden sein. Rechtsgrundlage ist das Staatsangehörigkeitsgesetz (StAG), das auf das Reichs- und Staatsangehörigkeitsgesetz (RuStAG) von 1913 zurückgeht und zuletzt zum 1.1.2000 grundlegend reformiert worden ist[18]. Grundsatz des Staatsangehörigkeitsgesetzes ist das *Abstammungsprinzip* (vgl. § 4 Abs. 1 StAG), das aber zugunsten von *Erwerbstatbeständen* des Territorialprinzips erweitert wurde[19].

85 Die Besonderheiten des Grundgesetzes hinsichtlich der Staatsangehörigkeit bestehen in den weiteren Regelungen des Art. 116 GG. In Art. 116 Abs. 1 Alt. 2 GG werden die sog. *Statusdeutschen* den deutschen Staatsangehörigen gleichgestellt. Flüchtlinge oder Vertriebene deutscher Volkszugehörigkeit sowie deren Angehörige, die im Deutschen Reich in den Grenzen vom 31.12.1937 Aufnahme gefunden hatten, sind Deutsche im Sinne des Grundgesetzes. Das deutsche Staatsvolk besteht also nicht nur aus den deutschen Staatsangehörigen, sondern wird durch Art. 116 Abs. 1 Alt. 2 GG um die Statusdeutschen erweitert.

86 Die *deutsche Volkszugehörigkeit* besitzt, wer sich in seiner Heimat zum deutschen Volkstum bekannt hat. Dies bestimmt sich anhand kultureller Merkmale wie Sprache, Erziehung, Abstammung etc.[20]. Grund dieser Regelung ist die besondere

---

17 Vgl. *Degenhart,* Staatsrecht I, Rn. 73; *Maurer,* Staatsrecht I, § 7 Rn. 22 m. w. N.
18 Vgl. *Grawert,* HStR II, § 16 Rn. 36.
19 Vgl. Einzelheiten bei *Hailbronner,* NVwZ 1999, 1273.
20 Vgl. *Grawert,* HStR II, § 16 Rn. 39.

Situation nach dem Zweiten Weltkrieg, die geprägt war von Vertreibung, Umsiedlung und dem Bestreben vieler Volksdeutscher, auf westdeutsches Gebiet zu gelangen. In Osteuropa gab es seit jeher deutschstämmige Bevölkerung ohne deutsche Staatsangehörigkeit. Ihr sollte der gleiche grundgesetzliche Status als Deutsche eingeräumt werden, auch wenn eine Erlangung der deutschen Staatsangehörigkeit vorläufig nicht möglich war. Erkennbar ist an dieser Stelle wieder die Absicht des Grundgesetzes, die gültige Verfassung des gesamten deutschen Volkes zu sein, auch für die Teile, die aufgrund der politischen Nachkriegslage nicht in der Lage waren, daran teilzunehmen.

Die deutsche Staatsangehörigkeit ist im Grundgesetz besonders geschützt. Art. 16 **87**
Abs. 1 GG untersagt die Entziehung der deutschen Staatsangehörigkeit – d. h. den Verlust durch einseitigen staatlichen Akt ohne Einflussmöglichkeit des Betroffenen, was im Dritten Reich insbesondere zur Einziehung des Vermögens von Exilanten benutzt wurde[21].

3. Staatsangehörigkeit und die Geltung des Grundgesetzes

Dass nicht jeder, der sich auf deutschem Boden gelegentlich oder dauerhaft aufhält, dem deutschen Staatsvolk angehört, heißt nicht, dass das Grundgesetz für ihn gar keine Rechtswirkung entfalten würde. Der deutschen Staatsgewalt ist, wie oben dargestellt, jeder unterworfen, der sich in Deutschland aufhält, verfassungskonforme Eingriffe durch deutsche Hoheitsträger hat er daher hinzunehmen. Demgegenüber kann er sich auf die im Grundgesetz enthaltenen „Menschenrechte“ berufen. Vorenthalten bleibt ihm jedoch die Berufung auf die sog. „Deutschenrechte“ des Grundgesetzes, und auf besondere, dem deutschen Volk zugewiesene Mitwirkungsbefugnisse. Umgekehrt ist er besonderen Verpflichtungen, die an die deutsche Staatsangehörigkeit anknüpfen, nicht unterworfen. Für ihn gilt das Grundgesetz also nur insofern, als es sämtliche Rechtsverhältnisse auf deutschem Territorium ohne personal-staatsbürgerlichen Bezug regelt.

IV. Zusammenfassung: Die Geltung des Grundgesetzes

Als „Verfassung“ der Bundesrepublik Deutschland und des „gesamten deutschen Volkes“ erhebt das Grundgesetz nunmehr einen Ewigkeitsanspruch, den es durch besondere Schutzmechanismen gegen spätere Eingriffe sichert. Es bindet die gesamte deutsche Staatsgewalt und gilt für alle Rechtsverhältnisse auf deutschem Hoheitsgebiet. Darüber hinaus erzeugt es besondere Rechtsverhältnisse für die deutschen Staatsangehörigen.
→ *S. hierzu Rn. 1008: Übersicht 1: Der Staatsbegriff (Drei-Elemente-Lehre)*

Literatur:

Zur Ergänzung:
Zur vertieften Auseinandersetzung mit den Grundlagen des Verfassungsrechts sind die folgenden Lehrbücher zur Allgemeinen Staatslehre, Verfassungsgeschichte sowie Staatsphilosophie besonders zu empfehlen:

21 Hierzu *Ziemske*, Die deutsche Staatsangehörigkeit nach dem Grundgesetz, 1995.

Allgemeine Staatslehre
Doehring, K., Allgemeine Staatslehre, 3. Aufl. 2004; *Kriele, M.*, Einführung in die Staatslehre, 6. Aufl. 2003; *Schöbener, B.*, Allgemeine Staatslehre, 2009; *Zippelius, R.*, Allgemeine Staatslehre, 16. Aufl. 2010.

Verfassungsgeschichte
Frotscher, W./Pieroth, B., Verfassungsgeschichte, 11. Aufl. 2012; *Ipsen, J.*, Der Staat der Mitte, 2009; *Kotulla, M.*, Deutsche Verfassungsgeschichte, 2008; *Willoweit, D.*, Deutsche Verfassungsgeschichte, 6. Aufl. 2009; *Zippelius, R.*, Kleine deutsche Verfassungsgeschichte, 7. Aufl. 2006.

Staatsphilosophie
Gröschner, R., u. a., Rechts- und Staatsphilosophie, 2000; *Zippelius, R.*, Rechtsphilosophie, 6. Aufl. 2010.

Zur Vertiefung:
Gusy, Chr., Eine gute Verfassung mit schlechtem Image – Die Weimarer Reichsverfassung, Recht u. Politik 2009, 74 ff.; *Hillgruber, Chr.*, Deutsche Revolutionen – ‚Legale Revolutionen', Der Staat 49 (2010), 167 ff.; *Karpen, U.*, Das lange „verlorene" Jahrhundert – Deutsche Verfassungsgeschichte bis zum Zusammentritt der Weimarer Nationalversammlung vor 90 Jahren, JZ 2009, 749 ff.; *Krüper, J.*, Vier Wege zur Verfassungsgeschichte, ZJS 2012, 9 ff., *Waldhoff, Chr.*, Der Widerstand gegen den Nationalsozialismus und das Grundgesetz, Der Staat 49 (2010), 51 ff.

Teil II: Staatsstrukturprinzipien und Staatszielbestimmungen

§ 15 Strukturprinzipien als verfassungsrechtliche Grundentscheidungen

Das Grundgesetz trifft verschiedene verfassungsrechtliche Grundentscheidungen, die besagen, welchen Werten die Verfassung verpflichtet sein soll und so die vom Staat des Grundgesetzes zu verwirklichenden Ziele vorgeben. **88**

In Art. 1 Abs. 1 bekennt sich das Grundgesetz zu der *Unantastbarkeit der Menschenwürde*, setzt diese also als vorverfassungsrechtliche (vernunftrechtliche) Rechtsidee voraus. Diese Wertentscheidung ist verbunden mit der Garantie der Unabänderlichkeit dieser Verfassungsnorm in Art. 79 Abs. 3 GG. **89**

Daneben enthält das Grundgesetz *Strukturprinzipien*, die die Grundlagen der deutschen Staatsorganisation bestimmen sollen. Diese ergeben sich aus Art. 20 GG, dessen „Grundsätze" ebenfalls der Ewigkeitsgarantie des Art. 79 Abs. 3 GG unterfallen. **90**

Bei der Formulierung des Art. 20 Abs. 1 GG, wonach die Bundesrepublik Deutschland ein demokratischer und sozialer Bundesstaat „ist" (mit dem Indikativ soll ein plakativerer Klang erzeugt werden), handelt es sich nicht um eine bloße Deklaration wie etwa in der oben dargestellten Beschreibung des Art. 1 der Verfassung der DDR. Vielmehr wird die Staatsorganisation hierdurch auf die Grundsätze des Föderalismus („Bundesrepublik", „Bundesstaat"), der Republik („Bundesrepublik"), der Demokratie (verstärkt durch die in Absatz 2 festgehaltene Volkssouveränität) und des Sozialstaatsprinzips verpflichtet. Hinzu tritt mit der Bindung der Staatsgewalten an Gesetz und Recht nach Art. 20 Abs. 3 GG das Rechtsstaatsprinzip, das als verfassungsrechtliches Grundprinzip ausdrücklich in Art. 23 Abs. 1 Satz 1 und Art. 28 Abs. 1 Satz 1 GG genannt wird.

Die Strukturprinzipien des Grundgesetzes sind also:

- *Demokratie* (Art. 20 Abs. 1, Abs. 2 GG);
- *Republik* (Art. 20 Abs. 1 GG);
- *Rechtsstaat* (Art. 20 Abs. 3 GG);
- *Bundesstaat* (Art. 20 Abs. 1 GG);
- *Sozialstaat* (Art. 20 Abs. 1 GG).

Weiterhin enthält das Grundgesetz *Staatszielbestimmungen*,[1] denen der Staat des Grundgesetzes zwar verpflichtet sein soll, die jedoch nicht für dessen Struktur prägend sein sollen, was sich darin zeigt, dass sie von der Ewigkeitsgarantie des Art. 79 Abs. 3 GG nicht umfasst sind. Mit der Sachverständigenkommission Staatszielbestimmungen/Gesetzgebungsaufträge kann man Staatszielbestimmungen definieren als Verfassungsnormen, die mit rechtlich bindender Wirkung der **91**

1 Vgl. zum Begriff *Maurer*, Staatsrecht I, § 6 Rn. 9 ff.

Staatstätigkeit bestimmte Ziele vorschreiben, die sie erfüllen oder beachten muss. Gegenüber der normativen Grundentscheidung zur Menschenwürde und den Strukturprinzipien kommt ihnen jedoch nur nachrangige Bedeutung zu.
Als Staatszielbestimmungen anerkannt sind:

- Schutz der natürlichen Lebensgrundlagen (Art. 20a GG),
- Tierschutz (Art. 20a GG),
- Europäische Integration (Art. 23 Abs. 1 Satz 1 GG),
- Gesamtwirtschaftliches Gleichgewicht (Art. 109 Abs. 2 GG),
- Tatsächliche Durchsetzung der Gleichberechtigung der Geschlechter (Art. 3 Abs. 2 Satz 2 GG),
- Gleichstellung der Behinderten (Art. 3 Abs. 3 Satz 2 GG).

92 Die Konzeption der Menschenwürdegarantie ist in ihren Einzelheiten Teil der Grundrechtslehre und in dieser Lehrbuchreihe im Band Staatsrecht II – Grundrechte ausgeführt. Im Folgenden sollen zunächst die Strukturprinzipien und danach die Staatszielbestimmungen des Grundgesetzes behandelt werden.
Die Darstellung geht dabei stets von dem staatstheoretischen Konzept aus, das mit den jeweiligen Prinzipien grundsätzlich assoziiert wird. Sodann wird jeweils die Ausgestaltung der Prinzipien im Staatsrecht der Bundesrepublik Deutschland untersucht.

§ 16 Demokratie

I. Demokratietheoretische Überlegungen

1. Demokratie als Element der antiken Staatsformenlehre

93 Demokratie (griechisch demos [Volk]; kratein [herrschen]) bedeutet „Herrschaft des Volkes“. Der Begriff Demokratie stammt aus der Antike[1] und stellt eine der drei klassischen Staatsformen nach der durch Platon und Aristoteles geprägten und von Polybios und Cicero zu einem „Verfassungskreislauf“ erweiterten Einteilung dar. Das zentrale Unterscheidungskriterium dieser Staatsformenlehre stellt darauf ab, wer Inhaber der Staatsgewalt ist[2]. Neben der Demokratie, in der das Volk die Staatsgewalt ausübt, stehen dabei die Monarchie, charakterisiert durch die Herrschaft einer Person und die Aristokratie, in der eine kleine Gruppe Inhaber der Staatsgewalt ist. Wird die Staatsgewalt nicht zugunsten des allgemeinen Wohls ausgeübt, wird von einer Entartung der Staatsformen gesprochen: Despotie oder Tyrannis (anstelle der Monarchie), Oligarchie (anstelle der Aristokratie) sowie Ochlokratie (anstelle der Demokratie).

94 Antikes Vorbild der Demokratie als Volksherrschaft ist die attische Demokratie, die in den Reformen Solons ihren Ausgangspunkt nahm und in der Zeit des *Perikles* ihren Höhepunkt fand. Die Angelegenheiten der *polis* wurden im Rahmen einer Volksversammlung diskutiert und entschieden, auch die Rechtsprechung wurde durch Volksgerichte wahrgenommen. Legt man freilich ein modernes Gleichheitsverständnis zugrunde, erscheint die Demokratie des antiken

---

1 S. auch die Darstellung bei *Stein/Frank*, Staatsrecht, § 8.
2 Vgl. *Berber*, Das Staatsideal im Wandel der Weltgeschichte, S. 84f. (zu Platon), 88ff. (zu Aristoteles).

Griechenland nur eingeschränkt als Vorbild: Neben Kindern waren dort auch Frauen und Sklaven, mit deren Haltung die griechische Demokratie kein Problem hatte, von der Willensbildung ausgeschlossen. Die eigentlichen Träger der Demokratie reduzierten sich somit auf weniger als 1/3 der tatsächlich der Gewalt Unterworfenen.

2. Staatstheoretische Rechtfertigung der Demokratie als Staatsform

Die moderne Rechtfertigung der Demokratie als Staatsform, die im Kern auf Jean-Jacques Rousseau (1712–1778) und andere Denker des 18. Jahrhunderts zurückgeführt werden kann, ist am besten in der Auseinandersetzung mit der in seiner Zeit vorherrschenden absolutistischen Staatstheorie begreifbar zu machen. 95

Die hierfür charakteristische Lehre Thomas Hobbes' geht vom Bild eines egoistischen und aggressiven, ohne jegliche ethischen Maßstäbe handelnden Menschen aus. Im vorstaatlichen Naturzustand solcher Menschen, den Hobbes in seinem Werk „Leviathan" beschreibt, ist der Mensch dem Menschen Wolf (*homo homini lupus*). Hiervon ausgehend ist primärer Staatszweck die Überwindung dieses Naturzustands und die Schaffung eines Friedenszustandes durch Abschluss eines Staatsvertrags. Um diesen Frieden zu sichern, konzentriert die absolutistische Staatstheorie die Staatsgewalt in einer Person – dem absoluten Herrscher. Die einzige Bindung, der dieser unterliegen soll, ist die ursprüngliche Zielsetzung, eine dauerhafte Friedensordnung zu schaffen. Der Verzicht auf jegliche andere Vorgabe soll die effektivste Verwirklichung dieses Ziels ermöglichen. Die Individuen sollen erkennen, dass ihnen mit dieser Friedensordnung gedient ist und sich der diese ermöglichenden Staatsgewalt deshalb freiwillig, bedingungslos und endgültig unterwerfen[3]. Die fehlende Bindung des absoluten Herrschers wird im sog. „aufgeklärten Absolutismus" dadurch abgeschwächt, dass er sich bei seinen Entscheidungen von der Vernunft leiten lassen soll, um die Staatsgewalt gerecht auszuüben. 96

Die geschichtliche Entwicklung zeigte jedoch, dass eine absolute, d. h. von allen rechtlichen Bindungen losgelöste Staatsgewalt, konzentriert in einer Person, nicht dauerhaft dem Gemeinwohl diente, sondern durch Machtmissbrauch und Willkür gekennzeichnet war. Es existierte keine gerechte Gemeinordnung, weil der Inhaber der Staatsgewalt (Fürst, König) seine eigenen Interessen dem Gemeinwohl überordnete[4]. Das Ideal eines absoluten Herrschers, der sich bei seinen Entscheidungen nur durch die Vernunft leiten lässt, blieb eben nur ein Ideal. Eine absolute Entscheidungsgewalt ohne rechtliche Bindungen und ohne Kontrolle führt strukturell bedingt zu ungerechten Entscheidungen und kann somit schon das Ziel einer gerechten Friedensordnung nicht verwirklichen. 97

Weiterhin ist die absolutistische Staatsform mit dem von Rousseau zugrunde gelegten Bild des Menschen als freiem, autonomem und vernunftbegabtem Wesen unvereinbar. Autonomie verlangt, dass das individuelle Gewissen die letzte moralische Instanz bleibt und somit jeder Mensch – in den Worten Rousseaus – „obwohl er sich mit allen zusammenschließt, dennoch nur sich selbst gehorcht 98

3 Vgl. *Zippelius*, Allg. Staatslehre, § 17 II m. w. N.
4 Vgl. *Zippelius*, Allg. Staatslehre, § 17 III m. w. N.

und ebenso frei bleibt, wie zuvor"[5]. Die unbedingte und unwiderrufliche Unterwerfung unter die Gewalt eines absoluten Herrschers würde diese Autonomie zerstören.

99 Zielsetzung der Demokratie als Staatsform ist es demgegenüber, diese Autonomie zu wahren und dennoch das Zusammenleben einer menschlichen Gemeinschaft zu organisieren, indem sich jeder *einer Staatsgewalt unterwirft, die er gemeinsam mit allen anderen Bürgern ausübt*. Durch seine politischen Mitwirkungsrechte kann jeder Staatsbürger danach die Ausübung von Staatsgewalt kontrollieren. Als Ideal gilt eine Einheit von Regierenden und Regierten, in welcher die Staatsgewalt nur handelt, wenn die ihr Unterworfenen diese Entscheidung gefällt haben. Es bildet sich somit ein gemeinsamer Wille des Staatsvolks als Staatswille, dem sich der Einzelne unterwirft. Da der gemeinsame Wille, der als *volonté générale* freilich mehr ist als die Summe der Einzelinteressen (*volonté de tous*), jeden einzelnen Willen in sich hält, führt er zu gerechten Entscheidungen. Die rechtliche Bindung der Staatsgewalt ist verfahrensmäßig dadurch abgesichert, dass allen Bürgern gleiche und freie Teilhabemöglichkeiten an ihrer Ausübung zustehen.

100 Die unmittelbare Mitwirkung aller Bürger an sämtlicher Ausübung von Staatsgewalt, selbst – wie es Rousseau vor Augen stand – an jedem Akt der Gesetzgebung, ist in einem modernen Flächenstaat völlig undenkbar. Festgehalten werden kann jedoch an der Forderung, dass jede staatliche Gewaltausübung *demokratisch legitimiert* sein, das heißt im Ausgangspunkt auf einem Willensakt des Volkes beruhen muss. Der Satz „Alle Staatsgewalt geht vom Volke aus" in Art. 20 Abs. 2 Satz 1 GG beschreibt die Eigenschaft des Volkes als Ursprung aller staatlichen Gewalt und das Erfordernis, alle Ausübung staatlicher Gewalt auf einen Willensakt des Staatsvolkes zurückführen zu können.

3. Notwendige Eigenschaften der demokratischen Staatsform

101 Die demokratische Legitimation aller staatlichen Entscheidungen soll letztlich dazu führen, dass sich der gemeinsame Wille und der Wille aller Individuen im Wesentlichen decken und sich in einer gerechten Gemeinordnung ein Ausgleich widerstreitender Individualinteressen ergibt. Aus dieser Zielsetzung resultieren einige Grundentscheidungen, die eine demokratische Staatsform in ihrer Verfassung treffen muss.

102 a) **Gleiche staatsbürgerliche Mitwirkungsrechte.** Demokratie bedeutet die *Teilhabe aller Staatsbürger an der staatlichen Willensbildung und der Ausübung der Staatsgewalt*. Impliziert wird damit das Recht jedes Staatsbürgers, an der staatlichen Willensbildung und Willensausübung mitwirken und mitentscheiden zu können. Eine demokratische Staatsform muss deshalb jedem Einzelnen die gleichen politischen Mitwirkungsrechte gewähren und die freie Ausübung seiner *Stimmrechte* garantieren. Darüber hinaus ist eine effektive Teilhabe an Kommunikations- und Informationsprozessen zu gewährleisten, was *Meinungs-, Versammlungs- und Informationsfreiheiten* verlangt.
Welche Rechte im Einzelnen gegeben sein müssen, hängt von der konkreten verfassungsrechtlichen Ausgestaltung der Demokratie ab. In einer unmittelbaren

5 *Jean-Jacques Rousseau*, Vom Gesellschaftsvertrag, Ausgabe Reclam 1977, 1. Buch, 6. Kapitel.

Demokratie muss ein entsprechendes Abstimmungsrecht bestehen. In einer repräsentativen Demokratie, in der eine Volksvertretung gewählt wird, tritt an dessen Stelle ein allgemeines, freies, gleiches und geheimes Wahlrecht.

Die Idee der Gleichheit aller Staatsbürger verlangt, dass grundsätzlich sämtliche Mitglieder des Staatsvolkes an der Willensbildung des Staates partizipieren, also aktive Staatsbürger sind. Kriterien wie Vermögen, Rasse oder Geschlecht dürfen daher nicht zum Anknüpfungspunkt für einen Ausschluss von politischen Mitwirkungsbefugnissen gemacht werden. Ein solcher ist nur angezeigt, wenn Zweifel an einer vernunftgemäßen Willensbildung überhaupt bestehen, d. h. bei Menschen unterhalb einer bestimmten Altersgrenze oder in ihrer geistigen Tätigkeit allgemein Beschränkten. Der Ausschluss von Ausländern von Wahlen stellt den Begriff der Demokratie demgegenüber nicht Frage, da die Partizipation an der Willensbildung stets die Zugehörigkeit zum Staatsvolk und die hierfür geltenden Kriterien voraussetzt.[6] 103

b) Demokratisch legitimiertes Repräsentativsystem. Da die vollständige Teilnahme jedes Einzelnen an jeglichen staatlichen Willensbildungen schon aus räumlichen und zeitlichen Gründen unmöglich ist, bedarf eine Demokratie moderner Prägung der Etablierung eines Systems von Repräsentanten, die den jeweils maßgeblichen staatlichen Willen bilden. 104

Durch die *repräsentative Willensbildung* soll das mit dem Ausschluss eines Großteils der Staatsbürger von der unmittelbaren Entscheidung verbundene Defizit gegenüber dem ursprünglichen demokratischen Ideal überwunden werden. Sie transformiert den Willen des Volkes auf eine kleinere Menge von Personen, die effizienter, rationaler und schneller handeln kann. Dadurch können sogar Demokratiedefizite ausgeglichen werden, die durch den Ausschluss von Teilen des Staatsvolks (z. B. Kinder, Geisteskranke) von der staatlichen Willensbildung entstehen, indem die Volksvertreter den mutmaßlichen Willen und die Interessen dieser Personen bündeln und in ihre Entscheidungen mit einfließen lassen. 105

Im engeren Sinne versteht man unter Repräsentation des Volkes die Wahrnehmung der Gesetzgebung als Staatsfunktion durch *unmittelbar vom Volk bestimmte Volksvertreter*. Synonym werden vor allem die Begriffe Parlament/Parlamentarier gebraucht und im Grundgesetz die Bezeichnung Bundestag/Abgeordneter. Im weiteren Sinne meint der Begriff Repräsentativsystem aber alle Staatsorgane und andere Stellen, die staatliche Funktionen ausüben, weil sie die Staatsgewalt, die ideal vollständig unmittelbar vom Volk ausgeht, in ihrem Aufgabenbereich stellvertretend für das Volk ausüben. Unterscheiden kann man eine personelle Repräsentation durch gewählte Vertreter und eine funktionale Repräsentation durch Erfüllung der staatlichen Aufgaben durch staatliche Organe und Stellen. 106

Die Einrichtung eines Repräsentativsystems sagt noch nichts aus über das Verhältnis zwischen den Repräsentanten und dem Volk. Die Transformation des Volkswillens auf seine Repräsentanten kann dergestalt erfolgen, dass die Vertreter weisungsabhängig sind und nicht unabhängig entscheiden (sog. *imperatives Mandat*). Eine solche Bindung ist organisatorisch mit der ständigen Abrufbarkeit 107

6 Dazu oben Rn. 74 ff.

des Volksvertreters verknüpft. Dieser unterliegt der ständigen Kontrolle durch das Volk. Entscheidet der Repräsentant jedoch für das Volk nach seiner eigenen freien Überzeugung und ist der Volksvertreter auch nicht vor Ende seiner Amtszeit abrufbar (*freies Mandat*), dann reduziert sich die effektive demokratische Kontrolle auf den Akt der periodischen Neuentscheidung des Volkes über seine Repräsentanten. Jedenfalls aber muss die Übertragung von Herrschaftsgewalt zeitlich begrenzt bleiben.

108 Besteht ein repräsentatives System, dann müssen die Repräsentanten vom Volk kontrolliert werden (unmittelbare demokratische Legitimierung). Soweit eine direkte Kontrolle nicht möglich ist, muss die Kontrolle zumindest von Repräsentanten des Volkes wahrgenommen werden (mittelbare demokratische Legitimierung). Das BVerfG führt dazu aus:

> „In der freiheitlichen Demokratie geht alle Staatsgewalt vom Volk aus. Sie wird vom Volk in Wahlen und Abstimmungen und durch besondere Organe der Gesetzgebung, der vollziehenden Gewalt und der Rechtsprechung ausgeübt [...]. Alle Organe und Vertretungen, die Staatsgewalt ausüben, bedürfen hierfür einer Legitimation, die sich auf die Gesamtheit der Bürger als Staatsvolk zurückführen läßt [...]. Das demokratische Prinzip erstreckt sich nicht nur auf bestimmte, sondern auf alle Arten der Ausübung von Staatsgewalt [...]. Die verfassungsrechtlich notwendige demokratische Legitimation erfordert eine ununterbrochene Legitimationskette vom Volk zu den mit staatlichen Aufgaben betrauten Organen und Amtswaltern. Die Legitimation muß jedoch nicht in jedem Fall durch unmittelbare Volkswahl erfolgen. In aller Regel genügt es, daß sie sich mittelbar auf das Volk als Träger der Staatsgewalt zurückführen läßt“[7].

109 c) **Transparenz der staatlichen Entscheidungsverfahren.** Die Willensbildung des Volkes setzt dessen hinreichende Information voraus. Eine moderne Demokratie ist daher nicht denkbar ohne grundsätzliche Transparenz der staatlichen und politischen Willensbildung. Nur durch Transparenz besteht die Möglichkeit der Meinungsbildung und der Kontrolle der Repräsentanten durch das Volk. Aus diesem Grund setzt der politische Willensbildungsprozess in den Staatsorganen ein Höchstmaß an Öffentlichkeit voraus, das allerdings nicht die grundsätzliche Entscheidungsfähigkeit der Staatsorgane beeinträchtigen darf.

110 d) **Mehrheitsprinzip.** Eine wirkliche gemeinsame Willensbildung des Volkes in dem Sinne, dass sich am Ende eines Diskurses die besseren Argumente durchsetzen und zu einem von allen getragenen Konsens führen, ist eine in einem aus Millionen Menschen bestehenden Staatsvolk nicht zu realisierende Utopie. Der prinzipiell auch in einer Massendemokratie zu führende Diskurs bedarf daher eines Diskursbegrenzungsverfahrens. Jede Massendemokratie benötigt ein *dezisionistisches* Element. Die Ausgestaltung dieses dezisionistischen Elements durch das Mehrheitsprinzip trägt zwei Prämissen Rechnung: zum einen ist in Mehrheitssystemen die Zahl der Unzufriedenen geringer, zum anderen spricht grundsätzlich eine Vermutung dafür, dass die Entscheidung durch die Mehrheit vernünftig ist.

Das BVerfG zählt das Mehrheitsprinzip zu den fundamentalen Prinzipien der Demokratie[8]. Durch das Mehrheitsprinzip werden demokratische Entscheidun-

---

7 BVerfGE 77, 1 – *Neue Heimat.*

8 BVerfGE 29, 154 (165).

gen erst möglich – es reduziert aber die garantierte gleiche Beeinflussung des staatlichen Willens auf die garantierte gleiche Chance zur Einflussnahme.

Der Wille der Minderheit fließt – jedenfalls in formaler Hinsicht – zwangsläufig nicht in das Ergebnis der staatlichen Willensbildung ein. Die primäre Rechtfertigung ergibt sich aus dem Bedürfnis, in demokratischen Strukturen überhaupt zu Entscheidungen zu kommen, die sich möglichst nahe an das Ideal der Einstimmigkeit anlehnen. Legitim sind Mehrheitsentscheidungen aber nur dann, wenn der Entscheidung der Mehrheit eine *gleichberechtigte Teilnahme* der Bürger zugrunde liegt und der Entscheidung ein freier, offener, gleichberechtigter Prozess der Meinungsbildung vorangegangen ist. **111**

Die gleichberechtigte Teilnahme korrespondiert mit den *staatsbürgerlichen Mitwirkungsrechten*. Demokratisch ist eine Entscheidung nur, wenn jeder Bürger die gleiche Möglichkeit hat, durch seine Mitwirkung Einfluss auf die Ausübung der Staatsgewalt zu nehmen. Er muss die Chance haben, dass seine Meinung die Zustimmung der Mehrheit erlangt und sein Votum gleichwertig für die Entscheidungsfindung ist. Essenziell dafür ist die Gewährung eines fairen Verfahrens, etwa durch Rede- und Antragsrechte. **112**

e) **Demokratischer Minderheitenschutz und rechtsstaatliche Anforderungen.** Eine Demokratie ohne Mehrheitsprinzip ist nicht entscheidungsfähig und damit als Staatsform ineffizient. Eine Demokratie ohne Minderheitenschutz bringt aber die Gefahr mit sich, dass die Mehrheit die Entscheidungsgewalt missbraucht. Daher muss die Minderheit effektiv geschützt werden. Ein solcher Missbrauch durch radikale Unterdrückung von Minderheiten wurde uns selbst durch sehr alte und stabile Demokratien vor Augen geführt. So institutionalisierten die Vereinigten Staaten von Amerika – obwohl demokratisch organisierter Verfassungsstaat – die Unterdrückung der schwarzen Minderheit durch staatliche Gestattung der Sklaverei. Ähnliche Ansätze kamen dort auch während des Zweiten Weltkrieges auf, als nationale Minderheiten japanischer Abstammung in Folge der Kriegsteilnahme Japans aufgrund sog. Civilian Exclusion Orders in Lagern interniert wurden.[9] Die Gefahr des Missbrauchs liegt darin, dass der Wille der Mehrheit in einer Demokratie ohne zusätzliche Sicherungselemente keiner materiellen Bindung unterliegt und zu ungerechten Entscheidungen zu Lasten der Minderheit führen kann. Solche Sicherungselemente ergeben sich aus der Ergänzung der Demokratie durch die Idee des Rechtsstaates. **113**

Zu den rechtsstaatlichen Bindungen der Demokratie zählen vor allem die *Grundrechte*, die dem Bürger Schutz und Freiraum vor dem Staat garantieren, und die *Gewaltenteilung*. Die Gewaltenteilung bewirkt die Aufteilung der Staatsgewalt in funktional und personal getrennte Gewalten sowie in verschiedene staatliche Ebenen und die gegenseitige Kontrolle der getrennten Gewalten und der staatlichen Organe. **114**

---

9 S. dazu Korematsu v. United States, 323 U.S. 214 (1944).

115 Das BVerfG führt zu demokratischen Entscheidungsverfahren nach dem Mehrheitsprinzip aus:

> „Nur wenn die Mehrheit aus einem freien, offenen, regelmäßig zu erneuernden Meinungs- und Willensbildungsprozess, an dem grundsätzlich alle wahlmündigen Bürger zu gleichen Rechten teilhaben können, hervorgegangen ist, wenn sie bei ihren Entscheidungen das – je und je – zu bestimmende Gemeinwohl im Auge hat, insbesondere auch die Rechte der Minderheit beachtet und ihre Interessen mitberücksichtigt, ihr zumal nicht die rechtliche Chance nimmt oder verkürzt, zur Mehrheit von Morgen zu werden, kann die Entscheidung der Mehrheit bei Ausübung von Staatsgewalt als Wille der Gesamtheit gelten und nach der Idee der freien Selbstbestimmung aller Bürger Verpflichtungskraft für alle entfalten.“[10]

II. Einzelne Demokratietypen der Gegenwart

116 Die Struktur der demokratischen Staaten der Gegenwart kann man auf einzelne Grundelemente reduzieren. Diese Grundelemente finden sich aber nicht in Reinform wieder, sondern sind, abgeschwächt durch andere Staatsformelemente, miteinander kombiniert.

1. Direkte und indirekte Demokratie

117 Unterscheidungskriterium zwischen direkter und indirekter Demokratie ist, ob das Volk die Sachentscheidungen unmittelbar selbst trifft oder diese von einer Volksvertretung getroffen werden, deren Zusammensetzung das Volk vorher bestimmt hat[11].

118 In der *direkten* Demokratie fällt das Volk selbst die Sachentscheidungen. Sie entspricht dem reinen demokratischen Konzept, in dem der staatliche Wille vollständig und permanent vom Volk selbst gebildet wird. Die direkte Demokratie verkörpert das Ideal der Einheit zwischen dem Willen des Volkes und dem Willen des Staates. Direkte demokratische Entscheidungen besitzen die höchste demokratische Legitimation.

119 In einer *indirekten* Demokratie ist die Entscheidungsbefugnis des Volkes auf die Bestimmung seiner Repräsentanten beschränkt. Die staatliche Willensbildung erfolgt danach durch die Repräsentanten, die alle Sachentscheidungen autonom fällen. Das Volk ist auf eine periodisch wiederkehrende Personalentscheidung beschränkt. Wegen der Wahrnehmung der unmittelbaren Entscheidungsgewalt durch Repräsentanten wird auch von *repräsentativer Demokratie* gesprochen.

120 Das Grundgesetz geht von einem System der repräsentativen Demokratie aus, das plebiszitäre Elemente zwar nicht gänzlich ausschließt, aber nur in äußerst geringem Umfang kennt. Beispiel für eine demokratische staatliche Ordnung mit intensiven plebiszitären Elementen ist die Schweizer Bundesverfassung. Sie gewährt dem Volk umfangreiche Mitwirkungsrechte und Entscheidungsbefugnisse, die vor allem die staatliche Gesetzgebung beeinflussen.

---

10 BVerfGE 44, 125 (142) – *Öffentlichkeitsarbeit der Bundesregierung.*

11 Vgl. *Maurer,* Staatsrecht I, § 7 Rn. 7.

Die Unterscheidung zwischen direkter und indirekter Demokratie findet sich in Art. 20 Abs. 1 Satz 2 GG in den Begriffen Wahlen und Abstimmungen wieder. Wahlen sind Personalentscheidungen des Volkes, in denen seine Repräsentanten bestimmt werden – gem. Art. 38 Abs. 1 GG in der Bundesrepublik Deutschland die Bundestagsabgeordneten. Entscheidet das Volk dagegen in einer Sachfrage, handelt es sich um eine Abstimmung[12]. 121

Hinsichtlich der Möglichkeit des Volkes, direkt zu Sachfragen Stellung zu nehmen, sind verschiedene Begriffe zu unterscheiden[13]: 122

- die *Volksabstimmung* (= Abstimmung gem. Art. 20 Abs. 1 Satz 2 GG) ist das Verfahren, in dem das Volk über eine Sachfrage entscheidet.
- der *Volksentscheid* ist das Ergebnis einer Volksabstimmung.
- das *Volksbegehren* ist der Antrag aus dem Volk auf Durchführung einer Volksabstimmung.
- die *Volksinitiative* ist der Antrag des Volkes, dass sich die Volksvertretung mit einer Sachfrage beschäftigt und darüber entscheidet.
- die *Volksbefragung* ist die von staatlichen Stellen initiierte, unverbindliche Befragung des Volkes, um ein politisches Meinungsbild zu einer Sachfrage zu ermitteln.
- das *Referendum* ist ein Sonderfall der Abstimmung, bei der das Volk innerhalb des staatlichen Gesetzgebungsverfahrens über eine Sachfrage mitentscheidet.

2. Präsidiale und parlamentarische Demokratie

In einer *präsidialen* Demokratie wird ein Präsident als Staats- und Regierungschef unmittelbar vom Volk gewählt. Paradebeispiel für ein präsidiales Regierungssystem sind die Vereinigten Staaten von Amerika. Die demokratische Legitimierung der Regierung erfolgt dort nicht durch das Parlament, sondern durch die Wahl des Volkes. Die Regierung ist – vorbehaltlich der jeweiligen verfassungsmäßigen Rechte des Parlaments – nicht dem Parlament, sondern unmittelbar dem Volk verantwortlich. Allerdings nimmt das Parlament regelmäßig die Kontrolle der Regierung durch seine parlamentarischen Rechte für das Volk wahr. Beispiel sind das Budgetrecht oder das amerikanische Amtsenthebungsverfahren, für das der Kongress die Initiative und Kompetenz innehat. In der Präsidialdemokratie hat die Regierung durch die größere Unabhängigkeit vom Parlament eine stärkere Stellung als in der parlamentarischen Demokratie. Ein Wechsel der politischen Mehrheiten im Parlament führt dort nicht zu einem Regierungswechsel. 123

In der *parlamentarischen* Demokratie wählt das Volk seine Vertretung. Darin erschöpft sich regelmäßig die unmittelbare Willensausübung des Volkes. Die weiteren Staatsorgane und insbesondere die Regierung werden vom Parlament gewählt und somit nur mittelbar vom Volk bestimmt. In der parlamentarischen Demokratie ist die Volksvertretung das zentrale staatliche Organ, weil es als einziges unmittelbar demokratisch legitimiert ist. 124

12 *Degenhart,* Staatsrecht I, Rn. 27.
13 Nach *Maurer,* Staatsrecht I, § 7 Rn. 38.

3. Exekutive und legislative Demokratie

125 Die Unterscheidung zwischen legislativer und exekutiver Demokratie bezieht sich auf die Frage, ob der Schwerpunkt der staatlichen Gewaltausübung in der Exekutive oder in der Legislative liegt. Entsprechende Bedeutung für die staatliche Rechtsordnung haben aufgrund dieser Vorentscheidung auch die Rechtsakte, denen sich Legislative und Exekutive zu ihrer Aufgabenerfüllung bedienen. Während die Legislative sich des Instruments des Gesetzes bedient, vollzieht die Exekutive ihre Aufgaben durch Exekutivakte wie Rechtsverordnungen, Verwaltungsakte oder Realakte. In einer legislativen Demokratie gilt grundsätzlich das Primat des Gesetzes, während es in einer exekutiven Demokratie nur einen begrenzten Gesetzeskatalog gibt. Der Stärke der Position des Parlaments im legislativen Demokratiemodell entspricht die starke Stellung der Verwaltung in der exekutiven Demokratie. Beispiel für eine exekutive Demokratie ist Frankreich, während das Grundgesetz eine legislative Demokratie statuiert.

4. Sog. „Räte-“ und „Volksdemokratien“

126 Kennzeichen einer Rätedemokratie ist, dass die staatliche Organisation auf allen Ebenen aus einem System von Räten besteht. Idee der Rätedemokratie ist, dass sich das Volk unmittelbar selbst regiert und sich dafür auf der untersten Ebene in Räten organisiert, in denen es seine Angelegenheiten selbst regelt. Soweit höhere staatliche Ebenen erforderlich sind, werden höherstufige Räte bis zur obersten staatlichen Ebene gewählt.

127 Räte sind öffentliche, vom Volk gewählte Delegiertenversammlungen. Sie sind grundsätzlich allzuständig, d. h. sie können in jeglicher Angelegenheit tätig werden. Es existiert keine funktionale und personale Trennung von Exekutive und Legislative. Auch die Rechtsprechung unterliegt der Kontrolle der Räte. Die Richter haben keine unabhängige Position, sondern werden von den Räten befristet gewählt und sind jederzeit abrufbar. Die Räte selbst unterliegen der permanenten Kontrolle durch das Volk, werden befristet gewählt und sind jederzeit abrufbar. Die Wahl in einen Rat bedeutet ein imperatives Mandat, d. h. Räte entscheiden nicht frei und unabhängig, sondern in öffentlichen Sitzungen nach Maßgabe des Volkes. Im Ergebnis ist die Rätedemokratie eine Organisationsform der direkten Demokratie zu Lasten maßgeblicher rechtsstaatlicher Elemente wie der Gewaltenteilung und des Minderheitenschutzes[14].

128 Die Rätedemokratie war seit 1917 wesentlicher Teil der Staatsform der Sowjetunion (Räte = Sowjets) und nach 1945 in den meisten früheren Ostblockstaaten. Allerdings darf nicht verkannt werden, dass in diesen Ländern eine Rätedemokratie nur dem Begriff nach herrschte. Nirgendwo war die staatliche Organisation so geregelt, dass sich der Volkswille tatsächlich von unten nach oben entfalten konnte. Bei genauerem Hinsehen entpuppte sich die jeweilige sog. Rätedemokratie stets als eine Oligarchie der kommunistischen Partei. Der Willensbildungsprozess vollzog sich stets von oben nach unten und nicht umgekehrt.

14 Vgl. *Zippelius*, Allg. Staatslehre, § 44 I m. w. N.

Der Begriff Volksdemokratie ist eine Wortschöpfung der früheren Ostblockstaaten, die man zu Recht als zynischen Pleonasmus bezeichnen kann[15]. Kennzeichnend für die Volksdemokratien war, dass das Volk sich durch Wahlen eine Volksvertretung schaffen konnte. Die Volksvertretungen waren jedoch keine wirklich demokratischen Staatsorgane. Die Wahl ihrer Vertreter wurde von einer staatstragenden Partei dominiert und die Auswahl wurde allenfalls von den sog. Blockparteien auf Einheitslisten ergänzt. Ein demokratischer Wettbewerb um die Stimmen der Wähler war von vorneherein ausgeschlossen. Die Volksvertretung besaß zudem auch keine tatsächliche staatliche Macht. **129**

III. Die Elemente der Demokratiekonzeption des Grundgesetzes

1. Demokratisch legitimiertes Repräsentativsystem

Das Grundgesetz bekennt sich in Art. 20 Abs. 1 zum Demokratieprinzip und gestaltet dieses in Art. 20 Abs. 2 näher aus: Danach geht die Staatsgewalt vom Volk aus (Grundsatz der Volkssouveränität, Art. 20 Abs. 2 Satz 1 GG) und wird vom Volk unmittelbar durch Wahlen (Personalentscheidungen) und Abstimmungen (Sachentscheidungen) ausgeübt (Art. 20 Abs. 2 Satz 2 GG). Die staatlichen Funktionen der Gesetzgebung, Rechtsprechung und vollziehenden Gewalt werden demgegenüber zwar auch vom Volke, jedoch „durch besondere Organe" ausgeübt. Ihre Wahrnehmung soll somit jedoch mittelbar auch auf das Volk zurückführbar sein. „Dieser Zurechnungszusammenhang zwischen Volk und staatlicher Herrschaft wird durch Wahl des Parlaments, durch die von ihm beschlossenen Gesetze als Maßstab der vollziehenden Gewalt, durch den parlamentarischen Einfluss auf die Politik der Regierung sowie durch die grundsätzliche Weisungsgebundenheit der Verwaltung gegenüber der Regierung hergestellt."[16] **130**

Das Repräsentativsystem des Grundgesetzes besteht somit *personell* aus den *gewählten Volksvertretern* und *funktional* aus den *besonderen Staatsorganen* sowie den ihnen nachgeordneten Stellen, die mit staatlichen Aufgaben betraut sind. Das Grundgesetz geht also von einer demokratischen Ordnung mit unmittelbaren wie repräsentativen Elementen aus.

a) **Repräsentative Demokratie.** Auch wenn das Grundgesetz die Wahrnehmung der Staatsgewalt durch das Volk in „Wahlen und Abstimmungen" (Art. 20 Abs. 2 Satz 2) vorsieht, etabliert es ein streng repräsentatives System: Die unmittelbare demokratische Willensäußerung des Volkes ist in Art. 38 GG geregelt (*Wahl* der Repräsentanten als Abgeordnete in den Bundestag). Die Abgeordneten erhalten durch ihre Wahl ein freies Mandat, da sie unabhängig vom Willen des Volkes entscheiden und ihr Status als Abgeordneter nicht vorzeitig gegen ihren Willen aufgehoben werden kann. Auf die Besetzung aller anderen Staatsorgane hat das Volk keinen unmittelbaren Einfluss. Das Grundgesetz geht also davon aus, dass die unmittelbare Äußerung des Volkswillen praktisch nur *in der Wahl seiner Repräsentanten in den Bundestag* besteht und die *weitere staatliche Willensbildung nur durch staatliche Organe* erfolgt. **131**

15 Vgl. *Maurer*, Staatsrecht I, § 7 Rn. 12.
16 BVerfGE 93, 37 (66) – *Mitbestimmungsgesetz Schleswig-Holstein*.

132 b) **Zulässigkeit von Abstimmungen.** Die *unmittelbare Beteiligung* des Volkes an Sachentscheidungen ist demgegenüber nur an wenigen Stellen des Grundgesetzes vorgesehen (Art. 29, 118, 118 a), beschränkt sich nach geltendem Verfassungsrecht also auf Änderungen der Gliederung des Bundesgebietes. Hinzu kommt Art. 146 GG, der jedoch nur deklaratorisch auf die verfassunggebende Gewalt des Volkes hinweist.[17]

133 Es stellt sich allerdings die Frage, ob auf Bundesebene auch in anderen Bereichen eine Volksabstimmung (Plebiszit) möglich wäre. Richtigerweise ist jedoch der Wortlaut des Art. 20 Abs. 2 Satz 2 GG, der von Abstimmungen spricht, so zu verstehen, dass dieser nur auf die im Grundgesetz an anderer Stelle vorgesehenen Abstimmungen verweist. Eine unmittelbare und für die Staatsorgane bindende Beteiligung des Volkes ist daher über die im Grundgesetz vorgesehenen Fälle hinaus unzulässig[18]. Eine Stärkung plebiszitärer Elemente bedürfte der Änderung des Grundgesetzes[19]. Auf Basis des Grundgesetzes zulässig wäre dagegen eine *konsultative Volksbefragung*, mit der keine Bindung der Staatsorgane bewirkt wird[20].

134 Insgesamt ist die unmittelbare Mitwirkung des Volkes an der Ausübung von Staatsgewalt also erstaunlich beschränkt: das Grundgesetz geht nach wie vor von einem „unberechenbaren" und „gefährlichen" Volk aus. Dabei ist die These, die dort vorgesehenen Volksentscheide seien mitentscheidend für das Scheitern der Weimarer Reichsverfassung gewesen, kaum haltbar[21].

135 c) **Demokratische Legitimierung.** Nur der Bundestag wird durch die Bundestagswahl vom Volk unmittelbar demokratisch legitimiert. Alle anderen staatlichen Organe, die Staatsgewalt ausüben, bedürfen einer abgeleiteten, mittelbaren Legitimierung. Diese Legitimierung kann durch den Bundestag vermittelt werden, aber auch durch eine Kette von mittelbar demokratisch legitimierten Organen. Aufgrund der bundesstaatlichen Ordnung ist es auch möglich, dass eine demokratische Legitimierung über die Länderebene vermittelt wird. Letztlich bedarf jedoch jede Ausübung von Staatsgewalt der Rückführung auf das Volk durch eine „ununterbrochene Legitimationskette vom Volk zu den mit staatlichen Aufgaben betrauten Organen und Amtswaltern"[22].

136 Unterschieden werden kann zwischen personeller und funktionaler Legitimierung. *Personelle Legitimierung* wird dadurch erreicht, dass die personelle Besetzung von Staatsorganen und öffentlichen Ämtern von einer unmittelbar legitimierten Quelle ausgeht. Anknüpfungspunkt ist nicht das staatliche Handeln selbst, sondern die handelnde(n) Person(en). Auf der Bundesebene ist dies der Bundestag, der Wahlorgan insbesondere für den Bundeskanzler als Spitze der Exekutive ist. Bei der *funktionalen Legitimierung* staatlichen Handelns ist das formelle Gesetz Grundlage. Ein formelles Gesetz wird vom Bundestag als unmittelbar demokratisch legitimiertem Staatsorgan beschlossen und ermächtigt den

17 S. oben Rn. 62 f.
18 Vgl. *Sachs*, in: Sachs, GG, Art. 20 Rn. 31 ff.; *Stern*, Staatsrecht II, S. 16.
19 *Kühling*, JuS 2009, 777 ff. (781, 783).
20 Kritisch *Rommelfanger*, Das konsultative Referendum, 1988, S. 292 f.
21 Zur Weimarer Reichsverfassung und ihren „Konstruktionsfehlern" s. o. Rn. 29 ff.
22 BVerfGE 107, 59 (86) – *Lippeverband*.

Staat oder den staatlichen Gesetzesadressaten zu mittelbar demokratisch legitimiertem Handeln.

Beispiele:

- Die Bundesregierung wird dadurch demokratisch legitimiert, dass der Bundeskanzler von der Mehrheit des Bundestags gewählt wird. Der Bundestag ist durch die Bundestagswahl unmittelbar demokratisch legitimiert.
- Die demokratische Legitimation des Bundespräsidenten wird von der Bundesversammlung vermittelt. Die Mitglieder der Bundesversammlung sind die unmittelbar gewählten Mitglieder des Bundestags und Vertreter der Länder (vgl. Art. 54 Abs. 3 GG). Die Vertreter der Länder werden von den jeweiligen Landtagen gewählt und dadurch mittelbar demokratisch legitimiert.
- Die Beamten des Bundeskriminalamts werden nicht gewählt, sondern ernannt. Ihr Handeln ist demokratisch legitimiert, wenn sie sich auf die ihnen durch das vom Bundestag erlassene BPolG verliehenen Kompetenzen stützen können.

2. Herrschaft auf Zeit

Eine unmittelbare Demokratie benötigt keine Wahlen, da das Volk jeweils selbst **137** Legislative, Exekutive und Jurisdiktionsgewalt innehat. In einer repräsentativen Demokratie wird die ursprüngliche Herrschaft des Volkes aber auf eine andere Organisation delegiert. Diese Übertragung muss jedoch, um den Charakter der Demokratie zu wahren und eine wirksame Kontrolle der Repräsentanten durch das Volk zu ermöglichen, zeitlich beschränkt bleiben.

Den Grundsatz der Herrschaft auf Zeit regelt im Grundgesetz Art. 39 Abs. 1 **138** Satz 1. Die Wahl des Bundestags ist der Willensakt des Volkes, mit dem es die Staatsgewalt seinen Vertretern überantwortet. Mit Ablauf der Legislaturperiode (vier Jahre) fällt die Staatsgewalt wieder an das Volk zurück, das in einem neuen Wahlakt eine neue Volksvertretung bestimmt. Die Ämter des Bundeskanzlers und der Bundesregierung sind an die zeitliche Beschränkung der Übertragung der Herrschaftsgewalt auf den Bundestag gebunden. Mit dem Mandat des Bundestags entfällt auch die Regierungsgewalt.

3. Parlamentarismus, parlamentarische Demokratie und parlamentarisches Regierungssystem

Der Begriff Parlamentarismus umfasst alle staatlichen Ordnungen, in denen **139** einem Repräsentativorgan (Parlament) eine Funktion bei der politischen und staatlichen Willensbildung eingeräumt wird[23]. Der Begriff Parlament wird im Staatsorganisationsrecht als Synonym für die Volksvertretung verwendet. Da unter Demokratie ursprünglich nur Formen direkter Interessenwahrnehmung verstanden wurden, war er nicht von Anfang an mit dieser Staatsform verknüpft.

Entwickelt hat sich der Begriff Parlamentarismus vielmehr im monarchischen **140** Staat aus dem Dualismus zwischen monarchischer Regierungsgewalt und deren Untertanen. Die Einführung eines Parlaments sollte die Macht des Monarchen beschränken, zunächst durch beratende Funktionen und im Laufe der Zeit durch eine parlamentarische Kontrolle der Regierungsakte. Die klassischen parlamenta-

23 Vgl. *Steffani*, Parlamentarische und präsidentielle Demokratie, S. 118 ff.

rischen Rechte sind seit dem Ende des Absolutismus vor allem das Budgetrecht, das den staatlichen Haushalt von der parlamentarischen Genehmigung abhängig macht, und legislative Funktionen[24].

141 Durch die Verknüpfung des Parlamentarismus mit dem Demokratieprinzip wird das Parlament zur allgemeinen Volksvertretung. Es besitzt nicht mehr nur Kontroll- und Informationsrechte, sondern vermittelt auch die demokratische Legitimation der Regierung und nimmt an der Gesetzgebung teil, eine Funktion, die im Zeitalter des Absolutismus durch den König ausgeübt wurde[25]. Die Bundesrepublik Deutschland ist somit eine *parlamentarische Demokratie*: Der Bundestag ist die Volksvertretung (vgl. Art. 38 Abs. 1 Satz 2 GG), die im politischen System der Bundesrepublik die demokratische Legitimation vermittelt[26]. Er hat das Budgetrecht inne und ist das zentrale Organ der Legislative.

142 Es besteht darüber hinaus ein *parlamentarisches Regierungssystem*. Kennzeichen sind die Wahl des Regierungschefs durch das Parlament und die beständige Abhängigkeit der Regierung vom Vertrauen des Parlaments. Das Gegensystem ist die präsidiale Demokratie, bei der der Staatspräsident direkt vom Volk gewählt wird und die Regierung in eigener Verantwortung ernennt, ohne dass das Parlament hieran beteiligt sein muss, wie etwa in der Weimarer Republik oder den Vereinigten Staaten von Amerika.

143 Die Entscheidung für ein parlamentarisches Regierungssystem im Grundgesetz ergibt sich aus Art. 63 Abs. 1 GG. Der Bundeskanzler als Regierungschef wird vom Bundestag gewählt. Entsprechend kann das Parlament einen Regierungschef auch wieder abwählen (vgl. Art. 67 GG). Die Stellung des Regierungschefs ist also abhängig vom Vertrauen des Parlaments. Die Teilhabe des Bundestags an der Staatsleitung ist im Grundgesetz vor allem durch die Gesetzgebung, Kontrolle der Regierung, Budgetrecht und das Zustimmungserfordernis zu völkerrechtlichen Verträgen festgelegt[27].

4. Parteiendemokratie

144 Parteien gehören zu den notwendigen Institutionen in einer repräsentativen Demokratie. Sobald die Willensbildung des Volkes in einer Volksvertretung konzentriert wird, bilden sich immer festere Gruppierungen, in denen Interessen gebündelt, Meinungen abgestimmt und vor allem Mehrheiten organisiert werden. In einer Volksvertretung, in der das Mehrheitsprinzip maßgeblich für alle Entscheidungen ist, hat der nicht organisierte Einzelne auf Dauer kaum eine Chance, mit seiner Stimme Gehör zu finden. Der Vorstellung einer konsensualen Kommunikationsgemeinschaft und eines immerwährenden Dialogs, eingebettet in einen herrschaftsfreien Diskurs, kommt in einer Massendemokratie keine empirische Realität zu. Die Massendemokratie ist gezwungen, neben Diskursbegrenzungsverfahren, wie der Abstimmung, auch inhaltliche Konsensbildungsverfahren einzuführen, die durch nichtstaatliche Organisationen vermittelt werden: die

24 Vgl. *Stern,* Staatsrecht I, S. 946 ff. m. w. N.
25 Vgl. *Steffani*, Parlamentarische und präsidentielle Demokratie, S. 118 ff.
26 Vgl. *Morlok/Hientzsch*, JuS 2011, 1 ff.
27 Vgl. *Stern,* Staatsrecht I, S. 956.

politischen Parteien. Moderne Massendemokratien sind ohne Parteien nicht denkbar, wenn auch der weitreichende Einfluss der Parteien auf alle politischen und gesellschaftlichen Entscheidungen nicht unproblematisch und die strikte Trennung von Staat und Parteien schlechterdings nicht möglich ist.
Das Grundgesetz erkennt die Rolle der Parteien, an der „politischen Willensbildung des Volkes" mitzuwirken (Art. 21 Abs. 1 Satz 1), ausdrücklich an und unterstellt die Parteien, denen daher eine „gewisse Staatsnähe"[28] zukommt, besonderen Anforderungen hinsichtlich einer Binnenorganisation nach demokratischen Grundsätzen und Transparenz der Herkunft und Verwendung ihrer Mittel (Art. 21 Abs. 1 Satz 3 u. 4)[29].

5. Mehrheitskontrolle im Rechtsstaat

Der bereits dargestellten Missbrauchsgefahr, die das in der Demokratie geltende Mehrheitsprinzip (vgl. Art. 42 Abs. 2 Satz 1 GG) mit sich bringt, begegnen der Grundsatz der Gewaltenteilung sowie weitere Ausprägungen des Rechtsstaatsprinzips, die im folgenden Abschnitt dargestellt werden[30]. **145**

6. Anwendungsbereich des Demokratieprinzips

Abschließend soll klargestellt sein, dass es sich beim Demokratieprinzip um ein Staatsorganisationsprinzip, kein Gesellschaftsorganisationsprinzip handelt. Andere funktionale Systeme in der Gesellschaft, wie etwa ein Konzern oder eine Religionsgemeinschaft, sind häufig hierarchisch organisiert und nicht am Maßstab des Art. 20 Abs. 1 u. 2 GG zu messen. Dieser beschränkt sich ausdrücklich auf die Regelung der Legitimierung staatlicher Gewalt; zunächst im Bund, über das Homogenitätsgebot des Art. 28 Abs. 1 GG jedoch auch in den Ländern und auf kommunaler Ebene. **146**

Der rechtliche Anwendungsbereich des Demokratieprinzips findet also *keine Anwendung im außerstaatlichen Bereich*, weil es an einer entsprechenden allgemeinen gesetzlichen Anordnung fehlt. Einzige verfassungsrechtliche Ausnahme ist der bereits erwähnte Art. 21 Abs. 1 Satz 3 GG, der die innere Ordnung der Parteien nach demokratischen Grundsätzen normiert. Diese Vorschrift trägt der besonderen Staatsnähe der Parteien Rechnung, die an der Willensbildung des Volkes mitwirken. **147**

Rechtsprechung: BVerfGE 8, 104 – *Volksbefragung*; BVerfGE 20, 56 – *Zuschüsse an Parteien*; BVerfGE 44, 125 – *Öffentlichkeitsarbeit der Bundesregierung*; BVerfGE 63, 230 – *Öffentlichkeitsarbeit der Bundesregierung vor Bundestagswahlen*; BVerfGE 73, 40 – *steuerliche Abzugsfähigkeit von Spenden*; BVerfGE 83, 37 – *Ausländerwahlrecht;* BVerfGE 77, 1 – *Neue Heimat*; BVerfGE 83, 60 – *Ausländerwahlrecht*; BVerfGE 89, 155 – *Maastricht;* BVerfGE 93, 37 – *Mitbestimmungsgesetz Schleswig-Holstein*; BVerfGE 95, 335 – *Verfassungsmäßigkeit von Überhangmandaten*; BVerfGE 95, 408 – *Verfassungsmäßigkeit von Grundmandatsklauseln*; BVerfGE 97, 317 – *Nachfolge für ausgeschiedene Wahlkreisabgeordnete*; BVerfGE 103, 11 – *Wahlprüfung in Hessen*; BVerfGE 111, 382 – *Drei-Länder-Quorum*; BVerfGE 121, 30 – *Parteibeteiligung an Rundfunkunternehmen*; BVerfGE 121,

28 BVerfGE 121, 30 (53) – *Parteibeteiligung an Rundfunkunternehmen.*
29 Im Einzelnen hierzu unten Rn. 842.
30 Ausführlich unten Rn. 152ff.

266 – *Negatives Stimmgewicht*; BVerfGE 123, 39 – *Wahlcomputer*; BVerfGE 129, 300 – *Fünf-Prozent-Sperrklausel im Europawahlrecht*; BVerfGE 130, 212 – *Wahlkreiseinteilung*; BVerfG NVwZ 2012, 1167 – *Wahlberechtigung Auslandsdeutscher*; BVerfGE 131, 316 – *Negatives Stimmgewicht*; BVerwG DVBl. 1997, 1276 – *Wahlempfehlung durch Bürgermeister.*

Literatur:

Zur Ergänzung:
Voßkuhle, A./Kaiser, A.-B., Grundwissen Öffentliches Recht – Demokratische Legitimation, JuS 2009, 803 ff.; *Pieroth, B.*, Das Demokratieprinzip des Grundgesetzes, JuS 2010, 473 ff.; *Kees, A.*, Die Staatsstrukturprinzipien in der Fallbearbeitung, JA 2008, 795 ff.; *Morlok, M./ Hientzsch, C.*, Das Parlament als Zentralorgan der Demokratie, JuS 2011, 1 ff.

Zur Vertiefung:

Aktuelle Diskussionen
Kühling, J., Volksgesetzgebung und Grundgesetz – „Mehr direkte Demokratie wagen"?, JuS 2009, 777 ff.; *Augsberg, S.*, Wer ist das Volk? Die Pluralität demokratischer Entscheidungsformen als Herausforderung für Verfassungsrecht und Demokratietheorie, ZG 2012, 251 ff.; *Meyer, H.*, Volksabstimmungen im Bund: Verfassungslage nach Zeitgeist, JZ 2012, 538 ff.

Grundlegende Texte
Badura, P., Die parlamentarische Demokratie, HStR I, 1. Aufl. 1987, § 23; *Böckenförde, E.-W.*, Demokratie als Verfassungsprinzip, HStR I, 1. Aufl. 1987, § 22; *Kelsen, H.*, Vom Wesen und Wert der Demokratie, 2. Aufl. 1929, Neudruck 1963; v. *Simon, W./Kriele, M.*, Das demokratische Prinzip im Grundgesetz, VVDStRL 29, 3.

§ 17 Republik

Das Grundgesetz definiert den Begriff Republik nicht. Sein Wortlaut geht auf die lateinische Bezeichnung „res publica" zurück: die „Sache, die alle angeht", d. h. das Gemeinwesen, der Staat. Der moderne Begriff der Republik (dt. „Freistaat") knüpft an die Bestimmung des Staatsoberhaupts an. Dieses wird in der Republik, anders als in der Monarchie, nicht nach dynastischen Prinzipien (Erbfolge) bestimmt, sondern auf Zeit gewählt.

I. Der Begriff der Republik

148 Die Dreiteilung der Staatsformen in der Antike (Monarchie, Aristokratie, Demokratie)[1] wurde seit Beginn der Neuzeit durch einen Dualismus von Republik und Monarchie verdrängt, der auf *Machiavellis* Werk „Il Principe" zurückgeht. Machiavelli teilte die Staaten ein in solche, die sich am allgemeinen öffentlichen Wohl orientieren („res publica") und deren Wille sich an den Interessen seiner Bürger ausrichtet und solche, in denen ein absoluter Herrscher bei der Ausübung des staatlichen Willens sich nicht am öffentlichen Interesse orientiert. Der Begriff der Demokratie als eigenständiger Staatsform fand erst nach der Überwindung des Absolutismus wieder zu der Bedeutung zurück, die ihm bereits in der antiken Staatslehre eingeräumt war[2].

1 S. dazu oben Rn. 93.
2 Vgl. *Stern*, Staatsrecht I, S. 579 ff.

Nach dem dargestellten Dualismus kennzeichnet sich die Republik als Ablehnung der Monarchie. Versteht man Monarchie klassisch als Herrschaft einer Einzelperson, schließt danach der Republikbegriff in einem weiteren Sinne jegliche Form der Einzelherrschaft aus. Seit dem Ende des Absolutismus wandelte sich die Monarchie immer mehr von einer effektiven Alleinherrschaft zu einer Staatsform, in der das Staatsoberhaupt zwar eine einzelne Person ist, aber keine echten Machtbefugnisse mehr besitzt und nur noch symbolische, repräsentative Aufgaben zu erfüllen hat. Entsprechend wandelte sich der Begriff der Republik und stellte nicht mehr auf die Machtbefugnisse ab, sondern auf die *Legitimation des Staatsoberhaupts*[3]. In einer Monarchie ist die lebenslange Stellung des Staatsoberhauptes nicht von einer Legitimierung durch das Volk abhängig, sondern erfolgt insbesondere nach dynastischen Gesichtspunkten. Das Beispiel einer *Wahlmonarchie* bietet die Geschichte des Heiligen Römischen Reichs Deutscher Nation. Dort wurde der König, der im Anschluss an seine Wahl jeweils zum Kaiser gekrönt wurde, von den Fürsten gewählt, wobei das Wahlverfahren in der Goldenen Bulle von 1356 geregelt war. Auch die Wahl geschah jedoch auf Lebenszeit, ein König konnte nicht abgesetzt werden. 149

Eine Republik im modernen Verständnis verlangt demgegenüber nach der unmittelbaren oder mittelbaren Legitimierung des Staatsoberhauptes durch das Volk: es kann dann jedes Mitglied des Staatsvolks auch dessen Oberhaupt werden. Kennzeichen der demokratischen Legitimierung ist die zeitlich begrenzte Amtsinhaberschaft und die Möglichkeit der Absetzung. Das Beispiel des Vereinigten Königreichs zeigt, dass Demokratie und Republik nicht zusammenfallen müssen. Die effektive Staatsgewalt geht dort vom Volk aus, auch wenn das Staatsoberhaupt nach dynastischen Gesichtspunkten bestimmt wird (Erbmonarchie).

II. Die Entscheidung des Grundgesetzes für die Republik

Die Entscheidung für die Republik ergibt sich schon aus der Bezeichnung (Bundes-)Republik Deutschland in Art. 20 Abs. 1 GG. Durch die Schutzwirkung des Art. 79 Abs. 3 GG ist die Republik als Staatsform und die Absage an die Monarchie unter der Herrschaft des Grundgesetzes endgültig. 150

Die konkrete Ausgestaltung des republikanischen Prinzips ergibt sich aus den Regelungen des Grundgesetzes zum *Bundespräsidenten* (vgl. Art. 54 ff.). Der Bundespräsident ist auch ohne ausdrückliche Festlegung im Grundgesetz Staatsoberhaupt der Bundesrepublik Deutschland. Dies ergibt sich aus der deutschen verfassungsrechtlichen Tradition, der Entstehungsgeschichte des Grundgesetzes und den traditionell dem Staatsoberhaupt zustehenden Funktionen, wie der Ernennung der Regierung (Art. 63 Abs. 1, Art. 64 Abs. 1 GG) oder der völkerrechtlichen Vertretungsmacht (Art. 59 GG). Der Bundespräsident wird von der Bundesversammlung für fünf Jahre gewählt (Art. 54 Abs. 1 Satz 1, Abs. 2 Satz 1 GG) und kann durch ein Verfahren vor dem Bundesverfassungsgericht aus seinem Amt entfernt werden (Art. 61 GG). Grundsätzlich kann jeder Deutsche über 40 Jahre Staatsoberhaupt werden (Art. 54 Abs. 1 Satz 2 GG). 151

3 Vgl. *Stern*, Staatsrecht I, S. 581 f.

Literatur:

Zur Vertiefung:
Gröschner, R., Die Republik, HStR II § 23, Henke, W., Zum Verfassungsprinzip der Republik, JZ 1981, 249; *Isensee, J.*, Republik, Sinnpotential eines Begriffs, JZ 1981, 1; *Reinalter, H.* (Hrsg.), Republikbegriff und Republiken seit dem 18. Jahrhundert im europäischen Vergleich, 1999.

§ 18 Rechtsstaat

152 Grundsätzlich kann man als Rechtsstaat (zum Begriff vgl. Art. 23 Abs. 1, 28 Abs. 1 Satz 1 GG) einen Staat bezeichnen, in dem die Ausübung der Staatsgewalt Schranken unterliegt[1]. Diese Schranken ergeben sich:

- aus der Rechtssubjektqualität der gewaltunterworfenen Bürger,
- aus der funktionalen Teilung der Staatsgewalt,
- aus der Bindung der Staatsgewalt an die Regelungen, die sie selbst erlassen hat.

153 Die Basis der gebundenen staatlichen Ordnung ist die Verfassung, die die Grundordnung eines Staates auf Dauer verbindlich festlegt und dem Staat damit ein normatives Gefüge gibt, das nicht zur vollständigen Disposition des jeweiligen Inhabers der Staatsgewalt steht. Die Verfassungsinhalte sind für den verfassungsändernden Gesetzgeber nur unter erschwerten Bedingungen abänderbar (vgl. Art. 79 Abs. 2 GG) und bleiben in einem Kernbereich jeder Änderung entzogen (vgl. Art. 79 Abs. 3 GG). Als einzige Möglichkeit, die Verfassung vollständig zu beseitigen, bleibt nur die Schaffung einer neuen Verfassung durch die verfassunggebende Gewalt des Volks[2]. In einem Verfassungsstaat kann die Staatsgewalt nicht mehr vollkommen ungebunden, sondern nur noch in der Form und unter den Bedingungen ausgeübt werden, die in der Verfassung vorgefunden werden. Dem gegenüber steht der reine Machtstaat, in dem die Staatsgewalt totalitär wirkt[3].

154 Allgemein kann man zwischen einem formellen und einem materiellen Rechtsstaatsbegriff unterscheiden. Der formelle Rechtsstaatsbegriff knüpft an die Bindung der Staatsgewalt an Verfahrensstandards an, während sich der materielle Rechtsstaatsbegriff auf inhaltliche Beschränkungen staatlicher Gewaltausübung bezieht. Nach der Vorstellung beider Konzepte wird sich zeigen, dass diese im Grundgesetz der Bundesrepublik Deutschland eine Synthese erfahren haben.

I. Formeller Rechtsstaat

155 Für einen formellen Rechtsstaat ist kennzeichnend, dass die Staatsgewalt organisatorisch und verfahrenstechnisch an *Normen gebunden* ist, die eine willkürliche

---

1 Zum Ganzen vgl. *Degenhart,* Staatsrecht I, Rn. 131 ff.; *Stern,* Staatsrecht I, § 20; *Maurer,* Staatsrecht I, § 8 Rn. 5 ff.; *Schmidt-Aßmann*, HStR II § 26.
2 S. dazu ausführlich oben Rn. 52 ff.
3 Vgl. *Isensee*, HStR II § 15; *Kirchhof*, HStR II, § 21 Rn. 86 jeweils m. w. N.

Entfaltung ausschließen. So soll dem Missbrauch staatlicher Macht vorgebeugt werden. Dagegen kommt es nicht darauf an, welche Inhalte und Ziele das staatliche Handeln hat. Kern des formellen Rechtsstaats sind[4]:

- *Verfassungsbindung der Staatsgewalt:* Der Staat handelt nur, wenn und soweit er dazu durch die Verfassung ermächtigt wird. Die Verfassung regelt verbindlich, welche Staatsorgane welche Zuständigkeiten haben und welche Instrumente ihnen dafür zur Verfügung stehen. Die verfassungsrechtlichen Vorgaben beanspruchen dabei Vorrang vor allen anderen innerstaatlichen Rechtssätzen[5].
- *Gewaltenteilung:* Die Staatsgewalt ist aufgeteilt in die drei getrennten Bereiche Gesetzgebung (Legislative), vollziehende Gewalt (Exekutive) und Rechtsprechung (Judikative)[6].
- *Gesetzmäßigkeit staatlichen Handelns:* Zentrales Instrument und Ausgangspunkt des staatlichen Handelns ist das Gesetz. Die vollziehende Gewalt bedarf zum Handeln einer gesetzlichen Ermächtigung, die vom Gesetzgeber erst erlassen werden muss (Vorbehalt des Gesetzes). Es darf nicht gegen die geltenden Gesetze verstoßen werden (Vorrang des Gesetzes). So erlangt der Bürger im Rahmen der geltenden Gesetze Rechtssicherheit und Freiräume gegenüber dem Staat[7].
- *Unabhängiger Rechtsschutz:* Die Einhaltung der Gesetze wird durch die Rechtsprechung überwacht. Ihre Unabhängigkeit garantiert eine effektive Kontrolle, hebt aber nicht die gesetzliche Bindung der Rechtsprechung als Teil der Staatsgewalt auf[8].

Diese Prinzipien des formellen Rechtsstaats prägten die Staatsverfassungen im Deutschen Bund des 19. Jahrhunderts[9]. Die vollziehende Gewalt wurde von Monarchen ausgeübt, die jedoch einer gesetzlichen Ermächtigung, für deren Erlass die Zustimmung des Parlaments erforderlich war, bedurfte, um in Freiheit und Eigentum der Bürger einzugreifen. Unselbständige Ausschüsse und Kammern in der Verwaltung, später auch Verwaltungsgerichte, konnten Maßnahmen der Exekutive auf ihre Rechtmäßigkeit überprüfen. So sollten Machtmissbrauch und Willkürherrschaft absolutistischer Monarchien überwunden werden. Die Beschränkung auf einen formellen Rechtsstaat ohne Berücksichtigung der Inhalte staatlichen Handelns allein kann dieses Ziel jedoch nicht dauerhaft verwirklichen. Der Bürger erlangt durch die Bindung der Herrschaft an die geltenden Gesetze zwar Freiheitssphären und Rechtssicherheit. Vor inhaltlicher Willkür formgerecht erlassener Gesetze besteht in einem formellen Rechtsstaatssystem jedoch kein ausreichender Schutz. 156

4 Vgl. *Stern,* Staatsrecht I, S. 784 ff.
5 Vgl. *Stern,* Staatsrecht I, S. 787 f.
6 Vgl. *Stern,* Staatsrecht I, S. 792 ff. m. w. N.
7 Vgl. *Maurer,* Staatsrecht I, § 8 Rn. 7.
8 *Maurer,* Staatsrecht I, § 8 Rn. 23 ff.
9 Dazu oben Rn. 19 ff.

II. Materieller Rechtsstaat

157 Hierzu bedarf es inhaltlicher Bindungen, die Gegenstand des materiellen Rechtsstaatsbegriffs sind. Der materielle Rechtsstaat wird vor allem durch die inhaltlichen Vorgaben der Verfassung geprägt. Dazu zählen:

- die *Bindung aller staatlichen Gewalt an die Menschenwürde und die Grundrechte;*
- die *unantastbaren verfassungsrechtlichen Entscheidungen für Demokratie und den Sozialstaat;*
- die *Überprüfung auch der Gesetzgebung am Maßstab verfassungsrechtlicher Vorgaben* durch eine unabhängige Rechtsprechungsinstanz.

158 Historisch steht die Herausbildung des materiellen Rechtsstaats im Zusammenhang mit den gesellschaftlichen Veränderungen in der Zeit der Industrialisierung. Der Staat konnte sich nicht mehr darauf beschränken, für innere und äußere Sicherheit zu sorgen (Polizeistaat, Nachtwächterstaat), sondern musste die sozialen und politischen Umwälzungen auffangen, die mit dem Wandel der klassischen Bürgergesellschaft zur Industriegesellschaft einhergingen. Aufgrund dieser Entwicklung wird der materielle Rechtsstaat des Grundgesetzes im Gegensatz zum liberalen Rechtsstaat des 19. Jahrhunderts auch als sozialer Rechtsstaat (vgl. Art. 28 Abs. 1 GG) bezeichnet.

III. Synthese von formellem und materiellem Rechtsstaat im Grundgesetz

159 Das Grundgesetz vereinigt formellen und materiellen Rechtsstaat in der Erkenntnis, dass eine sinnvolle Bindung der Staatsgewalt nur in einer Kombination von verfahrensregelnden und inhaltlichen Vorgaben verwirklicht werden kann. Der formelle Rechtsstaat ist wertlos, wenn die Staatsgewalt mittels gesetzlicher Regelungen zu jeglichem Zweck missbraucht werden kann. Andererseits sind inhaltliche Vorgaben wie Demokratie oder Grundrechte nicht effektiv gewährleistet, wenn sie nicht durch formelle Elemente der Gewaltenteilung, Gesetzmäßigkeit staatlichen Handelns und der unabhängigen Rechtsprechung flankiert werden.

IV. Normative Ausgestaltung des Rechtsstaatsprinzips im Grundgesetz

160 Das Rechtsstaatsprinzip wird in Art. 20 GG nicht wie die übrigen Strukturprinzipien Demokratie, Bundesstaat und Sozialstaat ausdrücklich genannt. Der Wortlaut des Art. 28 Abs. 1 GG dagegen setzt das Rechtsstaatsprinzip als Maßstab für die staatliche Ordnung der Länder voraus. Auch Art. 23 Abs. 1 Satz 1 GG nennt die rechtsstaatlichen Grundsätzen verpflichtete Ordnung der Europäischen Union als Voraussetzung der deutschen Mitwirkung. Es ist daher allgemeine Auffassung, dass das Rechtsstaatsprinzip, das man inhaltlich auch an Art. 20 Abs. 3 GG festmachen kann, den übrigen in Art. 20 Abs. 1 GG genannten Strukturprinzipien gleichwertig ist und unter dem qualifizierten Schutz der Ewigkeitsgarantie von Art. 79 Abs. 3 GG steht.

161 Die normative Grundlage des Rechtsstaatsprinzips wird überwiegend aus einer Zusammenschau mehrerer verfassungsrechtlicher Bestimmungen hergeleitet:

> „Das Rechtsstaatsprinzip gehört zu den Leitideen, die den Gesetzgeber unmittelbar binden; das ergibt sich aus einer Zusammenschau der Bestimmungen des Art. 20 Abs. 3 über die Bindungen der Einzelgewalten und der Art. 1 Abs. 3, 19 Abs. 4, 28 Abs. 1 Satz 1 GG sowie aus der Gesamtkonzeption des Grundgesetzes. Zwar enthält dieses Prinzip nach der Rechtsprechung des Bundesverfassungsgerichts [...] keine für jeden Sachverhalt in allen Einzelheiten eindeutig bestimmten Gebote oder Verbote von Verfassungsrang; dieser Verfassungsgrundsatz bedarf vielmehr der Konkretisierung je nach den Gegebenheiten, wobei fundamentale Elemente des Rechtsstaates und die Rechtsstaatlichkeit im ganzen gewahrt bleiben müssen."[10]

In jüngeren Entscheidungen beschränkt sich das BVerfG auf die Nennung von Art. 20 Abs. 3 GG als Grundlage des Rechtsstaatsprinzips.[11]
Wie sich aus der angeführten Begründung des BVerfG herauslesen lässt, wird das allgemeine Rechtsstaatsprinzip in verschiedenen Vorschriften des Grundgesetzes konkret ausgestaltet. Insoweit ist das allgemeine Rechtsstaatsprinzip subsidiär. Es gilt aber über einzelne konkrete Regelungen hinaus für die gesamte Rechtsordnung als Wertentscheidung und allgemeines Prinzip, das vor allem die Auslegung einzelner Normen beeinflusst[12].
Im Folgenden sollen die Ausprägungen des Rechtsstaatsprinzips im Grundgesetz dargestellt werden, wobei neben dem formellen Prinzip der Gewaltenteilung insbesondere der materielle Grundsatz der rechtlichen Bindung der Staatsgewalt und besondere Anforderungen an rechtsstaatliches Handeln zu untersuchen sind. Zu beachten ist dabei, dass der Rekurs auf das allgemeine Rechtsstaatsprinzip stets subsidiär gegenüber einzelnen gesetzlichen Bestimmungen ist, die das rechtsstaatliche Verfahren konkret ausgestalten.

V. Gewaltenteilung

162 Der Grundsatz der Gewaltenteilung wurde bereits als Einschränkung des Mehrheitsprinzips in der Demokratie erwähnt. Im Zusammenhang mit dem Rechtsstaatsprinzip, aus dem er abgeleitet werden kann, sollen hier die weiteren Implikationen der Gewaltenteilung als System von Funktionsabgrenzungen mit wechselseitiger Kontrolle vorgestellt werden, die sich auf jegliche Ausübung von Hoheitsgewalt beziehen.

1. Der Begriff der Gewaltenteilung

163 Ziel der Aufteilung staatlicher Aufgaben und Kompetenzen auf verschiedene Gewalten ist die Verhinderung staatlichen Machtmissbrauchs, der bei einer Konzentration der staatlichen Macht in besonderer Weise droht. Dem Gewaltenteilungsgrundsatz liegt der Gedanke der Einteilung der Staatsgewalt in unterschiedliche Staatsfunktionen zugrunde, um durch wechselseitige Kontrollen, Hemmungen und Mäßigungen der Teilgewalten („*checks and balances*") eine Begrenzung staatlicher Machtausübung sowie ihre Berechenbarkeit und Kontrol-

10 BVerfGE 45, 187 (246) – *Lebenslange Freiheitsstrafe*.
11 BVerfGE 92, 365 (409) – *Lohnersatzleistung im Arbeitskampf*; BVerfGE 93, 99 (107).
12 Vgl. *Maurer*, Staatsrecht I, § 8 Rn. 2 f.

lierbarkeit zu erreichen. Darüber hinaus soll sichergestellt werden, dass staatliche Funktionen jeweils den Stellen zugewiesen werden, die sie bestmöglich wahrnehmen können.

164 Begrifflich ist zunächst zwischen horizontaler und vertikaler Gewaltenteilung zu unterscheiden. *Vertikale Gewaltenteilung* ergibt sich durch die Verteilung von Kompetenzen auf mehreren staatlichen Ebenen; im Bundesstaat Bund und Länder[13]. *Horizontale Gewaltenteilung* meint die Trennung der Wahrnehmung unterschiedlicher Herrschaftsfunktionen auf einer Ebene. Dabei sind wiederum funktionelle, organisatorische und personelle Gewaltenteilung zu unterscheiden[14].

165 *Funktionelle* Gewaltenteilung bedeutet, dass die Staatsgewalt in die drei Bereiche Gesetzgebung, vollziehende Gewalt und Rechtsprechung getrennt wird (Art. 20 Abs. 2 Satz 2 Halbsatz 2 GG)[15]. Jede dieser drei Teilgewalten wird einem anderen Träger zugewiesen und auf besondere Organe verteilt (*organisatorische* Gewaltenteilung). Die *personelle* Gewaltenteilung, wonach die unterschiedlichen Staatsorgane und staatlichen Ämter zu besetzen sind, verhindert, dass die organisatorische Gewaltenteilung durch die Identität der Ausführenden wieder unterlaufen werden kann. Wer Bundeskanzler ist, kann nicht gleichzeitig Bundespräsident oder Mitglied des Bundesverfassungsgerichts sein.

2. Gewaltenteilung als rechtsstaatliches Prinzip

166 Gewaltenteilung als ein oberstes rechtsstaatliches Prinzip entspringt der historischen Erkenntnis, dass geballte staatliche Macht, oft in der Hand nur einer Person konzentriert, zu Machtmissbrauch, Willkürherrschaft und Unterdrückung der Menschen führt. Die Gewaltenteilung im klassischen Sinne ist vor allem auf die Lehre von *Charles Baron de Montesquieu* (1689–1755) zurückzuführen, der als Reaktion auf die absolute monarchische Herrschaft in Frankreich eine Dreiteilung der staatlichen Gewalt forderte, die einen Ausgleich zwischen der bestehenden Monarchie und dem aufstrebenden Bürgertum ermöglichen sollte[16]. In jedem Staat, so Montesquieu, gebe es eine *gesetzgebende Gewalt* (*Legislative, puissance législative*), eine *vollziehende Gewalt* (*Exekutive, puissance exécutrice*) und eine *rechtsprechende Gewalt* (*Judikative, puissance de juger*). Jede dieser Staatsfunktionen müsse, so seine Forderung, durch unterschiedliche Träger ausgeübt werden, die grundsätzlich unabhängig voneinander agieren sollen. Die Gesetzgebung solle durch ein parlamentarisches Zweikammersystem aus Adel und Volksvertretern ausgeübt werden, die vollziehende Gewalt – damals vor allem auswärtige Angelegenheiten, Militär, Polizei und Steuern – durch den Monarchen und ihm nachgeordnete Verwaltungsapparate, die Rechtsprechung durch die Richter. Die reine organisatorische Aufteilung wird so durch eine systematische Aufteilung der staatlichen Funktionen ergänzt, um staatliche Macht zu begrenzen. Ausschließlich der Gesetzgeber soll Gesetze erlassen und hierdurch über den Grundsatz der Gesetzmäßigkeit des staatlichen Handelns die vollziehende Gewalt in Inhalt und

---

13 Dazu unten Rn. 245.

14 Vgl. *Herzog*, in: Maunz/Dürig, GG, Art. 20 V Rn. 13 ff.

15 Vgl. *Jarass*, in: Jarass/Pieroth, GG, Art. 20 Rn. 24.

16 Esprit des lois – Oeuvres complètes de Montesquieu hrsg. André Masson, 1950, Bd. 1; s. auch *Stein/Frank*, Staatsrecht, § 12.

Reichweite beschränken. Die Rechtsprechung kontrolliert die Akte der vollziehenden Gewalt auf ihre Rechtmäßigkeit und macht sie unter Umständen rückgängig. Die Rechtsprechung selbst wird kontrolliert durch ihre Bindung an die geltenden Gesetze, die der Gesetzgeber erlässt. Wesentlich ist dabei die personelle Gewaltenteilung, die durch strenge Inkompatibilität erreicht werden soll. Niemand darf zugleich ein Amt in mehr als einer der Gewalten innehaben. Indem sich die drei Teilgewalten gegenseitig „behindern" und hemmen, wird die staatliche Machtausübung kontrolliert und Machtmissbrauch erschwert[17].

Im demokratischen Staat ist das Volk alleiniger Träger der Staatsgewalt; aufgegliedert in Legislative, Exekutive und Judikative wird dort somit allein die Ausübung der Staatsgewalt[18]: Diese wird auf die Volksvertretung als Gesetzgeber, auf die demokratisch legitimierte Regierung und die ihr nachgeordneten Verwaltungsbehörden als vollziehende Gewalt und auf die Richter als Organe der Rechtsprechung verteilt. **167**

Die *Legislative* (Gesetzgebung) stellt abstrakt-generelle Regeln auf, die für Bürger und staatliche Stellen verbindliche Gebote und Verbote enthalten. Die Normen richten sich dabei an eine unbestimmte Anzahl von Personen und ihr Anwendungsbereich ist weder zeitlich noch örtlich festgelegt. Die *Exekutive* (vollziehende Gewalt) setzt sich aus Regierung und Verwaltung zusammen. Ihre typische Aufgabe besteht im Vollzug von Gesetzen, wobei sie anders als die Gesetzgebung konkrete Einzelfallentscheidungen trifft. Der Begriff der Exekutive ist weit auszulegen und umfasst jedes staatliche Handeln, das nicht Gesetzgebung oder Rechtsprechung ist[19]. Die *Judikative* (Rechtsprechung) trifft als am jeweiligen Rechtsstreit unbeteiligte Dritte eine Rechtsentscheidung am Maßstab des Rechts in einem förmlichen Verfahren[20].

Bei der „Gewaltenteilung" handelt es sich freilich nicht um eine vollständige Trennung von Funktionsbereichen. Eine solche wäre praktisch nicht möglich und ist auch rechtsstaatlich unerwünscht. Vielmehr sollen gerade *gegenseitige Einfluss-* und *Kontrollrechte* Machtüberschreitungen einzelner Gewalten verhindern. Nur ein System aus *„checks and balances"* kann ein staatliches Gefüge auf Dauer im Gleichgewicht halten und Machtmissbrauch vermeiden. Der demokratischen Staatsform läuft eine vollständige Gewaltenteilung schon deshalb zuwider, weil alle staatliche Gewalt von nur einem Träger, nämlich vom Volk, abgeleitet werden muss. Vermittelt die Volksvertretung die demokratische Legitimation aller staatlichen Gewalt, dann muss die Ausübung der Rechtsprechung und vollziehenden Gewalt zumindest mittelbar auf den Volkswillen zurückführbar sein. Das erfordert gewisse Durchbrechungen der Gewaltenteilung durch parlamentarische Einflussmöglichkeiten, Kontroll- und Mitwirkungsrechte. Auch eine bundesstaatliche Organisationsform macht die reine klassische Gewaltenteilung faktisch unmöglich, weil eine sinnvolle Verteilung der Staatsgewalt nicht nur horizontal auf Bundesebene, sondern auch vertikal auf Länderebene erfolgen muss. Grund- **168**

17 Vgl. *Maurer,* Staatsrecht I, § 12 Rn. 7 ff.
18 Vgl. zu den typischen Aufgaben der Gewalten auch *Degenhart,* Staatsrecht I, Rn. 280 ff.; *Ipsen*, Staatsrecht, Rn. 753 ff.
19 *Degenhart*, Staatsrecht, Rn. 282.
20 *Ipsen*, Staatsrecht I, Rn. 758.

konzeption der rechtsstaatlichen Gewaltenteilung bleibt jedoch die historisch gewachsene Dreiteilung der Ausübung der staatlichen Gewalt[21].

3. Gewaltenteilung im Grundgesetz

→ *Rn. 1026*

169 Die Konzeption der *horizontalen Gewaltenteilung des Grundgesetzes* ist ein System aus gegenseitiger Verschränkung, Hemmung und Zusammenwirken staatlicher Funktionen, deren Basis die klassische Dreiteilung der staatlichen Gewalt ist. Die Entscheidung für ein parlamentarisches Regierungssystem bewirkt eine enge Verzahnung von vollziehender Gewalt und Parlament[22]. Verstärkt wird dieser Effekt durch die Entwicklung hin zu einer Parteiendemokratie, in der gleiche Parteizugehörigkeiten die Grenzen zwischen den einzelnen staatlichen Funktionen und Ämtern verwischen[23]. Nach der grundgesetzlichen Konzeption sind die Gewalten also nicht strikt voneinander getrennt, sondern es besteht eine *Gewaltenverschränkung* und zwar in organisatorischer, funktioneller und personeller Hinsicht[24]. Eingriffe in den Funktionsbereich einer anderen Gewalt sind nicht immer unzulässig. Der Grundsatz der Gewaltenteilung ist vielmehr erst bei einem Eingriff in den Kernbereich einer anderen Gewalt verletzt. Dies ist dann der Fall, wenn seine Verletzung ein Übergewicht der einen über die andere Gewalt bedeuten würde[25]. Was darunter genau zu verstehen ist, muss anhand einer Bewertung des Einzelfalls ermittelt werden.
Die Einrichtung von Mitwirkungsrechten der Länder auf Bundesebene führt zu Verschränkungen auch im Bereich der im Grundgesetz vorgesehenen *vertikalen Gewaltenteilung*.

170 a) **Horizontale Gewaltenteilung.** *Ausgangspunkt der horizontalen Gewaltenteilung im Grundgesetz* ist Art. 20 Abs. 2 Satz 2 i. V. m. Abs. 3. Die Staatsgewalt, die gem. Art. 20 Abs. 2 Satz 1 vom Volke ausgeht, wird in drei Funktionen aufgeteilt:

- Gesetzgebung,
- vollziehende Gewalt,
- Rechtsprechung.

171 Die *Ausübung* erfolgt durch besondere Organe, die jeweils getrennt voneinander nur eine dieser Funktionen erfüllen. Dies wird durch die einzelnen Vorschriften des Grundgesetzes, die die Staatsorgane benennen, ihre Einrichtung und Zusammensetzung regeln und ihnen ihre jeweilige Funktion zuweisen, konkretisiert. Die Gesetzgebung wird dem Bundestag und dem Bundesrat auferlegt, die vollziehende Gewalt der Bundesregierung und den ihr nachgeordneten Verwaltungsbehörden, die Rechtsprechung dem Bundesverfassungsgericht, den obersten Bundesgerichten und den Gerichten der Länder[26].

---

21 Vgl. *Stern*, Staatsrecht I, S. 792 ff.
22 S. dazu oben Rn. 139 ff.
23 Oben Rn. 144.
24 BVerfGE 95, 1 (15) – *Südumfahrung Stendal.*
25 BVerfGE 9, 268 (279 f.) – *Bremer Personalvertretung*; 95, 1 (15) – *Südumfahrung Stendal; Ipsen*, Staatsrecht I, Rn. 753.
26 Zur Aufteilung der Staatsfunktionen siehe Teil IV.

Allerdings erfolgt die *Zuordnung* nicht vollständig und exklusiv. Insbesondere zwischen Gesetzgebung und vollziehender Gewalt besteht eine weitreichende Verflechtung. So ist der Bundeskanzler vom Vertrauen des Parlaments abhängig und kann durch ein konstruktives Misstrauensvotum (Art. 67 GG) abgewählt werden. Die Kontrolle der Exekutive durch die parlamentarische Mehrheit ist in der Praxis jedoch insofern eingeschränkt, als diese aufgrund der Wahl des Bundeskanzlers durch den Bundestag zu parteipolitischer Übereinstimmung von Parlamentsmehrheit und Regierung führt. Sie findet insofern stärker durch die parlamentarische Opposition statt, der hierzu besonders ausgestaltete Minderheitsrechte eingeräumt werden (vgl. insb. Art. 44 GG)[27]. Häufig, aber nicht zwangsläufig, ergibt sich eine personelle Verflechtung auch dadurch, dass Bundeskanzler und Minister auch Abgeordnete des Bundestags und damit Mitglieder des zentralen Legislativorgans sind. **172**
Weitere, in der Verfassung vorgesehene Verschränkungen ergeben sich durch die Rechtsetzungsbefugnisse der Exekutive in Art. 80 GG und die Mitwirkung von Bundestag und Bundesrat im klassischen Regierungsbereich der auswärtigen Angelegenheiten (Art. 59 Abs. 2 GG).

Am stärksten ist die Gewaltenteilung hinsichtlich der *Rechtsprechung* verwirklicht. **173** Es gilt strenge personelle Inkompatibilität und der vollkommen unabhängige Status bei der Aufgabenerfüllung, der in Art. 97 GG ausdrücklich abgesichert wird. Eine Verflechtung mit anderen Staatsorganen wäre unerträglich, weil es entscheidendes Merkmal der Rechtsprechung ist, unabhängig und ohne Druck oder Weisungen von außen zu entscheiden. Einflussmöglichkeiten der anderen Gewalten bestehen zum einen darin, dass die Besetzung der Richterstellen der obersten Bundesgerichte und des BVerfG gemeinsam durch die Legislative und Exekutive erfolgt (vgl. Art. 94 Abs. 1 Satz 2, Art. 95 Abs. 2 GG). Zum anderen entscheidet die Rechtsprechung auf Basis der geltenden Gesetze und findet somit ihre Grenzen, wo Rechtspolitik und Rechtsetzung beginnen.

> „Die Einzelfunktionen der Staatsgewalt sollen nicht scharf getrennt werden, vielmehr sollen sich die Organe der Legislativen, der Exekutiven und Justiz gegenseitig kontrollieren und begrenzen, damit die Staatsmacht gemäßigt und die Freiheit des Einzelnen geschützt wird."[28]

Das BVerfG beschreibt die grundgesetzliche Konzeption der horizontalen Gewal- **174** tenteilung so:

> „Die in Art. 20 Abs. 2 Satz 2 GG normierte Teilung der Gewalten ist für das Grundgesetz ein tragendes Organisations- und Funktionsprinzip. Sie dient der gegenseitigen Kontrolle der Staatsorgane und damit der Mäßigung der Staatsherrschaft. [...] Das Prinzip der Gewaltenteilung ist nirgends rein verwirklicht. Es bestehen zahlreiche Gewaltenverschränkungen und -balancierungen. Das Grundgesetz fordert nicht eine absolute Trennung, sondern die gegenseitige Kontrolle, Hemmung und Mäßigung der Gewalten. Allerdings muss die in der Verfassung vorgenommene Verteilung der Gewichte zwischen den drei Gewalten gewahrt bleiben. Keine Gewalt darf ein von der Verfassung nicht vorgesehenes Übergewicht über eine andere Gewalt erhalten. Keine Gewalt darf der für die Erfüllung ihrer verfassungsmäßigen Aufgaben erforderlichen Zuständigkeiten beraubt werden [...]."[29]

---

27 Zu Minderheitsrechten im Parlament s. unten Rn. 580 ff.
28 *Stern*, Staatsrecht II, S. 539.
29 BVerfGE 95, 1 (15) – *Südumfahrung Stendal.*

175 b) **Vertikale Gewaltenteilung.** Die *vertikale Gewaltenteilung* im Grundgesetz ergibt sich zum einen aus dem Bundesstaatsprinzip des Art. 20 Abs. 1 GG, das eine Abgrenzung der staatlichen Gewalt zwischen den Ländern und dem Bund bewirkt. Zum anderen soll die Garantie kommunaler Selbstverwaltung gem. Art. 28 Abs. 2 GG eine dezentrale und bürgernah ausgeübte Staatsgewalt auf regionaler und gemeindlicher Ebene gewährleisten[30]. Eine besondere Form der Gewaltenverschränkung im Mehrebenensystem ergibt sich aus der Stellung des Bundesrates im Gesetzgebungsverfahren. Dadurch wird zum einen die vertikale Gewaltenteilung durch die Mitwirkung der Länder an der Bundesgesetzgebung konkretisiert (Art. 50 GG), zum anderen werden legislative Funktionen durch Mitglieder der Länderexekutiven wahrgenommen (Art. 51 Abs. 1 Satz 1 GG)[31].

VI. Die Bindung staatlicher Gewalt

176 Die Gewaltenteilung stellt ein zentrales Prinzip des formellen Rechtsstaats dar. Materielle Grenzen des staatlichen Herrschaftsanspruchs werden demgegenüber durch umfassende inhaltliche Bindungen erzielt. Die Bindung der staatlichen Gewalt im Grundgesetz lässt sich auf drei Normen stützen: Art. 1 Abs. 1 GG verpflichtet alle staatliche Gewalt auf den Schutz und die Achtung der unantastbaren Menschenwürde. Die aus der Menschenwürde entspringenden Grundrechte binden gem. Art. 1 Abs. 3 GG sämtliche Gewalten als unmittelbar geltendes Recht. Hinzu tritt nach Art. 20 Abs. 3 GG die Bindung der Gesetzgebung an die verfassungsmäßige Ordnung und die Bindung von vollziehender Gewalt und Rechtsprechung an Gesetz und Recht.

1. Bindung an Menschenwürde und Grundrechte (Art. 1 Abs. 1 u. 3 GG)

177 An die Menschenwürde und die aus ihr entspringenden Grundrechte sind gem. Art. 1 Abs. 1 u. 3 GG alle Gewalten unmittelbar gebunden. Die Grundrechte gestalten das Rechtsverhältnis zwischen Staat und Bürger aus, indem sie dem Bürger subjektive Rechte gegen den Staat verleihen. Grundrechtseingriffe durch die staatliche Gewalt bedürfen stets einer gesetzlichen Grundlage (*formelles Rechtsstaatselement*, Art. 19 Abs. 1 GG), wobei der Kernbereich der Grundrechte staatlichem Handeln stets verschlossen bleibt (*materielles Rechtsstaatselement*, Art. 19 Abs. 2 GG). Als objektiv-rechtliche Wertentscheidungen binden sie den Staat darüber hinaus bei der gesamten Ausgestaltung der Rechtsordnung und entfalten somit Ausstrahlungswirkung in alle Rechtsbereiche.

178 Nach der Rechtsprechung des BVerfG ist grundsätzlich jedes menschliche Verhalten vom Grundrecht der allgemeinen Handlungsfreiheit (Art. 2 Abs. 1 GG) umfasst, die somit subsidiär zu den speziellen Freiheitsrechten ein generelles Mindestmaß an Freiheitsentfaltung gewährleistet. Neben den Freiheitsrechten, die in Form der Kommunikationsgrundrechte der Art. 5, 8 GG auch die Teilhabe am politischen Prozess sichern sollen, steht Art. 3 Abs. 1 GG, der die allgemeine Gleichheit vor dem Gesetz zum Ausdruck bringt. Art. 19 Abs. 4 GG garantiert die

---

30 Vgl. *Maurer,* Staatsrecht I, § 12 Rn. 13 ff.
31 Ausführlich dazu unten Rn. 618 ff.

prozessuale Durchsetzung subjektiver Rechte gegenüber dem Staat. Dazu kommen besondere prozessuale Rechte des Bürgers in den Art. 101, 103, 104 GG.

2. Bindung an die Verfassung

Nach Art. 20 Abs. 3 GG ist die staatliche Gewalt an sämtliche Normen der Verfassung unmittelbar gebunden. Für die Gesetzgebung ergibt sich das aus der Formulierung „verfassungsmäßige Ordnung". Die Bindung der Exekutive und Judikative an „Gesetz und Recht" schließt die Verfassung als ranghöchste Norm ebenfalls mit ein. Die Verfassungsnormen sind somit nicht politische Programmsätze, sondern unmittelbar geltendes, staatliches Handeln formell und materiell regelndes Recht[32], das die Staatsorgane unmittelbar verpflichtet und auf das sich der Bürger berufen kann. **179**

Vom Gesetzgeber verlangt der Grundsatz der Verfassungsbindung, nur Gesetze zu erlassen, die formell und materiell mit der Verfassung vereinbar sind. Soweit der Gesetzgeber die Verfassung selbst ändern kann, vermag er dies nur unter Einhaltung besonderer verfassungsrechtlicher Vorgaben (Art. 79 Abs. 2 GG). Eine absolute Bindung besteht insoweit, als die Verfassung bestimmte Änderungen durch den Gesetzgeber ausschließt (Art. 79 Abs. 3 GG). Gesetze, die nicht mit der Verfassung vereinbar sind, werden durch das BVerfG – dem allein diese Aufgabe zukommt (vgl. Art. 100 Abs. 1 Satz 1 GG) – für nichtig erklärt.

Rechtsprechung und vollziehende Gewalt haben bei der Auslegung und Anwendung des von der Legislative erlassenen einfachen Gesetzes, auf dessen Basis sie ihre Entscheidungen treffen, die Grundrechte und sonstigen verfassungsrechtlichen Vorgaben zu beachten. Die einfachen Gerichte sind überdies zur Vorlage aus ihrer Sicht verfassungswidriger Gesetze zum Bundesverfassungsgericht verpflichtet (Art. 100 Abs. 1 Satz 1, 103 Abs. 1 GG). **180**

3. Gesetzesbindung

Gesetzesbindung meint die Bindung der Ausübung sämtlicher staatlicher Gewalt an die gültigen positiven, d. h. geschriebenen, Gesetze. Davon erfasst sind sämtliche *Gesetze im materiellen* Sinn, also alle abstrakt-generellen Regelungen mit Außenwirkung, unabhängig davon, ob diese im formellen Gesetzgebungsverfahren durch das Parlament (Parlamentsgesetz)[33] oder als Rechtsverordnungen oder Satzungen von der Exekutive erlassen wurden. **181**

Normative Grundlage der Gesetzesbindung der vollziehenden Gewalt und Rechtsprechung ist Art. 20 Abs. 3 GG. Wiederholt wird der Primat des Gesetzes für die Rechtsprechung in Art. 97 Abs. 1 GG. **182**

a) **Gesetzesbindung der Verwaltung.** Hinsichtlich der Bindung der Verwaltung sind der Vorrang des Gesetzes und der Vorbehalt des Gesetzes zu unterscheiden. Vorrang des Gesetzes bedeutet, dass die Verwaltung existierende Normen stets zu **183**

32 Vgl. *Isensee*, HStR II, § 15; *Stern*, Staatsrecht I, S. 787 f.; *Degenhart*, Staatsrecht I, Rn. 11 ff.

33 Formelles Gesetz, das nicht zugleich auch Gesetz im materiellen Sinn ist, ist der vom Parlament in Gesetzesform erlassene Haushalt: Er ist nicht abstrakt-generell, sondern regelt konkret die Staatsausgaben und entfaltet keine Auswirkung.

beachten hat. Der Vorbehalt des Gesetzes betrifft die Frage, ob die Verwaltung auch handeln darf, wenn eine gesetzliche Grundlage nicht existiert oder ob sie auf deren Erlass angewiesen ist.

184 **aa) Vorrang des Gesetzes.** Der Vorrang des Gesetzes folgt unmittelbar aus Art. 20 Abs. 3 GG und trägt dem Grundsatz der Gewaltenteilung Rechnung, wonach die Legislative für den Erlass, die Exekutive für die Ausführung von Gesetzen zuständig sein soll. Der Vorrang des Gesetzes als höherrangige, vom demokratischen Gesetzgeber erlassene Norm, reicht soweit, dass die Verwaltung auch Gesetze anzuwenden hat, die sie für verfassungswidrig hält. Anderenfalls drohte die Gesetzgebungszuständigkeit der Legislative faktisch entwertet und das in Art. 100 Abs. 1 GG zum Ausdruck gebrachte Verwerfungsmonopol des BVerfG unterlaufen zu werden. Die Exekutive kann jedoch – auf Regierungsebene – ein Verfahren der abstrakten Normenkontrolle vor dem BVerfG initiieren (Art. 93 Abs. 1, Nr. 2 GG) um die Verfassungsmäßigkeit eines Gesetzes überprüfen zu lassen. Ein Verstoß gegen den Grundsatz vom Vorrang des Gesetzes zieht unterschiedliche Rechtsfolgen nach sich. Ein Verwaltungsakt bleibt nach § 43 Abs. 2 VwVfG wirksam, solange und soweit er nicht zurückgenommen, widerrufen, anderweitig aufgehoben oder durch Zeitablauf oder auf andere Weise erledigt ist. Für Verwaltungsverträge gilt § 59 VwVfG. Die von der Verwaltung rechtswidrig erlassenen Rechtsverordnungen und Satzungen sind nichtig. Bei Satzungen sind allerdings die besonderen Heilungsvorschriften (z. B. §§ 214 ff. BauGB) zu beachten[34].

185 **bb) Der Vorbehalt des Gesetzes und die Wesentlichkeitstheorie.** Der Grundsatz des Vorbehalts des Gesetzes besagt demgegenüber, dass die vollziehende Gewalt nur dann tätig werden darf, wenn ihr Handeln auf einer gesetzlichen Ermächtigung beruht. Negativ ausgedrückt verbietet es, ohne gesetzliche Grundlage tätig zu werden[35]. Gesetzliche Grundlage in diesem Zusammenhang meint ein förmliches Parlamentsgesetz. Art. 80 Abs. 1 GG als besondere Ausprägung des Rechtsstaatsprinzips stellt klar, dass exekutivische Rechtsetzung in Form von Rechtsverordnungen ebenfalls einer gesetzlichen Grundlage bedarf: Inhalt, Zweck und Ausmaß der Ermächtigung zum Erlass einer Rechtsverordnung müssen im (Parlaments-)Gesetz bestimmt sein, Art. 80 Abs. 1 Satz 2 GG.

186 Der Gesetzesvorbehalt folgt nicht unmittelbar aus dem Wortlaut des Art. 20 Abs. 3 GG, weil dieser nur auf die Bindung an bestehendes Recht verweist. Er lässt sich jedoch insofern aus dem Gebot der Gewaltenteilung[36] ableiten, als die Zuständigkeitsverteilung zwischen Legislative und Exekutive konterkariert würde, wenn die bloße Nichtexistenz einer Norm der Verwaltung die Möglichkeit selbstständiger, ungebundener Entscheidung einräumen würde. Ferner verlangt das Rechtsstaatsprinzip, dass das Verhalten der Exekutive für den Bürger vorhersehbar und damit berechenbar ist. Dies ist jedoch nur der Fall, wenn es sich auf für den Bürger einsehbare gesetzliche Grundlagen stützt. Das Erfordernis einer gesetzlichen Ermächtigungsgrundlage ist ferner für den Fall von Grundrechtseingriffen (vgl. Art. 19 Abs. 1 GG) und den Erlass von Rechtsverordnungen

34 Vgl. zu den Einzelheiten *Maurer*, Allg. Verwaltungsrecht, § 6 Rn. 2, § 4 Rn 56 ff.
35 Vgl. *Sachs*, in: Sachs, GG, Art. 20 Rn. 113.
36 *Maurer*, Allg. Verwaltungsrecht, § 6 Rn. 4 ff.

(Art. 80 Abs. 1 GG, s.o.) speziell festgehalten. Bei Verwaltungshandeln, das mit Eingriffen in Grundrechte verbunden ist, gilt zudem das spezielle Erfordernis einer gesetzlichen Ermächtigungsgrundlage (vgl. Art. 19 Abs. 1 GG).

Die Herleitung des Gesetzesvorbehalts aus der Vorhersehbarkeit staatlichen Handelns für den Bürger und der Aufgabe der Legislative, die wesentlichen sich in einer Demokratie stellenden Fragen selbst zu entscheiden, führt auch zu Einschränkungen dieses Prinzips. Diese hat das BVerfG in seiner sog. Wesentlichkeitstheorie präzisiert: **187**

> „Der Grundsatz des Vorbehalts des Gesetzes wird zwar in der Verfassung nicht ausdrücklich erwähnt, seine Geltung ergibt sich jedoch aus Art. 20 Abs. 3 GG (BVerfGE 40, 237 [248]). Das Verständnis dieses Grundsatzes hat sich, insbesondere mit der Erkenntnis auch seiner demokratischen Komponente, in den letzen Jahren gewandelt [...]. Heute ist es ständige Rechtsprechung, daß der Gesetzgeber verpflichtet ist, – losgelöst vom Merkmal des „Eingriffs" – in grundlegenden normativen Bereichen, zumal im Bereich der Grundrechtsausübung, soweit diese staatlicher Regelung zugänglich ist, alle wesentlichen Entscheidungen selbst zu treffen [...]. In welchen Bereichen danach staatliches Handeln einer Rechtsgrundlage im förmlichen Gesetz bedarf, läßt sich nur im Blick auf den jeweiligen Sachbereich und die Intensität der geplanten oder getroffenen Regelung ermitteln. Die verfassungsrechtlichen Wertungskriterien sind dabei in erster Linie den tragenden Prinzipien des Grundgesetzes, insbesondere den vom Grundgesetz anerkannten und verbürgten Grundrechten zu entnehmen."[37]

Es ist also vom jeweiligen Regelungsgegenstand abhängig, ob für staatliches Handeln überhaupt eine formelle Rechtsgrundlage erforderlich ist, und, falls ja, welche Regelungsdichte diese aufweisen muss. Von besonderer Bedeutung ist bei dieser Feststellung die Frage der Grundrechtsrelevanz, also welche Intensität die durch eine bestimmte staatliche Maßnahme drohenden Grundrechtseingriffe aufweisen[38]. **188**

Gar keiner gesetzlichen Grundlage bedürfen daher insbesondere alltägliche Geschäfte der sog. fiskalischen Hilfsverwaltung, wie etwa die Anschaffung von Büromaterialien für eine Behörde. Dort muss sich die Verwaltung vielmehr dem im allgemeinen Rechtsverkehr geltenden Zivilrecht unterwerfen (*Grundsatz der Privatrechtsbindung der Verwaltung*). Im Bereich originärer Verwaltungstätigkeit ist hinsichtlich der Reichweite des Gesetzesvorbehalts zwischen Eingriffs- und Leistungsverwaltung zu unterscheiden.

(1) **Eingriffsverwaltung.** Im Bereich der Eingriffsverwaltung, das heißt der Verwaltungstätigkeit, durch die unmittelbar in die grundrechtlich geschützten Freiräume des Bürgers („Freiheit und Eigentum") eingegriffen wird, ist gemäß der Wesentlichkeitstheorie stets eine gesetzliche Grundlage erforderlich. Damit der Bürger Beschränkungen seiner geschützten Freiräume voraussehen kann und diese für ihn berechenbar sind, müssen die Eingriffsbefugnisse der vollziehenden Gewalt nach Inhalt, Zweck und Ausmaß hinreichend bestimmt und begrenzt sein. **189**

Die Entwicklung der Grundrechtslehre hat zu einer weiten Ausdehnung der Eingriffsverwaltung geführt. Als Eingriff gilt nach dem modernen Eingriffsver- **190**

37 BVerfGE 49, 89 (126f.) – *Schneller Brüter Kalkar.*

38 Vgl. *Degenhart*, Staatsrecht I, Rn. 312ff.; *Stern*, Staatsrecht I, S. 811ff.

ständnis jede tatsächliche Verkürzung des grundrechtlichen Gewährleistungsgehalts gegen den Willen des Grundrechtsträgers, wobei mittelbar-faktische Beeinträchtigungen genügen. Darüber hinaus wird die allgemeine Handlungsfreiheit des Art. 2 Abs. 1 GG als grundsätzlich jedes willensgetragene menschliche Verhalten umfassendes Auffanggrundrecht verstanden. Beides führt dazu, dass sehr viele staatliche Maßnahmen zumindest in den Schutzbereich der allgemeinen Handlungsfreiheit eingreifen und somit der Eingriffsverwaltung zuzuordnen sind. In exemplarischer Form hat sich diese Problematik bei der Zulässigkeit staatlicher Warnungen beispielsweise vor jugendgefährdenden Sekten[39] oder gesundheitsschädlichen Lebensmitteln gezeigt[40]. Kommt auch in solchen Fällen der Gesetzesvorbehalt zur Anwendung, stellt sich die Frage, ob bloße Kompetenzvorschriften ausreichende Ermächtigungsgrundlagen der Regierung oder nachgeordneter Verwaltungsbehörden sein können oder ob es einer ausdrücklichen gesetzlichen Ermächtigung auch zu derartigem informellem Staatshandeln bedürfte[41].

191 (2) **Leistungsverwaltung.** Weniger eindeutig ist die Reichweite des Gesetzesvorbehalts im Bereich der Leistungsverwaltung[42], d.h. der Gewährung staatlicher Leistungen an die Bürger. Die Verwaltung verkürzt dort nicht den Freiheitsraum des Bürgers, sondern erweitert ihn durch staatliche Leistungen. Häufig führt jedoch das Ausbleiben staatlicher Leistungen zu ebenso weitreichenden Einschränkungen für den Betroffenen wie ein tatsächlicher Eingriff in den Bestand seiner Rechte, so dass sich die Frage stellt, ob nicht auch staatliche Leistungen gesetzlich geregelt sein müssen. Da die wesentlichen sozialstaatlichen Leistungen ohnehin eine gesetzliche Basis erfahren haben, stellt sich die Problematik hauptsächlich im Bereich von Subventionen, wo eine geringere Dichte an formellgesetzlichen Regelungen besteht. Dort können staatliche Leistungen gerade in Konkurrenz- und Wettbewerbsverhältnissen eine erhebliche steuernde Wirkung entfalten.

192 Gegen einen vollständigen Gesetzesvorbehalt spricht in diesem Bereich aber, dass grundsätzlich kein grundrechtlicher Anspruch auf staatliche Subventionierung besteht. Auch müssen die einer Vergabe zugrundeliegenden Kriterien häufig flexibel für bestimmte Bereiche aufgestellt werden, was durch formelle Gesetze nur schwer möglich wäre. Es wird daher von der Rechtsprechung als grundsätzlich ausreichend angesehen, wenn das Parlament im Rahmen seiner Budgethoheit die Verwaltung durch die Bereitstellung der erforderlichen Haushaltsmittel im Haushaltsplan zur Subventionierung ermächtigt[43]. Aufgrund ihrer eigenen Bindung an die Grundrechte ist die Verwaltung dann aber zur dem Gleichheitssatz des Art. 3 Abs. 1 GG genügenden Anwendung ihrer eigenen Vergabekriterien verpflichtet.

193 In besonders sensiblen Bereichen ist jedoch die Bereitstellung von Haushaltsmitteln als parlamentarischer Willensakt zur Begründung von Subventionierungen nicht ausreichend. Insbesondere im Bereich der Presse und der Religion

39 BVerfGE 105, 279 – *Osho*.
40 BVerfGE 105, 252 – *Glykol*; OLG Stuttgart NJW 1990, 2690 – *Birkel*.
41 Vgl. *Maurer*, Allg. Verwaltungsrecht, § 6 Rn. 16; § 15 Rn. 12
42 Vgl. zum Ganzen *Maurer*, Allg. Verwaltungsrecht, § 6 Rn. 19ff.
43 BVerwGE 90, 112 (126). Dies gilt nicht, wenn die Vergabe der Subvention mit einem gezielten Eingriff in ein Grundrecht eines am Subventionsverhältnis unbeteiligten Dritten verbunden ist.

machen die besondere Grundrechtsrelevanz und das Gebot staatlicher Neutralität ein förmliches Gesetz als Grundlage für die Vergabe von Leistungen erforderlich. Darüber hinaus ist eine generelle Geltung des Gesetzesvorbehalts auch dann zu bejahen, wenn die Gewährung staatlicher Leistungen etwa an einen Mitbewerber gegenüber Dritten faktisch als Grundrechtseingriff wirkt.

(3) **Gesetzesvorbehalt und Parlamentsvorbehalt.** Die Wesentlichkeitstheorie gilt als allgemeiner Parlamentsvorbehalt auch für andere parlamentarische Willensakte als den Erlass von Gesetzen, die sich auf das Handeln der Regierung beziehen, wie etwa die Zustimmung des Parlaments zu Auslandseinsätzen der Bundeswehr. **194**

b) **Gesetzesbindung von Rechtsprechung und Gesetzgeber.** Bei der *Gesetzesbindung der Rechtsprechung* ist zu differenzieren. Diese prüft die Rechtmäßigkeit von Akten der vollziehenden Gewalt am Maßstab der formellen Gesetze (Art. 97 Abs. 1 GG). An ausschließlich materielle[44], von der Exekutive erlassene Gesetze, d.h. Rechtsverordnungen und Satzungen, ist das Gericht gebunden, es kann sie aber selbstständig verwerfen, wenn es deren Vereinbarkeit mit höherrangigen Rechtssätzen verneint. Insoweit besteht keine Gesetzesbindung der Rechtsprechung. Über die Gültigkeit formeller Gesetze dagegen kann die Rechtsprechung nicht abschließend entscheiden. Sie kann zwar deren Inhalt auslegen und konkretisieren, ist jedoch an den vom Gesetzgeber gewählten Wortlaut gebunden. Hält ein Gericht ein formelles Gesetz für verfassungswidrig, muss es dieses dem BVerfG zur Prüfung im Rahmen der konkreten Normenkontrolle vorlegen (Art. 100 Abs. 1 GG). **195**

Die Gesetzesbindung gilt auch für den *Gesetzgeber.* Er ist solange an das von ihm selbst erlassene Gesetz gebunden, wie es nicht von ihm in dem dafür verfassungsrechtlich vorgesehenen Verfahren abgeändert wird[45]. **196**

4. Rechtsbindung

Neben der Gesetzesbindung steht in Art. 20 Abs. 3 GG die Bindung an das „Recht“. Das Grundgesetz bringt durch diese Unterscheidung zum Ausdruck, dass sich positive Gesetze auch an materiellen Gerechtigkeitsmaßstäben messen lassen müssen und rekurriert insofern auf natur- oder vernunftrechtliche Vorstellungen. Die Legalität einer Norm, so die zugrunde liegende Erkenntnis, sagt noch nichts über die Legitimität ihres Inhalts aus. Zwar sollen die Anforderungen an den formellen und materiellen Rechtsstaat im Grundgesetz sicherstellen, dass Gesetze stets auch rechtmäßig sind. Ein Auseinanderfallen im Einzelfall ist jedoch nicht auszuschließen. Bei evident ungerechten Entscheidungen soll sich die staatliche Gewalt dann nicht darauf berufen können, streng nach dem Gesetz gehandelt zu haben. **197**

> „Die Formel [Gesetz und Recht in Art. 20 Abs. 3] hält das Bewusstsein aufrecht, dass sich Gesetz und Recht zwar faktisch im Allgemeinen, aber nicht notwendig und immer decken.“[46]

44 Zur Unterscheidung s. unten Rn. 846ff.
45 Vgl. *Grzeszick*, in: Maunz/Dürig, GG, Art. 20 VI Rn. 75ff.
46 BVerfGE 34, 269 (286f.) – *Soraya*.

198 Mit dem Auseinanderfallen von Recht und Gesetz hat sich, in Auseinandersetzung mit dem positiven Recht des Nationalsozialismus, Gustav Radbruch beschäftigt. Ein von ihm geprägter Satz zum Verhältnis der durch positive Gesetze verkörperten Rechtsordnung zur materiellen Gerechtigkeit wird allgemein als *Radbruchsche Formel* bezeichnet. Darin schildert er Umstände, unter denen der Gerechtigkeit (dem „Recht“) der Vorrang vor der Rechtssicherheit (dem „Gesetz“) zu geben sein kann:

> „Der Konflikt zwischen der Gerechtigkeit und der Rechtssicherheit dürfte dahin zu lösen sein, daß das positive, durch Satzung und Macht gesicherte Recht auch dann den Vorrang hat, wenn es inhaltlich ungerecht und unzweckmäßig ist, es sei denn, daß der Widerspruch des positiven Gesetzes zur Gerechtigkeit ein so unerträgliches Maß erreicht, daß das Gesetz als ‚unrichtiges Recht‘ der Gerechtigkeit zu weichen hat. Es ist unmöglich, eine schärfere Linie zu ziehen zwischen den Fällen des gesetzlichen Unrechts und den trotz unrichtigen Inhalts dennoch geltenden Gesetzen, eine andere Grenzziehung aber kann mit aller Schärfe vorgenommen werden: wo Gerechtigkeit nicht einmal erstrebt wird, wo die Gleichheit, die den Kern der Gerechtigkeit ausmacht, bei der Setzung positiven Rechts bewußt verleugnet wurde, da ist das Gesetz nicht etwa nur ‚unrichtiges Recht‘, vielmehr entbehrt es überhaupt der Rechtsnatur.“[47]

Ein derartiger Fall, in dem die Ungerechtigkeit eines Gesetzes schlechthin unerträglich ist oder vom Gesetzgeber Gerechtigkeit gar nicht erst erstrebt wird, ist unter der Herrschaft des Grundgesetzes aufgrund der von diesem aufgestellten formellen und materiellen Anforderungen kaum vorstellbar. Die Bindung an höherrangiges überpositives Recht verdrängt die Gesetzesbindung also faktisch nicht.

199 Zu einer Anwendung der Radbruchschen Formel in der Rechtsprechung der Bundesrepublik Deutschland kam es jedoch im Zuge der Aufarbeitung sowohl der Zeit des Nationalsozialismus in der Nachkriegszeit als auch von Rechtsakten der DDR nach der Wiedervereinigung. Wegen des unerträglichen Verstoßes gegen höherrangiges Recht konnten weder die Tötung eines Deserteurs[48] oder die Ausbürgerung von Juden[49] im Nationalsozialismus noch die Erschießung von Flüchtlingen an der deutsch-deutschen Grenze[50] auf die entsprechenden Gesetze des Nationalsozialismus oder der DDR gestützt werden.

5. Rechtsschutzanspruch als Effektuierung staatlicher Bindung; Staatshaftungsrecht

200 Die Bindung staatlicher Gewalt und damit korrespondierende Rechte des Bürgers wären wertlos, wenn der Bürger keine Möglichkeit hätte, seine Rechte gerichtlich durchzusetzen. Das Grundgesetz enthält daher in Art. 19 Abs. 4 GG einen allgemeinen Justizgewährleistungsanspruch für den Fall einer Rechtsverletzung durch die „öffentliche“ Gewalt, d.h. die Exekutive. Art. 19 Abs. 4 GG bezieht sich demgegenüber nicht auf Rechtsverletzungen durch die Legislative oder Judikative sowie auf Rechtsstreitigkeiten zwischen Privaten. Hier ergibt sich ein

---

47 *Radbruch*, Gesetzliches Unrecht und übergesetzliches Recht (1946), abgedruckt in *ders.*, Rechtsphilosophie, 6. Auflage, S. 347 ff. (353); teilweise zitiert durch BVerfGE 3, 225 (233).

48 BGHZ 3, 94 (107).

49 BVerfGE 23, 98 – *Ausbürgerung I*.

50 BGHSt 39, 1; 41, 101; BVerfGE 95, 96 – *Mauerschützen*.

Anspruch auf Rechtsschutz vor staatlichen Gerichten aus der allgemeinen Handlungsfreiheit. Bei Rechtsverletzungen durch die staatliche Gewalt stehen dem Bürger darüber hinaus Staats- und Amtshaftungsansprüche zu[51].

VII. Rechtsstaatliche Prinzipien

Mit der Vorstellung der Bundesrepublik Deutschland als Rechtsstaat sind über die Gewaltenteilung und die Bindung aller Gewalten an Verfassung, Gesetz und Recht weitere, speziellere Prinzipien verknüpft, die bei jeder Form staatlicher Gewaltausübung zu berücksichtigen sind. **201**

1. Verhältnismäßigkeitsprinzip

Das Verhältnismäßigkeitsprinzip – auch als Übermaßverbot bezeichnet – besagt, dass der Zweck jedes staatlichen Handelns in angemessenem Verhältnis zu dem gewählten Mittel und den Rechten des Einzelnen stehen muss. Die Freiheit des Einzelnen darf nur soweit eingeschränkt werden, wie dies im Interesse des Allgemeinwohls unabdingbar ist. Ursprünglich als rechtsstaatliche Anforderung an die Rechtmäßigkeit von Eingriffen durch die Verwaltung in die konstitutionellen Freiheitsrechte („Freiheit und Eigentum") entwickelt, wird das Verhältnismäßigkeitsprinzip mittlerweile als „übergreifende Leitregel allen staatlichen Handelns" angesehen[52]. **202**

Seinen wesentlichen Anwendungsbereich findet das Verhältnismäßigkeitsprinzip im Verhältnis zwischen Staat und Bürger. Im Rahmen der allgemeinen Grundrechtslehren wird die Verhältnismäßigkeit als Rechtmäßigkeitsvoraussetzung jedes Grundrechtseingriffs angesehen. **203**

> „Nach diesem mit Verfassungsrang ausgestatteten Grundsatz [der Verhältnismäßigkeit] sind Eingriffe in die Freiheitssphäre nur dann und insoweit zulässig, als sie zum Schutz öffentlicher Interessen unerläßlich sind; die gewählten Mittel müssen in einem vernünftigen Verhältnis zum angestrebten Erfolg stehen."[53]

Im Verwaltungsrecht ist der Grundsatz der Verhältnismäßigkeit in vielen Gesetzen einfachrechtlich konkretisiert (vgl. z. B. § 9 VwVfG, Art. 4 BayPAG). Unabhängig davon ist er als allgemeines rechtsstaatliches Prinzip auf jegliches staatliches Handeln im Subordinationsverhältnis anzuwenden.

Im Rahmen der Verhältnismäßigkeitsprüfung sind der angestrebte Zweck des staatlichen Handelns und das hierzu verwendete Mittel in Relation zu einander zu setzen. Die Prüfung erfolgt üblicherweise in vier Schritten: Nach der Feststellung, ob das staatliche Handeln überhaupt einen legitimen Zweck verfolgt, ist zu untersuchen, ob das gewählte Mittel zur Verwirklichung dieses Zwecks geeignet, erforderlich und angemessen ist. **204**

---

51 Vgl. insbesondere Art. 34 GG i. V. m. 839 BGB; zum Ganzen *Maurer*, Allgemeines Verwaltungsrecht, §§ 25 ff.

52 BVerfGE 23, 127 (133) – *Zeugen Jehovas*.

53 BVerfGE 35, 382 (401) – *Ausweisung*.

205 Der erstrebte *Zweck* lässt sich bei legislativem Handeln aus dem Gesetz selbst, aus der Gesetzesbegründung oder aus den parlamentarischen Beratungen ermitteln. Bei exekutivem Handeln kann ebenfalls auf die angegebenen Begründungen (vgl. § 39 VwVfG) abgestellt werden. Der Zweck ist grundsätzlich *legitim*, wenn er als solcher nicht gegen die Verfassung verstößt. Im Rahmen der Verfassung sind Hoheitsträger allgemein in der Wahl ihrer Handlungszwecke frei[54]. Besondere Vorgaben können sich jedoch daraus ergeben, dass in bestimmte Grundrechte nur zugunsten hochrangiger Verfassungsgüter eingegriffen werden darf oder bestimmte Maßnahmen der Verwaltung durch Gesetz auf besonders gewichtige Zielsetzungen beschränkt werden (vgl. z. B. § 17 BayPAG „zum Schutz der Person gegen eine Gefahr für Leib oder Leben").

206 Das gewählte Mittel, das in der Klausur genau zu bezeichnen ist, ist geeignet, wenn es grundsätzlich zur Verwirklichung des angestrebten Zwecks beitragen kann. Zur Erreichung eines bestimmten Zwecks können unterschiedliche Maßnahmen geeignet sein. Ob ein bestimmtes Mittel tatsächlich geeignet ist, den angestrebten Zweck zu erreichen, unterliegt einer Prognoseentscheidung. Bei legislativen Maßnahmen ist an dieser Stelle zu beachten, dass dem Gesetzgeber eine gewisse Entscheidungsprärogative bei der Beurteilung der Geeignetheit einer Maßnahme zukommt. Auf fehlende Geeignetheit kann die Verfassungswidrigkeit eines Gesetzes daher nur gestützt werden, wenn die Prognose auch im Rahmen einer ex-ante-Betrachtung in keiner Weise nachvollziehbar erscheint.

207 Eine Maßnahme ist dann nicht erforderlich, wenn ein milderes, gleich geeignetes Mittel zur Verfügung steht. Milder sind Mittel, die weniger intensiv in die Freiheitssphäre des Betroffenen eingreifen. Bei legislativem Handeln ist auch hier ein Prognosespielraum hinsichtlich der Frage anzuerkennen, ob ein (häufig vorhandenes) milderes Mittel auch gleich geeignet wäre.

208 Auch eine geeignete und erforderliche Maßnahme kann jedoch un*angemessen* sein, wenn sie außer Verhältnis zum verfolgten Zweck steht (Verhältnismäßigkeit i. e. S.). Bei der Angemessenheitsprüfung ist eine Abwägung zwischen den betroffenen Rechtsgütern vorzunehmen, dem, dessen Schutz die Maßnahme verfolgt (und das daher dem legitimen Zweck zugrunde liegt) und dem, das durch die Maßnahme beeinträchtigt wird. In der Klausur sollten diese erst allgemein und abstrakt einander gegenüber gestellt werden, sodann ist ihre jeweilige Betroffenheit im konkreten Fall zu untersuchen[55].

209 In der Beziehung zwischen Staat und Bürger gilt das Verhältnismäßigkeitsprinzip grundsätzlich uneingeschränkt. Demgegenüber folgen staatsorganisationsrechtliche Rechtsverhältnisse nicht dem Freiheits-Eingriffs-Schema und sind deshalb auch nicht am Maßstab der Verhältnismäßigkeit zu messen[56]. Dort sollte dieses Prinzip daher nicht vorschnell als Argumentationsfigur verwendet werden. Allerdings liegt es als allgemeiner Rechtsgedanke auch dort verschiedenen Prinzipien, Regelungen und Verfahrensvorschriften zugrunde[57].

---

54 Vgl. *Degenhart,* Staatsrecht I, Rn. 402 f.

55 Ausführlich und mit Beispielen *Reuter,* Jura 2009, 511 ff. (515 ff.).

56 BVerfGE 81, 310 (338) – *Kalkar II.*

57 Vgl. *Degenhart,* Staatsrecht I, Rn. 411.

2. Rückwirkung

Ein Gesetz entfaltet Rückwirkung, wenn es Rechtsfolgen für Sachverhalte erzeugt, die bereits vor seinem Inkrafttreten zumindest begonnen haben.[58] Von *echter Rückwirkung* spricht man, wenn durch das Gesetz ein bereits zuvor vollständig abgeschlossener Sachverhalt mit anderen Rechtsfolgen versehen wird. Demgegenüber ist unter *unechter Rückwirkung* oder Einwirkung die Anknüpfung eines Gesetzes an einen bereits begonnenen, aber noch nicht abgeschlossenen Sachverhalt zu verstehen. Die Rückwirkung von Gesetzen ist mit Blick auf Rechtssicherheit und Vertrauensschutz problematisch: bei seinem Handeln geht der Gesetzesadressat davon aus, dass die im Zeitpunkt seines Handelns und der damit verbundenen Dispositionen bestehende Rechtslage auch in Zukunft Bestand haben wird. 210

Die angesprochenen Grundsätze der Rechtssicherheit und des Vertrauensschutzes sind elementare Bestandteile der rechtsstaatlichen Ordnung. Andererseits unterliegt die Rechtsordnung zwangsläufig Veränderungen, so dass gerade bei Dauersachverhalten eine geänderte rechtliche Beurteilung möglich bleiben muss. Die Zulässigkeit einer Rückwirkung ist daher einer Abwägung zwischen Vertrauensschutz und den Verfassungsgütern zu entnehmen, durch die eine Änderung der Rechtslage geboten sein kann[59]. Die Frage eines Rückwirkungsverbots stellt sich von vornherein nicht bei begünstigenden oder wenigstens neutralen rechtlichen Neubewertungen vergangener andauernder Sachverhalte, weil der Vertrauensschutz nur die Verschlechterung vorhandener Rechtspositionen verhindern soll. Keine Frage der Rückwirkung ist auch die rechtliche Neubewertung zukünftiger Sachverhalte. Es besteht kein Schutz des Vertrauens dahin, dass das bestehende Recht auch in Zukunft erhalten bleibt. 211

Bei der Frage der rechtsstaatlichen Zulässigkeit der Rückwirkung ist zwischen verschiedenen Rechtsgebieten zu unterscheiden[60]. Im Strafrecht gilt ein verfassungsrechtlich garantiertes absolutes Rückwirkungsverbot (Art. 103 Abs. 2 GG). Außerhalb des Strafrechts ist zwischen echter und unechter Rückwirkung zu unterscheiden[61]. 212

a) Strafrechtliches Rückwirkungsverbot (Art. 103 Abs. 2 GG). Art. 103 Abs. 2 GG etabliert ein absolutes Rückwirkungsverbot für das Strafrecht: „Keine Strafe ohne Gesetz" (*nulla poena sine lege*). Die Strafandrohung muss bei Begehung der Tat für den Bürger vorhersehbar und berechenbar sein. Dem Strafgesetzgeber ist es daher verwehrt, ein Verhalten unter Strafandrohung zu stellen, das vor der Verkündung der Norm lag. Auch darf die Strafandrohung nicht nach Inkrafttreten des Gesetzes rückwirkend verschärft werden. Auch bei Dauerdelikten kann eine Strafbarkeit erst ab dem Inkrafttreten der Regelung begründet werden. Gegenstand dieses absoluten Rückwirkungsverbots ist das materielle Straf- und Ordnungswidrigkeitsrecht, nicht jedoch das Verfahrensrecht oder die Verlängerung der Verjährungsfrist für die Strafverfolgung[62]. 213

58 S. dazu auch Rn. 1049.
59 BVerfGE 72, 175 (196) – *Wohnungsfürsorge*.
60 Vgl. auch *Voßkuhle/Kaufhold*, JuS 2012, 794 ff.
61 Vgl. *Stern*, Staatsrecht I, S. 831 ff.; *Degenhart*, Staatsrecht I, Rn. 374 ff.
62 Vgl. dazu im Einzelnen *Fischer*, StGB, § 1 StGB Rn. 27 ff.

214 b) **Echte Rückwirkung („Rückbewirkung von Rechtsfolgen", retroaktiv).** Eine echte Rückwirkung, bei der der von der Norm betroffene Sachverhalt schon im Zeitpunkt ihres Inkrafttretens vollständig abgeschlossen war, ist grundsätzlich unzulässig. Das Vertrauen des Bürgers, dass der tatsächlich abgeschlossene Sachverhalt auch rechtlich abgeschlossen ist, ist grundsätzlich schutzwürdig.

215 Ausnahmen, in denen der Vertrauensschutz hinter anderen Erwägungen zurückzustehen hat, hat das BVerfG in fünf Fallkonstellationen angenommen:

- Der Adressat musste ab dem Zeitpunkt, auf den sich die Rückwirkung bezieht, bereits mit einer Neuregelung rechnen[63].
- Die Neuregelung beseitigt rückwirkend eine so verworrene und unklare Rechtslage, dass der Adressat mit einer klarstellenden Regelung rechnen musste.
- Die Neuregelung ersetzt rückwirkend eine nichtige Bestimmung durch eine rechtlich nicht zu beanstandende Norm.
- Die Neuregelung führt zu einer nur unwesentlichen Verschlechterung der Rechtsposition des Adressaten (sog. Bagatellvorbehalt)[64].
- Schließlich können zwingende Gründe des gemeinen Wohls, die dem Gebot der Rechtssicherheit übergeordnet sind, ausnahmsweise eine Rückwirkungsanordnung rechtfertigen[65]. Wegen des grundsätzlich anzuerkennenden Vertrauensschutzes haben hier jedoch besonders strenge Maßstäbe zu gelten.

216 c) **Unechte Rückwirkung („Tatbestandliche Rückanknüpfung", retrospektiv).** Eine unechte Rückwirkung, bei der eine gesetzliche Regelung in einen begonnenen, aber noch nicht abgeschlossenen Sachverhalt einwirkt, ist dagegen nach einem „Paradigmenwechsel" in der neueren Rechtsprechung des BVerfG „nicht grundsätzlich unzulässig" (zuvor: „grundsätzlich zulässig")[66]. Sie ist jedoch „mit den Grundsätzen grundrechtlichen und rechtsstaatlichen Vertrauensschutzes nur vereinbar, wenn sie zur Förderung des Gesetzeszweckes geeignet und erforderlich ist und wenn bei einer Gesamtabwägung zwischen dem Gewicht des enttäuschten Vertrauens und dem Gewicht und der Dringlichkeit der die Rechtsänderung rechtfertigenden Gründe die Grenze der Zumutbarkeit gewahrt bleibt".[67] → *Rn. 1049*

3. Vertrauensschutz

217 Über die Frage der Rückwirkung von Gesetzen hinaus stellt der Schutz berechtigten Vertrauens einen allgemeinen rechtsstaatlichen Grundsatz dar. Die Berücksichtigung schutzwürdigen Vertrauens ist in verschiedenen verwaltungsrechtlichen Normen konkretisiert, so etwa in den Vorschriften über die Aufhebung begünstigender Verwaltungsakte (vgl. z.B. § 48 Abs. 1 Satz 2, Abs. 2–4 VwVfG).

63 BVerfGE 37, 363 (397) – *Zustimmungsgesetz*; 45, 142 (173) – *Interventionsrecht*.
64 Vgl. BVerfGE 72, 200 (258) – *Doppelbesteuerungsabkommen*.
65 BVerfGE 37, 363 (397) – *Zustimmungsgesetz*.
66 BVerfGE 127, 1 (17) – *Rückwirkung im Steuerrecht*; BVerfG, NJW 2013, 145 ff. (147). Dazu *Selmer*, JuS 2013, 477 ff.
67 BVerfG, NJW 2013, 145 ff. (147).

4. Bestimmtheitsgebot

Das ebenfalls aus der Rechtssicherheit abzuleitende Bestimmtheitsgebot verlangt, dass gesetzliche Regelungen so klar und präzise sind, dass der Normadressat die für ihn geltenden Normen hinreichend deutlich erkennen und sein Verhalten daran ausrichten kann. Für strafrechtliche Normen folgt das Bestimmtheitsgebot ebenso wie das Rückwirkungsverbot aus Art. 103 Abs. 2 GG. Im Übrigen ist es Teil des allgemeinen Rechtsstaatsprinzips. Fragen mit Blick auf das Bestimmtheitsgebot werfen die Verwendung von Generalklauseln, unbestimmten Rechtsbegriffen, Ermessensnormen und Verweisungen auf. Besondere Regelungen für die Bestimmtheit von Gesetzen ergeben sich bei Verordnungs- und Satzungsermächtigungen. 218

a) **Unbestimmte Rechtsbegriffe und Ermessensnormen.** Der Verwendung von Generalklauseln und unbestimmten Rechtsbegriffen auf der Tatbestands- sowie der Einräumung von Ermessen auf der Rechtsfolgenseite steht das Bestimmtheitsgebot nicht entgegen. Die Rechtsordnung bedarf offener Regelungen, die Prognose- sowie Bewertungsentscheidungen ermöglichen. Ferner erfahren Generalklauseln im Laufe der Zeit eine Konkretisierung durch Rechtsprechung und Lehre und sind insofern vollständig justiziabel. Auch Entscheidungen auf Ermessensbasis unterliegen Grenzen, deren Einhaltung von den Gerichten überprüft wird (vgl. § 114 Satz 1 VwGO)[68]. 219

b) **Verweisungen.** Teilweise verweisen einzelne Normen hinsichtlich bestimmter Tatbestandselemente oder der Rechtsfolgenregelungen auf andere. Dies stellt eine übliche Gesetzestechnik dar und ist unproblematisch bei sog. *statischen Verweisen,* bei denen auf ein Gesetz in einer bestimmten Fassung verwiesen wird: hier hätte der Gesetzgeber auch schlicht den Inhalt der Norm, auf die verwiesen wird, wiederholen können. Bestimmtheitsprobleme ergeben sich hier nicht. Anders kann dies sein bei sog. *dynamischen Verweisungen*, bei denen auf die jeweils geltende Fassung einer anderen Vorschrift verwiesen wird. Hier können sich Probleme mit Blick auf das Rechtsstaatsprinzip ergeben, wenn die Vorschrift, auf die verwiesen wird, von einer anderen Stelle erlassen wird als der, die die Kompetenz zum Erlass des verweisenden Gesetzes hat. Es kann sich dann der Inhalt auch des verweisenden Gesetzes ändern, ohne dass der zuständige Gesetzgeber tätig wird. In der Praxis stellt sich dieses Problem etwa beim Verweis auf technische Normen (z. B. TA Lärm), die eigentlich bloße Verwaltungsvorschriften darstellen[69]. 220

c) **Verordnungsermächtigung.** Rechtsverordnungen sind von der vollziehenden Gewalt aufgrund gesetzlicher Ermächtigung erlassene Gesetze im materiellen Sinn. Ihnen kommt häufig die Aufgabe zu, förmliche Gesetze in detaillierteren Regelungen zu konkretisieren (sog. Ausführungs- und Durchführungsverordnung). Aufgrund der Gewaltenteilung bedarf die Exekutive für diese Ausübung von Rechtsetzungsbefugnissen einer ausdrücklichen Ermächtigung durch förmliches Gesetz, vgl. Art. 80 Abs. 1 Satz 1 GG. Dieses wiederum unterliegt gem. 221

68 Vgl. *Stern,* Staatsrecht I, S. 830.

69 Vgl. zu diesem Problem, dessen Lösung das BVerfG bisher offen gelassen hat, *Stern,* Staatsrecht I, S. 823 f.

Art. 80 Abs. 1 Satz 2 GG besonderen Bestimmtheitserfordernissen: Der Gesetzgeber muss Inhalt, Zweck und Ausmaß der Ermächtigung ausdrücklich im Gesetz festhalten. Überdies gilt die oben dargestellte Wesentlichkeitstheorie[70]: Regelungen, die mit besonders intensiven Grundrechtseingriffen verbunden sind, müssen bereits in der gesetzlichen Ermächtigung getroffen werden.

222 Ohne ausreichende Ermächtigung i. S. d. Art. 80 Abs. 1 GG erlassene Rechtsverordnungen sind nichtig. Dies gilt auch dann, wenn das ermächtigende Gesetz selbst gegen die Anforderungen des Art. 80 Abs. 1 GG verstößt und damit verfassungswidrig und nichtig ist[71].
→ *Ein Prüfungsschema für die Verfassungsmäßigkeit von Rechtsverordnungen findet sich unter Rn. 1031.*

223 d) **Satzungsermächtigung.** Ähnliche Vorschriften wie bei der Übertragung von Rechtsetzungsbefugnissen auf die Exekutive gelten bei der Gewährung von Satzungsautonomie an juristische Personen des öffentlichen Rechts. Darunter ist deren Befugnis zu verstehen, durch den Erlass von Satzungen ihre eigenen Angelegenheiten, also die Angelegenheiten ihrer Mitglieder oder der ihnen aufgrund ihrer Gebietshoheit unterworfenen Personen, zu regeln.

> **Beispiele:** Gemeinden und Gemeindeverbände, Handwerkskammern, Universitäten, Sozialversicherungsträger sind mit Satzungsautonomie ausgestattet.

Erforderlich ist eine gesetzliche Grundlage, in der die Selbstverwaltungsträgerschaft bestimmt und zur autonomen Rechtsetzung durch Satzungen ermächtigt wird. Auch diese darf freilich nicht zur allgemeinen Rechtsetzung berechtigen, sondern muss den Selbstverwaltungszweck als Grenze der Satzungsautonomie festlegen. Weiterhin sind umso engere gesetzliche Vorgaben erforderlich, je stärker die Selbstverwaltung grundrechtlich geschützte Lebensbereiche berührt[72].

224 Die beschränkte Satzungsautonomie von Gemeinden und Gemeindeverbänden ist verfassungsrechtlich in Art. 28 Abs. 2 GG verankert: zwar kommt diesen das Recht zu „in eigener Verantwortung“ Regelungen zu erlassen. Dieses ist jedoch beschränkt auf den Satzungszweck, die Wahrnehmung von „Angelegenheiten der örtlichen Gemeinschaft“.

225 Das BVerfG führt zur Satzungsautonomie aus[73]:

> „Trotzdem bleibt auch im Rahmen einer an sich zulässigen Autonomiegewährung der Grundsatz bestehen, daß der Gesetzgeber sich seiner Rechtsetzungsbefugnis nicht völlig entäußern und seinen Einfluß auf den Inhalt der von den körperschaftlichen Organen zu erlassenden Normen nicht gänzlich preisgeben darf. Das folgt sowohl aus dem Prinzip des Rechtsstaats wie aus dem der Demokratie. Fordert das eine, die öffentliche Gewalt in allen ihren Äußerungen auch durch klare Kompetenzordnung und Funktionentrennung rechtlich zu binden, so daß Machtmißbrauch verhütet und die Freiheit des Einzelnen gewahrt wird, so gebietet das andere, daß jede Ordnung eines Lebensbereichs durch Sätze objektiven Rechts auf eine Willensentschließung der vom Volke bestellten Gesetzgebungsorgane muß zurück-

---

70 S. Rn. 187.
71 Vgl. *Ossenbühl*, HStR V, § 103.
72 *Ossenbühl*, HStR V, § 105.
73 BVerfGE 33, 125 (158) – *Facharzt*.

geführt werden können. Der Gesetzgeber darf seine vornehmste Aufgabe nicht anderen Stellen [...] überlassen. Das gilt besonders, wenn der Akt der Autonomieverleihung dem autonomen Verband nicht nur allgemein das Recht zu eigenverantwortlicher Wahrnehmung der übertragenen Aufgaben und zum Erlaß der erforderlichen Organisationsnormen einräumt, sondern ihn zugleich zu Eingriffen in den Grundrechtsbereich ermächtigt. Dem staatlichen Gesetzgeber erwächst hier eine gesteigerte Verantwortung: Der verstärkten Geltungskraft der Grundrechte entspricht die besondere Bedeutung aller Akte staatlicher Gewaltausübung, welche die Verwirklichung und Begrenzung von Grundrechten zum Gegenstand haben."

5. Rechtsstaatliche Anforderungen an das Strafrecht

Besondere Anforderungen stellt das Rechtsstaatsprinzip an das Strafrecht und Strafprozessrecht. Diese können hier nur überblicksartig dargestellt werden[74]. Aus Art. 103 Abs. 2 GG folgt der Grundsatz „nulla poena sine lege stricta, scripta, certa, praevia" – „Keine Strafe ohne streng angewendetes (Analogieverbot), geschriebenes (Verbot strafbegründenden Gewohnheitsrechts), hinreichend bestimmtes (Bestimmtheitsgrundsatz) und vorheriges (Rückwirkungsverbot) Gesetz". Art. 103 Abs. 3 GG enthält das Verbot der Doppelbestrafung („ne bis in idem"). Aus Art. 20 Abs. 3 GG ergeben sich darüber hinaus das Schuldprinzip (die Strafe muss der Schwere der Schuld entsprechen), die Unschuldsvermutung, der Ausschluss des Zwangs zur Selbstbezichtigung („nemo tenetur se ipsum accusare") sowie der Grundsatz, dass im Zweifel zugunsten des Angeklagten zu entscheiden ist („in dubio pro reo"). 226

Rechtsprechung: BVerfGE 1, 13 – *Bundesversorgungsgesetz;* BVerfGE 2, 380 – *Haftentschädigung;* BVerfGE 3, 225; BVerfGE 8, 274 – *Preisgesetz;* BVerfGE 9, 137 – *Einfuhrgenehmigung;* BVerfGE 9, 268 – *Bremer Personalvertretung*; BVerfGE 11, 263; BVerfGE 13, 225 – *Bahnhofsapotheke;* BVerfGE 18, 172 – *Unvereinbarkeit von Amt und Mandat;* BVerfGE 19, 342 – *Haftverschonung*; BVerfGE 21, 378 – *Arreststrafe;* BVerfGE 22, 49 – *Rechtsprechende Gewalt;* BVerfGE 22, 103 – *Steuerzuschüsse;* BVerfGE 23, 127 (133) – *Zeugen Jehovas*; BVerfGE 24, 33 – *Vertragsgesetz;* BVerfGE 24, 367 – *Legalenteignung;* BVerfGE 25, 269 – *strafrechtliches Rückwirkungsverbot;* BVerfGE 25, 371 – *Maßnahmengesetz lex Rheinstahl;* BVerfGE 27, 312 zu § 14 Abs. 3 SGG; BVerfGE 30, 392 – *Umsatzsteuerbefreiung;* BVerfGE 33, 1 – *Strafvollzug;* BVerfGE 33, 125 – *Facharzt*; BVerfGE 34, 165 – *Förderstufe in Hessen;* BVerfGE 34, 269 – *Soraya;* BVerfGE 35, 366 – *Kruzifix im Gerichtssaal;* BVerfGE 37, 1 – *Stabilisierungsfonds für Wein;* BVerfGE 37, 271 – *Solange I;* BVerfGE 37, 363 – *Zustimmungsgesetz;* BVerfGE 38, 348 – *Zweckentfremdung von Wohnraum;* BVerfGE 39, 128 – *§ 46 Abs. 4 Satz 1: zu SoldatenG*; BVerfGE 41, 251 – *Speyer-Colleg*; BVerfGE 42, 191 – *Personenbeförderungsgesetz;* BVerfGE 45, 142 – *zur VO über Intervention auf in der BRD geerntetem Getreide*; BVerfGE 45, 187 – *Lebenslange Freiheitsstrafe*; BVerfGE 45, 297 – *öffentliche Last;* BVerfGE 45, 400 – *Oberstufenneuordnung;* BVerfGE 47, 46 – *Sexualkundeunterricht;* BVerfGE 49, 89 – *Schneller Brüter Kalkar;* BVerfGE 51, 268 – *vorläufiger Rechtsschutz;* BVerfGE 53, 30 – *Mühlheim-Kärlich;* BVerfGE 58, 257 – *Schulentlassung;* BVerfGE 58, 300 – *Nassauskiesung;* BVerfGE 60, 253 zu § 85 Abs. 2 ZPO; BVerfGE 68, 1 – *Natodoppelbeschluss;* BVerfGE 69, 315 – *Brokdorf;* BVerfGE 70, 297 – *Unterbringungsgesetz;* BVerfGE 71, 162 – *Ärztewerbung;* BVerfGE 72, 175 – *Wohnungsfürsorge*; BVerfGE 72, 200 – *Rückwirkung einkommensteuerrechtlicher Vorschriften;* BVerfGE 73, 280 – *Notauswahlverfahren;* BVerfGE 73, 339 – *Solange II;* BVerfGE 74, 297 – *Rundfunkfreiheit;* BVerfGE 74, 358 – *Privatklage;* BVerfGE 76, 1 – *Familiennachzug;* BVerfGE 77, 1 – *Untersuchungsausschüsse*, BVerfGE 77, 170 – *C-Waffen;*

74 Im Einzelnen *Roxin*, Strafrecht Allgemeiner Teil, Band 1, 4. Aufl. 2006, S. 135 ff.

BVerfGE 77, 381 – *Gorleben;* BVerfGE 78, 179 – *Heilpraktikergesetz;* BVerfGE 78, 214 – *Unterhaltsleistungen im EStG;* BVerfGE 78, 249 – *Fehlbelegungsabgabe;* BVerfGE 81, 310 – *Kalkar;* BVerfGE 82, 106 – *Unschuldsvermutung;* BVerfGE 83, 130 – *Josefine Mutzenbacher;* BVerfGE 85, 360 – *Einigungsvertrag;* BVerfGE 87, 363 – *Nachtbackverbot;* BVerfGE 90, 145 – *Cannabis;* BVerfGE 92, 1 – *Sitzblockaden;* BVerfGE 92, 277 – *Strafbarkeit früherer Stasi-Mitarbeiter;* BVerfGE 92, 365 – *Lohnersatzleistung im Arbeitskampf;* BVerfGE 95, 1 – *Südumfahrung Stendal;* BVerfGE 95, 96 – *Mauerschützen;* BVerfGE 95, 173 – *Gesundheitswarnung auf Tabakprodukten;* BVerfGE 97, 67 – *Sonderabschreibungen auf Schiffe;* BVerfGE 97, 271 – *Eigentumsgarantie und Rentenversicherung;* BVerfGE 98, 106 – *kommunale Verpackungssteuer;* BVerfGE 98, 218 – *Rechtschreibreform;* BVerfGE 102, 147 – *Bananenmarktordnung*; BVerfGE 103, 111 – *Wahlprüfung Hessen;* BVerfG NJW 1998, 2585 – *strafrechtliches Rückwirkungsverbot bei Richtern und Staatsanwälten der DDR;* BVerfGE 103, 44 – *Egon Krenz;* BVerfGE 105, 252 – *Glykol*; BVerfGE 105, 270 – *Osho*; BVerfGE 127, 1 – *Rückwirkung im Steuerrecht*; BVerfG NJW 2013, 145; NWVerfGH DVBl. 1999, 714 – *Zusammenlegung von Innen- und Justizministerium;* OlG Stuttgart NJW 1990, 2690 – *Birkel.*

Literatur:

Zur Ergänzung:
Reuter, Th., Die Verhältnismäßigkeit im engeren Sinne – das unbekannte Wesen, Jura 2009, 511 ff.; *Voßkuhle, A./Kaufhold, A.-K.*, Grundwissen Öffentliches Recht: Das Rechtsstaatsprinzip, JuS 2010, 116 ff.

Zur Vertiefung:
Aktuelle Diskussionen
Klatt, M./Meister, M., Verhältnismäßigkeit als universelles Verfassungsprinzip, Der Staat 51 (2012), 159 ff.; *Reimer, Ph.*, „… und machet zu Jüngern alle Völker"? Von „universellen Verfassungsprinzipien" und der Weltmission der Prinzipientheorie der Grundrechte, Der Staat 52 (2013), 27 ff.; *Saurer, J.*, Die Globalisierung des Verhältnismäßigkeitsgrundsatzes, Der Staat 51 (2012), 33 ff.

Grundlegende Texte
Arnauld, A. v., Die normtheoretische Begründung des Verhältnismäßigkeitsgrundsatzes, JZ 2000, 276; *Badura, P.*, Über den Rechtsstaat, Recht und Gesellschaft 1974, 13; *Benda, E.*, Rechtsstaat im sozialen Wandel, AöR, Bd. 92 (1967), 497; *Böckenförde, E.-W.*, Entstehung und Wandel des Rechtsstaatsbegriffs, in: FS für Arndt, 1969, S. 54; *Forsthoff, E.*, Rechtsstaat im Wandel, 2. Aufl. 1976; *Karpen, U.*, Der Rechtsstaat des Grundgesetzes, 1992; *Schmidt-Aßmann, E.*, Der Rechtsstaat, HStR II, § 26; *Starck Ch./Berg, W./Pieroth, B.*, Der Rechtsstaat und die Aufarbeitung der vorrechtsstaatlichen Vergangenheit, Referate mit Diskussionen, VVDStRL Bd. 51 (1992), 384.

§ 19 Der Bundesstaat

I. Begriff und Abgrenzung

227 Ein Bundesstaat ist ein Staat mit zweistufiger Staatlichkeit. Neben dem Bund (Zentralstaat) gibt es *mehrere Gliedstaaten*, die *eigene Staatsqualität besitzen*, sich aber in einem Unterordnungsverhältnis zum Bund befinden und daher *nicht souverän* sind. In einem Bundesstaat sieht sich der Bürger somit zwei Staaten gegenüber, dem Gliedstaat (Einzelstaat) und dem Gesamtstaat (Zentralstaat)[1].

1 Eine Gliederung in drei staatliche Ebenen: Gesamtstaat, Zentralstaat, Gliedstaaten wird von einem Teil der Lehre vertreten, vgl. *Nawiasky*, Der Bundesstaat als Rechtsbegriff, S. 21 ff.

Staatsorganisationsrechtlich stellt sich dabei insbesondere das Problem der Abgrenzung der Kompetenzen von Bund und Einzelstaaten. Aufgrund der Überordnung des Bundes richtet sich diese nach der Bundesverfassung. Die Kompetenzverteilung muss jedoch den Gliedstaaten, um deren Staatsqualität zu wahren, einen auf wesentliche Inhalte bezogenen Regelungs- und Verantwortungsbereich überlassen, auf den der Gesamtstaat keinen Zugriff hat[2]. Die Kompetenzaufteilung hat sich in erster Linie daran zu orientieren, welche Aufgaben im gemeinsamen Bundesinteresse (etwa die Wahrnehmung der Außenpolitik und die Verteidigung des Bundesgebietes) liegen und welche Fragen einer einheitlichen rechtlichen Lösung im ganzen Bundesgebiet bedürfen. Auch in diesen Bereichen ist jedoch die Möglichkeit einer Einflussnahme der Gliedstaaten auf die Willensbildung des Gesamtstaates sicherzustellen[3].

Das Konzept des Bundesstaates, für das sich das Grundgesetz in Art. 20 Abs. 1 **228** entschieden hat („Bundesrepublik“, „Bundesstaat“), ist abzugrenzen von den Modellen des Einheitsstaates mit zentraler Regierungsgewalt, des Staatenbundes als völkervertraglichem Zusammenschluss mehrerer souveräner Staaten und des (supranationalen) Staatenverbundes, dem begrenzte eigene Hoheitsgewalt aufgrund gezielter Übertragung durch im übrigen souverän bleibende Nationalstaaten zukommt.

1. Bundesstaat und Einheitsstaat

Der Einheitsstaat ist charakterisiert durch eine einheitliche zentrale Regierungs- **229** gewalt. Auch wenn diese auf verschiedenen Ebenen und durch unterschiedliche Organe ausgeübt wird, ist sie stets vom Zentralstaat abgeleitet und auf diesen zurückführbar. Gebietskörperschaften (Provinzen, Regionen, Kommunen) und anderen juristischen Personen des öffentlichen Rechts kann zwar als Selbstverwaltungsträgern die Befugnis zugewiesen sein, ihre eigenen Angelegenheiten selbst zu regeln. Auch dabei handelt es sich jedoch um vom Zentralstaat abgeleitete Kompetenzen, die im Rahmen eines staatlichen Hierarchieverhältnisses jederzeit reorganisiert oder gesetzlich neu ausgestaltet werden können[4].

Anders als im Bundesstaat kommt den unteren Ebenen eines Einheitsstaates keine **230** Staatsqualität zu. Es fehlen ihnen eigene, nicht vom Zentralstaat abgedeckte Kompetenzen, die sie dem Gesamtstaat gegenüber verteidigen können.

2. Bundesstaat und Staatenbund

In entgegengesetzter Richtung ist der Bundesstaat vom Staatenbund abzugrenzen. **231** Den dort zu einem föderalen System zusammengeschlossenen Einzelstaaten kommen nicht nur eigene Staatsqualität und hieraus folgende Kompetenzen zu, sie sind darüber hinaus – anders als im Bundesstaat – souverän. In Deutschland zeigte sich ein Übergang vom Staatenbund zum Bundesstaat in der Entwicklung vom Deutschen Bund zum Norddeutschen Bund und später Deutschen Reich[5].

---

2 Vgl. *Zippelius*, Allg. Staatslehre, S. 312 ff.
3 Vgl. *Stern*, Staatsrecht I, S. 645.
4 Vgl. zur Kompetenzverteilung allg. *Maurer*, Staatsrecht I, § 10 Rn. 55.
5 S. oben Rn. 25 ff.

232 a) **Souveränität.** Souveränität ist, wie oben dargestellt, die originäre Fähigkeit eines Staates, auf seinem Staatsgebiet und gegenüber seinem Staatsvolk sämtliche Angelegenheiten kraft seiner eigenen, von keiner anderen Autorität abgeleiteten, grundsätzlich ungeteilten und unbeschränkten Hoheitsgewalt zu regeln[6]. Der souveräne Staat ist nach innen Inhaber der höchsten Gewalt und nach außen unabhängig von ausländischen Mächten (innere und äußere Souveränität)[7].

233 Die Gliedstaaten eines Bundesstaates genießen zwar eigene Rechtspersönlichkeit und setzen auf ihrem Gebiet und gegenüber ihren Staatsangehörigen unmittelbar geltendes Recht[8]. Diese Kompetenzen sind ihnen jedoch durch die Ausgestaltung der Bundesverfassung zugewiesen, ihre Regelungen unterfallen der bundesstaatlichen Normenhierarchie. Die Gliedstaaten verfügen somit nur über beschränkte, vom Zentralstaat nicht unabhängige Autorität und sind daher nicht souverän. Anders die Einzelstaaten im Staatenbund. Diese schließen sich lediglich durch einen völkerrechtlichen Vertrag zusammen, der ihre originäre Staatsqualität nicht infrage stellt, sondern sogar voraussetzt. Dabei werden keine Hoheitsrechte auf den Bund übertragen, die Ausübung von Staatsgewalt bleibt Sache der Mitgliedstaaten auf ihrem jeweiligen Territorium. Auch eine institutionelle Zusammenarbeit im Rahmen des Staatenbundes beruht stets auf der freiwilligen vertraglichen Vereinbarung der Staaten. Sind mit Vertragsverletzungen der Mitgliedstaaten Druck- und Sanktionsmechanismen verbunden, stellt deren Ausübung nicht das Handeln „des Bundes“ als eines übergeordneten Hoheitsträgers dar, sondern die Durchsetzung vertraglicher Verpflichtungen durch die anderen Mitgliedstaaten. Die Mitgliedstaaten können ihre Mitgliedschaft auch, wie jeden anderen völkerrechtlichen Vertrag, grundsätzlich jederzeit kündigen[9].

234 b) **Völkerrechtssubjektivität.** Völkerrechtssubjekt ist, wer Träger von Rechten und Pflichten völkerrechtlicher Art sein kann. Originär kommt diese Stellung lediglich Staaten zu, die jedoch internationale Organisationen ebenfalls mit Völkerrechtssubjektivität ausstatten können (abgeleitete Völkerrechtssubjektivität).

235 Im *Bundesstaat* besitzen sowohl der Gesamtstaat als auch die Gliedstaaten Staatsqualität, so dass grundsätzlich beide mit völkerrechtlicher Wirkung auftreten könnten. Wesentlich für den Bundesstaat ist jedoch, dass die Gliedstaaten zumindest den überwiegenden Teil ihrer völkerrechtlichen Kompetenzen an den Bund verloren haben. Typischerweise ist der Gesamtstaat im Verkehr mit Drittstaaten das maßgebliche Völkerrechtssubjekt, das auch die Gliedstaaten repräsentiert und die völkerrechtlichen Kompetenzen exklusiv für sich in Anspruch nimmt (vgl. Art. 32 Abs. 1 GG). Die Berücksichtigung der Interessen der Gliedstaaten ist dann lediglich eine Frage der innerstaatlichen Ordnung. Die Fähigkeit der Gliedstaaten, Träger völkerrechtlicher Rechte und Pflichten zu sein, ist im Bundesstaat allerdings nicht umfassend zugunsten des Gesamtstaats aufgehoben. Den Gliedstaaten kann im Rahmen der innerstaatlichen Kompetenzverteilung

6 S. oben Rn. 5.
7 *Hillgruber*, HStR II, § 32 Rn. 49.
8 BVerfGE 34, 9 (19 f.) – *Besoldungsgesetz*.
9 Vgl. *Maurer*, Staatsrecht I, § 10 Rn. 7; *Zippelius*, Allg. Staatslehre, S. 317 f.

eine sachlich beschränkte Völkerrechtssubjektivität verbleiben (vgl. Art. 32 Abs. 3 GG).

Ein *Staatenbund* ist demgegenüber, wie dargestellt, selbst das Ergebnis einer völkerrechtlichen Vereinbarung. Durch den Vertragsschluss üben die Mitgliedstaaten ihre Völkerrechtssubjektivität aus, derer sie sich auch durch den Vertrag nicht entäußern. Häufig ist es jedoch Ziel eines Staatenbundes, die Interessen der Mitgliedstaaten in Bezug auf Drittstaaten zu bündeln und ein gemeinsames Auftreten nach außen zu ermöglichen. Dem Staatenbund als internationalem Zusammenschluss wird daher oftmals eigene abgeleitete Völkerrechtssubjektivität verliehen. Weder führt diese Verleihung aber zur Staatsqualität des Bundes, noch berührt sie die Staatsqualität der Mitgliedstaaten und darauf gestützt ihre originäre Fähigkeit, anderweitige völkerrechtliche Vereinbarungen zu schließen. Diese können allenfalls eine Verletzung der vertraglichen Verpflichtungen gegenüber den anderen Mitgliedstaaten darstellen. **236**

c) **Selbstbestimmungsrecht der Partialvölker.** Mit dem Begriff Partialvölker kann man die Staatsangehörigen der Gliedstaaten eines Bundesstaats sowie die Staatsvölker der Mitgliedstaaten eines Staatenbundes bezeichnen. **237**

Der Selbstbestimmungsgrad der Partialvölker entscheidet, ob eine Abspaltung (Sezession) aus einem Staatenbund oder einem Bundesstaat ohne die Einwilligung der übrigen Partialvölker zulässig ist. Im Staatenbund sind die einzelnen Mitgliedstaaten souverän. Das autonome Recht eines jeden Volkes, sein Schicksal selbst in die Hand zu nehmen, ist ungebrochen. Die Frage des „Ob" einer Sezession soll durch den Staatenbund offen gehalten werden, indem die Vertragsparteien nicht ihre Eigenstaatlichkeit verlieren. Das „Wie", also unter welchen Voraussetzungen ein Mitgliedstaat einen Staatenbund wieder verlassen kann und welche völkerrechtlichen Sanktionen dies ggf. nach sich zieht, hängt von der konkreten vertraglichen Ausgestaltung des Staatenbunds ab. **238**

Im *Bundesstaat* ist eine Sezession eines Gliedstaats ohne die Zustimmung der übrigen Gliedstaaten und des Gesamtstaats nicht zulässig. Wesen des Bundesstaats ist, dass die Eigenstaatlichkeit zugunsten eines Gesamtstaats teilweise aufgegeben wurde und mit ihr das Recht, autonom über die Ausgestaltung der eigenen Staatlichkeit zu entscheiden. Diese Aufgabe der eigenen Staatsqualität der Gliedstaaten muss im Bundesstaat unwiderruflich erfolgen, wenn man einen souveränen Gesamtstaat schaffen will („point of no return"[10]). Will man die Eigenstaatlichkeit zurückerlangen, bedarf es der Einwilligung der übrigen Gliedstaaten und des Gesamtstaats. Eine Veränderung der staatlichen Integrität des Bundes ist immer Sache des gesamten Staatsvolks auf der Ebene der Bundesverfassung – in der auch ein Austrittsrecht geregelt sein kann – und niemals nur die autonome Entscheidung eines Partialvolks. Diesem bliebe im Bundesstaat nur die (stets bestehende und rechtlich nicht determinierbare) Möglichkeit der Revolution. **239**

10 Vgl. *Zippelius*, Allg. Staatslehre, S. 71 f., 318.

3. Bundesstaat und supranationaler Staatenverbund

240 Der supranationale Staatenverbund – so die Terminologie des BVerfG zur Einordnung der Europäischen Gemeinschaften[11], jetzt der Europäischen Union[12] – ist eine Art Zwischenstufe zwischen bloßem Staatenbund und Bundesstaat.[13] Im Gegensatz zum Staatenbund kommt es zu einem Souveränitätsverzicht der Mitgliedstaaten, der jedoch anders als im Bundesstaat in seiner Reichweite begrenzt ist. Der Staatenverbund verfügt über sachlich beschränkte staatliche Hoheitsrechte und tritt auf völkerrechtlicher Ebene in Erscheinung. Seine Hoheitsgewalt, die ihn anders als den Staatenbund zu unmittelbar in den Mitgliedstaaten wirkenden Hoheitsakten befähigt, basiert jedoch auf der vertraglichen Ableitung durch die Mitgliedstaaten und ist nicht unwiderruflich[14].

241 Durch den Vertrag übertragen die Mitgliedstaaten dem supranationalen Staatenverbund Hoheitsrechte und nehmen damit den alleinigen nationalstaatlichen Hoheitsanspruch diesem gegenüber zurück. Im Rahmen dieser übertragenen Hoheitsrechte übt der Staatenverbund daher originäre öffentliche Gewalt anstelle der Mitgliedstaaten aus und setzt Rechtsakte, die unmittelbar in den Mitgliedstaaten und gegenüber den Staatsangehörigen gelten. Die Mitgliedstaaten verzichten insoweit auf ihre staatliche Souveränität[15]. Der Staatenverbund wird durch diese beschränkte Übertragung von Hoheitsrechten jedoch nicht selbst zum Staat. Hierzu fehlen ihm wesentliche Elemente: Die Mitgliedstaaten können immer noch autonom den Staatenverbund verlassen – was für die EU mittlerweile durch Art. 50 Abs. 1 EUV klargestellt wird[16], allerdings im Falle der EU als supranationaler Institution eher eine theoretische Variante bleibt[17]. Die Rechtsetzung im Rahmen der supranationalen Organisation erfolgt nicht kraft originärer Staatsgewalt, sondern aufgrund einer vertraglich abgeleiteten hoheitlichen Rechtsquelle, die immer noch auf die Mitgliedstaaten zurückgeführt werden kann. Dem supranationalen Träger fehlt es an der sog. Kompetenz-Kompetenz, d.h. der unbeschränkten Fähigkeit eines Staates zu entscheiden, welche Kompetenzen er in welcher Form selbst wahrnimmt oder delegiert. Er bleibt vielmehr auf die ihm durch die vertragliche Bestimmung der Mitgliedstaaten eingeräumten Kompetenzen beschränkt. Der Bundesstaat leitet seine Staatsgewalt demgegenüber gerade nicht von den Gliedstaaten ab, sondern verfügt über eigene Souveränität.

II. Der Bundesstaat des Grundgesetzes

242 Die Festlegung des Grundgesetzes auf das Bundesstaatsprinzip ergibt sich nicht nur aus der Formulierung in Art. 20 Abs. 1 GG, sondern darüber hinaus aus der Zusammenschau einer Vielzahl einzelner Verfassungsnormen. Dazu zählen die

---

11 Vgl. BVerfGE 89, 155 (188 ff.) – *Maastricht.*

12 Vgl. BVerfGE 123, 267 (403) – *Lissabon.*

13 Vgl. *Maurer,* Staatsrecht I, § 4 Rn. 20 ff., § 10 Rn. 8.

14 BVerfGE 89, 155 – *Maastricht.*

15 *Maurer,* Staatsrecht I, § 4 Rn. 13.

16 Auf Basis des vor Inkrafttreten des EUV in der Fassung des Vertrags von Lissabon geltenden EGV war die Möglichkeit eines Austritts umstritten und wurde als praktisch kaum relevante Frage angesehen; vgl. *Pernice,* HStR, 1. Aufl., Bd. VIII, § 191 m.w.N.

17 *Randelzhofer,* HStR II, § 17 Rn. 34 m.w.N.

abschließende Verteilung der Kompetenzen zwischen Bund und Ländern (vgl. Art. 30, 70 ff., 83 ff., 92 ff. GG), die Mitwirkung der Länder an der Bundesgesetzgebung über den Bundesrat (vgl. Art. 50 GG) sowie das Homogenitätsprinzip des Art. 28 Abs. 1 GG, das ein Mindestmaß an Übereinstimmung der innerstaatlichen Ordnung von Bund und Ländern garantiert, den Ländern im Übrigen aber die Gestaltungsfreiheit für ihre staatliche Selbstorganisation belässt. Die Bedeutung des föderalen Staatsaufbaus für das Verfassungsgefüge der Bundesrepublik lässt sich aus der Entstehungsgeschichte des Grundgesetzes und der Präambel erkennen.

Das Bundesstaatsprinzip benennt Art. 20 Abs. 1 GG bereits ausdrücklich in dem Namen „*Bundes*republik" und der Bezeichnung „*Bundesstaat*". Anders als bei den anderen bisher dargestellten Strukturprinzipien nennt Art. 79 Abs. 3 GG ausdrücklich zwei Ausprägungen des Föderalismus, die vom Schutz der Ewigkeitsgarantie umfasst sein sollen: Danach ist es dem verfassungsändernden Gesetzgeber verwehrt, die „Gliederung des Bundes in Länder" und deren grundsätzliche „Mitwirkung an der Bundesgesetzgebung" zu berühren, d. h. diese im Grundsatz infrage zu stellen. Das Herausgreifen dieser beiden wesentlichen Elemente führt nach dem eindeutigen Wortlaut des Art. 79 Abs. 3 GG nicht dazu, dass das Bundesstaatsprinzip als Ganzes nicht ebenfalls von der Ewigkeitsgarantie umfasst wäre: es ist auch ein in Art. 20 GG „niedergelegte[r] Grundsatz". Vielmehr führt die Trias aus allgemeinem Bundesstaatsprinzip und besonderen Bestimmungen zur Betonung der besonderen Bedeutung des föderalen Prinzips im GG.[18] Die „Gliederung des Bundes in Länder" impliziert die für einen Bundesstaat charakteristische[19] eigenständige Staatsqualität von sowohl Zentralstaat als auch Gliedstaaten. Das Bundesstaatsprinzip bewirkt neben der horizontalen eine vertikale Gewaltenteilung auf Bundesebene. Die Staatsgewalt soll hierdurch dezentralisiert und damit bürgernäher ausgestaltet werden. 243

In Deutschland hat die föderale Ordnung eine lange Tradition: Altes Reich zwischen 1555 und 1806, Deutscher Bund (1815–1866). Die Bundesstaatlichkeit begann mit dem Norddeutschen Bund (1866) und Deutsches Reich (1870–1918) und ging weiter in der Weimarer Republik und Bundesrepublik Deutschland. Unterbrochen wurde der Föderalismus durch die Systeme des Nationalsozialismus und der DDR. Zuletzt wurde die Verteilung der Kompetenzen zwischen Bund und Ländern in den beiden Stufen der Föderalismusreform 2006 und 2009 neu austariert, wobei es vor allem um die Entflechtung der Kompetenzen durch Abbau von Zustimmungserfordernissen des Bundestags, die Erhöhung der „Europatauglichkeit" des GG und die Neuordnung der Finanzbeziehungen von Bund und Ländern ging. Dies verlangt auch die grundsätzliche Gleichbehandlung der Länder durch den Bund[20]. 244

1. Der zweigliedrige Bundesstaat und sein Schutz durch Art. 79 Abs. 3 GG

Die Bundesrepublik Deutschland setzt sich zusammen aus den 16 in der Präambel des Grundgesetzes genannten Ländern als Gliedstaaten und dem Bund als 245

18 Vgl. *Herdegen*, in: Maunz/Dürig, GG, Art. 79 Rn. 153.
19 Vgl. oben Rn. 227.
20 *Voßkuhle/Kaufhold*, JuS 2010, 873 ff. (875).

Gesamtstaat. Das BVerfG hat sich schon frühzeitig auf den zweigliedrigen Staatsaufbau der Bundesrepublik Deutschland festgelegt[21]. Danach besteht der Bundesstaat aus zwei staatlichen Ebenen: den Ländern als den in ihrer Souveränität und Völkerrechtsfähigkeit beschränkten Gliedstaaten, und dem Bund als voll souveränem und unbeschränkt völkerrechtsfähigem Gesamtstaat, der allerdings an die innerstaatliche Kompetenzaufteilung gebunden ist.

246 Geschützt ist die *grundsätzliche* Gliederung der Bundesrepublik in Gliedstaaten, nicht jedoch die konkrete, gegenwärtige Struktur[22]. Dies ergibt sich auch aus Art. 29 GG, der die Möglichkeit einer Neuordnung des Bundesgebietes durch *Bundesgesetz* (vgl. Art. 29 Abs. 2 GG) vorsieht. Zulässig wäre also auch eine vollständige Neugliederung des Bundesgebietes durch Auflösung der bestehenden Länder und Bildung neuer. Streitig ist nur, ob als Mindestanzahl die Existenz von zwei oder drei Ländern verfassungsrechtlich geboten ist[23].

247 Von der gestuften Staatlichkeit zu unterscheiden ist die gesetzlich festzulegende Anzahl von Verwaltungsebenen. Dabei stellt insbesondere die in Art. 28 Abs. 2 GG verfassungsrechtlich geschützte kommunale Selbstverwaltungsebene keine eigenständige staatliche Ebene dar, sondern lediglich eine mit besonderen Selbstverwaltungsprivilegien ausgestattete Verwaltungsebene innerhalb der Länder[24]. Die Existenz der kommunalen Selbstverwaltungsebene ist jedoch von Art. 28 GG verfassungsrechtlich geschützt.

248 Der Vergleich mit der Ebene der kommunalen Selbstverwaltung zeigt, dass die Aufteilung des Bundes in Gebietskörperschaften noch nicht ausreicht, um die eigene Staatlichkeit der Länder zu gewährleisten. Diese erfordert vielmehr, dass ihnen auf ihrem Gebiet ein Mindestmaß an sachlicher, funktionaler und organisatorischer Eigenständigkeit durch die Bundesverfassung garantiert sein muss. Nach Aufteilung der staatlichen Kompetenzen muss ein Bündel von staatlichen Aufgaben und Hoheitsrechten gewahrt bleiben, die die Länder über den Rang einer Verwaltungsebene hinausheben.

249 Das BVerfG führt dazu aus[25]:

> „Art. 79 Abs. 3 GG verbietet eine Änderung des Grundgesetzes, durch welche ‚die Gliederung des Bundes in Länder‘ berührt wird. Die ‚Länder‘ sind hier, wie es dem Begriff und der Qualität des Bundesstaates entspricht, gegen eine Verfassungsänderung gesichert, durch die sie die Qualität von Staaten oder ein Essentiale der Staatlichkeit einbüßen. Ob die Länder der Bundesrepublik ‚Staaten‘ sind oder von Körperschaften ‚am Rande der Staatlichkeit‘ zu ‚höchstpotenzierten Gebietskörperschaften‘ in einem dezentralisierten Einheitsstaat herabsinken, lässt sich nicht formal danach bestimmen, dass sie eine eigene Verfassung besitzen und dass sie über irgendein Stück vom Gesamtstaat unabgeleiteter Hoheitsmacht verfügen, also irgendeinen Rest von Gesetzgebungszuständigkeit, Verwaltungszuständigkeit und justizieller Zuständigkeit ihr eigen nennen. In solcher Sicht könnten die Länder in ihrer Qualität als Staaten durch Grundgesetzänderungen nach und nach ausgehöhlt

---

21 BVerfGE 1, 13 (34) – *Südweststaat*; 13, 54 – *Neugliederung*.
22 Vgl. *Stern*, Staatsrecht I, S. 663.
23 *Pieroth*, in: Jarass/Pieroth, GG, Art. 79 Rn. 8 m.w.N.
24 S. unten Rn. 330.
25 BVerfGE 34, 9 (19f.) – *Besoldungsgesetz*.

werden, so dass am Ende nur noch eine leere Hülse von Eigenstaatlichkeit übrig bliebe. Die Länder im Bundesstaat sind nur dann Staaten, wenn ihnen ein Kern eigener Aufgaben als ‚Hausgut' unentziehbar verbleibt. Was immer im einzelnen dazu gehören mag, jedenfalls muss dem Land die freie Bestimmung über seine Organisation einschließlich der in der Landesverfassung enthaltenen organisatorischen Grundentscheidungen sowie die Garantie der verfassungskräftigen Zuweisung eines angemessenen Anteils am Gesamtsteueraufkommen im Bundesstaat verbleiben."

Maßgeblich für die Eigenstaatlichkeit ist also eine Gesamtschau der Kompetenzen, die die Länder besitzen. Diese müssen Essentialia der Staatlichkeit umfassen, wie die Fähigkeit, sich staatlich selbst zu organisieren. Dazu gehört zunächst das Recht, sich eine eigene Verfassung zu geben (Verfassungsautonomie, Organisationshoheit). Die Länder müssen allgemeine staatspolitische Aufgaben erfüllen können. Dazu bedarf es eines Mindestmaßes an Personalhoheit – also einen vom Bund unabhängigen landeseigenen Behördenaufbau. Zur Staatlichkeit gehören Gesetzgebungs-, Verwaltungs- und Rechtsprechungskompetenzen und zumindest die ausschließliche sachliche Kompetenz in Politikfeldern, für die sich ein bundesstaatliches Bedürfnis überhaupt nicht oder kaum herstellen lässt, wie z. B. in der Kulturpolitik. Eine sinnvolle Landespolitik ist nur bei konstanter, gesicherter Finanzausstattung denkbar, die eine eigene Finanzhoheit ebenso wie eine angemessene Beteiligung am Gesamtsteueraufkommen verlangt. 250

Teil der Eigenstaatlichkeit ist die von Art. 79 Abs. 3 GG ausdrücklich garantierte Mitwirkung an der Gesetzgebung des Bundes – was auch die Beteiligung an der verfassungsändernden Gesetzgebung einschließt (vgl. Art. 79 Abs. 2 GG). Auch bezüglich der Mitwirkung der Länder an der Gesetzgebung des Bundes gilt, dass diese nur prinzipiell, nicht in einer konkreten Form staatsorganisationsrechtlicher Ausgestaltung (alternativ zum Modell des Grundgesetzes ist beispielsweise eine echte zweite Kammer aus gewählten Volksvertretern der Länder denkbar) gewährleistet sein muss. 251

Die verfassungsrechtliche Garantie eines Kernbestands von Eigenstaatlichkeit der Länder relativiert den mit der Unterordnung unter eine Bundesverfassung verbundenen Verlust von Souveränität und Völkerrechtsfähigkeit. 252

2. Homogenität von Bund und Ländern

Entscheidendes Wesensmerkmal der bundesstaatlichen Ordnung ist die doppelte Staatlichkeit auf Bundes- und Länderebene. Diese befähigt Bund und Länder, sich selbst zu organisieren, die Staatsgewalt an eine Verfassung zu binden und eine innerstaatliche Rechtsordnung zu schaffen. Jeder Staat hat zunächst den unbeschränkten Anspruch, staatliche Kompetenzen an sich zu ziehen und staatliche Aufgaben und Funktionen exklusiv auf seinem Staatsgebiet wahrzunehmen. Dem steht im Bundesstaat des Grundgesetzes jedoch die doppelte Staatlichkeit entgegen: Das Bundesstaatsgebiet und die Staatsgebiete der Länder sind identisch; auf demselben Staatsgebiet können nicht zwei unbeschränkte Staatsgewalten nebeneinander bestehen. 253

Die doppelte Staatlichkeit verlangt daher eine Abstimmung der beiden einander überlagernden innerstaatlichen Ebenen. Geregelt werden muss die Aufteilung der 254 staatlichen Gewalt von Bund und Ländern durch verbindliche und vollständige Zuweisung von Staatsfunktionen und Sachkompetenzen und die Lösung von Kollisionen zwischen der Bundes- und den Länderrechtsordnungen. Diese notwendige Abstimmung zwischen Bund und Ländern muss im Rahmen der Bundesverfassung vollzogen werden. Sie kann als Homogenität im weiteren Sinne bezeichnet werden.

255 Das Grundgesetz gewährleistet die Homogenität von Bund und Ländern im Wesentlichen in drei Regelungsbereichen. Die vollständige *Aufteilung der staatlichen Kompetenzen* wird über Art. 30 GG gesichert. Soweit staatliche Kompetenzen nicht ausdrücklich dem Bund zugewiesen werden, haben danach die Länder die Wahrnehmungskompetenz. Das *Verhältnis von Bundes- und Landesrecht* wird in Art. 31 GG normiert. Diese Kollisionsvorschrift bestätigt das prinzipielle, formelle Übergewicht des Bundes dadurch, dass sich Bundesrecht als höherrangiges Recht gegenüber widerstreitendem Landesrecht durchsetzt. Ein *Mindestmaß an Homogenität* im engeren Sinne, d. h. bezüglich einer vergleichbaren verfassungsmäßigen Ordnung in Bund und Ländern, wird über Art. 28 Abs. 1 GG hergestellt (sog. Homogenitätsprinzip).

256 a) **Aufteilung der Kompetenzen (Art. 30 GG).** Eine Abgrenzung der staatlichen Ebenen von Bund und Ländern erfolgt in erster Linie durch die abschließende Aufteilung der staatlichen Funktionen und Kompetenzen. Art. 30 GG weist die Ausübung der Staatsgewalt den Ländern zu, soweit keine abweichende Regelung im Grundgesetz vorgesehen ist. Für die klassischen Staatsfunktionen der Gesetzgebung, Verwaltung und Rechtsprechung wiederholen Art. 70 Abs. 1, 83, 92 GG den Grundsatz der Länderzuständigkeit. Kompetenzwidriges staatliches Handeln ist unwirksam. Diese Unwirksamkeit können die Länder oder der Bund vor dem Bundesverfassungsgericht in den Verfahren des Bund-Länder-Streits, Art. 93 Abs. 1 Nr. 4 GG, und der abstrakten Normenkontrolle, Art. 93 Abs. 1 Nr. 2 GG, geltend machen. Soweit es um die Befugnis des Bundes zur konkurrierenden Gesetzgebung im Rahmen von Art. 72 Abs. 2 GG geht, kommt auch das spezielle Verfahren nach Art. 93 Abs. 1 Nr. 2 a GG, im Fall des Art. 72 Abs. 4 GG das des Art. 93 Abs. 2 GG in Betracht.

257 Die Zuweisung von Kompetenzen zum Bund erfolgt im Grundgesetz gesondert für bestimmte Staatsfunktionen und Staatsaufgaben. Der verfassungsrechtlichen Ausgestaltung lässt sich dabei – trotz des Grundsatzes der Art. 30, 70 Abs. 1, 83 GG – entnehmen, dass die Gesetzgebung im wesentlichen Sache des Bundes, die Verwaltung im wesentlichen Sache der Länder ist. Hierdurch wird zum einen eine weitgehende Rechtseinheit im gesamten Bundesgebiet, zum anderen ein bürgernaher Vollzug in den jeweiligen Ländern gewährleistet[26]. Neben der wesentlichen Gesetzgebungskompetenz obliegt dem Bund ferner die Wahrnehmung der auswärtigen Angelegenheiten (vgl. Art. 32 Abs. 1, 59 GG) und der Verteidigung des Bundesgebietes (Art. 87 a f GG.). Vor dem Hintergrund dieser differenzierten Kompetenzverteilung, die das Regel-Ausnahme-Verhältnis in der Praxis vor allem im Bereich der Gesetzgebungskompetenzen umkehrt, besteht die wichtigste Funktion von Art. 30 GG darin, eine vollständige und lückenlose Aufteilung der staatlichen Kompetenzen zu normieren. Er wird ferner als länderfreundliche

---

26 S. im Einzelnen unten Rn. 269.

Auslegungsregel in Fällen fehlender eindeutiger Kompetenzzuordnung interpretiert[27].

258 **b) Vorrang des Bundesrechts (Art. 31 GG).** Für den Fall eines Konflikts zwischen Bundes- und Landesrecht statuiert Art. 31 GG, der kürzeste Artikel des Grundgesetzes, den Geltungsvorrang[28] des Bundesrechts. Aufgrund der grundsätzlich abschließenden Kompetenzverteilung zwischen Bund und Ländern – Art. 30, 70 Abs. 1 GG fungieren insoweit als „Kollisionsvermeidungsnormen" – kommt der Kollisionsnorm des Art. 31 GG nur untergeordnete Bedeutung zu[29]. Zu einem „Bruch" von Landes- durch Bundesrecht kann es nur kommen, wenn sowohl Landes- als auch Bundesrecht kompetenzgemäß erlassen wurden: eine trotz Bundeskompetenz erlassene Landesnorm ist ebenso verfassungswidrig wie eine vom Bund ohne ausdrücklichen Kompetenztitel erlassene Bundesnorm. Ist aber eine der beiden Normen verfassungswidrig, kommt es schon nicht zu der von Art. 31 GG vorausgesetzten Kollision.

259 Im Bereich der ausschließlichen Gesetzgebungskompetenz des Bundes (Art. 71, 73 GG) sind Kollisionen daher von vornherein ausgeschlossen, weil in diesem Bereich erlassenes Landesrecht immer verfassungswidrig ist[30]. Möglich sind Kollisionen und damit eine Anwendung von Art. 31 GG, wenn der Bund von einer konkurrierenden Gesetzgebungskompetenz (Art. 72, 74 GG) noch keinen Gebrauch gemacht hatte: erlässt er nun eine Bundesnorm, bricht diese die bisher geltenden landesrechtlichen Regelungen des betreffenden Gebietes[31]. Keine Anwendung kann Art. 31 dagegen im Bereich des Art. 72 Abs. 3 GG finden, da dessen Zielsetzung, eine Abweichungsbefugnis der Länder zu schaffen, sonst konterkariert würde. Hier gilt stattdessen die *lex posterior derogat legi priori*-Regel[32].

260 Besondere Bedeutung erlangt Art. 31 GG in neuerer Zeit aber vor dem Hintergrund, dass völkerrechtliche Verträge in der Bundesrepublik Deutschland den Rang einfachen Bundesrechts haben (Art. 59 Abs. 2 GG). Dies führt dazu, dass landesrechtliche Normen über Art. 31 GG an völkerrechtlichen Verträgen wie insbesondere der Europäischen Menschenrechtskonvention zu messen sind[33].

261 **c) Homogenitätsprinzip (Art. 28 Abs. 1 GG).** Das Grundgesetz schränkt die Verfassungsautonomie der Länder über das Homogenitätsprinzip des Art. 28 Abs. 1 Satz 1 GG ein, indem es auch die verfassungsmäßige Ordnung in den Länder auf die in Art. 20 Abs. 1 GG für den Bund getroffenen Grundentschei-

---

27 Vgl. *Erbguth*, in: Sachs, GG, Art. 30 Rn. 9 m. w. N.

28 Zum Begriff, auch in Abgrenzung zum Anwendungsvorrang, *Korioth*, in: Maunz/Dürig (Stand 2007), GG, Art. 31 Rn. 21.

29 Vgl. *Korioth* in: Maunz/Dürig (Stand 2007), GG, Art. 31 Rn. 2.

30 Zu denken wäre allenfalls an die Hinzufügung eines neuen Kompetenztitels zu Art. 73 GG durch den verfassungsändernden Gesetzgeber auf Bundesebene. Das Landesrecht, das in diesem Bereich zuvor erlassen wurde, wäre dann auf Basis einer zum Zeitpunkt des Inkrafttretens bestehenden Kompetenz erlassen und müsste wegen Art. 31 GG hinter dem Bundesrecht zurücktreten.

31 Vgl. *Pieroth*, in: Jarass/Pieroth, GG, Art. 31 Rn. 5 m. w. N.

32 „Neueres Recht geht dem älteren vor"; vgl. *Korioth*, in: Maunz/Dürig (Stand 2007), GG, Art. 31 Rn. 26.

33 BVerfGK 10, 234, (239). Zur Stellung der EMRK im deutschen Recht *Grabenwarter/Pabel*, Europäische Menschenrechtskonvention, 5. Aufl. 2012, S. 18 ff.

dungen für den republikanischen, demokratischen und sozialen Rechtsstaat verpflichtet. Ferner muss sich das Landesvolk eine Volksvertretung geben, bei dessen Wahl die allgemeinen, für den Bund in Art. 38 Abs. 1 GG festgehaltenen allgemeinen Wahlrechtsgrundsätze gelten (vgl. Art. 28 Abs. 1 Satz 2 GG).

262 Indem es inhaltliche Vorgaben für die verfassungsmäßige Ordnung der Länder macht, ergänzt das Homogenitätsprinzip die Geltung von Bundesrecht auf dem Gebiet der Länder. Landesverfassungsrechtliche Bestimmungen, die mit den Grundsätzen des Art. 28 Abs. 1 GG nicht vereinbar sind, sind verfassungswidrig und damit nichtig[34]. Zu beachten ist aber, dass Homogenität nur ein Mindestmaß an Übereinstimmung mit den Grundprinzipien des Staatsaufbaus der Bundesrepublik verlangt[35]. In der darüber hinausgehenden Ausgestaltung ihrer verfassungsmäßigen Ordnung sind die Länder frei.

3. Bundestreue und Bundeszwang

263 **a) Das Prinzip des bundesfreundlichen Verhaltens (Bundestreue).** Das Prinzip des bundesfreundlichen Verhaltens ist ein ungeschriebener Verfassungsgrundsatz[36]. Er ergänzt die bundesstaatliche Ordnung des Grundgesetzes, indem er Bund und Ländern die Pflicht auferlegt, „bei der Wahrnehmung ihrer Kompetenzen die gebotene und ihnen zumutbare Rücksicht auf das Gesamtinteresse des Bundesstaates und auf die Belange der Länder [zu] nehmen“[37]. Dem Grundsatz der Bundestreue liegt der Gedanke zugrunde, dass ein Bundesstaat als solcher nur funktionieren kann, wenn Bund und Länder bei der Ausübung ihrer Rechte stets auch die Interessen der anderen Beteiligten berücksichtigen[38]. Dies bedeutet freilich nicht, dass Bund und Länder nicht auf ihren jeweiligen Rechtspositionen beharren dürften und diese nicht auch in der politischen und gegebenenfalls verfassungsrechtlichen Auseinandersetzung verteidigen könnten.

264 Eine *Grenze* der Rechtsausübung zieht das Prinzip des bundesfreundlichen Verhaltens dort, wo ein sich föderal auswirkendes Verhalten oder Unterlassen rechtsmissbräuchlich erscheint. Es ist der Sache nach somit dem zivilrechtlichen Grundsatz von Treu und Glauben vergleichbar[39]. Ein funktionierendes Rechtsverhältnis besteht aus Rechten und Pflichten, deren Ausübung jedoch nicht zur Beeinträchtigung des Rechtsverhältnisses als solchem verwendet werden soll. Die bundesstaatlichen Rechte und Pflichten müssen daher so ausgeübt werden, dass der vom Grundgesetz vorgesehene funktionierende Bundesstaat zwischen Bund und Ländern sowie den Ländern untereinander verwirklicht wird.

265 Das Prinzip des bundesfreundlichen Verhaltens ergänzt und modifiziert die bundesstaatlichen Rechtsverhältnisse durch *Informationsrechte*, *Mitwirkungsrechte*, *Kompetenzbeschränkungen*, *Handlungs-* und *Unterlassungspflichten*. Diese Rechte und Pflichten begründen keine selbständigen neuen Rechtsverhältnisse,

---

34 Vgl. *Stern*, Staatsrecht I, S. 704 ff.
35 BVerfGE 36, 342 (361) – *Beamtenbesoldung*.
36 BVerfGE 34, 9 (20) – *Besoldungsgesetz*.
37 BVerfGE 92, 203 (230) – *Fernsehrichtlinie*.
38 Vgl. *Maurer*, Staatsrecht I, § 10 Rn. 50.
39 Vgl. *Degenhart*, Staatsrecht I, Rn. 468.

sondern gestalten bestehende, sich aus den gesetzlichen Normen oder dem allgemeinen Bundesstaatsprinzip ergebende Rechtsverhältnisse aus[40].

Beispiele:

- Der Bund muss vor dem Erlass einer Bundesweisung gem. Art. 85 Abs. 3 GG dem jeweiligen Land Gelegenheit zur Stellungnahme geben, auch wenn dies nicht ausdrücklich in Art. 85 Abs. 3 GG vorgesehen ist (BVerfGE 81, 310).
- Der Bund hat die Kompetenz, den Bundesstaat in auswärtigen Angelegenheiten zu vertreten (vgl. Art. 32 GG). Dies umfasst vor allem die Kompetenz zum Abschluss völkerrechtlicher Verträge. Auch ohne ausdrückliche Normierung im Grundgesetz folgt daraus die grundsätzliche Pflicht der Länder, eine völkerrechtliche Verpflichtung des Bundes zu beachten (BVerfGE 6, 309).
- Bei einer informellen Gesetzesberatung zwischen Bund und Ländern im Vorfeld des Gesetzgebungsverfahrens muss die Bundesregierung sämtliche Länder beteiligen und darf sich nicht etwa auf diejenigen beschränken, in denen dieselben Parteien an der Regierung beteiligt sind wie auf Bundesebene (föderative Gleichbehandlung, BVerfGE 72, 330 [404]; 86, 148 [261]).

b) Bundeszwang (Art. 37 GG). Der Bundeszwang ist ein in der Bundesverfassung vorgesehenes Instrument, mit dem der Bund die Erfüllung der Bundespflichten durch ein Land durchsetzen kann. Er kann bei jeder *Nichtbeachtung von Bundesrecht durch das Verhalten eines Landes* zur Anwendung kommen, wobei eine objektive Verletzung der Bundespflichten ausreicht[41]. Dabei umfasst Bundesrecht sämtliche materiellen Gesetze einschließlich Rechtsverordnungen. **266**
Verletzen Gemeinden oder andere Selbstverwaltungsträger Bundesrecht, dann wird dies dem Land erst zugerechnet, wenn es seiner Pflicht zum Einschreiten im Wege der kommunalen Rechtsaufsicht nicht nachkommt[42].

Im Rahmen des Bundeszwanges ist der Bund berechtigt, alle notwendigen Maßnahmen zu treffen, um das Land zur Erfüllung der bundesrechtlichen Pflichten anzuhalten. Zulässig können z. B. verbindliche Weisungen an das Land, die Ersatzvornahme von Handlungen durch Bundesorgane oder Dritte, die kommissarische Einsetzung eines Bundesbeauftragten oder die Sperrung von Finanzmitteln sein[43]. Dabei hat die Bundesregierung oder ein von dieser entsandter kommissarischer Bundesbeauftragter ein umfassendes Weisungsrecht gegenüber allen Ländern und deren Behörden (Art. 37 Abs. 2 GG). Unzulässig sind der Einsatz der Bundeswehr (vgl. Art. 87a Abs. 2 GG), die Auflösung eines Landes (vgl. Art. 29 GG) oder die dauerhafte Beseitigung der landesrechtlichen Strukturen wie z. B. durch Auflösung des Landesparlaments[44]. Der Grundsatz der Bundestreue verlangt eine verhältnismäßige Mittelauswahl durch den Bund[45]. Bisher ist es in der Bundesrepublik Deutschland noch nie zur Anwendung des Bundeszwangs gekommen. **267**

40 Vgl. *Stern,* Staatsrecht I, S. 701 f. m. w. N.
41 Vgl. *Stern,* Staatsrecht I, S. 715 ff.
42 Vgl. *Klein,* in: Maunz/Dürig, GG, Art. 37 Rn. 42.
43 Vgl. *Stern,* Staatsrecht I, a. a. O.
44 Vgl. *Stern,* Staatsrecht I, S. 717.
45 *Stern,* Staatsrecht I, S. 717.

4. Kooperativer Föderalismus

268 Unter den Begriff des kooperativen Föderalismus fallen vor allem Formen der Zusammenarbeit im Bundesstaat in Bereichen, in denen sie durch die Verfassung nicht ausdrücklich vorgesehen sind. Dies betrifft etwa die Ministerpräsidentenkonferenz, die ein einheitliches Auftreten der Länder, insbesondere gegenüber dem Bund, gewährleisten soll, sowie die Kultusministerkonferenz, in der in ständigen Arbeitsgruppen die Bildungssysteme der Länder koordiniert werden sollen. Durch diese Abstimmungen auf Ministerebene wird die Rolle der Exekutive innerhalb des Föderalismus nochmals gestärkt.

5. Die Verteilung der Kompetenzen zwischen Bund und Ländern

269 Der bundesstaatlichen Verfassung des Grundgesetzes liegt das System einer vollständigen Kompetenzverteilung zwischen Bund und Ländern zugrunde[46]. Neben Art. 30 GG, der als subsidiäre Norm die Zuständigkeit der Länder für den Fall statuiert, dass dem Bund die Kompetenz nicht ausdrücklich zugewiesen wurde, beschäftigen sich im Grundgesetz vor allem die Art. 70 ff., 83 ff. und 92 ff. GG mit der Kompetenzverteilung zwischen Bund und Ländern und unterscheiden zwischen den klassischen Staatsfunktionen Gesetzgebung, Verwaltung und Rechtsprechung. Besondere Regelungen finden sich zu den Gemeinschaftsaufgaben (Art. 91 a bis Art. 91 e GG) und im Bereich der Finanzverfassung (Art. 104 a ff. GG).

270 Die Aufteilung der Kompetenzen zwischen Bund und Ländern betrifft die „Verbandskompetenz“. Diese ist – auch in der Klausur – streng zu unterscheiden von der Frage nach der Organkompetenz, also welche Organe innerhalb eines Verbandes für eine bestimmte Maßnahme zuständig sind. Die Organkompetenz kann im Grundgesetz nur für die Bundesebene geregelt werden, auf Ebene der Länder fällt sie in die lediglich durch Art. 28 Abs. 1 GG beschränkte Verfassungsautonomie der Länder[47]. Eine besonders bedeutende Rolle in öffentlich-rechtlichen Klausuren kommt den Gesetzgebungskompetenzen zu. Diese sind grundsätzlich bei jeder Prüfung der Verfassungsmäßigkeit eines Gesetzes zumindest kurz anzusprechen: kompetenzwidrig erlassene Normen sind formell verfassungswidrig und damit nichtig.

271 a) **Gesetzgebungskompetenzen.** Regelungen zur Verbandskompetenz bei der Gesetzgebung finden sich in den Art. 70–74 GG, die eine umfassende und abschließende Verteilung der Gesetzgebungszuständigkeiten auf den Bund und die Länder gewährleisten. Nicht mit der Verbandskompetenz zu verwechseln ist die Beteiligung der Länder an der Bundesgesetzgebung im Rahmen des (Bundesorgans) Bundesrat (Art. 50 ff. GG).
→ *S. hierzu die Übersicht bei Rn. 1016.*

272 Art. 70 Abs. 1 GG wiederholt die grundsätzliche Verbandszuständigkeit der Länder (vgl. Art. 30 GG) für den Bereich der Gesetzgebungszuständigkeit. Der Bund ist also nur zur Gesetzgebung zuständig, wenn ihm das Grundgesetz

---

46 S. oben.
47 Hierzu oben Rn. 261.

ausdrücklich die Kompetenz hierfür zuweist. Bezüglich dieser Kompetenzzuweisungen ist, wie Art. 70 Abs. 2 GG klarstellt, zwischen ausdrücklicher (Art. 71, 73 GG) und konkurrierender (Art. 72, 74 GG) Gesetzgebung des Bundes zu unterscheiden[48]. Darüber hinaus sieht das Grundgesetz an zwei Stellen die Kompetenz des Bundes zur Grundsatzgesetzgebung vor (Art. 109 Abs. 5 GG, 140 GG i. V. m. Art. 138 Abs. 1 Satz 2 WRV). Neben diesen geschriebenen Gesetzgebungskompetenzen stehen spezielle Kategorien, in denen – abweichend von Art. 30, 70 Abs. 1 GG – eine ungeschriebene Bundeskompetenz anerkannt ist.

aa) Ausschließliche Gesetzgebungskompetenz. Die *ausschließliche* Gesetzgebungskompetenz des Bundes bedeutet, dass der *Bund allein zuständig* ist, d. h. eine gesetzgeberische Tätigkeit der Länder im Bereich der ausschließlichen Gesetzgebung grundsätzlich unzulässig ist. Nur im Falle einer ausdrücklichen Ermächtigung sind die Länder zur Gesetzgebung berechtigt (vgl. Art. 71 GG a. E.). Eine solche Ermächtigung der Länder durch den Bund ist bisher praktisch jedoch kaum relevant geworden; historische Beispiele sind die Eingliederung des Saarlandes in das Bundesgebiet sowie zwei Gesetze über die Insel Helgoland[49]. **273**

Die Sachmaterien, in denen der Bund ausschließlich zur Gesetzgebung befugt ist, sind im Grundgesetz abschließend aufgelistet. Dabei ist einerseits auf den Katalog des Art. 73 GG abzustellen, zum anderen auf spezielle Normen des Grundgesetzes, in denen eine Regelung „durch Bundesgesetz" vorgesehen ist. **274**
Dies sind insbesondere

- Art. 4 Abs. 3 Satz 2 GG – Wehrdienst, Zivildienst;
- Art. 21 Abs. 3 GG – Parteien;
- Art. 26 Abs. 2 Satz 2 GG – Kriegswaffen;
- Art. 29 Abs. 2 Satz 1 GG – Maßnahmen zur Neugliederung des Bundesgebietes;
- Art. 38 Abs. 3 GG – Wahl zum deutschen Bundestag;
- Art. 45 b Satz 2 GG – Wehrbeauftragter;
- Art. 94 Abs. 2 Satz 1 GG – Bundesverfassungsgericht;
- Art. 95 Abs. 3, 96 GG – Bundesgerichte;
- Art. 108 Abs. 6 GG – Finanzgerichtsbarkeit.

Zu den Gegenständen der ausschließlichen Gesetzgebung im Katalog des Art. 73 GG gehören klassische Kompetenzen des Zentralstaates wie die auswärtigen Angelegenheiten und die militärische Verteidigung des Bundesgebietes (Art. 73 Abs. 1 Nr. 1 GG), die Staatsangehörigkeit im Bund (Art. 73 Abs. 2 GG) sowie das Pass- und Meldewesen (Art. 73 Abs. 3 GG), bei denen eine Rechtseinheit dem Bundesstaat wesensimmanent ist. Zu den einzelnen Kompetenztiteln der ausschließlichen Gesetzgebungskompetenz ist in Klausuren kein Spezialwissen zu **275**

48 Im Rahmen der Föderalismusreform I abgeschafft wurde die Kompetenz zur Rahmengesetzgebung (Art. 75 GG a. F.). Gestützt auf diese konnte der Bundesgesetzgeber Rahmenvorschriften erlassen, die „ausfüllungsfähig und ausfüllungsbedürftig" sein (BVerfGE 4, 115 [129]; 111, 226 [248]) und vom Landesgesetzgeber konkretisiert umgesetzt werden mussten. Dieses zweistufige Verfahren, das sich im Fall der Umsetzung einer europäischen Richtlinie sogar zu einem dreistufigen ausweiten konnte, wurde als zu schwerfällig empfunden und daher zugunsten konkurrierender Gesetzgebungszuständigkeiten mit teilweiser Abweichungsmöglichkeit der Länder (Art. 72 Abs. 3 GG) aufgegeben.

49 Vgl. *Rengeling*, HStR VI, § 135 Rn. 65 f.

erwarten, allerdings sollten, wenn die Verbandszuständigkeit problematisch sein sollte, die einzelnen Titel sorgfältig gelesen werden[50].

276 **bb) Konkurrierende Gesetzgebung.** Anders als bei der ausschließlichen Gesetzgebung sind die Länder bei der konkurrierenden Gesetzgebung nicht grundsätzlich von der Gesetzgebung ausgeschlossen. Sie sind vielmehr zur Gesetzgebung befugt, „solange und soweit der Bund von seiner Gesetzgebungszuständigkeit" keinen Gebrauch gemacht hat (Art. 72 Abs. 1 GG). Darüber hinaus knüpft Art. 72 Abs. 2 GG die Bundeskompetenz in einzelnen Fällen an *besondere Voraussetzungen* und räumt Art. 72 Abs. 3 GG den Ländern für bestimmte Sachmaterien eine Kompetenz zur Abweichungsgesetzgebung ein.

277 Wird der Bund im Bereich der konkurrierenden Gesetzgebung aktiv, ist ab dem Verkündungszeitpunkt des Bundesgesetzes („solange") entsprechend seinem gesetzlichen Regelungsinhalt und seiner sachlichen Reichweite („soweit") die Gesetzgebungskompetenz der Länder gesperrt (zeitliche und sachliche Sperrwirkung)[51]. Die Sperrwirkung kann nach dem Grundsatz der Bundestreue schon vor dem Zeitpunkt der Verkündung einsetzen, wenn der Bundesgesetzgeber durch die Einleitung des Gesetzgebungsverfahrens die Absicht offenbart, von seiner Gesetzgebungskompetenz Gebrauch zu machen[52].

278 Ein nach dem Inkrafttreten eines Bundesgesetzes auf einem Gebiet konkurrierender Gesetzgebung erlassenes Landesgesetz ist kompetenzwidrig und damit nichtig (Art. 72 Abs. 1 GG). Tritt das Bundesgesetz dagegen erst nach dem Landesgesetz in Kraft, kommt es zur Anwendung von Art. 31 GG: „Bundesrecht bricht Landesrecht". Da es sich hierbei um die Anordnung eines Geltungs-, nicht bloß eines Anwendungsvorrangs, handelt, lebt das Landesrecht auch nicht wieder auf, wenn die Bundesnorm außer Kraft tritt. In diesem Fall entfiele jedoch die Sperrwirkung der konkurrierenden Gesetzgebung, so dass der Landesgesetzgeber aufgrund seiner Kompetenz ein neues Gesetz erlassen könnte.
Die Reichweite der sachlichen Sperrwirkung einer bundesgesetzlichen Regelung hängt von der Intention des Bundesgesetzgebers ab. Soll ein Gesetzeswerk für einen Regelungsgegenstand eine abschließende Kodifikation bedeuten, bleibt kein Raum für eine partielle Gesetzgebungskompetenz der Länder in dieser Sachmaterie. Der Bundesgesetzgeber kann aber auch eine nur teilweise Regelung anstreben und Teile ausdrücklich oder zumindest stillschweigend für eine landesgesetzliche Regelung offen lassen[53].

279 **(1) Gegenstände konkurrierender Gesetzgebung.** Die Gebiete der konkurrierenden Gesetzgebung sind in Art. 74 GG enumerativ aufgelistet. Gegenstände der konkurrierenden Gesetzgebung sind insbesondere das Bürgerliche Recht, das Strafrecht, der Strafvollzug, die Gerichtsverfassung und das gerichtliche Verfahren (Art. 74 Abs. 1 Nr. 1 GG), das Recht der Wirtschaft einschließlich des Handelsrechts (Art. 74 Abs. 1 Nr. 11 GG), das Arbeitsrecht (Art. 74 Abs. 1

50 Eine detaillierte Darstellung findet sich bei *Uhle*, in: Maunz/Dürig (Stand 2010), GG, Art. 73 Rn. 37 ff.
51 Vgl. *Maurer*, Staatsrecht I, § 17 Rn. 30 f. m. w. N.
52 *Maunz*, in: Maunz/Dürig, GG, Art. 72 Rn. 9.
53 Vgl. *Maurer*, Staatsrecht I, § 17 Rn. 30 f.

Nr. 12 GG) sowie das Straßenverkehrsrecht (Art. 74 Abs. 1 Nr. 22 GG). Einen weiteren Tatbestand der konkurrierenden Gesetzgebung schafft Art. 105 Abs. 2 GG im Bereich des Steuerrechts.

Es sind somit die Gesetzesmaterien, die von besonderer praktischer Bedeutung sind und häufig landesgebietsübergreifende Sachverhalte regeln[54], der konkurrierenden Gesetzgebung unterstellt. Den Ländern verbleiben Gesetzgebungskompetenzen vor allem auf dem Bereich des Schulrechts, des Kommunalrechts, des allgemeinen Verwaltungsrechts und des Gefahrenabwehrrechts. Bezüglich letzterem können sich gelegentlich Abgrenzungsschwierigkeiten zur Bundeskompetenz für das Strafverfahren (Art. 74 Abs. 1 Nr. 1 GG) ergeben: es ist dann zwischen präventiven (Gefahrenabwehrrecht) und repressiven (Strafvollzug) Regelungen zu unterscheiden[55]. Grundsätzlich dürfte auch die Bestimmung konkurrierender Gesetzgebungszuständigkeiten anhand des Wortlauts des Art. 74 Abs. 1 GG kaum Schwierigkeiten bereiten.

(2) **Erforderlichkeitsklausel des Art. 72 Abs. 2 GG.** In bestimmten Bereichen ist **280**
die Gesetzgebungskompetenz des Bundes von zusätzlichen Voraussetzungen abhängig: Nach Art. 72 Abs. 2 GG hat der Bund das Gesetzgebungsrecht in den dort genannten Gebieten nur, „wenn und soweit die Herstellung gleichwertiger Lebensverhältnisse im Bundesgebiet oder die Wahrung der Rechts- oder Wirtschaftseinheit im gesamtstaatlichen Interesse eine bundesgesetzliche Regelung erforderlich macht“. Die in Art. 72 Abs. 2 GG durch Verweis auf einzelne Kompetenztitel des Art. 74 Abs. 1 GG genannten Sachbereiche sind:

- Aufenthalts- und Niederlassungsrecht der Ausländer (Art. 74 Abs. 1 Nr. 4 GG),
- öffentliche Fürsorge (Art. 74 Abs. 1 Nr. 7 GG),
- Recht der Wirtschaft (Art. 74 Abs. 1 Nr. 11 GG),
- Regelung der Ausbildungsbeihilfe und die Förderung der wissenschaftlichen Forschung (Art. 74 Abs. 1 Nr. 13 GG),
- Überführung von Grund und Boden, von Naturschätzen und Produktionsmitteln in Gemeineigentum oder in andere Formen der Gemeinwirtschaft (Art. 74 Abs. 1 Nr. 15 GG),
- wirtschaftliche Sicherung der Krankenhäuser und die Regelung der Krankenhauspflegesätze (Art. 74 Abs. 1 Nr. 19a GG),
- Recht der Lebensmittel, Pflanzen- und Tierschutz (Art. 74 Abs. 1 Nr. 20 GG),
- Straßenverkehr, Kraftfahrwesen, Bau und Unterhaltung von Landstraßen für den Fernverkehr (Art. 74 Abs. 1 Nr. 22 GG),
- Staatshaftung (Art. 74 Abs. 1 Nr. 25 GG),
- Medizinisch unterstützte Erzeugung menschlichen Lebens, Untersuchung und künstliche Veränderung von Erbinformationen sowie Regelungen zur Transplantation von Organen und Geweben (Art. 74 Abs. 1 Nr. 26 GG).

Das Vorliegen der Voraussetzungen des Art. 72 Abs. 2 GG, also die „Erforder- **281**
lichkeit“ eines Gesetzes zur „Herstellung gleichwertiger Lebensverhältnisse“ oder „zur Wahrung der Rechts- und Wirtschaftseinheit“ sind einer vollständigen

54 Insgesamt sind etwa 80 % der für die Erste Juristische Staatsprüfung relevanten Rechtsgebiete Gegenstand konkurrierender Bundesgesetzgebung.

55 Vgl. hierzu zuletzt BVerwGE 141, 239 und dazu *Waldhoff*, JuS 2013, 94ff.

gerichtlichen Kontrolle zugänglich[56]. Art. 93 Abs. 1 Nr. 2a GG, §§ 13 Nr. 6a, 76ff. BVerfGG sehen zur Überprüfung dieser Frage eine besondere Form der abstrakten Normenkontrolle vor dem BVerfG vor; sie spielt jedoch darüber hinaus in jedem Verfahren eine Rolle, in dem die Verfassungsmäßigkeit des jeweiligen Gesetzes zu beurteilen ist.

282 „*Erforderlich*" ist eine bundesgesetzliche Regelung, wenn einzelne landesgesetzliche Regelungen keine gleich geeignete Alternative zur Erreichung der Zielsetzungen des Art. 72 Abs. 2 GG darstellen. Ist das gesetzgeberische Ziel auch durch Selbstkoordination der Länder in angemessener Zeit zu erreichen, so ist eine bundesgesetzliche Regelung nicht erforderlich[57].

283 Zur *Herstellung gleichwertiger Lebensverhältnisse* ist eine bundesgesetzliche Regelung dann erforderlich, wenn sich die Lebensverhältnisse in den Ländern der Bundesrepublik in erheblicher, das bundesstaatliche Sozialgefüge beeinträchtigender Weise auseinander entwickelt haben oder sich eine derartige Entwicklung konkret abzeichnet[58]. Angestrebt werden im Rahmen von Art. 72 Abs. 2 GG lediglich gleichwertige, nicht einheitliche Lebensverhältnisse[59].
Die *Wahrung der Rechtseinheit* im gesamtstaatlichen Interesse erfordert eine bundesgesetzliche Regelung, wenn eine Gesetzesvielfalt auf Länderebene eine Rechtszersplitterung mit problematischen Folgen darstellt, die im Interesse sowohl des Bundes als auch der Länder nicht hingenommen werden kann[60]. Die Regelung ist dann von gesamtstaatlichem Interesse, wenn sie nicht nur im Interesse einzelner Länder steht. Ein gesetzgeberisches Tätigwerden zur *Wahrung der Wirtschaftseinheit* im gesamtstaatlichen Interesse ist geboten, wenn divergente Landesregelungen oder das Untätigbleiben der Länder erhebliche Nachteile für die Gesamtwirtschaft mit sich bringen[61] und durch die bundeseinheitliche Rechtsetzung die Funktionsfähigkeit des Wirtschaftsraums erhalten werden soll.

284 (3) **Abweichungsgesetzgebung nach Art. 72 Abs. 3 GG.** Eine Einschränkung der sachlichen Sperrwirkung bundesgesetzlicher Regelungen ergibt sich durch die im Rahmen der Föderalismusreform 2006 geschaffene Möglichkeit einer abweichenden Ländergesetzgebung im Rahmen des Art. 72 Abs. 3 GG. Danach können die Länder in den dort aufgelisteten Bereichen Regelungen treffen, die von einem erlassenen Bundesgesetz abweichen. Die Abweichungsgesetzgebung sollte den Ländern einen Ausgleich für die entfallene Ausführungskompetenz bei der Rahmengesetzgebung des Bundes[62] verschaffen, ist jedoch rechtspolitisch wegen der

---

56 BVerfGE 106, 62 (135ff.) – *Altenpflegegesetz*; *Pieroth*, in: Jarass/Pieroth, Art. 72 GG Rn. 15. Bis zur Verfassungsreform 1994 sah Art. 72 Abs. 2 GG a.F. nur eine sog. Bedürfnisklausel vor, wobei die Frage, ob das „Bedürfnis" für eine bundesrechtliche Regelung besteht, als politische Wertungsfrage im Ermessen des Bundesgesetzgebers stehen sollte. Die Verfassungsreform 1994 sollte demgegenüber rechtlich nachprüfbare Voraussetzungen für die Bundeskompetenz schaffen; vgl. *Degenhart*, in: Sachs, GG, Art. 72 Rn. 2ff.; *Pieroth*, in: Jarass/Pieroth, GG, Art. 72 Rn. 1 m.w.N.

57 *Pieroth*, in: Jarass/Pieroth, GG, Art. 72 Rn. 18.

58 BVerfGE 106, 62 (144) – *Altenpflegegesetz*.

59 Vgl. *Degenhart*, in: Sachs, GG, Art. 72 Rn. 15.

60 BVerfGE 106, 62 (145) – *Altenpflegegesetz*.

61 BVerfGE 106, 62 (147) – *Altenpflegegesetz*.

62 S. oben bei Rn. 272.

Gefahr von Rechtsunsicherheit nicht unumstritten[63]. Art. 72 Abs. 3 GG schafft erstmals eine echte Konkurrenz von Gesetzgebungszuständigkeiten, wobei bei mehreren existierenden Gesetzen das jeweils später erlassene vorgeht (*lex posterior derogat legi priori*, Art. 72 Abs. 3 Satz 3 GG).
Die Gebiete der abweichenden Gesetzgebungskompetenz der Länder sind in Art. 72 Abs. 3 Satz 1 GG aufgelistet:

1. das Jagdwesen ohne das Recht der Jagdscheine (vgl. Art. 74 Abs. 1 Nr. 28 GG);
2. die Naturschutz- und die Landschaftspflege ohne die allgemeinen Grundsätze des Naturschutzes, das Recht des Artenschutzes oder des Meeresnaturschutzes (vgl. Art. 74 Abs. 1 Nr. 29 GG);
3. die Bodenverteilung (vgl. Art. 74 Abs. 1 Nr. 30 GG);
4. die Raumordnung (vgl. Art. 74 Abs. 1 Nr. 31 GG);
5. den Wasserhaushalt ohne stoff- oder anlagenbezogene Regelungen (vgl. Art. 74 Abs. 1 Nr. 32 GG);
6. die Hochschulzulassung und die Hochschulabschlüsse (vgl. Art. 74 Abs. 1 Nr. 33 GG).

Um den Ländern ausreichend Zeit zur abweichenden Gesetzgebung einzuräumen, regelt Art. 72 Abs. 3 Satz 2 GG, dass Bundesgesetze auf den genannten Gebieten frühestens sechs Monate nach ihrer Verkündung in Kraft treten. Ein früheres Inkrafttreten bedürfte der Zustimmung des Bundesrates, so dass zumindest eine Mitwirkung der Länder auch an dieser Entscheidung gesichert ist. Einen weiteren Fall der Abweichungskompetenz regelt Art. 84 Abs. 1 Satz 2–7 GG.

cc) **Grundsatzgesetzgebung.** Die *Grundsatzgesetzgebung* ist im Grundgesetz nicht 285
ausdrücklich als Gesetzgebungskompetenz des Bundes genannt (Art. 70 Abs. 2 GG spricht nur von ausdrücklicher und konkurrierender Gesetzgebung), erscheint jedoch an zwei ganz unterschiedlichen Stellen: nach Art. 109 Abs. 4 GG können durch Bundesgesetz Grundsätze für das Haushaltsrecht aufgestellt werden, die für Bund und Länder gemeinsam gelten. Unzulässig wäre es hier, detaillierte und unmittelbar geltende Einzelregelungen zu erlassen. Von dieser Grundsatzgesetzgebungskompetenz hat der Bund mit dem Erlass des Haushaltsgrundsätzegesetzes Gebrauch gemacht. Hiervon zu unterscheiden ist die jeweilige Umsetzung der Grundsätze in haushaltsrechtliche Regelungen: diese geschieht auf Bundesebene ebenfalls durch Bundesgesetz (Bundeshaushaltsordnung), bezüglich der Länder dagegen jeweils durch Landesgesetze (Landeshaushaltsordnungen)[64]. Darüber hinaus findet sich eine Grundsatzgesetzgebungskompetenz des Bundes in Art. 140 GG i.V.m. 138 Abs. 1 Satz 2 WRV in Bezug auf die Ablösung von Staatsleistungen zugunsten der Religionsgemeinschaften, von der der Bund jedoch bislang keinen Gebrauch gemacht hat[65].

---

63 *Maurer*, Staatsrecht I, § 17 Rn. 38. Zu konkreten Problemen in der Praxis *Schmitz/Jornitz*, DVBl. 2013, 741 ff. am Beispiel des Bayerischen Landesplanungsgesetzes.

64 Vgl. *Maurer*, Staatsrecht I, § 17 Rn. 46 a ff.

65 *Jeand'Heur/Korioth*, Grundzüge des Staatskirchenrechts, 2000, Rn. 349. Gem. Art. 140 GG gelten die Art. 136–139 und 141 der Weimarer Reichsverfassung, die staatskirchenrechtliche Bestimmungen treffen, als Bestandteil des Grundgesetzes fort. In der Weimarer Reichsverfassung war die Reichskompetenz zur Grundsatzgesetzgebung ausdrücklich in Art. 10 WRV geregelt. Ausführlich zu Art. 140 GG ebd. Rn. 40 ff.

286 **dd) Ungeschriebene Gesetzgebungskompetenzen.** *Ungeschriebene Gesetzgebungskompetenzen* zugunsten des Bundes widersprechen dem Grundsatz der Art. 30, 70 Abs. 1 GG, wonach der Bund nur in den ausdrücklich im Grundgesetz geregelten Fällen zur Gesetzgebung berechtigt sein soll (sog. Enumerationsprinzip). Sie können daher nur in eng auszulegenden Ausnahmefällen zugestanden werden, in denen eine Regelung durch den Bund sachlogisch oder wegen des besonderen sachlichen oder organisatorischen Zusammenhangs zu einer vom Bund geregelten Materie zwingend ist. Als ungeschriebene Bundeskompetenzen sind daher anerkannt:

- die Kompetenz kraft Natur der Sache;
- die Kompetenz kraft Sachzusammenhangs;
- die Annexkompetenz.

287 Die *Kompetenz kraft Natur der Sache* betrifft Regelungsgegenstände, die der Bund deshalb regeln darf, weil sachlogisch nur er sie regeln kann[66]. Als Beispiel hierfür galt lange Zeit die Bestimmung der Bundeshauptstadt, die mittlerweile jedoch in Art. 22 Abs. 1 GG verfassungsrechtlich getroffen wurde.

Beispiele: Bestimmung des Sitzes der Bundesorgane und der nationalen Symbole wie Flagge (Art. 22 Abs. 2 GG regelt nur die Farben der Flagge, nicht deren Anordnung), Wappen und Nationalhymne.

288 Eine *Bundeskompetenz kraft Sachzusammenhangs* besteht, wenn eine dem Bund ausdrücklich zugewiesene Materie verständigerweise nicht geregelt werden kann, ohne dass zugleich eine ihm nicht ausdrücklich zugewiesene Materie mitgeregelt wird. Das Übergreifen in eine nicht ausdrücklich zugewiesene Materie muss also unerlässliche Voraussetzungen für die Regelung einer der Bundesgesetzgebung zugewiesenen Materie sein[67].

Beispiele:

- Die ausdrückliche Gesetzgebungskompetenz für das Parteienrecht gem. Art. 21 Abs. 3 GG berechtigt den Bund, auch die Rundfunkzeiten für die Parteiwerbung mitzuregeln[68].
- Die ausdrückliche Gesetzgebungskompetenz für das Handwerk gem. Art. 74 Abs. 1 Nr. 11 GG berechtigt zur Regelung der Altersvorsorge der Bezirksschornsteinfeger[69].

289 Die Kompetenz kraft Sachzusammenhang ist aber nicht immer schon dann gegeben, wenn eine einheitliche Regelung durch den Bund zweckmäßig und praktisch erscheint[70]. Durch die Anerkennung einer Kompetenz kraft Sachzusammenhangs wird zwangsläufig in Kompetenzen der Länder eingegriffen. Sie ist daher nur zuzulassen, soweit ein Verzicht auf die Regelung einer sachlich zusammenhängenden Materie die von der geschriebenen Bundeskompetenz gedeckte Regelung unvollständig werden ließe. Durch die Anerkennung der Gesetzgebungskompetenz kraft Sachzusammenhangs darf es nicht zu einer substanziellen Verschiebung der grundgesetzlichen Kompetenzverteilung kommen[71].

66 *Degenhart*, Staatsrecht I, Rn. 175
67 BVerfGE 3, 407 (421) – *Baugesetzbuch*; 98, 265 (299) – *Schwangerschaftsberatung*.
68 BVerfGE 12, 205 (237) – *1. Fernsehurteil*.
69 BVerfGE 1, 264 (272) – *Schornsteinfegerbezirk*.
70 BVerfGE 3, 407 (421) – *Baugesetzbuch*; 15, 1 (20) – *Bundeswasserstraße*; 26, 246 (256) – *Berufsbezeichnung Ingenieur*; 26, 281 (300) – *Gebührenpflicht von Bahn und Post*.
71 *Degenhart*, Staatsrecht I, Rn. 176.

Auch bei der sog. *Annexkompetenz* geht es um einen notwendigen Zusammenhang mit einer vom Bund zu regelnden Sachmaterie. Anknüpfungspunkt ist hier jedoch nicht der Inhalt der Regelung, es geht vielmehr um die Regelung ergänzende Bestimmungen zur Vorbereitung und Durchführung von Handlungen in einem Bereich, der dem Bundesgesetzgeber ausdrücklich zugewiesen ist (sog. Annexregelungen)[72]. In der Praxis liegen die Kompetenz kraft Sachzusammenhangs und die Annexkompetenz freilich eng beieinander, da im Ergebnis stets in eine eigentlich den Ländern zugewiesene Materie übergegriffen wird. Allgemein lässt sich zur Abgrenzung auf die Formel zurückgreifen, wonach die Annexkompetenz in die Tiefe, während die Kompetenz kraft Sachzusammenhangs in die Breite geht[73]. 290

Beispiele:

- Die Regelungskompetenz des Bundes für eine Sachmaterie umfasst auch die Annexkompetenz für verwaltungsverfahrensrechtliche Regelungen wie Gebühren[74].
- Die Kompetenz zur Regelung des Straßenverkehrs gem. Art. 74 Abs. 1 Nr. 22 GG umfasst als Annex auch die Regelung über den Straßenverkehr behindernde Werbeanlagen[75].
- Die Kompetenz zur Regelung des Eisenbahnverkehrs gem. Art. 73 Nr. 6a GG umfasst auch die Annexkompetenz für die Errichtung einer Bahnpolizei[76].
- Die Gesetzgebungskompetenz für den Luftverkehr gem. Art. 73 Nr. 6 GG schließt die Befugnis ein, Regelungen zur Abwehr von Gefahren zu treffen, die gerade aus dem Luftverkehr resultieren[77].

ee) **Fortgeltung kompetenzgemäß erlassenen Rechts nach der Föderalismusreform.** Die Föderalismusreformen der Jahre 2006 und 2009 hat zu Verschiebungen im Kompetenzgefüge zwischen Bund und Ländern geführt. Mit der Fortgeltung von Normen, die vom nunmehr unzuständigen Verband vor der Föderalismusreform kompetenzgemäß erlassen wurden, beschäftigen sich die Art. 125a u. b GG. Von besonderer Bedeutung ist dabei Art. 125a GG, der den Änderungen der Art. 74 Abs. 1 GG (Art. 125a Abs. 1), 72 Abs. 2 GG (Art. 125a Abs. 2 GG), und 73 GG (Art. 125a Abs. 3 GG) Rechnung trägt. Kompetenzgemäß erlassenes Bundesrecht gilt danach als Bundesrecht fort, kann jedoch durch Landesrecht ersetzt werden. Gleiches gilt umgekehrt für vormals kompetenzgemäß erlassenes Landesrecht. 291

Im Grundgesetz nicht eindeutig geregelt ist die Frage, welche Änderungsbefugnisse dem erlassenden Hoheitsträger verbleiben, solange der jetzt zuständige Verband von seiner Ersetzungskompetenz keinen Gebrauch macht. Einer vollständigen Neufassung des Gesetzes stünde insofern die jetzige Kompetenzverteilung entgegen[78]. Allerdings sind – in engen Grenzen – einzelne Änderungen[79] bis hin zur Verlängerung der Gültigkeit befristet erlassener Gesetze zuzulassen[80]. 292

72 *Degenhart*, Staatsrecht I, Rn. 177 m. w. N.
73 *Degenhart*, Staatsrecht I, Rn. 177; *Pieroth*, in: Jarass/Pieroth, GG, Art. 70 Rn. 9 ff.
74 BVerfGE 11, 192 (199) – *Freiwillige Gerichtsbarkeit.*
75 BVerfGE 40, 371 (380) – *Werbeverbot.*
76 BVerfGE 97, 198 (221 f.) – *Bahnpolizei.*
77 BVerfG, NVwZ 2012, 1239 ff. (1240) – *Einsatz der Bundeswehr im Inland.*
78 Zu Art. 125a Abs. 2 GG a. F. BVerfGE 111, 10 (28) – *Ladenschlussgesetz*; 111, 226 (268) – *Juniorprofessur.*
79 *Stettner*, in: Dreier, GG, Art. 125a Rn. 10.
80 BVerwGE 139, 42 (54).

293 b) **Verwaltungskompetenzen.** Allgemein lässt sich Verwaltungstätigkeit in zwei Kategorien einteilen:

- die gesetzesfreie Verwaltung (= nicht gesetzesakzessorische Verwaltung);
- die gesetzesvollziehende Verwaltung (= gesetzesakzessorische Verwaltung).

294 Dabei umfasst die *gesetzesfreie* Verwaltung Tätigkeiten des Staates, die nicht aus der Ausführung eines bestimmten Gesetzes bestehen, sondern ganz allgemeine Verwaltungstätigkeiten sind, wie etwa Materialbeschaffung und Personalorganisation. Gesetzesfrei bedeutet dabei nicht, dass das Verwaltungshandeln nicht an Gesetze gebunden wäre, sondern nur, dass nicht der Inhalt eines besonderen Gesetzes ausgeführt wird. Gesetzliche Regelungen der Verwaltungsorganisation, Verfahrensvorschriften sowie insbesondere die verfassungsrechtlichen Bestimmungen sind auch auf dem Gebiet der gesetzesfreien Verwaltung stets zu beachten.

295 *Gesetzesvollzug* bedeutet demgegenüber die Umsetzung der abstrakt-generellen Regelungen des Gesetzgebers in konkrete Maßnahmen gegenüber einzelnen Gesetzesadressaten. Häufig geschieht dies durch konkret-individuelle Regelungen gegenüber dem Bürger, sog. Verwaltungsakte (vgl. § 35 Satz 1 VwVfG). Hier wird nicht allgemeine Verwaltungsorganisation vorgenommen, vielmehr werden vom Parlament beschlossene Gesetze durch die Verwaltung in Einzelfallmaßnahmen umgesetzt.

296 Die gesetzesvollziehende Verwaltung lässt sich in vier Typen unterteilen:

- Vollzug von Landesgesetzen durch Landesbehörden (sog. landeseigene Verwaltung);
- Ausführung der Bundesgesetze als eigene Angelegenheit der Länder, jedoch unter Bundesausicht (Bundesaufsichtsverwaltung, Art. 83, 84 GG);
- Vollzug von Bundesgesetzen durch Landesbehörden im Auftrag des Bundes (Bundesauftragsverwaltung, Art. 85 GG);
- Vollzug von Bundesgesetzen durch bundeseigene Behörden (sog. bundeseigene Verwaltung, Art. 86 GG).

297 Der Vollzug von Landesgesetzen ist im Grundgesetz nicht ausdrücklich geregelt, so dass sich aus Art. 30 GG die Länderzuständigkeit ergibt[81]. Landesgesetze werden daher durch die Landesbehörden vollzogen (landeseigene Verwaltung). Für den Vollzug von Bundesgesetzen regelt Art. 83 GG wiederum in Wiederholung des Grundsatzes von Art. 30 GG, dass die Länder die Bundesgesetze als eigene Angelegenheit ausführen, soweit das Grundgesetz nichts anderes bestimmt. Bundeseigene Verwaltung und Bundesauftragsverwaltung sind danach nur zulässig, wenn sie im Grundgesetz ausdrücklich angeordnet werden.

298 aa) **Bundesaufsichtsverwaltung.** Der Vollzug von Bundesgesetzen *durch die Länder als eigene Angelegenheit* ist gem. Art. 83 GG der verfassungsrechtliche Regelfall. Die Länder vollziehen die Bundesgesetze kraft ihrer originären Staatlichkeit wie eigene Landesgesetze. Nach außen, insbesondere gegenüber dem Bürger, treten Landesbehörden auf, deren Handeln dem Land als Verwaltungsträger zugerechnet wird. Den Ländern kommt also die Sach- und Wahrnehmungs-

81 Zur Bedeutung für die Fallprüfung *Frenzel*, JuS 2012, 1082 ff. (1082 f.).

kompetenz zu. Grenzen der Ausübung können sich ggf. aus dem Grundsatz des bundesfreundlichen Verhaltens ergeben[82].

Der Vollzug des Bundesrechtes durch die Länder richtet sich nach deren eigenem, vom Landesgesetzgeber erlassenen Verfahrensrecht, einschließlich eigenen Verwaltungsvorschriften. Auch die zuständigen Behörden richten die Länder kraft ihrer Organisationshoheit selbstständig ein (vgl. Art. 84 Abs. 1 GG). Die Länder sind dabei kein organisatorischer Teil der Bundesverwaltung, es gibt kein verwaltungsinternes Weisungsrecht durch übergeordnete Bundesbehörden oder eine Fachaufsicht. Der Bund ist lediglich im Rahmen einer beschränkten Rechtsaufsicht berechtigt, den gesetzmäßigen Vollzug zu überwachen (vgl. Art. 84 Abs. 3 Satz 1 GG). Zur Durchsetzung der Rechtsaufsicht kann die Bundesregierung Beauftragte entsenden oder zur Feststellung einer Rechtsverletzung den Bundesrat sowie ggf. gegen dessen Beschluss das BVerfG anrufen (vgl. Art. 84 Abs. 3 Satz 2, Abs. 4 GG). 299

Art. 84 Abs. 1 Satz 2 GG regelt den Fall, dass der Bund trotz der grundsätzlichen Organisationshoheit der Länder die Behördeneinrichtung oder das Verwaltungsverfahren in einem Bundesgesetz selbst ausgestaltet. In diesem Fall steht den Ländern eine Abweichungskompetenz zu. Eine Regelung des Bundes, durch die die Abweichungsmöglichkeit der Länder ausgeschlossen werden soll, ist nur bei einem besonderen Bedürfnis nach bundeseinheitlicher Regelung und nur mit Zustimmung des Bundesrates zulässig (Art. 84 Abs. 1 Satz 5 u. 6 GG). 300

bb) Bundesauftragsverwaltung. *Auftragsverwaltung durch die Länder* bedeutet zunächst auch, dass die Länder die Bundesgesetze kraft ihrer originären Staatlichkeit vollziehen. Sie sind allein für den Behördenaufbau zuständig und die Ausführung erfolgt nach den landeseigenen Verfahrensvorschriften (vgl. Art. 85 Abs. 1 GG)[83]. Auch bei der Ausführung von Bundesgesetzen im Auftrag des Bundes handeln im Außenverhältnis die Länder. Gem. Art. 85 Abs. 1 Satz 1, Abs. 2 GG kann der Bund (Bundesgesetzgeber oder Bundesregierung) mit Zustimmung des Bundesrates die Behördeneinrichtung regeln sowie Verwaltungsvorschriften erlassen. Eine Abweichungsmöglichkeit besteht auch ohne besondere Begründung des Bedürfnisses für eine bundeseinheitliche Regelung nicht. Obwohl dies in Art. 85 GG nicht ausdrücklich genannt ist, kann der Bundesgesetzgeber auch Verfahrensvorschriften für die Auftragsverwaltung festlegen. Die fehlende diesbezügliche Ermächtigung ist anzunehmen; es entspricht nicht der Absicht des Verfassunggebers, die Einflussmöglichkeiten des Bundes bei der Auftragsverwaltung schwächer auszugestalten als i. R. d. landeseigenen Vollzugs gem. Art. 83, 84 GG[84]. 301

Im Unterschied zur Eigenverwaltung hat der Bund im Rahmen der Auftragsverwaltung weitergehende Einflussmöglichkeiten. Der bedeutendste Unterschied ist die neben der Rechtsaufsicht bestehende Fachaufsicht des Bundes, die mit einem Weisungsrecht gegenüber den obersten Landesbehörden sowie Informations- und Einsichtsrechten verbunden ist (vgl. Art. 85 Abs. 3, 4 GG). Die Fach- 302

82 *Frenzel*, JuS 2012, 1082 ff. (1083 f.).
83 Gesetzliches Verfahrensrecht und Verwaltungsvorschriften.
84 Vgl. BVerfGE 26, 338 (385) – *Eisenbahnkreuzungsgesetz*.

aufsicht berechtigt den Bund, nicht nur die Rechtmäßigkeit, sondern auch die Zweckmäßigkeit von landesbehördlichen Sachentscheidungen zu überwachen und ggf. durch abweichende Weisungen zu steuern.

303 Das Weisungsrecht berechtigt den Bund zwar nicht zum Selbsteintritt, da die Wahrnehmungskompetenz beim jeweiligen Land verbleibt. Der Bund kann jedoch jederzeit durch die Erteilung einer Weisung die Sachkompetenz an sich ziehen, also inhaltlich das Handeln des Landes vorschreiben. Dies gilt, da die (politische – passivlegitimiert bleibt aufgrund seiner bestehenden Wahrnehmungskompetenz das Land) Verantwortung beim Bund liegt, auch, wenn das Land die Weisung für rechtswidrig hält. Eine Ausnahme „ergibt sich aber in dem äußersten Fall, dass eine zuständige oberste Bundesbehörde unter grober Missachtung der ihr obliegenden Obhutspflichten zu einem Tun oder Unterlassen anweist, welches im Hinblick auf die damit einhergehende allgemeine Gefährdung oder Verletzung bedeutender Rechtsgüter schlechterdings nicht verantwortet werden kann. Diese Grenze folgt daraus, dass bei der Ausführung der Bundesgesetze Bund und Länder – unbeschadet bestehender Kompetenzverteilungen – eine gemeinsame Verantwortung für den Bestand des Staates und seiner Verfassungsordnung sowie für die Abwehr kollektiver Existenzgefährdungen tragen.“[85]

304 Nach dem Gebot der Weisungsklarheit muss die angewiesene Behörde den objektiven Sinn der Weisung erkennen können. Das Gebot des bundesfreundlichen Verhaltens verlangt ferner, dass der Bund – außer im Fall von Eilbedürftigkeit – die Absicht einer Weisung gegenüber dem Land äußert und diesem Gelegenheit zur Stellungnahme eröffnet.

305 Das Weisungsrecht beschränkt sich auf die die Sachkompetenz betreffenden inhaltlichen Fragen, lediglich der Wahrnehmungskompetenz zuzuordnende organisatorische Fragen (etwa Personalentscheidungen) können nicht zum Gegenstand einer Weisung gemacht werden. Bezüglich dieser organisatorischen Fragen finden sich jedoch Sonderregelungen in Art. 85 Abs. 2 Satz 2, 3 GG: Danach kann der Bund bereichsspezifisch die Ausbildungsregelungen für Landesbedienstete treffen und die Einstellung von Leitern der Mittelbehörden (Landesbeamte!) durch Versagung seines Einvernehmens verhindern. Letzteres gilt allerdings nur, soweit spezielle Mittelbehörden für die Bundesauftragsverwaltung eingerichtet sind (z. B. die Bundesfernstraßenverwaltung), also insbesondere nicht für Regierungspräsidenten, die auch andere Verwaltungsaufgaben im eigenen Landesvollzug wahrnehmen[86].

306 Die Auftragsverwaltung muss im Grundgesetz ausdrücklich angeordnet werden. Unterschieden wird zwischen fakultativer und obligatorischer Auftragsverwaltung. Obligatorisch bedeutet, dass die Auftragsverwaltung für einen Sachbereich vom Grundgesetz zwingend vorgeschrieben wird, während bei der fakultativen Auftragsverwaltung die Entscheidung zwischen landeseigener Verwaltung und Bundesauftragsverwaltung dem Bundesgesetzgeber überlassen wird[87]. Angeordnet wird Auftragsverwaltung z. B. für die Kernenergie gem. Art. 87c GG (fakulta-

85 BVerfGE 81, 319 (333) – *Kalkar.*
86 Vgl. *Dittmann*, in: Sachs, GG, Art. 85 Rn. 17.
87 *Maurer,* Staatsrecht I, § 18 Rn. 17.

tiv), für die Bundesfernstraßen gem. Art. 90 Abs. 2 GG (obligatorisch), für den überwiegenden Teil der Finanzverwaltung gem. Art. 108 Abs. 3 GG (obligatorisch) und die Ausführung von Geldleistungsgesetzen, bei denen die Ausgaben mindestens zur Hälfte vom Bund getragen werden gem. Art. 104a Abs. 3 GG (obligatorisch).

cc) **Bundeseigene Verwaltung.** *Bundeseigene Verwaltung* bedeutet den Vollzug von Bundesgesetzen durch Bundesbehörden oder selbständige Bundeseinrichtungen kraft bundesgesetzlichen Verfahrensrechts. Die Länder bleiben vollständig außen vor. Zu unterscheiden ist hinsichtlich der Ausübung der bundeseigenen Verwaltung zwischen bundesunmittelbarer und bundesmittelbarer Verwaltung, hinsichtlich ihrer Anordnung wie bei der Auftragsverwaltung zwischen fakultativer und obligatorischer Bundesverwaltung[88]. **307**

308 Zur *bundesunmittelbaren Verwaltung* gehören alle rechtlich unselbständigen Bundesbehörden, die in die allgemeine Verwaltungshierarchie eingebunden sind und den Anordnungen und Weisungen der Bundesregierung oder den einzelnen Bundesministern als Verwaltungsspitze unterstehen. Bundesmittelbar sind die Verwaltungsträger, die als juristische Personen des öffentlichen Rechts rechtlich selbständig sind. Gegenüber mittelbaren Verwaltungsträgern besteht kein verwaltungsinternes Weisungsrecht, sondern grundsätzlich nur die allgemeine Rechtsaufsicht.

309 Die Gegenstände der Bundeseigenverwaltung werden hauptsächlich in den Art. 87–89 GG aufgeführt. Zu unterscheiden ist dabei zwischen obligatorischer und fakultativer Bundesverwaltung.

(1) **Obligatorische Bundesverwaltung.** Obligatorische Bundesverwaltung bedeutet, dass das Grundgesetz dem *Bund zwingend die Verwaltung zuweist.* Dazu zählen insbesondere:

- der Auswärtige Dienst gem. Art. 87 Abs. 1 Satz 1 GG;
- die Bundesfinanzverwaltung gem. Art. 87 Abs. 1 Satz 1 GG;
- die Bundeswehrverwaltung gem. Art. 87b Abs. 1 Satz 1 GG;
- die Luftverkehrsverwaltung gem. Art. 87d Abs. 1 Satz 1 GG;
- die Bundesbank gem. Art. 88 Abs. 1 Satz 1 GG;
- die Bundeswasserstraßenverwaltung gem. Art. 89 Abs. 2 Satz 1 GG.

310 Die in Art. 87 GG beschriebenen Aufgaben müssen vom Bund auch tatsächlich wahrgenommen und demzufolge eine entsprechende Verwaltung organisiert werden. Allerdings braucht die Kompetenz zum Aufbau einer eigenen Verwaltungsstruktur nicht vollständig ausgeschöpft zu werden. Eine Privatisierung von Verwaltungsaufgaben ist aber nur in begrenzten Teilbereichen zulässig.

311 (2) **Fakultative Bundesverwaltung.** Fakultative Bundesverwaltung bedeutet, dass der *Bund die Möglichkeit besitzt*, durch Erlass eines entsprechenden Bundesgesetzes die *Verwaltungskompetenz anstelle der Länder an sich zu ziehen.* Dies betrifft Sachgebiete, in denen die Verfassung eine zentrale Wahrnehmung durch

88 Vgl. *Oebbecke*, HStR VI, § 136 Rn. 109ff.

den Bund als zweckmäßig aber nicht unabdingbar ansieht, z. B. der Bundesgrenzschutz oder das Bundeskriminalamt in Art. 87 Abs. 1 Satz 2 GG.

312 Neben der Aufzählung einzelner Bereiche in Art. 87 Abs. 1 Satz 2 GG besteht in Art. 87 Abs. 3 GG eine Klausel für zusätzliche Verwaltungskompetenzen des Bundes durch *Schaffung neuer bundesunmittelbarer* und *bundesmittelbarer Verwaltungseinrichtungen*. Notwendig ist auch hier ein Bundesgesetz. Voraussetzung für die Schaffung einer Verwaltungseinrichtung ist dann aber, dass dem Bund in diesem Bereich die Gesetzgebungskompetenz zusteht. Davon umfasst sind die Gegenstände der ausschließlichen und konkurrierenden Gesetzgebungskompetenz. Bei letzterer ist erforderlich, dass der Bund spätestens mit der Schaffung neuer Verwaltungskompetenzen auch die entsprechende konkurrierende Gesetzgebungskompetenz durch Erlass eines Gesetzes wahrnimmt. Problematisch ist daran, dass die zusätzliche Schaffung von Bundesverwaltungskompetenzen zu Lasten der Länder kein besonderes gesamtstaatliches Bedürfnis als einschränkendes Tatbestandsmerkmal erfordert[89]. Der Bund kann somit, soweit ihm die Gesetzgebungskompetenz für eine Sachmaterie zusteht, ohne Zustimmung des Bundesrats den Ländern die Verwaltungskompetenzen entziehen.

313 **dd) Gesetzesfreie Verwaltung.** Für die Erfüllung von Verwaltungsaufgaben, die nicht unmittelbar den Vollzug von Gesetzen betreffen (gesetzesfreie Verwaltung[90]), gelten die speziellen Kompetenzzuweisungen der Art. 83–85 GG, die sich nach der Überschrift von Abschnitt VIII auf die „Ausführung der Bundesgesetze“ beziehen, nicht. Grundsätzlich gilt daher die allgemeine Zuständigkeit der Länder für die Erfüllung staatlicher Aufgaben gem. Art. 30 GG. Davon abweichende Kompetenzen des Bundes ergeben sich aber implizit aus den Kompetenzzuweisungen der bundeseigenen Verwaltung, den Organkompetenzen der Bundesorgane, wie z. B. dem Informationsrecht der Bundesregierung, oder anderen Verfassungsvorschriften, aus denen die Zuweisung von Verwaltungskompetenzen an den Bund erkennbar wird, wie z. B. der Zuständigkeit für Behördeneinrichtungen. Keine abweichende Kompetenzzuweisung zugunsten des Bundes sind die Gesetzgebungskompetenzen selbst, da sie nicht die Staatsfunktion Verwaltung regeln. Verwaltungskompetenzen können aber als Annexkompetenz zu einer Gesetzgebungskompetenz bestehen[91].

314 **ee) Gemeinschaftsaufgaben und Mischverwaltung.** Das Grundgesetz sieht vor allem in den Art. 91 a, b GG ein Zusammenwirken von Bund und Ländern bei der Erfüllung der Aufgaben der Länder in bestimmten Sachbereichen vor. Gem. Art. 91 a GG kann der Bund bei der Verbesserung der regionalen Wirtschaftsstruktur (Nr. 1) sowie der Agrarstruktur und des Küstenschutzes (Nr. 2) mitwirken, wenn diese Aufgaben für die Gesamtheit bedeutsam sind und die Mitwirkung des Bundes zur Verbesserung der Lebensverhältnisse erforderlich ist. Die Bestimmung hierüber ist durch Bundesgesetz mit Zustimmung des Bundesrates zu treffen (Art. 91 a Abs. 2 GG), die Kostenverteilung zwischen Bund und Ländern bestimmt sich nach Art. 91 a Abs. 3 GG. Art. 91 b GG ermöglicht ein

89 Vgl. *Ibler*, in: Maunz/Dürig, GG, Art. 87 Rn. 242 ff.
90 S. oben Rn. 188.
91 Dazu oben Rn. 290.

Zusammenwirken im Hochschulbereich auf Basis von Vereinbarungen zwischen Bund und Ländern, welche auch die Kostentragung regeln[92].

Die dargestellte Aufteilung der staatlichen Kompetenzen zwischen Bund und Ländern durch das Grundgesetz ist abschließend und steht nicht zur Disposition der Verwaltungsträger[93]. Sie verlangt nach einer organisatorischen und rechtlichen „Trennung der Verwaltungsräume von Bund und Ländern“[94], die klare Verantwortlichkeiten gewährleisten soll und nicht durch eine Verflechtung der Verwaltung von Bund und Ländern unterlaufen werden darf. Außerhalb der vor allem gem. Art. 91 a, b GG geregelten Gemeinschaftsaufgaben und weiteren im Grundgesetz geregelten Verflechtungen wie etwa im Rahmen der Finanzverwaltung (Art. 108 Abs. 4 Satz 1 GG) gilt daher das *Verbot der Mischverwaltung*[95]. 315

c) **Rechtsprechungskompetenzen.** Das Grundgesetz definiert den Begriff der Rechtsprechung, den es in den Art. 92 ff. GG. voraussetzt, nicht. Materiell[96] ist Rechtsprechung die in einem besonderen Verfahren zu treffende verbindliche Entscheidung über einen Rechtsstreit mittels Anwendung von Recht und Gesetz durch den Richter als unbeteiligtes staatliches Organ[97]. 316

Art. 92–104 GG regeln die Rechtsprechung als Staatsfunktion. Dabei begründet Art. 92 1. Halbsatz GG die Organkompetenz der Richter. Die Richter können jedoch staatliche Organe des Bundes oder der Länder sein: bezüglich der Verbandskompetenz regelt Art. 92 2. Halbsatz GG wiederum in Wiederholung der allgemeinen Regel des Art. 30 GG, dass die Rechtsprechung grundsätzlich bei den Gerichten der Länder liegt, soweit sie nicht durch das BVerfG und die im Grundgesetz vorgesehenen Bundesgerichte ausgeübt wird. 317

Durch sämtliche Gerichte unterhalb der Bundesgerichte üben die Länder ihre originäre Staatsgewalt aus, unabhängig von dem Recht, das in den jeweiligen Verfahren zur Anwendung kommt. Die Richter unterliegen der Personalhoheit der Länder, die Gerichte sind Landesbehörden. Allerdings hat der Bund die konkurrierende Gesetzgebungskompetenz für Gerichtsverfassung und Gerichtsverfahren gem. Art. 74 Abs. 1 Nr. 1 GG ausgeübt, so dass den Ländern wenig eigene Spielräume zur Ausgestaltung der Justiz verbleiben. Im Bereich der Finanzgerichtsbarkeit verfügt der Bund sogar über die ausschließliche Gesetzgebung gem. Art. 108 Abs. 6 GG. Zu beachten sind ferner die zwingenden Vorgaben für die Rechtsprechung, die sich aus dem Rechtsstaatsprinzip ergeben[98]. 318

Das Grundgesetz sieht in Art. 95 die Errichtung von Bundesgerichten für verschiedene Rechtsgebiete vor, die an der Spitze des gerichtlichen Instanzenzugs für die Überprüfung der Entscheidungen der Gerichte der Länder und die Wahrung 319

92 Zum Ganzen vgl. *Isensee*, HStR VI, § 126 Rn. 188 ff.
93 BVerfGE 32, 145 (156) – *Beförderungssteuer.*
94 BVerfGE 119, 331 (365) – *Hartz IV-Arbeitsgemeinschaft.*
95 Zum Ganzen vgl. *Blümel*, HStR VII, § 101 Rn. 120 ff.
96 Ein formeller Rechtsprechungsbegriff („Rechtsprechung ist richterliche Tätigkeit“) führt lediglich zu einem Zirkelschluss, vgl. *Maurer*, Staatsrecht I, § 19 Rn. 3.
97 Vgl. *Stern*, Staatsrecht II, S. 898; *Maurer*, Staatsrecht I, § 19 Rn. 3 ff.
98 Hierzu s. oben Rn. 195.

der Rechtseinheit zuständig sind (Revisionsinstanz). Der Errichtung weiterer, fakultativer Bundesgerichte ist in Art. 96 GG vorgesehen.

320 Eine besondere Funktion innerhalb der Rechtsprechung kommt dem BVerfG zu. Im Gegensatz zu den Bundesgerichten ist es ein Verfassungsorgan mit besonderen verfassungsrechtlich geregelten Kompetenzen. Das BVerfG ist als einziges Gericht berechtigt, Legislativakte zu verwerfen (vgl. Art. 100 Abs. 1 Satz 1 GG). Seine Entscheidungen binden sämtliche staatliche Gewalt des Bundes und der Länder (vgl. § 31 I BVerfGG); in den Verfahren, in denen es um die Vereinbarkeit von Rechtsnormen mit dem Grundgesetz geht, haben seine Entscheidungen Gesetzeskraft (vgl. Art. 94 Abs. 2 Satz 1 GG, § 31 Abs. 2 Satz 1 BVerfGG). Das BVerfG entscheidet jedoch nur über die Vereinbarkeit staatlicher Handlungen mit dem Grundgesetz. Die Kontrolle der Staatsgewalt der Länder am Maßstab der Landesverfassungen obliegt den Landesverfassungsgerichten.

321 d) **Finanzkompetenzen.** Im Grundgesetz werden im Rahmen der Finanzverfassung (Art. 104 a–115) spezielle Regelungen sowohl für die Gesetzgebungs- als auch für die Verwaltungskompetenzen im Finanzwesen getroffen. Diese Regelungen bilden wohl den komplexesten Teil der Verfassung.

322 Die *Finanzhoheit* als originäres Recht des Staates, sich Finanzmittel zu beschaffen und diese für die staatliche Organisation und die Erfüllung staatlicher Aufgaben zu verwenden, muss wie andere staatliche Kompetenzen im Bundesstaat zwischen Bund und Ländern aufgeteilt werden.

323 Neben die Kompetenzverteilung tritt im Rahmen der Finanzverfassung des Bundesstaates der *Finanzausgleich* (Art. 106 u. 107 GG). Durch diesen kommt es zu einer Verteilung und Umverteilung der kraft Finanzhoheit dem Bund oder den Ländern zustehenden Finanzmittel: zwischen Bund und Ländern im vertikalen sowie zwischen den Ländern im horizontalen Finanzausgleich. Der Finanzausgleich des Grundgesetzes ist ein komplexes Geflecht aus verfassungsrechtlichen Vorgaben und einfachgesetzlichen Regelungen. Eine besondere Stellung genießt das sog. Maßstäbegesetz, das die Maßstäbe der Verteilung des Umsatzsteueraufkommens zwischen Bund und Ländern, des Länderfinanzausgleichs und der vertikalen Bundesergänzungszuweisungen (Art. 107 Abs. 1 u. 2 GG) einfachgesetzlich und langfristig regeln soll[99]. Ergänzend kommt der landesrechtliche kommunale Finanzausgleich hinzu, um die verfassungsrechtlich geforderte finanzielle Grundlage für die kommunale Selbstverwaltung zu schaffen (vgl. Art. 28 Abs. 2 Satz 3 GG).

324 Die Bundesrepublik Deutschland ist ein Steuerstaat. Das wesentliche Instrument zur Erzielung staatlicher Einnahmen ist die Erhebung von Steuern. Diese stellen eine allgemeine, nicht zweckgebundene Einnahme für den Staat dar, die er nach allgemeinen politischen Erwägungen zur Finanzierung staatlicher Aufgaben verwenden kann. Zu unterscheiden ist bei der Steuerhoheit zwischen der Gesetzgebungshoheit, Verwaltungshoheit und Ertragshoheit.

99 Vgl. BGBl. I 2001, S. 2302; zur Entstehung vgl. *Maurer*, Staatsrecht I, § 17 Rn. 46 a m. w. N.

Die *Ertragshoheit* entscheidet, wem primär die erhobenen Steuern als Einnahme für den Staatshaushalt zustehen. Sie wird in Art. 106, 107 Abs. 1 GG geregelt. Im Ergebnis stehen die wichtigsten Steuerarten Umsatzsteuer, Körperschaftsteuer und Einkommensteuer als sog. Gemeinschaftsteuern Bund und Ländern gemeinsam zu (vgl. Art. 106 Abs. 3 Satz 1 GG). Die alleinige Ertragshoheit des Bundes gem. Art. 106 Abs. 1 GG umfasst z. B. die Versicherungssteuer und den Solidaritätszuschlag als ertragsteuerliche Ergänzungsabgabe (vgl. Art. 106 Abs. 1 Nr. 4, 6 GG). Für andere Steuern, wie die Erbschaftsteuer, haben gem. Art. 106 Abs. 2 GG, die Länder die Ertragshoheit. 325

Die *steuerliche Gesetzgebungshoheit* regelt, wer die Kompetenz für den Erlass von Steuergesetzen besitzt. Diese liegt größtenteils beim Bund, der über die konkurrierende Gesetzgebungskompetenz für alle wesentlichen Steuerarten verfügt (vgl. Art. 105 Abs. 2 GG). Der Einfluss der Länder wird dadurch gewahrt, dass praktisch alle aufkommensrelevanten Steuergesetze und deren Änderungen im Bundesrat zustimmungspflichtig sind (Art. 105 Abs. 3 GG). 326

Die *Verwaltungshoheit* ist für die Finanzverwaltung in Art. 108 Abs. 1–4 GG normiert. Im Wesentlichen liegt die Verwaltungshoheit bei den Ländern, die bei einigen Steuern wie etwa der Erbschaftsteuer im Rahmen der Eigenverwaltung (Art. 108 Abs. 2 GG), bei anderen wie der Einkommensteuer im Auftrag des Bundes (Art. 108 Abs. 3 GG) tätig werden. Besonderes Kennzeichen der Finanzverwaltung ist die nach Art. 108 Abs. 4 GG zulässige Mischverwaltung auf der Ebene der Mittelbehörden (Oberfinanzdirektionen). 327

Die *Ausgabenzuständigkeit* entscheidet, wessen Finanzmittel bei der Finanzierung staatlicher Aufgaben einzusetzen sind. Die Ausgabenzuständigkeit folgt grundsätzlich dem *Konnexitätsprinzip* (vgl. Art. 104 a Abs. 1 GG), d. h. Bund und Länder tragen die Ausgaben, die bei der Erfüllung der ihnen zugewiesenen Verwaltungsaufgaben anfallen (sog. Konnexität von Aufgaben und Ausgaben). 328

Grundsätzlich tragen danach Bund und Länder ihre *Organisationskosten*, wie z. B. Personalkosten und allgemeine Verwaltungskosten, selbst. Problematischer ist der Konnexitätsgrundsatz des Art. 104 a Abs. 1 GG dagegen bei sog. *Zweckausgaben*, d. h. sachlich gebundenen Ausgaben, die sowohl beim Vollzug von Gesetzen als auch in der gesetzesfreien Verwaltung anfallen. Soweit Bund oder Länder ihre eigenen Gesetze vollziehen oder andere eigene staatliche Aufgaben in der gesetzesfreien Verwaltung erfüllen, ist seine Anwendung sachgerecht. Schwierigkeiten ergeben sich daraus, dass der Bund ein Übergewicht in der Gesetzgebung besitzt, während die Länder regelmäßig für den Verwaltungsvollzug zuständig sind, so dass bei einer strengen Umsetzung des Konnexitätsprinzips der Bund durch finanzrelevante Gesetzgebung die Verwendung der Länderfinanzmittel steuern könnte. Deshalb sehen Art. 104 a Abs. 2, 3 GG vor, dass der Bund im Rahmen der Auftragsverwaltung die sich daraus ergebenden Kosten trägt und bei Bundesgesetzen, die Geldleistungen gewähren, eine Kostenaufteilung möglich ist. 329

6. Die Funktion der kommunalen Gebietskörperschaften

Die kommunalen Gebietskörperschaften (Gemeinden, Kreise) sind eine verfassungsrechtlich garantierte Verwaltungsebene im staatlichen Aufbau der Bundes- 330 republik Deutschland (vgl. Art. 28 Abs. 2 GG). Gemeinden und Kreisen wird der Status von Gebietskörperschaften verliehen, der mit besonderen Rechten, aber auch Anforderungen, verbunden ist.

331 Art. 28 Abs. 2 GG gewährleistet Gemeinden und Gemeindeverbänden das Recht, im Rahmen der Gesetze die örtlichen Angelegenheiten selbst in die Hand zu nehmen (*kommunale Selbstverwaltung*). Diese Selbstverwaltungsgarantie ist als subjektives Recht der Gebietskörperschaften ausgestaltet und prozessual gem. Art. 93 Abs. 1 Nr. 4 b GG durch ein Verfahren vor dem BVerfG abgesichert, die kommunale Verfassungsbeschwerde. Dem Recht auf kommunale Selbstverwaltung korrespondiert die in Art. 28 Abs. 1 Satz 2 GG als Teil des Homogenitätsprinzips enthaltene Anforderung einer repräsentativen demokratische Struktur der Gebietskörperschaften: Erforderlich ist eine kommunale Volksvertretung, die nach den allgemeinen Wahlrechtsgrundsätzen (vgl. auch Art. 38 Abs. 1 Satz 1 GG) zu wählen ist. Die Gemeinden haben einen Anspruch auf eine wirtschaftskraftbezogene Steuerquelle (vgl. Art. 28 Abs. 2 Satz 3 a. E. GG) und verfügen über finanzverfassungsrechtliche Rechtspositionen (vgl. Art. 106 Abs. 5–9 GG).

332 Trotz dieser besonderen verfassungsrechtlich normierten Merkmale handelt es sich bei der kommunalen Ebene nicht um eine besondere staatliche Ebene, sondern lediglich um einen mit besonderen Rechten ausgestatteten Teil der Landesverwaltung, dessen Ausgestaltung einem allgemeinen Gesetzesvorbehalt unterliegt. Je nach Regelungsbereich kann der Bundes- oder Landesgesetzgeber durch Zuweisung und Entzug von Aufgaben, gesetzliche Regelung der kommunalen Binnenstruktur (Gemeindeordnung) und durch Neugliederung der Gebietskörperschaften auf die kommunale Verwaltungsebene einwirken.

333 Die kommunale Selbstverwaltungsgarantie der Gemeinden nach Art. 28 Abs. 2 GG umfasst insbesondere:[100]

- Gebietshoheit,
- Personalhoheit,
- Planungshoheit,
- Finanzhoheit.

Innerhalb dieser kommunalen Selbstverwaltungsgarantie steht den Kommunen das Recht zu, in Form von Satzungen eigenes Recht zu setzen, allerdings in den Schranken der jeweiligen gesetzlichen Vorgaben, den Gemeindeordnungen und Kommunalgesetzen. Bei der Wahrnehmung ihrer Selbstverwaltungsfunktion unterliegen die Gemeinden nur der Rechts-, nicht der Fachaufsicht (vgl. Art. 109 Abs. 1 BayGO) und sind nur beschränkt weisungsgebunden[101].

334 Die Selbstverwaltungsgarantie reicht jedoch nur soweit, wie es sich auch um eigene Angelegenheiten der örtlichen Gemeinschaft handelt, „diejenigen Bedürfnisse und Interessen, die in der örtlichen Gemeinschaft wurzeln oder auf sie einen spezifischen Bezug haben […], die also den Gemeindeeinwohnern gerade als

---

100 Zu weiteren Ausprägungen der kommunalen Selbstverwaltungsgarantie vgl. *Mehde*, in: Maunz/Dürig (Stand 2012), GG, Art. 28 Rn. 57 ff.

101 Vgl. zum Ganzen *Maurer*, Allg. Verwaltungsrecht § 23.

solchen gemeinsam sind, indem sie das Zusammenleben und -wohnen der Menschen in der (politischen) Gemeinde betreffen“[102].
Werden den Gemeinden dagegen staatliche, überörtliche Aufgaben (etwa Pass- und Meldewesen, Bauaufsicht) übertragen, unterfällt die Ausführung nicht der kommunalen Selbstverwaltungsgarantie. Die Gemeinden handeln dann vielmehr in staatlichem Auftrag und weisungsgebunden, ihre Maßnahmen unterliegen der Fachaufsicht (Art. 109 Abs. 2 BayGO).

Die *Kommunen* verfügen als verfassungsrechtlich garantierte Verwaltungsträger **335**
auch über besondere Kompetenzen und Rechte im Finanzbereich. Gem. Art. 28 Abs. 2 Satz 3 GG steht ihnen zur Wahrung ihrer finanziellen Eigenverantwortung eine mit Hebesatzrecht ausgestattete wirtschaftskraftbezogene Steuerquelle zu. Das ist derzeit die bundesrechtlich geregelte Gewerbesteuer. Art. 106 Abs. 6 GG gewährt den Gemeinden dieses Hebesatzrecht für die Grundsteuer und die Gewerbesteuer. Die Kommunen und Kommunalverbände sind auch am verfassungsrechtlichen Finanzausgleich gem. Art. 106 Abs. 5–9 GG beteiligt. Dieser wird durch einfachgesetzliche Regelungen konkretisiert (sog. kommunaler Finanzausgleich).

III. Der Bundesstaat des Grundgesetzes in der Europäischen Union

Zentrale verfassungsrechtliche Regelung für die Mitwirkung der Bundesrepublik **336**
Deutschland am europäischen Einigungsprozess und die Übertragung von nationalen Hoheitsrechten auf die Europäische Union als supranationalem Staatenverbund ist Art. 23 GG[103]. Diese Norm enthält die materiellen Bedingungen für die Struktur der EU, unter denen der deutsche Staat berechtigt ist, an der europäischen Integration mitzuwirken: demokratische, rechtsstaatliche, soziale und föderative Grundsätze, den Grundsatz der Subsidiarität und einen dem Grundgesetz im wesentlichen vergleichbaren Grundrechtschutz (Art. 23 Abs. 1 Satz 1 GG). Der Bund kann Hoheitsrechte auf die EU übertragen, wobei die Mitwirkung der Länder über das Zustimmungserfordernis im Bundesrat gewährleistet ist (vgl. Art. 23 Abs. 1 Satz 2 GG). Art. 23 Abs. 1 Satz 3 GG weist auf die unter der Herrschaft des Grundgesetzes unantastbare Bindung der deutschen Staatsgewalt an die durch Art. 79 Abs. 3 GG aufgestellten Grundsätze hin, an der sich auch Änderungen am Inhalt des Grundgesetzes im Zuge der europäischen Integration messen lassen müssen. Haben Änderungen der vertraglichen Grundlagen der EU oder vergleichbare Regelungen Auswirkungen auf den Inhalt des Grundgesetzes, ist das Verfahren des Art. 79 Abs. 2 GG einzuhalten.

Auf der supranationalen Ebene der EU repräsentiert der Bund die Bundesrepublik **337**
Deutschland. Durch die Teilnahme am Europäischen Rat (Art. 10 Abs. 2, 15 Abs. 2 EUV; Bundeskanzler als Regierungschef) und Rat (Art. 10 Abs. 2, 16 Abs. 2 EUV, Vertreter der Regierung auf Ministerebene) nimmt die Bundesregierung laufend Einfluss auf die Ausübung von hoheitlicher Tätigkeit durch die EU. Das völkerrechtliche Alleinvertretungsrecht des Bundes für die Länder ergibt sich

102 BVerfGE 79, 127 (151 f.).
103 S. zum Begriff der Supranationalität oben Rn. 240 ff.

in der innerstaatlichen Kompetenzverteilung aus Art. 32 Abs. 1 GG, der dem Bund die Verbandskompetenz für die auswärtigen Angelegenheiten zuweist. Die den Ländern in der bundesstaatlichen Ordnung eingeräumten Einfluss- und Mitwirkungsrechte (vgl. Art. 32 Abs. 2, 3 und Art. 59 Abs. 2 GG) werden auf supranationaler Ebene nicht widergespiegelt, obwohl der supranationale Charakter der EU auch die Hoheitsrechte der Länder beschneidet. Sie sind lediglich im beratenden Ausschuss der Regionen (vgl. Art. 300 Abs. 1 AEUV) vertreten. In den europäischen Institutionen wirken die Länder selbst nicht mit, sondern sind auf die Vertretung und die Wahrnehmung ihrer Interessen durch den Bund angewiesen.

338 Einen Ausgleich für diese eingeschränkte Mitwirkungsbefugnis der Länder in der Europäischen Union schafft auf bundesstaatlicher Ebene Art. 23 GG, der in den Absätzen 2, 4 und 5 besondere Mitwirkungsrechte des Bundesrates und der Länder in Fragen der europäischen Einigung begründet[104]. Darüber hinaus regelt Art. 23 Abs. 6 GG die Wahrnehmung der Rechte des Bundes in der EU durch einen Vertreter der Länder, soweit „im Schwerpunkt ausschließliche Gesetzgebungsbefugnisse der Länder auf den Gebieten der schulischen Bildung, der Kultur oder des Rundfunks" betroffen sind. Einfachgesetzlich wird die Zusammenarbeit zwischen Bund und Ländern in Angelegenheiten der Europäischen Union durch das EUZBLG besonders geregelt.

Rechtsprechung: BVerfGE 1, 13 – *Südweststaat;* BVerfGE 1, 82 – *Verfassungsbeschwerde gegen Verwaltungsvorschriften;* BVerfGE 1, 264 – *Schornsteinfegerbezirk;* BVerfGE 1, 299 – *Mittel für sozialen Wohnungsbau;* BVerfGE 3, 407 – *Baugesetz;* BVerfGE 4, 111 – *Besoldung;* BVerfGE 4, 178 – *Besoldung;* BVerfGE 4, 250 – *Neugliederung;* BVerfGE 5, 34 – *Neugliederung;* BVerfGE 6, 309 – *Konkordat;* BVerfGE 6, 376 – *Kommunalwahlgesetz;* BVerfGE 7, 367 – *Volksbefragung zur Atombewaffnung;* BVerfGE 8, 104 u. 122 – *Volksbefragung zur Atomwaffenstationierung;* BVerfGE 11, 192 – *Freiwillige Gerichtsbarkeit;* BVerfGE 12, 205 – *1. Fernsehurteil;* BVerfGE 13, 9 – *Besoldungsgesetz;* BVerfGE 13, 54 – *Neugliederung;* BVerfGE 15, 1 – *Bundeswasserstraßen;* BVerfGE 22, 267 – *Unterhaltszahlung*; BVerfGE 26, 246 – *Berufsbezeichnung Ingenieur*; BVerfGE 26, 281 – *Gebührenpflicht von Bahn und Post*; BVerfGE 26, 338 – *Eisenbahnkreuzungsgesetz*; BVerfGE 32, 145 – *Beförderungssteuer*; BVerfGE 32, 199 – *Besoldungsgesetz*; BVerfGE 34, 9 – *Besoldungsgesetz;* BVerfGE 34, 216 – *Staatsvertrag;* BVerfGE 35, 382 – *Ausweisung;* BVerfGE 36, 342 – *Beamtenbesoldung;* BVerfGE 40, 371 – *Werbeverbot*; BVerfGE 42, 103 – *ZVS;* BVerfGE 49, 15 – *Neugliederung;* BVerfGE 60, 175 – *Startbahn West;* BVerfGE 61, 149 – *Staatshaftung;* BVerfGE 72, 330 – *Finanzausgleich;* BVerfGE 81, 310 – *Kalkar;* BVerfGE 84, 25 – *Schacht Konrad;* BVerfGE 86, 148 – *Finanzausgleich;* BVerfGE 89, 155 – *Maastricht;* BVerfGE 90, 60 – *Staatsvertrag über Rundfunkgebühren*; BVerfGE 92, 203 – *Fernsehrichtlinie;* BVerfGE 96, 139 – *Neugliederung;* BVerfGE 96, 345 – *Landesverfassungsbeschwerde;* BVerfGE 97, 198 – *Bahnpolizei;* BVerfGE 98, 265 – *Schwangerschaftsberatung*; BVerfGE 101, 158 – *Länderfinanzausgleich*; BVerfGE 106, 62 – *Altenpflegegesetz*; BVerfGE 111, 10 – *Ladenschlussgesetz*; BVerfGE 111, 226 – *Juniorprofessur*; BVerfGE 119, 331 – *Hartz IV-Arbeitsgemeinschaft*, BVerfGE 123, 267 – *Lissabon*; BVerfG, NVwZ 2012, 1239 – *Einsatz der Bundeswehr im* Inland; BVerfGK 10, 234.

Literatur:

Zur Ergänzung:
Frenzel, E. M., Grundfälle zu den Art. 83 ff. GG, JuS 2012, 2082 ff.; *Hebeler, T.*, Die Gesetzgebungskompetenz des Bundes und der Länder, JA 2010, 688 ff.; *Krause, J.*, Abweichungs-

104 Ausführlich *Würtenberger/Kunz*, JA 2010, 406 ff. sowie unten Rn. 1004 ff.

kompetenzen der Bundesländer am Beispiel des Umweltrechts, JA 2011, 768 ff.; *Voßkuhle, A./Kaufhold, A.-K.*, Grundwissen Öffentliches Recht: Das Bundesstaatsprinzip, JuS 2010, 873 ff.

Zur Vertiefung:
Aktuelle Diskussionen
Dumke, S., Die Funktion von Landesverfassungen im modernen Bundesstaat, VR 2010, 299 ff. *Heinz, K. E.*, Staatenbund, Bundesstaat und Supranationale Gemeinschaft, VR 2012, 328 ff.; *Huber, P. M.*, Der Bundesstaat in Europa – was bleibt für die Stadtstaaten?, NordÖR 2012, 161 ff.; *Shirvani, F.*, Die Bundes- und Reichsexekution in der neueren deutschen Verfassungsgeschichte, Der Staat 50 (2011), 102 ff.

Grundlegende Texte
Hesse, K., Der unitarische Bundesstaat, 1962; *Isensee, J.*, Idee und Gestalt des Föderalismus im Grundgesetz, HStR IV, 1. Aufl. 1990, § 98; *Kimminich, O.*, Der Bundesstaat, HStR I, 1. Aufl. 1987, § 26; *Nawiasky, H.*, Der Bundesstaat als Rechtsbegriff, 1920; *Sarcévic, E.*, Das Bundesstaatsprinzip, 2000; *Vogel, H.-J.*, Die bundesstaatliche Ordnung des Grundgesetzes, HbVerfR, 2. Aufl. 1994, S. 1041.

§ 20 Sozialstaat

In den Art. 20 Abs. 1, 28 Abs. 1 Satz 1 GG wird ferner eine verfassungsrechtliche Grundentscheidung für das Sozialstaatsprinzip getroffen. Nach Art. 20 Abs. 1 GG ist die Bundesrepublik Deutschland ein „*sozialer* Bundesstaat“, Art. 28 Abs. 1 Satz 1 GG spricht im Rahmen des Homogenitätsgebots vom „*sozialen* Rechtsstaat“. Die Formulierung als Adjektiv enthält – wie beim Demokratieprinzip – keine Wertung oder Rangfolge. Das Sozialstaatsprinzip steht als solches gleichwertig neben den anderen Prinzipien des Art. 20 GG. **339**

Als verfassungsrechtliche Grundentscheidung weist das Sozialstaatsprinzip isoliert betrachtet dieselbe inhaltliche Unbestimmtheit und Offenheit auf wie die anderen Prinzipien des Art. 20 Abs. 1 GG. Auffallend ist beim Sozialstaatsprinzip jedoch, dass das Grundgesetz auch in der weiteren Ausgestaltung sehr zurückhaltend ist. Zwar existieren konkretisierende Bestimmungen, wie insbesondere das Verbot der Benachteiligung Behinderter (Art. 3 Abs. 3 Satz 4 GG), der Schutz der Mutter (Art. 6 Abs. 4 GG), die Sozialpflichtigkeit des Eigentums (Art. 14 Abs. 2 GG), die Möglichkeit einer Sozialisierung (Art. 15 GG) und Regelungen über die Angelegenheiten von Flüchtlingen und Vertriebenen sowie die Kriegsfolge- und Rentenversicherungslasten (Art. 119–120 a GG). Hinzu kommen Kompetenztitel, die dem Bundesgesetzgeber die Befugnis verschaffen, sozialgestaltend tätig zu werden (Art. 74 Abs. 1 Nr. 6, 7, 9, 10, 12, 13, 16, 19, 19 a GG). Zumindest andeutungsweise regelt Art. 87 Abs. 2 GG die Organisation der Sozialversicherungsträger. Dabei handelt es sich jedoch durchgehend um Einzelregelungen mit teilweise sehr konkreten Bezugspunkten, nicht um eine umfassende inhaltliche Ausformung des Sozialstaatsprinzips[1]. **340**

Die Zurückhaltung des Grundgesetzes bei der verfassungsrechtlichen Ausgestaltung des Sozialstaats lässt sich historisch auf den im Parlamentarischen Rat bewusst offen gelassenen Streit über die wirtschaftspolitische Ausrichtung der **341**

1 *Herzog*, in: Maunz/Dürig, GG, Art. 20 VIII Rn. 5.

Bundesrepublik (Markt- oder Planwirtschaft) zurückführen. In praktischer Hinsicht stellt sich das Problem, dass sozialstaatliche Normen auf Verfassungsebene grundsätzlich schwieriger vollziehbar sind, weil sie positives Tätigwerden des Staates und den Einsatz staatlicher Ressourcen verlangen, und hierbei mit Freiheitsgewährleistungen in Konflikt treten können – einen Interventionsstaat sollte das Grundgesetz aber gerade nicht etablieren. Die Offenheit des Sozialstaatsprinzips bringt einen größeren (auch beabsichtigten) politischen Gestaltungsspielraum des Gesetzgebers mit sich, als er bei der Umsetzung anderer verfassungsrechtlicher Grundentscheidungen besteht. Eine unmittelbare Anspruchsgrundlage für den Bürger stellt das Sozialstaatsprinzip ebensowenig dar (diese kann sich aber in Verbindung mit Grundrechten wie etwa Art. 3 Abs. 1 GG ergeben) wie eine unmittelbare Eingriffsermächtigung zugunsten der Verwaltung. Als allgemeiner Verfassungsgrundsatz ist das Sozialstaatsprinzip jedoch bei der Auslegung unbestimmter Rechtsbegriffe, bei der Ermessensausübung sowie im gesetzesfreien Bereich zu berücksichtigen[2].

I. Inhalt des Sozialstaatsprinzips als Strukturprinzip

342 Inhaltlich verpflichtet das Sozialstaatsprinzip den Gesetzgeber, *soziale Gerechtigkeit*, *Gleichheit* und *soziale Sicherheit* zu gewährleisten.

343 *Soziale Gerechtigkeit* verlangt eine faire Verteilung von Gütern, Chancen und Lasten in einer Gesellschaft, bei der die Interessen aller Mitglieder und deren individuelles Wohl berücksichtigt werden. Die verschiedenen Gruppen und Schichten der Bevölkerung sollen auf einem angemessenen ökonomischen und kulturellen Niveau leben. Verhindert werden soll, dass sich auf Basis einer freiheitlichen Gesellschaftsordnung Macht- und Abhängigkeitsverhältnisse ergeben.

344 Der Verpflichtung auf soziale Gerechtigkeit kann der Staat durch *Intervention*, *Unterstützung* und *Umverteilung* nachkommen. Indem sich der Staat finanzielle Mittel durch Abgaben beschafft und diese als Sozialleistungen im weitesten Sinne wieder verausgabt, können Ungleichheiten, soziale Abhängigkeiten und wirtschaftliche Fehlentwicklungen gemildert oder beseitigt werden. Vollzogen wird diese Umverteilung in den rechtlichen Bahnen des Steuerrechts (Besteuerung nach der Leistungsfähigkeit) und des Sozialrechts (Sozialhilfe, Sozialversicherungen). Hinzu kommt die Aufgabe des Staates im Rahmen der Daseinsvorsorge, die für das Leben in einer modernen Gesellschaft unabdingbaren Voraussetzungen, wie insbesondere Gesundheitsversorgung, Verkehrsnetz und Bildungseinrichtungen zu gewährleisten. Diese damit verbundenen Möglichkeiten sind grundsätzlich jedem unabhängig von seiner individuellen finanziellen Leistungsfähigkeit zur Verfügung zu stellen (Grundsatz der Chancengleichheit). Soziale Gerechtigkeit wird darüber hinaus im Rahmen der Durchsetzung sozialer Bindungen in der Privatrechtsordnung (Mietrecht oder Arbeitsrecht) sowie durch die Gewährleistung von Gleichbehandlung im Prozess- sowie im Straf- und Strafvollzugsrecht gewährleistet[3].

---

2 BVerfGE 59, 231 (262 f.) – *freie Rundfunkmitarbeit.*

3 Vgl. zum Ganzen *Zippelius/Würtenberger*, Deutsches Staatsrecht, S. 131 ff.

Der *Grundsatz der sozialen Sicherheit* fordert die Schaffung von Einrichtungen, die im Fall des Fehlens eigener Reserven in individuellen Krisenzeiten, wie etwa der Arbeitslosigkeit, Krankheit oder Pflegebedürftigkeit die notwendige Daseinshilfe zu gewähren[4]. Aus der nach Art. 1 Abs. 1 GG garantierten Menschenwürde folgt die Verpflichtung des Staates, jedem Bürger ein menschliches Existenzminimum zu gewährleisten.[5] Auch dabei ist der Gesetzgeber in den Mitteln zur Umsetzung dieses verfassungsrechtlichen Auftrags grundsätzlich frei. **345**

II. Sozialstaatliche Leistungsansprüche

Das Sozialstaatsprinzip für sich begründet keine Ansprüche des Bürgers gegen den Staat. Solche können sich jedoch – auch ohne ausdrückliche einfachgesetzliche Normierung – aus dem Zusammenwirken mit anderen Verfassungsnormen ergeben. Insbesondere können sich die Grundrechte des Grundgesetzes in Verbindung mit dem Sozialstaatsprinzip im Einzelfall als Leistungsrechte darstellen[6]. **346**

Grundrechte sind grundsätzlich Abwehrrechte des Bürgers gegen den Staat. In Ausnahmefällen, wenn private Freiheitsentfaltung nur durch ein positives Handeln des Staates ermöglicht werden kann, können sie jedoch eine Leistungsdimension entfalten. Aufgrund der notwendigerweise beschränkten Leistungsfähigkeit des Staates und des Erfordernisses, zur Mittelbeschaffung Dritte über Steuern zu belasten, ist bei der Annahme von (originären) Leistungspflichten jedoch grundsätzlich Zurückhaltung geboten[7]. Auch ist ein weiter gesetzgeberischer Einschätzungsspielraum zu gewährleisten. **347**
Weniger problematisch ist die Begründung derivativer (abgeleiteter) Leistungspflichten. Entscheidet sich der Staat dafür, bestimmte Leistungen anzubieten, ist er aufgrund des Sozialstaatsprinzips i. V. m. dem allgemeinen Gleichheitssatz dazu verpflichtet, die Leistungsempfänger im Rahmen der Kapazitäten auch am Maßstab der sozialen Gerechtigkeit auszuwählen. Diejenigen, denen die Leistung danach zustehen würde, können aus diesen Grundsätzen einen positiven Leistungsanspruch ableiten.

Bekanntestes Beispiel für die Gewährung eines solchen Anspruch auf Zugang zu staatlichen Leistungen ist die *Numerus-Clausus*-Entscheidung: Das BVerfG leitete aus der Berufsfreiheit (Art. 12 Abs. 1 GG) i. V. m. dem allgemeinen Gleichheitssatz (Art. 3 Abs. 1 GG) und dem Sozialstaatsprinzip einen Anspruch auf gleichberechtigten Zugang zu staatlichen Ausbildungseinrichtungen, wie den Hochschulen, her. Einschränkungen sind nur zulässig, wenn sie unbedingt erforderlich sind, verfügbare Kapazitäten ausgeschöpft werden und die Auswahl und Verteilung der Bewerber nach sachgerechten Kriterien erfolgt[8]. Weitere Beispiele sind die Herleitung einer Förderungspflicht für Privatschulen aus Art. 7 Abs. 4 GG i. V. m. dem Sozialstaatsprinzip[9] und eines Anspruchs auf Gewährleistung einer Witwenrente auch im Fall „hinkender“ (d. h. nach ausländischem, nicht aber **348**

---

4 Vgl. *Stern*, Staatsrecht I, S. 911 f.
5 BVerfGE 125, 175 – *Hartz IV-Regelsätze.*
6 BVerfGE 33, 303 – *Numerus Clausus*; BVerfGE 125, 175 – *Hartz IV-Regelsätze.*
7 Ausführlich zu den verschiedenen Funktionen der Grundrechte Bd 2.
8 BVerfGE 33, 303 (331 f.) – *Numerus Clausus.*
9 BVerfGE 75, 40 (65) – *Privatschulen.*

nach deutschem Recht wirksamer) Ehen gem. Art. 6 Abs. 1 GG i. V. m. dem Sozialstaatsprinzip[10].

III. Gewährleistung eines menschenwürdigen Existenzminimums

349 Eine besondere Funktion kommt dem Sozialstaatsprinzip als Ergänzung der Menschenwürdegarantie aus Art. 1 Abs. 1 GG zu. Nach der Rechtsprechung des BVerfG gewährt Art. 1 Abs. 1 GG i. V. m. dem Sozialstaatsprinzip ein Grundrecht auf Gewährleistung eines menschenwürdigen Existenzminimums[11]. In seiner Entscheidung zu den Hartz IV-Regelsätzen stellte das BVerfG dabei ausdrücklich klar, dass sich die Verpflichtung des Staates zur Gewährleistung eines Existenzminimums, also der zur Aufrechterhaltung eines menschenwürdigen Daseins unbedingt erforderlichen Mittel, inhaltlich aus dem Sozialstaatsprinzip ergibt und Art. 1 Abs. 1 GG den individuellen Anspruch begründet, der sich aus der verfassungsrechtlichen Grundentscheidung allein nicht ableiten ließe[12].

350 Grundgedanke der Verortung innerhalb der Menschenwürdegarantie ist, dass der vom Grundgesetz als oberster Verfassungswert postulierten menschlichen Autonomie allein durch den Schutz vor staatlicher Erniedrigung nicht genüge getan wird. Ein autonomes, d. h. selbstständiges und selbstbestimmtes Leben zu führen und am gesellschaftlichen Prozess partizipieren zu können, setzt die Erfüllung materieller Grundbedürfnisse voraus. Die Verpflichtung des Staates, die Menschenwürde „zu schützen" (Art. 1 Abs. 1 Satz 2 GG) verlangt eine Sicherung dieser Grundvoraussetzungen, welche der einzelne gegenüber dem Staat zu effektuieren in der Lage sein muss.

351 Die genaue Ausgestaltung der Gewährleistung des Existenzminimums lässt sich nicht unmittelbar aus der Verfassung ableiten; vielmehr verbleibt hier dem Gesetzgeber ein weiter Einschätzungsspielraum, in dessen Rahmen er auch die jeweilige gesellschaftliche Realität berücksichtigen muss[13]. Da die verfassungsrechtliche Ausgestaltung des Anspruchs selbst auch keine Quantifizierung zulässt, muss sich die verfassungsgerichtliche Kontrolle darauf beschränken, ob der vom Gesetzgeber gewählten Berechnungsmethode ein transparentes und sachgerechtes Verfahren zugrunde liegt[14].

352 Die sozialstaatliche Verpflichtung zur Gewährleistung eines Existenzminimums entfaltet aber nicht nur diese Leistungsdimension. Bürgern, die sich ihre Lebensgrundlagen durch eigene Einkünfte verschaffen, darf der Staat die unter ein Existenzminimum fallenden Güter und Beträge auch nicht entziehen. Dies führt im Steuerrecht dazu, dass das sog. „ertragsteuerliche Existenzminimum" nicht steuerlich belastet werden darf. Zur dogmatischen Verortung des Existenzmini-

10 BVerfGE 62, 323 (332) – *Witwenrenten.*
11 BVerfGE 45, 187 (228) – *lebenslanger Strafvollzug;* BVerfGE 82, 60 – *Kindergeld;* BVerfGE 82, 198 – *Kinderfreibetrag.*
12 BVerfGE 125, 175 (222 f.) – *Hartz IV-Regelsätze.*
13 BVerfGE 125, 175 (224) – *Hartz IV-Regelsätze.*
14 BVerfGE 125, 175 (226) – *Hartz IV-Regelsätze.*

mums wird hier auf die Freiheitsrechte aus Art. 2 Abs. 1, Art. 12 und Art. 14 GG abgestellt (Schutz vor der erdrosselnden Wirkung einer Steuer)[15].

IV. Auslegungsprinzip

Als verfassungsrechtliche Wertentscheidung ist das Sozialstaatsprinzip von Verwaltung und Rechtsprechung bei der Auslegung und Anwendung des einfachen Rechts, insbesondere bei der Ausübung von Ermessen, zu berücksichtigen. Dies gilt insbesondere mit Blick auf die einfachgesetzlichen Ausgestaltungen des Sozialstaatsprinzips, die in seinem Lichte ausgelegt und angewendet werden müssen. **353**

Das Sozialstaatsprinzip ist aber als objektiv-rechtliche Wertentscheidung grundsätzlich in der Lage, die gesamte innerstaatliche Rechtsordnung zu durchdringen und in der Auslegung von sämtlichen Rechtssätzen wie auch den Grundrechten eine Rolle zu spielen[16]. Auslegungsgrenzen kann es dabei freilich nicht überwinden, auch darf die Berufung auf ein verfassungsrechtliches Prinzip nicht dazu führen, gesetzgeberische Wertentscheidungen, etwa im Rahmen von Typisierungen, zu revidieren. **354**
Besondere Bedeutung kommt dem Sozialstaatsprinzip als Auslegungsprinzip im Zusammenhang mit der Drittwirkung von Grundrechten zu. Bei der Auslegung von zivilrechtlichen Generalklauseln gebietet das Sozialstaatsprinzip i. V. m. Art. 2 Abs. 1 GG die Rücksichtnahme auf soziale Machtgefälle[17].

Rechtsprechung: BVerfGE 1, 97 – *Hinterbliebenenrente;* BVerfGE 5, 85 – *KPD*; BVerfGE 8, 274 – *Preisbildungs- und -überwachungsgesetz;* BVerfGE 9, 124 – *Armenrecht;* BVerfGE 18, 257 – *Sozialversicherung;* BVerfGE 22, 180 – *Bundessozialhilfegesetz;* BVerfGE 27, 253 – *Kriegsschäden*; BVerfGE 33, 303 – *Numerus Clausus;* BVerfGE 36, 73 – *Knappschaftsruhegeld;* BVerfGE 39, 32 – *AOK*; BVerfGE 40, 121 – *Waisenrechte;* BVerfGE 41, 126 – *Kriegsfolgelasten*; BVerfGE 42, 143 – *Prüfungsmaßstab bei zivilgerichtlichen Entscheidungen*; BVerfGE 45, 187 – *lebenslanger Strafvollzug*; BVerfGE 52, 283; BVerfGE 59, 231 – *freie Rundfunkmitarbeit*; BVerfGE 62, 323 – *Witwenrenten*; BVerfGE 65, 182 – *Sozialplan*; BVerfGE 68, 193 – *Gesetzliche Krankenversicherung*; BVerfGE 70, 278 – *Lohnsteuerjahresausgleich;* BVerfGE 75, 40 – *Privatschulen;* BVerfGE 81, 242 – *Werbeverbot für Handelsvertreter;* BVerfGE 82, 60 – *Kindergeld;* BVerfGE 82, 198 – *Kinderfreibetrag*; BVerfGE 84, 90 – *SBZ-Enteignungen;* BVerfGE 87, 1 – *Kindererziehungszeiten in der Altersvorsorge;* BVerfGE 87, 153 – *steuerliches Existenzminimum;* BVerfGE 89, 214 – *Bürgenbeschluss;* BVerfGE 100, 271 – *Lohnabstandsklauseln;* BVerfGE 102, 254 – *Wiedergutmachung;* BVerfGE 125, 175 – *Hartz IV-Regelsätze*; BVerwGE 1, 159 – *Fürsorge.*

Literatur:

Zur Ergänzung:
Windthorst, K./Sattler, A., Referendarexamensklausur – Öffentliches Recht: Staatsrecht – „Hartz IV", JuS 2012, 826 ff. (Fallbearbeitung).

Zur Vertiefung:
Aktuelle Diskussionen
Eichenhofer, E., Der deutsche Sozialstaat und Europa, ZESAR 2012, 455 ff.; *Papier H.-J.*, Sozialstaatlichkeit unter dem GG, FS Jaeger, 2011, 285 ff.; *Pöttering, H.-G. (Hrsg.)*, Die

15 BVerfGE 87, 153 (169) – *steuerliches Existenzminimum.*
16 Vgl. BVerfGE 59, 231 (262 f.) – *freie Rundfunkmitarbeit.*
17 BVerfGE 89, 214 (232) – *Bürgenbeschluss;* 81, 242 (255) – *Werbeverbot für Handelsvertreter.*

Zukunft des Sozialstaates, 2012; *Spieker, M. (Hrsg.)*, Der Sozialstaat, 2012; *Voßkuhle, A.*, Der Sozialstaat in der Rechtsprechung des Bundesverfassungsgerichts, SGb 2011, 181 ff.

Grundlegende Texte
Bachof, O., Begriff und Wesen des sozialen Rechtsstaats, VVDStRL 12 (1954), 37; *Benda, E.*, Der soziale Rechtsstaat, HbVerfR § 17, 2. Aufl. 1994; *Forsthoff, E.*, Begriff und Wesen des sozialen Rechtsstaats, VVDStRL 12 (1954), 8; *Zacher, H.-F.*, Das soziale Staatsziel, HStR I, 1. Aufl. 1987, § 25; *ders.*, Was können wir über das Sozialstaatsprinzip wissen?, Jura 1998, 873.

§ 21 Staatszielbestimmungen

I. Allgemein

355 Staatsziele sind „Verfassungsnormen mit rechtlicher Bindung, die der Staatstätigkeit die fortdauernde Beachtung oder Erfüllung bestimmter Aufgaben – sachlich umschriebener Ziele – vorschreiben“[1]. Die „rechtliche Bindung“ der Staatszielbestimmungen gilt gegenüber der gesamten staatlichen Gewalt (Art. 20 Abs. 3 GG), in erster Linie ist jedoch die Legislative gefordert, die Staatsziele im Rahmen der Gesetzgebung umzusetzen. Verwaltung und Rechtsprechung müssen sie im Rahmen der Rechtsanwendung als Auslegungsmaxime und Vorgabe für die Ermessensausübung beachten.

356 Die Bindung des Gesetzgebers an die Staatsziele erfasst die generelle Pflicht zur Verwirklichung des Ziels, jedoch nicht die Wahl der Mittel und die konkrete Ausgestaltung des Inhalts eines Staatszieles[2]. Bei der Verwirklichung hat der Gesetzgeber einen besonders weiten Regelungs- und Gestaltungsspielraum[3], der nur eingeschränkt gerichtlich überprüfbar ist. Dem entspricht, dass der einzelne Bürger keine unmittelbaren Ansprüche aus den Staatszielbestimmungen herleiten kann. Die Entscheidung über Art und Inhalt von Ansprüchen soll gerade im Ermessen des Gesetzgebers liegen.

357 Die Benennung als Staatsziel hebt einen Regelungsgegenstand oder eine Sachmaterie in den Rang eines Verfassungsguts. Diese verfassungsrechtliche Vorgabe beschränkt einerseits den Spielraum des Gesetzgebers bei der Auswahl von ihm verfolgter Zwecke. Andererseits ermöglicht oder erleichtert sie ihm die Begründung von Grundrechtseinschränkungen. Als verfassungsrechtlichen Rechtspositionen kommt den Schutzgütern der Staatszielbestimmungen ein besonderes Gewicht im Rahmen der Abwägung zu; als kollidierendes Verfassungsrecht ermöglichen sie auch Eingriffe in dem Wortlaut nach schrankenlos gewährleistete Grundrechte.

Beispiel: Die Baubehörde kann einem Künstler die Errichtung eines überdimensionalen Kunstwerks auf seinem Grundstück wegen der Berührung öffentlicher Belange gem. § 35 BauGB untersagen. Das Staatsziel Umweltschutz legitimiert den auf dem BauGB

---

1 Definition der Sachverständigenkommission „Staatszielbestimmungen/Gesetzgebungsauftrag“, vgl. *Maurer*, Staatsrecht I, § 6 Rn. 9 m. w. N.
2 Vgl. *Maurer*, Staatsrecht I, § 6 Rn. 12.
3 BVerfGE 102, 254 (298) m. w. N. – *Wiedergutmachung*.

beruhenden Eingriff in die (vorbehaltlos gewährte) Kunstfreiheit durch Untersagungsverfügung[4].

Im Verhältnis zu anderen verfassungsrechtlichen Vorgaben kann man keine generelle Rangfolge aufstellen. Grundsätzlich gilt das *Gebot der Einheit der Verfassung*. Die verschiedenen Rechtssätze der Verfassung sind miteinander in Einklang zu bringen und Spannungen zwischen einzelnen Verfassungsgütern sind auszugleichen[5]. Insbesondere bei Kollisionen zwischen Grundrechten und Staatszielbestimmungen ist nach dem Grundsatz der praktischen Konkordanz allen betroffenen Rechtsgütern zur größtmöglichen Entfaltung zu verhelfen. Ferner ist zu beachten, dass die Verfolgung verfassungsrechtlich festgelegter Staatsziele nicht von der Einhaltung der sonstigen formellen und materiellen Vorgaben hinsichtlich der Verfassungsmäßigkeit von Gesetzen dispensiert. **358**

Der entscheidende verfassungsrechtliche Unterschied zwischen Strukturprinzipien und Staatszielen findet sich in Art. 79 Abs. 3 GG, der nur die Grundsätze der Strukturprinzipien dem verfassungsändernden Gesetzgeber vorenthält, nicht aber die Staatszielbestimmungen. **359**

II. Natürliche Lebensgrundlagen (Art. 20 a GG)

Natürliche Lebensgrundlagen sind zunächst die elementaren Umweltgüter Wasser, Luft, Boden, Pflanzen- und Tierwelt, das Klima und die Natur als solche. Darüber hinaus gehört dazu die Landschaft in ihrer kulturellen Ausgestaltung durch den Menschen[6]. „Schutz“ bedeutet das Unterlassen schädigender staatlicher Eingriffe und die Abwehr von Gefahren für die Umwelt oder Beeinträchtigungen durch Eingriffe und Belastungen Dritter, wobei insbesondere auch die Interessen zukünftiger Generationen zu berücksichtigen sind[7]. Umfasst ist auch die Schonung und der sparsame Umgang mit natürlichen Ressourcen[8]. Der Einzelne hat allerdings *keinen unmittelbaren Anspruch* gegen den Staat auf die Umwelt schützendes Handeln. **360**

III. Tierschutz (Art. 20 a GG)

Dem Art. 20 a GG wurde im Jahre 2002 durch die Einfügung *„und die Tiere“* der Tierschutz als Staatsziel hinzugefügt[9]. Der Staat soll danach für ein ethisches Mindestmaß bei der Behandlung von Tieren sorgen. Tieren soll damit freilich keine eigenständige Rechtsposition zugebilligt werden[10]. Die einfachrechtliche Umsetzung des Staatszieles Tierschutz stellt das Tierschutzgesetz (TierSchG) dar. Dabei ist zu beachten, dass ein Verstoß gegen die dort aufgestellten Verfahrens- und Kompetenzvorschriften durch die Exekutive (insbesondere beim Erlass von **361**

---

4 Vgl. BVerwG, DVBl. 1995, 1008 – *Monumentalplastik*.
5 Vgl. zur Einheit der Verfassung, *Stern*, Staatsrecht I, S. 131 f. m. w. N.
6 Vgl. *Degenhart*, Staatsrecht I, Rn. 582 ff.
7 BVerfGE 128, 1 (37) – *Gentechnikgesetz*.
8 *Degenhart*, Staatsrecht I, Rn. 583 ff.
9 BGBl. I 2002, S. 2862.
10 Vgl. *Murswiek*, in: Sachs, GG, Art. 20 a Rn. 31 b.

Rechtsverordnungen) zugleich auch eine Verletzung von Art. 20a GG darstellen kann[11].

362 Zu Konflikten zwischen Umwelt- und Tierschutz und anderen verfassungsrechtlich geschützten Rechtsgütern kann es insbesondere im Bereich der Forschungs- (Art. 5 Abs. 3 Satz 1 GG) und der Berufsfreiheit (Art. 12 Abs. 1 GG) kommen. Besondere Konfliktlagen ergeben sich hier im Bereich der Gentechnik,[12] der Massentierhaltung[13] und des religiös begründeten (Art. 12 Abs. 1, Art. 4 Abs. 1 GG) Schächtens[14].

IV. Europäische Integration (Art. 23 Abs. 1 Satz 1 GG)

363 Bereits die Präambel des Grundgesetzes weist auf die Stellung des deutschen Volkes als gleichberechtigtes Glied in einem vereinten Europa hin. Die Geschichte der Bundesrepublik und ihrer staatlichen Ordnung war von Beginn an mit dem immer intensiveren europäischen Einigungsprozess eng verbunden. Dieser entwickelte sich von der supranationalen Kontrolle der kriegswichtigen Montanindustrie durch die EGKS bis hin zur Gründung der Europäischen Union und der Einführung des Euro als gemeinsamer Währung unter Aufgabe der nationalen Währungshoheit in derzeit 18 Staaten.

364 Art. 23 Abs. 1 Satz 1 GG enthält das Staatsziel der Verwirklichung eines geeinten Europas. Er legt die europäische Einigung und die Mitwirkung der Bundesrepublik im institutionellen Rahmen der EU als verbindlichen politischen Handlungsauftrag fest. Allerdings wird keine Aussage über das Ziel des europäischen Einigungsprozesses, etwa ein Aufgehen Deutschlands in einem europäischen Bundesstaat, getroffen. Die europäische Integration ist offen und kann auch jederzeit in einen gefestigten Status übergehen[15]. Wie bei allen Staatszielen besteht ein weiter politischer Gestaltungsspielraum. Eine integrationsfeindliche Politik untersagt Art. 23 GG jedoch. Die verfassungsrechtliche Zulässigkeit eines Ausscheidens der Bundesrepublik Deutschland aus der EU, das nach Art. 50 EUV möglich wäre, ist im Hinblick auf Art. 23 GG umstritten[16].

365 Art. 23 Abs. 1 Satz 2 GG erklärt als *lex specialis* zu Art. 24 Abs. 1 GG die Übertragung von Hoheitsrechten auf die Europäische Union ausdrücklich für zulässig. Die Gründung der EU und die Änderung ihrer vertraglichen Grundlagen werden innerstaatlich den formellen und materiellen Voraussetzungen einer Grundgesetzänderung gem. Art. 79 Abs. 2, 3 GG gleichgestellt (vgl. Art. 23 Abs. 1 Satz 3 GG). Gleiches gilt für vergleichbare Regelungen, die eine entsprechende Auswirkung auf das Grundgesetz haben oder ermöglichen (ebenfalls Art. 23 Abs. 1 Satz 3 GG). Die weiteren Bestimmungen des Art. 23 GG stellen

---

11 BVerfGE 127, 293 (328) – *Legehennenhaltung II.*
12 Vgl. BVerfGE 128, 1 – *Gentechnikgesetz.*
13 Vgl. BVerfGE 127, 293 – *Legehennenhaltung II.*
14 Die bisher maßgebliche Entscheidung des BVerfG zur Schächtproblematik erging vor Inkrafttreten von Art. 20a GG, vgl. BVerfGE 104, 337 – *Schächturteil.*
15 Vgl. *Jarass*, in: Jarass/Pieroth, GG, Art. 23 Rn. 12 m.w.N.
16 Vgl. *Jarass*, in: Jarass/Pieroth, GG, Art. 23 Rn. 3, 12 m.w.N.

für die Verwirklichung des Staatszieles zusätzliche materielle und formelle Vorgaben auf, die von der deutschen Staatsgewalt zu beachten sind.

Das Staatsziel Europäische Einigung wird besonders dadurch präzisiert, dass materielle Vorgaben für die Struktur der EU festgelegt werden, die ständige Bedingung für eine Mitwirkung der Bundesrepublik Deutschland an der europäischen Integration sind (Art. 23 Abs. 1 Satz 1 Halbsatz 2 GG). Diese nehmen vor allem Bezug auf die Strukturprinzipien des Art. 20 GG. Die EU *muss* rechtsstaatlichen (Rechtsstaatsprinzip), sozialen (Sozialstaatsprinzip), demokratischen (Demokratieprinzip) und föderativen (Bundesstaatsprinzip) Grundsätzen *verpflichtet* sein. Hinzu kommt der Grundsatz der Subsidiarität sowie ein dem Grundgesetz im Wesentlichen vergleichbarer Grundrechtsschutz. Insoweit ist der politische Gestaltungsspielraum eingeschränkt. 366

Die Absätze 2–7 des Art. 23 GG enthalten spezielle Verfahrensregeln und Mitwirkungsabläufe, die zusätzlich die im Grundgesetz vorgesehenen allgemeinen Organkompetenzen und Verfahren modifizieren. Dadurch soll einerseits die Verbandskompetenz des Bundes für die auswärtigen Angelegenheiten (Art. 32 Abs. 1 GG) zugunsten der Länder durch besondere Beteiligungsrechte des Bundesrates, andererseits die Organkompetenz der Bundesregierung für die Außenpolitik durch Einflussmöglichkeiten von Bundestag und Bundesrat abgemildert werden. Dies trägt der Tatsache Rechnung, dass aufgrund der Übertragung von Hoheitsrechten innerhalb der EU wesentlich weiter reichende Maßnahmen getroffen werden können als dies in außenpolitischen Beziehungen sonst der Fall ist. Die verfassungsrechtlichen Vorgaben sind durch einfachgesetzliche Regelungen konkretisiert worden: 367

- Gesetz über die Zusammenarbeit von Bundesregierung und Deutschem Bundestag in Angelegenheiten der Europäischen Union vom 12. März 1993, zuletzt geändert am 13.9.2012 (EUZBBG)[17];
- Gesetz über die Zusammenarbeit von Bund und Ländern in Angelegenheiten der Europäischen Union vom 12. März 1993, zuletzt geändert am 22.9.2009 (EUZBLG).[18] Dessen § 9 Satz 2 sieht ergänzende Vereinbarungen zwischen Bund und Ländern vor.

V. Gesamtwirtschaftliches Gleichgewicht (Art. 109 Abs. 2 GG)

Nach Art. 109 Abs. 2 GG haben Bund und Länder im Rahmen ihrer Haushaltswirtschaft v. a. dem Staatsziel des gesamtwirtschaftlichen Gleichgewichts Rechnung zu tragen[19]. Die öffentliche Hand soll eine gesunde Entwicklung der Staatsfinanzen anstreben und den tatsächlichen Einfluss ihrer Finanzmittel – der bei zu hoher Kreditaufnahme gefährdet wäre – sichern. Der unbestimmte Verfassungsbegriff des gesamtwirtschaftlichen Gleichgewichts bedarf der einfachgesetzlichen Konkretisierung und bleibt dabei offen für zukünftige wirtschaftswissenschaftliche Erkenntnisse. Zu berücksichtigen sind nach der einfachgesetzlichen Konkre- 368

17 BGBl. I, S. 311.
18 BGBl. I, S. 313.
19 Vgl. zur Entwicklung der Finanzverfassung z. B. *Stern*, Staatsrecht I, S. 1064 ff.

tisierung in § 1 StabG[20] die Preisstabilität, ein hohes Beschäftigungsniveau, außenwirtschaftliches Gleichgewicht sowie ein stetiges und angemessenes Wirtschaftswachstum[21] (sog. magisches Viereck). Überlagert wird das Staatsziel des gesamtwirtschaftlichen Gleichgewichts, wie die gesamte staatliche Haushalts- und Finanzpolitik, durch europarechtlichen Vorgaben. Besondere Bedeutung besitzt Art. 126 AUEV, der auch eine der maßgeblichen Rechtsgrundlagen des europäischen Wachstums- und Stabilitätspaktes ist. Europarechtliche Vorgaben bestehen danach vor allem für die Höhe der staatlichen Verschuldung, d. h. in erster Linie die Fähigkeit der öffentlichen Hand, durch Ausweitung der Staatsausgaben die Konjunktur zu stimulieren.

369 Dem Bund wird hinsichtlich der Verwirklichung des Staatsziels gem. Art. 109 Abs. 4 GG eine Kompetenz zur Grundsatzgesetzgebung eingeräumt[22]. Eine wichtige Rolle spielt Art. 109 Abs. 2 GG im Kontext staatlicher Kreditaufnahme: diese ist nach Maßgabe des Art. 109 Abs. 3 GG begrenzt, darf aber konjunkturellen Gegebenheiten Rechnung tragen.

VI. Tatsächliche Durchsetzung der Gleichberechtigung der Geschlechter (Art. 3 Abs. 2 Satz 2 GG)

370 Der Grundrechtskatalog des Grundgesetzes enthält in Art. 3 Abs. 2 Satz 2 das Staatsziel der tatsächlichen Durchsetzung der Gleichberechtigung von Frauen und Männern. Dieses soll über das in Art. 3 Abs. 3 GG geregelte besondere Verbot einer geschlechtsbezogenen Diskriminierung hinausgehen und sich – als besonderes Gleichberechtigungsgebot – „auch auf die gesellschaftliche Wirklichkeit erstrecken".[23] Sprachlich ist an der Formulierung von Art. 3 Abs. 2 Satz 1 u. 2 GG zweierlei problematisch: versteht man den Begriff der Gleichberechtigung streng, kann er sich von vornherein nur an den Staat richten, da nur dieser Rechte vermitteln kann. Geht es aber um „die gesellschaftliche Wirklichkeit" – der Begriff Gleichbehandlung wäre dann treffender –, ist die Etablierung einer „Förderungspflicht" ungewöhnlich: Gegenüber Privaten „fördert" der Staat üblicherweise nicht, er setzt seine Ziele durch.

371 Geht man über diese sprachlichen Schwierigkeiten hinweg, kann man Art. 3 Abs. 2 GG also als besondere Verpflichtung des Staates verstehen, die tatsächliche gesellschaftliche Gleichbehandlung von Frauen und Männern anzustreben. Eine Maßnahme, die der Verwirklichung der tatsächlichen und dauerhaften Gleichbehandlung i. S. d. Art. 3 Abs. 2 GG dient, kann dann auch vorübergehende Ungleichbehandlungen von Männern und Frauen ausnahmsweise rechtfertigen[24]. Staatliche, auf Art. 3 Abs. 2 GG gestützte Maßnahmen können etwa die verbindliche Einführung von Frauenförderplänen und Quotenregelungen sowie Regelungen zur Vereinbarkeit von Familie und Beruf (etwa die Zurverfügung-

---

20 BGBl. I 1967, S. 582 (Gesetz zur Förderung von Stabilität und Wachstum der Wirtschaft).
21 Vgl. BVerfGE 79, 311 (338 f.) – *Kreditobergrenze.*
22 S. dazu oben Rn. 285.
23 BVerfGE 85, 191 (207) – *Nachtarbeitsverbot.*
24 BVerfGE 74, 163 (180) – *Altersruhegeld.*

stellung von bezahlbaren Kindergartenplätzen auch für einkommensschwache Familien)[25] sein.

VII. Gleichstellung der Behinderten (Art. 3 Abs. 3 Satz 2 GG)

Ähnlich dem Auftrag zur Gleichstellung von Mann und Frau enthält Art. 3 Abs. 3 Satz 2 GG nicht nur ein spezielles Verbot der Diskriminierung Behinderter, sondern auch die Verpflichtung des Staates eine tatsächliche Gleichstellung zu gewährleisten. Verwirklicht wird diese Gleichstellung etwa durch den behindertengerechten Ausbau öffentlicher Einrichtungen und die Bevorzugung behinderter Bewerber im öffentlichen Dienst bei im Wesentlichen gleicher Eignung. Ob Art. 3 Abs. 3 Satz 2 GG über die Staatszielbestimmung einen grundrechtlichen Anspruch Behinderter auf Verwirklichung ihrer Gleichstellung im gesellschaftlichen Bereich enthält, ist umstritten[26]. **372**

Rechtsprechung: BVerfGE 37, 271 – *Solange-I*; BVerfGE 52, 187 – *„Vielleicht"-Beschluss*; BVerfGE 74, 163 – *Altersruhegeld*; BVerfGE 74, 339 – *Solange-II;* BVerfGE 75, 223 – *Bindungswirkung bei Vorabentscheidungen*; BVerfGE 79, 211 – *Kreditobergrenze*; BVerfGE 85, 191 – *Nachtarbeitsverbot*; BVerfGE 86, 148 – *Finanzausgleich II;* BVerfGE 89, 155 – *Maastricht*; BVerfGE 92, 91 – *Feuerwehrdienstpflicht*; BVerfGE 92, 203 – *Fernsehrichtlinie*; BVerfGE 96, 288 – *Sonderschulzuweisung;* BVerfGE 97, 332 – *Kindergartengebühren;* BVerfGE 97, 350 – *Euro*; BVerfGE 102, 147 – *Bananenmarkt*; BVerwGE 101, 73 – *Verbandsklage*; BVerfGE 102, 254 – *Wiedergutmachung*; BVerfGE 104, 337 – *Schächturteil*; BVerfG EuR 1989, 270 – *Tabak*; BVerfGE 127, 293 – *Legehennenhaltung*, BVerfGE 128, 1 – *Gentechnikgesetz*; BVerwG NJW 1995, 2648 – *Monumentalplastik*; BVerwG NJW 1996, 1163 – *Elfenbein*; OVG Weimar, NVwZ 1998, 983 – *Windenergieanlage.*

Literatur:

Zur Ergänzung:
Erbguth, W./Schlacke, S., Umweltverfassungsrecht – eine Einführung, Jura 2009, 431 ff.; *Meinke, M.*, Verbindungen mit Grundrechten in der Rechtsprechung des BVerfG, JA 2009, 6 ff.

Zur Vertiefung:
Aktuelle Diskussionen
Kahl, W., Staatsziel Nachhaltigkeit und Generationengerechtigkeit, DÖV 2009, 2 ff.; *Ossenbühl, F.*, Frauenquote für Leitungsorgane von Privatunternehmen, NJW 2012, 417 ff.; *Steiner, U.*, Staatsziel Sportförderung im Grundgesetz?, SpuRt 2012, 238 ff.

Grundlegende Texte
Bernsdorff, N., Positivierung des Umweltschutzes im GG, NuR 1997, 328; *Caspar, J./Geissen, M.*, Das neue Staatsziel „Tierschutz" in Art. 20 a GG, NVwZ 2002, 913; *Di Fabio, U.*, Die Gleichberechtigung von Mann und Frau, AöR 122 (1997), 404; *Friauf, K.-H:*, Gleichberechtigung von Mann und Frau als Verfassungsauftrag, 1981; *Holste, H.*, „… und die Tiere" – Das Staatsziel Tierschutz in Art. 20 a GG, JA 2002, 907; *Sacksofsky, U.*, Das Grundrecht auf Gleichberechtigung, eine rechtsdogmatische Untersuchung zu Art. 3 Abs. 2 GG, 2. Aufl. 1996.

25 Vgl. BVerfGE 97, 332 (348) – *Kindergartengebühren.*
26 Vgl. hierzu die Darstellungen zu den Grundrechten, etwa *Pieroth/Schlink*, Grundrechte, Rn. 480 ff.

Teil III: **Die Staatsorgane**

Das Staatsorganisationsrecht im engeren Sinn regelt die verfassungsrechtliche Ausgestaltung der Wahrnehmung staatlicher Aufgaben. Die folgende Darstellung orientiert sich am Aufbau des Grundgesetzes: Zunächst werden die Verfassungsorgane mit ihren Kompetenzen und den rechtlichen Anforderungen an ihre Wahrnehmung und Binnenorganisation vorgestellt. Teil IV behandelt ihr Zusammenwirken bei der Ausübung staatlicher Tätigkeit.

§ 22 Der Begriff des Staatsorgans

373 Der Bund stellt als Gebietskörperschaft des öffentlichen Rechts (ebenso wie die Länder und die Kommunen) eine juristische Person des öffentlichen Rechts dar. Juristische Personen sind zwar rechtsfähig, d. h. sie können Träger von Rechten und Pflichten sein. Anders als natürliche Personen sind sie aber nicht in der Lage, ihre Rechte und Pflichten selbstständig auszuüben. Sie sind nicht handlungsfähig. Sie benötigen daher natürliche Personen, die für sie handeln, d. h. ihre Funktionen ausüben, ihre Rechte wahrnehmen und ihre Pflichten erfüllen. Das Handeln dieser natürlichen Personen muss rechtlich der juristischen Person zugerechnet werden, so dass die Rechtsfolgen ausschließlich sie treffen. Abhängig von den für eine juristische Person vorgesehenen Aufgaben und Funktionen bedarf es deshalb einer entsprechenden Organisationsstruktur, die eine Zuweisung der Funktionen und Aufgaben an einzelne handlungsfähige natürliche Personen vornimmt (sachliche und persönliche Zuständigkeiten).

374 Erforderlich ist daher zunächst die Schaffung von *einzelnen Organen* (Werkzeugen) durch einen rechtlichen Organisationsakt. Organe sind verselbständigte Institutionen innerhalb einer juristischen Person (*Organträger*), die mit Zuständigkeiten betraut sind[1]. Das Handeln der Organe wird der juristischen Person unmittelbar zugerechnet. Die Organe erlangen innerhalb des Organträgers in gewisser Weise Rechtsfähigkeit, weil sie entsprechend ihren Zuständigkeiten über Organrechte und -pflichten verfügen. Diese Organrechte und -pflichten gelten aber nur in der Sphäre des Organträgers, nicht jedoch nach außen gegenüber Dritten. Die Organe setzten sich wiederum aus verschiedenen Organteilen zusammen. Diese können jedoch nicht eigenständig nach außen für die juristische Person handeln, sie sind vielmehr unselbständige Teile des jeweiligen Organs.

---

1 Organe existieren aber auch außerhalb juristischer Personen bei anderen rechtlichen Organisationseinheiten, wie z. B. bei den Personengesellschaften oder auch als (Teil-)Organ innerhalb eines Organs selbst.

Allerdings handelt es sich auch bei der Annahme eines für den Staat auftretenden Organs um eine rechtliche Fiktion. Dem Organ als solchem kommt ebenfalls keine eigene Handlungsfähigkeit zu. Es bedarf deshalb der Ausfüllung durch eine natürliche Person, einen sog. *Organwalter*. Organwalter erfüllen die dem Organ obliegenden Funktionen und Aufgaben durch tatsächliches menschliches Handeln. Handelt der Organwalter (also etwa die gegenwärtigen Abgeordneten des Bundestags), ist sein Handeln rechtlich zunächst das Handeln des Organs (der Bundestag) und wird über das Organhandeln gleichzeitig dem Organträger als juristischer Person (im Beispiel dem Bund) zugerechnet[2]. Die Existenz eines Organs ist von der Besetzung durch den konkreten Organwalter unabhängig, jedoch unmittelbar an den Bestand des Organträgers gebunden. Geht der Organträger unter, kann er auch keine Organe mehr haben. **375**

Eng mit dem Organbegriff verbunden ist der Begriff des *(öffentlichen) Amtes* und bezogen auf dessen Wahrnehmung durch eine natürliche Person der Begriff des *Amtswalters*. Ein öffentliches Amt kann im staatsrechtlichen Sinne definiert werden als institutionalisierter Zuständigkeitsbereich, der auf eine natürliche Person als Amtswalter zugeschnitten ist. Dieser Amtswalter erfüllt die Aufgaben, die mit seinem Amt verbunden sind, sein Handeln wird dem Träger des Amtes (der Anstellungskörperschaft) zugerechnet. Wird ein Organ nur durch eine Person ausgeübt, stellt es zugleich ein Amt dar (z. B. das Amt des Bundespräsidenten). Organe können jedoch auch aus mehreren Organteilen zusammensetzen, die jeweils auf eine natürliche Person zugeschnitten sind und deshalb Ämter sind. So besteht etwa der Deutsche Bundestag aus den Bundestagsabgeordneten, das Amt des Bundestagsabgeordneten wird durch natürliche Personen ausgeübt. **376**

Für die Organisation der Staatsfunktionen bedeutet dies, dass durch einen rechtlichen Organisationsakt die Staatsorgane geschaffen werden müssen, die die staatlichen Zuständigkeiten wahrnehmen. Für die obersten Staatsorgane geschieht dieser Rechtsakt im Rahmen der Verfassunggebung, da durch diese die staatliche Grundordnung definiert wird. Dabei müssen zunächst die Zuständigkeiten geregelt werden, die die Staatsorgane sowohl innerhalb der staatlichen Sphäre, als auch nach außen wahrnehmen dürfen oder müssen. Diese Zuweisung verlangt zum einen die funktionale Einteilung der Zuständigkeiten und gleichzeitig die entsprechende organisatorische Zuordnung. Für die staatliche Ordnung bedeutet dies insbesondere die Zuweisung der klassischen drei Staatsfunktionen Gesetzgebung, Verwaltung und Rechtsprechung an entsprechende Organe. Erforderlich sind die Regelung der inneren Struktur sowie organinterne und organexterne Verfahrensregeln für die Wahrnehmung der zugewiesenen Zuständigkeiten. Um den Staat durch seine Staatsorgane handlungsfähig zu machen, muss auch die personelle Besetzung der Staatsorgane durch Organwalter festgelegt werden. **377**

Im Grundgesetz sind sieben oberste Staatsorgane geregelt, die im Folgenden der Reihe nach vorgestellt werden: **378**

- Der Bundestag (Art. 38 ff. GG);
- Der Bundesrat (Art. 50 ff. GG);
- Der Gemeinsame Ausschuss (Art. 53 a GG);

---

2 Zum Ganzen vgl. *Maurer*, Allg. Verwaltungsrecht, § 21 Rn. 19 ff.; *Zippelius*, Allg. Staatslehre, § 14.

- Der Bundespräsident (Art. 54 ff. GG);
- Die Bundesversammlung (Art. 54 ff. GG);
- Die Bundesregierung (Art. 62 ff. GG);
- Das Bundesverfassungsgericht (Art. 93 GG).

§ 23 Der Bundestag

379 Der Bundestag nimmt unter den obersten Staatsorganen des Bundes eine hervorgehobene Stellung ein, weil er als einziges Bundesorgan unmittelbar demokratisch legitimiert ist. Die demokratische Legitimierung erfolgt durch die Wahl der Abgeordneten, aus denen sich der Bundestag zusammensetzt (vgl. Art. 38 Abs. 1 GG, § 1 Abs. 1 Satz 1 BWahlG). Hauptfunktionen des Bundestags sind die zentrale Stellung als Gesetzgebungsorgan des Bundes, die Kontrolle der Exekutive, vor allem der Bundesregierung, die Vermittlung der demokratischen Legitimation der sonstigen Staatsgewalt des Bundes in personeller und sachlich-funktionaler Hinsicht durch Wahl- und Zustimmungsrechte sowie die Wahrnehmung des Budgetrechts als klassische Parlamentskompetenz.

380 Zentrale normative Grundlage des Bundestags im Grundgesetz ist der Abschnitt III mit den Art. 38–48 GG. Dieser Abschnitt trifft die wesentlichen organisatorischen Regelungen, die durch einfachgesetzliche Vorschriften und durch die Selbstorganisation mittels einer Geschäftsordnung konkretisiert oder ergänzt werden (Parlamentsautonomie, Art. 40 Abs. 1 Satz 2 GG). Neben den Art. 38–48 GG nimmt die Verfassung in etlichen weiteren Regelungen funktional auf den Bundestag Bezug, indem sie dem Parlament Kompetenzen, Mitwirkungs- und Informationsrechte bei der Ausübung der Staatsfunktionen einräumt. Wichtigstes Beispiel ist das Gesetzgebungsverfahren des Abschnitts VII in den Art. 70–82 GG.

I. Organteile

381 Der Bundestag besteht aus mehreren Organteilen. Dazu gehören das *Präsidium* mit dem *Präsidenten* an der Spitze, der *Ältestenrat*, die *Fraktionen*, die *Ausschüsse* sowie die *einzelnen Abgeordneten*.

382 Beim Begriff der parlamentarischen *Opposition* handelt es sich nicht um einen ausdrücklichen Rechtsbegriff, sondern zunächst lediglich um die politische Bezeichnung für die parlamentarische Minderheit, die der regierungstragenden Parlamentsmehrheit gegenübersteht. Als solche ist sie aber eine parlamentarische Institution, die in gewissen Parlamentsbräuchen und in der Rechtsprechung des BVerfG anerkannt ist[1].

1 Vgl. *Zeh*, HStR III, § 52 Rn. 21 ff.

1. Präsident

Vom Bundestag wird ein Abgeordneter für die Dauer der Wahlperiode zum Präsidenten gewählt (vgl. Art. 40 Abs. 1 Satz 1 GG, § 2 GOBT). Es entspricht einer parlamentarischen Gewohnheit, dass die stärkste Bundestagsfraktion den Bundestagspräsidenten stellt und dieser auch von den anderen Fraktionen gewählt wird. Abwählbar ist der Bundestagspräsident mangels rechtlicher Regelung nur bei einer vorherigen Abänderung der Geschäftsordnung des Bundestags (vgl. § 126 GOBT)[2]. Protokollarisch steht der Bundestagspräsident als Spitze des Bundestags an zweiter Stelle im Staat nach dem Bundespräsidenten[3]. Allerdings vertritt er diesen nicht, der Vertreter des Bundespräsidenten ist vielmehr der Präsident des Bundesrates (vgl. Art. 57 GG). Nach der Wahl des Bundestagspräsidenten werden dessen Stellvertreter (Vizepräsidenten) gewählt. Die Anzahl der Vizepräsidenten ist variabel, weil jede Fraktion mindestens einen stellen darf (vgl. § 2 GOBT). 383

Für die Wahl der Stellvertreter gelten die gleichen Grundsätze wie für die Wahl des Präsidenten: Findet sich nach drei Wahlgängen keine Mehrheit für einen vorgeschlagenen Kandidaten, finden weitere Wahlgänge mit demselben Bewerber nur nach Vereinbarung des Ältestenrates statt (§ 2 III GOBT), im Übrigen ist der Wahlvorschlag als gescheitert anzusehen. § 2 GOBT geht somit ersichtlich von einer Begrenzung der Anzahl der Wahlgänge aus, womit er dem Prinzip der Begrenzung parlamentarischer Entscheidungsfindungsprozesse Rechnung trägt. Es ist gerade der Sinn von Wahlen und Abstimmungen, den theoretisch endlosen Diskurs zu begrenzen und zu einer Entscheidung zu gelangen. Dem würde es widersprechen, wenn endlose Wahlgänge durchgeführt würden, bis ein bestimmter Kandidat irgendwann einmal die erforderliche Mehrheit hat[4].

Der Bundestagspräsident ist *oberstes Leitungsorgan* des Bundestags und *Vorsitzender* des Bundestagspräsidiums. Damit verbunden sind besondere Organzuständigkeiten sowohl gegenüber den „einfachen" Abgeordneten als auch gegenüber Dritten. Er hat die Aufgabe, den Bundestag zu vertreten und seine Geschäfte zu regeln. Insbesondere leitet er „die Verhandlungen gerecht und unparteiisch und wahrt die Ordnung im Hause" (vgl. § 7 Abs. 1 GOBT). Dazu zählt im parlamentarischen Innenverhältnis die Bestimmung der Rednerreihenfolge (vgl. § 28 Abs. 1 GOBT) und die Erteilung des Wortes (vgl. § 27 GOBT). Der Präsident kann Abgeordnete zur Sache und zur Ordnung rufen und Ordnungsverletzungen sanktionieren (vgl. §§ 36 ff. GOBT). Gegen seine Ordnungsmaßnahmen ist ein Einspruch statthaft, der vom Bundestagsplenum behandelt wird (§ 39 GOBT). Daneben besteht die Möglichkeit eines Organstreitverfahrens, wenn sich ein Abgeordneter durch eine Ordnungsmaßnahme in seinen aus Art. 38 Abs. 1 GG 384

---

2 Str., vgl. *Magiera*, in: Sachs, GG, Art. 40 Rn. 5 m. w. N.

3 *Klein*, in: Maunz/Dürig, GG, Art. 40 Rn. 93.

4 Die genaue Ausgestaltung der Begrenzung auf grundsätzlich höchstens drei Wahlgänge und Vornahme zusätzlicher nur nach Vereinbarung im Ältestenrat wurde erst 2006 in die GOBT eingefügt: Bei der Konstituierung des Deutschen Bundestags im Jahr 2005 hatte die Partei Die Linke nach vier gescheiterten Wahlvorgängen bezüglich ihres Kandidaten Bisky angekündigt, solange weitere Wahlvorgänge durchzuführen, bis die erforderliche Mehrheit erreicht sei. Schon damals wurde hiergegen das Prinzip der Begrenzung parlamentarischer Abstimmungsvorgänge angeführt, das nun in § 2 GOBT eine ausdrückliche Fixierung erfahren hat; vgl. hierzu *Lovens*, ZParl 2005, 18 ff.

abzuleitenden organschaftlichen Rechten verletzt fühlt (Art. 93 Abs. 1 Nr. 1 GG, §§ 13 Nr. 5, 63 ff. BVerfGG)[5].
Nach außen ist der Bundestagspräsident Inhaber des aus dem Eigentum entspringenden Hausrechts und übt die öffentlich-rechtliche Polizeigewalt im Bundestag aus (Art. 40 Abs. 2 Satz 1 GG). Ohne seine Genehmigung darf keine Durchsuchung oder Beschlagnahme in den Räumen des Bundestags stattfinden (Art. 40 Abs. 2 Satz 2 GG). Der Bundestagspräsident hat neben dem Vorsitz im Bundestagspräsidium auch den Vorsitz im Ältestenrat sowie im Gemeinsamen Ausschuss inne (§ 6 Abs. 1 GOBT, § 7 Abs. 1 GO Gem. Ausschuss). Weitere Aufgaben des Bundestagspräsidenten ergeben sich aus den §§ 7 ff. GOBT[6].

385 Das Amt des Bundestagspräsidenten *endet* mit dem Ende der Wahlperiode, also mit dem Zusammentritt des neuen Bundestags (vgl. Art. 39 Abs. 1 Satz 2 GG). Den Vorsitz in der konstituierenden Sitzung hat bis zur Wahl des neuen Bundestagspräsidenten der Alterspräsident inne, d. h. der (nach Lebenszeit) älteste Abgeordnete im neuen Bundestag (vgl. § 1 Abs. 2 GOBT).

386 Der Bundestagspräsident hat zwar eine Leitungs- und Repräsentativfunktion, er verliert dabei aber nicht seine Stellung als gewählter Abgeordneter. Er behält seine Stimmrechte und sonstigen parlamentarischen Rechte. Das zusätzliche Amt verpflichtet ihn aber zu einer entsprechend zurückhaltenden Ausübung, da er in der Öffentlichkeit in erster Linie als Bundestagspräsident wahrgenommen wird.

2. Präsidium

387 Das Präsidium des Bundestags besteht gem. § 5 GOBT aus dem Bundestagspräsidenten und seinen Stellvertretern (Vizepräsidenten). In den Sitzungen werden Fragen der Leitungsfunktion des Präsidenten erörtert, d. h. die Handhabung des Ordnungsrechts, organisatorische und verwaltungstechnische Fragen bezüglich der Bundestagsverwaltung etc. Da jede Fraktion mit jeweils mindestens einem Stellvertreter im Präsidium vertreten ist (§ 2 Abs. 1 GOBT) und die Präsidiumssitzungen vor den Sitzungen des Ältestenrats stattfinden, können diese zur vorherigen Besprechung von interfraktionellen Angelegenheiten genutzt werden[7]. Insgesamt hat das Präsidium für die parlamentarischen Geschäfte aber eher geringe Bedeutung.

3. Ältestenrat

388 Der Ältestenrat ist in § 6 GOBT geregelt. Er setzt sich aus dem Bundestagspräsidium und 23 weiteren von den Fraktionen zu benennenden Mitgliedern zusammen. Dabei muss sich im Ältestenrat das Verhältnis der Stärke der Fraktionen im Bundestag widerspiegeln (§§ 6 Abs. 1, 12 GOBT). Regelmäßig nimmt auch ein Vertreter der Bundesregierung an den Sitzungen teil[8]. Der Ältestenrat

5 Zur Geltendmachung organschaftlicher Rechte durch Bundestagsabgeordnete s. unten Rn. 398 ff.
6 Vgl. Übersicht bei *Zeh*, HStR III, § 52 Rn. 30.
7 Vgl. *Zeh*, HStR III, § 52 Rn. 31 f.
8 Vgl. *Klein*, in: Maunz/Dürig, GG, Art. 40 Rn. 118.

setzt sich zumeist aus erfahrenen Parlamentariern und den parlamentarischen Geschäftsführern der Fraktionen zusammen[9].

389 Der Ältestenrat ist ein parlamentarisches Gremium, das den Präsidenten des Bundestags bei der Führung seiner Geschäfte unterstützt (vgl. § 6 Abs. 2 Satz 1 GOBT). Zweck ist, zwischen den Fraktionen und dem Präsidium Verständigung über die inneren Angelegenheiten des Bundestags herzustellen und den parlamentarischen Geschäftsablauf zu koordinieren (z. B. Sitzungstermine, Tagesordnung oder Besetzung des Ausschussvorsitzes). Diese Verständigung erfolgt einvernehmlich und nicht durch Mehrheitsbeschluss (vgl. § 6 Abs. 2 Satz 3 GOBT). Kann eine Verständigung nicht erreicht werden, ist eine Beschlussfassung durch den Bundestag selbst erforderlich.

390 Nicht einvernehmlich, sondern als Beschlussorgan, wird der Ältestenrat tätig, soweit die inneren Angelegenheiten nicht gesetzlich oder verfassungsrechtlich dem Bundestagspräsidenten oder dem Präsidium vorbehalten sind (vgl. § 6 Abs. 3 Satz 1 GOBT). Dazu gehört die Verteilung der Räumlichkeiten des Bundestags oder der Voranschlag des Haushaltseinzelplans des Bundestags (vgl. § 6 Abs. 3 Satz 2 GOBT).

391 Im Ältestenrat können in nichtöffentlicher Sitzung Konflikte zwischen verschiedenen Organteilen des Bundestags behandelt, Fragen der Geschäftsordnung geklärt und interfraktionelle Absprachen getroffen werden[10].

4. Ausschüsse

392 Die Ausschüsse sind Untergliederungen des Bundestags, die für einen bestimmten Geschäftsbereich der parlamentarischen Arbeit zuständig sind. Aufgrund ihrer Aufgabe, die Sitzungen des Plenums inhaltlich vorzubereiten (§ 54 Abs. 1 Satz 1 GOBT), findet die eigentliche Sacharbeit des Parlaments in den Ausschüssen statt. Das Grundgesetz enthält keine allgemeine Regelung zu den Ausschüssen des Bundestages, schreibt jedoch die Existenz einzelner Ausschüsse vor und regelt besondere Befugnisse der Ausschüsse. Die GOBT regelt die Errichtung von Bundestagsausschüssen in den §§ 54 ff. Werden bestimmte Ausschüsse in der Verfassung oder in anderen Gesetzen erwähnt (vgl. § 54 Abs. 2 GOBT), müssen sie in jeder Legislaturperiode bestehen, sie sind *obligatorisch*. *Fakultative* Ausschüsse sind dagegen solche, die lediglich auf Basis der jeweiligen Geschäftsordnung des Bundestages bestehen.

393 Zu den *obligatorischen* Ausschüssen gehören der Ausschuss für Angelegenheiten der EU (Art. 45 Abs. 1 GG), der Ausschuss für auswärtige Angelegenheiten und der Verteidigungsausschuss (Art. 45 a Abs. 1 GG), der Petitionsausschuss (Art. 45 c Abs. 1 GG) und der Haushaltsausschuss (§ 10 a Abs. 2 Satz 1 BHO). Keine obligatorischen Ausschüsse sind die parlamentarischen Untersuchungsausschüsse, für die das Grundgesetz nur die Möglichkeit der Einsetzung garantiert (Art. 44 Abs. 1 GG). Der Gemeinsame Ausschuss gem. Art. 53 a GG ist gar kein

9 Vgl. *Stern*, Staatsrecht II, S. 91.
10 Zum Ganzen vgl. *Zeh*, HStR III, § 52 Rn. 35 ff.

parlamentarischer Ausschuss, sondern ein eigenes Bundesorgan, das sich aus Mitgliedern des Bundestages und des Bundesrates zusammensetzt.

394 *Fakultative* Ausschüsse haben trotz fehlender gesetzlicher Existenzgarantie keine geringere Bedeutung als obligatorische. Sie werden aufgrund der Selbstorganisation des Parlaments eingerichtet und spiegeln vor allem die fachliche Organisation der Bundesregierung wieder. Zu jedem Ressort (Ministerium) gibt es grundsätzlich einen entsprechenden Fachausschuss, wie etwa den Finanzausschuss oder den Rechtsausschuss. Dadurch wird eine sachverständige parlamentarische Begleitung der Regierungsarbeit möglich. Diese Ausschüsse sind in den meisten Fällen ständige Ausschüsse, die für die gesamte Dauer einer Wahlperiode bestehen und auch in den darauf folgenden Wahlperioden wieder eingerichtet werden (§ 54 Abs. 1 Satz 1 GOBT). Daneben können aber auch im Laufe einer Wahlperiode Sonderausschüsse für einzelne Angelegenheiten eingerichtet werden (§ 54 Abs. 1 Satz 2 GOBT). Zu den Sonderausschüssen gehören die parlamentarischen Untersuchungsausschüsse (Art. 44 GG) sowie die Enquête-Kommission (vgl. § 56 GOBT)[11]. Anders als dem parlamentarischen Untersuchungsausschuss kommt der Enquête-Kommission keine beschließende Funktion zu. Sie verfolgt das Ziel der Informationsbeschaffung „zur Vorbereitung von Entscheidungen über umfangreiche und bedeutsame Sachkomplexe“ (§ 56 Abs. 1 Satz 1 GOBT).

395 Die Ausschüsse nehmen einen wesentlichen Teil der Informations-, Kontroll- und Untersuchungsrechte des Bundestags wahr[12]. Gesetzesvorlagen werden nach erster Lesung an die jeweiligen Ausschüsse verwiesen (§ 80 Abs. 1 GOBT) und dort beraten. Die Ausschüsse bieten die Bedingungen für eine möglichst sachorientierte Arbeit, die das Plenum des Bundestags nicht leisten kann. Die Ausschüsse tagen grundsätzlich in nichtöffentlicher Sitzung (vgl. § 69 Abs. 1 Satz 1 GOBT), so dass Argumente frei von politischem und medialem Echo ausgetauscht werden können. Die mit Fachleuten besetzen Ausschüsse ermöglichen es dem Parlament, dem Fachwissen ministerialer Abteilungen entgegenzutreten, von denen die Gesetzesvorlagen der Bundesregierung erarbeitet worden sind, und effektive parlamentarische Kontrolle zu leisten.

396 Alle Ausschüsse sind zur Erledigung der ihnen vom Plenum oder Bundestagspräsidenten überwiesenen Aufgaben verpflichtet (vgl. § 62 Abs. 1 Satz 1 GOBT). Daneben haben sie auch das Recht, sich mit anderen Fragen ihres Geschäftsbereichs zu befassen, wobei sie sich insbesondere mit relevanten Angelegenheiten der EU auch ohne Überweisung zeitnah befassen sollen (vgl. § 62 Abs. 1 Satz 3 GOBT). Sie werden grundsätzlich nur mit dem Ziel einer Beschlussempfehlung für den Bundestag tätig (sog. vorbereitende Beschlussorgane, §§ 54 Abs. 1 Satz 1, 62 Abs. 1 Satz 2 GOBT), es sei denn, sie werden durch das Grundgesetz, einfachgesetzliche Vorschriften oder Vorschriften der Geschäftsordnung des Bundestags mit weitergehenden Rechten ausgestattet (vgl. § 61 Abs. 1 Satz 4 GOBT). Für Regelungen der Geschäftsordnung gilt dies aber nur insoweit, als dadurch nicht die Stimmrechte der Abgeordneten, insbesondere der in Ausschüssen nicht stimmberechtigten fraktionslosen Abgeordneten, entwertet werden.

---

11 Vgl. *Klein*, in: Maunz/Dürig, GG, Art. 40 Rn. 126 ff.
12 Vgl. BVerfGE 84, 304 (323) – *Gruppenstatus PDS*.

397 Die Ausschüsse setzen sich aus dem *Ausschussvorsitzenden* und einer unterschiedlichen Anzahl von *Ausschussmitgliedern* zusammen, wobei grundsätzlich jeder Bundestagsabgeordnete einem Ausschuss angehören soll (§§ 57f. GOBT). Die Anzahl der Mitglieder eines Ausschusses ist schwankend und kann vom Bundestag bei Bedarf neu festgelegt werden (vgl. § 57 Abs. 1 GOBT). Die Ausschussvorsitzenden werden nach den Vereinbarungen des Ältestenrats bestimmt (vgl. § 58 GOBT) und leiten die Ausschusssitzungen (vgl. § 59 GOBT). Die einzelnen Mitglieder werden von den Fraktionen bestimmt (§ 57 Abs. 2 GOBT). Dabei muss die Ausschussbesetzung den Stärken der Fraktionen im Parlament entsprechen, damit bei den Abstimmungen in den Ausschüssen die entsprechenden Kräfteverhältnisse des Plenums widergespiegelt werden (§§ 57 Abs. 1 Satz 1, 12 GOBT)[13]. *Fraktionslose Abgeordnete* haben zwar einen aus Art. 38 Abs. 1 GG folgenden verfassungsrechtlichen Anspruch auf einen Ausschusssitz, jedoch nur mit beratender Stimme, da ein Stimmrecht fraktionsloser Abgeordneter die Kräfteverhältnisse in den Ausschüssen notwendigerweise verzerren würde[14]. Fraktionslose Ausschussmitglieder werden vom Bundestagspräsidenten benannt (§ 57 Abs. 2 Satz 2 GOBT).

5. Abgeordnete

398 Der Bundestag besteht grundsätzlich aus 598 gewählten Abgeordneten (vgl. Art. 38 Abs. 1 Satz 1 GG, § 1 BWahlG)[15]. Die Abgeordneten sind Inhaber eines öffentlichen Amtes, Träger eines freien Mandats und Vertreter des gesamten Volkes (vgl. Art. 38 Abs. 1 Satz 2 GG)[16]. Als Organteile nehmen die Abgeordneten an der Willensbildung des Bundestages teil. Die Stellung als Mitglied des Bundestags vermittelt Rechte und Pflichten, die im Organstreitverfahren gem. Art. 93 Abs. 1 Nr. 1 GG vor dem BVerfG geltend gemacht werden können[17].

399 Basisvorschrift für die Rechtsstellung der Abgeordneten ist der bereits genannte Art. 38 Abs. 1 GG. Weitere normative Grundlagen sind die Art. 46–48 GG, einfachgesetzliche Vorschriften wie das Abgeordnetengesetz (AbgG) und das Bundeswahlgesetz (BWahlG), sowie die Geschäftsordnung des Bundestags (GOBT).

400 Alle Abgeordneten haben den gleichen verfassungsrechtlichen Status inne. Die Gleichheit der Parlamentarier ist streng formal zu verstehen. Differenzierungen bei den Abgeordnetenentschädigungen sind daher nur in äußert engen Grenzen zulässig. Besondere Rechte und Pflichten können allenfalls zusätzliche parlamentarische Funktionen oder die Zugehörigkeit zu einem besonderen Organteil des Bundestags rechtfertigen, und dies auch nur in sehr engem Rahmen[18].

> „Das Grundgesetz kennt im Wahlrecht und im Parlamentsrecht keine für den Status des Abgeordneten erheblichen besonderen, in seiner Person liegenden Umstände,

---

13 Vgl. BVerfGE 84, 304, (323) m.w.N. – *Gruppenstatus PDS.*

14 BVerfGE 80, 188 (224f.) – *Wüppesahl.* Zum Ganzen vgl. *Klein*, in: Maunz/Dürig, GG, Art. 40 Rn. 126ff.

15 Die gesetzliche Anzahl kann sich wegen Überhangmandaten erhöhen.

16 Vgl. BVerfGE 40, 296, (314) – *Diäten.*

17 BVerfGE 80, 188 (208f.) – *Wüppesahl;* BVerfGE 90, 286 (342f.) – *Auslandseinsätze der Bundeswehr; Schlaich/Korioth,* Rn. 91.

18 Vgl. BVerfGE 102, 224 – *Funktionszulagen.*

die eine Differenzierung innerhalb des Status rechtfertigen können. Alle Mitglieder des Parlaments sind einander formal gleichgestellt.“[19]

401 Die Abgeordneten werden als Organwalter des Bundestags tätig und bilden gemeinsam den Organwillen des Staatsorgans Bundestag, der dann dem Staat zugerechnet wird[20].

402 a) **Beginn und Ende des Abgeordnetenamtes.** Das *Amt* des Abgeordneten *beginnt* mit der Eröffnung der ersten Sitzung des Deutschen Bundestages nach der Bundestagswahl (§ 45 Abs. 1 BWahlG). Einer Annahme der Wahl durch die gewählten Abgeordneten bedarf es nicht; will ein Abgeordneter sein Amt nicht antreten, muss er dies noch vor der ersten Sitzung schriftlich gegenüber dem Wahlleiter erklären. Der Zusammentritt des neuen Bundestags lässt zugleich die vorherige Wahlperiode enden (vgl. Art. 39 Abs. 1 Satz 2 GG).

403 Außer mit dem Ende einer Wahlperiode endet das Amt durch den Tod des Abgeordneten. Weitere Gründe für einen Verlust des Mandats, etwa durch Neufeststellung des Wahlergebnisses oder Verzicht, nennt § 46 Abs. 1 BWahlG. Die Entscheidung hierüber wird in verschiedenen in § 47 BWahlG vorgesehenen Verfahren von Organen des Bundestags (Wahlprüfungsausschuss, Ältestenrat, Bundestagspräsident) getroffen, was die Selbstorganisation und den Selbstverwaltungscharakter des Bundestags gegenüber anderen Staatsteilen unterstreicht. Ohne diese Verfahren und eine entsprechende Entscheidung kann kein Abgeordneter sein Mandat verlieren. Zweck ist, dass grundsätzlich keine externe staatliche Stelle Einfluss auf die Wahlentscheidung des Souveräns (Volk) nehmen darf, sondern allenfalls der Bundestag selbst. Gegen die Entscheidung kann der betroffene Abgeordnete jedoch im Rahmen des Organstreitverfahrens (Art. 93 Abs. 1 Nr. 1 GG) Rechtsschutz vor dem BVerfG suchen.

404 In diesem Rahmen hatte das Bundesverfassungsgericht über die Rechtmäßigkeit von Mandatsverlusten nach Feststellung der Verfassungswidrigkeit einer Partei (Art 21 Abs. 2 Satz 2 GG) zu entscheiden[21]. Gem. § 46 Abs. 1 Nr. 5 BWahlG verliert ein Abgeordneter, der als Mitglied einer für verfassungswidrig erklärten Partei im Bundestag sitzt, sein Mandat. Diese Regelung soll, ebenso wie das Parteiverbot, die freiheitlich-demokratische Grundordnung vor einer Aushöhlung schützen. Es muss verhindert werden, dass Abgeordnete einer verfassungsfeindlichen Partei innerhalb des Systems auf dessen Selbstzerstörung hinwirken können. Der Schutz der Verfassung und der staatlichen Grundordnung überwiegt insofern die Entscheidung des Souveräns bei der Wahl – zu dessen eigenem Schutz.

405 Die Grundsätze der Unmittelbarkeit und Gleichheit der Wahl sowie des freien Mandats stehen einem sog. *ruhenden Mandat* entgegen[22]. Darunter ist die Praxis zu verstehen, dass in die Regierung berufene Abgeordnete ihr Mandat während ihrer Amtszeit als Regierungsmitglieder nicht ausüben, sondern es entsprechend

---

19 BVerfGE 40, 296 (317 f.) – *Diäten.*

20 S. zum Staatshandeln durch Organe oben Rn. 373 ff.

21 BVerfGE 2, 1 – *SRP-Verbot;* BVerfGE 6, 445 – *Mandatsverlust nach KPD-Verbot.* Zum Parteiverbotsverfahren s. unten Rn. 828 ff.

22 Ausführlich zu den Wahlrechtsgrundsätzen unten Rn. 452 ff.

befristet einem Nachfolger oder Ersatzkandidaten überlassen. Eine Regelung auf Landesebene (§ 40a LandtagswahlG 1975), die dies vorsah, erklärte der Hessische Staatsgerichtshof für verfassungswidrig[23]. Ein Mandat kann entweder ausgeführt werden oder der Gewählte verzichtet endgültig und unwiderruflich auf die Ausübung.

b) Abgeordnete als Vertreter des gesamten Volkes, Grundsatz des freien Mandats. 406
Gem. Art. 38 Abs. 1 Satz 2 GG sind die Abgeordneten Vertreter des gesamten Volkes, an Aufträge und Weisungen nicht gebunden und nur ihrem Gewissen unterworfen. Damit wird das *freie Mandat* des Abgeordneten normiert, das Grundlage einer repräsentativen Demokratie ist. Repräsentation bedeutet insofern nicht weisungsgebundenes Handeln, sondern eine eigenständige Willensbildung der Parlamentarier anstelle des Volkes. Gegenteil des freien Mandats wäre ein imperatives Mandat. Dessen Träger entscheidet, wie etwa die Ratsmitglieder in den Versuchen zur Etablierung von Räterepubliken nach der Novemberrevolution 1918/1919, nicht frei, sondern auf Anweisung seiner Wähler. Für die Vielzahl von Entscheidungen, die in einer modernen repräsentativen Demokratie durch das Legislativorgan zu treffen sind, wäre das System des imperativen Mandats gänzlich ungeeignet.

Die Abgeordneten sind *Vertreter des gesamten Volks*. Die Wahl in einem bestimmten Wahlkreis oder über eine Landesliste entbindet nicht von dem damit verbundenen Auftrag, die Interessen aller Bürger in den Blick zu nehmen. Dennoch kann eine besondere Verbindung zwischen den Abgeordneten und den „eigenen" Wählern bestehen, insbesondere den Direktkandidaten und den Bürgern in ihrem jeweiligen Wahlkreis[24]. 407

Gem. Art. 38 Abs. 1 Satz 2 GG unterliegt die Mitwirkung der Abgeordneten an der Entscheidungsfindung des Parlaments keiner Bindung an Aufträge oder Weisungen. Einzige Richtschnur der parlamentarischen Tätigkeit soll das eigene Gewissen sein[25]. Wesentliches Element des *freien Mandats* ist die fehlende Möglichkeit der vorzeitigen Beendigung des Bundestagsmandats gegen den Willen des Mandatsträgers. Das Mandat ist auch nicht an die Zugehörigkeit zu einer Partei oder einer Fraktion gekoppelt. Auch im Wahlkampf angekündigte Maßnahmen (sog. Wahlversprechen) entfalten keine rechtliche Bindungswirkung, die Nichteinhaltung zeitigt keine juristische Konsequenz. 408

Die Freiheit des Mandats bezieht sich freilich nur auf die Inhalte der parlamentarischen Arbeit. Sie schließt eine Bindung der Abgeordneten an Verfahrens- und Organisationsregelungen nicht aus. Die Rechte der Abgeordneten werden durch das Erfordernis der Funktionsfähigkeit des Bundestags sowie anderer Staatsorgane, mit denen der Bundestag zusammenwirken muss, wie z. B. im Gesetzgebungsverfahren, beschränkt[26]. 409

23 HessStGH, NJW 1977, 2065; vgl. *Stern*, Staatsrecht I, S. 1053.
24 Vgl. BVerfGE 84, 304 (333) – *Gruppenstatus PDS*.
25 Vgl. *Klein*, HStR III, § 51 Rn. 4.
26 Zu diesen formalen Beschränkungen s. u. Rn. 889 ff.

410 Auch wenn sich faktische Bindungen und Abhängigkeiten nicht vollständig verhindern lassen, schließt Art. 38 Abs. 1 Satz 2 GG jedenfalls rechtliche Verpflichtungen der Abgeordneten mit Blick auf ihre parlamentarische Tätigkeit aus. Wichtig ist dies vor allem vor dem Hintergrund der in Art. 21 GG explizit anerkannten Parteiendemokratie: Die Organisation der Abgeordneten in parteipolitischen Blöcken (Fraktionen)[27] führt zu politischen Loyalitätspflichten, auch gegenüber den Wählern, die mit der Zweitstimme eine Partei bewusst aufgrund ihrer im Wahlprogramm geäußerten inhaltlichen Linie gewählt haben. Ein Abweichen von der Parteilinie kann im Gegenzug zur Nichtberücksichtigung durch die Partei im Rahmen der nächsten Wahlen führen. Art. 38 Abs. 1 Satz 2 GG stellt jedoch klar, dass diese Bindungen nur politische, keine rechtliche Wirkung entfalten können. Die Grenze zwischen unzulässiger rechtlicher und zulässiger politischer Bindung beschreibt das Begriffspaar „Fraktionszwang" und „Fraktionsdisziplin".

411 Unter dem Begriff *Fraktionszwang* lassen sich alle von einer Fraktion oder der dahinter stehenden Partei ausgehenden Maßnahmen zusammenfassen, durch die an das Abstimmungsverhalten eines Abgeordneten konkrete Rechtsfolgen geknüpft werden sollen[28]. Beispiele hierfür wären schriftliche Verpflichtungserklärungen über zukünftiges Abstimmungsverhalten oder daran gekoppelte finanzielle Sanktionen. Maßnahmen des Fraktionszwangs steht der Grundsatz des freien Mandats entgegen, wegen des Verstoßes gegen Art. 38 Abs. 1 Satz 2 GG sind sie rechtlich unwirksam, vgl. § 134 BGB.

412 *Fraktionsdisziplin* beschreibt demgegenüber die politische Verpflichtung eines Abgeordneten, seine Entscheidungsfreiheit zugunsten eines einheitlichen Auftretens der Fraktion einzuschränken oder sogar aufzugeben.

Beispiele: Festlegung des Abstimmungsverhaltens nach vorheriger Willensbildung der Fraktion durch ihre Mehrheit; ein im Ausschuss erarbeiteter Kompromiss; die Orientierung an der Auffassung des Fraktionsspezialisten zu einer Thematik oder eine vorherige Willensbildung der Parteigremien.

Die kritische Grenze zum Fraktionszwang liegt dort, wo ein von der Fraktionslinie abweichender Abgeordneter unter Druck gesetzt wird. Zulässig sind etwa namentliche Probeabstimmungen oder fraktionsinterne Sitzungen, auf denen Abweichler von der Fraktion argumentativ in die Pflicht genommen werden. Bei nachhaltiger und schwerwiegender Verletzung der Fraktionsdisziplin kann darüber hinaus der Rückruf eines Abgeordneten aus Parlamentsausschüssen zulässig sein, wenn er die Interessen der Fraktion dort nicht mehr repräsentiert[29]. Im Einzelfall, etwa bei dauerhafter Obstruktionspolitik des Abgeordneten, könnte auch ein vollständiger Fraktionsausschluss zu rechtfertigen sein. Sämtliche dieser Maßnahmen bedürfen jedoch vor dem Hintergrund der verfassungsrechtlich garantierten Entscheidungsfreiheit des Abgeordneten einer besonderen Rechtfertigung. Ohne weiteres zulässig ist die oben angedeutete Variante, Abgeordnete bei der nächsten Wahl nicht erneut zu nominieren: Auf die Aufstellung eines Kandidaten durch eine Partei besteht von vornherein kein Rechtsanspruch.

---

27 S. dazu der nächste Abschnitt Rn. 431 ff.
28 Vgl. *Klein*, HStR III, § 51 Rn14.
29 Vgl. *Maurer*, Staatsrecht I, § 13 Rn. 68 m.w.N.; *Klein*, HStR III, § 51 Rn. 17 f.

413 Die Fraktionsdisziplin ist notwendige Folge der Organisation politischer Mehrheiten im Parlament und keineswegs ein Makel der Demokratie. Die klassische Vorstellung, dass sich für Sachentscheidungen jeweils eine Mehrheit einzelner Parlamentarier aus unterschiedlichen politischen Lagern und Wurzeln bildet – also ein Parlament mit wechselnden Mehrheiten – ist mit der modernen Medien- und Massendemokratie, in der Meinungen öffentlichkeitswirksam zu „Parteiprogrammen“ gebündelt werden, kaum vereinbar[30]. Bei der Vielzahl der im parlamentarischen Betrieb zu treffenden Entscheidungen handelt es sich nur in wenigen Fällen um Fragestellungen, aus denen sich tatsächliche Gewissenskonflikte ergeben können. Bei Themen mit engem moralisch-ethischem Bezug wird auch in der politischen Praxis eine Ausnahme von der Fraktionsdisziplin gemacht: hier sollen sich die Abgeordneten parteiübergreifend für diejenige Lösung aussprechen, die ihrem Gewissen entspricht. So verzichteten etwa bei der Entscheidung des Bundestages über die Zulassung der Präimplantationsdiagnostik im Jahre 2011 sämtliche Fraktionen auf eine Abstimmungsvorgabe[31].

414 c) **Rechte der Abgeordneten.** Das Amt des Abgeordneten berechtigt und verpflichtet den Träger, *an der Willensbildung des Parlaments teilzunehmen*. Unterschieden wird zwischen *organschaftlichen Rechten*, die der Abgeordnete im Rahmen seines Amtes und als Organteil des Bundestags wahrnimmt und den *persönlichen Rechten*, die die verfassungsrechtliche Stellung des Abgeordneten nach außen absichern sollen[32].

415 aa) **Organschaftliche Rechte.** Organschaftliche Rechte sind die Rechte, die erforderlich sind, damit das Organ Bundestag seine Funktion als Staatsorgan und der Abgeordnete seine Aufgabe als „Vertreter des ganzen Volkes“ in diesem Organ wahrnehmen kann. Es geht somit um Rechte, die dem Abgeordneten innerhalb des politischen Systems zustehen. Normative Grundlage dieser Rechte ist die verfassungsrechtliche Normierung des Abgeordnetenstatus in Art. 38 Abs. 1 GG sowie dessen Ausgestaltung in der GOBT. In der Praxis bestimmen zudem interfraktionelle Absprachen große Teile der parlamentarischen Abläufe.

416 Unmittelbar aus Art. 38 Abs. 1 GG ergeben sich *Mitwirkungs-, Informations- und Antragsrechte* der Abgeordneten. Mitwirkungsrechte umfassen etwa das Recht, an den Verhandlungen und Beschlüssen des Bundestags durch Wortbeiträge und Stimmabgabe teilzunehmen. Informationsrechte in Gestalt von Frage- und Auskunftsrechten sollen dem Abgeordneten die Möglichkeit geben, sich die zur Ausübung seines Mandats erforderlichen Informationen zu beschaffen, insbesondere auch durch Anfragen gegenüber der Bundesregierung, auf die diese grundsätzlich „Rede und Antwort zu stehen hat“[33]. Durch Antragsrechte soll der Abgeordnete die Gelegenheit erhalten, Themen und Vorgänge zum Gegenstand der parlamentarischen Beratungen und Beschlüsse zu machen[34]. Da die wesent-

---

30 Umstritten ist die Frage, ob der Parlamentarische Rat von einer Zulässigkeit einer Fraktionsdisziplin unter dem GG ausging, vgl. dazu *Galka/Schuett-Wetschky*, ZPol 2007, 1095 ff.

31 Vgl. Süddeutsche.de vom 7.7.2011, abrufbar unter *http://www.sueddeutsche.de/politik/entscheidung-im-bundestag-parlament-erlaubt-gentests-an-embryonen-1 111 7300* (zuletzt aufgerufen am 11.6.2013).

32 Zum Folgenden vgl. *Klein*, HStR III, § 51 Rn. 23 ff.; *Stern*, Staatsrecht I, S. 1094 ff.

33 BVerfGE 13, 123 (125); 57, 1 (5), 67, 100 (129); 70, 324 (355).

34 Vgl. BayVerfGHE 29, 63 (89).

lichen Sachfragen in den parlamentarischen Ausschüssen diskutiert werden, soll jeder Abgeordnete einen Ausschusssitz, wenn auch im Fall des fraktionslosen Abgeordneten ggf. ohne Stimmrecht, innehaben[35].

417 Darüber hinaus existieren Rechte, die einzelnen Abgeordneten nicht allein, sondern nur in Verbindung mit einer bestimmten Anzahl weiterer Abgeordneter zustehen. So muss etwa die Gesetzesinitiative „aus der Mitte des Bundestages" (Art. 76 Abs. 1 GG) nach der verfassungsrechtlich problematischen[36] Ausgestaltung in § 76 Abs. 1 GOBT von mindestens 5 % der Abgeordneten getragen werden.

418 Ausgestaltung und Beschränkungen der dargestellten Rechte wie beispielsweise ein begrenztes Rederecht ergeben sich aus organisatorischen und verfahrensrechtlichen Regelungen, die für die Funktionsfähigkeit des Parlaments erforderlich sind. So sieht etwa die Vorschrift des § 36 GOBT einen Sach- oder Ordnungsruf und bei mehrfacher Wiederholung die Entziehung des Wortes vor, wenn ein Abgeordneter in einer Rede abschweift oder in seinem Verhalten die Ordnung oder Würde des Bundestags verletzt. Diese Norm stellt eine verfassungskonforme Einschränkung des Rederechts der Abgeordneten zugunsten der Repräsentationsfähigkeit und Funktionsfähigkeit des Bundestags dar. Sie bedarf jedoch auch einer verfassungskonformen, den Statusrechten des Abgeordneten Rechnung tragenden Anwendung im Einzelfall, wobei dem Bundestagspräsidenten bei der Auswahl der konkreten Ordnungsmittel ein Ermessensspielraum zukommt. Sowohl gegen den Entzug des Rederechts als auch gegen einen Sach- oder Ordnungsruf kann sich der Abgeordnete im Organstreitverfahren wehren und eine Verletzung seines Rederechts aus Art. 38 Abs. 1 Satz 2 GG geltend machen. Auf Grundrechte wie insbesondere die Meinungsfreiheit des Art. 5 Abs. 1 GG kann er sich in seiner Rolle als Organteil dagegen nicht berufen. Gegen eine bloße Rüge, die keinerlei rechtliche Konsequenzen zeitigt, ist das Organstreitverfahren dagegen nicht zulässig, da von vornherein keine Rechtsverletzung droht.

419 **bb) Persönliche Rechte der Abgeordneten.** Die zweite Kategorie von Rechten des Abgeordneten sind *persönliche Rechte* des Mandatsträgers, die seinen Status gesellschaftlich absichern sollen. Normative Grundlagen sind verfassungsrechtlich die Art. 46–48 GG und einfachgesetzlich insbesondere das Abgeordnetengesetz (AbgG).

(1) Indemnität und Immunität. Art. 46 GG gewährleistet Indemnität (Freiheit von rechtlicher Sanktionierung im Parlament getätigter Äußerungen) und Immunität (eingeschränkte Strafverfolgung)

420 *Indemnität* i. S. d. Art. 46 Abs. 1 GG bedeutet, dass ein Abgeordneter zu keiner Zeit wegen Abstimmungen im Bundestag oder einem Ausschuss oder dort getätigten Äußerungen gerichtlich, dienstlich oder anderweitig verfolgt oder zur Verantwortung gezogen werden darf. Ausgeschlossen sind somit die Anklage wegen Straftatbeständen wie Beleidigung oder übler Nachrede gem. §§ 185 f.

---

35 BVerfGE 80, 188 (208 f.) – *Wüppesahl*. S. dazu unten Rn. 439.
36 S. dazu unten Rn. 878.

StGB, zivilrechtliche Ansprüche auf Schadensersatz und Disziplinarverfahren[37]. Ausgenommen sind gem. Art. 46 Abs. 1 Satz 2 Verleumdungen, da der Abgeordnete hier nicht schutzwürdig ist (vgl. § 187 StGB: „wider besseres Wissen"). Die Indemnität schützt lebenslang und ist nicht aufhebbar („zu keiner Zeit"). Geschützt wird so das freie Wort und die Meinungsbildung der Parlamentarier und damit die Funktionsfähigkeit des Parlaments. Diese wäre beeinträchtigt, wenn Abgeordnete aus Furcht vor externen Konsequenzen ihre Meinung nicht frei artikulieren könnten. Keine Indemnität genießt ein Abgeordneter jedoch außerhalb des parlamentarischen Bereichs, z. B. bei Wahlkampfveranstaltungen oder Stellungnahmen in den Medien.

Immunität (Art. 46 Abs. 2–4 GG) bedeutet Schutz vor strafrechtlicher Verfolgung **421**
(Prozess, Ermittlungsverfahren) während der Zeit des Abgeordnetenmandats. Wird der Abgeordnete nicht „bei Begehung der Tat oder im Laufe des folgenden Tages" festgenommen, d. h. in Fällen, in denen die Tatbegehung offenkundig ist, bedarf jede Strafverfolgung von Abgeordneten (Art. 46 Abs. 2 GG) der Genehmigung des Bundestages ebenso wie andere Beschränkungen der persönlichen Freiheit sowie Grundrechtsverwirkungen i. S. d. Art. 18 GG. Der Bundestag kann in den genannten Fällen auch den Status der Immunität wiederherstellen (vgl. Art. 46 Abs. 4 GG).
Durch dieses Zustimmungserfordernis des Bundestages soll dieser in seiner Funktionsfähigkeit vor Eingriffen durch die anderen Teile der Staatsgewalt geschützt werden. Zugrunde liegt die Besorgnis, die Exekutive könnte durch gezielt manipulierte Strafverfahren bewusst unliebsame Abgeordnete aus dem Verkehr ziehen und so die parlamentarische Willensbildung verfälschen. Da diese Gefahr nur während des laufenden Abgeordnetenmandats besteht, beschränkt sich auch die Immunität, anders als die Indemnität, auf diesen Zeitraum.

(2) **Zeugnisverweigerungsrecht.** Art. 47 GG begründet ein Zeugnisverweigerungs- **422**
recht der Abgeordneten über Personen, die ihnen in ihrer Eigenschaft als Abgeordnete oder denen sie in dieser Eigenschaft Informationen anvertraut haben, sowie über die Informationen selbst. Einfachgesetzlich wird dieses Zeugnisverweigerungsrecht in den jeweiligen Prozessordnungen ausgestaltet (vgl. z. B. §§ 53 I Nr. 3 StPO, 383 Abs. 1 Nr. 6 ZPO). Es entspricht inhaltlich dort den Zeugnisverweigerungsrechten anderer Vertrauenspersonen wie etwa Geistlichen oder Rechtsanwälten. Da das Zeugnisverweigerungsrecht die effektive Ausübung des parlamentarischen Mandats – einschließlich der Information über alle aus Sicht des Abgeordneten relevanten Vorgänge – ohne Angst vor zukünftigen negativen Konsequenzen absichern soll, muss es wie die Indemnität lebenslang gewährleistet bleiben.

(3) **Weitere Rechte.** Gem. Art. 48 GG haben Abgeordnete Anspruch auf Urlaub **423**
für den Wahlkampf (Art. 48 Abs. 1 GG, § 3 AbgG), genießen arbeitsrechtlichen Schutz (Art. 48 Abs. 2 GG, §§ 2, 4, 5 ff. AbgG) und bekommen eine angemessene, ihre Unabhängigkeit sichernde Entschädigung für ihre parlamentarische Tätigkeit („Diäten", Art. 48 Abs. 3 Satz 1 §§ 11 ff. AbgG) und das Recht auf freie Benutzung aller staatlichen Verkehrsmittel (Art. 48 Abs. 3 Satz 2 GG).

37 Vgl. *Degenhart*, Staatsrecht I, Rn. 620.

Ziel dieser Vorschriften ist es, sicherzustellen, dass jeder Bürger gleiche Zugangsmöglichkeiten zum Abgeordnetenmandat hat und nicht durch betriebliche oder materielle Hürden von der Bewerbung um ein Abgeordnetenmandat abgehalten wird. Dabei sollen sich auch fähige Bürger, die in Führungspositionen in der Wirtschaft viel Geld verdienen könnten, um einen Parlamentssitz bemühen. Über die angemessene Entschädigung entscheiden die Abgeordneten selbst durch Gesetz (vgl. Art. 48 Abs. 3 Satz 3 GG, §§ 11 ff. AbgG)[38]. Problematisch ist in diesem Zusammenhang die Zulässigkeit von Nebentätigkeiten von Bundestagsabgeordneten. Waren diese lange Zeit uneingeschränkt zulässig, versucht nunmehr § 44 a AbgG einen Ausgleich zwischen der Verpflichtung des Abgeordneten, sein Amt gewissenhaft wahrzunehmen einerseits, andererseits seinem Interesse, nach Ausscheiden aus seinem Mandat seine vorherige berufliche Tätigkeit nahtlos fortführen zu können. § 44 a Abs. 1 Satz 1 AbgG stellt klar, dass die Ausübung des Mandats im Mittelpunkt der Tätigkeit des Abgeordneten stehen muss; § 44 a Abs. 1 Satz 2 AbgG lässt Nebentätigkeiten grundsätzlich zulässig sein. Allerdings regelt § 44 a Abs. 2 AbgG, dass Abgeordnete keine anderen als die gesetzlich vorgesehenen Zuwendungen für die Ausübung ihres Amtes erhalten dürfen, verbietet also etwa „Beraterverträge", auf deren Grundlage sich Abgeordnete verpflichten, Interessen bestimmter Firmen in den Bundestag einzubringen. § 44 a Abs. 4 AbgG statuiert eine Anzeigepflicht für Nebenverdienste. Das BVerfG hält diese Einschränkungen der Unabhängigkeit der Abgeordneten für durch das öffentliches Interesse an einem funktionsfähigen Parlament für gerechtfertigt[39].

424 **d) Pflichten der Abgeordneten.** Mit dem Amt des Abgeordneten sind auch *Pflichten und Anforderungen* verbunden. Zunächst unterliegt der Abgeordnete wie jeder Träger eines öffentlichen Amtes und insbesondere als Teil eines Staatsorgans den rechtlichen Bindungen, die die Verfassung der Staatsgewalt auferlegt[40]. Hinzu kommen spezifische Abgeordnetenpflichten und weitere Anforderungen, die sich insbesondere aus Inkompatibilitätsvorschriften ergeben.

425 **aa) Abgeordnetenpflichten.** Der Abgeordnete ist verpflichtet sein Amt wahrzunehmen, indem er an der Arbeit des Bundestags teilnimmt (vgl. § 13 Abs. 2 Satz 1 GOBT). Er muss die organisatorischen und verfahrensrechtlichen Regeln des Bundestags beachten und unterliegt bestimmten Verhaltenspflichten (vgl. § 44 a AbgG, § 18 GOBT, Anlage 1 GOBT). Diese Pflichten sind mit dem Status des freien Mandats vereinbar. Sie wirken sich nicht auf die innere Entscheidungsfreiheit des Abgeordneten aus und sind grundsätzlich nicht unmittelbar durchsetzbar. Verletzungen ziehen nur mittelbar Nachteile nach sich, wie die Kürzung finanzieller Zuwendungen. Insofern haben sie den Charakter von Obliegenheiten, d. h. Verpflichtungen, die lediglich im Eigeninteresse bestehen. Weitergehende Sanktionen können etwa der Wortentzug oder gar der Ausschluss aus den Parlamentsberatungen sein, was bei gravierenden Ordnungsverletzungen zum Schutz der Funktionsfähigkeit des Parlaments geboten sein kann.

426 **bb) Inkompatibilitäten.** Eine der wichtigsten Funktionen des Parlaments (Legislative) ist die *Kontrolle von Regierung und Verwaltung* (Exekutive). Notwendige

38 Vgl. ausführlich *Maurer,* Staatsrecht I, § 13 Rn. 77 ff. m. w. N.
39 BVerfGE 118, 277 (324 ff.).
40 Hierzu umfassend oben Rn. 176 ff.

Voraussetzung hierfür ist eine personelle Gewaltenteilung, die die Identität von Kontrolleur und Kontrollierten verhindert. Die Vorschriften zur *Inkompatibilität* (Unvereinbarkeit) von Amt und Mandat bezwecken diese Sicherung der organisatorischen Gewaltenteilung gegen Gefahren, die durch das Zusammentreffen eines Amts in der Exekutive mit dem Abgeordnetenmandat entstehen können[41]. Ähnliches gilt für das Verhältnis von Abgeordnetenmandat und Ämtern in der Rechtsprechung.

Verfassungsrechtlich ist die Inkompatibilität von Abgeordnetenmandat und Ämtern im öffentlichen Dienst in Art. 137 Abs. 1 GG geregelt. Für Angehörige des öffentlichen Dienstes – ausgenommen dort beschäftigte Angestellte – kann die Wählbarkeit in den Bundestag durch Gesetz beschränkt werden. Gleiches gilt für die Wählbarkeit in die Landes- und Kommunalparlamente. Aufgrund dieser Ermächtigung regeln die §§ 5 ff. AbgG und weitere gesetzliche Vorschriften des öffentlichen Dienstrechts in umfangreichem Maße die Unvereinbarkeit von Amt und Mandat. **427**

Unvereinbarkeit (Inkompatibilität) bedeutet eine Beschränkung der Wählbarkeit, jedoch keinen anfänglichen Ausschluss der Wählbarkeit (*Ineligibilität*)[42]. Der Inhaber eines inkompatiblen Amts kann zwar gewählt werden. Er kann sein Mandat aber nur ausüben, wenn er während dieser Zeit auf die Ausübung seines öffentlichen Amtes verzichtet. Nach dem Ende des Mandats können ehemalige Abgeordnete dagegen wieder in ein bestehendes Dienstverhältnis zurückkehren. **428**

Weitere Inkompatibilitäten regelt die Verfassung für den Bundespräsidenten in Art. 55 GG und für Mitglieder des Bundesverfassungsgericht in Art. 94 Abs. 1 Satz 3 GG, die ebenfalls keiner gesetzgebenden Körperschaft des Bundes oder eines Landes angehören dürfen. Aus dem verfassungsrechtlichen Verhältnis von Bundestag und Bundesrat im Gesetzgebungsverfahren und der wechselseitigen Kontrollfunktion folgt, dass die Mitglieder des Bundesrats nicht gleichzeitig dem Bundestag angehören dürfen (vgl. § 2 GOBR). Dagegen ist ein Doppelmandat in Bundestag und Landtag mit Blick auf Inkompatibilitäten unproblematisch, allerdings aufgrund der Arbeitsbelastung eines Parlamentariers kaum zu bewältigen[43]. **429**

Die grundsätzliche Unvereinbarkeit von Amt und Mandat gilt in der Exekutive nicht für die Bundesregierung. Das parlamentarische Regierungssystem besteht gerade aus einer engen Beziehung zwischen dem Parlament und der Regierung, weil die Parlamentsmehrheit die Regierung trägt. Hier wäre eine Inkompatibilität jedenfalls unzweckmäßig. Der Bundeskanzler und die Bundesminister sind regelmäßig Mitglieder des Parlaments und wahren so den Kontakt zu „ihren" Fraktionen. Die Unvereinbarkeit gilt aber für die nachgeordnete „unpolitische" Verwaltung, die unabhängig von den politischen Mehrheiten und den Wechseln an der Spitze der Exekutive agiert. **430**

---

41 Vgl. BVerfGE 48, 64 (82) – *Inkompatibilität auf kommunaler Ebene.*

42 *Pieroth*, in: Jarass/Pieroth, GG, Art. 137 Rn. 4.

43 Zum Ganzen vgl. *Klein*, HStR III, § 51 Rn. 26 ff.

6. Fraktionen

431 Fraktionen sind Vereinigungen von mindestens 5 % der Mitglieder des Bundestags, die derselben Partei oder solchen Parteien angehören, die aufgrund gleichgerichteter politischer Ziele in keinem Land miteinander in Wettbewerb stehen (sog. CDU/CSU-Klausel, vgl. § 45 AbgG, § 10 Abs. 1 GOBT). Die Mindestanzahl von 5 % entspricht der 5 %-Hürde beim Anteil an den Zweitstimmen, die jede Landesliste einer Partei nehmen muss, damit diese in den Bundestag gelangt.

432 Die Fraktionen sind notwendige Einrichtungen des Verfassungslebens und maßgebliche Faktoren der politischen Willensbildung[44]. In ihnen wird die parlamentarische Arbeit gebündelt und werden Mehrheiten organisiert. Der zwangsläufigen Bildung von Parteien in repräsentativen Demokratien hat das Grundgesetz durch Art. 21 Rechnung getragen, indem es den Parteien eine besondere Stellung bei der politischen Willensbildung des Volkes einräumt. Für die staatliche Willensbildung setzt sich die Funktion der Parteien im Parlament in den Fraktionen fort. Die Fraktionen spiegeln die parteipolitische Aufteilung der gesellschaftlichen Sphäre im Bundestag wider. Rechtlich sind die Fraktionen freilich von den Parteiinstitutionen unabhängige Vereinigungen von Abgeordneten (vgl. § 45 AbgG). Tatsächlich stellen sie sich jedoch in erster Linie als verlängerter Arm der Parteien im Parlament dar. Entscheidend ist nicht die freiwillige Vereinigung politisch gleich gesinnter Abgeordneter nach der Wahl, sondern die vorherige Aufstellung als Kandidat der Partei, die folgerichtig zur Fraktionszugehörigkeit führt. Die Fraktionszugehörigkeit ist jedoch nicht zwingende rechtliche Folge der Parteizugehörigkeit, sondern freie Entscheidung des einzelnen Abgeordneten. Dies verdeutlicht erneut den oben[45] dargestellten Vorrang des freien Mandats gem. Art. 38 Abs. 1 Satz 2 vor der Parteiendemokratie gem. Art. 21 GG.

433 *Verfassungsrechtliche Grundlage* der Fraktionen ist Art. 38 Abs. 1 Satz 2 GG[46]. Aus dem freien Mandat erwächst das Recht des Abgeordneten, sich parlamentarisch zu organisieren. In dieser institutionalisierten Form haben die Fraktionen entsprechende parlamentarische Rechte. Eine verfassungsrechtliche Pflicht, Fraktionen zu bilden, besteht dagegen nicht. Das Grundgesetz regelt den rechtlichen Status der Fraktionen nicht, geht aber von ihrer Existenz aus und erwähnt sie ausdrücklich nur in Art. 53a Abs. 1 Satz 2 GG. Die wesentlichen Regelungen finden sich einfachgesetzlich in den §§ 45ff. AbgG sowie in den §§ 10ff. GOBT.

434 Der *rechtliche Charakter* der Fraktionen ist nicht eindeutig geklärt. Auch das BVerfG hat eine eindeutige Festlegung vermieden. Unterschieden werden muss nach der Rechtssphäre, in der die Fraktionen auftreten.

435 a) **Fraktionen als Organteile des Bundestags.** Innerhalb des Parlaments sind die Fraktionen *Teile des Organs* Bundestag. Sie wirken an der parlamentarischen Willensbildung mit. Ihr Status und ihr Handeln bestimmen sich durch die Verfassung, das AbgG sowie die GOBT. Insoweit ist aufgrund des Demokratieprin-

---

44 BVerfGE 84, 304 (322) – *Gruppenstatus PDS.*
45 S. oben Rn. 406ff.
46 Vgl. *Maurer,* Staatsrecht I, § 13 Rn. 105.

zips der interne parlamentarisch-demokratische Aufbau zwingend (vgl. § 48 AbgG).

436 Zur Mitwirkung an der Erfüllung der Aufgaben des Bundestags (§ 47 AbgG) werden den Fraktionen in der GOBT und im AbgG eine Reihe von Rechten und Pflichten eingeräumt. Die Fraktionen besetzen die Ausschüsse mit ihren Mitgliedern (§§ 11 f. GOBT). Sie haben Antrags- und Informationsrechte (vgl. §§ 76 Abs. 1, 85 Abs. 1 GOBT) und Anspruch auf Geld- und Sachleistungen (vgl. § 50 AbgG). Wie die Abgeordneten unterliegen die Fraktionen bei ihrer Tätigkeit den verfassungsrechtlichen Bindungen und den organisatorischen und verfahrensrechtlichen Normen des Parlaments.

437 Wie die Abgeordneten können die Fraktionen *ihre Rechte* als Organteile des Bundestags vor dem BVerfG *im Organstreitverfahren* gem. Art. 93 Abs. 1 Nr. 1 GG *geltend machen*[47]. Im Gegensatz zu einzelnen Abgeordneten ist es den Fraktionen gestattet, neben eigenen Rechten auch Rechte des Gesamtorgans Bundestag selbst geltend zu machen (Prozessstandschaft)[48]. Diese Ausnahme soll die Rechte des Bundestags als Verfassungsorgan und insbesondere die parlamentarische Minderheit absichern. Das parlamentarische Regierungssystem führt zu einer weitgehenden politischen Übereinstimmung von Regierung und der sie tragenden Parlamentsmehrheit. Die Kontrollfunktion des Parlaments muss daher insbesondere durch besonders starke Minderheitenrechte geschützt werden. Notwendig ist deshalb auch, dass die oppositionellen Fraktionen die Rechte des Bundestags auch gegenüber anderen Staatsorganen geltend machen können. Allerdings soll der Minderheitenschutz nicht so weit gehen, Gruppen oder gar einzelnen Abgeordneten den Weg zur Prozessstandschaft zu eröffnen[49].

438 b) **Privilegien der Fraktionen, fraktionslose Abgeordnete.** Die Fraktionen werden im parlamentarischen Leben *privilegiert*, vor allem bei der personellen Besetzung von Parlamentsgremien und der Zuteilung von Rederechten (vgl. §§ 12, 28 GOBT). Diese Privilegierung ist gerechtfertigt, soweit sie im parlamentarischen Prozess der Bündelung der Interessen mehrerer Abgeordneter in einem „einheitlichen" Block Rechnung trägt. Nicht beeinträchtigt werden dürfen dadurch jedoch die gem. Art. 38 Abs. 1 Satz 2 GG garantierten Rechte fraktionsloser Mandatsträger. Vollständig erhalten bleiben muss das Stimmrecht im Plenum, da dieses von vornherein nicht an die Fraktionszugehörigkeit geknüpft ist. Ein Rederecht ist ebenfalls zu gewährleisten, wobei die Ausgestaltung im Einzelfall bestimmt werden kann.

439 Ein besonderer Konflikt ergibt sich in Bezug auf das Stimmrecht in Ausschüssen. Dieses ist Fraktionsmitgliedern vorbehalten, fraktionslose Abgeordnete haben nur beratende Funktion (vgl. § 57 Abs. 2 Satz 2 GOBT). Diese Unterscheidung ist aufgrund der Funktion der Ausschüsse gerechtfertigt: Als vorbereitende Beschlussorgane sollen diese über eine Beschlussempfehlung an das Parlament

47 BVerfGE 100, 266 – *Auslandseinsatz der Bundeswehr – Kosovo;* BVerfGE 90, 286 – *AWACS Auslandseinsätze der Bundeswehr – Adria* m. w. N.; BVerfGE 123, 267 (336) – *Lissabon-Vertrag.*

48 BVerfGE 67, 100 (125) – *Flick-Untersuchungsausschuss;* BVerfGE 90, 286 (343 f.) – *AWACS Auslandseinsätze der Bundeswehr – Adria.*

49 BVerfGE 90, 286 (344) – *AWACS Auslandseinsätze der Bundeswehr – Adria.*

abstimmen, die dort häufig nur noch umgesetzt wird. Dies setzt voraus, dass die Kräfteverhältnisse in Ausschuss und Plenum übereinstimmen. Ein Stimmrecht eines fraktionslosen Abgeordneten im Ausschuss würde sich im Vergleich zum Plenum überproportional auswirken, so dass die Kräfteverhältnisse verzerrt werden könnten[50]. Dies betrifft aber nur das Stimmrecht in Ausschüssen; das Stimmrecht des fraktionslosen Abgeordneten im Bundestag (als Plenum) wird hierdurch nicht entwertet. Keinen Anspruch hat der fraktionslose Abgeordnete auch auf Mitgliedschaft im Ältestenrat und in Enquête-Kommissionen. Ebenso wenig kann er die den Fraktionen und ihren Vorsitzenden vorbehaltene besondere Ausstattung (etwa ein Telefon im Plenarsaal des Parlaments) verlangen.

440 c) **Fraktionen im Rechtsverhältnis zu den Abgeordneten.** Besondere Bedeutung hat das Rechtsverhältnis zu den Abgeordneten. Diese sind Mitglieder der Fraktion und haben entsprechende Mitgliedsrechte, aber auch Verpflichtungen, etwa Anwesenheits- und Beitragspflichten. Unzulässig sind aber alle organisatorischen und sonstigen fraktionsinternen Regelungen, die das freie Mandat einschränken oder die formale Gleichheit der Abgeordneten aufheben (vgl. Art. 38 Abs. 1 Satz 2 GG).

441 Der *Ausschluss* aus einer Fraktion ist nur möglich, wenn das Mitglied den Fraktionszweck konterkariert. Wichtigster Grund ist der Verlust der Parteizugehörigkeit durch Austritt oder Ausschluss, weil die gemeinsame Parteizugehörigkeit konstituierend für eine Fraktion ist (vgl. § 10 GOBT)[51]. Abweichungen von Fraktionslinie und Fraktionsbeschlüssen (Fraktionsdisziplin)[52] oder die Missachtung von Fraktionspflichten können auch zum Fraktionsausschluss führen. Der Fraktionsausschluss darf aber nicht benutzt werden, um unliebsame Abgeordnete von den erweiterten parlamentarischen Möglichkeiten und Mitwirkungsrechten der Fraktion willkürlich auszuschließen. Deshalb muss ein derartige Maßnahmen auslösendes Verhalten eines Fraktionsmitglieds von gewisser Dauer und Schwere sein. Dem Recht der Abgeordneten, sich in einer Fraktion zusammenzuschließen, korrespondiert ein ebenfalls aus dem freien Mandat gem. Art. 38 Abs. 1 Satz 2 GG abzuleitendes Austrittsrecht.

442 d) **Fraktionen als rechtsfähige Vereinigungen im allgemeinen Rechtsverkehr.** Die Fraktionen können auch außerhalb der organinternen parlamentarischen Sphäre im allgemeinen Rechtsverkehr auftreten. Gem. § 46 Abs. 1 AbgG sind Fraktionen *rechtsfähige Vereinigungen* und auch *prozessual parteifähig* (vgl. § 46 Abs. 2 AbgG). Sie üben jedoch keine öffentliche Gewalt aus und sind kein Teil der öffentlichen Verwaltung (vgl. § 46 Abs. 3 AbgG). Insoweit kann man die Fraktionen als rechtsfähige Vereinigungen einordnen, die zivilrechtliche Vereinbarungen, wie Arbeitsverträge oder Kaufverträge, abschließen können. Das Vereinsgesetz findet keine Anwendung, für die Binnenorganisation bleibt es bei den dargestellten öffentlich-rechtlichen Vorschriften (vgl. § 2 Abs. 2 Nr. 1 VereinsG)[53].

50 BVerfGE 80, 188 (124) – *Wüppesahl*.
51 Das schließt aber nicht die Möglichkeit aus, auch parteilose Abgeordnete mit in eine Fraktion aufzunehmen.
52 S. oben Rn. 412.
53 Vgl. zum Ganzen *Maurer*, Staatsrecht I, § 13 Rn. 105 ff.

7. Gruppen

Der Normalfall der verfestigten Vereinigung von Abgeordneten im Parlament ist die Fraktion mit dem gemeinsamen Merkmal der Parteizugehörigkeit und einer Anzahl von mindestens 5 % der gesetzlichen Mitglieder des Bundestags. Es können jedoch auch andere verfestigte Vereinigungen von Abgeordneten gebildet werden, die die Fraktionsstärke nicht erreichen (vgl. § 10 Abs. 4 GOBT). Dieses Recht zur gemeinsamen parlamentarischen Arbeit folgt aus Art. 38 Abs. 1 Satz 2 GG[54]. Das kann beispielsweise der Zusammenschluss mehrerer parteiloser Direktkandidaten sein, aber auch die Abgeordneten einer Partei, die über die sog. Grundmandatsklausel des § 6 Abs. 3 Satz 1 Alt. 2 BWahlG – drei Direktmandate und weitere Abgeordnete entsprechend dem (unter 5 % liegenden) Anteil an den Zweitstimmen – in den Bundestag gewählt worden sind. **443**

Zusammenschlüssen von weniger als 5 % der Abgeordneten kann gem. § 10 Abs. 4 GOBT der Status einer Gruppe verliehen werden. Ist die Zusammenarbeit genügend verfestigt, darf wegen Art. 38 Abs. 1 Satz 2 GG die Verleihung nicht verweigert werden. Mit diesem Status muss eine Berücksichtigung in den parlamentarischen Gremien verbunden sein, die der proportionalen Größe der Gruppe im Parlament entsprechen, also insbesondere Sitze in den parlamentarischen Ausschüssen[55]. Es besteht jedoch kein Anspruch auf Gewährung der parlamentarischen Rechte, die exklusiv den Fraktionen zugesprochen werden, wie den Ausschussvorsitz oder die Mitgliedschaft in besonderen Ausschüssen (Enquêtekommission oder Untersuchungsausschuss). **444**

Die bereits erwähnte Grundmandatsklausel des § 6 Abs. 3 Satz 1 Alt. 2 BWahlG stellt eine Rückausnahme von der 5 %-Klausel des § 6 Abs. 3 Satz 1 Alt. 1 BWahlG dar. Scheitert eine Partei an der 5 %-Hürde hinsichtlich der Zweitstimmen, gelingt es ihr jedoch, mindestens drei Direktmandate zu erreichen, soll diese besondere Bedeutung der Partei in zumindest einigen Wahlkreisen dazu führen, dass sie auch mit ihrem Zweitstimmenanteil bei der Verteilung der Parlamentssitze berücksichtigt wird. Fraglich war jedoch, ob die auf diese Weise ins Parlament gewählten Abgeordneten einer Partei (im konkreten Fall: der PDS in der 13. Wahlperiode von 1994–1998) auf den Gruppenstatus des § 10 Abs. 4 GOBT verwiesen werden durften, oder ob auch sie als Fraktion hätten anerkannt werden müssen. Das BVerfG sah in der im Gegensatz zu § 6 Abs. 3 BWahlG strikt auf die 5 %-Klausel abstellenden Formulierung des § 10 Abs. 1 GOBT keinen Verstoß gegen Art. 38 Abs. 1 GG. Es geht davon aus, dass die Zuerkennung des Gruppenstatus eine effektive parlamentarische Arbeit ausreichend sicherstellt. Die 5 %-Klausel sei demgegenüber ein taugliches Kriterium auch für eine Einschränkung der Mitwirkung im Parlament, der Bundestag habe im Rahmen seiner Selbstorganisation die Mindeststärke der Fraktion somit sachgerecht festgelegt[56]. **445**

---

54 Vgl. BVerfGE 84, 304 – *Gruppenstatus PDS.*

55 Vgl. BVerfGE 84, 304 – *Gruppenstatus PDS*; *Maurer,* Staatsrecht I, § 13 Rn. 110.

56 Vgl. BVerfGE 96, 264 (278 f.) – *Fraktions- und Gruppenstatus.* Zweifelnd *Maurer,* Staatsrecht I, § 13 Rn. 110.

8. Parlamentarische Opposition

446 Der Begriff der parlamentarischen Opposition bezeichnet die politische, die Regierung nicht tragende Minderheit im Parlament. Es handelt sich hierbei nicht um einen Rechtsbegriff, der Opposition stehen als solcher keine eigenen Rechte zu. Politisch bilden die Oppositionsfraktionen gleichwohl das entscheidende parlamentarische Gegengewicht zur Regierungsmehrheit, die die Bundesregierung stützt. Aufgrund des parlamentarischen Regierungssystems wird eine der Hauptfunktionen, nämlich die Kontrolle der Bundesregierung, durch die Opposition ausgeübt. Als parlamentarische Institution ist sie insofern anerkannt, als Parlamentsbräuche und die Rechtsprechung des BVerfG sich auf sie beziehen und dabei ihre besondere Funktion im parlamentarischen Regierungssystem unterstreichen[57].

Rechtsprechung: BVerfGE 1, 115 – *Befugnisse des Bundestagspräsidenten*; BVerfGE 2, 1 – *SRP-Verbot*; BVerfGE 6, 445 – *Mandatsverlust nach Parteiverbot (KPD);* BVerfGE 10, 4 – *Rechtsstellung von Bundestagsabgeordneten*; BVerfGE 18, 172 – *Wählbarkeit von Wahlbeamten*; BVerfGE 20, 56 – *Parteienfinanzierung aus Haushaltsmitteln;* BVerfGE 32, 157 – *Abgeordnetenentschädigung und Altersvorsorge*; BVerfGE 38, 326 – *Inkompatibilität;* BVerfGE 40, 296 – *Diäten*; BVerfGE 42, 312 – *Inkompatibilität mit Kirchenämtern*; BVerfGE 43, 142 – *Gruppenstatus FDP*; BVerfGE 44, 308 – *Beschlussfähigkeit des Bundestags*; BVerfGE 48, 64 – *Inkompatibilität auf Kommunalebene*; BVerfGE 57, 1 – *NPD*; BVerfGE 60, 374 – *Redefreiheit des Abgeordneten*; BVerfGE 67, 100 – *Flick-Untersuchungsausschuss*; BVerfG 70, 324 – *Besetzung von Ausschüssen durch Fraktionen*; BVerfGE 76, 363 – *Lappas-Untersuchungsausschuss*; BVerfGE 77, 1 – *Neue-Heimat-Untersuchungsausschuss*; BVerfGE 80, 188 – *Wüppesahl*; BVerfGE 84, 304 – *Gruppenstatus PDS*; BVerfGE 90, 286 – *Auslandseinsätze der Bundeswehr – Adria, AWACS*; BVerfGE 94, 351 – *Gysi I*; BVerfGE 96, 264 – *Fraktions- und Gruppenstatus*; BVerfG, DVBl. 2000, 1600 – *Funktionszulage für Abgeordnete*; BVerfGE 97, 408 – *Gysi II*; BVerfGE 100, 266 – *Auslandseinsatz der Bundeswehr – Kosovo*; BVerfGE 104, 310 – *Immunität von Abgeordneten*; BVerfGE 123, 267 – *Lissabon-Vertrag.*

II. Die Wahl zum Deutschen Bundestag

1. Wahlen im repräsentativen parlamentarischen System

447 Der Wahl zum Deutschen Bundestag kommt in der repräsentativen parlamentarischen Demokratie des Grundgesetzes herausragende Bedeutung zu. Diese periodisch wiederkehrende Wahl (Art. 38, 39 GG) ist der einzige Wahlakt i. S. d. Art. 20 Abs. 2 Satz 2 Halbsatz 2 GG, an dem das Volk unmittelbar beteiligt ist. Dabei bestimmt das Volk zunächst, aus welchen Abgeordneten sich das zentrale Legislativorgan auf Bundesebene zusammensetzt. Aufgrund der Abhängigkeit des Bundeskanzlers von der Mehrheit im Parlament (Art. 63 Abs. 1 GG) entscheidet die Bundestagswahl zugleich über die personelle Besetzung der Bundesregierung. Im parlamentarischen Regierungssystem ist daher die Nominierung von „Kanzlerkandidaten“ vor der Bundestagswahl üblich.

448 Die Bundestagswahl ist auch die einzige Kontrollmöglichkeit des Volkes, die die repräsentative Demokratie des Grundgesetzes vorsieht. Während der Wahlperi-

---

57 Vgl. *Zeh*, HStR III, § 52 Rn. 21 ff.

ode hindert das freie Mandat der Abgeordneten eine rechtliche Einflussnahme durch das Volk (Art. 38 Abs. 1 Satz 2 GG), es kann somit lediglich im Nachhinein mit der Wahlentscheidung die Billigung der bisherigen Abgeordnetenarbeit zum Ausdruck bringen. In der „Parteiendemokratie" des Grundgesetzes (vgl. Art. 21 GG)[58] geht es dabei allerdings mehr um die Entscheidung zwischen den verschiedenen politischen Parteien. Die Person des einzelnen Abgeordneten hat dagegen immer weniger Gewicht und Bedeutung für die Aufstellung als Wahlkandidat und die Entscheidung des Wählers[59].

Das Wahlrecht umfasst sämtliche verfassungsrechtliche, einfachgesetzliche und untergesetzliche Normen, die die vom Volk ausgehende personelle Besetzung des Staatsorgans Bundestag regeln. Die Verfassung trifft dabei selbst keine Regelung des konkreten Wahlsystems[60], sondern enthält in den Art. 38, 39 GG in erster Linie materielle Vorgaben für die Ausgestaltung der Wahl, die deren Funktion als Legitimierung der Staatsgewalt durch Willensäußerung des gesamten Volkes absichern sollen. Dazu zählen die Wahlrechtsgrundsätze des Art. 38 Abs. 1 Satz 1 GG, die Regelungen zum aktiven und passiven Wahlrecht in Art. 38 Abs. 2 GG sowie die Festlegung der Wahlperiode in Art. 39 GG. **449**

Auf einfachgesetzlicher Ebene finden sich die wichtigsten Bestandteile des Wahlrechts im gem. Art. 38 Abs. 3 GG erlassenen Bundeswahlgesetz (BWahlG) sowie dem auf Art. 41 Abs. 3 GG beruhenden Wahlprüfungsgesetz (WahlprüfG). Neben den ausdrücklichen Bestimmungen beeinflussen insbesondere das Demokratieprinzip des Art. 20 Abs. 1 u. 2 GG sowie die Entscheidung für die Parteiendemokratie in Art. 21 GG das Wahlrecht. Das Demokratieprinzip ist der übergeordnete Leitgedanke für das gesamte Wahlrecht, weil die Wahl des Bundestags die zentrale Ausübung demokratischer Rechte in einer repräsentativen Demokratie darstellt, flankiert durch die Meinungs-, Versammlungs- und Pressefreiheit in Art. 5 und 8 GG. Die Parteien wirken, wie dies Art. 21 GG anerkennt, bei der politischen Willensbildung des Volkes mit. Ihr besonderer Status zeigt sich insbesondere in der bereits angesprochenen Rolle im Rahmen der Bundestagswahl. **450**

Dass das Grundgesetz selbst keine Entscheidung über das Wahlsystem trifft, sondern die Entscheidung gem. Art. 38 Abs. 3 GG dem einfachen Gesetzgeber überlässt, ist nicht unproblematisch: Als zentrales Gesetzgebungsorgan erhält hierdurch der Bundestag die Kompetenz, in weitem Umfang die Regelungen und Bedingungen seiner eigene Existenz festzulegen, ohne sich dabei besonderen Anforderungen, wie den Barrieren einer Verfassungsänderung gem. Art. 79 GG gegenüberzusehen. Die Abgeordneten des Bundestags bestimmen mit einfacher Mehrheit darüber, wie ihre Nachfolge geregelt wird. Art. 38 Abs. 3 GG ist als verbindlicher Gesetzgebungsauftrag auszulegen[61]. Der Staat ist verpflichtet, ein staatliches Verfahren zu organisieren, in dem der Bürger sein durch das Demokratieprinzip garantiertes Wahlrecht ausüben kann. Im BWahlG hat sich der Gesetzgeber für ein System der personalisierten Verhältniswahl entschieden, **451**

---

58 S. unten Rn. 805 ff.
59 Vgl. *Meyer*, HStR III, § 45 Rn. 6 ff.
60 Vgl. dazu Kritik bei *Meyer*, HStR III, § 45 Rn. 22 ff., 31 ff. m.w.N.; *Maurer*, Staatsrecht I, § 13 Rn. 18.
61 Vgl. *Klein*, in: Maunz/Dürig, GG, Art. 38 Rn. 164.

dass nach den zentralen Wahlrechtsgrundsätzen des Art. 38 Abs. 1 Satz 1 GG dargestellt werden soll.
→ *S. hierzu Rn. 1010: Übersicht 3: Wahlsystem der Bundesrepublik Deutschland.*

2. Wahlrechtsgrundsätze

452 Art. 38 Abs. 1 Satz 1 GG normiert fünf Grundsätze, die den Gesetzgeber bei der einfachgesetzlichen Ausgestaltung des gesamten Wahlrechts binden: Die Wahl muss *allgemein*, *unmittelbar*, *frei*, *gleich* und *geheim* sein. Die Wahlrechtsgrundsätze, die eine lange parlamentarische Tradition haben, konkretisieren verfassungsrechtlich, wie das Volk seine Herrschaft durch Wahlen gem. Art. 20 Abs. 2 Satz 2 Halbsatz 1 GG ausübt. Ursprung der Wahlrechtsgrundsätze ist daher das Demokratieprinzip. Zu ergänzen sind diese fünf geschriebenen Prinzipien um den Grundsatz der Öffentlichkeit der Wahl, den das BVerfG aus den Verfassungsprinzipien der Demokratie, der Republik und des Rechtsstaats herleitet.

453 Ähnlich den verfassungsrechtlichen Strukturprinzipien haben die Wahlrechtsgrundsätze einen unabdingbaren Kerninhalt, der nicht zur Disposition des einfachen Gesetzgebers und, soweit die Wahlrechtsgrundsätze den Kern des Demokratieprinzips konkretisieren, auch nicht des verfassungsändernden Gesetzgebers steht: Die Entscheidung für eine allgemeine, freie und gleiche Wahl ist für die Demokratie unabdingbar und somit von der Ewigkeitsgarantie des Art. 79 Abs. 3 GG geschützt. Hiervon nicht erfasst sind die Unmittelbarkeit der Wahl sowie das Wahlgeheimnis[62].
Sofern jedoch nicht dieser Kernbereich betroffen ist, können die Wahlrechtsgrundsätze auch durch einfachgesetzliche Regelungen eingeschränkt werden. Bei näherer Betrachtung wird sich zeigen, dass nicht alle fünf Wahlrechtsgrundsätze nebeneinander ideal verwirklicht werden können. Sie treten vielmehr in Konflikt miteinander sowie mit anderen verfassungsrechtlichen Gütern. Wie bei anderen verfassungsrechtlichen Regelungen sind gleichrangige oder überwiegende sachliche Gründe in der Lage, eine Einschränkung zu rechtfertigen. Teilweise macht auch das Demokratieprinzip selbst Einschränkungen erforderlich.

Beispiele:

- Die 5 %-Sperrklausel soll eine Kollision zwischen dem Grundsatz der Gleichheit der Wahl und der Funktionsfähigkeit des Parlaments lösen.
- Die Möglichkeit der Briefwahl gefährdet die Geheimheit der Wahl, was jedoch zugunsten der Allgemeinheit der Wahl in Kauf genommen wird.
- Die Regelungen zur Wahlmündigkeit beeinträchtigen den Grundsatz der Allgemeinheit der Wahl. Die Verwirklichung des Demokratieprinzips verlangt aber, dass die Abstimmenden eine eigenverantwortliche und ernsthafte Wahlentscheidung treffen können, also wahlmündig sind.

453 a **a) Die Allgemeinheit der Wahl.** Der Grundsatz der Allgemeinheit der Wahl fordert, dass grundsätzlich alle Bürger (= alle Angehörigen des Staatsvolks) das vom Demokratieprinzip in Art. 20 Abs. 2 Satz 2 GG garantierte Wahlrecht ausüben können und so das gesamte Volk Träger der Staatsgewalt ist[63]. Das Staats-

62 Zur Unmittelbarkeit der Wahl vgl. *Herdegen*, in: Maunz/Dürig, GG, Art. 79 Rn. 134.
63 Das Prinzip der Allgemeinheit muss daher genauso für Abstimmungen gelten.

volk ist der Staatsgewalt unterworfen, legitimiert sie aber gleichzeitig durch die Ausübung des ihm zustehenden (aktiven und passiven) Wahlrechts. Allgemeinheit beschreibt das demokratische Ideal der Identität von Staatsvolk und Wahlberechtigten.

Unzulässig ist damit der Ausschluss von Teilen des Staatsvolkes aufgrund von bestimmten individuellen Kriterien, wie etwa Vermögen, Steueraufkommen, Geschlecht oder anderen in Art. 3 Abs. 3 GG genannten Merkmalen. 454

> „Der Grundsatz der Allgemeinheit der Wahl (Art. 38 Abs. 1 GG) [...] untersagt den unberechtigten Ausschluß von Staatsbürgern von der Teilnahme an [...] der Wahl überhaupt. Er verbietet dem Gesetzgeber, bestimmte Bevölkerungsgruppen von der Ausübung des Wahlrechts auszuschließen [...] und fordert, daß jeder sein staatsbürgerliches Recht zum Wählen in formal möglichst gleicher Weise ausüben kann."[64]
> „Allgemeinheit [und Gleichheit] sichern die vom Demokratieprinzip vorausgesetzte Egalität der Staatsbürger."[65]

Der Gesetzgeber ist verpflichtet, sich dem Ideal der Allgemeinheit der Wahl bei der einfachgesetzlichen Konkretisierung so weit als möglich zu nähern. Abweichungen dürfen nur auf sachgerechten Gründen beruhen, die sich aus dem Demokratieprinzip selbst oder seiner verfassungsrechtlichen Ausgestaltung, insbesondere in den übrigen Wahlrechtsgrundsätzen, ergeben. 455

Zu unterscheiden ist in diesem Zusammenhang zwischen der Ausübung von aktivem und passivem Wahlrecht. Das aktive Wahlrecht ermöglicht dem Bürger, seine Repräsentanten in den Bundestag zu wählen. Das passive Wahlrecht dagegen garantiert, sich aus dem Volk heraus als dessen Vertreter in den Bundestag wählen zu lassen. Die Regelungen zum passiven Wahlrecht gehen als speziellere Vorschriften dem generellen staatsbürgerlichen Recht auf gleichen Zugang zu öffentlichen Ämtern gem. Art. 33 Abs. 2 GG vor. 456

aa) **Aktives Wahlrecht.** Aktiv wahlberechtigt ist, wer *als Wähler* an den Wahlen der Abgeordneten des Bundestags *teilnehmen darf*. Die normativen Grundlagen für das aktive Wahlrecht sind Art. 38 Abs. 2 Halbsatz 1 GG sowie die §§ 12–14 BWahlG. Wahlberechtigt sind alle Deutschen i. S. d. Art. 116 Abs. 1 GG, die das 18. Lebensjahr vollendet haben (Wahlmündigkeit, § 12 Abs. 1 Nr. 1 BWahlG), nicht gem. § 13 BWahlG vom Wahlrecht ausgeschlossen sind (§ 12 Abs. 1 Nr. 3 BWahlG) und eine in § 12 Abs. 1 Nr. 2 und Abs. 2 BWahlG aufgeführte besondere Verbindung zum Bundesgebiet aufweisen. 457

(1) **Rechtliche Voraussetzungen.** Das Kriterium der *deutschen Staatsangehörigkeit* – in Art. 38 Abs. 2 GG nicht genannt – ergibt sich aus dem Demokratieprinzip. Wählen bedeutet Ausübung der Staatsgewalt durch das Volk. Staatsvolk ist das deutsche Volk, das sich als staatlicher Verband organisiert. Der Ausschluss nichtdeutscher Bevölkerungsteile vom Wahlrecht entspricht daher den verfassungsrechtlichen Vorgaben, auch wenn Ausländer möglicherweise ihr gesamtes Leben lang der deutschen Staatsgewalt unterliegen und ein vergleichbares Interesse an deren Legitimierung besitzen. 458

64 BVerfGE 36, 139 (141) – *Sesshaftigkeit*.
65 BVerfGE 99, 1 (13) – *Kommunales Wahlvorschlagsrecht*.

Auf kommunaler Ebene verleiht Art. 28 Abs. 1 Satz 3 GG in Umsetzung von Art. 20 Abs. 2 lit. b, 22 Abs. 1 AEUV den Staatsangehörigen anderer EU-Mitgliedstaaten ein Wahlrecht in Deutschland. Dieses Wahlrecht betrifft jedoch nur die Binnenorganisation einer lokalen Selbstverwaltungskörperschaft. Eine vergleichbare unionsrechtliche Vorgabe für die staatlichen Ebene von Bund oder Ländern wäre geeignet, die Eigenstaatlichkeit der Bundesrepublik Deutschland infrage zu stellen und somit von der beschränkten Übertragung von Hoheitsgewalt gem. Art. 23 Abs. 1 GG nicht gedeckt.

459 Die Festlegung des *Mindestalters* auf 18 Jahre gem. Art. 38 Abs. 2 GG ist eine vor dem Hintergrund des Demokratieprinzips sachgerechte Regelung der Wahlmündigkeit. Der Demokratie liegt das idealtypische Bild aller mündigen Staatsbürger zugrunde, die gleichermaßen vernünftig und gebildet an allen politischen Entscheidungen teilhaben. In besonderem Maße gilt das Erfordernis der Mündigkeit für die Ausübung politischer Mitwirkungsrechte wie das Wahlrecht. Der Ausschluss von Kindern (Minderjährigen), die typischerweise noch nicht in der Lage sind, eigenverantwortlich zu entscheiden, ist daher konsequent, weil ihnen die vom Demokratieprinzip vorausgesetzte Fähigkeit fehlt, am demokratischen Prozess teilzunehmen. Ein Kinderwahlrecht, das durch die Eltern als gesetzliche Vertreter ausgeübt werden müsste, stellte de facto ein Doppelwahlrecht der Eltern dar, das mit den Grundsätzen der Gleichheit und Unmittelbarkeit der Wahl sowie dem Charakter der Wahl als höchstpersönlichem[66] staatsbürgerlichem Recht (vgl. § 14 Abs. 4 BWahlG) unvereinbar wäre[67].

460 Die Festlegung des Mindestalters auf 18 Jahre in Art. 38 Abs. 2 Halbsatz 1 GG mag rechtspolitisch angreifbar sein. Jedoch hat der verfassungsändernde Gesetzgeber einen Spielraum bei der Ausgestaltung der Allgemeinheit der Wahl, der sich sowohl in einer Anhebung als auch einer Absenkung der Altersgrenze äußern kann. Die Altersgrenze muss sich lediglich an der Funktion der Wahlmündigkeit orientieren.

461 § 12 BWahlG geht in Absatz 1 Nr. 2 sowie Absatz 2 weiterhin davon aus, dass die Mitwirkung an der Legitimation der deutschen Staatsgewalt auch einer über die personelle Verbindung der Staatsangehörigkeit hinausgehenden tatsächlichen Verbindung zum deutschen Staat bedarf. Diese kann sich durch einen seit mindestens drei Monaten bestehenden Wohnsitz oder sonstigen gewöhnlichen Aufenthalt im Bundesgebiet (§ 12 Abs. 1 Nr. 2 BWahlG) ebenso manifestieren wie dadurch, dass ein solcher Aufenthalt in nicht allzu weit zurückliegender Vergangenheit nach Vollendung des 14. Lebensjahres bestanden hat (§ 12 Abs. 2 Satz 1 Nr. 1 BWahlG). Ferner sind Fälle anzuerkennen, in denen aus anderen Gründen eine besondere Vertrautheit mit und Betroffenheit von den politischen Verhältnissen der Bundesrepublik Deutschland gegeben ist (§ 12 Abs. 2 Satz 1 Nr. 2 BWahlG). Diese relativ weitreichende Neuregelung knüpft an eine Entscheidung des BVerfG an, das die bisher streng auf einen früheren dreimonatigen Daueraufenthalt im Bundesgebiet abstellende Regelung als verfassungswidrigen Eingriff in die Allgemeinheit der Wahl angesehen hatte: Eine Einschränkung der

---

66 *Klein*, in: Maunz/Dürig, GG, Art. 38 Rn. 137.

67 Vgl. zur Frage nach der Einführung eines Kinder- oder Familienwahlrecht *Rupprecht*, Das Wahlrecht für Kinder, 2011; *Maurer*, Staatsrecht I, § 13 Rn. 6 m. w. N.

Allgemeinheit der Wahl und ein damit verbundener Ausschluss könne zwar grundsätzlich zulässig sein; jedoch liege hier ein untaugliches, zu pauschales Differenzierungskriterium vor[68].

Der *Ausschluss vom Wahlrecht* nach §§ 12 Abs. 1 Nr. 3, 13 BWahlG betrifft besondere Konstellationen und setzt eine richterliche Einzelentscheidung voraus, die ihrerseits einer zusätzlichen gesetzlichen Rechtsgrundlage bedarf. Dabei betrifft § 13 Nr. 1 BWahlG Fälle der Entziehung des Wahlrechts durch Strafurteil gem. § 45 StGB bei Straftaten gegen den Staat sowie als Folge der Grundrechtsverwirkung durch Entscheidung des BVerfG gem. § 39 Abs. 2 BVerfGG[69]. § 13 Nr. 2, 3 BWahlG regelt Fälle *geistiger Defizite*, in denen einzelnen Staatsbürgern die Möglichkeit fehlt, sinnvoll am demokratischen Prozess teilzunehmen und eigenverantwortlich das Wahlrecht als politisches Mitwirkungsrecht auszuüben. 462

(2) **Ausübung des Wahlrechts.** § 14 BWahlG stellt sozusagen den formellen Teil des aktiven Wahlrechts dar. Für die Ausübung am Wahltag ist es erforderlich, dass jeder gem. §§ 12, 13 BWahlG materiell Wahlberechtigte entweder in einem Wählerverzeichnis geführt wird oder einen Wahlschein besitzt (vgl. § 14 Abs. 1 BWahlG). Diese Vorschrift gehört zu den organisatorischen und verfahrensrechtlichen Vorschriften des Wahlrechts, ohne die ein Massenereignis wie die Bundestagswahl mit ca. 61 Millionen Wahlberechtigten nicht durchgeführt werden könnte[70]. Deshalb ist eine besonders strenge Formalisierung des Wahlverfahrens notwendig und auch zulässig. Wählerverzeichnis und Wahlscheine sollen die Manipulationsmöglichkeiten beispielsweise durch eine mehrfache Stimmabgabe verhindern und so auch den Grundsatz der gleichen Wahl sichern. 463

bb) **Passives Wahlrecht.** Das passive Wahlrecht ist die Möglichkeit, sich in den Bundestag *wählen zu lassen*. Normative Grundlage ist verfassungsrechtlich Art. 38 Abs. 2 Halbsatz 2 GG sowie einfachgesetzlich § 15 BWahlG. 464

Wählbar ist gem. § 15 Abs. 1 BWahlG jeder deutsche Staatsangehörige, der das 18. Lebensjahr vollendet hat. Die unterschiedliche Formulierung hinsichtlich des Mindestalters bei aktivem und passivem Wahlrecht in Art. 38 Abs. 2 GG erklärt sich aus historischen Gegebenheiten. Als das Mindestalter für das aktive Wahlrecht 1970 auf 18 Jahre gesenkt wurde, setzte die Volljährigkeit (und damit das passive Wahlrecht) noch mit 21 Jahren ein[71]. Vom passiven Wahlrecht ausgeschlossen sind gem. § 15 Abs. 2 Nr. 1 BWahlG die Personen, die gem. § 13 BWahlG bereits vom aktiven Wahlrecht ausgeschlossen sind. § 15 Abs. 2 Nr. 2 BWahlG knüpft daran an, dass auf Basis einfachgesetzlicher Regelungen auch lediglich das passive Wahlrecht entzogen werden kann. Wie beim aktiven Wahlrecht ist dafür jedoch eine richterliche Entscheidung zwingend erforderlich. Als 465

68 BVerfG, NVwZ 2012, 1167 (1169 ff.) – *Wahlberechtigung Auslandsdeutscher.* Dazu *Sachs*, JuS 2013, 376 ff.

69 Kritisch *Meyer*, HStR III, § 46 Rn. 4.

70 Bei der Bundestagswahl 2013 waren 61,8 Millionen Bürger wahlberechtigt, vgl. *http://www.bundeswahlleiter.de/de/bundestagswahlen/BTW_BUND_13/presse/w13 001_Wahlberechtigte.html* (zuletzt aufgerufen am 9.9.2013).

71 Vgl. *Jarass/Pieroth*, GG, Art. 38 Rn. 18.

Hauptfälle sind auch hier die Nebenfolgen eines Strafurteils (vgl. §§ 45 f. StGB)[72] sowie der Entzug durch das Bundesverfassungsgericht gem. § 39 Abs. 2 BVerfGG zu nennen.

466 Auch für die Ausübung des *passiven Wahlrechts* gelten zusätzliche formelle Anforderungen, die vor allem mit der Organisation des Wahlgangs zusammenhängen, etwa Fristen oder Unterschriften von Unterstützern eines Wahlvorschlages (vgl. 18 ff. BWahlG). Diese formellen Anforderungen sind zwingend notwendig und insoweit unbedenklich, als sie nicht die Wahrnehmung des materiellen passiven Wahlrechts unmöglich machen.

467 Die erfolgreiche Ausübung des passiven Wahlrechts ist praktisch nur in Verbindung mit der politischen Zugehörigkeit zu einer Partei möglich[73]. Parteilosen Kandidaten ist nur die Bewerbung für ein Direktmandat in einem Wahlkreis möglich, wobei auch dort die Erfolgsaussichten ohne Parteizugehörigkeit äußerst gering sind. Die Bestimmung der Kandidaten auf einer Listenverbindung für die Zweitstimme ist den Parteien sogar rechtlich gem. § 18 Abs. 1 BWahlG vorbehalten. Dieses Privileg im politischen Kampf um Wählerstimmen, welches das passive Wahlrecht des einzelnen Bürgers einschränkt, basiert auf der von der Verfassung in Art. 21 GG ausdrücklich anerkannten Sonderrolle der Parteien bei der politischen Willensbildung. Anders als das aktive Wahlrecht wird das passive Wahlrecht also durch die Parteien dominiert, die sich im politischen „Wahlkampf" um die Stimmen der Bürger bemühen.

468 **b) Die Unmittelbarkeit der Wahl.** Der Grundsatz der Unmittelbarkeit der Wahl verlangt, dass einzig die Wahl – ohne dazwischengeschaltete Willensakte Dritter – über die Besetzung des Parlaments entscheidet. Die einzige maßgebliche Willensentscheidung muss die Stimmabgabe des Wählers sein, bei deren Abgabe gesetzlich festgelegt sein muss, wie sich die Ausübung des Wahlrechts auf die Zusammensetzung des Parlaments auswirkt. Insbesondere das wahltechnische, mathematische Verfahren zur Umsetzung der Wählerstimmen in Mandate muss endgültig und abschließend sein. Verboten ist, dass zwischen die Stimmabgabe der Wähler und die endgültige Bestimmung der gewählten Volksvertreter eine Instanz tritt, die kraft eigener, freier Willensentscheidung Einfluss auf die Auswahl der Volksvertreter nimmt.

> „Um den Grundsatz der Unmittelbarkeit der Wahl [...] zu gewährleisten, ist es [...] erforderlich, daß von Beginn der Stimmabgabe an das Wahlergebnis nur noch von einer einzigen Willensentscheidung, nämlich derjenigen der Wähler selbst abhängt, abgesehen allein von Nichtannahme, späterem Rücktritt oder ähnlichen Handlungen der Gewählten selbst [...]."[74]
>
> „Dem Grundsatz der unmittelbaren Wahl ist mithin dann Genüge getan, wenn das Wahlverfahren so geregelt ist, daß jede abgegebene Stimme bestimmten oder bestimmbaren Wahlbewerbern zugerechnet werden muß, ohne daß erst nach der Stimmabgabe noch eine Zwischeninstanz nach ihrem Ermessen die Abgeordneten endgültig auswählt."[75]

---

72 Kritisch *Meyer*, HStR III, § 46 Rn. 14.
73 Möglich ist auch die Aufstellung durch eine Partei ohne Parteizugehörigkeit.
74 BVerfGE 3, 45 (50) – *Reserveliste.*
75 BVerfGE 7, 63 (68) – *Starre Liste.*

469 Der Wähler muss darüber hinaus in der Lage sein, vor dem Wahlakt zu erkennen, welche Personen sich um ein Abgeordnetenmandat bewerben und wie sich die eigene Stimmabgabe auf den Erfolg oder Misserfolg der Wahlbewerber auswirken kann[76]. Dem entspricht nicht nur die unmittelbare Wahl der Direktkandidaten in einem Wahlkreis (§ 5 BWahlG), sondern auch die (Zweit-)Stimme für eine Listenverbindung (§ 6 BWahlG), weil über die starre Reihenfolge auf der Liste die potentiellen Abgeordneten bestimmbar und für den Wähler erkennbar sind.

470 Den Grundsätzen der unmittelbaren Wahl widerspräche die Zwischenschaltung vom Volk gewählter Wahlmänner, die in einem weiteren Wahlgang nach freiem Ermessen über die personelle Besetzung der staatlichen Institutionen entscheiden. Dieses Verfahren kommt in den Vereinigten Staaten bei der Präsidentschaftswahl zum Einsatz. Auch wenn die gewählten Wahlmänner faktisch stets den Kandidaten der eigenen Partei wählen, sind sie in ihrer Entscheidung rechtlich nicht gebunden.

471 Wegen Verstoßes gegen die Unmittelbarkeit der Wahl wurde die nach dem Wahlgang erfolgte nachträgliche Abänderung der Reihenfolge von Kandidaten auf Listenverbindungen einer Partei für unzulässig erklärt[77]. Dagegen ist eine richterliche Entscheidung über die Rechtmäßigkeit oder Gültigkeit von Wahlakten selbstverständlich zulässig. Der Grundsatz der Unmittelbarkeit schließt zwar Willensentscheidungen Dritter zwischen Wahlakt und Parlamentsbesetzung aus, unterbindet aber nicht die Möglichkeit, die Rechtmäßigkeit der Wahl im Übrigen gerichtlich überprüfen zu lassen.

472 Mit Blick auf die Unmittelbarkeit der Wahl problematisch ist die Regelung des § 48 Abs. 1 Satz 2 BWahlG, bei der es um die Nachfolge für einen ursprünglich gewählten Listenplatzinhaber in Falle des Todes oder sonstigen Ausscheidens aus dem Mandat geht:[78] Bei der Nachbesetzung aus der Liste (vgl. § 48 Abs. 1 Satz 1 BWahlG) sollen diejenigen Bewerber unberücksichtigt bleiben, die in der Zwischenzeit aus der Partei ausgeschieden sind oder sich einer anderen Partei angeschlossen haben. Soweit dieses Ausscheiden freiwillig erfolgt, liegt eine strukturell der Nichtannahme der Wahl oder dem Mandatsverzicht vergleichbare Willensentscheidung des potentiellen Mandatsträgers vor. Das Abstellen auf die Parteizugehörigkeit kann man mit Blick auf die verfassungsrechtliche Privilegierung der Parteien gem. Art. 21 GG, die sich in der Listenwahl niederschlägt, als zulässig ansehen[79]. Schwieriger ist dies mit Blick auf Bewerber, die unfreiwillig, d. h. durch Parteiausschluss aus der Partei ausgeschieden sind. In diesem Falle entscheidet ein mit Dritten besetztes Parteigremium darüber, ob ein gewählter Listenbewerber in den Bundestag einzieht oder nicht[80]. Das BVerfG hat die Verfassungsmäßigkeit von § 48 Abs. 1 Satz 2 BWahlG auch für diesen Fall mit dem Argument bejaht, dass die Parteizugehörigkeit eine vom Gesetzgeber festlegbare objektive Bedingung gleich den sonstigen Wählbarkeitsvoraussetzungen wie etwa der Staatsangehörigkeit ist[81]. Durch die Entscheidung über den Partei-

76 Vgl. BVerfGE 95, 335 (350) – *Überhangmandate.*
77 BVerfGE 95, 335 (350) – *Überhangmandate.*
78 Vgl. *Meyer*, HStR III, § 46 Rn. 17.
79 Im Ergebnis *Meyer*, HStR III, § 46 Rn. 17; *Pieroth*, in: Jarass/Pieroth, GG, Art. 38 Rn. 12 m. w. N.
80 *Meyer*, HStR III, § 46 Rn. 17.
81 BVerfGE 7, 63 (72 f.) – *Starre Liste.*

ausschluss (vgl. § 10 Abs. 4 PartG) entfalle lediglich diese Eigenschaft. Problematisch ist an dieser Argumentation jedoch, dass die Parteizugehörigkeit für die Aufstellung von Kandidaten auf den Listen keine erforderliche Eigenschaft ist (vgl. § 27 BWahlG), sondern dies erst im Falle des § 48 Abs. 1 Satz 2 BWahlG nachträglich wird[82].

473 c) **Die Freiheit der Wahl.** Der Grundsatz der Freiheit der Wahl garantiert, dass die Ausübung des Wahlrechts aus freiem Willensentschluss erfolgt und das Ergebnis eines freien und offenen Meinungsbildungsprozesses ist[83]. Der spezielle Akt der Stimmabgabe mittels Wahlzettel wird allerdings besonders durch die geheime Wahl geschützt. Deshalb betrifft der Grundsatz der freien Wahl vor allem den *zeitlichen Bereich vor der Stimmabgabe* einschließlich der Entscheidung, sein Wahlrecht *überhaupt* durch eine Stimmabgabe *auszuüben*. Der Wähler soll vor Beeinflussungen geschützt werden, die geeignet sind, seine Entscheidungsfreiheit trotz bestehenden Wahlgeheimnisses ernstlich zu beeinflussen[84].

474 Unvereinbar mit der freien Wahl wird überwiegend eine Pflicht zur Wahl angesehen[85]. Allerdings wäre eine solche Wahlpflicht ohnehin nicht zweckmäßig, weil die Geheimheit der Wahl auch die Möglichkeit garantiert, unbemerkt eine ungültige Stimme abzugeben. Entsprechend wäre auch eine Bekanntgabe der Nichtwähler unzulässig[86].

475 Am bedeutsamsten ist der Grundsatz der freien Wahl für die rechtliche Beurteilung von *Wahlbeeinflussungen im Vorfeld der Wahl*. Die Gunst des Wählers am Wahltag ist Ziel eines permanenten und sich bereits Monate vor der Wahl verschärfenden Wahlkampfs vor allem zwischen den politischen Parteien. An diesem Wahlkampf beteiligt sind auch Verbände, Interessengruppen, gesellschaftliche Institutionen und Medien. Dieses der Demokratie immanente und erwünschte Werben um Wählerstimmen findet dort seine Grenze, wo der Grundsatz der freien Wahl verletzt wird. Entscheidend für die rechtliche Einordnung als zulässige oder unzulässige Wahlbeeinflussung ist die Quelle der Beeinflussung. Dabei gilt der Grundsatz, dass Wahlbeeinflussung durch staatliche Institutionen unzulässig, durch Private zulässig ist.

476 Wahlbeeinflussung durch staatliche Institutionen ist grundsätzlich unzulässig: Die Staatsgewalt darf keinen Einfluss auf ihre eigene Legitimierung und Kontrolle nehmen, der die freie Wahlentscheidung dienen soll. Problematisch wäre dies vor allem mit Blick auf den politischen Kampf zwischen parlamentarischer Opposition und Regierungsmehrheit. Hier hätten die die Regierung tragenden Parteien deutliche Vorteile, dürften sie im Wahlkampf die staatlichen Ressourcen der Regierung nutzen. Unzulässig sind daher etwa der Einsatz öffentlicher Finanz- und Sachmittel für den Wahlkampf, ausdrückliches Auftreten der Kandidaten im Wahlkampf als Amtsträger, behördliche Wahlempfehlungen und eine positive Darstellung der Legislaturperiode durch staatliche Stellen kurz vor der Wahl.

---

82 Vgl. *Frowein*, AöR 99 (1977), 102 f.
83 Vgl. BVerfGE 44, 125 (139) – *Öffentlichkeitsarbeit der Bundesregierung.*
84 Vgl. BVerfGE 66, 369 (380) – *Wahlbeeinflussung durch Unternehmer.*
85 Vgl. *Pieroth*, in: Jarass/Pieroth, GG, Art. 38 Rn. 9 m. w. N.
86 Als Verstoß gegen die geheime Wahl gewertet von *Klein*, in: Maunz/Dürig, GG, Art. 38 Rn. 111.

All dies wären eindeutige Instrumentalisierungen der Regierungsfunktionen für den Wahlkampf. Eine vollständige Trennung zwischen Wahlwerbung und amtlicher Öffentlichkeitsarbeit ist demgegenüber freilich faktisch unmöglich. Spitzenkandidaten der Regierungsparteien werden in der Öffentlichkeit immer auch in ihrer Amtsfunktion wahrgenommen und profitieren von dieser (sog. Kanzler- oder Amtsbonus[87]). Dieser Vorteil ist jedoch ein individual-tatsächlicher, der sich bei schlechter Erfüllung des Amtes auch in sein Gegenteil verkehren kann, kein allgemein-rechtlicher. Er ist als systemimmanent hinzunehmen.

Bei nichtstaatlichen Institutionen ist die Grenze der unzulässigen Wahlbeeinflus- **477**
sung schwieriger zu fassen. Ausgangspunkt muss hier der Grundsatz des freien Kampfes politischer Meinungen sein, der in Art. 5 GG abgesichert ist[88]. Der politische Meinungsstreit und Wahlkampf, der insbesondere in den Medien und unter Beteiligung von Interessenverbänden und gesellschaftlichen Gruppierungen wie Gewerkschaften, Vereinen und Kirchen stattfindet, gehört zum Wesen der Demokratie. Unzulässige Wahlbeeinflussung beginnt daher im nicht staatlichen Bereich erst dort, wo sie unter Druck, Täuschung oder unter Missbrauch wirtschaftlicher Macht erfolgt[89]. Gegen derartige Einflussnahmen ist der Grundsatz der freien Wahl in den §§ 108 ff. StGB strafbewehrt.

Aus dem Prinzip der freien Wahl folgen auch die Verbote, während der Wahlzeit **478**
in unmittelbarer Umgebung von Wahllokalen Wahlwerbung zu verbreiten und Teile des Wahlergebnisses oder Wahltendenzen bereits vor der Schließung der Wahllokale zu veröffentlichen (§ 32 BWahlG)[90].

Der Grundsatz der freien Wahl gilt ebenso für das *passive* Wahlrecht. Daraus **479**
folgt etwa, dass jeder Wahlberechtigte Wahlvorschläge für Direktkandidaten einreichen kann (§§ 18 Abs. 1 Alt. 2, 20 BWahlG). Das Quorum von 200 Unterstützern (§ 20 Abs. 2 u. 3 BWahlG) ist eine zulässige formelle Einschränkung zur Aussortierung völlig aussichtsloser oder nicht ernst gemeinter Wahlvorschläge. Das Monopol der Parteien zur Einreichung von Listenvorschlägen (§ 18 Abs. 1 Alt. 1 BWahlG) lässt sich durch die verfassungsrechtliche Privilegierung der Parteien im politischen Prozess (Art. 21 GG) rechtfertigen; es steht den einzelnen Bürgern frei, sich in einer Partei zu organisieren und dort auf die Aufstellung als Listenkandidat hinzuwirken.

d) Die Geheimheit der Wahl. Der Grundsatz der geheimen Wahl soll die Freiheit **480**
der Wahlentscheidung des Wählers absichern: Seine Stimmabgabe darf kein Dritter einsehen, sie darf nicht rekonstruierbar und individuell zurechenbar sein, auch nicht für andere Zwecke als die Absicht, die Wahlentscheidung des Wählers zu ergründen[91].

---

87 Ein Beispiel ist der Sieg der SPD bei den Bundestagswahlen 2002, der laut Wahlforschern wesentlich auf dem Kanzlerbonus nach der Flutkatastrophe in Ostdeutschland beruht.

88 In diesem Zusammenhang zählen auch die Kirchen zu den Privaten, weil die Kirchen trotz des Status als Körperschaften des öffentlichen Rechts nicht Teil der (mittelbaren) Staatsverwaltung sind, vgl. BVerwGE 18, 14 – *Hirtenbrief*.

89 Vgl. *Maurer*, Staatsrecht I, § 13 Rn. 14.

90 Letzteres ergibt sich auch aus der Wahlgleichheit, die die Stimmabgabe in gleicher Weise oder unter gleichen Bedingungen fordert; vgl. dazu unten Rn. 483 ff.

91 Vgl. *Meyer*, HStR III, § 46 Rn. 20.

481 Durch die Geheimheit wird jeder Druck vom Wähler genommen, sich für die von ihm getroffene Wahlentscheidung rechtfertigen, Sanktionen befürchten oder einer etwaigen Wahlpflicht nachkommen zu müssen. Auf den geheimen Wahlakt kann der Wähler nicht verzichten. Er kann zwar seine (angebliche) Wahlentscheidung vor und nach dem Wahlakt verkünden, aber nicht während der Stimmabgabe selbst, weil die Geheimheit der Wahl nicht nur ein subjektives Recht, sondern – als Kern der zur Legitimierung der Staatsgewalt erforderlichen freien Wahl durch das Volk – auch ein nicht verfügbares objektives Rechtsprinzip ist. Der Staat ist verpflichtet, die geheime Wahl durch eine entsprechende Ausgestaltung des Wahlverfahrens zu sichern, etwa durch anonyme Wahlzettel, die Bereithaltung von Stimmkabinen und eine obligatorische Einzelstimmabgabe (vgl. § 33 BWahlG). Strafrechtlich bewehrt ist die Verletzung des Wahlgeheimnisses in § 107c StGB[92].

482 Die geheime Wahl wird zugunsten der Allgemeinheit der Wahl eingeschränkt durch die Möglichkeit der Briefwahl (vgl. § 36 BWahlG)[93]. Die damit verbundene Ausnahme von der Wahl vor Ort bedarf jedoch besonderer Gründe, wie Krankheit oder Verhinderung am Wahltag[94].

483 e) **Die Gleichheit der Wahl.** Der Grundsatz der Gleichheit der Wahl ist im Sinne einer streng formalen Gleichheit aller am Wahlverfahren Beteiligten (Wähler, Wahlkandidaten, Parteien) zu verstehen. Er gilt nicht nur für den Wahlgang selbst, sondern für das gesamte Wahlverfahren von der Wahlvorbereitung, über den Wahlkampf bis zur Feststellung des Wahlergebnisses und der Zuteilung der Wahlmandate[95]. Die Wahlrechtsgleichheit durchzieht das gesamte Wahlrecht als Ordnungsprinzip und engt den Spielraum des Gesetzgebers bei der Ausgestaltung des Wahlrechts ein, weil Differenzierungen nur noch aus besonderen, zwingenden Gründen gerechtfertigt sind. Diese zwingenden Gründe müssen durch die Verfassung legitimiert und von einem der Wahlrechtsgleichheit entsprechenden Gewicht sein[96].

484 Die Wahlrechtsgleichheit hat besondere Bedeutung, weil sie Ausdruck der Egalität der Staatsbürger ist, die ihre demokratischen Rechte gleichberechtigt mit allen anderen Staatsbürgern ausüben[97]. Die demokratische Legitimierung der Staatsgewalt durch „das Volk“ (vgl. Art. 20 Abs. 2 GG) erfordert, dass jeder Staatsbürger seinen Willen in gleicher Weise und unter den gleichen Bedingungen einbringen kann. „In gleicher Weise“ ist deshalb streng formal zu verstehen und lässt grundsätzlich keine Differenzierungen zwischen den Staatsbürgern bei der Ausübung demokratischer Rechte zu.

> „Die durch das Grundgesetz errichtete demokratische Ordnung trägt insoweit einen formalen Charakter, als sie unbeschadet der bestehenden sozialen Unterschiede im Bereich der politischen Willensbildung alle Staatsbürger grundsätzlich absolut gleich bewertet. Eine Durchbrechung dieses Grundsatzes ist nur aus zwingenden Gründen zulässig.“[98]

92 Vgl. *Zimmermann*, ZIS 2011, S. 982ff.
93 Kritisch *Maurer*, Staatsrecht I, § 13 Rn. 13.
94 *Maurer*, Staatsrecht I, § 13 Rn. 13.
95 Vgl. *Magiera*, in: Sachs, GG, Art. 38 Rn. 91.
96 Vgl. *Magiera*, in: Sachs, GG, Art. 38 Rn. 93; *Stern*, Staatsrecht I, S. 305.
97 Vgl. *Stern*, Staatsrecht I, S. 305.
98 BVerfGE 8, 51 (69) – *Steuerliche Abzugsfähigkeit von Parteispenden.*

Die Wahlrechtsgleichheit ist eine spezielle Regelung gegenüber dem allgemeinen Gleichheitssatz des Art. 3 Abs. 1 GG, ein Rückgriff auf diesen ist ausgeschlossen[99]. 485

Beim Wahlgang als solchem muss die Gleichheit der Wahl bei der Stimmabgabe (Wahlvorgang), der Ermittlung des Wahlergebnisses (Zählvorgang) und dessen Umsetzung in Abgeordnetensitze (Wertungsvorgang) gewahrt bleiben. 486

aa) **Wahlvorgang.** Jeder Wähler muss die gleiche Anzahl an Stimmen besitzen. Unzulässig wäre eine unterschiedliche Stimmenanzahl, etwa in Verbindung mit Steuerzahlungen oder anderen sozialen Statusmerkmalen. Gem. § 4 BWahlG hat jeder Wähler zwei Stimmen. 487

bb) **Zählvorgang.** Bei der Auszählung der Stimmen muss jede Stimme gleich gewichtet werden (gleicher Zählwert). Das Wahlergebnis darf sich nur gleichmäßig aus allen Stimmen zusammensetzen. Die Zählwertgleichheit verlangt die formell gleiche Chance jeder Stimme, sich erfolgreich in der parlamentarischen Sitzverteilung widerzuspiegeln (sog. Erfolgschancenwert). Verboten ist damit eine unterschiedliche Gewichtung der abgegebenen Stimmen. 488

Die Wahlrechtsgleichheit gilt hinsichtlich des Zählwerts absolut. Es gibt keinen zwingenden Grund für unterschiedliche Zählwerte. Der gleiche Zählwert ist Grundlage und Ausgangspunkt aller Wahlsysteme, die die Umsetzung des Wahlergebnisses in Parlamentssitze leisten[100]. 489

cc) **Wertungsvorgang.** Diese Umsetzung wird als Wertungsvorgang bezeichnet. Das zum Einsatz kommende Wahlsystem wird dabei vom GG nicht festgelegt, sondern dem Gesetzgeber zur Entscheidung überlassen[101]. 490

Die *Wahlrechtsgleichheit* gebietet hier, dass alle Stimmen bei der Umsetzung in Mandate gleich behandelt werden müssen. Grundsätzlich müssen sich danach alle Stimmen in gleicher Weise in der parlamentarischen Sitzverteilung niederschlagen (gleicher Erfolgswert).[102] Obwohl die Erfolgswertgleichheit im System der Verhältniswahl besser verwirklicht werden kann als bei der Mehrheitswahl, ist die Entscheidung des Gesetzgebers für die Ausgestaltung des Wahlsystem hierdurch nach Ansicht des Bundesverfassungsgerichts nicht präjudiziert[103]. Entscheidet sich der Gesetzgeber aber (wie dies in § 1 Abs. 1 Satz 2 BWahlG geschieht) für ein (um Elemente der Mehrheitswahl ergänztes) Verhältniswahlsystem, hat er dabei den Anforderungen der Erfolgswertgleichheit in besonderer Weise Rechnung zu tragen. Vor diesem Hintergrund hatte sich das BVerfG in letzter Zeit insbesondere mit der Zulässigkeit der 5 %-Sperrklausel, der Überhangmandate sowie dem aus 491

99 BVerfGE 99, 1 (10) – *Kommunales Wahlvorschlagsrecht.*
100 Dazu unten Rn. 493 ff.
101 BVerfGE 95, 335 (349) m.w.N. – *Überhangmandate*; *Klein*, in: Maunz/Dürig, GG, Art. 38 Rn. 158, 162.
102 Vgl. *Meyer*, HStR III, § 46 Rn. 34; *Maurer*, Staatsrecht I, § 13 Rn. 8, 24.
103 BVerfGE 95, 335 (353) m.w.N. – *Überhangmandate*; *Klein*, in: Maunz/Dürig, GG, Art. 38 Rn. 156, 158 ff.; zu dieser Problematik *Meyer*, HStR III, § 45 Rn. 25 ff.

der Verteilung der Bundestagsmandate zwischen den Landeslisten einer Partei resultierenden Effekt des negativen Stimmgewichts zu beschäftigen[104].

492 **f) Die Öffentlichkeit der Wahl.** Aus der Zusammenschau der verfassungsrechtlichen Grundentscheidungen für Demokratie, Republik und Rechtsstaat ergibt sich über die in Art. 38 Abs. 1 GG genannten Prinzipien hinaus der Grundsatz der Öffentlichkeit der Wahl[105]. Dieser dient einer Kontrolle der Delegation von Staatsgewalt und verlangt, dass grundsätzlich „alle wesentlichen Schritte der Wahl öffentlicher Überprüfbarkeit unterliegen“[106]. Unzulässig ist daher der Einsatz von Wahlcomputern, bei denen die abgegebenen Stimmen lediglich elektronisch gespeichert werden und der Wähler ohne eigene Kontrollmöglichkeit auf die Integrität des technischen Systems vertrauen müsste[107].

3. Das System der personalisierten Verhältniswahl, § 1 Abs. 1 Satz 2 BWahlG

493 Im Zusammenhang der Erfolgswertgleichheit wurde bereits das Wahlsystem des BWahlG als um Elemente des Mehrheitswahlsystems ergänzte Verhältniswahl vorgestellt (sog. Personalisierte Verhältniswahl, vgl. § 1 Abs. 1 Satz 2 BWahlG). Dieses System zur Verteilung der Stimmen auf die zur Verfügung stehenden Parlamentssitze soll im Folgenden, ausgehend von den zugrunde liegenden klassischen Systeme der Mehrheits- und der Verhältniswahl, dargestellt werden.
S. dazu auch die Übersichten Rn. 1010f.

494 **a) Mehrheitswahl (Personenwahl).** Das System der Mehrheitswahl basiert auf einem strikten *Mehrheitsprinzip*. Es wird in verschiedenen Wahlbezirken jeweils ein Mandat vergeben, welches der Kandidat erhält, der die meisten Stimmen auf sich vereint. Die anderen Stimmen wirken sich nicht aus („The Winner Takes It All“). Dabei ist in manchen Mehrheitswahlsystemen die absolute Mehrheit (mehr als 50 % der abgegebenen Stimmen) und damit ggf. eine Stichwahl erforderlich, in anderen genügt die relative Mehrheit im ersten Wahlgang.

495 Im Mehrheitswahlsystem hat die Einteilung der Wahlkreise eine herausragende Bedeutung. Bestimmt die Mehrheit in einem Wahlkreis über die Vergabe eines Parlamentssitzes, dann ist eine möglichst gleichmäßige Aufteilung der Wahlbevölkerung in Wahlkreise erforderlich. Anderenfalls könnte es zu erheblichen Missverhältnissen zwischen der Mehrheit der gewonnenen Wahlkreise (= Parlamentssitze = Parlamentsmehrheit) und der Mehrheit der Wählerstimmen insgesamt kommen, was mit dem Mehrheitsprinzip und insbesondere dem Erfordernis der Zählwertgleichheit nicht vereinbar wäre.

496 Das Mehrheitswahlrecht führt in der Regel zu einer von zwei Lagern dominierten politischen Landschaft, weil sich die für einen Parlamentssitz erforderlichen Stimmen (je nachdem, ob ein relatives oder absolutes Mehrheitserfordernis besteht) in einem Spektrum von ca. 35 % und mehr bewegen. Dauerhaft stehen sich daher zumeist zwei Parteien gegenüber, die abwechselnd die Regierungs-

104 S. hierzu unten Rn. 513, 517, 531.
105 BVerfGE 123, 39 (68) – *Wahlcomputer.*
106 BVerfGE 123, 39 (72 ff.) – *Wahlcomputer.*
107 BVerfGE 123, 39 (72 ff.) – *Wahlcomputer.*

mehrheit übernehmen. Allerdings ist es nicht ausgeschlossen, dass sich auch kleinere Parteien in einzelnen Wahlkreisen durchsetzen (wie etwa die Liberal Democrats und weitere kleinere Parteien neben den dominierenden Tories und Labour in Großbritannien) und langfristig möglicherweise auch eine der beiden dominierenden Parteien verdrängen.

Funktion des Mehrheitswahlrechts ist die Bildung klarer und stabiler parlamentarischer Mehrheiten, weil sich geringe Stimmenanteile von vornherein nicht im Parlament widerspiegeln. Beim reinen Mehrheitswahlrecht besitzt jede Stimme den gleichen Zählwert und die gleiche Erfolgschance, aber nicht den gleichen Erfolgswert. Gleichwohl wird ein (reines) Mehrheitswahlrecht auf Basis des Grundgesetzes als mit dem Grundsatz der gleichen Wahl vereinbar angesehen[108]. **497**

b) Verhältniswahl (Listenwahl). Prinzip der Verhältniswahl ist, dass sich das Stimmverhältnis des Wahlergebnisses (im gesamten Wahlgebiet) im Sitzverhältnis des Parlaments abbildet. Die Parlamentssitze werden im Verhältnis der abgegebenen Stimmen auf die Parteien und Wahlbündnisse, die ihre Kandidaten in Listen aufstellen, verteilt. Erforderlich ist prinzipiell keine Einteilung des Wahlgebiets oder der Wahlbevölkerung in Wahlkreise. **498**

Die reine Verhältniswahl nähert sich am engsten dem Ideal der demokratischen Egalität aller Staatsbürger durch weitestgehende Erfolgsgleichheit aller Stimmen an, wonach jede Stimme die gleiche Auswirkung auf die Sitzverteilung im Parlament haben soll. Vollständig lässt sich dieses Ideal aber auch bei der Verhältniswahl nicht verwirklichen, weil sich der aus Bruchteilen bestehende Proporz der Wählerstimmen nicht in der ganzzahligen Sitzverteilung im Parlament widerspiegeln kann. Bei der Verhältniswahl stellt sich deshalb immer das Problem der Behandlung von Reststimmenanteilen, die sich nicht mehr anhand des Wahlquotienten einem Parlamentssitz zuweisen lassen. **499**

Die Verhältniswahl unterstützt die Bildung von komplexeren politischen Spektren, weil sie politischen Minderheiten den Weg in das Parlament ebnet. Dieser Effekt ist allerdings auch der bedeutsamste Kritikpunkt am Verhältniswahlsystem. Es ermöglicht eine Zersplitterung des Parlaments und erschwert die Entstehung einer stabilen Regierungsmehrheit. Aufgrund der Notwendigkeit der Koalitionsbildung erhalten kleine parlamentarische Gruppierungen, wie etwa die religiös-orthodoxen Parteien in Israel, unter Umständen ein ihrem Stimmenanteil nicht entsprechendes politisches Gewicht. **500**

Gegenüber dem Mehrheitswahlrecht ist der persönliche Aspekt der Listenbewerber als Entscheidungsfaktor für die Wahlentscheidung im Verhältniswahlrecht geringer. Maßgebend ist hier nur das politische Lager, für das die Stimme abgegeben werden soll. Dies gilt jedenfalls, wenn der Wähler nicht über die Reihenfolge der Listenbewerber entscheiden kann (sog. starre Liste). Im deutschen Wahlrecht existiert auf kommunaler Ebene die Möglichkeit, die Reihenfolge der Listenbewerber bei der Wahl abzuändern (sog. freie Liste) oder sogar Kandidaten anderer Listen zu übernehmen (Kumulieren und Panaschieren). **501**

108 Vgl. *Maunz*, in: Maunz/Dürig, GG, Art. 38 Rn. 72; a.A. *Meyer*, HStR III, § 45 Rn. 32 ff.

502 c) **Modifikationen und Kombinationssysteme.** Im Ergebnis hat das Mehrheitswahlrecht die Schwäche, dass aufgrund des Mehrheitsprinzips die tatsächlichen Interessenverhältnisse in der Gesellschaft nur unzureichend widergespiegelt werden und der Minderheitenschutz nicht durch kleinere Parteien im Parlament effektuiert werden kann. Demgegenüber gewährt das Verhältniswahlrecht auch politischen Minderheiten institutionellen Einfluss, führt jedoch häufig zu einer Zersplitterung des Parlaments, die die Ausübung der Staatsfunktionen hemmt. Auch ist der persönliche Bezug zwischen Abgeordneten und Bürgern nicht in derselben Weise gesichert wie bei der Abstimmung über einzelne Wahlkreiskandidaten im Mehrheitswahlsystem. Um diesen Nachteilen zu begegnen, werden die Wahlsysteme häufig modifiziert und Kombinationen aus Mehrheits- und Verhältniswahl gebildet.

503 Häufig wird, zur Verhinderung von Parteienzersplitterung, das Verhältniswahlsystem durch Sperrklauseln modifiziert. Bei der proportionalen Zuteilung der Parlamentssitze werden nur solche Listenverbindungen berücksichtigt, die einen bestimmten Stimmanteil, häufig 5 %, erzielt haben. Die Verhältniswahl wird somit insofern durch ein Mehrheitsprinzip abgeschwächt, als die unter der Sperrklausel liegenden Minderheitsvoten unberücksichtigt bleiben. Grundsätzlich ist eine Sperrklausel aufgrund ihrer für die Funktionsfähigkeit des parlamentarischen Systems notwendigen Zielsetzung, eine Zersplitterung des Parlaments zu verhindern, als Einschränkung der Erfolgswertgleichheit der Stimmen zulässig[109]. Eine entsprechende Regelung im deutschen Europawahlrecht (bezüglich der Wahlen zum Europäischen Parlament) hielt das BVerfG jedoch zu Recht für verfassungswidrig: im Europäischen Parlament besteht aufgrund der völlig unterschiedlichen Parteiensysteme in den einzelnen Mitgliedstaaten ohnehin eine Parteizersplitterung, die sich auch durch eine Sperrklausel nicht verhindern lässt[110].
Eine andere Möglichkeit der Kombination von Mehrheits- und Verhältniswahlsystem besteht darin, die Parlamentssitze aufzuteilen in einen Anteil, der durch Wahlkreise mit Mehrheitswahl bestimmt wird und einen anderen, der sich nach den Stimmenverhältnissen im Wahlgebiet zusammensetzt[111].

504 d) **Das Wahlsystem nach dem BWahlG.** Die Verfassung überlässt dem Gesetzgeber gem. Art. 38 Abs. 3 GG die einfachgesetzliche Ausgestaltung des Wahlsystems und räumt ihm insbesondere die Wahl zwischen der Mehrheitswahl und der Verhältniswahl oder einer Kombination beider Wahlsysteme ein[112]. Entscheidet sich der Gesetzgeber für ein bestimmtes Wahlsystem, dann muss die gesetzliche Ausgestaltung jedoch im Einzelnen systemtreu und konsequent sein[113]. Bei der Ausgestaltung des Wahlsystems ist der Gesetzgeber überdies durch die oben dargestellten Wahlrechtsgrundsätze des Art. 38 Abs. 1 Satz 1 GG gebunden.

505 Das Wahlsystem auf Bundesebene ist im Bundeswahlgesetz (BWahlG) geregelt. Darin hat sich der Gesetzgeber für ein *Kombinationssystem von Verhältniswahl-*

---

109 S. zur Ausgestaltung im geltenden deutschen Wahlrecht unten Rn. 517.
110 Vgl. BVerfGE 129, 300 (324 ff.) – *Fünf-Prozent-Sperrklausel im EuWG*. Dazu ausführlich *Morlok/Kühr*, JuS 2012, 385 ff.
111 Eine Übersicht zu weiteren Kombinationsmöglichkeiten gibt *Meyer*, Wahlsystem und Verfassungsordnung.
112 Vgl. BVerfGE 95, 335 (349) – *Überhangmandate*.
113 Vgl. BVerfGE 95, 335 (354) m. w. N. – *Überhangmandate*; *Meyer*, HStR III, § 45 Rn. 33 ff.

recht und Mehrheitswahlrecht entschieden, wobei die Grundsätze der Verhältniswahl maßgebend sind und das Wahlrecht dominieren (§ 1 Abs. 1 Satz 2 BWahlG)[114]. Die 598 Mandate (§ 1 Abs. 1 Satz 1 BWahlG) des Bundestags werden im Verhältnis der Stimmen verteilt, die für die jeweiligen Listenverbindungen der zur Wahl angetretenen Parteien abgegeben wurden. Das Wahlsystem wird durch Elemente der Mehrheitswahl modifiziert, die der Bundestagswahl aber nicht den grundsätzlichen Charakter einer Verhältniswahl nehmen.

Das deutsche Wahlsystem lässt sich als *personalisierte Verhältniswahl* charakterisieren (vgl. § 1 Abs. 1 Satz 2 BWahlG). Aufgrund der vorgeschalteten Personenwahl besitzt jeder Wähler zwei Stimmen (vgl. § 4 BWahlG): die Erststimme für die Personenwahl sowie die Zweitstimme für die Wahl einer Partei (Landeslisten). Wegen des Grundsatzes der Verhältniswahl ist im Regelfall nur die Zweitstimme entscheidend für die Kräfteverhältnisse im Parlament. Die Erststimme soll sich dagegen nur auf die personelle Zusammensetzung auswirken, indem die Hälfte der Listenmandate durch Direktmandate ersetzt wird (vgl. § 1 Abs. 2 BWahlG). Im Folgenden soll das Wahlsystem der Bundesrepublik Deutschland dargestellt werden, wobei in besonderer Weise auf die Probleme der Sitzverteilung einzugehen ist, die sich aus diesem Zusammenspiel von Elementen der Mehrheits- und der Verhältniswahl ergeben können. **506**
→ *S. hierzu Rn. 1011: Übersicht 3: Übersicht zum Wahlsystem I.*

aa) **Wahl der Direktkandidaten in den Wahlkreisen.** Das Mehrheitswahlrecht entscheidet über die personelle Besetzung der Hälfte der 598 Sitze im Bundestag. 299 Abgeordnete werden direkt in den 299 Wahlkreisen gewählt (vgl. § 1 Abs. 2 BWahlG). Gewählt wird mit der Erststimme (§ 4 BWahlG). Das Direktmandat bekommt, wer die relative Mehrheit der Erststimmen im Wahlkreis erhält, d. h. die meisten der abgegebenen gültigen Erststimmen auf sich vereinigt (§ 5 BWahlG). Die unterlegenen Stimmanteile haben keinen Einfluss auf die Parlamentssitzverteilung (kein Erfolgswert, Mehrheitsprinzip). **507**

Die *Aufstellung als Kandidat* in einem Wahlkreis regeln die §§ 18–26 BWahlG. Die Aufstellung als Direktkandidat für einen Wahlkreis erfolgt durch Wahlvorschlag, der von Parteien oder von Wahlberechtigten eingereicht werden kann (§ 18 Abs. 1 BWahlG). Die formellen Voraussetzungen bestimmen sich nach §§ 18–22 BWahlG. Für Kreiswahlvorschläge etablierter Parteien gelten dabei geringere Anforderungen als für Vorschläge politisch weniger bedeutenderer Parteien i. S. d. § 18 Abs. 2 BWahlG sowie für individuelle von Wahlberechtigten eingereichte Nominierungen, die gem. § 20 Abs. 2 u. 3 BWahlG eines Unterschriftenquorums von 200 Unterschriften bedürfen. Diese Einschränkung des passiven Wahlrechts und des Wahlvorschlagsrechts wird durch den Zweck gerechtfertigt, völlig aussichtslose Wahlbewerbungen auszusortieren. Bisher hat – abgesehen von der ersten Bundestagswahl – auch noch kein parteiloser Bewerber ein Direktmandat im Bundestag erobern können[115]. **508**

---

114 *Ipsen*, Staatsrecht I, Rn. 106; *Maurer*, Staatsrecht I, § 13 Rn. 27; *Magiera*, in: Sachs, GG, Art. 38 Rn. 110.
115 Vgl. *Maurer*, Staatsrecht I, § 13 Rn. 38.

509 Funktion der Mehrheitswahl ist die personelle Vorauswahl von Abgeordneten zu Lasten der Listenbewerber einer Partei. Obwohl 299 direkt gewählte Kandidaten in jedem Fall in den Bundestag einziehen, bedeutet dies nicht, dass die Hälfte der Bundestagsabgeordneten direkt und die andere Hälfte nach Listen vergeben werden (sog. Grabensystem). Ausschlaggebend für die Sitzverhältnisse ist das Verhältnis der Zweitstimmen[116]. Die danach berechneten Sitze einer Partei werden soweit an Listenbewerber vergeben, als nach Abzug der Direktmandate noch Restplätze zu vergeben sind. Das ist der gesetzliche Regelfall. Abweichende Fälle sind zum einen der erfolgreiche parteilose Bewerber für ein Direktmandat sowie ein Wahlergebnis, das zu einem Überhang der Direktmandate einer Partei über die der Liste insgesamt nach Zweitstimmen zustehenden Mandate führt.

510 Erlangt ein parteiloser Bewerber oder ein Bewerber einer auf Basis der Zweitstimmen erfolglosen Partei ein Direktmandat, dann fallen diese Zweitstimmen und der Parlamentssitz des Gewählten bei der Bestimmung des übrigen parlamentarischen Kräfteverhältnisses weg (vgl. § 6 Abs. 1 Satz 2, 3 BWahlG), weil sich ansonsten diese Stimmen zweimal in der Mandatsverteilung niederschlagen würden. In diesen Fällen ist nur das Mehrheitswahlrecht für die Zuteilung eines Sitzes im Bundestag entscheidend. Das System der Verhältniswahl bleibt insoweit außen vor, als es nur auf Listenverbindungen Anwendung finden kann.

511 Wie bereits erwähnt, spielt die Einteilung des Wahlgebiets in Wahlkreise im Mehrheitwahlsystem eine besondere Rolle. Gem. §§ 2 f. BWahlG müssen die Wahlkreise eine möglichst gleichmäßige Anzahl von Wahlberechtigten aufweisen – Abweichungen vom Durchschnitt sind grundsätzlich nur in engem Rahmen bis 15 % nach oben und unten zulässig (vgl. § 3 Abs. 1 Nr. 2, 3 BWahlG). Eine Vorgängerregelung, die Abweichungen bis zu einem Drittel erlaubte, erklärte das BVerfG für mit dem Grundsatz der Gleichheit der Wahl unvereinbar[117]. Abzustellen ist dabei auf die Anzahl der Wahlberechtigten, nicht der Gesamtbevölkerung, so dass Ausländer bei der Berechnung nicht mitzuzählen sind (§ 3 Abs. 1 Satz 2 BWahlG). Sollten sich gravierende Unterschiede hinsichtlich des Anteils (ebenfalls nicht wahlberechtigter) Minderjähriger an der Gesamtbevölkerung der einzelnen Wahlkreise ergeben, wäre auch dies bei der Wahlkreiseinteilung zukünftig zu berücksichtigen[118]. Erforderlich ist aufgrund der föderalen Struktur die Einhaltung der Ländergrenzen, damit eine landesinterne Anrechnung der Direktmandate auf die Landeslisten möglich ist (§ 3 Abs. 1 Nr. 1 BWahlG).

512 **bb) Listenwahl.** Entscheidend für die parlamentarische Sitzverteilung im Bundestag ist jedoch die Verteilung der Zweitstimmen, mit denen – dem Prinzip der Verhältniswahl folgend[119] – nach Parteilisten gewählt wird (§ 4 Halbsatz 2 BWahlG). Aufgrund der föderalen Struktur der Bundesrepublik werden die Listen nach Ländern getrennt aufgestellt (sog. Landeslisten, vgl. § 6 Abs. 1 Satz 1 BWahlG). Diese Landeslisten können gem. § 27 Abs. 1 Satz 1 BWahlG nur von den Parteien aufgestellt werden (Listenprivileg der Parteien). Auf jeder Liste

116 Daher stellen die Parteien im Wahlkampf auch immer die Zweitstimme als entscheidend heraus.
117 BVerfGE 95, 335 (365).
118 BVerfGE 130, 212 (236 f.) – *Minderjährigenanteil in Wahlkreisen.*
119 BVerfGE 6, 84 (90) – *Sperrklausel*; 13, 127 (129) – *Wahlkreisgröße*; 95, 335 (356) – *Überhangmandate.*

bewerben sich die von einer Partei in fester Reihenfolge aufgestellten Personen für den Bundestag (sog. starre Liste) – je weiter man oben steht, desto höher sind die Chancen, über die einer Liste zugeteilten Bundestagssitze in den Bundestag gewählt zu werden.

Bis zur Bundestagswahl 2009 wurden die verschiedenen Landeslisten einer Partei 513
als verbundene Listen angesehen und die von diesen Listenverbindungen im gesamten Bundesgebiet errungenen Zweitstimmen als ausschlaggebend für die Sitzverteilung im Bundestag zugrunde gelegt (§§ 7 Abs. 1 u. 2 i.V.m. 6 Abs. 1 BWahlG i.d.F.v. 21.3.2008). In der Konsequenz wurden auch die in einem Bundesland errungenen Überhangmandate (die Anzahl der nach Zweitstimmenverteilung einer Partei zustehenden Parlamentssitze übersteigende Direktmandate[120]) auf die in den anderen Ländern aufgrund der dort erhaltenen Zweitstimmenverteilung erworbenen Zweitstimmen angerechnet (§§ 7 Abs. 3 Satz 2 i.V.m. 6 Abs. 4 u. 5 BWahlG i.d.F.v. 21.3.2008). Dies konnte die paradoxe Folge haben, dass eine geringere Anzahl von Zweitstimmen einer Partei in einem Gebiet aufgrund des dann bestehen bleibenden Überhangmandats in einem anderen Wahlkreis dazu führte, dass die Partei insgesamt mehr Parlamentssitze erhielt (sog. Negatives Stimmgewicht)[121]. Das BVerfG hielt die Regelungen des BWahlG, die diese Paradoxie ermöglichen, zu Recht für verfassungswidrig: auch wenn der Grundsatz der Erfolgswertgleichheit im System eines personalisierten Verhältniswahlrecht nur in bestimmten Grenzen verwirklicht werden kann[122], sind diese Grenzen jedenfalls dann überschritten, wenn eine Stimme negative Konsequenzen für die eigene Partei entfalten kann, weil dies „den demokratischen Wettbewerb um Zustimmung bei den Wahlberechtigten widersinnig erscheinen" lässt[123]. Zugleich liegt darin auch eine Verletzung des Grundsatzes der Unmittelbarkeit der Wahl, weil für den Wähler grundsätzlich nicht ersichtlich ist, ob seine Stimme positive oder negative Konsequenzen zeitigt[124].

Mit der im Jahr 2011 in Kraft getretenen Neufassung des BWahlG wurde in 514
Reaktion auf diese Entscheidung das System der verbundenen Listen aufgegeben. Stattdessen wurden den einzelnen Ländern in Abhängigkeit der jeweiligen Wählerzahl Sitzkontingente zugewiesen, um die die Landeslisten konkurrieren sollten (§ 6 Abs. 1 BWahlG i.d.F.v. 3.12.2011). Auch dadurch ließ sich der Effekt des negativen Stimmgewichts jedoch nicht verhindern, die Abgabe einer Stimme in einem Land konnte wegen der möglicherweise damit verbundenen Verschiebung der Sitzkontingente wiederum negative Auswirkungen auf die in einem anderen Land errungenen Parlamentssitze einer Partei haben – das BVerfG erklärte daher auch diese Neuregelung für verfassungswidrig[125]. Einen weiteren Verstoß gegen die Wahlrechtsgleichheit sah es in der Vergabe von Zusatzmandaten an Parteien, die in mehreren Ländern besonders hohe Rundungsverluste erlitten hatten (§ 6

120 Ausführlich unten Rn. 530 f.
121 Ausführlich und anschaulich BVerfGE 121, 266 (274 ff.). Auffällig wurde die Problematik aufgrund der in einem Wahlkreis erforderlich gewordenen Nachwahl im Rahmen der Bundestagswahl des Jahres 2005, vgl. ebd., S. 276 f.
122 S. dazu oben Rn. 491.
123 BVerfGE 121, 266 (299) – *Negatives Stimmengewicht.*
124 BVerfGE 121, 266 (307 f.) – *Negatives Stimmengewicht.*
125 BVerfGE 131, 316 (340 ff.) – *Negatives Stimmengewicht.*

Abs. 2a BWahlG i.d.F.v. 3.12.2011)[126]. Der Gesetzgeber reagierte auf diese Entscheidung mit einer erneuten Novellierung des Wahlrechts, die zum 9.5.2013 in Kraft trat und für die Bundestagswahl 2013 galt. Danach werden die auf jedes Land entfallenden Sitze in einem ersten, „vorläufigen" Schritt abstrakt nach der Bevölkerungszahl des jeweiligen Landes ermittelt (§§ 6 Abs. 2 Satz 2, 3 Abs. 1 BWahlG). Nach der sodann erfolgenden Auszählung der Sitze am Maßstab der §§ 4, 5, 6 Abs. 2–4 BWahlG (cc) ist in einem weiteren Schritt die Wahrung des tatsächlichen Zweitstimmenproporzes im Bundesgebiet durch die Vergabe von Ausgleichsmandaten sicherzustellen (dd)[127].

cc) **Ermittlung der Sitzverteilung/Auszählsystem.** Das Auszählsystem rechnet die abgegebenen Stimmen auf die Verteilung der Parlamentssitze um. Normiert ist es für die Direktmandate in §§ 4, 5 BWahlG und für die Listenmandate in § 6 BWahlG.

515 (1) **Auszählung der Wahlkreise und Ermittlung der Direktmandate (§§ 4, 5 BWahlG).** Erster Schritt ist zwingend die Ermittlung der Wahlergebnisse in den 299 Wahlkreisen. Dazu werden die abgegebenen gültigen Erststimmen ausgezählt. Gewählt ist, wer die Mehrheit der gültigen Stimmen auf sich vereinigt (relative Mehrheit, § 5 Satz 2 BWahlG). Die gewählten Kandidaten sind sicher im Bundestag.

516 (2) **Ermittlung des Verhältnisses der Zweitstimmen (§ 6 Abs. 1 Satz 1, 2 BWahlG).** Zweiter Schritt ist die Auszählung der Stimmen, die auf die einzelnen Landeslisten entfallen (§ 6 Abs. 1 Satz 1–2 BWahlG). Dabei bleiben jedoch gem. § 6 Abs. 3 Satz 1 BWahlG die Listen der Parteien unberücksichtigt, die im Wahlgebiet (d.h. in der gesamten Bundesrepublik, vgl. § 2 Abs. 1 BWahlG) nicht mindestens 5 % der Stimmen erreichen (sog. Sperrklausel) oder mindestens drei Direktmandate gewinnen konnten (sog. Grundmandatsklausel), es sei denn, es handelt sich um Parteien nationaler Minderheiten, für die die Sperrklausel nicht gilt.

517 (a) **Die Sperrklausel.** Die *Sperrklausel* schränkt das Prinzip der reinen Verhältniswahl ein. Zweitstimmen für Parteien, die insgesamt nicht mindestens 5 % der Stimmen im gesamten Bundesgebiet erlangen, fallen ersatzlos weg: Die Verteilung der Bundestagssitze erfolgt nach den Stimmanteilen der übrigen Parteien in Relation zur Summe der Zweitstimmen nach Anwendung der Sperrklausel. Keine Auswirkung hat die Sperrklausel auf die Ermittlung der Direktmandate. Erringt ein Bewerber ein Direktmandat, dessen Partei an der Sperrklausel scheitert, dann zieht er trotzdem in den Bundestag ein. Die restlichen Bundestagsmandate werden dann nach dem Zweitstimmenanteil der übrigen Parteien aufgeteilt (vgl. § 6 Abs. 1 Satz 3 BWahlG).
Funktion der Sperrklausel ist die Schaffung eines stabilen Parlaments. In ihm sollen nur die politischen Kräfte vertreten sein, die über eine gewisse gesamtdeutsche Bedeutung verfügen. Verhindert werden soll, dass Splitterparteien in den Bundestag einziehen und dadurch die parlamentarische Mehrheitsbildung erschwert wird. Ob ein höherer oder niedrigerer Wert als 5 % der Zweitstimmen

126 BVerfGE 131, 316 (352 ff.) – *Negatives Stimmengewicht.*
127 Ausführlich *Holste*, NVwZ 2013, 529 ff. (530 ff.).

sinnvoll ist, bleibt eine rechtspolitische Entscheidung im Ermessen des Gesetzgebers. Allerdings dürfte eine Sperrklausel über 10 % dem Grundsatz der Verhältniswahl zuwiderlaufen[128]. Die Sperrklausel in der jetzigen Form ist verfassungsgemäß:[129] Sie schränkt zwar den Grundsatz der Erfolgsgleichheit jeder Stimme ein, was ein Verhältniswahlrecht eigentlich verhindern will. Diese Einschränkung kann aber durch sachliche Gründe gerechtfertigt werden, zumal ein reines Mehrheitswahlrecht, für das sich der Gesetzgeber grundsätzlich ebenfalls entscheiden könnte, zu einer viel größeren Erfolgswertungleichheit führen würde[130]. Die Einführung der 5 %-Sperrklausel rechtfertigender sachlicher Grund ist die drohende Gefährdung der Funktionsfähigkeit des Parlaments, wenn Splitterparteien in das Parlament gelangen und dort die Mehrheitsbildung verhindern oder zumindest erschweren würden[131].

Die Sperrklausel wurde bei der ersten gesamtdeutschen Wahl nach der Wieder- **518**
vereinigung nur im westdeutschen Wahlgebiet angewandt, um den beitrittsbedingten besonderen politischen Verhältnissen in Ostdeutschland gerecht zu werden. Ansonsten wäre es für politische Neugründungen kaum möglich gewesen, sich gegen die etablierte westliche Konkurrenz behaupten zu können[132].

Die Sperrklausel gilt nicht uneingeschränkt, sondern mit zwei Ausnahmen. Eine **519**
gilt für Parteien nationaler Minderheiten, auf die die Sperrklausel von vornherein keine Anwendung findet (§ 6 Abs. 3 Satz 2 BWahlG), eine zweite ergibt sich aus der sog. Grundmandatsklausel (vgl. § 6 Abs. 3 Satz 1 BWahlG).

Die Sperrklausel gilt gem. § 6 Abs. 3 Satz 2 BWahlG nicht für Parteien nationaler **520**
Minderheiten. Nationale Minderheiten sind deutsche Staatsangehörige[133] ohne deutsche Volkszugehörigkeit[134]. Beispiel einer solchen Partei ist der SSW (Südschleswigscher Wählerverband), der die dänische Minderheit in dieser Region vertritt. Diese Klausel dient einem besonderen Minderheitenschutz[135], hat aber zu keiner nennenswerten Beeinflussung der politischen Verhältnisse außerhalb von Schleswig-Holstein geführt.
→ *Rn. 1047*

(b) Die Grundmandatsklausel. Die Grundmandatsklausel nimmt solche Parteien **521**
von der Sperrklausel aus, deren Bewerber im Wahlgebiet in drei Wahlkreisen ein Direktmandat gewonnen haben (vgl. § 6 Abs. 3 Satz 1 Halbsatz 2 BWahlG). Typisiert wird angenommen, dass eine Partei in diesem Falle eine besondere regionale oder lokale Bedeutung besitzt, die ihren Einzug ins Parlament auch auf Basis der von ihr errungenen Zweitstimmen rechtfertigt.

---

128 Enger *Maurer,* Staatsrecht I, § 13 Rn. 33.
129 BVerfGE 1, 208 (251, 256 f.) – *Landeswahlgesetz Schleswig-Holstein;* BVerfGE 82, 322 (338) – *Wahlrechtsvertrag BRD/DDR*; BVerfGE 95, 408 (419) – *Grundmandatsklausel*; vgl. dazu auch eine Fallbearbeitung bei *Degenhart*, Klausurenkurs im Staatsrecht I, Fall 1 sowie unten Rn. 1047.
130 S. oben Rn. 494 ff.
131 Vgl. *Maurer,* Staatsrecht I, § 13 Rn. 32.
132 Vgl. BVerfGE 82, 322 – *Wahlrechtsvertrag BRD/DDR*.
133 Ansonsten hätten sie kein Wahlrecht.
134 BVerfGE 6, 84 (98) – *Sperrklausel*.
135 Verfassungsmäßigkeit bejaht in BVerfGE 1, 208 (257) – *Landeswahlgesetz Schleswig-Holstein;* 6, 84 (98) – *Sperrklausel*.

522 Ähnlich wie die Sperrklausel ist auch die Grundmandatsklausel eine Einschränkung des Grundsatzes der Gleichheit der Wahl[136]. Durch ihre Anwendung kommt es zu einer Ungleichbehandlung zwischen den von der Abmilderung begünstigten Parteien und denen, die mit möglicherweise mehr errungenen Zweitstimmen dennoch nicht ins Parlament einziehen. Man kann hierin eine strukturelle Begünstigung von Parteien mit regionalem gegenüber solchen mit thematischem Schwerpunkt (sog. Interessenparteien) sehen. Das BVerfG[137] hält jedoch auch diese Differenzierung für sachlich gerechtfertigt und geht daher von der Verfassungsmäßigkeit auch der Grundmandatsklausel aus. Zwar wird durch die Grundmandatsklausel das Anliegen der Sperrklausel, Splitterparteien zu verhindern, abgemildert. Jedoch belegen Parteien durch die Erringung von drei Direktmandaten ihre spezifische Verankerung und Akzeptanz in der Bevölkerung. Der einfache Gesetzgeber darf bei der Ausgestaltung des Wahlrechts die besondere politische Kraft einer Partei und die Billigung der politischen Anliegen einer Partei, die bei der Wahl von drei Direktkandidaten zum Ausdruck kommt, berücksichtigen. Dies rechtfertigt die Abmilderung der Sperrklausel und den Eingriff in den Grundsatz der Gleichheit der Wahl und sichert somit den Integrationscharakter von Wahlen[138].

Beispiele:

- Die X-Partei erringt 5 % der Zweitstimmen und drei Direktmandate. Insgesamt erhält sie 5 % der Bundestagsmandate, von denen die drei Direktmandate abgezogen werden (Normalfall).
- Die Y-Partei erringt 4 % der Zweitstimmen und drei Direktmandate. Insgesamt erhält sie 4 % der Bundestagsmandate, von denen die drei Direktmandate abgezogen werden (Grundmandatsklausel).
- Die Z-Partei erringt 4 % der Zweistimmen und zwei Direktmandate. Sofern sie nicht die Partei einer nationalen Minderheit ist, erhält sie keine Listenmandate (Sperrklausel) und zwei Direktmandate.

→ *S. hierzu Rn. 1011: Übersicht 3: Übersicht zum Wahlsystem II.*

523 (3) **Umwandlung der Zweitstimmenanteile in Bundestagsmandate (Sainte-Laguë/Schepers).** Nach dem Verhältnis der Zweitstimmen steht jeder Partei eine bestimmte Anzahl der Parlamentssitze zu (wobei die gem. § 6 Abs. 1 Satz 2 BWahlG an einen Bewerber vergebenen Sitze außer Acht bleiben).

524 Die genaue Verteilung ist dabei deshalb problematisch, weil bei der Aufteilung in aller Regel Restbruchteile verbleiben, die keinem ganzen Bundestagssitz zugeordnet werden können. Im Umgang mit diesen Reststimmen unterscheiden sich verschiedene mathematische Berechnungsverfahren, die alle bereits bei Bundestagswahlen zum Einsatz gekommen sind: Bis zur Bundestagswahl 1983 galt das auf den Belgier *d'Hondt* zurückgehende Höchstzahlverfahren. Von 1983 bis 2005 kam das sog. *Hare/Niemeyer*-Verfahren zur Anwendung, das auf die prozentuale Gewichtung der Stimmen abstellt und übrig bleibende Sitze nach der Höhe der Nachkommastellen verteilt. Seit der Bundestagswahl 2009 wird das *Sainte-Laguë/Schepers*-Verfahren angewendet, das ebenfalls ein Höchstzahlverfahren

136 Vgl. *Pieroth*, in: Jarass/Pieroth, GG, Art. 38 Rn. 22b m. w. N.
137 BVerfGE 95, 408 – *Grundmandatsklausel*.
138 Vgl. dazu auch die Fallbearbeitung bei *Degenhart*, Klausurenkurs im Staatsrecht, Fall 1 sowie unten Rn. 1048.

darstellt, jedoch Schwächen des *d'Hondtschen* Verfahrens abmildern soll. Zugleich sollen Paradoxien, die beim Hare-Niemeyer-Verfahren entstehen können, verhindert werden[139]. Sämtliche dieser Verfahren sind verfassungskonform; es ist Teil des gesetzgeberischen Gestaltungsspielraums gem. Art. 38 Abs. 3 GG, ein Berechnungsverfahren auszuwählen. Die Unterschiede der einzelnen Verfahren sollen hier an einem Beispiel dargestellt werden.

Beispiel[140]: Es sind 100 000 Stimmen abgegeben worden, für die Partei A 50 000 Stimmen, für die Partei B 35 000 Stimmen und für die Partei C 15 000 Stimmen. 11 Abgeordnetensitze sind zu vergeben.

Das *d'Hondtsche* Höchstzahlverfahren ist in seiner Berechnungsweise einfach: die von den einzelnen Parteien erreichten Stimmen werden jeweils durch Divisorreihen geteilt, die aus den ganzen natürlichen Zahlen bestehen (also nacheinander durch 1, 2, 3 etc.). Nach Durchführung dieser Division für jede der Parteien werden die resultierenden Quotienten verglichen und die Parlamentssitze der Reihe nach auf die größten Zahlen („Höchstzahlen") verteilt. 525

Im Beispiel:

Partei	Stimmen	Dividiert :1	Dividiert :2	Dividiert :3	Dividiert :4	Dividiert :5	Dividiert :6
A	50 000	50 000 = **1**	25 000 = **3**	16 666 = **5**	12 500 = 7	10 000 = **9**	8 333 = **11**
B	35 000	35 000 = **2**	17 500 = **4**	11 666 = **8**	8 750 = **10**	7 000	5 833
C	15 000	15 000 = **6**	7 500	5 000	8 750 = **10**	7 000	2 500

Es müssen die Stimmenanteile der Parteien – also 50 000 (A-Partei), 35 000 (B-Partei), 15 000 (C-Partei) – *jeweils so lange* durch ganze Zahlen geteilt werden, bis eine Zahl von ganzzahligen Brüchen entsteht, die der Anzahl der zu vergebenden Abgeordnetensitze entspricht, hier also 11. Es werden dementsprechend die Zahlen 50 000, 35 000, 15 000 erst durch 1 geteilt; dies ergibt die Zahlen 50 000, 35 000, 15 000. Dann wird durch 2 geteilt; dies ergibt die Zahlen 25 000, 17 500, 7 500. Dann wird durch 3 geteilt; dies ergibt die Zahlen 16 666, 11 666, 5 000. usw. Die Ergebnisse der Teilungen werden in der Reihenfolge der Höhe der Zahlen geordnet: 50 000, 35 000, 25 000, 17 500 usw. Jeweils eine Zahl entspricht einem Parlamentssitz und zwar für die Partei, der der Bruch durch Teilung „ihrer" Stimmenzahl entstanden ist. 50 000 (A-Partei = 1. Sitz), 35 000 (B-Partei = 2. Sitz) 25 000 (A-Partei = 3. Sitz), 17 500 (B-Partei = 4. Sitz), 15 000 (C-Partei = 5. Sitz) bis alle 11 Sitze vergeben sind.
Entsprechend den Höchstzahlen nach den Gleichheitszeichen erhält die A-Partei von den 11 Parlamentssitzen 6, die B-Partei 4 und die C-Partei 1 Sitz.

Der Vergleich mit den Ergebnissen des *Hare-Niemeyer*-Verfahrens und des Verfahrens nach *Sainte-Laguë/Schepers* (unten) veranschaulicht, dass das Verfahren nach *d'Hondt* zu einer strukturellen Benachteiligung kleinerer Parteien führt.

Diesen Nachteil sollte das *Hare/Niemeyer*-Verfahren vermeiden. Dabei wurde zunächst durch Division der zur Verfügung stehenden Sitze durch die Gesamtzahl der abgegebenen Stimmen der sog. Wahlquotient ermittelt, der besagt, wie viele 526

139 Eine gute Einführung in die verschiedenen Berechnungssysteme findet sich auf der Internetseite des Bundeswahlleiters: *http://www.bundeswahlleiter.de/de/aktuelle_mitteilungen/downloads/Kurzdarst_Sitzzuteilung.pdf* (zuletzt abgerufen am 9.9.2013).

140 Nach *von Münch*, Staatsrecht I, S. 70 f.

Stimmen eine Partei benötigt, um einen Parlamentssitz zu erhalten. Sodann wurde die Stimmenanzahl jeder Liste durch diesen Quotienten geteilt, wobei nach dem bis 2011 geltenden § 7 BWahlG auf fiktiv gebildete Bundeslisten der jeweiligen Parteien abgestellt wurde. Das Ergebnis dieser Rechnung stellte die Anzahl der Parlamentssitze der jeweiligen Partei dar, wobei zunächst nur auf die ganze Zahl abgestellt wurde, nicht auf die Nachkommastelle. Die Nachkommastellen wurden bei der Verteilung der übrigen Parlamentssitze berücksichtigt: diese wurden in der Reihenfolge der höchsten Nachkommastellen zugewiesen.

Im Beispiel: Wahlquotient = wie viele Stimmen braucht man für einen Parlamentssitz?
100 000 Gesamtstimmen/11 Parlamentssitze = 9 090,90
A-Partei = 50 000/9 090,90 = 5,50 = 5 Sitze plus 0,5 Zahlenbruchteil
B-Partei = 35 000/9 090,90 = 3,85 = 3 Sitze plus 0,85 Zahlenbruchteil
C-Partei = 15 000/9 090,90 = 1,65 = 1 Sitz plus 0,65 Zahlenbruchteil
Vergeben sind bisher 9 der 11 Sitze. Die beiden restlichen Sitze werden den Parteien zugewiesen, die die höchsten Zahlenbruchteile haben, d. h. an die Partei B und die Partei C.
Endgültig erhält danach die Partei A 5 Sitze, die Partei B 4 Sitze und die Partei C 2 Sitze.

527 Nach dem *Hare-Niemeyer*-Verfahren konnten sich jedoch Paradoxien ergeben: so war es etwa möglich, dass eine Partei, die mehr als die Hälfte der Zweitstimmen erhielt, trotzdem nicht mehr als die Hälfte der Sitze erlangte. Diesem Fall wurde auf Basis des alten Wahlrechts mit der Zuweisung eines zusätzlichen Sitzes an diese Partei begegnet (vgl. § 6 Abs. 3 BWahlG a. F.).

528 Das 2008 durch eine Änderung von § 6 BWahlG eingeführte Verfahren nach *Sainte-Laguë/Schepers* soll diesen Paradoxien durch eine Rückkehr zum Höchstzahlverfahren begegnen, wobei eine Modifikation des *d'Hondt'sche*n Verfahrens zugleich die Benachteiligung kleiner Parteien verhindern soll. In § 6 Abs. 2 Satz 2–7 BWahlG n. F. wird hierzu ein iteratives Berechnungssystem vorgestellt, das mathematisch einer Anwendung des Divisorverfahrens mit einer Zahlenreihe von 0,5; 1,5; 2,5 etc. entspricht. Die Anzahl der Zweitstimmen jeder Landesliste (eine fiktive Bundeslistenbildung findet nach Streichung des § 7 BWahlG nicht mehr statt) wird durch einen vorläufigen Quotienten geteilt, die Ergebnisse werden bis 0,5 abgerundet, über 0,5 aufgerundet (§ 6 Abs. 2 Satz 2–3 BWahlG). Ist das Ergebnis genau 0,5, wird so gerundet, dass die Gesamtstimmenzahl eingehalten wird. Führt auch diese Vorgabe nicht zu einem eindeutigen Ergebnis, wird gelost (§ 6 Abs. 2 Satz 4 BWahlG). Der vorläufige Zuteilungsdivisor lässt sich ermitteln, indem man die Gesamtzahl der abgegebenen Stimmen durch die Anzahl der zu vergebenden Sitze teilt (§ 6 Abs. 2 Satz 6 BWahlG). Er entspricht dem Wahlquotienten beim Hare-Niemeyer-Verfahren. Sind nach seiner Anwendung zu viele oder zu wenig Sitze vergeben, ist der Divisor herauf- oder herunterzusetzen (§ 6 Abs. 2 Satz 5 u. 7 BWahlG).

Im Beispiel:

Der vorläufige Zuteilungsdivisor ergibt sich aus 100 000/11 = 9 090,90.
A-Partei: 50 000/9 090 = 5,50
B- Partei: 35 000/9 090 = 3,85
C-Partei: 15 000/9090 = 1,65

Bei den Parteien B und C wird aufgerundet, B erhält 4, C 2 Sitze. Bei Partei A beträgt die Nachkommastelle genau 0,5. Würde man aufrunden, wären insgesamt 6 + 4 + 2 = 12 Sitze verteilt, also einer zu viel. Rundet man jedoch ab, sind genau 5 + 4 + 2 = 11 Sitze verteilt. Die A-Partei erhält daher 5 Sitze. Da somit alle Sitze verteilt sind, bedarf der Zuteilungsdivisor keiner Modifikation.
Im Ergebnis erhält die A-Partei 5 Sitze, die B-Partei 4 Sitze und die C-Partei 2 Sitze.

(4) **Abzug der in einem Land errungenen Direktmandate (§ 6 Abs. 4 Satz 1 BWahlG).** Von den jeder Landesliste zugeteilten Mandaten werden zunächst alle von Parteibewerbern im Land errungenen Direktmandate abgezogen. Die restlichen Mandate werden als Listenmandate durch die entsprechende Anzahl von Personen der Landesliste besetzt. Nach der gesetzlichen Systematik soll somit grundsätzlich die Zweitstimme über das „Ob" eines Bundestagsmandats für eine Partei entscheiden, während die Erststimme das „Wer" bestimmt. Problematisch ist die Folge, wenn eine Partei in einem Land mehr Direktmandate erringt, als ihr nach Zweitstimmen zustünde. 529

§ 6 Abs. 4 Satz 2 BWahlG ordnet an, dass die errungenen Direktmandate einer Partei auch in diesem Fall erhalten bleiben. Wäre dies, wie vor der Änderung des BWahlG 2013, das endgültige Ergebnis, hieße dies, dass sich die Gesamtzahl der Bundestagsabgeordneten um die Anzahl dieser sog. Überhangmandate erhöhen und die Verteilung der grundsätzlich vorhandenen 598 Sitze nach den Zweitstimmenverhältnissen stattfinden würde. In der Konsequenz hieße das, dass nicht die Zweitstimmenverteilung allein ausschlaggebend für die Zusammensetzung des Parlaments wäre. Vielmehr erhielten einzelne Parteien im Ergebnis pro erhaltener Zweitstimme mehr Bundestagsmandate als andere. Verstärkt wurde dieser Effekt durch das Phänomen des Stimmensplittings, bei dem die Erststimme einer großen Partei, die Zweitstimme einer kleinen Partei, in der Regel dem potentiellen Koalitionspartner, gegeben wurde. 530

Die unterschiedliche Auswirkung von Zweitstimmen auf die Sitzverteilung im Bundestag stellt eine Einschränkung der Erfolgswertgleichheit einerseits (es trägt nicht jede Zweitstimme in gleicher Weise zur Sitzverteilung im Bundestag bei), der Chancengleichheit der politischen Parteien andererseits dar. Das BVerfG hat diese Einschränkung als Folge der Ausgestaltung des Systems der personalisierten Verhältniswahl für gerechtfertigt gehalten, solange sich die Zahl der Überhangmandate in einem Rahmen bewegte, der keine Verzerrung der Kräfteverhältnisse im Parlament befürchten ließ[141]. Eine neue Beurteilung der Sach- und Rechtslage ergab sich zuletzt jedoch aus einer ständigen Zunahme der Überhangmandate bei den Bundestagswahlen: so kam es 2009 bereits zu insgesamt 24 Überhangmandaten. Bei einer derartigen Anzahl, die mehr als die Hälfte der zur Fraktionsbildung erforderlichen Abgeordnetenzahl (5 %) ausmacht, so dass die Träger der Überhangmandate zusammen eine „politische Kraft im Parlament" darstellen könnten, liegt eine Verzerrung des parlamentarischen Kräfteverhältnisses vor. Die damit verbundene Einschränkung der Wahlrechtsgleichheit (Art. 38 Abs. 1 GG) sowie der Chancengleichheit der politischen Parteien (Art. 21 GG) hielt das BVerfG daher nicht mehr für gerechtfertigt und erklärte § 6 Abs. 4 BWahlG 531

141 Vgl. BVerfGE 95, 335 (358 ff. m. w. N.) – *Überhangmandate*; vgl. *Magiera*, in: Sachs, GG, Art. 38 Rn. 95.

i.d.F.v. 3.12.2011 für verfassungswidrig. Die durch den Überhang der Direktmandate entstehende Kräfteverzerrung soll durch das in Folge der Entscheidung des BVerfG eingefügte zweistufige System ebenso beseitigt werden wie der Effekt des negativen Stimmgewichts.

532 **dd) Endgültige Stimmenverteilung (§ 6 Abs. 5–7 BWahlG).** Am Ende der dargestellten ersten Stufe des Zuteilungsverfahrens steht somit fest, wieviele Mandate einer Partei im Bund sowie in jedem Land mindestens zustehen müssen, einschließlich der in den Wahlkreisen erworbenen Direktmandate. Die bisherige Sitzverteilung ist jedoch nur eine vorläufige (vgl. § 6 Abs. 2 Satz 1 BWahlG). Zum einen ging sie bei der Verteilung der Mandate auf die Länder von der Bevölkerungszahl aus, nicht davon, wie viele Stimmen insgesamt abgegeben wurden. Zum anderen bestehen noch „Überhangmandate", die die Kräfteverhältnisse des Zweitstimmenanteils verzerren würden. Aus diesem Grund ist ein weiterer Schritt notwendig, der einerseits sicherstellt, dass alle errungenen Mandate erhalten bleiben, andererseits aber eine dem Zweitstimmenverhältnis entsprechende Sitzverteilung sicherstellt. Dies erfolgt nach § 6 Abs. 5 BWahlG durch eine Erhöhung der Gesamtsitze der jeweiligen Bundespartei; die hierdurch hinzugewonnenen Sitze werden gem. § 6 Abs. 6 BWahlG in einer erneuten Durchführung des *Saintë-Langue/Schepers*-Verfahren auf die jeweiligen Landeslisten verteilt. Durch diese Verfahren wird einerseits aufgrund des Abstellens auf die Gesamtbevölkerungszahl im ersten Schritt der Effekt des negativen Stimmgewichts vermieden; zum anderen sind wegen der ggf. erfolgenden Vergrößerung des Parlaments Überhangmandate von vornherein ausgeschlossen[142]. Sollte nach der Durchführung dieses Verfahrens eine Partei, die die Mehrheit der Zweitstimmen errungen hat, nicht auch die Mehrheit der Parlamentssitze erhalten, ist ihr ein Ausgleichsmandat zu gewähren, § 6 Abs. 7 BWahlG.
→ *Rn. 1048*

4. Wahlperiode, Grundsatz der Diskontinuität

533 Art. 39 Abs. 1 u. 2 GG regeln die Wahlperiode, also den Zeitraum, für den die Abgeordneten in den Bundestag gewählt werden.

534 Gem. Art. 39 Abs. 1 Satz 1 GG wird der Bundestag grundsätzlich und vorbehaltlich der genaueren Bestimmungen in Art. 39 Abs. 1 Satz 2–4, Abs. 2 GG für vier Jahre gewählt. Art. 39 Abs. 1 Satz 2 GG bestimmt, dass die Wahlperiode eines Bundestags mit dem Zusammentritt des neu gewählten Bundestags endet. Der Zusammentritt des neu gewählten Bundestags hat spätestens 30 Tage nach den Bundestagswahlen zu erfolgen (vgl. Art. 39 Abs. 2 GG). Die Bundestagswahlen finden zwischen 46 und 48 Monaten (nach 4 Jahren) nach dem erstmaligen Zusammentritt des vorherigen Bundestags statt (Art. 39 Abs. 1 Satz 3 GG). Nach diesen Regelungen endet die Wahlperiode des „alten" Bundestags also nicht vor, sondern gleichzeitig mit dem Zusammentritt eines neuen Bundestags, dessen Wahlperiode eine juristische Sekunde später beginnt. Sinn dieser Regelung ist, dass immer ein funktionsfähiges, durch Wahlen legitimiertes Legislativorgan

142 Hierzu und zur Verhinderung einer zu weit reichenden Vergrößerung des Parlaments durch Gewähr von Ausgleichsmandanten einerseits, interner Verrechnung der „Überhangmandate" andererseits *Holste*, NVwZ 2013, 529 ff. (531).

existiert und keine Lücke im Verfassungsgefüge entstehen kann. Je nach dem Termin der Bundestagswahlen und des Zusammentritts des gewählten Bundestags (vgl. Art. 39 Abs. 1 Satz 3, Abs. 2 GG), dauert die Wahlperiode jedes Bundestags somit zwischen 46 und 49 Monaten.

Ein *vorzeitiges* Ende der Wahlperiode ist in zwei Fällen möglich. Gem. Art. 63 **535** Abs. 4 Satz 3 GG kann der Bundespräsident für den Fall, dass ein Kanzlerkandidat nicht mit absoluter, sondern nur mit einfacher Mehrheit vom Bundestag gewählt wird, sich zwischen der Ernennung des Gewählten und der Auflösung des Bundestags entscheiden. Der Bundespräsident kann außerdem den Bundestag auflösen, wenn dieser dem Kanzler nicht mit der Mehrheit seiner Mitglieder (sog. Kanzlermehrheit) das Vertrauen ausspricht (Art. 68 Abs. 1 GG). In beiden Fällen hat der Kanzler nicht das Vertrauen einer Mehrheit im Parlament. Diese für das parlamentarische Regierungssystem des Grundgesetzes unerwünschte Konstellation, die instabile staatspolitische Verhältnisse nach sich zieht, soll durch eine neue Entscheidung des Souveräns (Wähler, Staatsvolk) beendet werden. Nicht zulässig ist dagegen die Selbstauflösung des Bundestags, wenn keine dieser im Grundgesetz vorgesehenen Auflösungssituationen vorliegt. Im Fall einer Auflösung des Bundestages sind Neuwahlen innerhalb von 60 Tagen abzuhalten (Art. 39 Abs. 1 Satz 4 GG). Ein Selbstauflösungsrecht des Bundestags sieht das Grundgesetz nicht vor[143].

Trotz des Strebens nach Kontinuität durch nahtlosen Anschluss der Wahlperioden **536** des Bundestags, findet am Ende jeder Wahlperiode durch den Zusammentritt des neuen Bundestags eine Zäsur statt: Es gilt der *Grundsatz der Diskontinuität* des Bundestags als Verfassungsgewohnheitsrecht[144]. Er besagt, dass alle nicht abgeschlossenen parlamentarischen Vorgänge mit dem Zusammentritt eines neuen Bundestags ihre Wirksamkeit verlieren. Die während einer Wahlperiode konstituierten Organe und Organteile des Bundestags wie Ausschüsse, Präsident, Ältestenrat enden gemeinsam mit dem Bundestag.

Beispiele: Gesetzesvorlagen, für die noch kein Gesetzesbeschluss existiert, müssen neu in den Bundestag eingebracht werden. Die Geschäftsordnung des alten Bundestags gilt nicht fort. Ein Untersuchungsausschussverfahren kann nicht über das Ende einer Legislaturperiode fortgeführt werden.

Der Grundsatz der Diskontinuität erfasst nur die unabgeschlossenen parlaments- **537** internen Vorgänge sowie den inneren organisatorischen Aufbau. Der Bundestag als Staatsorgan ist dagegen permanent existent und nach außen gültige Rechtsakte werden ihm auch über die Wahlperiode hinaus zugerechnet, etwa ein Gesetzesbeschluss, ein Normenkontrollantrag vor dem BVerfG oder ein Arbeitsvertrag mit einem Bediensteten der Bundestagsverwaltung.

143 Dessen Einführung wurde in der Literatur jedoch insbesondere in der Folge der „auflösungsgerichteten Vertrauensfrage“ durch Bundeskanzler *Schröder* im Jahr 2005 (S. dazu BVerfGE 114, 121 ff. – *Vertrauensfrage Schröder* sowie unten Rn. 755 f.) diskutiert: S. insbesondere die Kontroversen in den Zeitschriften RuP (*Struck*, RuP 2006, 140 ff., *Bosbach*, RuP 2006, 142 ff., *Ströbele*, RuP 2006, 144 f., *Thierse*, RuP 2006, 145 f.) und ZParl (*Pieper*, ZParl 2007, 287 ff., *Niclauß*, ZParl 2007, 667 ff., *Leunig*, ZParl 2008, 157 ff.).

144 Vgl. *Stern*, Staatsrecht II, S. 74 ff.; *Maurer*, Staatsrecht I, § 13 Rn. 53 m. w. N.

„Die Diskontinuität des Deutschen Bundestags hat als solche keinen Einfluss auf das Fortbestehen wirksam vorgenommener Rechtshandlungen des Deutschen Bundestags selbst oder eines Teils seiner Mitglieder.“[145]

538 Begrenzt wird der Grundsatz der Diskontinuität auf die parlamentarischen Vorgänge, die eines Parlamentsbeschlusses bedürfen (vgl. § 125 Satz 2 GOBT). Dazu gehören z. B. nicht beim Parlament eingereichte Petitionen[146].
Gelegentlich wird die Zweckmäßigkeit einer 4-jährigen Wahlperiode diskutiert. Je länger eine Wahlperiode dauert, desto geringer ist das kontrollierende Element, das aus der zeitlichen Begrenzung erwächst. Eine Wahlperiode von mehr als sieben Jahren wird daher überwiegend als nicht mit dem Demokratieprinzip vereinbar angesehen[147]. Unter einer zu kurzen Wahlperiode würde dagegen die Effizienz der parlamentarischen Arbeit leiden. Der Beginn der Legislaturperiode ist geprägt durch die Neukonstituierung des Bundestags. Aufgrund der Diskontinuität fängt jeder Bundestag bei Null an. Schon etwa ein Jahr vor Ende einer Wahlperiode schränkt der Wahlkampf eine längerfristig angelegte Sachpolitik ein. Vor diesem Hintergrund erscheint eine Wahlperiode von vier Jahren als angemessener Ausgleich.

5. Rechtsschutz im Wahlrecht

539 Rechtsschutz im Wahlrecht kommt einerseits im Wege der Wahlprüfung durch den Bundestag und im Falle einer Beschwerde durch das BVerfG gem. Art. 41 GG, andererseits auf Basis von Rechtsbehelfen im BWahlG und der BWahlO in Betracht (§ 49 BWahlO).

540 Das *Wahlprüfungsverfahren* ist verfassungsrechtlich in Art. 41 GG geregelt. Aufgrund des Gesetzgebungsauftrags in Art. 41 Abs. 3 GG wurde das Wahlprüfungsgesetz (WahlprüfG) zur näheren Ausgestaltung des Verfahrens erlassen. Das deutsche Wahlprüfungsrecht folgt dem Grundsatz der Zweistufigkeit: In erster Instanz entscheidet der Bundestag (Art. 41 Abs. 1 GG), in zweiter das BVerfG (Art. 41 Abs. 2 GG)[148].

541 § 1 Abs. 1 WahlprüfG bestimmt, dass im Wahlprüfungsverfahren in erster Instanz der Bundestag über die Gültigkeit der Bundestagswahl sowie über die Verletzung subjektiver Rechte im Zusammenhang mit der Vorbereitung oder Durchführung der Wahl entscheidet. Der Bundestag kann die Wahl für ungültig erklären und die entsprechenden „Folgerungen“ anordnen (§ 1 Abs. 2 Satz 1 WahlprüfG) oder die Verletzung einer subjektiven Rechtsposition feststellen (§ 1 Abs. 2 Satz 2 WahlprüfG). Aus einem Verstoß gegen das Wahlrecht folgt die Ungültigkeit der Wahl nur dann, wenn er sich auf das konkrete Wahlergebnis, d. h. auf die parlamentarischen Kräfteverhältnisse, auswirken konnte oder ausgewirkt hat[149]. „Folgerungen“ können in diesem Fall die Anordnung der Neuauszählung von Stimmen, eine begrenzte Nachwahl in einem Wahlkreis oder schließlich sogar eine voll-

145 BVerfGE 79, 311 (327) – *Kreditvolumen im Bundeshaushalt.*
146 Vgl. weitere Beispiele bei *Stern,* Staatsrecht II, S. 77 f.
147 Vgl. *Maurer,* Staatsrecht I, § 13 Rn. 51.
148 Ausführlich *Lackner,* JuS 2010, 307 ff.
149 Vgl. *Maurer,* Staatsrecht I, § 13 Rn. 47.

ständige Neuwahl des gesamten Bundestags sein, was jedoch noch nicht vorgekommen ist.

Der Bundestag als erste Wahlprüfungsinstanz wird nur auf *Einspruch* tätig (§ 2 Abs. 1 WahlprüfG), den jeder Wahlberechtigte innerhalb von zwei Monaten nach dem Wahltag erheben kann (§ 2 Abs. 2, Abs. 4 Satz 1 WahlprüfG). Im Rahmen der Wahlprüfung prüft der Bundestag, dessen Entscheidung durch den Wahlprüfungsausschuss vorbereitet wird (§ 3 Abs. 1 WahlprüfG) nur, ob die Wahl im Einklang mit dem einfachgesetzlichen Wahlrecht durchgeführt worden ist. Er prüft nicht, ob dessen Normen verfassungskonform sind[150]. Der Bundestag ist auch nicht gem. Art. 100 Abs. 1 GG berechtigt, die Wahlrechtsnormen dem BVerfG zur Entscheidung über ihre Verfassungswidrigkeit vorzulegen; aufgrund der abschließenden Auflistung der Zuständigkeiten des BVerfG im Grundgesetz und anderen Gesetzen kommt auch keine analoge Anwendung dieser Norm in Betracht[151]. Der Bundestag kann das BVerfG lediglich im Wege der abstrakten Normenkontrolle anrufen (auch hierzu besteht jedoch keine Verpflichtung) oder ein aus seiner Sicht verfassungswidriges Wahlrecht im ordnungsgemäßen Gesetzgebungsverfahren für die Zukunft abändern. Die Zuständigkeit des Bundestags für die Überprüfung der eigenen „Existenzberechtigung" entspricht dem Selbstverwaltungscharakter des Parlaments. Anderen staatlichen Institutionen soll grundsätzlich kein Hebel zur Verfügung stehen, ein politisch missliebiges Parlament über die Wahlprüfung zu beseitigen. 542

Ein Missbrauch der Wahlprüfung selbst soll durch die Entscheidung des BVerfG in zweiter Instanz verhindert werden (Art. 41 Abs. 2 GG, §§ 13 Nr. 3, 48 BVerfGG). Das BVerfG kann darüber hinaus auch das angewendete einfachgesetzliche Wahlrecht auf seine Verfassungsmäßigkeit hin überprüfen. Das Verfahren vor dem BVerfG ist als Beschwerdeverfahren ausgestaltet, das eine vorherige Entscheidung des Bundestags voraussetzt. Dabei müssen nach dem klaren – verfassungsrechtlich nicht zu beanstandenden – Wortlaut des § 48 Abs. 1 BWahlG Einspruchs- und Beschwerdeführer identisch sein[152]. 543

Wahlprüfungsbeschwerden haben noch nie zur Ungültigerklärung einer Bundestagswahl durch das BVerfG geführt[153]. Das Bundesverfassungsgericht nimmt diesbezüglich eine Abwägung des Wahlrechtsverstoßes oder der Auswirkung der Verfassungswidrigkeit des Wahlrechts mit dem Interesse am Bestand des Wahlergebnisses vor: 544

> „Der Eingriff in die Zusammensetzung einer gewählten Volksvertretung durch eine wahlprüfungsrechtliche Entscheidung muss vor dem Interesse an der Erhaltung der gewählten Volksvertretung gerechtfertigt werden. Je tiefer und weiter die Wirkungen eines solchen Eingriffs reichen, desto schwerer muss der Wahlfehler wiegen, auf den dieser Eingriff gestützt wird [...] Die Ungültigerklärung einer gesamten Wahl setzt einen erheblichen Wahlfehler von solchem Gewicht voraus, dass ein Fortbestand der in dieser Weise gewählten Volksvertretung unerträglich erschiene."

---

150 BVerfGE 89, 291 (300).
151 BVerfGE 121, 266 (290) – *Negatives Stimmengewicht.*
152 BVerfGE 128, 322 (324) – *Wahlprüfungsbeschwerde „Die PARTEI".*
153 Vgl. BVerfGE 16, 130 – *Überhangmandate;* BVerfGE 59, 119 – *Briefwahl.*

Häufig hat das BVerfG dem Gesetzgeber jedoch eine Änderung des Wahlrechts aufgegeben und die entsprechenden Korrekturen in späteren Verfahren auch an seinen Vorgaben gemessen[154]. Da das Wahlprüfungsverfahren die gesetzmäßige Zusammensetzung des Deutschen Bundestags gewährleisten soll, erledigt es sich grundsätzlich mit dem Ende von dessen Wahlperiode[155]. Bei zu diesem Zeitpunkt bereits eingelegter Wahlprüfungsbeschwerde kann jedoch ein besonderes öffentliches Interesse – insbesondere hinsichtlich der Beurteilung der Verfassungskonformität des geltenden Wahlrechts – eine Fortführung des Verfahrens gebieten[156].

545 Neben dem Wahlprüfungsverfahren als nachträglichem Rechtsschutz soll *sonstiger Rechtsschutz* gegen hoheitliche Maßnahmen, die sich auf das Wahlverfahren beziehen, nur nach den Rechtsbehelfen des BWahlG sowie der BWahlO eröffnet sein (§ 49 Abs. 1 BWahlG). Typische Anwendungsfälle sind die Geltendmachung der Nichtaufführung eines Wahlberechtigten im Wählerverzeichnis oder der Nichterteilung eines Wahlscheins. Es geht in diesen Fällen um die Ermöglichung der formellen Voraussetzungen für die Ausübung des (materiell gegebenen) aktiven Wahlrechts (vgl. § 14 Abs. 1 BWahlG, §§ 22 Abs. 1, 31 Satz 1 BWahlO).

546 Die Beschränkung auf ein rein behördliches Nachprüfungsverfahren im Vorfeld der Wahl und die Durchführung eines Wahlprüfungsverfahrens erst im Nachhinein ist mit Blick auf die Garantie effektiven Rechtsschutzes in Art. 19 Abs. 4 GG nicht unproblematisch. Insbesondere hinsichtlich der Nichtzulassung von Parteien – 2009 war die auf Redakteure des Satire-Magazins Titanic zurückgehende politische Gruppierung „Die PARTEI" nicht als Partei anerkannt und deshalb nach § 18 Abs. 4 BWahlG nicht zur Bundestagswahl zugelassen worden – wurde dies kritisiert und auch von der Organisation für Sicherheit und Zusammenarbeit in Europa in ihrem Wahlprüfungsbericht gerügt[157]. Es wurde daher eine neue Verfahrensart vor dem BVerfG geschaffen, mit der sich Vereinigungen unmittelbar gegen ihre Nichtanerkennung als Partei für die Wahl zum Bundestag zur Wehr setzen können (Art. 93 Abs. 1 Nr. 4c GG, §§ 13 Abs. 1 Nr. 3a, 96a ff. BVerfGG). Über diesen Sonderfall hinaus wäre die Einführung eines gerichtlichen Rechtsschutzes vor der Wahl auch allgemein geboten: Die Befürchtung, dass das Wahlverfahren als Massenverfahren mit einer Flut von Rechtsbehelfen gegen einzelne Rechtsakte lahm gelegt werden könnte, rechtfertigt den vollständigen Ausschluss des gerichtlichen Rechtsschutzes nicht. Angemessen wäre ein entsprechend verkürzter (vorläufiger) Rechtsschutz im Vorfeld der Wahl, der einerseits dem Rechtsschutzbedürfnis des Wahlberechtigten und andererseits den organisatorischen Besonderheiten und Erfordernissen einer einheitlichen Wahl Rechnung trägt[158].

154 Besonders eindrucksvoll die Entscheidungen zum negativen Stimmgewicht, BVerfGE 121, 266 (314ff.) und BVerfGE 131, 316 (146ff.).
155 BVerfGE 122, 304 (306f.) – *Wahlprüfungsbeschwerde nach Bundestagsauflösung*.
156 BVerfGE 122, 304 (306ff.) – *Wahlprüfungsbeschwerde nach Bundestagsauflösung*.
157 Vgl. Beschlussfassung und Bericht des Ausschusses für Wahlprüfung, Immunität und Geschäftsordnung des Deutschen Bundestages, BT-DrS. 17/9733. Im Wahlprüfungsverfahren vor dem BVerfG war „Die PARTEI" gescheitert, weil die Wahlprüfungsbeschwerde vom Bundesvorsitzenden der Partei im eigenen Namen, der vorherige Einspruch jedoch im Namen der Partei erhoben worden wurde und es somit an der von § 48 Abs. 1 BVerfGG vorausgesetzten Personenidentität fehlte, vgl. BVerfGE 128, 322 (324) – *Wahlprüfungsbeschwerde „Die PARTEI"*.
158 Vgl. *Meyer*, HStR III, § 46 Rn. 98ff.

Rechtsprechung: BVerfGE 1, 208 – *Landeswahlgesetz Schleswig-Holstein;* BVerfGE 3, 45 – *Reserveliste*; BVerfGE 5, 2 – *passives Wahlrecht*; BVerfGE 6, 84 – *Sperrklausel*; BVerfGE 7, 63 – *Starre Liste*; BVerfGE 8, 51 – *Steuerliche Abzugsfähigkeit von Parteispenden*; BVerfGE 8, 104 – *Volksbefragungen*; BVerfGE 13, 127 – *Wahlkreisgröße*; BVerfGE 16, 130 – *Überhangmandate*; BVerfGE 21, 196 – *Wahlgeschenke*; BVerfGE 21, 200 – *Briefwahl;* BVerfGE 24, 300 – *Unterschriftenquorum für Wahlvorschlag*; BVerfGE 32, 157 – *Abgeordnetenentschädigungsgesetz*; BVerfGE 36, 139 – *Wahlrecht von Auslandsdeutschen*; BVerfGE 37, 84 – *Volksentscheid*; BVerfGE 42, 53 – *Volksentscheid*; BVerfGE 44, 125 – *Öffentlichkeitsarbeit der Bundesregierung;* BVerfGE 49, 10 – *Neugliederung des Bundesgebiets*; BVerfGE 51, 222 – *Europawahl*; BVerfGE 58, 202 – *Wahlrecht von Auslandsdeutschen*; BVerfGE 59, 119 – *Briefwahl*; BVerfGE 66, 369 – *Wahlbeeinflussung durch Arbeitgeber*; BVerfGE 68, 1 – *Mitwirkungsrechte des BT an auswärtigen Beziehungen*; BVerfGE 70, 324 – *Informationsrecht der Abgeordneten*; BVerfGE 71, 81 – *Arbeitnehmerkammerwahl*; BVerfGE 78, 350 – *Kommunale Wählervereinigung;* BVerfGE 79, 161 – *Zweitstimmenabzug, Stimmensplitting;* BVerfGE 79, 169 – *Überhangmandate;* BVerfGE 79, 311 – *Kreditvolumen im Bundeshaushalt;* BVerfGE 80, 188 – *Abgeordnetenrechte*; BVerfGE 81, 310 – *Bundesauftragsverwaltung;* BVerfGE 82, 322 – *Wahlrechtsvertrag BRD/DDR*; BVerfGE 82, 353 – *Unterschriftenquorum;* BVerfGE 83, 37 – *Ausländerwahlrecht;* BVerfGE 85, 148 – *Wahlprüfung*; BVerfGE 91, 262 – *Parteienbegriff*; BVerfGE 92, 80 – *Überhangmandate*; BVerfGE 93, 195 – *Untersuchungsausschuss*; BVerfGE 94, 351 – *Abgeordnetenstatus*; BVerfGE 95, 335 – *Überhangmandate;* BVerfGE 95, 408 – *Grundmandatsklausel*; BVerfGE 97, 317 – *Nachrückerentscheidung*; BVerfGE 99, 1 – *Kommunales Wahlvorschlagsrecht*; BVerfGE 103, 111 – *Wahlprüfung Hessen;* BVerfGE 121, 266 – *Negatives Stimmengewicht*; BVerfGE 122, 304 – *Wahlprüfungsbeschwerde nach Bundestagsauflösung*; BVerfGE 123, 39 – *Wahlcomputer*; BVerfGE 128, 322 – *Wahlprüfungsbeschwerde „Die PARTEI"*; BVerfGE 129, 300 – *Fünf-Prozent-Sperrklausel EuWG*; BVerfGE 130, 212 – *Minderjährigenanteile in Wahlkreisen*; BVerfGE 131, 316 – *Negatives Stimmengewicht*; BVerfG, NVwZ 2012, 1167 – *Wahlberechtigung Auslandsdeutscher,* BVerwGE 18, 14 – *Hirtenbrief.*

Literatur:

Zur Ergänzung:
Burkiczak, C., Die verfassungsrechtlichen Grundlagen der Wahl des Deutschen Bundestages, JuS 2009, 805 ff.; *Delmel, N./Jesse, E.*, Das neue Wahlgesetz zur Bundestagswahl 2013, ZParl 2013, 201 ff.; *Guckelberger, A.*, Wahlsystem und Wahlrechtsgrundsätze, JA 2012, 561 ff., 641 ff.; *Hornung, G./Kammermeier, C.*, Referendarexamensklausur – Öffentliches Recht: Wahlrecht – Wahl-O-Mat und Wahlautomat, JuS 2012, 931 ff. (Fallbearbeitung); *Morlok, M./Kühr., H.*, Wahlrechtliche Sperrklausel und die Aufgaben einer Volksvertretung, JuS 2012, 385 ff.

Zur Vertiefung:
Aktuelle Diskussionen
v. Arnim, H. H., Was aus dem Urteil des Bundesverfassungsgerichts zur 5-Prozent-Klausel bei Europawahlen folgt, DÖV 2012, 224 ff.; *Holste, H.*, Demokratie wieder flott gemacht: Das neue Sitzzuteilungsverfahren im Bundeswahlgesetz sichert das gleiche Wahlrecht, NVwZ 2013, 539 ff.; *Ipsen, J.*, Wahlrecht im Spannungsfeld von Politik und Verfassungsgerichtsbarkeit, DVBl. 2013, 265 ff.; *Morlok, M.*, Chancengleichheit ernstgenommen – Die Entscheidung des BVerfG zur Fünf-Prozent-Klausel bei der Europawahl, JZ 2012, 76 ff.; *Schönberger, Chr.*, Das BVerfG und die Fünf-Prozent-Klausel bei der Wahl zum Europäischen Parlament, JZ 2012, 80 ff.

Grundlegende Texte
Badura, P., Über Wahlen, AöR 97 (1972), 1; *Meyer, H.*, Demokratische Wahl und Wahlsystem, HStR II, 1. Aufl. 1987, § 37; *ders.*, Wahlgrundsätze und Wahlverfahren, HStR II, 1. Aufl. 1987, § 38; *Starck, C.*, Wahlen im demokratischen Verfassungsstaat, in: FS für Winkler, 1997, S. 1099.

III. Zuständigkeiten des Bundestags

→ *Rn. 1012*

1. Einleitung

547 Der Bundestag besitzt unter den obersten Staatsorganen des Bundes eine hervorgehobene Stellung, die sich in erster Linie aus seinem exklusiven Status als Volksvertretung (Parlament) speist und sich in einer Fülle staatsorganisatorischer Zuständigkeiten äußert. Nach überwiegender Auffassung existiert jedoch trotz der besonderen Stellung im Gefüge der Staatsorgane keine Vermutung oder subsidiäre Zuständigkeit des Bundestags für die Ausübung einer staatlichen Aufgabe. Gleichfalls gibt es keinen allgemeinen Parlamentsvorbehalt, der dem Bundestag generell den Einbruch in die Kompetenzen der übrigen Staatsorgane gestatten würde. Der Bundestag darf, wie alle staatlichen Organe, nur im Rahmen der ihm vom Grundgesetz zugewiesenen Organkompetenzen tätig werden. Eine Lücke in der grundgesetzlichen Zuweisung von Organkompetenzen wird durch die Zuordnung der in Frage stehenden staatlichen Aufgabe zu einer der drei Staatsfunktionen Gesetzgebung, Verwaltung und Rechtsprechung geschlossen. Innerhalb der drei Staatsfunktionen nehmen dann die zuständigen Staatsorgane ihre verfassungsmäßigen Kompetenzen wahr[159].

> „Die konkrete Ordnung der Verteilung des Ausgleichs staatlicher Macht, die das Grundgesetz gewahrt wissen will, darf nicht durch einen aus dem Demokratieprinzip fälschlich abgeleiteten Gewaltenmonismus in Form eines allumfassenden Parlamentsvorbehalts unterlaufen werden [...]. Auch der Grundsatz der parlamentarischen Verantwortung der Regierung setzt notwendigerweise einen Kernbereich exekutivischer Eigenverantwortung voraus [...]. Die Demokratie, die das Grundgesetz verfasst hat, ist eine rechtsstaatliche Demokratie, und das bedeutet im Verhältnis der Staatsorgane zueinander vor allem eine gewaltenteilende Demokratie."[160]

548 Die *wichtigsten Funktionen und Zuständigkeiten des Bundestags* sind:

- Wahlfunktion (Kreationsfunktion);
- Gesetzgebungsfunktion;
- Mitwirkungs- und Zustimmungsfunktion;
- Selbstorganisation (Parlamentsautonomie);
- Kontrollfunktion;
- Öffentlichkeitsfunktion;
- Oberste staatliche Finanzverteilung (Budgetrecht);
- Beschlussorgan;
- Anklageorgan.

2. Wahlfunktion (Kreationsfunktion)

549 Der Bundestag ist als einziges Staatsorgan auf Bundesebene unmittelbar demokratisch legitimiert durch die Wahl seiner Abgeordneten (vgl. Art. 38 Abs. 1 GG). Um das aus dem Demokratieprinzip erwachsende Gebot der lückenlosen demo-

---

159 Vgl. dazu *Stern*, Staatsrecht II, S. 43; *Klein*, HStR III, § 50 Rn. 1 ff. m. w. N.
160 BVerfGE 68, 1 (87) – *NATO-Doppelbeschluss*.

kratischen Legitimierung aller staatlichen Gewalt[161] in funktionaler und personeller Hinsicht zu erfüllen, muss alle weitere staatliche Gewalt zumindest mittelbar auf das Volk zurückzuführen sein. Das wichtigste Mittel in personeller Hinsicht ist die Besetzung bestimmter Staatsorgane und staatlicher Stellen durch einen Wahlakt des Bundestags als Ganzen, durch Organteile oder zusammen mit anderen Staatsorganen.

a) **Wahl des Bundespräsidenten (Art. 54 GG).** Das für die Wahl des Bundespräsidenten zuständige Bundesorgan ist die *Bundesversammlung* (Art. 54 Abs. 1 Satz 1 GG)[162]. Die Bundesversammlung setzt sich zur Hälfte aus den Abgeordneten des Bundestags zusammen (vgl. Art. 54 Abs. 3 Halbsatz 1 GG). Die andere Hälfte wird über die Volksvertretungen der Länder demokratisch legitimiert. 550

b) **Wahl des Bundeskanzlers (Art. 63 GG).** Im parlamentarischen Regierungssystem bedeutsamster Kreationsakt des Bundestags ist die Wahl des Bundeskanzlers zum Regierungschef und zur politischen Spitze der Exekutive (Art. 63 Abs. 1 GG)[163]. Der Bundestag hat auch als einziges Staatsorgan die Möglichkeit, den Bundeskanzler seines Amtes zu entheben, indem er einen neuen Bundeskanzler wählt (sog. Konstruktives Misstrauensvotum, vgl. Art. 67 GG). Die Bundesminister als weitere Regierungsmitglieder (Art. 62 GG) werden nicht vom Parlament gewählt, sondern vom Bundespräsidenten auf Vorschlag des gewählten Bundeskanzlers ernannt (Art. 64 Abs. 1 GG). Aufgrund dieser Verknüpfung zwischen Bundeskanzler und Bundesminister enden die Ämter der Bundesminister in jedem Fall mit dem des Bundeskanzlers (Art. 69 Abs. 2 GG). 551

→ *Rn. 1013*

c) **Wahl der Richter des Bundesverfassungsgerichts (Art. 94 Abs. 1 Satz 2 GG).** 552
Die Richter des BVerfG werden zur Hälfte vom Bundestag, zur anderen Hälfte vom Bundesrat gewählt (Art. 94 Abs. 1 Satz 2 GG, § 5 Abs. 1 Satz 1 BVerfGG). Nach § 6 Abs. 1 BVerfGG erfolgt die Wahl der vom Bundestag zu bestimmenden Richter nicht im Plenum, sondern durch den vom Bundestag zu bildenden Wahlmännerausschuss (vgl. § 6 Abs. 1 BVerfGG). Verfassungsrechtlich ist dies mit Blick auf Art. 94 Abs. 1 Satz 2 GG, der von der Wahl „durch den Bundestag" spricht und damit eine unmittelbare demokratische Legitimation und gleiche Mitwirkungsrechte aller Abgeordneten andeutet, nicht unproblematisch[164]. Das BVerfG hält die Regelung mit Blick auf die lang andauernde Staatspraxis einerseits, die Notwendigkeit einer vertraulichen Personalentscheidung andererseits für verfassungskonform: Die bei einer direkten Wahl durch den Bundestag erforderliche Erörterung von Befähigung und Eignung der Kandidaten im Plenum könnte

161 S. dazu oben Rn. 135 f.

162 S. unten Rn. 712 ff.

163 In präsidialen Systemen, wie Frankreich oder den Vereinigten Staaten, wird der Präsident vom Volk demokratisch legitimiert und besitzt nicht nur überwiegend repräsentative Funktionen wie der Bundespräsident, sondern umfassende echte Machtbefugnisse. Im französischen Staatsgefüge (semipräsidentielles Regierungssystem) existiert aber ein zusätzlicher Dualismus in der Exekutive durch den von der Nationalversammlung abhängigen Ministerpräsidenten als Regierungschef neben dem Staatspräsidenten. Treffen unterschiedliche politische Lager in beiden Positionen zusammen, spricht man von der sog. Kohabitation. Zum Unterschied zwischen parlamentarischen und präsidentiellen Regierungssystemen s. oben Rn. 123 f.

164 *Schlaich/Korioth*, BVerfG, Rn. 42 ff.

das Ansehen der Richter und das Vertrauen in ihre Unabhängigkeit und damit die Funktionsfähigkeit des BVerfG gefährden[165].

553 **d) Sonstige Wahlfunktionen des Bundestags.** Über die vom Bundestag gewählten Mitglieder des Richterwahlausschusses ist das Parlament auch an der Wahl der obersten Bundesrichter beteiligt (Art. 95 Abs. 2 GG). Gem. § 5 Abs. 1 Satz 1 BRHG wählt der Bundestag den Präsidenten des Bundesrechnungshofs sowie gem. § 13 Satz 1 WehrbeauftragtenG den parlamentarischen Wehrbeauftragen (vgl. Art. 45 b GG).

3. Gesetzgebungsfunktion

554 Die Bundesgesetzgebung ist die wichtigste staatliche Funktion, die die Verfassung dem Bundestag zuweist. Nach dem Rechtsstaats- und Demokratieprinzip ist ein formelles Gesetz grundsätzlich für jedes wesentliche staatliche Handeln erforderlich[166]. Aufgrund der Gesetzesbindung nach Art. 20 Abs. 3 GG ist die Legislative in der Lage, verbindliche Vorgaben für die anderen Staatsfunktionen und das Handeln der übrigen Staatsorgane zu machen. Rechtsprechung und Verwaltung können nur in dem gesetzlichen Rahmen handeln, den ihnen die Gesetzgebung vorgibt[167]. Im Rahmen der verfassungsändernden Gesetzgebung kann die Legislative sogar grundlegend in das staatsorganisatorische Gefüge eingreifen.

555 Allerdings hat der Bundestag kein Rechtsetzungsmonopol auf Bundesebene. Das Grundgesetz beteiligt den Bundesrat (Art. 50 GG) und den Bundespräsidenten (Art. 82 GG) am ordentlichen Gesetzgebungsverfahren und räumt auch der Bundesregierung gem. Art. 80 GG die Möglichkeit ein, als Rechtsetzungsorgan tätig zu werden. Zentrales Legislativorgan bleibt dennoch, wie die Darstellung der Gesetzgebung als Staatsfunktion im Einzelnen zeigen wird,[168] der Bundestag. An diesem Befund ändern auch die Fälle des Gesetzgebungsnotstands (vgl. Art. 81 GG) und des Verteidigungsfalls (vgl. Art. 115 e GG) nichts, weil sie Ausnahmesituationen betreffen, in denen die regulären staatlichen Funktionszuweisungen durch staatsorganisatorische Krisen beeinträchtigt sind.

556 Dass das vom Volk gewählte Parlament zentrales Legislativorgan ist, ist in einer repräsentativen Demokratie zwingend[169]: Die Aufstellung der verbindlichen Regeln, die das Zusammenleben in einem demokratischen Staat organisieren, muss dem Volk als Inhaber der verfassunggebenden Gewalt sowie seinen Repräsentanten in der Volksvertretung als demokratisch legitimiertem Gesetzgeber (Volksvertretung) zustehen. Das schließt natürlich nicht aus, dass aus anderen verfassungsrechtlichen Gründen noch andere Staatsorgane an der Gesetzgebung mit beteiligt sind, wie beispielsweise der Bundesrat aufgrund des Bundesstaatsprinzips.

---

165 BVerfGE 131, 230 (234, 236) – *Wahl der Richter des Bundesverfassungsgerichts*. Krit. *Sachs*, JuS 2013, 285 ff.

166 Zur Wesentlichkeitstheorie s. oben Rn. 187.

167 Ausnahme ist insofern das BVerfG, das die Verfassungsmäßigkeit auch von Legislativakten zu beurteilen hat.

168 S. unten Rn. 845 ff.

169 Zum Begriff der repräsentativen Demokratie und ihrer Ausgestaltung im GG s. oben Rn. 131 ff.

4. Mitwirkungs- und Zustimmungsfunktion

Das Grundgesetz räumt dem Bundestag außerhalb der klassischen Gesetzgebungsfunktion wichtige Mitwirkungsrechte in Aufgabenbereichen ein, die kompetenziell eigentlich der Exekutive als Staatsfunktion vorbehalten sind. Diese Mitwirkungsrechte gelten vor allem gegenüber der Bundesregierung als staatspolitischer Spitze der Verwaltung. 557

Vereinfachend kann man sagen, dass wichtige Entscheidungen der Exekutive auf den bedeutenden staatlichen Handlungsfeldern immer auch einer zustimmenden Willensäußerung des Bundestags bedürfen. Allerdings muss ein Zustimmungsbedürfnis als Einzelanordnung oder als Ausfluss eines (traditionellen) verfassungsrechtlichen Prinzips ausdrücklich im Grundgesetz angeordnet sein. Wie bereits gesagt: Es existiert kein allgemeiner umfassender Parlamentsvorbehalt. Das Zustimmungserfordernis gewährleistet einerseits die Mitwirkung der Volksvertretung an der Staatsleitung, andererseits ermöglicht sie die Kontrolle der Exekutive durch das Parlament. Zur Erteilung der Zustimmung ist teilweise ein bloßer Beschluss, ggf. mit qualifiziertem Mehrheitserfordernis, teilweise ein formeller Gesetzesbeschluss erforderlich. 558
Die *wichtigsten Zustimmungsfunktionen* im Grundgesetz sind:

a) **Mitwirkung bei völkerrechtlichen Verträgen (Art. 59 Abs. 2 Satz 1 GG).** Die auswärtigen Angelegenheiten gehören zu den originären Kompetenzen der Exekutive, d. h. im Staatsgefüge des Grundgesetzes zu den Kompetenzen der Bundesregierung. 559

> „Die grundsätzliche Zuordnung der Akte des auswärtigen Verkehrs zum Kompetenzbereich der Exekutive beruht auf der Annahme, dass institutionell und auf Dauer typischerweise allein die Regierung in hinreichendem Maße über die personellen, sachlichen und organisatorischen Möglichkeiten verfügt, auf wechselnde äußere Lagen zügig und sachgerecht zu reagieren und so die staatliche Aufgabe, die auswärtigen Angelegenheiten wahrzunehmen, bestmöglich zu erfüllen.“[170]

Art. 59 Abs. 2 Satz 1 GG räumt der Legislative Zustimmungsvorbehalte und Mitwirkungsrechte für Verträge ein, die die politischen Beziehungen des Bundes regeln oder sich auf Gegenstände der Bundesgesetzgebung beziehen. Das nach dieser Norm erforderliche Vertragsgesetz verfolgt zwei Funktionen: zum einen ist es als Zustimmungsgesetz zum Abschluss des völkerrechtlichen Vertrags erforderlich; die Zustimmungsbedürftigkeit dient insofern der parlamentarischen Kontrolle der Exekutive und schränkt die traditionelle Organkompetenz der Bundesregierung für die Außenpolitik ein. Zum anderen wirkt es als Transformationsgesetz, das die aus dem Vertrag resultierenden völkerrechtlichen Verpflichtungen in nationales Recht umsetzt. 560

Da der Bundestag an jedem formellen Legislativakt zwingend beteiligt sein muss, gehört er immer zu den gem. Art. 59 Abs. 2 Satz 1 GG zu beteiligenden Körperschaften. Der Umfang der Mitwirkung des Bundesrats als zweitem Legislativorgan hängt dagegen von den innerstaatlichen Kompetenzvorschriften ab[171]. 561

170 BVerfGE 68, 1 (87) – *NATO-Doppelbeschluss*.
171 Dazu unten im Abschnitt zum Gesetzgebungsverfahren Rn. 889 ff.

562 **b) Mitwirkung in Angelegenheiten der Europäischen Union; Integrationsverantwortung des Bundestags.** Über Art. 59 Abs. 2 Satz 1 GG hinaus etabliert Art. 23 Abs. 1–3 GG besondere Mitwirkungsrechte des Bundestages in Angelegenheiten der Europäischen Union. Aus Art. 23 Abs. 1 Satz 2 GG, wonach die Übertragung von Hoheitsgewalt auf die EU durch Gesetz und dort unter entscheidender Beteiligung des Bundestages geschieht, ergibt sich eine weit reichende „Integrationsverantwortung" des Deutschen Bundestags. Dieser muss dafür Sorge tragen, dass sowohl die Bundesrepublik Deutschland als auch die EU demokratischen und rechtsstaatlichen Grundsätzen verpflichtet bleiben[172]. Dies setzt voraus, dass dem Bundestag auch im Rahmen des europäischen Einigungsprozesses ausreichende Kompetenzen verbleiben; insbesondere muss er eigenverantwortlich über Einnahmen und Ausgaben im Rahmen des Bundeshaushalts disponieren können; dies darf nicht durch die Haftungsübernahme für die Willensentscheidungen anderer Staaten ausgehöhlt werden. Prozessual sind diese Entscheidungsbefugnisse des Bundestags abgesichert, indem jeder Wahlberechtigte aus Art. 38 Abs. 1 Satz 1 GG iVm. Art. 20 Abs. 1, 2, Art. 79 Abs. 2 GG sein Mitwirkungsrecht am demokratischen Entscheidungsprozess im Wege der Verfassungsbeschwerde geltend machen kann[173]. An der Ausübung der (freilich durch Gesetz und damit unter Beteiligung des Bundestages, vgl. Art. 23 Abs. 1 Satz 2 GG) auf die Europäischen Union übertragenen Hoheitsgewalt ist durch die Organe des Europäischen Rates (Art. 15 EUV) und vor allem des gesetzgeberisch tätigen Rates (Art. 16 Abs. 1 Satz 1 EUV) von den deutschen Staatsorganen ausschließlich die Bundesregierung unmittelbar beteiligt. Diese aus nationaler Perspektive systemwidrige besondere Rolle der Exekutive bei der Gesetzgebung soll auf bundesstaatlicher Ebene dadurch abgefangen werden, dass die Regierung den Bundestag umfassend und zum frühestmöglichen Zeitpunkt über alle geplanten Maßnahmen unterrichtet (Art. 23 Abs. 2 Satz 2 GG), dem Bundestag Gelegenheit zur Stellungnahme eröffnet (Art. 23 Abs. 3 Satz 1 GG) und diese Stellungnahmen bei seinen Handlungen auf europäischer Ebene berücksichtigt (Art. 23 Abs. 3 Satz 2 GG). Die Zusammenarbeit zwischen Bundesregierung und Bundestag ist im EuZBBG, das auf Grundlage des Art. 23 Abs. 3 Satz 3 GG ergangen ist, näher ausgestaltet.

563 Das BVerfG hat die Anforderungen des Art. 23 Abs 2 Satz 2 GG in einem Organstreitverfahren hinsichtlich der Information des Bundestags über die Einrichtung des Europäischen Stabilitätsmechanismus konkretisiert[174]: Die Informationspflicht gem. Art. 23 Abs. 2 Satz 2 GG besteht gegenüber dem Bundestag als Ganzem, die Information von Bundestagsausschüssen oder einzelnen Abgeordneten genügt nicht. Je komplexer der Vorgang ist, je stärker er in die Zuständigkeit des Bundestags auf nationaler Ebene eingreift und je mehr er sich einer formellen Entscheidungsfindung annähert, desto umfassender muss die Bundesregierung den Bundestag über ihre eigene Position, die Ergebnisse von Beratungen auf europäischer Ebene sowie der Bundesregierung zur Verfügung stehende Dokumente informieren. Woher die Bundesregierung selbst die Informationen erlangt hat, spielt dabei keine Rolle. Ein etwaiges Geheimhaltungsbedürfnis ändert an der Mitteilungspflicht nichts, da die Informationen vertraulich weitergegeben werden können. Eine Grenze kann sich allenfalls aus dem Kernbereich

172 BVerfGE 123, 267 (356) – *Lissabon*; *Engels*, JuS 2012, 210 ff. (211).
173 Ausführlich hierzu unten Rn. 1000 ff.
174 BVerfGE 131, 152 – *ESM/Euro-Plus-Pakt*.

exekutiver Eigenverantwortung ergeben, solange die interne Willensbildung der Regierung noch nicht abgeschlossen ist. Da Art. 23 Abs. 2 GG den gesamten Integrationsprozess auf Europäischer Ebene im Blick hat, gilt er auch für außerhalb des eigentlichen Europarechts abgeschlossene völkerrechtliche Verträge, die ein besonderes Ergänzungs- oder Näheverhältnis zum Recht der Europäischen Union aufweisen.

c) **Feststellung des Haushaltsplanes durch Haushaltsgesetz (Art. 110 Abs. 2 Satz 1 GG).** Die jährliche Legitimation der staatlichen Ausgaben durch ein Haushaltsgesetz ist eines der ältesten parlamentarischen Rechte: das sog. Budgetrecht. Alle Einnahmen und Ausgaben des Bundes sind gem. Art. 110 Abs. 1 Satz 1 GG in den Haushaltsplan einzustellen. Der Haushaltsplan ist gem. Art. 110 Abs. 3 GG von der Bundesregierung als Gesetzentwurf einzubringen. Ohne die Feststellung des Haushalts durch entsprechenden Gesetzesbeschluss dürfen nur die zwingenden Ausgaben vollzogen werden (Art. 111 GG). Durch das Budgetrecht erlangt der Bundestag enormen Einfluss auf die politische Gestaltungskraft der Bundesregierung. 564

d) **Feststellung des Verteidigungsfalls (Art. 115 a Abs. 1 Satz 1 GG).** Die Feststellung des Verteidigungsfalls trifft der Bundestag mit Zustimmung des Bundesrats. Gem. Art. 115 a Abs. 1 Satz 2 GG bedarf es hierzu einer Zwei-Drittel-Mehrheit sowie zusätzlich der Mehrheit der Mitglieder des Bundestags. Die Feststellung des Verteidigungsfalls zieht eine Reihe von staatsorganisatorischen Folgen nach sich, die im Grundgesetz in der sog. Notstandsverfassung der Art. 115 a–115 l GG geregelt sind und eine Konzentration staatlicher Befugnisse bei der Exekutive zur Folge hat. Dadurch soll einer existenziellen Bedrohung der staatlichen Integrität Deutschlands durch zügige Maßnahmen begegnet werden. 565

e) **Zustimmung zu militärischen Einsätzen der Bundeswehr.** Der Einsatz der Bundeswehr gehört, wie die Außenpolitik, zum Kernbereich der Exekutive. Der Verteidigungsminister und im Verteidigungsfall der Bundeskanzler haben die oberste Befehls- und Kommandogewalt (vgl. Art. 65 a, 115 b GG). In ständiger Rechtsprechung entnimmt das BVerfG dem Grundgesetz jedoch einen konstitutiven Parlamentsvorbehalt für den Einsatz der Streitkräfte[175]. Es stützt diesen auf die verfassungsrechtliche Tradition der Bundesrepublik, auf Art. 59 a GG a. F., wonach zur Feststellung des Verteidigungsfalls ein Beschluss des Bundestags erforderlich war, sowie auf die Zusammenschau verschiedener Artikel des Grundgesetzes die besondere Mitwirkungsrechte des Bundestags bei auswärtigen und Verteidigungsangelegenheiten vorsehen (insb. Art. 45 a Abs. 1, 45 b, 87 a Abs. 3, 87 a Abs. 4 Satz 1, 115 a Abs. 5, 115 l Abs. 3)[176]. Die Bundeswehr ist danach als Parlamentsheer konzipiert und mit dem ihr innewohnenden Machtpotential nicht allein der Exekutive überlassen. Neben der eher schwachen Begründung für die Herleitung des Parlamentsvorbehalts – die genannten Normen könnten auch als abschließend aufgelistete Spezialbefugnisse des Bundestags verstanden werden – ist auch problematisch, dass das BVerfG lediglich einen Parlaments-, keinen Gesetzesvorbehalt statuiert, einen bloßen Parlamentsbeschluss also genügen lässt 566

175 Vgl. BVerfGE 90, 286 (381 ff.) – *Auslandseinsätze der Bundeswehr – Adria, AWACS*; BVerfGE 121, 135 (154); 124, 267 (275 f.) – *Kosovo*.

176 BVerfGE 90, 286 (381 ff.) – *Auslandseinsätze der Bundeswehr – Adria, AWACS*.

und damit nur den Bundestag, nicht jedoch den Bundesrat an der Legitimierung militärischer Einsätze beteiligt[177]. Einfachgesetzlich sind die Beteiligungsrechte des Bundestags mittlerweile im Parlamentsbeteiligungsgesetz vom 18.3.2005 normiert, das insbesondere in § 8 auch ein umfassendes Rückholrecht des Bundestags vorsieht.

567 In verschiedenen jüngeren Entscheidungen hat das BVerfG die Reichweite des Parlamentsvorbehalts konkretisiert: Ein Zustimmungsbeschluss ist für alle militärischen Einsätze der Bundeswehr erforderlich, auch wenn diese im Rahmen eines Systems kollektiver Sicherheit i. S. d. Art. 24 Abs. 2 GG unternommen werden[178], zu dessen Beitritt bereits ein Zustimmungsgesetz i. S. d. Art. 59 Abs. 2 Satz 1 GG erforderlich war:

> „Wegen der politischen Dynamik eines Bündnissystems ist es umso bedeutsamer, dass die größer gewordene Verantwortung für den Einsatz bewaffneter Streitkräfte in der Hand des Repräsentationsorgans des Volkes liegt."[179]

568 Ändern sich während eines Einsatzes die tatsächlichen Umstände, die dem Zustimmungsbeschluss zugrunde lagen, kann eine erneute Beschlussfassung des Bundestages erforderlich werden. Dies ist jedoch nur der Fall, „wenn Voraussetzungen, an die die Zustimmung nach dem Wortlaut des Zustimmungsbeschlusses oder des Regierungsbeschlusses, auf den er sich bezieht, ausdrücklich geknüpft ist, offensichtlich entfallen"[180]. Bloße Zweifel am Fortbestand der Umstände genügen nicht[181]. Von vornherein greift der Parlamentsvorbehalt aber nur bei Streitkräfteeinsätzen im Ausland. Soll die Bundeswehr dagegen im Inland eingesetzt werden, bleibt es bei den Voraussetzungen der Art. 35, 87a GG[182]. Ein zusätzlicher Parlamentsvorbehalt besteht dann nicht[183].

5. Selbstorganisation (Parlamentsautonomie)

569 Der Grundsatz der Selbstorganisation und Selbstverwaltung ist ein Prinzip, das nicht allein für das Parlament, sondern für alle Verfassungsorgane gilt. Die innere Organisation, die Entscheidung über das Ob und Wie des Tätigwerdens, die Festlegung der zu verhandelnden Gegenstände, das Verfahren der Willensbildung usw. obliegen den einzelnen Organen selbst im Rahmen der für sie geltenden verfassungsrechtlichen Vorgaben[184]. Geschützt wird hierdurch die autonome Ausübung der verfassungsrechtlichen Kompetenzen vor äußerer Einflussnahme.

570 Die verfassungsrechtliche Normierung der Parlamentsautonomie enthält Art. 40 GG. Sie äußert sich in den besonderen Befugnissen des Bundestagspräsidenten, dessen Wahl durch den Bundestag selbst sowie in der Geschäftsordnungsautonomie.

---

177 *Sachs*, VVDStRL 58 (1999), 39 (71).
178 Dazu unten Rn. 987 ff.
179 BVerfGE 121, 135 (160 f.) – *AWACS-Einsatz*.
180 BVerfGE 124, 267 (278) – *Kosovo*.
181 BVerfGE 124, 267 (275) – *Kosovo*.
182 Zu diesen s. unten Rn. 951 ff.
183 BVerfGE 126, 55 (72) – *Bundeswehreinsatz Heiligendamm*.
184 Z. B. besteht unter Umständen eine verfassungsrechtlich normierte Pflicht zum Zusammentreten des Bundestags gem. Art. 39 Abs. 3 Satz 3 GG.

a) **Rechte des Bundestagspräsidenten.** Gem. Art. 40 Abs. 2 Satz 1 GG übt der *Bundestagspräsident* das eigentümerähnliche *Hausrecht* sowie die öffentlich-rechtliche *Polizeigewalt* aus. Durchsuchungen und Beschlagnahmen in Parlamentsräumen sind von seiner Genehmigung abhängig. Durch diese Regelungen soll die Funktionsfähigkeit des Bundestags vor Störungen durch Außenstehende gesichert werden, indem sie dem Bundestagspräsidenten das Recht gibt, diese Störungen aus eigener Zuständigkeit abzuwehren[185]. Ebenfalls dem Schutz des Parlaments dient das Bannmeilengesetz[186], das Demonstrationen in unmittelbarer Nähe des Bundestags untersagt, um öffentlichem Druck auf die Parlamentarier zu begegnen. 571

b) **Wahl der Leitungsorgane.** Art. 40 Abs. 1 Satz 1 GG bestimmt die *Wahl der Leitungsorgane* in der ersten, konstituierenden Sitzung der Wahlperiode. Die Wahl der Leitungsorgane ist – wie die Festlegung einer Geschäftsordnung – zwingend notwendig für die Handlungsfähigkeit des Bundestags und versetzt ihn in die Lage, seine verfassungsmäßig vorgesehenen Organkompetenzen auszuüben. 572

c) **Geschäftsordnungsautonomie.** Schließlich räumt Art. 40 Abs. 1 Satz 2 GG dem Bundestag gleichermaßen das Recht und die Pflicht ein, sich selbst eine *Geschäftsordnung* zu geben. Erforderlich ist eine detaillierte Regelung der inneren Struktur und der Verfahrensweise, weil das Grundgesetz auf eine genauere Regelung zugunsten der parlamentarischen Autonomie verzichtet hat. Die Geschäftsordnung konkretisiert und ergänzt deshalb den verfassungsrechtlichen Rahmen. 573

Die *Rechtsnatur* der Geschäftsordnung ist umstritten. Das BVerfG bezeichnet sie als „autonome Satzung". Ihre Besonderheit besteht jedoch gegenüber herkömmlichen Satzungen darin, dass sich die Satzungsautonomie nicht aus dem durch Rechtsakt verliehenen Status einer Selbstverwaltungskörperschaft (z. B. Kommunen, Berufskammern) speist, sondern unmittelbar aus der verfassungsrechtlich eingeräumten Autonomie. Deshalb ist es vorzugswürdig, die Geschäftsordnung als Regelungstyp eigener Art zu qualifizieren[187]. In der Sache ergibt sich hieraus kein Unterschied; die folgenden Aussagen über die Rechtsstellung der Geschäftsordnung des Bundestags sind von ihrer Rechtsnatur unabhängig: 574

- Die Geschäftsordnung erzeugt keine Außenrechtswirkung, sondern schafft lediglich organinternes Ordnungsrecht. Verletzungen von Ordnungsvorschriften haben grundsätzlich auf die Gültigkeit von Rechtsakten nach außen (z. B. Gesetzesbeschlüsse, Wahlakte) keine Auswirkung. Dies bedeutet insbesondere, dass ein Verstoß gegen die Geschäftsordnung im Gesetzgebungsverfahren das entsprechende Gesetz noch nicht formell verfassungswidrig macht. Vielmehr ist hierzu (insbesondere in der Klausur) zu untersuchen, ob sich die jeweilige Anforderung, gegen die verstoßen wurde, unmittelbar aus der Verfassung ergibt.
- Der Anwendungsbereich der Geschäftsordnung beschränkt sich streng auf den parlamentsinternen Bereich. *Persönlich* werden nur Parlamentsmitglie-

---

185 Zur Stellung des Bundestagspräsidenten im Einzelnen oben Rn. 383 ff.
186 Gesetz über befriedete Bezirke für Verfassungsorgane des Bundes v. 11.8.1999, BGBl. I, S. 1818.
187 *Magiera*, in: Sachs, GG, Art. 40 Rn. 25 f.; vgl. *Pieroth*, in: Jarass/Pieroth, GG, Art. 40 Rn. 7.

der (Abgeordnete) erfasst sowie die Personen (Bürger, Regierungsmitglieder), die sich räumlich im Parlamentsbereich aufhalten oder sachlich an parlamentarischen Vorgängen beteiligt sind. *Sachlich* erfasst werden nur Parlamentsvorgänge. *Zeitlich* erstreckt sich die GOBT nur auf die Wahlperiode des Bundestags, welcher sie sich durch Beschluss gegeben hat[188]. Es gilt der Grundsatz der Diskontinuität. Regelmäßig wird jedoch die alte Geschäftsordnung durch ausdrücklichen Beschluss oder fortführenden Gebrauch (= stillschweigender Beschluss) vom neuen Bundestag übernommen[189].

– In der Normenhierarchie rangiert die Geschäftsordnung *unterhalb der Verfassung und der formellen Gesetze*. Wie bei der einfachgesetzlichen Ausgestaltung des Grundgesetzes besteht auch bei der GOBT immer die Problematik, ob es sich um eine zulässige Konkretisierung oder um eine unzulässige, unwirksame Überdehnung oder Einschränkung des Grundgesetzes handelt. Die Gültigkeit eines Gesetzes, das Gegenstände der Parlamentsautonomie berührt, hängt seinerseits von der Vereinbarkeit des Gesetzes mit der verfassungsrechtlich (Art. 40 Abs. 2 Satz 2 GG) garantierten Parlamentsautonomie ab. Eine gesetzliche Regelung könnte die Parlamentsautonomie unzulässig einschränken, weil für sie die Regeln des Gesetzgebungsverfahrens gelten, möglicherweise andere Gesetzgebungsorgane (Bundesrat) beteiligt sind und der Grundsatz der Diskontinuität nicht gilt. Vielmehr sind Gesetze bis zu ihrer Änderung oder Aufhebung allgemeinverbindlich. Die GOBT ist dagegen nur Gegenstand eines einfachen Bundestagsbeschlusses, für sie gilt der Grundsatz der Diskontinuität, d.h. sie endet in jedem Fall mit der Wahlperiode und von ihr kann im Einzelfall abgewichen werden (vgl. § 126 GOBT). Alle diese Unterschiede sprechen gegen die Zulässigkeit einer gesetzlichen Regelung, die die Parlamentsautonomie berührt und insbesondere zukünftige gewählte Bundestage in ihrer Geschäftsordnungsautonomie einschränkt. Ausnahmsweise hat das BVerfG eine gesetzliche Regelung auf dem Gebiet der Geschäftsordnungsautonomie aber dann für gültig erachtet,

  „wenn das Gesetz – auch seine Aufhebung – nicht der Zustimmung des Bundesrates bedarf, der Kern der Geschäftsordnungsautonomie des Bundestages nicht berührt wird und überdies gewichtige sachliche Gründe dafür sprechen, die Form des Gesetzes zu wählen."[190]

575 Inhaltlich regelt die GOBT zwei große Bereiche: die innere Struktur des Bundesrates sowie die Ausgestaltung des parlamentarischen Verfahrens.

576 Die *innere Struktur des Bundestags* regelt die GOBT, indem sie dessen Untergliederungen wie die Ausschüsse (Abschnitt VII. GOBT), die Fraktionen (Abschnitt IV. GOBT) oder den Ältestenrat (§ 6 GOBT) normiert und deren Rechte und Pflichten im parlamentarischen Prozess ausgestaltet. Zum Teil werden dabei verfassungsrechtliche Vorgaben ausgestaltet (z.B. bei den Ausschüssen und dem Präsidium[191]), zum Teil gibt es aber kaum oder keine ausdrücklichen Vorgaben im Grundgesetz (z.B. für die nur in Art. 53a GG erwähnten Fraktionen oder den

188 Formal korrekt wäre deshalb bei der Zitierweise immer ein Hinweis auf die Wahlperiode.
189 Vgl. zu den Anwendungskategorien *Maurer*, Staatsrecht I, § 13 Rn. 89f.
190 BVerfGE 70, 324 (361) mit ablehnendem Sondervotum – *Informationsrecht der Abgeordneten*; vgl. *Maurer*, Staatsrecht I, § 13 Rn. 92 m.w.N.
191 S. dazu oben Rn. 387ff., 392ff.

Ältestenrat)[192]. Ebenso wird der verfassungsrechtliche Status des freien Mandats gem. Art. 38 Abs. 1 Satz 2 GG durch eine Vielzahl einzelner Regelungen über den Abgeordneten für den parlamentarischen Prozess konkretisiert.

Das *parlamentarische Verfahren* ist vor allem in den Abschnitten VI–IX. der GOBT geregelt. Enthalten sind die Behandlung von parlamentarischen Vorlagen, die Ausgestaltung des Gesetzgebungsverfahrens, die Arbeitsweise der Ausschüsse, der Ablauf von Debatten im Plenum etc. **577**

Besonders wichtig für die Handhabung der GOBT sind die Schlussvorschriften im XII. Abschnitt. Gem. § 126 GOBT kann von den Vorschriften der GOBT *im Einzelfall abgewichen* werden, wenn eine Zweidrittelmehrheit der anwesenden Mitglieder dies beschließt und diese Abweichung nicht gegen das Grundgesetz verstößt. Die Auslegung der GOBT obliegt gem. § 127 GOBT in Zweifelsfällen dem Bundestagspräsidenten oder dem Ausschuss für Wahlprüfung, Immunität und Geschäftsordnung (vgl. § 128 GOBT). Allerdings werden solche Zweifelsfälle im Regelfall einvernehmlich gelöst, z. B. im Ältestenrat oder durch sonstige interfraktionelle Absprachen. **578**

6. Kontrollfunktion

Eine der weiteren zentralen Aufgaben des Parlaments ist die Kontrolle der Regierung. Bedingt durch das parlamentarische Regierungssystem besteht allerdings eine enge Verzahnung zwischen Exekutive und Legislative, weil die parlamentarische Mehrheit die Bundesregierung als Spitze der Exekutive stützt (vgl. insb. Art. 63 Abs. 1 GG). Häufig findet eine Kontrolle daher nur durch die Opposition als parlamentarische Minderheit statt. Es genügt daher nicht, dass die Kontrollrechte als Parlamentsrechte verankert sind, vielmehr müssen sie auch durch die parlamentarische Minderheit geltend gemacht werden können, um eine wirksame Kontrolle der Exekutive zu gewährleisten[193]. **579**

Die Kontrollfunktion gegenüber der Exekutive besteht daher in erster Linie aus *parlamentarischen Minderheitsrechten*. Diese umfassen vor allem *Informations- und Auskunftsrechte* gegenüber der Exekutive und dem korrespondierende Rechtfertigungspflichten der Regierung. Dadurch entsteht die notwendige Transparenz, die für eine politische und ggf. auch juristische Beurteilung und Kontrolle erforderlich ist. Die Kontrollfunktionen kollidieren häufig mit dem Interesse der Regierung an einer internen Entscheidungssphäre (sog. Kernbereich exekutiver Eigenverantwortung). Auch stellt sich die Frage, inwieweit sensible staatliche Entscheidungsprozesse oder Rechte Dritter ins Licht der Öffentlichkeit gezogen werden dürfen. In solchen Fällen müssen die Informationsrechte zumindest insoweit modifiziert werden, als Auskünfte nicht allgemein der Öffentlichkeit zugänglich gemacht werden dürfen und die Abgeordneten zur Geheimhaltung verpflichtet sind. **580**

---

192 Zurückgegriffen werden muss für die Bestimmung der verfassungsrechtlichen Vorgaben auf allgemeine verfassungsrechtliche Vorgaben, wie das Demokratieprinzip, das freie Mandat etc.

193 Vgl. zu den Minderheitsrechten im parlamentarischen Regierungssystem *Stern*, Staatsrecht I, S. 988 ff.

Die rechtliche Ausgestaltung der parlamentarischen Kontrollrechte erfolgt neben verfassungsrechtlichen Bestimmungen im Wesentlichen durch die GOBT.

581 a) **Zitierrecht (Art. 43 Abs. 1 GG).** Gem. Art. 43 Abs. 1 GG können der Bundestag und seine Ausschüsse die *Anwesenheit jedes Mitglieds der Bundesregierung verlangen.* Dieses Zitierrecht verpflichtet die Bundesregierung, jederzeit dem Parlament Rede und Antwort zu stehen. Das zitierte Regierungsmitglied (vgl. Art. 62 GG) ist nicht nur verpflichtet zu erscheinen und während der gesamten Sitzung im Parlament zu bleiben, sondern muss auch alle dort gestellten, verfassungsrechtlich zulässigen Fragen vollständig und wahrheitsgemäß beantworten[194]. Umgekehrt steht den Mitgliedern des Bundesrates und der Bundesregierung auch ein *Anwesenheitsrecht* gem. Art. 43 Abs. 2 GG zu, um sich jederzeit (rechtfertigendes) Gehör zu verschaffen oder sich über parlamentarische Vorgänge zu informieren.

582 Diese verfassungsrechtlichen Zitier- und Anwesenheitsrechte sind in den §§ 42, 43, 68 GOBT konkretisiert. Ein Konflikt zwischen Bundesregierung und Bundestag über das Zitierrecht kann Gegenstand eines Organstreitverfahrens sein, z. B. bei der Weigerung eines Regierungsmitglieds wegen angeblich rechtsmissbräuchlicher Ausübung des Zitierrechts[195]. Da das Zitierrecht lediglich als Mehrheitsrecht vorgesehen ist (Art. 43 Abs. 1 GG: „der Bundestag“, vgl. auch §§ 42, 68 Satz 2 GOBT), kommt ihm in der Praxis keine besondere Bedeutung zu.

583 b) **Frage-, Auskunfts- und Informationsrechte.** Eine wichtigere Rolle spielen demgegenüber Frage-, Auskunfts- und Informationsrechte, die dem einzelnen Abgeordneten aufgrund der Garantie des freien Mandats, Art. 38 Abs. 1 Satz 2 GG, zustehen. Diese Rechte sind notwendig, um das Mandat als Volksvertreter sinnvoll ausüben zu können. Im Gegensatz zum Zitierrecht in Art. 43 Abs. 1 GG sind sie als Rechte der einzelnen Abgeordneten und als parlamentarische Minderheitsrechte zugunsten der Opposition ausgestaltet. Wesentlicher Zweck dieser Instrumente ist – neben dem allgemeinen Bedürfnis nach Informationen zur zweckmäßigen Mandatsausübung – die Kontrolle der Bundesregierung, insbesondere durch die Herstellung von Öffentlichkeit.

584 Inhalt dieses aus Art. 38 Abs. 1 Satz 2 GG abgeleiteten allgemeinen Frage- und Interpellationsrechts[196] ist insbesondere die Möglichkeit, eine parlamentarische Anfrage an die Bundesregierung zu richten. Die Vorschriften der GOBT gestalten die Möglichkeiten der parlamentarischen Anfrage näher aus:

- Die *Große Anfrage* gem. §§ 100–103 GOBT: Große Anfragen können von einer Fraktion oder einer Gruppe von Abgeordneten mit Fraktionsstärke (5 % der Mitglieder des Bundestags) eingereicht werden (§§ 75 Abs. 1 lit. f, 76 Abs. 1 GOBT). Große Anfragen haben zumeist bedeutende politische Themen zum Gegenstand und ziehen parlamentarische Debatten nach sich (vgl. § 101 Satz 2 GOBT).

---

194 *Pieroth*, in Jarass/Pieroth, GG, Art. 43 Rn. 3.

195 Vgl. *Stern*, Staatsrecht II, S. 54 f.

196 Vgl. *Pieroth*, in: Jarass/Pieroth, GG, Art. 38 Rn. 34, Art. 43 Rn. 3 m. w. N.; a. A. *Stern*, Staatsrecht II, S. 55 (systemimmanente Weiterentwicklung des Zitierrechts gem. Art. 43 Abs. 1 GG in der GOBT).

- Die *Kleine Anfrage* gem. § 104 GOBT: Kleine Anfragen sind von der Bundesregierung schriftlich zu beantworten. Sie können ebenfalls nur von Fraktionen oder einer Abgeordnetengruppe in Fraktionsstärke an die Bundesregierung gestellt werden (vgl. §§ 75 Abs. 3, 76 Abs. 1 GOBT).
- Die *Frage einzelner Mitglieder* des Bundestags gem. § 105 GOBT: Einzelne Abgeordnete sind berechtigt, kurze Einzelfragen entweder zur schriftlichen Beantwortung an die Bundesregierung zu richten oder mündlich in einer Fragestunde zu stellen. Richtlinien zu dieser Fragestunde und zu schriftlichen Einzelfragen enthält Anlage 4 zur GOBT.
- Die *Aktuelle Stunde* gem. § 106 Abs. 1 GOBT: Eine aktuelle Stunde ist eine Art Kurzdebatte zu einem bestimmten bezeichneten Thema, in der eine verkürzte Redezeit gilt und eine parlamentarische Aussprache mit der Bundesregierung möglich ist. Genauere Regelungen hierzu enthält Anlage 5 zur GOBT.
- Die *Befragung der Bundesregierung* gem. § 106 Abs. 2 GOBT: Die Befragung der Bundesregierung findet in Sitzungswochen des Bundestags in Bezug auf Fragen von aktuellem Interesse, vorrangig jedoch zur vorangehenden Kabinettsitzung statt. Eine detaillierte Ausgestaltung dieser Befragung, die sich auch an einzelne Regierungsmitglieder richten kann, findet sich in Anlage 7 zur GOBT.

Die Interpellationsrechte korrespondieren mit der Pflicht der betroffenen Regie- **585**
rungsmitglieder, wahrheitsgemäß und grundsätzlich umfassend Auskunft zu erteilen[197]. Einschränkungen können sich bei rechtsmissbräuchlichen Fragen ergeben, sowie in Fällen, in denen der Kernbereich exekutiver Eigenverantwortung[198] oder besonders sensible Bereiche, bei denen ein staatliches Geheimhaltungsinteresse besteht, betroffen sind. Die Bundesregierung muss ihre Auskunftsverweigerung dann jedoch begründen und dem Bundestag ermöglichen, die Abwägung „betroffener Belange, die zur Verweigerung von Auskünften geführt haben [...], auf ihre Plausibilität und Nachvollziehbarkeit“ hin zu überprüfen[199]. Ggf. ist auch nach Möglichkeiten zu suchen, „das Informationsinteresse des Parlaments unter Wahrung berechtigter Geheimhaltungsinteressen der Regierung zu befriedigen“[200]. Die Pflicht zur Beantwortung einer Frage entfällt nicht dadurch, dass diese bereits Gegenstand einer Unterrichtung des Parlamentarischen Kontrollgremiums oder eines parlamentarischen Untersuchungsausschusses ist[201].

c) **Untersuchungsrecht.** Über die Fragerechte hinaus besitzt das Parlament gem. **586**
Art. 44 Abs. 1 GG ein besonderes *Untersuchungsrecht (Enquêterecht)* zur Beschaffung von Informationen und Aufklärung von Sachverhalten. Dieses Untersuchungsrecht kann auf bestimmte Fragestellungen zielen und in diesem Zusammenhang die Kontrolle der Regierung ermöglichen (sog. Missbrauchsenquête, Kontrollenquête, Skandalenquête), kann jedoch auch allgemein der informatorischen Vorbereitung besonderer gesetzgeberischer Vorhaben aus der Mitte des Bundestags dienen (vgl. Art. 76 Abs. 1 GG; sog. Gesetzgebungsenquête)[202].

197 Vgl. *Magiera*, in: Sachs, GG, Art. 38 Rn. 41.
198 Dazu unten Rn. 592.
199 BVerfGE 124, 161 (193) – *Kosovo*.
200 BVerfGE 124, 161 (193) – *Kosovo*.
201 BVerfGE 124, 161 (190 ff.) – *Kosovo*.
202 Vgl. zu den Einteilungen *Stern*, Staatsrecht II, S. 61; *Klein*, in: Maunz/Dürig, GG, Art. 44 Rn. 2.

587 Gegenüber den anderen parlamentarischen Informationsbeschaffungsrechten zeichnet sich das Untersuchungsrecht durch ein besonderes formalisiertes Verfahren mit verschärften Aufklärungsmitteln aus, die über die sonstigen parlamentarischen Möglichkeiten hinausgehen (vgl. Art. 44 Abs. 2 u. 3 GG). Hinzu kommt der Charakter als Minderheitenrecht, weil für die Ausübung ein Viertel der Bundestagsmitglieder ausreichend ist (Art. 44 Abs. 1 Satz 1 GG). Aufgrund dieser beiden Eigenschaften besteht die Hauptfunktion des parlamentarischen Untersuchungsrechts in einem Kontrollrecht der Opposition gegenüber der Bundesregierung[203].

588 Rechtsgrundlagen des parlamentarischen Untersuchungsrechts und des Untersuchungsverfahrens sind Art. 44 GG sowie das Parlamentarische Untersuchungsausschussgesetz (PUAG)[204]. Das parlamentarische Untersuchungsrecht wird nicht vom Parlament als Organ ausgeübt, sondern von einem einzusetzenden *Untersuchungsausschuss* als Unterorgan (Hilfsorgan), das anstelle des Bundestags dessen Untersuchungsrecht wahrnimmt[205]. Das Plenum entscheidet also lediglich über das Ob durch Einsetzung und Auflösung des Untersuchungsausschusses. Die Wahrnehmung der Kontrollrechte erfolgt eigenständig durch den Untersuchungsausschuss.

589 Der *Verteidigungsausschuss* besitzt gem. Art. 45a Abs. 2 GG die Rechte eines Untersuchungsausschusses. Diese Funktion ist ebenfalls als Recht der Minderheit ausgestaltet, so dass die folgenden Ausführungen sinngemäß gelten.

590 aa) **Zulässiger Untersuchungsgegenstand.** Mangels normativer Einschränkung des Spektrums zulässiger Untersuchungsgegenstände ergeben sich die Grenzen zunächst nur aus *den allgemeinen verfassungsrechtlichen Begrenzungen*, die dem Bundestag als Staatsorgan bei seiner Tätigkeit auferlegt sind[206]. Die Zuständigkeiten eines Untersuchungsausschusses können nicht weiter reichen als die Kompetenzen des Bundestags, dessen Recht ausgeübt wird und dem das Handeln letztlich zugerechnet wird (sog. *Korollartheorie*)[207]. § 1 Abs. 3 PUAG beschränkt die zulässigen Untersuchungsgegenstände daher auf den Rahmen der verfassungsmäßigen Zuständigkeit des Bundestags. Die verfassungsmäßige Zuständigkeit des Bundestags wird sowohl durch die Verbandskompetenz des Bundes als auch durch die Organkompetenzen auf Bundesebene bestimmt. Einschränkend wirken darüber hinaus die allgemeinen Rechtsbindungen (vgl. Art. 1 Abs. 3, 20 Abs. 3 GG).

591 Als Abgrenzungskriterium ist organschaftlich vor allem das *Prinzip der Gewaltenteilung* zu beachten. Das parlamentarische Untersuchungsverfahren darf nicht die Wahrnehmung anderer Staatsfunktionen durch die hierzu vorgesehenen

---

203 Vgl. eine Fallbearbeitung zum Thema Untersuchungsausschüsse von *Ortmann*, Jura 2003, 847.

204 Gesetz zur Regelung des Rechts der Untersuchungsausschüsse des Deutschen Bundestags v. 19.6.2001 (BGBl. I, S. 1142).

205 Vgl. *Klein*, in: Maunz/Dürig, GG, Art. 44 Rn. 62ff.

206 Vgl. *Stern*, Staatsrecht II, S. 62 m.w.N.

207 Dies betrifft freilich nur die inhaltliche Ausgestaltung des Untersuchungsrechts (Untersuchungsgegenstand), nicht etwa die Durchführung des Untersuchungsverfahrens, bei dem dem Untersuchungsausschuss bewusst über die allgemeinen Informationsrechte des Bundestags hinausgehende Rechte eingeräumt werden.

Organe ersetzen. Z.B. dürfen nicht einzelne Gerichtsurteile Gegenstand eines Untersuchungsausschusses sein, weil sonst die als Rechtsprechung exklusiv den Gerichten vorbehaltene Tätigkeit unterlaufen werden würde (vgl. Art. 92 GG). Eine allgemeine Kontrolle der Justiz widerspräche der besonders strengen funktionalen Unabhängigkeit der Dritten Gewalt. Dies schließt aber nicht aus, dass das Justizsystem als solches, also etwa einzelne Missstände im Bereich der Justiz, Gegenstand einer parlamentarischen Bestandsaufnahme wird[208].

Ebenfalls abzulehnen ist ein ständiger Untersuchungsausschuss zur Überwachung **592**
der Bundesregierung, weil eine solche permanente Kontrolle der Exekutive verfassungsrechtlich gerade nicht vorgesehen ist. Es widerspräche der Funktion des Art. 44 GG, der das Instrument des Untersuchungsausschusses gerade als punktuelles Aufklärungsinstrument ansieht[209].
Der Regierung muss ein eigenständiger Handlungsbereich verbleiben, der parlamentarischer Überwachung (zunächst) verschlossen bleibt (sog. Kernbereich exekutiver Eigenverantwortung)[210], da durch einen permanenten Kontrollzugriff des Parlaments die Effektivität der Regierungsarbeit verhindert werden könnte. Eine Kontrolltätigkeit kann daher erst dann beginnen, wenn ein durch die Regierung abgeschlossener Vorgang vorliegt.

> „Die Verantwortung der Regierung gegenüber Parlament und Volk [...] setzt notwendigerweise einen „Kernbereich exekutiver Eigenverantwortung“ voraus [...], der einen auch von parlamentarischen Untersuchungsausschüssen grundsätzlich nicht ausforschbaren Initiativ-, Beratungs- und Handlungsbereich einschließt. Dazu gehört z.B. die Willensbildung der Regierung selbst, sowohl hinsichtlich der Erörterungen im Kabinett als auch bei der Vorbereitung von Kabinetts- und Ressortentscheidungen, die sich vornehmlich in ressortübergreifenden und -internen Abstimmungsprozessen vollzieht. Die Kontrollkompetenz des Bundestages erstreckt sich demnach grundsätzlich nur auf *bereits abgeschlossene Vorgänge*. Sie enthält nicht die Befugnis, in laufende Verhandlungen und Entscheidungsvorbereitungen einzugreifen. Aber auch bei abgeschlossenen Vorgängen sind Fälle möglich, in denen die Regierung aus dem Kernbereich exekutiver Eigenverantwortung geheimzuhaltende Tatsachen mitzuteilen nicht verpflichtet ist.“[211]

Neben diesen Organkompetenzen sind das Bundesstaatsprinzip und darauf auf- **593**
bauend die *Aufteilung der Verbandskompetenzen* zwischen Bund und Ländern zu beachten[212]. Das parlamentarische Untersuchungsverfahren erlaubt es nicht, andere Gegenstände als die dem Bund kompetenziell zugewiesenen wahrzunehmen. Länderkompetenzen sind keine zulässigen Gegenstände eines parlamentarischen Untersuchungsverfahrens. Schwierig ist die Grenzziehung im Bereich des Landesvollzugs von Bundesgesetzen: abzustellen ist hier auf die Reichweite der Bundeskompetenz[213]. Die Einschränkung der Verbandskompetenz des Bundes gilt nicht nur nach „unten“ gegenüber den Ländern, sondern auch nach „oben“ gegenüber der europäischen Ebene. Verliert der Bund Zuständigkeiten durch

---

208 *Klein*, in: Maunz/Dürig, GG, Art. 44 Rn. 166.
209 Vgl. *Maurer*, Staatsrecht I, § 13 Rn. 144.
210 Vgl. *Magiera*, in: Sachs, GG, Art. 44 Rn. 9 m.w.N.; *Klein*, in: Maunz/Dürig, GG, Art. 44 Rn. 147; *Stern*, Staatsrecht II, S. 62 f.; *Maurer*, Staatsrecht I, § 13 Rn. 142 m.w.N.
211 BVerfGE 67, 100 (139) – *Flick*.
212 Vgl. *Stern*, Staatsrecht II, S. 62; *Klein*, in: Maunz/Dürig, GG, Art. 44 Rn. 138 ff.
213 Ausführlicher *Klein*, in: Maunz/Dürig, GG, Art. 44 Rn. 138 ff.

Übertragung von Hoheitsrechten auf die europäische Ebene, können diese ebenfalls nicht Gegenstand des parlamentarischen Untersuchungsrechts sein.

594 Eine weitere Grenze kann sich aus dem Wohl des Bundes oder eines Landes („Staatswohl") ergeben, das möglicherweise die Geheimhaltung sensibler Informationen gebietet. Dabei ist aber zu beachten, dass auch für den parlamentarischen Untersuchungsausschuss Geheimhaltungspflichten gelten und dass „das Staatswohl nicht allein der Bundesregierung, sondern dem Bundestag und der Bundesregierung gemeinsam anvertraut ist"[214].

595 Erachtet man mit der überwiegenden Meinung auch *Untersuchungsgegenstände außerhalb der staatlichen Sphäre* für zulässig, wie z. B. die Untersuchung wirtschaftlicher, gesellschaftlicher oder privater Angelegenheiten[215], wird der Untersuchungsgegenstand (wie das gesamte Verfahren) auch durch die Grundrechte sowie die allgemeinen rechtsstaatlichen Prinzipien, etwa die Verhältnismäßigkeit, eingeschränkt. Es gelten die üblichen Bindungen bei der Ausübung staatlicher Gewalt außerhalb der innerstaatlichen Sphäre (vgl. Art. 1 Abs. 3, 20 Abs. 3 GG). Als Einschränkung für derartige Untersuchungsgegenstände wird das Bedürfnis eines „öffentlichen Interesses von hinreichendem Gewicht" an einer Aufklärung gefordert, welches das Interesse des Einzelnen am grundrechtlich geschützten Bereich überwiegen muss[216]. Diese Interessenabwägung gilt dann auch für die Durchführung des Untersuchungsverfahrens im Einzelnen, also vor allem die rechtliche Beurteilung einzelner Untersuchungsmethoden oder die Frage der Öffentlichkeit von Ausschusssitzungen[217]. Ausdrücklich unberührt bleibt nach Art. 44 Abs. 2 Satz 2 GG der Grundrechtschutz durch Art. 10 GG, der das Brief-, Post- und Fernmeldegeheimnis gewährleistet. Deshalb ist nach überwiegender Auffassung eine entsprechende Anwendung der auf Art. 10 Abs. 2 GG beruhenden gesetzlichen Einschränkung dieser Grundrechte nicht zulässig und kann zu Einschränkungen der Beweiserhebung und -verwertung führen[218].

596 Eine besondere Rechtsfolge im Fall eines auf einen unzulässigen Untersuchungsgegenstand gerichteten Einsetzungsantrags sieht § 2 Abs. 3 PUAG vor. Danach kann der Bundestag den Untersuchungsausschuss auf einen Untersuchungsgegenstand beschränken, den er für nicht verfassungswidrig hält. Will die Bundesregierung dem Untersuchungsausschuss aufgrund verfassungsrechtlicher Bedenken einzelne Beweismittel vorenthalten – etwa indem sie die Erteilung von Aussagegenehmigungen für Beamte verweigert – muss sie diese Bedenken substantiiert und nachvollziehbar darlegen und begründen[219].

---

214 BVerfGE 124, 78 (124) – *BND-Untersuchungsausschuss*.

215 Dagegen *Maurer*, Staatsrecht I, § 13 Rn. 139; dafür z. B. BVerfGE 67, 100 – *Flick*; BVerfGE 77, 1, 44 ff. – *Neue Heimat*; *Stern*, Staatsrecht II, S. 63; *Magiera*, in: Sachs, GG, Art. 44 Rn. 10; *Klein*, in: Maunz/Dürig, GG, Art. 44 Rn. 110 ff.

216 Vgl. *Magiera*, in: Sachs, GG, Art. 44 Rn. 10 m. w. N.

217 Für einen Untersuchungsausschuss im Rahmen eines legislativen Vorhabens spielen die vorangegangenen Erwägungen praktisch kaum eine Rolle, da es sich nicht um einen Einzelfall, sondern um ein allgemeinen Gegenstand der Bundesgesetzgebung handelt.

218 Vgl. *Pieroth*, in: Jarass/Pieroth, GG, Art. 10 Rn. 24, Art. 44 Rn. 9 a m. w. N.

219 BVerfGE 124, 78 (128) – *BND-Untersuchungsausschuss*.

bb) Beginn und Ende eines Untersuchungsverfahrens. Das parlamentarische Untersuchungsverfahren beginnt mit der Einsetzung durch Beschluss des Bundestags (vgl. § 1 Abs. 1 PUAG). Die Einsetzung kann „freiwillig" durch Mehrheitsbeschluss des Bundestags (vgl. Art. 44 Abs. 1 Satz 1 Alt. 1 GG, sog. Mehrheitsenquête) oder „unfreiwillig" durch pflichtgemäßen Mehrheitsbeschluss auf Antrag eines Viertels (vgl. Art. 44 Abs. 1 Satz 1 Alt. 2 GG, § 2 Abs. 1 PUAG; sog. Minderheitsenquête) erfolgen. Abgesichert wird das Einsetzungsrecht durch die Bindung eines Untersuchungsausschusses an den Untersuchungsgegenstand (§ 3 Satz 1 PUAG) sowie die fehlende Möglichkeit, den Untersuchungsgegenstand gegen den Willen der die Einsetzung beantragenden Minderheit später abzuändern (vgl. §§ 3 Satz 2, 2 Abs. 2 PUAG) oder das Verfahren abzukürzen. 597

Das Verfahren endet grundsätzlich mit Abschluss der Untersuchung und der Vorlage des Abschlussberichts an den Bundestag (§ 33 PUAG). Die Untersuchung ist abgeschlossen, wenn alle Beweise erhoben worden sind. Durch Minderheitsrechte wird sichergestellt, dass die Beweiserhebung nicht verkürzt oder anderweitig manipuliert werden kann (vgl. etwa § 17 Abs. 2 PUAG). Aufgrund des Grundsatzes der Diskontinuität endet ein Untersuchungsverfahren immer mit dem Ende der Wahlperiode des Bundestags, der die Einsetzung des Untersuchungsausschusses beschlossen hat. Außerdem kann ein Untersuchungsausschuss trotz fehlender gesetzlicher Auflösungsmöglichkeit aufgrund der Geschäftsordnungsautonomie jederzeit wieder durch Bundestagsbeschluss aufgelöst werden. Allerdings sind dabei die Rechte der parlamentarischen Minderheit zu beachten. 598

7. Öffentlichkeitsfunktion

In einer Demokratie müssen staatliche Entscheidungsprozesse transparent sein, da sonst weder eine Beurteilung noch eine Kontrolle der staatlichen Gewalt möglich ist und auch die Willensbildung des Volkes im Rahmen der Wahlen nicht auf einer hinreichenden Faktengrundlage beruht. 599

Die Öffentlichkeitsfunktion wird für den Bundestag an zentraler Stelle verfassungsrechtlich normiert: Gem. Art. 42 Abs. 1 Satz 1 GG verhandelt der Bundestag öffentlich. *Öffentlichkeit* bedeutet freier Zugang zu den Sitzungen des Parlaments, d. h. zu den Zuschauertribünen und dem Pressebereich. Begrenzt wird der freie Zugang durch die tatsächlichen Kapazitäten sowie das Hausrecht des Bundestagspräsidenten, der Störer entfernen darf. Allerdings kann die Öffentlichkeit auf Antrag ausgeschlossen werden (vgl. Art. 42 Abs. 1 Satz 2 u. 3 GG). Ein solcher Ausschluss bedarf eines sachlichen Grundes, der die Geheimhaltung rechtfertigt, wie z. B. die Vertraulichkeit von Staatsangelegenheiten oder Angelegenheiten der Privat- oder Intimsphäre einer Person. Der Ausschluss der Öffentlichkeit ist nicht zu begründen, um die Geheimhaltung zu gewährleisten. Verfassungsrechtlich nicht unproblematisch ist vor diesem Hintergrund die Neufassung des § 78 Abs. 6 GOBT, wonach nach Vereinbarung im Ältestenrat „anstelle einer Aussprache die schriftlichen Redetexte zu Protokoll genommen werden können"[220]. 600

220 Dazu *M. Bauer*, Der Staat 2010, 597 ff.

601 Für die *Ausschusssitzungen* gilt gem. § 69 Abs. 1 Satz 1 GOBT das Prinzip der Nichtöffentlichkeit, soweit nicht verfassungsrechtlich oder gesetzlich etwas anderes bestimmt ist. Dadurch soll die ungestörte und reibungslose Sacharbeit unterstützt werden.

8. Beschlussorgan

602 Der Bundestag als Kollegialorgan entscheidet durch Beschluss – grundsätzlich mit einfacher Mehrheit, wobei eine Modifizierung des erforderlichen Quorums möglich ist (Art. 42 Abs. 2 Satz 1 GG). Nach der Rechtsnatur des Beschlusses wird unterschieden zwischen echten und schlichten Parlamentsbeschlüssen. *Echte Parlamentsbeschlüsse* sind rechtserheblich, d. h. sie erzeugen Rechtswirkung.

Beispiele: Wahlbeschlüsse, organinterne Beschlüsse etwa zur Geschäftsordnung, die Gesetzesbeschlüsse sowie alle formellen Parlamentsbeschlüsse, bei denen der Bundestag parlamentarische Mitwirkungs- und Kontrollrechte ausübt.

Schlichte Parlamentsbeschlüsse betreffen dagegen allgemeine politische Entschließungen, Absichtserklärungen etc. Trotz ihrer Unverbindlichkeit müssen sich auch schlichte Parlamentsbeschlüsse aber an die grundsätzliche Kompetenzzuweisung der Verfassung halten[221].

9. Anklageorgan

603 Der Bundestag kann auch als Anklageorgan gegenüber anderen Staatsorganen auftreten. Neben dem gem. Art. 93 Abs. 1 Nr. 1 GG grundsätzlich allen Staatsorganen offen stehenden Organstreitverfahren vor dem BVerfG, bei dem es um den Schutz eigener Organrechte geht, kann der Bundestag den *Bundespräsidenten* vor dem BVerfG anklagen (Art. 61 Abs. 1 GG). Gegenstand müssen nicht eigene Organrechte des Bundestags sein. Erforderlich ist vielmehr eine vorsätzliche Verletzung verfassungsrechtlicher Pflichten, so dass der Bundestag allgemein zum Schutz der Verfassung tätig wird.

604 Ein ähnliches Anklagerecht ohne die Verletzung eigener subjektiver Rechte besitzt der Bundestag gegenüber *Bundesrichtern* gem. Art. 98 Abs. 2 GG.

IV. Verfahren

605 Alle Verfahren des Bundestags, die einer Entscheidung bedürfen, werden nach dem Mehrheitsprinzip durchgeführt. Solche Entscheidungen sind:

- Wahlverfahren;
- Beschlüsse;
- sonstige Abstimmungen.

606 Zu den *Wahlverfahren* zählen: die Wahl des Bundeskanzlers (Art. 63 GG); die Wahl des Bundestagspräsidenten (Art. 40 GG); das konstruktive Misstrauensvotum (Art. 67 GG).

221 Zum Ganzen vgl. *Klein*, HStR III, § 50 Rn. 13 f.; *Stern*, Staatsrecht II, S. 48 f.

Der *Beschluss* ist die wichtigste Handlungsform des Bundestags (vgl. Art. 42 Abs. 2 GG). In Beschlussform ergehen alle Gesetze (Art. 77 Abs. 1 Satz 1 GG) sowie die Regelungen über die Geschäftsordnung (Art. 40 Abs. 1 Satz 2, Art. 42 Abs. 2 GG); darüber hinaus gibt es besondere Beschlüsse, wie den Beschluss über die Anklage des Bundespräsidenten (Art. 61 Abs. 1 Satz 3 GG). **607**

Zu den *sonstigen Abstimmungen* zählen alle Entscheidungen des Bundestags, die weder Wahlen noch Beschlüsse sind. Hierzu gehören die Entscheidung über die Vertrauensfrage des Bundeskanzlers (Art. 68 Abs. 1 GG), die Feststellung des Spannungs- (Art. 80 a Abs. 1 GG) oder Verteidigungsfalls (Art. 115 a GG). **608**

Hinsichtlich des Begriffs der Mehrheit ist zwischen den einzelnen Verfahren – Wahlverfahren einerseits, Verfahren bei Beschlüssen und sonstigen Abstimmungen andererseits – zu unterscheiden. Der wesentliche Unterschied besteht darin, dass bei Wahlverfahren nicht mit Ja oder Nein gestimmt wird, sondern sich das Gremium zwischen mehreren Kandidaten entscheiden muss. **609**

Bei Wahlverfahren gilt im Allgemeinen: Gewählt ist, wer die meisten Stimmen auf sich vereinigt. Das bedeutet, dass auch eine sehr geringe Anzahl von Stimmen zur Wahl eines Kandidaten führt; Voraussetzung ist nur, dass der Kandidat mehr Stimmen erhält als jeder andere. Eine Ausnahme hiervon gilt, wenn das Grundgesetz für einen *Wahlakt eine besondere Mehrheit* anordnet. Dies ist etwa der Fall bei der Wahl des Bundeskanzlers (Art. 63 Abs. 2 Satz 1 GG): „Gewählt ist, wer die Stimmen der Mehrheit der Mitglieder des Bundestages auf sich vereinigt" (sog. absolute Mehrheit). Gem. Art. 121 GG ist dabei auf die Mehrheit der gesetzlichen Mitgliederzahl abzustellen. Die gesetzliche Mitgliederzahl des Bundestags beträgt grundsätzlich 598 (§ 1 Abs. 1 Satz 1 BWahlG), die Mehrheit hiervon sind 300 Stimmen. Die Zahl kann sich jedoch insbesondere im Rahmen des Sitzzuteilungsverfahrens erhöhen (§ 6 Abs. 5 BWahlG) oder durch andere Umstände verändern (vgl. § 1 Abs. 1 Satz 1 BWahlG). In weiteren Wahlgängen kann jedoch auch zum Bundeskanzler gewählt werden, wer nicht die Mehrheit der Stimmen der Mitglieder, sondern nur „meisten Stimmen" aller Kandidaten erhält (sog. relative Mehrheit, Art. 63 Abs. 4 Satz 2 GG). **610**

Für *Beschlussverfahren* des Bundestags gilt in erster Linie Art. 42 GG, wenn das Grundgesetz nicht eine andere Mehrheit verlangt. erforderlich ist die *Mehrheit der abgegebenen Stimmen*. Da die Verfassung *Enthaltungen* nicht ausdrücklich regelt, sind diese als nicht abgegebene Stimmen zu werten[222]. Eine Sonderregelung für Enthaltungen gilt – allerdings nur nach Maßgabe der Geschäftsordnung – beim sog. Hammelsprung,[223] bei dem eine eigene Tür mit der Aufschrift „Enthaltung" eingerichtet wird (§ 51 Abs. 2 Satz 2 GOBT). Auswirkungen auf die Wertung der Enthaltung hat diese Regelung jedoch nicht. **611**

Da bei Beschlüssen lediglich mit „Ja" oder „Nein" gestimmt werden kann, also keine Auswahl aus verschiedenen „Optionen" in Betracht kommt, gibt es in diesem Zusammenhang keine „relative Mehrheit" (Mehrheit im Vergleich zu den anderen Optionen). Zu unterscheiden ist vielmehr zwischen einfacher Mehrheit (Mehrheit der abgegebenen Stimmen) und Mitgliedermehrheit (Mehrheit der

222 S. auch *Maurer,* Staatsrecht I, § 13 Rn. 115.
223 Erläuterung unten Rn. 616.

gesetzlichen Mitgliederzahl). Möglich sind darüber hinaus besondere qualifizierte Mehrheiten (insb. 2/3-Mehrheiten).

612 Für Beschluss- und sonstige Verfahren im Bundestag existieren folgende Mehrheitsanforderungen:

- die *Mehrheit der abgegebenen Stimmen* (Regelfall, vgl. Art. 42 Abs. 2 GG, sog. einfache Mehrheit)
- die *Mehrheit von 2/3 der abgegebenen Stimmen* (Bsp.: Feststellung des Spannungs- oder Verteidigungsfalles, Art. 80a Abs. 1 Satz 2, Art. 115a Abs. 1 Satz 2 GG).
- die *Mehrheit der gesetzlichen Mitgliederzahl* (sog. Mitgliedermehrheit; Abwesenheiten und Enthaltungen zählen wie „Nein"-Stimmen; gelegentlich wird diese Mehrheit auch als „Kanzlermehrheit" bezeichnet, weil sie der bei der Wahl des Bundeskanzlers erforderlichen absoluten Mehrheit gem. Art. 63 Abs. 1 GG entspricht; Bsp.: Einrichtung von Behörden gem. Art. 87 Abs. 3 Satz 2 GG).
- die *Mehrheit von 2/3 der gesetzlichen Mitgliederzahl* (Bsp.: Anklage des Bundespräsidenten, Art. 61 Abs. 1 Satz 3 GG; Beschluss eines verfassungsändernden Gesetzes, Art. 79 Abs. 2 GG).

613 Wird auf die *Mehrheit der abgegebenen Stimmen* abgestellt, ist vorab die Frage der Beschlussfähigkeit des Bundestages zu klären[224]. Der von einem nicht beschlussfähigen Gremium getroffene Beschluss ist grundsätzlich unwirksam[225]. Das Grundgesetz trifft keine Regelung bezüglich der Beschlussfähigkeit, so dass dies unter die Befugnis des Bundestags zur Selbstorganisation fällt[226]. Nach § 45 Abs. 1 GOBT hängt die Beschlussfähigkeit zwar materiell von der Anwesenheit der Mehrheit der gesetzlichen Mitglieder des Bundestags ab (vgl. § 1 Abs. 1 Satz 1 BWahlG). Gem. § 45 Abs. 2 GOBT muss die fehlende Beschlussfähigkeit aber formell festgestellt werden, was nur auf Antrag einer Fraktion oder von mindestens 5 % der Mitglieder des Bundestags erfolgt. Es werden deshalb regelmäßig – wirksame – Beschlüsse gefasst, obwohl der Bundestag materiell beschlussunfähig ist[227]. In der Tatsache, dass somit nur wenige Abgeordnete wirksam den Willen des gesamten Bundestags bilden können, liegt kein Verstoß gegen das Prinzip der repräsentativen Demokratie: Die Arbeit der Abgeordneten findet nämlich in allen parlamentarischen Gremien statt, insbesondere in den Ausschüssen, so dass sich die Willensbildung des Bundestags nicht auf die (endgültige) Beschlussfassung im Plenum reduzieren lässt. Besteht schon vor der Beschlussfassung im Plenum ein breiter Konsens über einen Beschlussgegenstand, ist die Anwesenheit aller Abgeordneten nicht notwendig. Bei umstrittenen Vorhaben und knappen Mehrheiten sind bei der Beschlussfassung demgegenüber regelmäßig alle Abgeordneten anwe-

224 Stimmt die Mehrheit der gesetzlichen Mitglieder für einen Beschluss, war der Bundestag in jedem Fall beschlussfähig, was die Anwesenheit von mehr als der Hälfte der Mitglieder für die Beschlussfähigkeit verlangt.

225 Es handelt sich dabei um eine Vorfrage der Handlungsfähigkeit des Gremiums. Dogmatisch entspricht dies etwa dem zivilrechtlichen Erfordernis der Geschäftsfähigkeit als zwingender Voraussetzung für die Abgabe einer wirksamen Willenserklärung.

226 Vgl. BVerfGE 44, 308 (314 f.) – *Beschlussfähigkeit des Bundestages.*

227 Grundsätzlich denkbar ist auch, dass bei einer Abstimmung die Opposition in der Mehrheit ist. Die parlamentarische Mehrheit muss daher darauf achten, dass eine ausreichende Anzahl eigener Abgeordneter anwesend ist, um die Beschlussmehrheit zu garantieren. Üblich sind auch Absprachen, die parlamentarischen Mehrheitsverhältnisse nicht zu unterlaufen.

send. Dies gilt vor allem, wenn es um die Wahrung der Mehrheitsverhältnisse geht oder nicht nur ein einfacher, sondern eine qualifizierter Mehrheitsbeschluss erforderlich ist.

Die GOBT sieht verschiedene *Abstimmungsformen* vor: Dabei gilt entsprechend dem Öffentlichkeitsprinzip der Grundsatz der öffentlichen Beschlussfassung (Art. 42 Abs. 1 GG). Das bedeutet, dass das Abstimmungsverhalten des einzelnen Abgeordneten grundsätzlich erkennbar sein muss. **614**

Abstimmungen (Beschlussfassung über Sachgegenstände) werden grundsätzlich mittels (gleichzeitigem) Handzeichen oder durch (gleichzeitiges) Aufstehen oder Sitzenbleiben durchgeführt (vgl. § 48 Abs. 1 Satz 1 GOBT). Eine namentliche Abstimmung kann beantragt werden, soweit dies nicht für Verfahrensfragen ausgeschlossen ist (vgl. §§ 52 f. GOBT). Dies verschärft das Öffentlichkeitsprinzip, weil noch klarer das Stimmverhalten der einzelnen Abgeordneten zu Tage tritt. **615**

Wahlen erfolgen grundsätzlich ebenfalls öffentlich. Ordnen das Grundgesetz, einfache Gesetze oder die GOBT allerdings die geheime Wahl an, werden verdeckte Stimmzettel benutzt (vgl. § 49 GOBT). **616**

Ein besondere Form der Beschlussfassung ist der sog. *Hammelsprung* (vgl. § 51 Abs. 1 Satz 3, Abs. 2 GOBT). Bei diesem Verfahren müssen alle Abgeordneten den Sitzungssaal verlassen. Danach wird abgestimmt, indem die Abgeordneten den Sitzungssaal durch eine von drei Türen wieder betreten, die mit „Ja“, „Nein“ oder „Enthaltung“ bezeichnet sind. Der Hammelsprung wird angewendet, wenn Uneinigkeit über das Ergebnis einer Abstimmung besteht oder die Beschlussfähigkeit angezweifelt wird (vgl. § 45 Abs. 2 Satz 1 GOBT). **617**

Rechtsprechung: BVerfGE 1, 372 – *Deutsch-Französisches Wirtschaftsabkommen*; BVerfGE 44, 308 – *Beschlussfähigkeit des Bundestags;* BVerfGE 67, 100 – *Flick*; BVerfGE 68, 1 – *NATO-Doppelbeschluss*; BVerfGE 70, 324 – *Informationsrecht der Abgeordneten*; BVerfGE 77, 1 – *Neue Heimat*; BVerfGE 90, 286 – *Auslandeinsätze der Bundeswehr – Adria, AWACS*; BVerfGE 121, 135 – *AWACS-Einsatz*; BVerfGE 124, 78 – *BND-Untersuchungsausschuss*; BVerfGE 124, 267 – *Kosovo*; BVerfGE 126, 55 – *Bundeswehreinsatz Heiligendamm*; BVerfGE 131, 152 – *ESM/Euro-Plus-Pakt*; BVerfGE 131, 230 – *Wahl der Richter des Bundesverfassungsgerichts*.

Literatur:

Zur Ergänzung:
Engels, A., Die Integrationsfunktion des Deutschen Bundestags, JuS 2012, 210 ff.; *Frenzel, E. M.*, Bewährungsprobe für das parlamentarische Informationsrecht, Jura 2010, 220 ff. (Fallbearbeitung); *Haug, V./Schmid, S.*, Referendarexamensklausur Öffentliches Recht: Staatsrecht – Turbulentes Parlament, JuS 2013, 440 ff. (Fallbearbeitung); *Morlok, M./Hientzsch, C.*, Das Parlament als Zentralorgan der Demokratie, JuS 2011, 1 ff.

Zur Vertiefung:
Aktuelle Diskussionen
Bauer, M., Das Verstummen eines Parlaments. Die Rede zu Protokoll – Verfassungsrechtliche Überlegungen zur Einführung der schriftlichen Parlamentsdebatte durch den neuen § 78 Abs. 6 GOBT, Der Staat 49 (2010), 587 ff.; *Riede, M./Scheller, H.*, Parlamentarische Untersuchungsausschüsse im Deutschen Bundestag – bloßes Standardisierungsinstrument der Opposition, ZParl 2013, 93 ff.

Grundlegende Texte

Oppermann, T., Das parlamentarische Regierungssystem des Grundgesetzes, VVDStRL 33 (1975) 69; *Schneider, H.-P.*, Die parlamentarische Opposition im Verfassungsrecht der Bundesrepublik Deutschland, Bd. 1, 1974; *ders./Zeh, W.* (Hrsg.), Parlamentsrecht und Parlamentspraxis in der Bundesrepublik Deutschland, 1989.

§ 24 Der Bundesrat

618 Der Bundesrat ist das Bundesorgan, durch das die Länder (Gliedstaaten) an der Willensbildung und am Staatshandeln des Bundes (Gesamtstaat) mitwirken (Art. 50 GG). Das Grundgesetz enthält einen eigenen Abschnitt IV. „Der Bundesrat“ (Art. 50–53 GG). Art. 50 GG enthält eine *generelle Aufgabenzuweisung* an den Bundesrat. Mit dieser Vorschrift werden dem Bundesrat jedoch keine Kompetenzen oder Befugnisse zugewiesen. Dies geschieht vielmehr durch einzelne Normen des Grundgesetzes. Einfachgesetzliche Befugniszuweisungen sind nicht möglich. Regelungsgegenstand der Art. 51–53 GG sind der grundlegende Aufbau als Kollegialorgan, die innere Organisation und das Verfahren im Bundesrat. Die wenigen verfassungsrechtlichen Vorgaben werden, wie bei allen Verfassungsorganen, nach dem Prinzip der Selbstorganisation durch eine Geschäftsordnung konkretisiert und ergänzt (vgl. Art. 52 Abs. 3 Satz 2 GG).

619 *Die Funktion* des Bundesrats liegt darin, die Interessen der Länder auf der Ebene der obersten Bundesorgane zu vertreten und zur Geltung zu bringen. Die Mitwirkung der Länder an der Willensbildung und der Ausübung der Staatsfunktionen durch den Bund stellt ein wesentliches Merkmal des Bundesstaatsprinzips dar. Die konkrete Ausgestaltung im Grundgesetz beruht auf einer langen deutschen föderalen Tradition[1]. Sie geht über die von Art. 79 Abs. 3 GG garantierte Mitwirkung an der Bundesgesetzgebung hinaus und erstreckt sich auch auf die Exekutive[2] und die Angelegenheiten der Europäischen Union (vgl. Art. 50 GG).

620 Die Länderinteressen werden durch die *Vertreter der amtierenden Landesregierungen* wahrgenommen, die in den Bundesrat entsandt sind (vgl. Art. 51 Abs. 1 Satz 1 GG). Der Bundesrat ist daher keine zweite Volksvertretung, die durch Wahlen in den einzelnen Ländern unmittelbar demokratisch legitimiert wäre[3]. Daher gilt auch nicht der Grundsatz der sachlichen Diskontinuität wie im Bundestag,[4] weshalb der Bundesrat gelegentlich als permanentes Organ bezeichnet wird. Eine vollständige Neubesetzung wie beim Bundestag (vgl. Art. 39 GG) gibt es nicht, vielmehr ändert sich die Zusammensetzung permanent in Abhängigkeit von den politischen Verhältnissen in den Ländern. Der Bundesrat setzt sich aus Vertretern der Landesregierungen zusammen. Deren Besetzung und damit die

1 Vgl. *Stern*, Staatsrecht II, S. 111ff.; *Maurer*, Staatsrecht I, § 16 Rn. 29ff.

2 Der Wortlaut „Verwaltung“ in Art. 50 GG ist insoweit zu eng, als sich aus den einzelnen Kompetenzen des GG Mitwirkungsrechte des Bundesrats sowohl bei der Erfüllung von Verwaltungsfunktionen als auch von Regierungsfunktionen ergeben, d.h. beide Teilbereiche der Exekutive berührt sind.

3 Bekanntestes Beispiel dafür ist der US-Senat als zweite Kammer des Kongresses.

4 Die Bundesratstätigkeit wird in Geschäftsjahre vom 1. November–31. Oktober eingeteilt (vgl. § 3 GOBR).

Regelung der Entsendung im Einzelnen richtet sich nach dem Verfassungsrecht des jeweiligen Landes[5].

621 Der Bundesrat soll Rechte und Interessen der Länder wahren. Er hat sich darüber hinaus jedoch zunehmend zu einem parteipolitischen Instrumentarium entwickelt, da er der parlamentarischen Opposition im Bundestag die Möglichkeit gibt, über die Landesregierungen – sofern diese von den Oppositionsparteien gestellt werden – auf die Gesetzgebung des Bundes einzuwirken. Die föderale Funktion tritt demgegenüber teilweise in den Hintergrund.

I. Organe

622 Der Bundesrat besitzt eine Anzahl von Organen[6]. Dazu zählen der Bundesratspräsident, das Präsidium, die Ausschüsse sowie als besondere Institution die Europakammer. Das Plenum ist kein Organ, soll aber entsprechend den Erläuterungen zum Bundestag an dieser Stelle Erwähnung finden. Die Organe sind im Abschnitt IV. des Grundgesetzes und in der Geschäftsordnung des Bundesrats (GOBR) geregelt.

1. Präsident und Präsidium

623 Der *Präsident* ist das oberste Leitungsorgan des Bundesrats und gleicht in dieser Funktion dem Bundestagspräsidenten. Die Sitzungen des Bundesrats werden von ihm einberufen (vgl. Art. 52 Abs. 2 GG, § 15 GOBR), vorbereitet (vgl. § 15 Abs. 2 GOBR) und geleitet (vgl. § 20 Abs. 1 GOBR). Er ist Chef der Bundesratsverwaltung, Inhaber des Hausrechts, übt während der Sitzungen die Ordnungsgewalt aus und vertritt den Bundesrat nach außen (vgl. §§ 6, 22 GOBR). Im Falle einer Verhinderung des Bundesratspräsidenten nimmt einer der drei Vizepräsidenten seine Aufgaben wahr (§ 7 GOBR).

624 Gem. Art. 52 Abs. 1 GG wird der Bundesratspräsident für ein Jahr (Geschäftsjahr) aus der Mitte der Mitglieder des Bundesrats gewählt[7]. Diese Wahl modifiziert schon seit dem 30.8.1950 das sog. Königsteiner Abkommen[8]. Danach stellen alle Länder in einer festgelegten wiederkehrenden Reihenfolge nacheinander den Bundesratspräsidenten[9].

625 Das *Präsidium* besteht aus dem Bundesratspräsidenten und drei Vizepräsidenten. Das Präsidium berät den Präsidenten bei seinen Aufgaben und entscheidet durch

5 BVerfGE 106, 310 (329) – Zuwanderungsgesetz.

6 Systematisch ist der Bundesrat selbst Organ (der Bundesverfassung) und seine Untergliederungen somit Organteile (vgl. oben Rn. 373 ff.). Es hat sich jedoch eingebürgert auch von diesen Teilen als „Organen“ (des Bundesrates) zu sprechen. Dieser Sprachgebrauch wird hier beibehalten.

7 Vgl. *Maunz/Scholz*, in: Maunz/Dürig, GG, Art. 52 Rn. 5.

8 Eine schriftliche Fassung dieses Abkommens existiert nicht. Sein Inhalt ergibt sich aus dem Protokoll und dem stenographischen Bericht der Ministerpräsidentenkonferenz dieses Tages; vgl. dazu auch *Ipsen*, Staatsrecht I, Rn. 348.

9 Die Reihenfolge ergibt sich aus der Stärke der Einwohnerzahl, beginnend mit der höchsten Einwohnerzahl.

Mehrheitsbeschluss über die inneren Angelegenheiten, soweit keine abweichende Entscheidungsbefugnis zugunsten anderer Organe besteht (vgl. § 8 GOBR).

626 Mit dem *Amt des Bundesratspräsidenten* ist eine besondere staatsorganisatorische Funktion verbunden. Im Falle einer Verhinderung des Bundespräsidenten wird dieser durch den Präsidenten des Bundesrates vertreten (Art. 57 GG). Während dieser Zeit ruht seine Funktion im Bundesrat (vgl. § 7 Abs. 1 Satz 2 GOBR). In der (inoffiziellen) protokollarischen Rangordnung steht jedoch der Bundestagspräsident an zweiter Stelle hinter dem Bundespräsidenten, der Bundesratspräsident steht hinter dem Bundeskanzler und vor dem Präsidenten des Bundesverfassungsgerichts auf der vierten Stufe[10].

2. Mitglieder

627 Der Bundesrat ist ein Kollegialorgan, das aus den Vertretern der Länderregierungen besteht (vgl. Art. 51 Abs. 1 Satz 1 GG). Die Entsendung von Vertretern durch die Länder beurteilt sich nach dem jeweiligen Landesrecht.

628 Unterschieden wird zwischen ordentlichen und stellvertretenden Bundesratsmitgliedern. Beide werden nach dem jeweiligen Landesrecht bestellt und ggf. wieder abberufen (vgl. Art. 51 Abs. 1 Satz 1 und 2 GG). Stellvertretung ist unter den Bundesratsmitgliedern eines Landes praktisch unbegrenzt möglich, insbesondere bei der Stimmenabgabe (vgl. Art. 51 Abs. 3 Satz 2 a. E. GG).

629 Die Entscheidung über die ordentlichen und stellvertretenden Mitglieder darf aber unabhängig von der jeweiligen Landesverfassung nur der Exekutive, d. h. der Landesregierung zustehen, weil im Grundgesetz die Mitgliedschaft im Bundesrat als Organkompetenz der Landesregierung angelegt ist. Die Bestellung durch die Landesregierung ist konstitutiv für die Mitgliedschaft im Bundesrat. Die Mitteilung an den Präsidenten des Bundesrats gem. § 1 GOBR hat dagegen nur deklaratorische Bedeutung.

630 Rechtliche Voraussetzung für eine Bestellung als ordentliches oder stellvertretendes Bundesratsmitglied ist zunächst die Mitgliedschaft in der jeweiligen Landesregierung (vgl. Art. 51 Abs. 1 GG). Deshalb erlischt die Mitgliedschaft automatisch mit dem Verlust des Regierungsamts, insbesondere aufgrund eines Wechsels der Landesregierung. Außerdem besteht Unvereinbarkeit zwischen einer Mitgliedschaft im Bundesrat und dem Mandat als Abgeordneter im Bundestag (vgl. § 2 Satz 1 GOBR)[11]. Die Unvereinbarkeit mit anderen Ämtern folgt auch aus anderen Inkompatibilitätsregelungen, wie z. B. denen des Bundespräsidenten (Art. 55 Abs. 1 GG), des Bundeskanzlers (Art. 66 GG i. V. m. § 4 BMinG) oder denen des BVerfG (Art. 94 Abs. 1 Satz 3 GG)[12].

---

10 Vgl. die Internetseite des Bundesministeriums des Innern zu protokollarischen Rangfragen: *http://www.bmi.bund.de/cln_104/SharedDocs/Standardartikel/DE/Ministerium/Protokoll/ohneMarginalspalte/protokollarische_rangfragen.html* (zuletzt aufgerufen am 9.9.2013).
11 Vgl. *Herzog*, HStR III, § 59 Rn. 9.
12 Vgl. *Herzog*, HStR III, § 59 Rn. 9.

Den Bundesratsmitgliedern werden durch das Grundgesetz und die Geschäftsordnung *Rechte und Pflichten* eingeräumt, um ihre Aufgaben zu erfüllen. Im Bundesrat stehen den Mitgliedern nach der Geschäftsordnung Rederechte, Frage- und Antragsrechte zu. Gem. Art. 43 Abs. 2 GG haben die Bundesratsmitglieder jederzeit das Zutrittsrecht zum Bundestag und dessen Ausschüssen und müssen jederzeit gehört werden. **631**

Als Angehörige der Landesregierungen sind die Bundesratsmitglieder *weisungsabhängig*. **632**
Dies ergibt sich aus einem Umkehrschluss der Formulierung über den Gemeinsamen Ausschuss in Art. 53a Abs. 1 Satz 3 Halbsatz 2 GG. Danach wird jedes Land im gemeinsamen Ausschuss durch ein von ihm bestelltes Mitglied des Bundesrats vertreten. Diese Mitglieder des Gemeinsamen Ausschusses sind an Weisungen nicht gebunden. Daraus schließt man, dass die Mitglieder des Bundesrats im Übrigen an Weisungen gebunden sind.
Die Weisungsabhängigkeit gilt aber nur für das Innenverhältnis auf Landesebene. Zu beachten ist dies insbesondere bei der Stimmabgabe: Eine weisungswidrige Stimmabgabe kann allenfalls auf Landesebene sanktioniert werden. Sie hat keine Auswirkungen auf die Rechtswirksamkeit der Handlungen im Bundesrat. Diese beurteilt sich ausschließlich nach dem Bundesrecht und dem Binnenrecht des Bundesrates.

Die *Anzahl* der Mitglieder des Bundesrats beträgt derzeit maximal 69, da jedes Land nur so viele Vertreter entsenden kann, wie es Stimmen hat (vgl. Art. 51 Abs. 3 Satz 1 GG). Aufgrund der Möglichkeit der Stellvertretung und des Erfordernisses der einheitlichen Stimmenabgabe können auch weniger Mitglieder entsendet werden. **633**

3. Ausschüsse

Wie im Bundestag findet auch im Bundesrat die eigentliche Sacharbeit und Beratung in den Ausschüssen (vgl. Art. 52 Abs. 4 GG, §§ 11f., 36ff. GOBR) statt und nicht im Plenum. In den Ausschüssen werden die Beschlussfassungen des Bundesrats vorbereitet (vgl. § 39 Abs. 1 GOBR), die endgültige Entscheidung verbleibt jedoch beim Bundesrat. **634**

Der Bundesrat richtet ständige Ausschüsse ein (§ 11 Abs. 1 Satz 1 GOBR), die im Wesentlichen die Fachministerien der Bundesregierung widerspiegeln. Sie tagen grundsätzlich nichtöffentlich, um eine sachliche Arbeitsatmosphäre zu gewährleisten und werden von einem Ausschussvorsitzenden geleitet (§§ 37 Abs. 2 Satz 1, 38 Abs. 1 Satz 3 GOBR). In den Ausschüssen sind die Länder mit jeweils einem Ausschussmitglied vertreten (§ 11 Abs. 1 GOBR). Allerdings ist es nicht notwendig, dass es sich um ein Mitglied des Bundesrats handelt. Zulässig ist auch die Besetzung eines Ausschusssitzes mit einem Beauftragten, so dass regelmäßig Angehörige der Ministerialverwaltung der Länder an den Ausschusssitzungen teilnehmen (vgl. Art. 52 Abs. 4 GG). **635**

Die Stimmverteilung in den Ausschüssen entspricht nicht denen des Bundesrats. **636**
Jedes Ausschussmitglied verfügt über eine Stimme (vgl. § 42 Abs. 2 GOBR), so dass es anders als bei den Ausschussabstimmungen im Bundestag häufiger zu

einer Beschlussempfehlung an den Bundesrat kommt, der im Plenum aufgrund der abweichenden Mehrheitsverhältnisse nicht gefolgt wird.

4. Europakammer

637 Eine besondere Bedeutung innerhalb des Bundesrats hat die Europakammer (vgl. Art. 52 Abs. 3a GG, §§ 45b–45k GOBR). Strukturell entspricht sie einem einzelnen Fachausschuss für die Angelegenheiten der Europäischen Union. Ihre besondere Bedeutung erwächst aus der in Art. 52 Abs. 3a GG angeordneten Rechtsfolge, dass die Beschlüsse der Europakammer als verbindliche Beschlüsse des Bundesrats gelten. Aus diesem Grund entspricht die Stimmverteilung in der Europakammer derjenigen des Bundesrats (Art. 53 Abs. 3a Halbsatz 2, 51 Abs. 2 GG) und es können nur ordentliche oder stellvertretende Mitglieder des Bundesrats in die Europakammer gesendet werden, nicht dagegen Beauftragte. Verfassungsrechtlich ergibt sich dies aus dem Umkehrschluss zu Art. 52 Abs. 4 GG (die Europakammer ist kein Ausschuss), in der Geschäftsordnung ist es in § 45b Abs. 2 Satz 1 GOBR festgelegt. Regelmäßig nehmen die Ministerpräsidenten der Länder an den Sitzungen der Europakammer teil.

638 Aus Art. 23 Abs. 2 Satz 1, Abs. 4–6 sowie Art. 50 GG ergibt sich die generelle Mitwirkung des Bundesrats in Angelegenheiten der Europäischen Union. Die Mitwirkungsrechte des Bundesrates sind im Einzelnen im EUZBLG ausgestaltet. Inwieweit die Kompetenzen nicht durch das Plenum, sondern durch die Europakammer wahrgenommen werden, ist eine Frage der Selbstorganisation des Bundesrates und wird in § 45d GOBR geregelt. Danach ist die Zuständigkeit der Europakammer in Eilfällen gegeben, sowie in Fällen, in denen die Vertraulichkeit gewahrt sein soll (vgl. § 45d Abs. 2, 3 GOBR).

5. Plenum

639 Das Plenum bezeichnet kein Organ des Bundesrats, sondern die Gesamtheit der Bundesratsmitglieder. Im Plenum versammelt sich der Bundesrat für die Debatten und Abstimmungen.

II. Stimmverteilung

640 Art. 51 Abs. 2 GG regelt die Stimmverteilung im Bundesrat. Danach haben die Länder eine unterschiedliche Anzahl Stimmen in Abhängigkeit von der Einwohnerzahl. Die Stimmen eines Landes können jedoch *nur einheitlich* abgegeben werden, vgl. Art. 51 Abs. 3 Satz 1 GG.

641 Die Stimmenanzahl bemisst sich nach der Zahl der Einwohner (unabhängig von deren Staatsangehörigkeit) jedes Landes aufgrund amtlich ermittelter Daten (vgl. Art. 51 Abs. 2 GG, § 27 GOBR). Dabei gibt es vier unterschiedliche Wertigkeiten; einem Land können drei, vier, fünf oder sechs Stimmen zustehen. Diese Regelung stellt einen Kompromiss zwischen einer einheitlichen Stimmenanzahl für alle Länder und einer zur Einwohnerzahl proportionalen Stimmenverteilung dar. So soll einerseits der besonderen Bedeutung von Ländern, die einen größeren Teil der Bevölkerung repräsentieren, Rechnung getragen werden, was vor dem Hinter-

grund sehr unterschiedlicher Ländergrößen in Deutschland erforderlich ist. Andererseits käme bei einem streng proportionalen System den Ländern lediglich die (ggf. untergeordnete) Bedeutung zu, die sie auch bei der Zusammensetzung des Bundestages haben. Demgegenüber trägt die Stimmverteilung, die auch kleinen Ländern zumindest drei der (derzeit) 69 Stimmen zuweist, der Existenz und dem Eigenwert der Bundesstaaten in besonderer Weise Rechnung. Diese besondere Betonung des Föderalismus ist auch vor dem Hintergrund des Entstehungsprozesses des Grundgesetzes durch Ratifikation in den bereits vorher bestehenden Ländern zu sehen.

- *drei Stimmen* (Länder mit einer Einwohneranzahl von bis zu zwei Millionen): Bremen, Hamburg, Mecklenburg-Vorpommern und das Saarland.
- *vier Stimmen* (Länder mit zwei bis sechs Millionen Einwohnern): Brandenburg, Berlin, Rheinland-Pfalz, Sachsen, Sachsen-Anhalt, Schleswig-Holstein und Thüringen.
- *fünf Stimmen* (Länder mit sechs bis sieben Millionen Einwohnern): Hessen[13].
- *sechs Stimmen* (Länder mit mehr als sieben Millionen Einwohnern): Baden-Württemberg, Bayern, Niedersachsen und Nordrhein-Westfalen.

Daraus ergibt sich zurzeit eine Anzahl von 69 Stimmen[14]. Da der Bundesrat nur **642**
mit der absoluten Mehrheit seiner Mitglieder Beschlüsse fasst (vgl. Art. 52 Abs. 3 Satz 1 GG), benötigt jeder Beschluss mindestens 35 Ja-Stimmen. Ein Vetorecht ist nicht vorgesehen.

III. Zuständigkeit

→ *Rn. 1023*

Die einzelnen Befugnisse und Kompetenzen des Bundesrates sind nicht zentral **643**
geregelt. Art. 50 GG enthält lediglich eine allgemeine Umschreibung der Aufgaben des Bundesrates. Kompetenzzuweisungen finden sich in verschiedenen Bestimmungen im gesamten Grundgesetz.[15] Sie lassen sich nach den in Art. 50 GG genannten Bereichen in die Mitwirkung im Bereich der Legislative, der Exekutive und in Angelegenheiten der Europäischen Union unterteilen.

Die mit Abstand bedeutsamsten verfassungsrechtlichen Mitwirkungsrechte des **644**
Bundesrats betreffen die *Zustimmungsfunktion im Gesetzgebungsverfahren.* Daneben bedarf es auch der Zustimmung bei anderen Akten des Bundes, wie z.B. dem Erlass von Verwaltungsvorschriften im Bereich der Auftragsverwaltung (Art. 85 Abs. 2 Satz 1 GG) oder der Durchführung des Bundeszwangs (Art. 37

13 Nach dem Zensus 2011 liegt die Einwohnerzahl Hessens unter fünf Millionen. Eine in der Zwischenzeit erfolgte Bevölkerungsfortschreibung kommt jedoch auf knapp über sechs Millionen, so dass es bei einem Zählwert von fünf Stimmen bleibt; vgl. Zeit Online vom 30.5.2013: „Bevölkerungsrückgang löst Streit ums Geld aus", abrufbar unter: *http://www.zeit.de/gesellschaft/zeitgeschehen/2013-05/volkszaehlung-zensus-deutschland-gesellschaft* (zuletzt abgerufen am 9.9.2013).

14 Eine Verschiebung der einzelnen Stimmengewichte und eine entsprechende Veränderung der Gesamtstimmen erfolgt bei sich wandelnder Einwohnerzahl.

15 Vgl. Überblick bei *Stern*, Staatsrecht II, S. 131, 149ff.; *Korioth*, in: v. Mangoldt/Klein/Starck, GG, Art. 50 Rn. 20ff.

Abs. 1 GG). Ein Zustimmungserfordernis besteht in allen Fällen, in denen das Grundgesetz die Formulierung „mit Zustimmung des Bundesrats" gebraucht. Die mit Mehrheitsbeschluss erteilte Zustimmung des Bundesrates ist in diesen Fällen Wirksamkeitsvoraussetzung.

645 Der Bundesrat wirkt bei der *Gesetzgebung des Bundes* an mehreren Stellen des Gesetzgebungsverfahrens mit:
Zu Beginn besitzt er ein Recht zur Stellungnahme bei Gesetzesinitiativen der Bundesregierung (vgl. Art. 76 Abs. 2 Satz 2 GG). Er kann auch selbst ein Gesetzgebungsverfahren einleiten durch Ausübung eines eigenen Gesetzesinitiativrechts (vgl. Art. 76 Abs. 1 Var. 3, Abs. 3 GG). Dabei unterstützt ihn die Ministerialbürokratie der Länder, die die Gesetzesinitiative vorbereitet und die insofern auch ein Gegengewicht zur Ministerialverwaltung des Bundes bildet[16]. Nach dem Gesetzesbeschluss des Bundestags gem. Art. 77 Abs. 1 GG erfolgt die Mitwirkung des Bundesrats entweder über das Einspruchs- oder das Zustimmungsverfahren (vgl. Art. 77 Abs. 2–4 GG). Im Rahmen des Einspruchsverfahrens beschränkt sich die Mitwirkung des Bundesrates letztlich auf die Möglichkeit einer zeitlichen Verschiebung des Gesetzes[17]. Bei einem Zustimmungsgesetz kann der Bundesrat das Zustandekommen des Gesetzes allerdings endgültig verhindern[18].

646 Im *Bereich der Exekutive* besitzt der Bundesrat ebenfalls weitreichende Mitwirkungsrechte. Zustimmungsbedürftig sind der überwiegende Teil der von der Exekutive erlassenen Rechtsverordnungen (Art. 80 Abs. 2 GG) und Verwaltungsvorschriften, die den Verwaltungsvollzug der Länder regeln (z. B. Art. 84 Abs. 2, 85 Abs. 2 Satz 1 GG). Gegenüber der Bundesregierung bestehen Zitier-, Interpellations- und Anhörungsrechte (vgl. Art. 53 Satz 1 u. 2 GG). Generell ist der Bundesrat von der Bundesregierung über die Führung der Regierungsgeschäfte ständig auf dem Laufenden zu halten (vgl. Art. 53 Satz 3 GG).

647 Die Mitwirkungsrechte des Bundesrates in *Angelegenheiten der Europäischen Union* (EU) sind verfassungsrechtlich in Art. 23 GG geregelt. Neben der Zustimmungsbedürftigkeit für die Übertragung von Hoheitsrechten auf die EU gem. Art. 23 Abs. 1 Satz 2 GG enthalten die Absätze 4–6 umfangreiche Beteiligungsrechte. Insgesamt soll Art. 23 GG eine möglichst einvernehmliche Zusammenarbeit von Bundestag, Bundesregierung und Bundesrat ermöglichen und gerade durch die Beteiligung des Bundesrates die Mitwirkung der Länder am europäischen Integrationsprozess gewährleisten, zu deren Lasten die Übertragung von Hoheitsgewalt gehen kann und die selbst auf europäischer Ebene nur unzureichend beteiligt sind (vgl. Art. 23 Abs. 2 Satz 1 GG)[19]. Der Bundesrat besitzt in diesem Zusammenhang Informations- und Anhörungsrechte sowie das Recht zur

16 Die Fachkenntnisse der Ministerialverwaltungen der Länder werden im weiteren Verlauf des Gesetzgebungsverfahrens auch bei der Beratung der vom Bundestag beschlossenen Gesetze, insbesondere in den Ausschüssen des Bundesrates, benötigt. Die Bundesratsverwaltung selbst dient nur der verwaltungstechnischen Unterstützung.

17 Besteht im Bundesrat aber eine Zwei-Drittel-Mehrheit der Opposition, dann können auch Einspruchsgesetze blockiert werden, es sei denn die Bundesregierung verfügt ebenfalls über eine solche Mehrheit im Bundestag. Dieser Fall ist aber aufgrund der politischen Konstellation von zwei großen Volksparteien auf absehbare Zeit nur theoretisch denkbar.

18 Ausführlich zum Gesetzgebungsverfahren Rn. 859 ff.

19 Vgl. oben Rn. 336 ff.

formellen Stellungnahme (Art. 23 Abs. 5 GG). Sind im Schwerpunkt ausschließliche Gesetzgebungsbefugnisse der Länder in den in Art. 23 Abs. 6 GG genannten Gebieten betroffen, bestimmt der Bundesrat einen Vertreter der Länder, der die Beteiligungsrechte der Bundesrepublik auf europäischer Ebene wahrnimmt. Insgesamt soll eine möglichst einvernehmliche Zusammenarbeit von Bundestag, Bundesregierung und Bundesrat gewährleistet werden. Die Beteiligungsrechte werden einfachgesetzlich durch das EUZBLG konkretisiert (vgl. Art. 23 Abs. 7 GG)[20]. Ausgeübt werden die Mitwirkungsrechte im Bereich der EU durch den Bundesrat oder durch die Europakammer (Art. 52 Abs. 3a GG, §§ 45b ff. GOBR).

Neben diesen drei großen Bereichen werden dem Bundesrat *weitere vereinzelte Mitwirkungsrechte* eingeräumt. Die Hälfte der Bundesverfassungsrichter wird vom Bundesrat gewählt (Art. 94 Abs. 1 Satz 2 GG). Beim BVerfG kann der Bundesrat ein Organstreitverfahren einleiten (Art. 93 Abs. 1 Nr. 1 GG, §§ 13 Nr. 5, 63 BVerfGG), ein Parteiverbot beantragen (§ 43 Abs. 1 BVerfGG) und den Bundespräsidenten anklagen (Art. 61 Abs. 1 Satz 1 GG). Der Bund-Länder-Streit betrifft nicht den Bundesrat (Bundesorgan), sondern das Verhältnis des Bundes zu den Ländern selbst, weshalb nicht der Bundesrat, sondern eine einzelne Landesregierung ein Verfahren einleiten kann (vgl. Art. 93 Abs. 1 Nr. 3 GG, §§ 13 Nr. 7, 68 BVerfGG). Gleiches gilt für das abstrakte Normenkontrollverfahren (vgl. Art. 93 Abs. 1 Nr. 2 GG, §§ 13 Nr. 6, 76 Abs. 1 BVerfGG), soweit es sich nicht um das spezielle Verfahren des Art. 93 Abs. 1 Nr. 2a GG handelt (vgl. §§ 13 Nr. 6a, 76 Abs. 2 BVerfGG). 648

Wie alle obersten Verfassungsorgane ist der Bundesrat auch zuständig für die Regelungen seiner inneren Struktur und die inneren Verfahrensabläufe. Diese Kompetenz räumt ihm die Verfassung ausdrücklich in Art. 52 Abs. 3 Satz 2 GG ein. Die Grenzen der Selbstorganisation finden sich in den verfassungsrechtlichen Vorgaben. 649

IV. Verfahren

Das Verfahren des Bundesrats wird über die verfassungsrechtlichen Vorgaben des IV. Abschnitts hinaus vor allem in der GOBR ausgestaltet. Angelegenheiten des Bundesrats werden vom Bundesratspräsidenten unmittelbar an die zuständigen Ausschüsse verwiesen (vgl. § 36 Abs. 1 Satz 1 GOBR). Dort finden die Sachberatungen statt und werden die Beschlussfassungen des Bundesrats vorbereitet (§ 39 GOBR). Im Anschluss entscheidet der Bundesrat im Plenum. 650

Für das Plenum des Bundesrats gilt das *Mehrheitsprinzip* als klassisches Verfahrensprinzip für die Beschlussfassung eines Kollegialorgans. Beschlüsse des Bundesrats werden mit der Mehrheit der Stimmen seiner Mitglieder gefasst (vgl. Art. 52 Abs. 3 Satz 1 GG). Die Beschlüsse werden mit dem Ende der jeweiligen Sitzung wirksam (vgl. § 32 Satz 1 GOBR). Aufgrund des verfassungsrechtlichen 651

20 Gesetz über die Zusammenarbeit von Bund und Ländern in Angelegenheiten der Europäischen Union v. 12.3.1993, BGBl. I S. 313.

Mehrheitserfordernisses ist der Bundesrat auch nur beschlussfähig, wenn mindestens die Mehrheit der Stimmen vertreten ist (vgl. § 28 Abs. 1 GOBR).

652 Die *Stimmen eines Landes* können nur einheitlich abgegeben werden (vgl. Art. 51 Abs. 3 Satz 1 GG). Ein Stimmensplitting ist unzulässig und führt zu einer ungültigen Stimmenabgabe[21]. Da für einen Beschluss die (absolute) Mehrheit der Stimmen des Bundesrates erforderlich ist (Art. 53 Abs. 3 Satz 1 GG), zählt eine ungültige Stimme effektiv als Ablehnung des Beschlussgegenstandes. Die gleiche Wirkung haben Enthaltungen[22]. Abgestimmt wird grundsätzlich durch gleichzeitiges Handaufheben (§ 29 Abs. 1 Satz 1 GOBR), auf Antrag eines Landes jedoch durch Aufruf der einzelnen Länder in alphabetischer Reihenfolge (vgl. § 29 Abs. 1 Satz 2, 3 GOBR).

653 Aufgrund der weitreichenden Stellvertretungsmöglichkeiten erfolgt in Abstimmungen üblicherweise die *Bündelung der Stimmabgabe eines Landes durch einen Stimmführer*, was dem Grundgesetz nicht entgegensteht. Dieser ist bei der Stimmabgabe regelmäßig im Innenverhältnis festgelegt, übt aber sein Stimmrecht autonom aus. Die Weisungswidrigkeit der Stimmabgabe hat daher für die Wirksamkeit der Stimme keine Auswirkung. Widerspricht aber ein stimmberechtigtes ordentliches Mitglied eines Landes dem Stimmführer, entfallen die Voraussetzungen der Stimmführerschaft: Es liegt dann eine uneinheitliche Stimmabgabe vor, die zur Ungültigkeit der gesamten Stimmabgabe des Landes führt. Die landesrechtlichen Verhältnisse, also z. B. eine Richtlinienkompetenz des Ministerpräsidenten als Stimmführer, spielen auf Bundesebene keine Rolle.
Eine uneinheitliche Stimmabgabe wegen Widerspruchs eines Mitglieds gegen die Abstimmung des Stimmführers führte zur Nichtigkeitserklärung des Zuwanderungsgesetzes durch das BVerfG[23]. Problematisch war in diesem Zusammenhang, ob der damalige Bundesratspräsident *Wowereit* berechtigt war, nach der uneinheitlichen Stimmabgabe durch zwei Vertreter des Landes Brandenburg durch Nachfrage beim Ministerpräsidenten *Stolpe* auf ein einheitliches Stimmverhalten Brandenburgs hinzuwirken. Eine solche Nachfrage bewegt sich außerhalb der mit dem Abstimmungsverfahren des § 29 Abs. 1 Satz 2 u. 3 GOBR gewählten Form des Aufrufs nach Ländern und muss insofern besonders gerechtfertigt werden. Zwar ist der Bundesratspräsident als unparteiischer Sitzungsleiter grundsätzlich berechtigt, bei Unklarheiten im Abstimmungsverlauf mit geeigneten Maßnahmen eine Klärung herbeizuführen und auf eine wirksame Abstimmung eines Landes hinzuwirken. Das Recht zur Nachfrage entfällt allerdings, wenn ein einheitlicher Landeswille erkennbar nicht besteht und nach den gesamten Umständen auch nicht zu erwarten ist, dass ein solcher noch während der Abstimmung zustande kommt. Bereits im Vorfeld der Bundesratssitzung und auch während der vorausgehenden Debatte im Plenum hatte der Innenminister des Landes Brandenburg, *Schönbohm*, unmissverständlich seine ablehnende Haltung gegenüber dem Zuwanderungsgesetz dargelegt, so dass der uneinheitliche Wille des Landes Brandenburg offensichtlich war. Die Nachfrage des Bundesrats-

---

21 BVerfGE 106, 310 (331 ff.) – *Zuwanderungsgesetz*. Siehe hierzu auch die Fallbearbeitung von *Palme*, Jura 2003, 272 sowie unten Rn. 1044.

22 Die Praxis in koalitionsregierten Ländern, sich bei Uneinigkeit über den Gegenstand der Abstimmung zu enthalten, wirkt daher als Ablehnung im Bundesrat.

23 BVerfGE 106, 310 – *Zuwanderungsgesetz*; hierzu *Dörr/Wilms*, ZRP 2002, 265.

präsidenten war dementsprechend unberechtigt, so dass die Stimmen des Landes Brandenburg als uneinheitlich protokolliert und damit als Nein-Stimmen hätten gewertet werden müssen. Eine Nachfrage greift in diesem Fall in den Verantwortungsbereich des Landes ein und erweckt den Anschein, es gelte den „wahren Landeswillen" festzustellen oder doch noch auf eine einheitliche Stimmabgabe des Landes hinzuwirken[24].
→ *Rn. 1044*

Das *Öffentlichkeitsprinzip* ist ein weiteres grundsätzliches Verfahrensmerkmal. **654**
Die Sitzungen des Bundesrats finden grundsätzlich öffentlich statt (vgl. Art. 52 Abs. 3 Satz 3 GG). Die Öffentlichkeit einer Sitzung kann aber gem. Art. 53 Abs. 3 Satz 4 GG ausgeschlossen werden. Die Ausschüsse tagen dagegen nichtöffentlich, um eine möglichst reibungslose Sacharbeit zu gewährleisten.

Rechtsprechung: BVerfGE 1, 299 – *Wohnungsbaumittel*; BVerfGE 8, 104 – *landesinterne Bindung der Bundesratsmitglieder*; BVerfGE 8, 274 – *Preisgesetz*; BVerfGE 26, 338 – *Zustimmung zu Verwaltungsvorschriften*; BVerfGE 28, 66 – *Postverwaltungsgesetz*; BVerfGE 37, 363 – *Rentenversicherungsänderungsgesetz;* BVerfGE 48, 127 – *Wehrpflichtänderungsgesetz*; BVerfGE 55, 274 – *Ausbildungsplatzförderungsgesetz*; BVerfGE 75, 108 – *Künstlersozialversicherungsgesetz*; BVerfGE 92, 203 – *Mitwirkung beim Erlass von EG-Richtlinien*; BVerfGE 106, 310 – *Zuwanderungsgesetz.*

Literatur:

Zur Vertiefung:
Aktuelle Diskussionen
Decker, F., Relative statt absolute Mehrheit?, RuP 2008, 213 ff.; *Jekewitz, J.*, Wie im Bundesrat abgestimmt wird, RuP 2009, 23 ff.; *Reutter, W.*, Der unpolitische Bundesstaat – Kann es ihn geben? Wollen wir ihn haben?, RuP 2011, 165 ff.

Grundlegende Texte
Herzog, R., Stellung des Bundesrates im demokratischen Bundesstaat, HStR II, 2. Aufl. 1998, § 44; *ders.*, Aufgaben des Bundesrates, HStR II, 2. Aufl. 1998, § 45; *ders.*, Zusammensetzung und Verfahren des Bundesrates, HStR II, 2. Aufl. 1998, § 46; *Klein, H. H.*, Der Bundesrat im Regierungssystem der Bundesrepublik Deutschland, ZG 2002, 297; *Maurer, H.*, Der Bundesrat im Verfassungsgefüge der Bundesrepublik Deutschland, in: FS für Winkler, 1997, S. 615; *Meyer, H.* (Hrsg.), Abstimmungskonflikt im Bundesrat im Spiegel der Staatsrechtslehre, 2003.

§ 25 Der Gemeinsame Ausschuss

Der Gemeinsame Ausschuss wurde im Zuge der Erweiterung des Grundgesetzes **655**
um die Regelungen zum *Verteidigungsfall* (vgl. Abschnitt Xa., Art. 115 a–115 l GG) durch Art. 53 a in das Grundgesetz eingefügt. Der Verteidigungsfall wird festgestellt, wenn das Bundesgebiet mit Waffengewalt angegriffen wird oder ein

24 BVerfGE 106, 310 (332 f.) – *Zuwanderungsgesetz.* A. A. das Sondervotum der Richterinnen *Osterloh* und *Lübbe-Wolff*, BVerfGE 106, 310 (337 ff.), die aus der Formulierung des Art. 51 Abs. 3 Satz 2 GG („können nur") schließen, dass bei uneinheitlicher Stimmabgabe eines Landes noch gar kein beachtliches Stimmverhalten des Landes vorliege. Dieses sei somit erst durch die Nachfrage des Bundesratspräsidenten herbeigeführt worden, jedenfalls aber liege in der Folge eine zulässige Korrektur des Stimmverhaltens vor.

solcher Angriff unmittelbar droht (Art. 115 a Abs. 1 Satz 1 GG). In diesem Falle übernimmt der Gemeinsame Ausschuss die Funktionen von Bundestag und Bundesrat, wenn der Bundestag nicht in der Lage ist, seine Befugnisse wahrzunehmen (Art. 115 e Abs. 1 GG). Bisher hat der Gemeinsame Ausschuss mangels Eintritt des Verteidigungsfalls keine praktische Bedeutung erlangt.

656 Der Gemeinsame Ausschuss setzt sich zu *zwei Dritteln* aus Mitgliedern des *Bundestags* und zu *einem Drittel* aus Mitgliedern des *Bundesrats* zusammen (Art. 53 a Abs. 1 Satz 1 GG). Weil jedes Land durch ein Mitglied vertreten wird (Art. 53 a Abs. 1 Satz 3 GG), hätte der Gemeinsame Ausschuss derzeit 48 Mitglieder[1]. Die Geschäftsordnung des Gemeinsamen Ausschusses wurde gem. Art. 53 a Abs. 1 Satz 4 GG vom Bundestag mit Zustimmung des Bundesrates beschlossen.

657 Der Gemeinsame Ausschuss hat die Funktion eines *legislativen Notorgans*. Im Verteidigungsfall besteht die hohe Wahrscheinlichkeit, dass die tatsächlichen Verhältnisse keine regulären verfassungsrechtlichen Abläufe zulassen. Aufgrund der existentiellen Bedrohung der Bundesrepublik, deren Abwehr schnelles und effektives Handeln und insbesondere den Einsatz der Streitkräfte erfordert, erlangt die Exekutive ein enormes Übergewicht, das sich auch in den verfassungsrechtlichen Regelungen des Verteidigungsfalls niederschlägt (vgl. Art. 115 a–115 l GG). Der Gemeinsame Ausschuss soll das Vakuum in der Legislative füllen und eine Mindestkontrolle der Exekutive gewährleisten.

658 Sobald die regulären Bundesorgane der Legislative wieder fähig sind, ihre Kompetenzen wahrzunehmen, verliert der Gemeinsame Ausschuss seine Befugnisse. Gleiches gilt bei Beendigung des Verteidigungsfalls. Die Akte des Gemeinsamen Ausschusses können rückgängig gemacht werden (vgl. Art. 115 l Abs. 1 GG).

§ 26 Der Bundespräsident

659 Das Grundgesetz widmet dem Bundespräsidenten einen eigenen Abschnitt V. mit den Art. 54–61 GG. In diesen Vorschriften sind die wesentlichen Regelungen zur verfassungsrechtlichen Stellung des Bundespräsidenten, sowohl als Staatsorgan als auch mit Blick auf den Amtsinhaber getroffen.

I. Stellung von Organ und Amtsinhaber

1. Staatsoberhaupt

660 Der Bundespräsident ist das Staatsoberhaupt der Bundesrepublik Deutschland, formell und protokollarisch das höchste aller Staatsorgane. Die Stellung als Staatsoberhaupt ist nicht unmittelbar verfassungsrechtlich normiert, sondern wurde bei der Schaffung des Grundgesetzes als selbstverständlich vorausgesetzt[1]. Sie lässt sich auch aus den verfassungsrechtlichen Zuständigkeiten des Bundes-

---

1 16 Ländermitglieder sowie 32 Abgeordnete des Bundestages.

1 Vgl. *Stern*, Staatsrecht II, S. 190 ff.

präsidenten herleiten, die klassische Kompetenzen eines Staatsoberhaupts umfassen, insbesondere der völkerrechtlichen Vertretungsmacht (vgl. Art. 59 Abs. 1 GG) oder der Ernennung und Entlassung der Regierungsmitglieder (vgl. Art. 63 f. GG)[2].

Die formelle Spitzenposition des Bundespräsidenten geht nicht mit gleichwertigen materiellen verfassungsrechtlichen Kompetenzen einher. Das Grundgesetz stattet den Bundespräsidenten mit nur wenigen rechtlichen Befugnissen aus. Seine Funktionen als Staatsoberhaupt werden von repräsentativen, integrativen und staatsnotariellen Zwecken dominiert, so dass die persönliche Autorität des Amtsinhabers und der Stil der Amtsführung die Bedeutung des Bundespräsidenten maßgeblich mitbestimmen. Zum echten politischen Machtfaktor im Staatsgefüge mit entsprechenden Befugnissen erwächst der Bundespräsident nur dann, wenn das parlamentarische Regierungssystem in eine situative funktionelle Krise gerät (sog. *Reservefunktion*). Der Bedeutungszuwachs des Bundespräsidenten ist in diesen Fällen jedoch streng befristet, um eine dauerhafte Präsidialherrschaft, wie während der Geltung der Weimarer Reichsverfassung, auszuschließen (vgl. Art. 63 Abs. 4 Satz 3, 66 Abs. 1 Satz 1, Art. 81 Abs. 1 GG). 661

Die wenigen *echten verfassungsrechtlichen Zuständigkeiten* des Bundespräsidenten ergeben keine eindeutige Zuordnung zu einer der drei Staatsfunktionen Legislative, Exekutive oder Judikative. Aus diesem Grund wird der Bundespräsident zum Teil als Organ *sui generis* bezeichnet[3]. Geht man jedoch davon aus, dass die Staatsfunktionen in Art. 1 Abs. 3 GG und Art. 20 Abs. 3 GG lückenlos erfasst sind, ist der Bundespräsident funktional Teil der Exekutive. Zum einen ist das (monarchische) Staatsoberhaupt, solange und soweit es seit der Gewaltenteilung noch über zentrale Kompetenzen verfügte, traditionell Teil der Exekutive gewesen, der das Parlament als Legislativorgan gegenüber stand[4]. Zum anderen enthalten die echten materiellen Befugnisse des Bundespräsidenten keine Rechtsprechungskompetenzen und lediglich begrenzte Kontrollfunktionen im Bereich der Gesetzgebung. Für die Einordnung des Bundespräsidenten als Teil der Exekutive sprechen auch die verbleibenden Befugnisse wie das Begnadigungsrecht (Art. 60 Abs. 2 GG) oder die Ernennung von Staatsbediensteten (Art. 60 Abs. 1 GG). 662

Die aufgrund des Demokratieprinzips notwendige demokratische Legitimation erlangt der Bundespräsident über die Wahl durch die Bundesversammlung (Art. 54 Abs. 1 Satz 1 GG), welche ein eigenes Staatsorgan darstellt. Eine unmittelbare Legitimation durch eine Volkswahl, wie in der Weimarer Reichsverfassung, ist nicht vorgesehen. 663

2 Vgl. *Herzog*, in: Maunz/Dürig, GG Art. 54 Rn. 3 ff.

3 Vgl. *Stern*, Staatsrecht II, S. 212.

4 Zwar hatte das Staatsoberhaupt (Monarch) auch legislative Kompetenzen. Je mehr sich aber das Parlament durch das Erstarken der Gewaltenteilung als zentrales Legislativorgan etablierte, desto weiter rückte das Staatsoberhaupt in die Exekutive. Im Übrigen hat es eine vollständige funktionale Gewaltenteilung, bei der die Organkompetenzen eines Staatsorgans nur einer der drei Gewalten angehörten, auch nie gegeben, vgl. auch *Stern*, Staatsrecht II, S. 211 f.

2. Amtsvoraussetzungen

664 Amtsvoraussetzungen meint die rechtlichen Eigenschaften, die eine Person besitzen muss, um das Amt des Bundespräsidenten ausüben zu können. Der spätere Wegfall einer Amtsvoraussetzung führt daher zur automatischen Beendigung des Amts.

665 Die Voraussetzungen für die Ausübung des Bundespräsidentenamts ergeben sich unmittelbar aus der Verfassung. Gem. Art. 54 Abs. 1 Satz 2 GG ist als Bundespräsident nur wählbar, wer Deutscher ist (vgl. Art. 116 Abs. 1 GG), das 40. Lebensjahr vollendet hat und das Wahlrecht zum Bundestag[5] besitzt.

666 Ferner ist nur eine *anschließende Wiederwahl* derselben Person zulässig (Art. 54 Abs. 2 GG). Nach zwei Amtszeiten kann der Amtsinhaber also nicht erneut unmittelbar wieder gewählt werden. Da Art. 54 Abs. 2 GG aber nur die „anschließende“ Wiederwahl regelt, kann der frühere (und in diesem Zusammenhang bereits einmal wiedergewählte) Amtsinhaber später erneut gewählt werden, wenn dazwischen ein anderer Bundespräsident amtiert hat[6].

3. Persönlicher Status

667 Der Amtsinhaber steht in einem *öffentlich-rechtlichen Amtsverhältnis*, für das jedoch keine spezielle einfachgesetzliche Regelung existiert, wie etwa für die Mitglieder der Bundesregierung das BMinG oder für die parlamentarischen Staatssekretäre das ParlStG. Teilweise können jedoch Vorschriften aus diesen Gesetzen analog herangezogen werden, soweit keine abschließende verfassungsrechtliche Regelung besteht, wie z. B. das Verbot eines Disziplinarverfahrens oder die Geheimhaltungspflicht nach dem BMinG[7]. Die Amtsbezüge des Bundespräsidenten werden im Haushaltsplan festgelegt[8].

668 Art. 55 GG bestimmt eine weitgehende *Inkompatibilität* des Bundespräsidentenamtes mit anderen Ämtern und Funktionen, um eine neutrale, integrative Position des Amtsinhabers ohne Interessenkonflikte zu gewährleisten. Art. 55 Abs. 1 GG betrifft die Ausübung legislativer und exekutiver Funktionen. Der Bundespräsident darf weder der Regierung noch einer gesetzgebenden Körperschaft des Bundes oder eines Landes angehören. Gem. Art. 55 Abs. 2 GG gilt dies auch für die Leitung und den Aufsichtsrat von Unternehmen, die auf Erwerb ausgerichtet sind. Diese Positionen müssen aufgegeben werden, während das Bundespräsidentenamt ausgeübt wird[9]. Auch die Ausübung besoldeter Ämter (Beamter, Richter), Berufe und Gewerbe muss während der Amtszeit unterbleiben. Die Inkompatibilität gilt jedoch erst zum Zeitpunkt des Amtsantritts, sie ist keine Amtsvoraussetzung. Kandidaten für das Amt des Bundespräsidenten dürfen daher auch Träger von in Art. 55 GG genannten Ämtern sein: zum einen besteht vor der

---

5 Gemeint ist das aktive und passive Wahlrecht, vgl. *Pieroth*, in: Jarass/Pieroth, GG, Art. 54 Rn. 3.
6 Str., dafür z. B. *Pieroth*, in: Jarass/Pieroth, GG, Art. 54 Rn. 3.
7 Vgl. dazu *Herzog*, in: Maunz/Dürig, GG, Art. 54 Rn. 60 ff.
8 Ausnahme ist das Gesetz über die Ruhebezüge des Bundespräsidenten v. 17.6.1953, BGBl. I S. 406. Die Amtsbezüge ergeben sich unmittelbar aus den Zuweisungen im Haushaltplan.
9 Zur Frage der Geltung des Art. 55 GG für ehemalige Bundespräsidenten vgl. *Stern*, Staatsrecht II, S. 206.

Wahl nicht die Gefahr einer „Funktionsvermischung“,[10] zum anderen wären aufgrund der weitreichenden Inkompatibilitätsregelungen anderenfalls auch kaum geeignete Kandidaten zu finden.

Ein Verstoß des amtierenden Bundespräsidenten gegen Art. 55 GG stellt eine Amtspflichtverletzung dar. Er beendet jedoch, anders als der Wegfall einer Amtsvoraussetzung, nicht automatisch das Amt des Bundespräsidenten. *Amtspflichtverletzungen* des Bundespräsidenten müssen entweder im Wege des Organstreits oder mittels der Präsidentenanklage durchgesetzt oder sanktioniert werden und können zur Beendigung des Amts durch Amtsenthebung führen (vgl. Art. 61 Abs. 2 Satz 1 GG). 669

Im Ergebnis darf der Bundespräsident nur in Vereinigungen mit allgemein gesellschaftlich anerkannten neutralen Zwecken öffentliche Ämter innehaben[11]. Die Mitgliedschaft in einer politischen Partei ist zulässig. Allerdings gehört zur Stellung als Staatsoberhaupt und der integrativen Funktion des Bundespräsidenten die entsprechende parteipolitische Zurückhaltung[12]. 670

Gem. Art. 60 Abs. 4 i.V.m. Art. 46 Abs. 2–4 GG besitzt der Bundespräsident dieselben *Immunitätsrechte* wie die Abgeordneten des Bundestags. Mit Blick auf die herausgehobene Stellung des Bundespräsidenten ist an dieser Ausgestaltung nicht unproblematisch, dass danach der Bundestag über die Aufhebung der Immunität entscheiden kann[13]. Die Indemnität gem. Art. 46 Abs. 1 GG ist dagegen ausgenommen, weil ihre Funktion sich auf den Schutz der freien Rede in der politischen Parlamentssphäre beschränkt, in der sich der Bundespräsident nicht bewegt. Aufgrund seiner Stellung als Staatsoberhaupt besitzt der Bundespräsident außerdem völkerrechtliche Vorrechte wie insbesondere die diplomatische Immunität im Ausland. 671

4. Amtszeit

Die Amtszeit des Bundespräsidenten dauert fünf Jahre (Art. 54 Abs. 2 Satz 1 GG). 672

Sie *beginnt* mit dem Ablauf der Amtszeit seines Vorgängers, nicht jedoch vor Eingang der Annahmeerklärung beim Präsidenten des Bundestages (§ 10 BPraesWahlG). Im Normalfall der Beendigung des Amtes durch Zeitablauf wird der neue Bundespräsident noch vor Ablauf der Amtszeit des amtierenden Bundespräsidenten gewählt (vgl. Art. 54 Abs. 4 Satz 1 Halbsatz 1 GG) und kann somit unmittelbar mit Ablauf der Amtszeit seines Vorgängers sein Amt antreten (§ 10 Halbsatz 1 BPraesWahlG). Der 2. Halbsatz betrifft den Fall der vorzeitigen Beendigung einer Amtszeit, z.B. durch den Tod des Amtsinhabers (vgl. Art. 54 Abs. 4 Satz 1 Halbsatz 2 GG). In diesem Fall beginnt die Amtszeit des neuen 673

10 BVerfGE 128, 278 (280) – *Bundespräsidentenwahl.*

11 Caritas, Deutscher Sportbund etc.

12 *Ruhen der Parteiämter*, vgl. *Nettesheim*, HStR III, § 61 Rn. 63.

13 Vgl. *Hömig*, ZRP 2012, 110ff., der die Einräumung einer besonderen Kompetenz des BVerfG vorschlägt; umgekehrt wird jedoch die Auffassung vertreten, die Immunität des Bundespräsidenten könne insgesamt aus der Verfassung gestrichen werden, vgl. *Glauben*, DÖV 2012, 378ff.

Bundespräsidenten mit der Annahme des Amtes, diese wirkt nicht zurück auf den Zeitpunkt des Ausscheidens des Vorgängers[14].

674 Die Amtszeit *endet* generell durch Zeitablauf. Sonstige Beendigungsgründe sind – mit Ausnahme der Amtsenthebung (Art. 61 Abs. 2 Satz 1 GG) – nicht ausdrücklich in der Verfassung genannt, jedoch geht Art. 54 Abs. 4 Satz 1 Halbsatz 2 GG von einer „vorzeitigen Beendigung“ des Amtes aus. Als weitere Beendigungsgründe sind daher der Tod des Amtsinhabers, der vorzeitige Rücktritt[15] und (eher theoretisch) der Verlust einer Amtsvoraussetzung, z. B. der Verlust der deutschen Staatsangehörigkeit, anerkannt.

675 Im Falle des Rücktritts ist unklar, ob dieser einem bestimmten Empfänger, etwa dem Bundestagspräsidenten, der gem. Art. 54 Abs. 4 Satz 2 GG die Bundesversammlung einberuft, oder dem Bundesratspräsidenten als Stellvertreter des Bundespräsidenten (Art. 57 GG) gegenüber erklärt werden muss. Mangels eindeutiger Regelung ist jedoch davon auszugehen, dass jede eindeutige Erklärung des Bundespräsidenten, dass er sein Amt nicht weiterführen wolle, ausreichend ist[16].

676 Die *Amtsenthebung* ist eine mögliche Rechtsfolge der Präsidentenklage vor dem BVerfG (Art. 61 Abs. 2 Satz 1 GG). Mittels dieses speziellen Verfahrens kann eine vorsätzliche Verletzung des Grundgesetzes durch den Bundespräsidenten sanktioniert werden[17].

677 Das Ausscheiden des Bundespräsidenten aus seinem Amt führt zum Anspruch auf einen sog. Ehrensold (§ 1 BPräsRuhebezG). Dies gilt sowohl im Falle der Beendigung des Amtes durch Zeitablauf als auch bei einem Ausscheiden „aus politischen oder gesundheitlichen Gründen“. Problematisch ist daher der Fall eines Rücktritts aufgrund persönlicher Verfehlungen des Bundespräsidenten; aufgrund der engen Verknüpfung des Amtes des Bundespräsidenten mit der Person des Amtsinhabers wird man auch hier jedoch das Vorliegen „politischer Motive“ bejahen können[18]. Im Falle der Präsidentenanklage entscheidet das BVerfG auch über den möglichen Wegfall der Ruhebezüge (§ 5 BPräsRuhebezG).

5. Amtseid

678 Gem. Art. 56 GG hat der Bundespräsident bei seinem Amtseintritt vor den versammelten Mitgliedern von Bundesrat und Bundestag einen Amtseid zu leisten. Darin beschwört der Bundespräsident insbesondere seine Pflicht, das Grundgesetz zu „wahren und zu verteidigen“. Der Amtseid begründet allerdings keine Rechte und Pflichten, sondern ist nur ein feierliches Gelöbnis des Amtsträgers, seine anderweitig begründeten Rechte und Pflichten zugunsten des deutschen Volkes und der deutschen Rechtsordnung wahrzunehmen[19]. Der Eid ist

14 BVerfGE 128, 278 (281) – *Bundespräsidentenwahl*.
15 *Hebeler*, DVBl. 2011, 317 ff. (318 f.). Zu den Rücktritten der Bundespräsidenten *Köhler* und *Wulff* und der Rolle der Medien in diesem Zusammenhang vgl. *Fechner*, JZ 2012, 453 ff.
16 Vgl. *Hebeler*, DVBl. 2011, 317 ff. (318).
17 Vgl. *Wiemers*, VR 2012, S. 223 ff.
18 *Degenhart*, ZRP 2012, 74 ff. (74); s. auch *Wagner*, DÖV 2012, 517 ff.
19 *Pieroth*, in: Jarass/Pieroth, GG, Art. 56 Rn. 1 m. w. N.

auch keine Amtsvoraussetzung[20]. Bei einer Wiederwahl ist streitig, ob ein erneuter Amtseid zu leisten ist. Die Verfassungspraxis verzichtet darauf[21].

6. Vertretung

Der Bundespräsident wird bei einer Verhinderung im Amt oder einer vorzeitigen 679
Erledigung des Amts durch den Präsidenten des Bundesrats vertreten (vgl. Art. 57 GG). Aufgrund der im Jahresturnus rotierenden Bundesratspräsidentschaft gibt es keinen ständigen Vizebundespräsidenten. Während der Zeit der Vertretung ist der Bundesratspräsident in der Ausübung seines eigenen Amts verhindert und wird selbst durch einen seiner Vizepräsidenten vertreten (vgl. § 7 Abs. 1 GOBR).

Vertretung bedeutet, dass der Bundesratspräsident die Organfunktionen des 680
Bundespräsidenten ausübt[22] und die damit verbundenen Rechte und Pflichten besitzt[23]. Das Stellvertreterhandeln des Bundesratspräsidenten kann im Wege der Präsidentenklage oder des Organstreitverfahrens überprüft werden[24]. Der persönliche Status des Bundespräsidenten geht dagegen im Vertretungsfall nicht über[25].

II. Zuständigkeiten

Die Zuständigkeiten des Bundespräsidenten sind von seiner Stellung als Staats- 681
oberhaupt geprägt und finden sich verstreut in Vorschriften des Grundgesetzes und einfachgesetzlichen Regelungen. Teilweise sind sie auch gar nicht positiv normiert. Eine gewisse Systematisierung erreicht die Einordnung in verschiedene Kategorien anhand der Funktionen des Bundespräsidenten. Dazu zählen die Integrationsfunktion, die Repräsentationsfunktion sowie die Reservefunktion. Für die Verwirklichung dieser Funktionen besitzt der Bundespräsident bestimmte Zuständigkeiten. Außerdem hat der Bundespräsident gewisse staatsnotarielle und sonstige Befugnisse, die sich traditionell aus der Stellung als Staatsoberhaupt ergeben.

1. Integrationsfunktion

Die Integrationsfunktion des Bundespräsidenten beschreibt die Aufgabe, als über- 682
parteiliche, neutrale Figur unterschiedliche gesellschaftliche Strömungen auszugleichen und miteinander zu versöhnen. Für diese Funktion steht dem Bundespräsidenten vor allem das eigene amtliche Auftreten in der Öffentlichkeit zur Verfügung, öffentliche Reden, mahnende Worte und Hinweise auf gesellschaftliche und politische (Fehl-)Entwicklungen, Gespräche mit staatlichen Funktionsträgern etc. Geschriebene Befugnisse oder Regelungen im Grundgesetz zu dieser Funktion existieren nicht. Sie hat sich vor allem aus der Praxis der bisherigen

20 So die h.M.; vgl. z.B. *Herzog*, in: Maunz/Dürig, GG, Art. 56 Rn. 14 m.w.N.
21 Vgl. *Herzog*, in: Maunz/Dürig, GG, Art. 56 Rn. 18 m.w.N.
22 Vgl. Art. 57 GG: „die Befugnisse werden wahrgenommen".
23 Ausführlich dazu und zur verfassungsrechtlichen Stellung des Vertreters *Meiertöns/Ehrhardt*, Jura 2011, 166 ff.; *Schaefer*, DÖV 2012, 417 ff.
24 Dagegen *Herzog*, in: Maunz/Dürig, GG, Art. 57 Rn. 29, dafür *Stern*, Staatsrecht II, S. 210.
25 Vgl. *Stern*, Staatsrecht II, S. 210.

Amtsträger entwickelt und hängt kaum von rechtlichen Befugnissen, sondern von der persönlichen Autorität und Amtsführung ab. Die Integrationsfunktion ist daher weniger ein Sammelbegriff für konkrete Zuständigkeiten des Bundespräsidenten als vielmehr eine generelle Charakterisierung von Amt und Organfunktion.

2. Repräsentationsfunktion

683 Mit der Integrationsfunktion eng zusammen hängt die Repräsentationsfunktion. An einer repräsentativen Autorität und Ausstrahlung für den gesamten Staat fehlt es meist, wenn der Repräsentant innerstaatlich nicht als integrierender Faktor anerkannt ist.

684 Das Staatsoberhaupt ist auf der völkerrechtlichen Ebene *Vertreter der Bundesrepublik Deutschland*. Art. 59 Abs. 1 GG räumt dem Bundespräsidenten die entsprechenden Organkompetenzen ein. Gem. Art. 59 Abs. 1 Satz 1 GG vertritt der Bundespräsident völkerrechtlich den Bund, d.h. den Gesamtstaat, jedoch nicht die Länder als Gliedstaaten. Gem. Art. 32 Abs. 1 GG haben die Länder grundsätzlich keine eigenen Kompetenzen in auswärtigen Angelegenheiten. Sie sind jedoch vor dem Abschluss völkerrechtlicher Verträge, die ihre besonderen Verhältnisse berühren, zu hören (Art. 32 Abs. 2 GG) und können ausnahmsweise Kompetenzen zum Abschluss völkerrechtlicher Verträge hinsichtlich Angelegenheiten erhalten, in denen sie für die Gesetzgebung zuständig sind (Art. 32 Abs. 3 GG). Gem. Art. 59 Abs. 1 Satz 2, 3 GG schließt der Bundespräsident im Rahmen der völkerrechtlichen Vertretung des Bundes in dessen Namen Verträge mit auswärtigen Staaten und beglaubigt und empfängt (akkreditiert) die Gesandten anderer Staaten (z.B. Botschafter).

685 Zu beachten ist jedoch, dass es sich hierbei um eine formelle Repräsentationsfunktion handelt. Der Bundespräsident „schließt“ die Verträge, aber er verhandelt sie nicht. Die Wahrnehmung der Außenpolitik, d.h. die Beeinflussung des Inhalts völkerrechtlicher Verträge, die Stellungnahme Deutschlands zu internationalen Angelegenheiten und die Mitwirkung in den Gremien der Europäischen Union, der Vereinten Nationen und der NATO ist Sache der Regierung; die interne Willensbildung liegt bei der Regierung und beim Parlament. Abstrakt formuliert verleiht die in Art. 59 Abs. 1 Satz 1 GG zum Ausdruck kommende Repräsentativfunktion dem Bundespräsidenten lediglich die Kompetenz, einen von anderen Staatsorganen gebildeten Willen durch seine völkerrechtliche Vertretungsmacht wirksam nach außen zu artikulieren.

3. Reservefunktion

686 Mit dem Begriff Reservefunktion wird die Aufgabe des Bundespräsidenten bezeichnet, *in einer Krise des parlamentarischen Regierungssystems* an einer möglichst schnellen Beilegung mitzuwirken. Funktionsstörungen im bundesstaatlichen Bereich (Konflikt zwischen Bundestag und Bundesrat) sind dagegen von der Reservefunktion nicht erfasst[26].

---

26 Vgl. *Maurer*, Staatsrecht I, § 15 Rn. 23.

Das parlamentarische Regierungssystem beruht darauf, dass die Mehrheit des Parlaments die Regierung bestimmt und stützt. Ist diese Mehrheit aufgrund von politischen Veränderungen nicht mehr vorhanden, kann er durch ein konstruktives Misstrauensvotum abgewählt und zugleich ein neuer Bundeskanzler bestimmt werden (Art. 67 Abs. 1 Satz 1 GG). In diesem Fall muss der Bundespräsident den Gewählten ernennen, ihm kommt kein Ermessenspielraum zu (Art. 67 Abs. 1 Satz 2 GG). Entschließt sich der Bundestag hierzu nicht, kann der Bundeskanzler gem. Art. 68 Abs. 1 Satz 1 GG die sog. Vertrauensfrage stellen und, falls ihm das Vertrauen nicht ausgesprochen wird, dem Bundespräsidenten vorschlagen, den Bundestag aufzulösen (Art. 68 Abs. 1 Satz 2 GG). In dieser Konstellation kommt dem Bundespräsidenten als Reserveorgan ein eigener Gestaltungsspielraum zu. Er kann entscheiden, ob der Bundeskanzler trotz fehlender Mehrheit der Mitglieder des Bundestags weiterregieren soll (sog. *Minderheitskanzler*) oder ob der Bundestag aufgelöst wird, damit eine Neuwahl zu stabilen parlamentarischen Mehrheiten mit einem Mehrheitskanzler führt. Der Bundespräsident wird zum echten politischen Machtfaktor, weil die Entscheidung allein in seinem politischen Ermessen liegt. Daher gibt es hier auch keine Gegenzeichnungspflicht (vgl. Art. 58 Satz 2 GG). Beschränkt ist das Ermessen des Bundespräsidenten hier freilich dadurch, dass er nur auf Veranlassung des Bundeskanzlers tätig werden darf, also nicht etwa auf Basis einer gänzlich eigenständigen Entscheidung den Bundestag auflösen kann (vgl. Art. 68 Abs. 1 Satz 1 GG). Allerdings bleibt der Bundestag in der Lage, durch Bildung einer neuen Regierungsmehrheit das Auflösungsrecht des Bundespräsidenten zu beseitigen (Art. 68 Abs. 1 Satz 2 GG). Ferner muss die Auflösung des Bundestages innerhalb von 21 Tagen erfolgen (Art. 68 Abs. 1 Satz 1 GG)[27]. Durch diese Beschränkungen soll verhindert werden, dass der Bundespräsident dauerhaft in eine präsidialdemokratische Position gelangt, wie dies auf Basis der Weimarer Reichsverfassung möglich war. **687**

Im Zuge einer gescheiterten Vertrauensfrage kann der Bundespräsident auch auf Antrag der Bundesregierung und mit Zustimmung des Bundesrats den sachlich und zeitlich begrenzten Gesetzgebungsnotstand erklären, um einen Minderheitskanzler zumindest für eine gewisse Zeit zu stabilisieren (vgl. Art. 81 Abs. 1 GG). Den Gesetzgebungsnotstand kann der Bundespräsident zwar nicht alleine, aber nach eigenem politischem Ermessen erklären. Dieser Fall ist bisher nie praxisrelevant geworden. **688**

Eine der gescheiterten Vertrauensfrage vergleichbare Krisensituation kann bereits zu Beginn der Legislativperiode entstehen, wenn der Bundestag einen Bundeskanzler nicht mit der sog. Kanzlermehrheit (vgl. Art. 63 Abs. 2 Satz 1 GG: Mehrheit der Mitglieder des Bundestages), sondern in einem späteren Wahlgang nur mit der einfachen Mehrheit der Stimmen wählt (Art. 63 Abs. 4 Satz 1 GG). In diesem Fall hat der Bundespräsident gem. Art. 63 Abs. 4 Satz 3 GG binnen sieben Tagen die Entscheidung zu treffen, ob er den Gewählten als Minderheitskanzler ernennt oder ob er den Bundestag auflöst, um Neuwahlen zu ermöglichen. Diese Entscheidung steht allein in seinem politischen Ermessen und bringt seine verfassungsrechtliche Aufgabe, für stabile staatspolitische Verhältnisse zu sorgen, zum Ausdruck. **689**

---

27 Vgl. BVerfGE 62, 1 (34) – *Vertrauensfrage Kohl*.

4. Staatsnotarielle Funktionen und Prüfungsrecht

690 Mit der Stellung als Staatsoberhaupt sind bestimmte staatsnotarielle Funktionen verbunden. Dazu gehören die Ernennung und Entlassung der Mitglieder der Bundesregierung (Art. 63 Abs. 1 u. 2, Art. 64 Abs. 1 GG) sowie bestimmter Bediensteter des Bundes (Art. 60 Abs. 1 GG) und die Mitwirkungsbefugnisse des Bundespräsidenten im Gesetzgebungsverfahren des Bundes (Art. 82 Abs. 1 Satz 1 GG).

Staatsnotariell werden diese Funktionen wegen ihres vornehmlich förmlich feststellenden und dokumentierenden Charakters genannt, der kaum echte inhaltliche Einflussnahme auf einen staatlichen Rechtsakt gestattet[28]. Ähnlich der Notarsfunktion sind damit aber gewisse Kontrollrechte verbunden, die sich zumindest auf die Prüfung des Vorliegens der rechtlichen Voraussetzungen eines staatlichen Rechtsakts erstreckt. Sie unterliegen nur teilweise der Gegenzeichnungspflicht, vgl. Art. 58 Abs. 1 Satz 2 GG.

691 a) **Ernennung und Entlassung der Mitglieder der Bundesregierung und bestimmter Beamter.** Der Bundespräsident *schlägt* dem Bundestag eine Person zur *Wahl als Bundeskanzler* vor, von der er der Überzeugung ist, dass sie über eine parlamentarische Mehrheit verfügt (Art. 63 Abs. 1 GG). Ist der Bundeskanzler vom Bundestag gewählt, so muss ihn der Bundespräsident ernennen (Art. 63 Abs. 2 Satz 2 GG). Prüfen kann er lediglich das Vorliegen rechtlicher Voraussetzungen[29]. Gleiches gilt für die *formelle Entlassung des Bundeskanzlers* im Falle eines Rücktritts oder in der Folge eines konstruktiven Misstrauensvotums (Art. 67 Abs. 1 Satz 2 GG). Nur im Rahmen der Reservefunktion besitzt der Bundespräsident einen politischen Ermessensspielraum hinsichtlich der Ernennung (Art. 63 Abs. 4 Satz 3 GG) oder Entlassung (Art. 68 Abs. 1 Satz 1 GG) des Bundeskanzlers. Die *Ernennung* und *Entlassung der Bundesminister* erfolgt gem. Art. 64 Abs. 1 GG auf Vorschlag des Bundeskanzlers. Auch hier steht dem Bundespräsidenten nur ein formelles Prüfungsrecht zu, die politische Entscheidung obliegt allein dem Bundeskanzler.

692 Der Bundespräsident *ernennt* und *entlässt* gem. Art. 60 Abs. 1 GG *bestimmte Bedienstete*, soweit nicht gesetzlich etwas anderes vorgesehen ist. Diese Befugnis wird überwiegend gem. Art. 60 Abs. 3 GG delegiert. Die persönliche Auswahl ist bei wichtigen Ämtern, wie etwa den Bundesrichtern (Art. 95 Abs. 2 GG), durch abweichende gesetzliche Regelungen anderen Gremien zugewiesen, so dass der Bundespräsident auch hier nur formell die Ernennung oder Entlassung durchführt. Dabei steht ihm immer ein Prüfungsrecht bezüglich der rechtlichen Voraussetzungen zu.

693 b) **Mitwirkung im Gesetzgebungsverfahren.** Besondere Bedeutung hat die Mitwirkung des Bundespräsidenten im *Gesetzgebungsverfahren* des Bundes[30]. Diese ist in Art. 82 Abs. 1 Satz 1 GG geregelt. Danach werden die „nach den Vorschriften dieses Grundgesetzes zustande gekommenen Gesetze vom Bundespräsidenten nach Gegenzeichnung ausgefertigt und im Bundesgesetzblatt verkündet".

---

28 Es sei denn, der Bundespräsident übt gleichzeitig seine Reservefunktion aus.

29 Vgl. *Oldiges*, in: Sachs, GG, Art. 63 Rn. 24.

30 Vgl. dazu auch *Erichsen*, Jura 1985, 424.

Fraglich ist dabei, inwieweit der Bundespräsident bei seiner Mitwirkung eine *Kontrollfunktion mittels eines Prüfungsrechts* besitzt und ob er infolge dieses Prüfungsrechts berechtigt ist, die Ausfertigung eines Gesetzes abzulehnen.[31]

Zu differenzieren ist hier zwischen einem politischen, einem formellen und einem materiellen Prüfungsrecht. **694**

aa) **Politisches Prüfungsrecht.** Weitgehend unstreitig ist, dass dem Bundespräsidenten kein politisches Prüfungsrecht im Sinne einer Zweckmäßigkeitskontrolle zusteht[32]. Denn als nicht unmittelbar demokratisch legitimiertes Staatsorgan darf der Bundespräsident nicht in die politische Staatsleitung eingreifen. **695**

bb) **Formelles Prüfungsrecht.** Dagegen wird ein formelles Prüfungsrecht, d. h. die Überprüfung der Einhaltung der verfassungsrechtlichen Vorschriften des Gesetzgebungsverfahrens und damit der formellen Verfassungsmäßigkeit des Gesetzes, kaum bestritten und ist eindeutig zu bejahen[33]. Herleiten lässt es sich aus der Formulierung „nach den Vorschriften dieses Grundgesetzes zustande gekommenes Gesetz" in Art. 82 Abs. 1 Satz 1 GG. Der Begriff des „Zustandekommens" wird auch in Art. 78 GG verwendet und bezieht sich dort auf die formelle Wirksamkeit des Gesetzes[34]. Darüber hinaus ist aufgrund der von allen Verfassungsorganen zu beachtenden Verfassungsbindung (Art. 20 Abs. 3 GG) davon auszugehen, dass der Bundespräsident als Verfassungsorgan nicht verpflichtet sein kann, „sehenden Auges" an einem formell verfassungswidrigen Rechtsakt mitzuwirken. Dies gilt insbesondere, als bei der Ausfertigung durch den Bundespräsidenten erstmals die Möglichkeit besteht, das gesamte Gesetzgebungsverfahren zu überblicken und zu beurteilen, und die Prüfung der formellen Rechtmäßigkeit keinerlei Wertungsfragen mit sich bringt, sondern sich in der einfachen Nachprüfung des durch die Verfassung vorgegebenen Verfahrens erschöpft. **696**

Der Bundespräsident hat daher insbesondere die Kompetenz des Bundes zur Gesetzgebung (Art. 70 ff. GG), die Einleitung des Gesetzgebungsverfahrens durch ein hierzu berechtigtes Staatsorgan (Gesetzesinitiative, Art. 76 Abs. 1 GG), das parlamentarische Verfahren mit dem Mehrheitsbeschluss des Bundestags (Art. 77 Abs. 1 Satz 1 GG) sowie die ordnungsgemäße Beteiligung des Bundesrats (Art. 77 Abs. 1 Satz 2, Abs. 2–4 GG) nachzuprüfen. **697**

cc) **Materielles Prüfungsrecht.** Stark umstritten ist die Frage, ob dem Bundespräsidenten auch ein *materielles Prüfungsrecht* zukommt, ob er also berechtigt ist, ein Gesetz nicht auszufertigen, weil er es inhaltlich mit der Verfassung für unvereinbar hält. Auch hier muss Anknüpfungspunkt der Untersuchung der Wortlaut des Art. 82 GG (sog. grammatische Auslegung) und dessen Zusammenhang zu den anderen Bestimmungen bezüglich des Gesetzgebungsverfahrens sein (sog. systematische Auslegung). Der enge Zusammenhang mit den formellen Bestimmungen der Art. 76 ff. GG und insbesondere des Art. 78 GG, der ebenfalls vom **698**

---

31 S. dazu auch Rn. 1046.

32 *Maurer,* Staatsrecht I, § 17 Rn. 86; *Stern*, Staatsrecht II, S. 234 f.

33 Ganz h. M.; vgl. nur *Degenhart*, Staatsrecht I, Rn. 730; *Ipsen*, Staatsrecht I, Rn. 495; *Pieroth*, in: Jarass/Pieroth, GG, Art. 82 Rn. 3; *Schneider/Zeh*, Hb Parlamentsrecht § 30 Rn. 60, *Bryde*, in: v. Münch-Kunig, GG, Art. 82 Rn. 3.

34 *Stern*, Staatsrecht II, S. 233.

„Zustandekommen“ des Gesetzes spricht, könnte dafür sprechen, das Prüfungsrecht des Bundespräsidenten auf das Vorliegen der dort genannten (formellen) Voraussetzungen zu beschränken. Andererseits spricht Art. 82 GG pauschal von den „Vorschriften dieses Grundgesetzes“, was die materiell-rechtlichen Bestimmungen des Grundgesetzes gerade nicht ausschließt[35]. Darin liegt ein wichtiges Indiz für die Annahme auch eines materiellen Prüfungsrechts.

699 Historisch könnte man hiergegen einwenden, dass es die Bestrebung des Verfassunggebers – auch in Abgrenzung von den negativen Erfahrungen der Weimarer Republik – war, dem Bundespräsidenten im Vergleich zum Reichspräsidenten weniger Kompetenzen zu verleihen. Diese Zielsetzung besagt aber noch nichts darüber, welche Kompetenzen dem Bundespräsidenten tatsächlich verbleiben sollten, kann also den Streit nicht zugunsten eines bloß formellen Prüfungsrechts entscheiden[36]. Hierzu könnte jedoch eine umfassendere systematische Interpretation der Stellung des Bundespräsidenten innerhalb des Grundgesetzes beitragen.

700 Als zirkulär sind dabei Argumentationen abzulehnen, die aus dem Amtseid (Art. 56 GG) und der Möglichkeit der Präsidentenanklage (Art. 61 GG) materielle Befugnisse oder Verpflichtungen des Bundespräsidenten herleiten wollen. Das Gelöbnis des Bundespräsidenten, das Grundgesetz zu wahren und zu verteidigen, knüpft an die Tätigkeiten des Bundespräsidenten an, zu dem ihm das Grundgesetz an anderer Stelle die entsprechenden Befugnisse einräumen muss[37]. Art. 56 GG bezieht sich auf die Ausübung bestehender Kompetenzen zum „Wohle des deutschen Volkes“, er räumt selbst keine Kompetenzen ein[38]. Ebenso kommt eine im Rahmen des Art. 61 Abs. 1 GG justiziable Verfassungsverletzung nur insoweit in Betracht, als dem Bundespräsidenten entsprechende Verpflichtungen oder Befugnisse durch das Grundgesetz zugewiesen sind. Steht ihm gar kein materielles Prüfungsrecht zu, kann er durch die Ausfertigung eines materiell verfassungswidrigen Gesetzes auch keine entsprechende verfassungsrechtliche Vorschrift verletzen. Auch die im Übrigen schwache Stellung des Bundespräsidenten im Verfassungsgefüge der Bundesrepublik Deutschland (Gegenzeichnungspflicht, Art. 58 GG, „oberster Staatsnotar“) trifft keine entscheidende Aussage über ein materielles Prüfungsrecht.

701 Einer vertiefteren Auseinandersetzung bedarf es mit Blick auf die Rolle des BVerfG bei der Überprüfung der materiellen Verfassungsmäßigkeit von Gesetzen. Einer materiellen Prüfungskompetenz des Bundespräsidenten könnte das durch Art. 100 Abs. 1 Satz 1 GG etablierte Normverwerfungsmonopol des BVerfG für formelle, nachkonstitutionelle Gesetze entgegenstehen. Zu beachten ist aber zunächst, dass sich das Normverwerfungsmonopol des Art. 100 Abs. 1 Satz 1 GG zunächst nur auf das Verhältnis zu den anderen Gerichten bezieht und keine unmittelbare Aussage über das Verhältnis zum Bundespräsidenten trifft[39]. Darü-

35 Vgl. für die h. M. *Maunz*, in: Maunz/Dürig, GG, Art. 82 Rn. 1 ff.; *Maurer*, in: Bonner Kommentar, Art. 82 GG Rn. 60 ff. Für die ältere Literatur: *Ipsen*, DV 49, 490; *Schäfer*, DVBl. 1951, 434; *Arndt*, DÖV 1958.

36 Vgl. *Degenhart*, Staatsrecht I, Rn. 732.

37 Vgl. *Pieroth*, in: Jarass/Pieroth, GG, Art. 56 Rn. 1 m. w. N.

38 Vgl. *Degenhart*, Staatsrecht I, Rn. 732.

39 Vgl. *Maurer*, Staatsrecht I, § 17 Rn. 88.

ber hinaus besteht auch inhaltlich kein echtes Konkurrenzverhältnis[40]: Ohne die Ausfertigung durch den Bundespräsidenten tritt ein Gesetz schon gar nicht in Kraft; der Bundespräsident verwirft somit kein geltendes Recht, sondern fertigt lediglich ein seiner Meinung nach verfassungswidriges Gesetz nicht aus und verhindert damit schon das Inkrafttreten des Gesetzes. Darüber hinaus ist eine Prüfung durch das BVerfG nicht ausgeschlossen, da gegen die Entscheidung des Bundespräsidenten das Organstreitverfahren gem. Art. 93 Abs. 1 Nr. 1 GG angestrengt werden kann. Dort hat das Gericht inzident die in Rede stehende Norm in Bezug auf ihre Verfassungsmäßigkeit zu überprüfen.

Entscheidend für ein materielles Prüfungsrecht spricht jedoch die *Bindung der Verfassungsorgane an das Grundgesetz* in Art. 1 Abs. 3, Art. 20 Abs. 3 GG. Mit dieser Verfassungsbindung ist es nicht vereinbar, wenn der Bundespräsident verpflichtet wäre, ein Gesetz auszufertigen und damit dessen Rechtswirkungen in Kraft treten zu lassen, das seiner Meinung nach mit der Verfassung nicht im Einklang steht. Der Bundespräsident kann nicht verpflichtet werden, „sehenden Auges" einem verfassungswidrigen Gesetz zur Gültigkeit zu verhelfen und damit an einem verfassungswidrigen Akt mitzuwirken. Dies gilt besonders, da er nicht als Antragsteller im Normenkontrollverfahren vorgesehen ist und eine verfassungsrechtliche Überprüfung somit auf diesem Wege nicht herbeiführen kann (vgl. Art. 93 Abs. 1 Nr. 2 GG). **702**

Teilweise wird vorgeschlagen, dieses materielle Prüfungsrecht des Bundespräsidenten auf evidente und offensichtliche Verfassungsverstöße zu begrenzen[41]. Diese Einschränkung rührt aus den dargestellten verfassungssystematischen Bedenken her, insbesondere der schwachen Stellung des Bundespräsidenten. Verweigert der Bundespräsident die Ausfertigung eines Gesetzes, blockiert er damit das gesamte Gesetzgebungsverfahren, was seiner Stellung als integrativem, überparteilichem Staatsorgan ohne echte Machtbefugnisse in den drei Staatsfunktionen nicht entspräche. Allerdings ist auch eine solche Begrenzung des Prüfungsrechts abzulehnen: Für eine Unterscheidung zwischen evidenten und nicht evidenten Verfassungsverstößen findet sich im Grundgesetz keinerlei Anhaltspunkt, im Gegenteil schreibt Art. 20 Abs. 3 GG eine umfassende Verfassungsbindung vor. Außerdem wäre die Abgrenzung zwischen evidenten und nicht evidenten Verfassungsverstößen in Ermangelung eines rechtlichen Maßstabs äußerst schwierig[42]. Dem Bundespräsidenten steht ein *umfassendes materielles Prüfungsrecht* zu[43]. **703**

dd) Ergebnis. Im Ergebnis ist dem Bundespräsidenten somit ein umfassendes formelles und materielles Prüfungsrecht zuzugestehen. Der Bundespräsident **704**

---

40 *Pieroth*, in: Jarass/Pieroth, GG, Art. 100 Rn. 6.

41 Vgl. *Degenhart*, Staatsrecht I, Rn. 566; *Pieroth*, in: Jarass/Pieroth, GG, Art. 82 Rn. 3.

42 Wohl in Auseinandersetzung mit dieser Auffassung hat Bundespräsident *Köhler* seine – auf materielle Gründe gestützte – Verweigerung der Ausfertigung der Gesetze zur Neuregelung der Flugsicherung sowie des Rechts der Verbraucherinformation im Jahre 2006 gleichsam „zur Sicherheit" auf „evidente" oder „klare" Verfassungsverstöße gestützt; vgl. hierzu die Pressemitteilungen vom 24. Oktober und 8. Dezember 2006, abrufbar unter *http://www.bundespraesident.de/DE/Amt-und-Aufgaben/Wirken-im-Inland/Amtliche-Funktionen/amtliche-funktionen-node.html* (zuletzt aufgerufen am 9.9.2013).

43 Vgl. *Stern*, Staatsrecht II, S. 235.

kann somit die Ausfertigung von Gesetzen verweigern, die seines Erachtens in irgendeiner Weise mit dem Grundgesetz nicht in Einklang stehen. Obwohl das BVerfG noch nicht ausdrücklich über die Frage des materiellen Prüfungsrechts zu entscheiden hatte, lassen einige Bemerkungen des Gerichts den Schluss zu, dass es die materielle Prüfungskompetenz wohl bejaht[44].

705 In der Praxis kam die Verweigerung der Ausfertigung nicht allzu häufig vor. Üblich geworden sind informellere Vorgehensweisen, in denen der Bundespräsident seine Zweifel an der Verfassungsmäßigkeit eines Gesetzes dem Bundeskanzler sowie den Präsidenten von Bundesrat und Bundestag mitteilt und so auf eine Gesetzesänderung oder die Einleitung eines abstrakten Normenkontrollverfahrens hinwirkt[45]. Zuletzt verzögerte Bundespräsident *Gauck* die Ausfertigung der Gesetze zum Europäischen Stabilitätsmechanismus (ESM) und zum Fiskalpakt, um die Entscheidung des BVerfG im einstweiligen Rechtsschutz hinsichtlich der bereits eingeleiteten Verfassungsbeschwerde- und Organstreitverfahren abzuwarten[46]. Die Weigerung des Bundespräsidenten, ein Gesetz auszufertigen, kann vom BVerfG in einem Organstreitverfahren überprüft werden (Art. 93 Abs. 1 Nr. 1 GG).
→ *Rn. 1046*

5. Sonstige Funktionen

706 Der Bundespräsident übt das traditionell Staatsoberhäuptern zustehende *Begnadigungsrecht* aus (Art. 60 Abs. 2 GG). Dies umfasst den (partiellen) Verzicht auf einen rechtskräftig festgestellten staatlichen Strafanspruch in einem Einzelfall[47]. Art. 60 Abs. 2 GG stellt eine Durchbrechung des Rechtsstaatsprinzips, jedoch zugunsten des einzelnen Bürgers dar („Gnade vor Recht").

707 Traditionell wurde zu den Befugnissen des Staatsoberhaupts auch die Festlegung der Staatssymbole (Fahne, Wappen, Nationalhymne, Orden, Feiertage, Hauptstadt etc.) gezählt. So wurde etwa die deutsche Nationalhymne in einem Briefwechsel von Bundeskanzler *Adenauer* und Bundespräsident *Heuss* bestimmt. Im Grundgesetz existierte zunächst lediglich eine Regelung über die Nationalfarben schwarz-rot-gold (Art. 22 Abs. 1 GG). Erst 2006 wurde die Hauptstadt Berlin in Art. 22 Abs. 1 Satz 1 GG aufgenommen. Bereits zuvor wurde sie jedoch ebenso wie der Nationalfeiertag durch den Einigungsvertrag festgelegt (vgl. Art. 2 EV)[48]. Bezüglich der Schaffung und Verleihung von Orden hat der Bundestag durch

---

44 BVerfGE 1, 396 (413) – *Deutschlandvertrag*; 2, 143 (169) – *EVG-Vertrag*.

45 Zu Fallbeispielen aus der Geschichte der Bundesrepublik Deutschland vgl. die informative Darstellung auf der Internetseite des Bundespräsidialamtes: *http://www.bundespraesident.de/DE/Amt-und-Aufgaben/Wirken-im-Inland/Amtliche-Funktionen/amtliche-funktionen-node.html* (zuletzt aufgerufen am 9.9.2013).

46 Vgl. Zeit Online vom 21.6.2012: *Gauck* unterzeichnet ESM und Fiskalpakt vorerst nicht, abrufbar unter: *http://www.zeit.de/politik/deutschland/2012–06/gauck-esm-verfassungsgericht* (zuletzt aufgerufen am 9.9.2013).

47 Dazu gehören auch Nebenstrafen, Disziplinarmaßnahmen und die Grundrechtsverwirkung gem. Art. 18 GG, nicht aber Maßregeln zur Besserung und Sicherung. Streitig sind Ordnungswidrigkeiten. Vgl. *Pieroth*, in: Jarass/Pieroth, GG, Art. 60 Rn. 5 m. w. N. Von besonderer Bedeutung in der Verfassungsgeschichte der Bundesrepublik Deutschland ist der Umgang mit den Gnadengesuchen verurteilter RAF-Terroristen; vgl. hierzu *Hindrichs*, JZ 2008, 242 ff.

48 Vgl. weitere Beispiele bei *Maurer*, Staatsrecht I, § 15 Rn. 19.

eine ausdrückliche Regelung dem Bundespräsidenten gesetzliche Vorgaben gemacht.[49] Aufgrund des Demokratieprinzips des Art. 20 Abs. 1 u. 2 GG ist es vorzugswürdig, statt einer gewohnheitsrechtlichen Kompetenz des Bundespräsidenten stets die Organkompetenz des Bundestages anzunehmen[50].

III. Gegenzeichnungspflicht

Die Gegenzeichnungspflicht gem. Art. 58 Satz 1 GG besagt, dass Präsidialakte für ihre Gültigkeit der Gegenzeichnung durch den Bundeskanzler oder durch den zuständigen Bundesminister bedürfen. Wer innerhalb der Bundesregierung zuständig ist, hängt von den jeweiligen Zuständigkeitsverteilungen innerhalb der Bundesregierung ab (Richtlinienkompetenz, Ressortprinzip, GOBReg). **708**

Vornehmlicher Zweck der Gegenzeichnung ist, dass der Bundespräsident nicht an der Bundesregierung vorbei eigenständig Politik führen kann. Die Staatsleitung durch die Exekutive soll einheitlich der Bundesregierung zustehen und nicht, wie noch in der Weimarer Reichsverfassung, zwischen Regierung und Präsident aufgeteilt sein. Die Gegenzeichnungspflicht unterstreicht, dass der Bundespräsident kaum echte staatspolitische Machtbefugnisse haben soll, abgesehen von den geschriebenen Ausnahmen in staatspolitischen Krisen. **709**

Die Gegenzeichnungspflicht erstreckt sich dem Wortlaut des Art. 58 Satz 1 GG nach auf Anordnungen und Verfügungen des Bundespräsidenten. Nur bei rechtsverbindlichen und schriftlichen Akten kommt eine Gegenzeichnung im wörtlichen Sinne in Betracht. Im Rahmen eines weiteren Verständnisses der Norm kann man ihr jedoch eine allgemeine Pflicht zur Abstimmung *jeden positiven Verhaltens* entnehmen, mit der faktisch die mit dem Amt des Bundespräsidenten verbundene Autorität ausgeübt wird. Dies sind etwa öffentliche Reden, Interviews und Gespräche mit Repräsentanten ausländischer Staaten. Nur so lassen sich „politische Alleingänge" des Bundespräsidenten verhindern. Einer ausdrücklichen Formbindung unterliegen die erforderlichen Absprachen bezüglich informeller Handlungen des Bundespräsidenten jedoch nicht[51]. **710**

Ausdrücklich von der Gegenzeichnung *ausgenommen* sind nach Art. 58 Abs. 1 Satz 2 GG die Fälle, in denen der Bundespräsident aufgrund seiner Reservefunktion eigene politische Entscheidungsbefugnisse besitzt und Adressat seiner Entscheidung der zur Gegenzeichnung berechtigte Bundeskanzler ist. Ebenso können Unterlassungen des Bundespräsidenten nicht Gegenstand einer Gegenzeichnungspflicht sein[52]. **711**

Rechtsprechung: BVerfGE 1, 396 – *Deutschlandvertrag*; BVerfGE 2, 143 – *EVG-Vertrag*; BVerfGE 62, 1 – *Vertrauensfrage Kohl;* BVerfGE 89, 359 – *Kandidatur des Bundesver-*

49 Vgl. *Nettesheim,* HStR III, § 62 Rn. 46 ff.

50 Für eine gewohnheitsrechtliche Kompetenz des Bundespräsidenten, soweit es an anderen Regelungen mangelt, *Maurer,* Staatsrecht I, § 15 Rn. 20.

51 Vgl. dazu auch *Erichsen,* Jura 1985, 373 (378 ff.).

52 Vgl. *Herzog,* in: Maunz/Dürig, GG, Art. 58 Rn. 44. Verweigert der Bundespräsident eine Amtshandlung, kann er nur über ein Organstreitverfahren dazu gezwungen werden.

fassungsgerichtspräsidenten für das Amt des Bundespräsidenten; BVerfGE 114, 121 – *Vertrauensfrage Schröder;* BVerfGE 128, 278– *Bundespräsidentenwahl.*

Literatur:

Zur Ergänzung:
Stumpf, G. H., Anfängerklausur Öffentliches Recht: Wahlrechtsgrundsätze auf Abwegen?, JuS 2010, 35 ff. (Fallbearbeitung); *Helm, Th./Platzer, M.*, Der schneidige Bundespräsident und sein Rücktritt, JA 2013, 284 ff.

Zur Vertiefung:
Aktuelle Diskussionen
Degenhart, Chr., Der „Ehrensold" des Bundespräsidenten, ZRP 2012, 74 ff.; *Fechner, F.*, Der Bundespräsident und das Medienrecht, JZ 2012, 453 ff.; *Hebeler, T.*, Der Rücktritt von öffentlichen Ämtern, DVBl. 2011, 317 ff. (318 f.); *Hinrichs, G.*, Autorität und Milde, Zum Begnadigungsrecht des Bundespräsidenten, JZ 2008, 242 ff.; *Hömig, D.*, Angemessener Immunitätsschutz für den Bundespräsidenten?, ZRP 2012, 110 ff.; *Meiertöns, H./Ehrhardt, F.*, Der Präsident des Bundesrates als Vertreter des Bundespräsidenten, Jura 2011, 166 ff.; *Meyer, H.*, Das Prüfungsrecht des Bundespräsidenten – Staatsrechtliche Argumente auf dem Prüfstand, JZ 2011, 601 ff.; *Schaefer, J. P.*, Die Vakanz an der Spitze des Bundes: zur verfassungsrechtlichen Schwebelage nach dem Rücktritt des Bundespräsidenten, DÖV 2012, 417 ff.; *Wegner, M.*, Wider die vox populi: die Ehrensoldentscheidung in der causa Wulff, DÖV 2012, 517 ff.

Grundlegende Texte
Lange, E., Die Diskussion um die Stellung des Staatsoberhauptes 1945–1949 mit besonderer Berücksichtigung der Erörterungen im Parlamentarischen Rat, Vierteljahreshefte der Zeitgeschichte 26 (1978) 601 ff.; *Schlaich, K.*, Der Bundespräsident, HStR II, 2. Aufl. 1998, §§ 47–49.

§ 27 Die Bundesversammlung

712 Die Bundesversammlung hat – obwohl Verfassungsorgan – keinen eigenen Abschnitt im Grundgesetz. Geregelt ist sie in einigen Absätzen des Art. 54 GG sowie im gem. Art. 54 Abs. 7 GG zu erlassenden BPräsWahlG[1]. Die Bundesversammlung hat nur eine einzige Organfunktion, die Wahl des Bundespräsidenten.

I. Zusammensetzung

713 Die Zusammensetzung der Bundesversammlung regelt Art. 54 Abs. 3 GG. Danach besteht die Bundesversammlung zur Hälfte aus den Mitgliedern des Bundestags, d. h. im Regelfall 598 Abgeordneten, vgl. § 1 Abs. 1 Satz 1 BWahlG[2]. Die andere Hälfte wählen die Volksvertretungen der Länder (Landtage) nach den Grundsätzen der Verhältniswahl, d. h. unter Wahrung des landesparlamentarischen Parteienproporzes[3]. Die näheren Reglungen über die Wahlen in den Land-

1 Gesetz über die Wahl des Bundespräsidenten durch die Bundesversammlung v. 25.4.1959, BGBl. I S. 230.
2 Zu möglichen Abweichungen vgl. oben Rn. 532.
3 Zu damit in Zusammenhang stehenden Problemen bei der Bundespräsidentenwahl 2005 siehe *Fischer*, NVwZ 2005, 416 ff.

tagen treffen die §§ 1–7 BPräsWahlG. Weil Voraussetzung für die Wählbarkeit durch die Landtage nur die Wählbarkeit zum Bundestag ist (vgl. § 3 BPräsWahlG), werden regelmäßig verdiente Bürger und prominente Persönlichkeiten in die Bundesversammlung gewählt. Die Regelung des § 4 BPräsWahlG stellt sicher, dass der landesparlamentarische Parteienproporz durch Listenwahlen gewahrt bleibt.

II. Wahl des Bundespräsidenten

Zur Wahl des Bundespräsidenten wird die Bundesversammlung vom Präsidenten des Bundestags einberufen (Art. 54 Abs. 4 Satz 2 GG). Die Wahl des (neuen) Bundespräsidenten erfolgt spätestens 30 Tage vor Ablauf der Amtszeit des (amtierenden) Bundespräsidenten, bei vorzeitiger Beendigung spätestens 30 Tage nach Ablauf der Amtszeit (Art. 54 Abs. 4 Satz 1 GG)[4]. 714

Die Wahl selbst erfolgt ohne vorherige Aussprache (Art. 54 Abs. 1 Satz 1 GG). 715 Eine Personaldebatte über die Bewerber wäre mit der Stellung als Staatsoberhaupt und der Funktion als Integrationsfigur nicht vereinbar. Die Wahl erfolgt mit verdeckten Zetteln (vgl. § 9 Abs. 3 Satz 1 BPräsWahlG) und wird vom Bundestagspräsidenten geleitet (vgl. § 8 Satz 1 BPräsWahlG). Wahlvorschläge für das Amt des Bundespräsidenten können von jedem Mitglied der Bundesversammlung gemacht werden (§ 9 BPräsWahlG). Nach dem ersten oder zweiten Wahlgang ist gewählt, wer die Mehrheit der gesetzlichen Mitglieder der Bundesversammlung erhält (Art. 54 Abs. 6 Satz 1 GG). Erreicht innerhalb von zwei Wahlgängen kein Bewerber das erforderliche Quorum, genügt in einem dritten Wahlgang die Mehrheit der abgegebenen Stimmen (vgl. Art. 54 Abs. 6 Satz 2 GG).

§ 28 Die Bundesregierung

Die Bundesregierung ist das oberste Staatsorgan der vollziehenden Gewalt (Exe- 716 kutive). Die wesentlichen Organkompetenzen für die Erfüllung beider Teilbereiche der vollziehenden Gewalt (Regierungsfunktion im engeren Sinne und Verwaltungsfunktion auf Bundesebene) werden der Bundesregierung im Grundgesetz an verschiedenen Stellen zugewiesen. Die Bundesregierung setzt sich aus dem *Bundeskanzler* und den *Bundesministern* zusammen (Art. 62 GG), die teilweise als Kollegialorgan, teilweise als einzelne Staatsorgane handeln.

Die verfassungsrechtlichen Regelungen über Struktur, inneren Aufbau und Orga- 717 nisation der Bundesregierung enthält der Abschnitt VI. „Die Bundesregierung" in den Art. 62–69 GG. Weitere normative Grundlagen des Regierungshandelns sind verfassungsrechtliche Befugnisnormen, die entsprechend dem Prinzip der Selbstorganisation beschlossene Geschäftsordnung sowie die einfachgesetzliche Regelung zum Status der Regierungsmitglieder im Bundesministergesetz (BMinG)[1],

4 Art. 54 Abs. 5 GG ist gegenstandslos, weil die Wahlperiode des alten Bundestags immer mit dem Zusammentritt des neuen Bundestags abläuft (vgl. Art. 39 Abs. 1 Satz 2 GG).

1 Gesetz über die Rechtsverhältnisse der Mitglieder der Bundesregierung v. 27.7.1971, BGBl. I S. 1166.

das entgegen seinem missverständlichen Titel auch für den Bundeskanzler gilt (vgl. § 1 BMinG: „Die Mitglieder der Bundesregierung").

718 Maßgeblich geprägt wird die Stellung der Bundesregierung im staatsorganisatorischen Gefüge durch die Entscheidung des Grundgesetzes für ein parlamentarisches Regierungssystem (vgl. Art. 63 Abs. 1, 67 Abs. 1 Satz 1, 68 Abs. 1 Satz 1, 69 Abs. 2 GG). Zwischen Regierung und Parlament besteht kein strenger Gegensatz von kontrollierter Exekutive und kontrollierender Legislative. Regierung und Parlamentsmehrheit sind durch die Wahl und Unterstützung des Bundeskanzlers eng miteinander verzahnt, während die Kontrolle effektiv durch die politische Opposition (Parlamentsminderheit, ggf. Bundesratsmehrheit[2]) ausgeübt wird[3]. Im Gegensatz zum Präsidialsystem, in dem die präsidiale Spitze der Exekutive durch direkte Wahl des Volks legitimiert wird, vermittelt nach dem Grundgesetz das Parlament die demokratische Legitimation. Die Regierung ist unmittelbar dem Parlament verantwortlich und abhängig vom Vertrauen der Parlamentsmehrheit. Ihre Amtszeit reicht, abgesehen von der Interimsphase bis zur Ernennung eines Nachfolgers, nicht über die Wahlperiode des Parlaments hinaus (Art. 69 Abs. 2 u. 3 GG). Innerhalb der Exekutive besteht auch keine Konkurrenz zwischen Präsident und Regierung wie etwa im Weimarer Verfassungssystem. Die generell geringe staatspolitische Machtposition des Bundespräsidenten wird im Verhältnis zur Bundesregierung deutlich durch die Gegenzeichnungspflicht gem. Art. 58 GG, die die Wirksamkeit präsidialer Rechtsakte von der Billigung der Bundesregierung abhängig macht.

719 Die innere Struktur der Bundesregierung wird durch die dominierende Stellung des Bundeskanzlers geprägt, auf der auch die Bezeichnung „Kanzlerdemokratie" fußt. Nur der Bundeskanzler wird vom Parlament gewählt (Art. 63 Abs. 1 GG). Ihm obliegt die Entscheidung über die personelle und sachliche Zusammensetzung sowie die politische Ausrichtung der Bundesregierung (Art. 64 Abs. 1 GG).

I. Organe (Mitglieder)

720 Gem. Art. 62 GG besteht die Bundesregierung aus dem Bundeskanzler und den Bundesministern. Üblicherweise werden diese als Mitglieder der Bundesregierung bezeichnet und bei Regierungshandlungen wird zwischen solchen des Kollegialorgans und einzelner Mitglieder unterschieden. Bundeskanzler und Bundesministern kommt danach eine *doppelte Organstellung* zu. Sie sind einerseits Teile des Staatsorgans Bundesregierung, andererseits eigenständige Staatsorgane mit eigenständigen Kompetenzen.

721 Alle Mitglieder der Bundesregierung stehen in einem *öffentlich-rechtlichen Amtsverhältnis* zum Bund (§ 1 BMinG). Dieses wird in den Vorschriften des BMinG näher ausgestaltet und ähnelt dem Beamtenstatus. Mit dem öffentlichen Amt sind

2 Zu diesem Funktionswandel oder -zuwachs des Bundesrates, der grundsätzlich der Wahrnehmung der Länderinteressen auf Bundesebene dienen soll, s. oben Rn. 621.

3 In wesentlich geringerem Umfang erfolgt innerhalb der Parlamentsmehrheit eine Kontrolle, z. B. durch den kleineren Partner einer Koalition oder durch die politischen Parteien, vermittelt über die Regierungsfraktionen. Denkbar ist auch eine extreme Missachtung des Parlaments durch die Regierung, die zu einem Vertrauensentzug der Regierung führen könnte.

besondere Treuepflichten gegenüber Staat und Verfassung verbunden, die sich aus dem Amtseid gem. Art. 62 Abs. 2, 56 GG sowie den §§ 3, 6 BMinG ergeben. Das Regierungsamt ist grundsätzlich unvereinbar mit anderen Ämtern, Berufen und Positionen (Art. 66 GG, §§ 4 f. BMinG)[4]. Zulässig und üblich ist aber die gleichzeitige Mitgliedschaft in Bundesregierung und Bundestag. Bei einer Doppelstellung, die mit entsprechenden Rechten und Pflichten verbunden ist, bedarf es daher immer einer Prüfung, in welcher Funktion eine Person auftritt.

Die Mitglieder der Bundesregierung werden wie Beamte besoldet (vgl. § 11 BMinG) und erwerben für die Zeit nach dem Ende ihres Amts Versorgungsansprüche (vgl. §§ 13 ff. BMinG). Im staatshaftungsrechtlichen Sinne gelten die Mitglieder der Bundesregierung als Beamte. Gleiches gilt für die strafrechtlichen Vorschriften[5]. **722**

1. Bundeskanzler

Der Bundeskanzler bildet die Spitze der Bundesregierung. Er bedarf des *ständigen Vertrauens der Mehrheit im Bundestag* (Art. 63 Abs. 1, Art. 67 Abs. 1 Satz 1, Art. 68 Abs. 1 Satz 1 GG) und vermittelt durch dieses Vertrauen der gesamten Bundesregierung die notwendige Legitimation. Als Mitglied der Bundesregierung ist er dem Bundestag jederzeit zu Rede und Antwort verpflichtet (Art. 43 Abs. 1 GG). Gem. Art. 69 Abs. 1 GG ernennt der Bundeskanzler einen Bundesminister zu seinem Stellvertreter (sog. Vizekanzler). Dieser gehört in der Regel der zweitstärksten Regierungsfraktion an, häufig (aber nicht immer) ist er zugleich Außenminister[6]. **723**
Die Bezeichnung „Kanzler“ ist die traditionelle Bezeichnung des deutschen Regierungschefs[7]. Sein Verhältnis zu den übrigen Regierungsmitgliedern sowie zum Staatsoberhaupt hat sich im Laufe der deutschen verfassungsrechtlichen Entwicklung mehrfach gewandelt[8]. Das Grundgesetz räumt dem Bundeskanzler eine dominierende Position innerhalb der Bundesregierung und der Exekutive ein, auf der der Begriff „Kanzlerdemokratie“ aufbaut.

Nur die *Person des Bundeskanzlers* wird *unmittelbar durch den Bundestag demokratisch* legitimiert (Art. 63 Abs. 1 GG). Die Bundesminister ernennt und entlässt der Bundespräsident auf Vorschlag des Bundeskanzlers (Art. 64 Abs. 1 GG), so dass nur der entsprechende Wille des amtierenden Bundeskanzlers die notwendige Legitimation vermittelt. Konsequenterweise enden daher die Ämter aller Bundesminister mit dem Ende der Amtszeit „ihres“ Bundeskanzlers, Art. 69 Abs. 2 GG. **724**

Neben der alleinigen unmittelbaren Legitimation durch den Bundestag beruht die dominierende Stellung des Bundeskanzlers als Regierungschef auf seiner alleini- **725**

4 Weitere Unvereinbarkeiten ergeben sich aus den Amtsvoraussetzungen anderer Staatsämter, wie z. B. beim Bundespräsidenten (vgl. Art. 55 Abs. 1 GG).
5 Vgl. *Stern*, Staatsrecht II, S. 277.
6 2011 wurde der Bundesminister für Wirtschaft und Technologie, *Rösler*, zum stellvertretenden Bundeskanzler ernannt; vgl. *http://www.bundesregierung.de/nn_1264/Content/DE/Artikel/2011/05/2011-05-18-vizekanzler-roesler.html* (zuletzt aufgerufen am 9.9.2013).
7 „Erzkanzler“, „Kanzler“, „Reichskanzler“, „Bundeskanzler“.
8 Vgl. *Stern*, Staatsrecht II, S. 275 f.

gen sachlichen und personellen Organisationsgewalt innerhalb der Bundesregierung sowie auf seiner Richtlinien- und Geschäftsleitungskompetenz. Umschrieben wird diese Position mit dem Begriff „*Kanzlerprinzip*". Für die Ausübung seines Amtes untersteht dem Bundeskanzler mit dem Bundeskanzleramt ein eigener Verwaltungsunterbau parallel zu den Ministerialverwaltungen der Bundesminister. Geleitet wird das Bundeskanzleramt vom Chef des Bundeskanzleramts als beamtetem Staatssekretär oder Bundesminister für besondere Aufgaben[9].

2. Bundesminister

726 Die Bundesminister werden *auf Vorschlag des Bundeskanzlers* vom Bundespräsidenten ernannt und entlassen (Art. 64 Abs. 1 GG). Ihr Amt hängt vom Amt des Kanzlers und von dessen Vertrauen ab. Sie sind *nicht dem Parlament direkt verantwortlich*, auch wenn sie verpflichtet sind, im Bundestag jederzeit Rede und Antwort zu stehen (Art. 43 Abs. 1 GG). Ihnen wird mit der Ernennung zugleich ein Geschäftsbereich zugewiesen, den sie selbständig und eigenverantwortlich leiten (*Ressortprinzip*). Sie unterliegen als Mitglieder der Bundesregierung der Richtlinienkompetenz des Bundeskanzlers (*Kanzlerprinzip*). Gleichzeitig sind sie stimmberechtigte Mitglieder des Kollegialorgans Bundesregierung.

727 Die Bundesminister besitzen im Gegensatz zum Bundeskanzler, dessen Schwerpunkt im Regierungshandeln liegt, eine doppelte Funktion als *Regierungsmitglied* und *Verwaltungsspitze*. Regierungsfunktionen üben sie als stimmberechtigte Mitglieder der Bundesregierung, aber auch innerhalb ihres Geschäftsbereiches (Ressorts) aus. Gleichzeitig fungieren sie als Verwaltungsspitze ihres Ressorts.

728 Während das Amt des Bundeskanzlers zwingend erforderlich ist, bestehen für die konkrete Anzahl der Bundesminister und die Ressorteinteilung nur wenige verfassungsrechtliche Vorgaben. *Zwingend erforderlich* ist das Amt des Bundesministers für Verteidigung (vgl. Art. 65 a GG), des Bundesjustizministers (vgl. Art. 96 Abs. 2 Satz 4 GG) sowie des Bundesministers der Finanzen (vgl. Art. 108 Abs. 3, 112 Satz 1, 114 Abs. 1 GG). Im Übrigen obliegt die Zusammensetzung der Bundesregierung der Organisationsgewalt des Bundeskanzlers, die als „Annexkompetenz" zum in Art. 64 Abs. 1 GG geregelten Kabinettsbildungsrecht verstanden werden kann. Es handelt sich bei der Festlegung der einzelnen Ministerien um keine derart „wesentliche" Frage, dass der Parlamentsvorbehalt eine Einrichtung durch Gesetz erforderlich machen würde[10]. Weitere klassische, in der politischen Praxis nicht hinwegzudenkende, wenngleich im Grundgesetz nicht genannte Ministerien, sind das Innen- und das Außenministerium. In der 17. Wahlperiode des Bundestags gehörten der Bundesregierung neben der Bundeskanzlerin *Merkel* 15 Bundesminister an[11].

729 Grundsätzlich verfügt jeder Bundesminister über einen *Geschäftsbereich*, für dessen Angelegenheiten er verantwortlich ist. Unterstützt wird er dabei von einem ministerialen Unterbau im entsprechenden Bundesministerium. Zulässig ist auch

9 Zu dessen Stellung s. unten Rn. 779.

10 Vgl. VerfGH NRW, NJW 1999, 1243 ff. (1245).

11 Siehe hierzu die Internetseite der Bundesregierung *http://www.bundesregierung.de/Webs/Breg/DE/Bundesregierung/Bundeskabinett/bundeskabinett.html* (zuletzt aufgerufen am 9.9.2013).

die Ernennung von *Ministern ohne Geschäftsbereich* als sog. „Bundesminister für besondere Aufgaben“. Häufig wird der Chef des Bundekanzleramts zum Bundesminister für besondere Aufgaben ernannt.

3. Bundeskabinett

Im Grundgesetz taucht der Begriff Kabinett nicht auf. Er bezeichnet traditionell 730
das aus Bundeskanzler und Bundesministern bestehende Regierungskollegium. Im Kabinett werden Entscheidungen getroffen, wenn die Bundesregierung als Kollegialorgan auftritt. Wann dies erforderlich ist, hängt vor allem von der Anordnung im Grundgesetz ab und wird ergänzt durch die von der Bundesregierung beschlossene Geschäftsordnung.

4. Staatssekretäre

In enger Verbindung zur Regierungsorganisation stehen die Staatssekretäre. Sie 731
gehören nicht der Bundesregierung an (vgl. Art. 62 GG), sind jedoch an der Erfüllung der Regierungs- und Verwaltungsfunktion unmittelbar beteiligt. Zu unterscheiden ist zwischen verbeamteten und parlamentarischen Staatssekretären.

Die *beamteten* Staatssekretäre stehen als politische Beamte an der Spitze der 732
Bundesministerien. Sie unterstehen unmittelbar einem Bundesminister und leiten für diesen die Ministerialverwaltung. Neben der Unterstützung ihres jeweiligen Ministers in dessen Regierungsarbeit üben sie die laufenden Verwaltungsgeschäfte aus. Für sie gelten die Vorschriften des Bundesbeamtenrechts.

Die *parlamentarischen* Staatssekretäre stehen in einem beamtenähnlichen öffent- 733
lich-rechtlichen Amtsverhältnis, welches im ParlStG[12] geregelt ist. Nur *Abgeordnete des Bundestags* können während ihres Mandats parlamentarische Staatssekretäre werden. Sie unterstützen Regierungsmitglieder in der Ausübung ihrer Regierungstätigkeit (vgl. § 1 Abs. 2 ParlStG), z. B. durch Öffentlichkeitsarbeit, regelmäßige Kontakte zum Parlament, zu Fraktionen, Ausschüssen etc. Insbesondere vertreten sie den Minister gegenüber dem Parlament, § 14 Abs. 2 GOBReg. Die von § 14 a GOBReg vorgesehene Möglichkeit, dem parlamentarischen Staatssekretär (als Abgeordnetem!) ministerielle Aufgaben zu übertragen, stellt eine Durchbrechung des Gewaltenteilungsgrundsatzes dar. Gem. § 8 ParlStG kann dem parlamentarischen Staatssekretär der Titel eines „Staatsministers“ verliehen werden. Seine Amtszeit endet gem. § 4 ParlStG mit Ablauf der Amtszeit seines Ministers oder seinem Ausscheiden aus dem Bundestag.

II. Amtszeit

Aufgrund des parlamentarischen Regierungssystems hängt die Amtszeit jeder 734
Bundesregierung von der *Wahlperiode* des Bundestags ab. Jeder Bundestag ist für eine Wahlperiode vom Volk legitimiert und kann diese Legitimation nur während dieser Zeit an die Bundesregierung vermitteln (vgl. Art. 69 Abs. 2

12 Gesetz über die Rechtsverhältnisse der Parlamentarischen Staatssekretäre v. 24.7.1974, BGBl. I S. 1538.

Halbsatz 1 GG). Verliert die Bundesregierung das Vertrauen des Bundestags, sieht das Grundgesetz Verfahren zur Ablösung durch eine neue Bundesregierung vor, wobei stets nur über das Amt des Bundeskanzlers entschieden wird, von dem wiederum die Bundesminister unmittelbar abhängen (Art. 67 Abs. 1 Satz 1, 68 Abs. 1, 69 Abs. 2 Halbsatz 2 GG).

1. Bundeskanzler

735 Für das Amt des Bundeskanzlers sind im Grundgesetz nur wenige Voraussetzungen vorgesehen. Als ungeschriebene Voraussetzung wird die Wählbarkeit in den Bundestag angesehen (§ 15 BWahlG analog)[13]. Art. 66 GG enthält eine dem Art. 55 GG entsprechende Inkompatibilitätsregelung, die ebenfalls erst ab dem Zeitpunkt der Amtsübernahme gilt. Danach sind mit dem Amt des Bundeskanzlers die Ausübung eines anderen besoldeten Amts, eines Berufes oder Gewerbes unvereinbar. Die Zugehörigkeit zur Leitung eines Unternehmens oder der Sitz in einem Aufsichtsrat ist mit Zustimmung des Bundestags zulässig. Diese Regelung ist nicht auf Unternehmen mit maßgeblicher Bundesbeteiligung beschränkt und könnte im Zuge der Privatisierung von Staatsaufgaben besondere Bedeutung erlangen[14]. Zulässig ist ferner die gleichzeitige Mitgliedschaft im Bundestag.

736 a) **Beginn der Amtszeit.** Das Amt des Bundeskanzlers beginnt mit seiner Wahl durch den Bundestag und der sich daran anschließenden Ernennung durch den Bundespräsidenten. Wahl und Ernennungsverfahren sind in Art. 63 GG geregelt. Die Wahl entscheidet materiell über die Person des Bundeskanzlers. Formell hängt der Beginn der Amtszeit aber von der Ernennung durch den Bundespräsidenten ab. Art. 63 GG sieht drei aufeinander folgende Verfahren vor, an deren Ende entweder ein Bundeskanzler ernannt oder der Bundestag für Neuwahlen aufgelöst wird.
→ *S. hierzu auch die Übersicht bei Rn. 1013.*

737 aa) **Verfahren nach Art. 63 Abs. 1, 2 GG.** Im *ersten Wahlgang* besitzt der *Bundespräsident das Vorschlagsrecht* für das Amt des Bundeskanzlers (Art. 63 Abs. 1 GG). Er unterliegt dabei keinen rechtlichen Bindungen abgesehen von den rechtlichen Voraussetzungen, an die das Amt des Bundeskanzlers geknüpft ist[15]. Vorgeschlagen wird die Person, die über eine politische Mehrheit im Bundestag verfügt. Ein von der in der Regel unmittelbar nach Verkündung des Wahlergebnisses beginnenden Koalitionsbildung abweichender Vorschlag wäre politisch wenig sinnvoll – zumal nach erfolglosem Durchlauf des ersten Wahlgangs der Bundestag auch allein die Möglichkeit hat, „seinen“ Mehrheitskandidaten zum Bundeskanzler zu wählen. Für das Vorschlagsrecht existiert keine geschriebene Frist – der Bundespräsident hat aber die ungeschriebene Organpflicht, in angemessener Zeit nach Beginn der Wahlperiode durch den Zusammentritt des neu gewählten Bundestags von seinem Vorschlagsrecht Gebrauch zu machen. Andernfalls erlischt es und das zweite Verfahren gem. Art. 63 Abs. 3 GG beginnt.

---

13 Vgl. *Pieroth*, in: Jarass/Pieroth, GG, Art. 63 Rn. 1.
14 *Herzog*, in: Maunz/Dürig (Stand 2013), GG, Art. 66 Rn. 48.
15 Vgl. *Pieroth*, in: Jarass/Pieroth, GG, Art. 63 Rn. 1 mit Nachw. zu den abweichenden Meinungen.

Die *Wahl* des vorgeschlagenen Kandidaten ergeht ohne Aussprache (Art. 63 Abs. 1 GG). Der potentielle Bundeskanzler soll vor beschädigenden Debatten geschützt werden. Die Wahl selbst erfolgt geheim (§ 4 Satz 1 GOBT). Als Bundeskanzler ist gewählt, wer die *Mehrheit der Mitglieder* des Bundestags auf sich vereinigt (Art. 63 Abs. 2 Satz 1 GG, sog. *Kanzlermehrheit*), d. h. in einem nicht gem. § 6 BWahlG vergrößerten Bundestag benötigt der Bundeskanzler im ersten Wahlgang 300 Stimmen (vgl. § 1 Abs. 1 Satz 1 BWahlG). **738**

Der Gewählte ist vom Bundespräsidenten zu ernennen (Art. 63 Abs. 2 Satz 2 GG). Die Ernennung erfolgt nach Leistung des in Art. 64 Abs. 2, Art. 56 GG vorgesehenen Amtseids durch Überreichung der Ernennungsurkunde. Erst zu diesem Zeitpunkt bekleidet der Gewählte das Amt. **739**

bb) Verfahren nach Art. 63 Abs. 3 GG. Wird der vom Bundespräsidenten vorgeschlagene Kandidat nicht gewählt, kann der *Bundestag binnen 14 Tagen einen „eigenen" Kandidaten wählen.* Das Vorschlagsrecht ist in der GOBT geregelt. § 4 Satz 2 GOBT erfordert, dass der Wahlvorschlag von einem Viertel der Mitglieder des Bundestags oder einer Fraktion, die mindestens ein Viertel der Mitglieder des Bundestags umfasst, zu unterzeichnen ist. Das Quorum soll aussichtslose Vorschläge verhindern, damit der zweite Wahlgang nicht entwertet wird, z. B. durch ein zersplittertes Parlament mit vielen kleinen Fraktionen. Innerhalb der 14-Tages-Frist kann der Bundestag beliebig viele Wahlgänge durchführen[16]. **740**

Die Wahl erfolgt ebenfalls ohne Aussprache, weil insoweit der Schutzgedanke des Art. 63 Abs. 1 GG entsprechend gilt[17]. Erforderlich ist, wie im ersten Wahlgang, die *Mehrheit der Mitglieder des Bundestags.* Wird auf diese Weise ein Bundeskanzler gewählt, ist er ebenfalls gem. Art 62 Abs. 2 GG vom Bundespräsidenten zu ernennen. **741**

cc) Verfahren gem. Art. 63 Abs. 4 GG. Das dritte Verfahren ist als Notlösung für den Fall konzipiert, dass sich bis dahin keine eindeutigen Mehrheitsverhältnisse im Bundestag gebildet haben, die zu einem erfolgreichen zweiten Wahlgang geführt hätten. In dieser verfassungspolitischen Krisensituation verstärkt sich die Position des Bundespräsidenten („Reservefunktion"[18]). **742**

Wird innerhalb von 14 Tagen kein Bundeskanzler mit absoluter Mehrheit der Bundestagsmitglieder gewählt, *führt der Bundestag unverzüglich einen weiteren Wahlgang durch* (Art. 63 Abs. 4 Satz 1 GG). Das Vorschlagsrecht verbleibt beim Bundestag (§ 4 Satz 2 GOBT). Gewählt ist nun, wer die *meisten abgegebenen Stimmen* auf sich vereint (Art. 63 Abs. 4 Satz 1 GG). Die weitere Vorgehensweise hängt nun davon, ob der Gewählte die Stimmen der Mehrheit der Mitglieder (Kanzlermehrheit oder absolute Mehrheit) erhalten hat oder nicht. **743**
Ist dies der Fall, haben sich also die politischen Mehrheitsverhältnisse im Bundestag nach Ablauf der 14-Tages-Frist doch noch stabilisiert, ist er vom Bundespräsidenten innerhalb von sieben Tagen zu ernennen (Art. 63 Abs. 4 Satz 2 GG).

---

16 *Pieroth*, in: Jarass/Pieroth, GG, Art. 63 Rn. 3.
17 Vgl. *Oldiges*, in: Sachs, GG, Art. 63 Rn. 22 m. w. N.
18 S. oben Rn. 686 ff.

Verfehlt der Gewählte die absolute Mehrheit der Mitglieder, hat der Bundespräsident innerhalb von sieben Tagen eine politische Ermessensentscheidung zu treffen: er kann den Gewählten dennoch – auch ohne absolute Mehrheit – zum Bundeskanzler ernennen (sog. *Minderheitskanzler*) oder den Bundestag für Neuwahlen auflösen. Diese Ermessensentscheidung unterliegt nur einer Missbrauchskontrolle[19].

→ *S. hierzu Rn. 1013, Übersicht 5: Die Wahl des Bundeskanzlers.*

744 **b) Ende der Amtszeit.** Die gewöhnliche Beendigung der Amtszeit des Bundeskanzlers ist gemäß dem parlamentarischen Regierungssystem an den Ablauf der Wahlperiode des Bundestags geknüpft, der den Bundeskanzler gewählt hat. Die Amtszeit des Bundeskanzlers endet somit mit dem Zusammentritt des neu gewählten Bundestags (Art. 69 Abs. 2 Halbsatz 1 i.V.m. Art. 39 Abs. 1 Satz 2 GG). Bis zum Amtsbeginn des neuen Bundeskanzlers erfüllt regelmäßig der bisherige Amtsträger das Amt als geschäftsführender Bundeskanzler auf Ersuchen des Bundespräsidenten, damit die laufenden Regierungsgeschäfte nicht brachliegen (Art. 69 Abs. 3 GG).

745 Andernfalls endet die Amtszeit des Bundeskanzlers nur unter besonderen Umständen. Nicht geschriebene, selbstverständliche Gründe sind der Tod, die Amtsunfähigkeit oder der Rücktritt des amtierenden Bundeskanzlers. In diesen Fällen führt der zum Stellvertreter ernannte Bundesminister die Amtsgeschäfte fort (vgl. Art. 69 Abs. 1, 3 GG). Den Nachfolger bestimmt der Bundestag durch erneute Wahl gem. Art. 63 GG.

746 Im Grundgesetz sind zwei Möglichkeiten vorgesehen, nach denen das Amt des Bundeskanzlers vorzeitig endet. Das sind das erfolgreiche konstruktive Misstrauensvotum gem. Art. 67 GG sowie das Scheitern der Vertrauensfrage gem. Art. 68 GG. Nach dem Grundgedanken beider Regelungen verfügt der Bundeskanzler in diesen Konstellationen nicht mehr über das Vertrauen der Parlamentsmehrheit.

747 **aa) Konstruktives Misstrauensvotum gem. Art. 67 GG.** Im Falle des konstruktiven Misstrauensvotums erfolgt die Abwahl des amtierenden Bundeskanzlers durch *gleichzeitige* Neuwahl eines anderen Kandidaten. Dazu ist ein unterzeichneter Antrag eines Viertels der gesetzlichen Mitglieder des Bundestags oder einer entsprechend starken Fraktion an den Bundespräsidenten erforderlich, in dem dieser ersucht wird, den amtierenden Bundeskanzler zu entlassen und den neu Gewählten zu ernennen (Art. 67 Abs. 1 Satz 1 GG, § 97 Abs. 1 Satz 2 GOBT). Zwischen dem Antrag und der Wahl müssen gem. Art. 67 Abs. 2 GG 48 Stunden liegen. Die Wahl selbst erfolgt geheim (§ 97 Abs. 2 Satz 1 GOBT). Vereinigt der Gewählte die Mehrheit der Mitglieder des Bundestags auf sich, ist der amtierende Bundeskanzler abgewählt und der Gewählte vom Bundespräsidenten zu ernennen (Art. 67 Abs. 1 Satz 2 GG).

748 *Zweck* des konstruktiven Misstrauensvotums ist einerseits, zu verhindern, dass dauerhaft ein Bundeskanzler ohne legitimierende Regierungsmehrheit im Amt ist. Andererseits soll die Abwahl eines amtierenden Bundeskanzlers dadurch

---

19 Vgl. *Oldiges*, in: Sachs, GG, Art. 63 Rn. 32 m.w.N.

erschwert werden, dass sich die parlamentarische Opposition auf einen mehrheitsfähigen neuen Bundeskanzler einigen muss und das Instrument der Abwahl nicht rein destruktiv verwenden kann[20].

bb) Vertrauensfrage gem. Art. 68 GG. Durch die Vertrauensfrage vergewissert sich der Bundeskanzler der eigenen parlamentarischen Mehrheit, die von einer handlungsfähigen Bundesregierung insbesondere im Bereich der Gesetzgebung benötigt wird. Die Vertrauensfrage ermöglicht die Disziplinierung der Abgeordneten des Regierungslagers und schafft insbesondere bei gleichzeitiger Verknüpfung mit einer Sachfrage ein besonderes Druckmittel, um eine politische Entscheidung zugunsten der Bundesregierung zu erzwingen. In politischen Krisensituationen kann die Vertrauensfrage, wenn sie denn positiv beantwortet wird, stabilisierend wirken. 749

Die Vertrauensfrage wird in der *positiven Formulierung* gestellt, dass der Bundeskanzler im Bundestag den Antrag stellt, ihm in einer Abstimmung das Vertrauen auszusprechen (vgl. Art. 68 Abs. 1 Satz 1 GG, § 98 Abs. 1 GOBT). Zwischen dem Antrag und der Abstimmung müssen 48 Stunden liegen (Art. 68 Abs. 2 GG). Der Antrag kann sowohl isoliert gestellt, als auch mit einer Sachfrage (z.B. Gesetzesvorlage) verknüpft werden (vgl. Art. 81 Abs. 1 Satz 2 GG). 750

Der Bundestag spricht dem Bundeskanzler das Vertrauen aus, wenn bei der beantragten Abstimmung *mehr als die Hälfte der gesetzlichen Mitglieder des Bundestags* für ihn stimmen. Wird ihm das Vertrauen nicht ausgesprochen, obliegt dem Bundeskanzler die Entscheidung, ob er trotz fehlender Kanzlermehrheit weiter regieren will oder ob er dem Bundespräsidenten die Auflösung des Bundestags für Neuwahlen vorschlägt (vgl. Art. 68 Abs. 1 Satz 1 GG). Darüber hinaus hat der Bundeskanzler die Möglichkeit, durch Rücktritt die Wahl eines anderen Bundeskanzlers durch das Parlament zu ermöglichen. Die Entscheidung liegt im *politischen* Ermessen des Bundeskanzlers. 751

Schlägt der Bundeskanzler dem Bundespräsidenten die Auflösung des Bundestags vor, wird der Bundespräsident vorübergehend zu einem echten Machtfaktor. Die Entscheidung über die Auflösung hängt alleine von seinem politischen Ermessen ab, insbesondere von der *Prüfung*, ob eine *materielle Auflösungslage vorliegt*. Der Bundespräsident ist nicht verpflichtet, dem Vorschlag des Bundeskanzlers zu entsprechen. 21 Tage nach der Vertrauensfrage erlischt das Auflösungsrecht. Es erlischt schon vorher, wenn der Bundestag einen neuen Bundeskanzler mit absoluter Mehrheit der Mitglieder wählt (Art. 68 Abs. 1 Satz 2 GG). 752

Für die Auflösung des Bundestags ist als ungeschriebene Voraussetzung auch eine *materielle Auflösungslage erforderlich*, d.h. der Bundeskanzler *darf nicht über eine sichere dauerhafte Mehrheit* im Parlament *verfügen*[21]. Grund hierfür ist, dass das Grundgesetz weder ein Selbstauflösungsrecht des Parlaments noch ein freies Auflösungsrecht des Bundestags durch die Exekutive vorsieht. Nur im Ausnah- 753

20 In der Geschichte der Bundesrepublik Deutschland wurden zwei Anträge nach Art. 67 Abs. 1 Satz 1 GG gestellt: 1972 scheiterte die hierdurch angestrebte Abwahl *Willy Brandts*, 1982 wurde *Helmut Kohl* als Nachfolger *Helmut Schmidts* zum Bundeskanzler gewählt.

21 BVerfGE 62, 1 (42) – *Vertrauensfrage Kohl*. BVerfGE 114, 121 (149) – *Vertrauensfrage Schröder*.

mefall, dass eine stabile Regierung nicht mehr gewährleistet ist, soll es zu Neuwahlen kommen. Für die Beurteilung dieser materiellen Auflösungslage hat der Bundeskanzler eine Einschätzungs- und Beurteilungskompetenz, die der Bundespräsident bei seiner Entscheidung über die Auflösung berücksichtigen muss.

754 Nach dem dargestellten Verständnis von Art. 68 GG muss daher das Ziel des Bundeskanzlers bei der Stellung der Vertrauensfrage sein, das Vertrauen ausgesprochen zu bekommen. Unzulässig wäre es demgegenüber, durch eine manipulierte Abstimmung die Vertrauensfrage trotz stabiler Mehrheitsverhältnisse formell scheitern zu lassen, um vorzeitige Neuwahlen herbeizuführen. In diesem Fall hätte der Bundespräsident die Pflicht, die Auflösung des Bundestags zu verweigern[22].

> „Der Bundeskanzler, der die Auflösung des Bundestags auf dem Wege des Art. 68 GG anstrebt, soll dieses Verfahren nur anstrengen dürfen, wenn es politisch für ihn nicht mehr gewährleistet ist, mit den im Bundestag bestehenden Kräfteverhältnissen weiterzuregieren. Die politischen Kräfteverhältnisse im Bundestag müssen seine Handlungsfähigkeit so beeinträchtigen oder lähmen, dass er eine vom stetigen Vertrauen der Mehrheit getragene Politik nicht sinnvoll zu verfolgen vermag. Dies ist ungeschriebenes sachliches Tatbestandsmerkmal des Art. 68 Abs. 1 Satz 1 GG.
> Eine Auslegung dahin, dass Art. 68 GG einem Bundeskanzler, dessen ausreichende Mehrheit im Bundestag außer Zweifel steht, gestattete, sich zum geeignet erscheinenden Zeitpunkt die Vertrauensfrage negativ beantworten zu lassen mit dem Ziel, die Auflösung des Bundestags zu betreiben, würde dem Sinn des Art. 68 GG nicht gerecht. Desgleichen rechtfertigen besondere Schwierigkeiten der in der laufenden Wahlperiode sich stellenden Aufgaben die Auflösung nicht.“[23]

755 Nach der neueren Rechtsprechung des BVerfG soll jedoch auch eine von vornherein auf die Auflösung des Parlaments zielende, sog. *auflösungsgerichtete Vertrauensfrage* zulässig sein, wenn die Handlungsfähigkeit der parlamentarisch verankerten Bundesregierung verloren gegangen ist[24]. Dies sei zweifellos der Fall, wenn sich eine Bundestagsmehrheit „offen und andauernd obstruktiv“[25] verhalte, könne jedoch auch in einer „verdeckte[n] Minderheitssituation“ gegeben sein, in der „die nominelle Kanzlermehrheit sich zwar zu dem von ihr gewählten Kanzler erklärt und ihm äußerlich politische Unterstützung leistet, diese Unterstützung seines politischen Kurses aber in Wirklichkeit nicht so wirksam ist, dass der Bundeskanzler die von ihm konzeptionell vertretene Politik durchzusetzen vermag“[26]. Da der Verlust der Handlungsfähigkeit im Rahmen der Vertrauensfrage und der Herbeiführung von Neuwahlen bereits von drei Verfassungsorganen – Bundeskanzler, Bundestag und Bundespräsident – geprüft werde, sei die Prüfungskompetenz des Bundesverfassungsgerichts durch den damit verbundenen Einschätzungsspielraum eingeschränkt[27].

> „Der Einschätzungsspielraum des Kanzlers wird nur dann in verfassungsrechtlich gefordertem Umfang geachtet, wenn bei der Rechtsprüfung gefragt wird, ob eine andere Einschätzung der politischen Lage aufgrund von Tatsachen eindeutig vor-

22 Vgl. BVerfGE 62, 1 (42) – *Vertrauensfrage Kohl.*
23 Vgl. BVerfGE 62, 1 (2) – *Vertrauensfrage Kohl.*
24 BVerfGE 114, 121 (153) – *Vertrauensfrage Schröder.*
25 BVerfGE 114, 121 (156) – *Vertrauensfrage Schröder.*
26 BVerfGE 114, 121 (157) – *Vertrauensfrage Schröder.*
27 BVerfGE 114, 121 (159) – *Vertrauensfrage Schröder.*

zuziehen ist [...] Tatsachen, die auch andere Einschätzungen als die des Kanzlers zu stützen vermögen, sind nur dann geeignet, die Einschätzung des Bundeskanzlers zu widerlegen, wenn sie keinen anderen Schluss zulassen als den, dass die Einschätzung des Verlusts politischer Handlungsfähigkeit im Parlament falsch ist."[28]

Die hierauf basierende Entscheidung *Vertrauensfrage Schröder* verdient unter mehreren Gesichtspunkten Kritik: zum einen kennt das Grundgesetz gerade keine auflösungsgerichtete Vertrauensfrage, sondern nur eine solche, mit der sich der Bundeskanzler des tatsächlichen Vertrauens der Parlamentsmehrheit vergewissern will, um auf dieser Basis weiterregieren zu können. Will er selbst nicht weiterregieren, bleibt ihm die Möglichkeit des Rücktritts mit anschließender Wahl eines neuen Bundeskanzlers; eine Neuwahl ist dann gem. Art. 63 Abs. 4 GG nur vorgesehen, wenn sich keine Kanzlermehrheit für einen Nachfolger findet. Zweitens ist die Kategorie der „verdeckten Minderheit" als Kategorie des materiellen Vertrauensverlustes nicht anzuerkennen: „Vertrauen" i. S. d. Art. 68 GG bezeichnet die Zustimmung zu den Entscheidungen der Regierung durch entsprechendes Abstimmungsverhalten, kein darüber hinaus gehendes politisches Vertrauen oder zusätzliche Unterstützung der Politik[29]. Solange die parlamentarischen Entscheidungen im Sinne der Regierung getroffen werden, ist daher nicht ersichtlich, worin sich die „Handlungsunfähigkeit" der Regierung in dieser Konstellation manifestieren soll[30]. Drittens führt die Rücknahme der Prüfungskompetenz des BVerfG dazu, dass die zuvor etablierten materiellen Voraussetzungen der Auflösungslage de facto kaum mehr justitiabel sind. Abgestellt werden kann im wesentlichen nurmehr auf die tatsächliche Vertrauensbekundung durch das Parlament, der Gefahr missbräuchlich gestellter Vertrauensfragen und einer damit verbundenen „Selbstauflösung" des Parlaments kann kaum mehr wirksam begegnet werden[31]. Schließlich hätte man auch auf Basis der eingeschränkten Kontrolle zu dem Ergebnis gelangen müssen, dass die Voraussetzungen materieller Handlungsunfähigkeit der Regierung als Voraussetzung der „auflösungsgerichteten Vertrauensfrage" nicht vorlagen[32]: 2005 bestanden keinerlei Anzeichen dahingehend, dass der Bundestag den politischen Absichten von Bundeskanzler *Schröder* seine Zustimmung verweigern würde. Vielmehr hatten bisherige Abstimmungen über Gesetzesprojekte und andere Entscheidungen eine Zustimmung durch die Fraktionen von SPD und Grünen gezeigt und offenbarten die Äußerungen des Kanzlers und weiterer Politiker, dass es gerade um die Herbeiführung von Neuwahlen gehen sollte, um – nach verlorenen Landtags- und Europawahlen – eine Entscheidung des Volkes über die Bundespolitik herbeizuführen. Die Vertrauensfrage wurde hierzu in einer die verfassungsrechtlichen Grenzen des Art. 68 GG sprengenden Art und Weise eingesetzt[33]. 756

28 BVerfGE 114, 121 (160) – *Vertrauensfrage Schröder.*

29 Vgl. das Sondervotum des Richters *Jentsch*, BVerfGE 114, 121 (175) – *Vertrauensfrage Schröder.*

30 *Schenke*, ZfP 2006, 26 ff. (29 ff.).

31 Vgl. zur Deutung der Entscheidung des BVerfG als faktischer Etablierung eines Selbstauflösungsrechts *Winkler*, AöR 2006, 441 ff. (461).

32 Sondervotum *Jentsch*, BVerfGE 114, 121 (171 ff.) – *Vertrauensfrage Schröder.*

33 Vgl. auch *Schenke*, ZfP 2006, 26 ff. (29 ff.).

2. Bundesminister

757 Das Amt der Bundesminister ist unmittelbar mit dem des Bundeskanzlers verknüpft (vgl. Art. 64 Abs. 1, 69 Abs. 2 Halbsatz 2 GG). Das Amt eines Bundesministers *beginnt* mit der Ernennung des Bundespräsidenten auf Vorschlag des Bundeskanzlers (Art. 64 Abs. 1 GG). Der Bundesminister hat vor dem Bundestag den Amtseid gem. Art. 56 GG zu leisten (Art. 64 Abs. 2 GG). Der Bundespräsident ist grundsätzlich verpflichtet, jede vorgeschlagene Person zum Bundesminister zu ernennen. Allein die fehlenden rechtlichen Voraussetzungen für ein Ministeramt berechtigen zur Ablehnung eines Vorschlags.

758 Die Amtszeit aller Bundesminister *endet* mit dem Ende der Amtszeit des Bundeskanzlers, der sie vorgeschlagen hat (vgl. Art. 64 Abs. 2 Halbsatz 2 GG). Abgesehen von den ungeschriebenen Fällen von Rücktritt, Tod oder Amtsunfähigkeit hängt die Amtszeit jedes Bundesministers nur *vom Vertrauen des Bundeskanzlers ab*, nicht aber vom Vertrauen des Bundestags. Einzelne Bundesminister können nicht gegen den Willen des Bundeskanzlers durch Bundestagsbeschluss aus dem Amt entfernt werden.

759 Ein Bundesminister wird auf Vorschlag des Bundeskanzlers vom Bundespräsidenten *entlassen* (Art. 64 Abs. 1 GG). Der Bundespräsident muss dem Entlassungsvorschlag entsprechen. Es handelt sich um eine rein politische Entscheidung des Bundeskanzlers.

III. Organisation

1. Kanzlerprinzip

760 Der Begriff „Kanzlerprinzip" steht für die dominierende Rolle, die der Bundeskanzler innerhalb der Bundesregierung besitzt. Das Kanzlerprinzip besteht aus der sachlichen und personellen Organisationsgewalt des Bundeskanzlers, seiner Richtlinienkompetenz sowie der Befugnis zur Geschäftsleitung. Die persönliche und sachliche Kabinettsbildung sowie dessen Regierungspolitik liegen somit in den Händen des Bundeskanzlers.

761 Die *Personelle Organisationsgewalt* betrifft die Auswahl der Mitglieder der Bundesregierung. Sie steht dem *Bundeskanzler allein*, uneingeschränkt und während seiner gesamten Amtszeit zu. Der Bundeskanzler wählt die Personen aus, die seinem Kabinett angehören sollen und kann diese auch wieder entlassen (Art. 64 Abs. 1 GG). Die Ernennung durch den Bundespräsidenten ist rein formeller Natur.

762 Die *sachliche Organisationsgewalt* bedeutet die Befugnis, über die innere Einteilung der Bundesregierung in einzelne Geschäftsbereiche (*Ressorts*) mit ihren Zuständigkeiten und Aufgaben zu entscheiden, d. h. insbesondere die Anzahl der Ministerien sowie den Inhalt und Umfang der ihnen zugeordneten Fachbereiche festzulegen. Wegen der Erwähnung im Grundgesetz sind verfassungsrechtlich das Amt des Verteidigungsministers (vgl. Art. 65 a GG), des Justizministers (vgl. Art. 96 Abs. 3 GG) sowie das des Finanzministers (vgl. Art. 108, 112,

114 GG) verbindlich angeordnet und der sachlichen Organisationsgewalt des Bundeskanzlers insoweit entzogen.

Die *Richtlinienkompetenz* sichert dem Bundeskanzler die Entscheidung über die grundsätzliche politische Ausrichtung der Bundesregierung (Art. 65 Satz 1 GG) und ermöglicht eine einheitliche Geschäftsführung und ein einheitliches Auftreten der Bundesregierung (§§ 1–4 GOBReg). Adressaten sind die Bundesminister. Zwar garantiert das Ressortprinzip ihnen die eigenverantwortliche und selbständige Leitung ihrer Geschäftsbereiche. Diese ist jedoch im Einklang mit den Richtlinienvorgaben des Bundeskanzlers auszuüben (vgl. Art. 65 Satz 2 GG). Indem der Bundeskanzler eine Thematik zum Gegenstand einer Richtlinienentscheidung macht, wird das Ressortprinzip zugunsten einer verbindlichen Weisungsmöglichkeit durchbrochen (vgl. §§ 1–4 GOBReg). Die Richtlinienkompetenz erstreckt sich auf die Wahrnehmung der einzelnen Ministern zugewiesenen Geschäftsbereiche (vgl. Art. 65 Satz 2 GG), nicht jedoch auf die Wahrnehmung von Aufgaben durch das Kollegialorgan Bundesregierung (insb. Gesetzesinitiativrecht, Art. 76 GG, Erlass von Rechtsverordnungen, Art. 80 GG, Anrufung des BVerfG, Art. 93 Abs. 1 GG)[34]. 763

Die Richtlinien sind ihrer Rechtsnatur nach *innerdienstliche Anweisungen*, deren Nichtbeachtung jedoch keine unmittelbare Sanktion nach sich zieht. Denkbar wäre zwar ein Organstreit vor dem BVerfG. Entscheidend ist aber, dass ein Bundesminister vom Vertrauen des Bundeskanzlers abhängig ist. Eine dauerhafte eigenständige Ressortpolitik gegen den Willen des Bundeskanzlers führt letztlich zur Entlassung des Bundesministers. Was zum Gegenstand einer Richtlinienentscheidung gemacht werden kann, steht im politischen Ermessen des Bundeskanzlers. Systematisch handelt es sich um die grundlegende sachpolitische Ausrichtung der Bundesregierung. Einzelregelungen und Einzelentscheidungen fallen üblicherweise in den ministeriellen Geschäftsbereich. Das *Ressortprinzip verbietet* dem Bundeskanzler *unmittelbare* und *direkte Eingriffe* im Sinne eines „Hineinregierens". Dennoch kann auch eine vom Minister zu treffende Einzelentscheidung Gegenstand einer Richtlinienentscheidung sein, wenn sie grundlegenden Charakter hat und eine entsprechende politische Bedeutung für die Bundesregierung besitzt. 764

Der Bundeskanzler leitet die Regierungsgeschäfte (vgl. Art. 65 Satz 4 GG). Regelmäßig leitet er als Vorsitzender die Kabinettssitzungen (vgl. § 22 Abs. 1 Satz 1 GOBReg) und verfügt bei einem Abstimmungspatt innerhalb die Regierung über die ausschlaggebende Stimme (vgl. § 24 Abs. 2 Satz 2 GOBReg). 765

2. Ressortprinzip

Das Ressortprinzip besagt, dass die Bundesminister ihren *Geschäftsbereich selbstständig* und *in eigener Verantwortung* leiten (Art. 65 Satz 2 GG)[35]. Der Bundeskanzler hat keine Möglichkeit, direkt und unmittelbar in den Geschäftsbereich 766

34 S. dazu *Maurer*, Staatsrecht I, § 14 Rn. 53.

35 Für Minister ohne eigenen Geschäftsbereich gelten diese Erwägungen natürlich nicht. Ihre Aufgabenstellung ähnelt zumeist denen von parlamentarischen Staatssekretären.

einzuwirken – insbesondere verfügt er nicht über ein Selbsteintrittsrecht, um Vorgänge aus einem Geschäftsbereich an sich zu ziehen.

767 Den *Umfang des Geschäftsbereichs* legt der Bundeskanzler bei der sachlichen Zuschneidung im Zuge der Kabinettsbildung fest. Zum Geschäftsbereich gehört das entsprechende Bundesministerium sowie die dem Bundesministerium nachgeordneten Bundesbehörden, für die jeder Bundesminister die innere Organisationsgewalt hat[36]. Innerhalb ihrer Zuständigkeiten üben die Bundesminister die Regierungs- und Verwaltungsfunktionen aus. Sie sind Inhaber der obersten Fach- und Dienstaufsicht. Ihre Weisungsbefugnis erfasst den gesamten nachgeordneten Verwaltungsunterbau. Als oberste Bundesbehörde erlassen sie Verwaltungsakte und Rechtsverordnungen. Akte des Bundespräsidenten sind dem zuständigen Bundesminister zur Gegenzeichnung vorzulegen (Art. 58 Satz 1 GG).

768 Das Ressortprinzip wird *begrenzt durch das Kanzlerprinzip*. Zum einen besteht rechtliche Abhängigkeit von der Richtlinienkompetenz, zum anderen hängt das Amt jedes Bundesministers politisch vom Vertrauen des Bundeskanzlers ab. Konkretisiert wird die Abhängigkeit der Bundesminister bei der Geschäftsführung auch durch die Informations- und Berichtspflichten gemäß der GOBReg.

769 *Begrenzt* wird das Ressortprinzip auch *vom Kollegialprinzip*. Soweit verfassungsrechtlich oder einfachgesetzlich die Bundesregierung als Kollektiv zuständig ist, wird das Ressortprinzip überlagert (vgl. auch § 15 Abs. 1 lit. e GOBReg). Gleiches gilt in den übrigen Fällen, die § 15 GOBReg anordnet. Allerdings führt eine Verletzung von Vorschriften der Geschäftsordnung grundsätzlich nicht zur Unwirksamkeit von ministeriellen Handlungen, weil diese Vorschriften keine Außenwirkung erzeugen.

3. Kollegialprinzip

770 Das Kollegialprinzip bedeutet, dass die Bundesregierung ein Kollegialorgan aus Bundeskanzler und Bundesministern ist, das nach dem Mehrheitsprinzip Beschlüsse fasst. In welchen Fällen nicht die einzelnen Mitglieder, sondern die Bundesregierung als Ganzes zuständig ist, ergibt sich aus dem GG, einfachen Gesetzen und der GOBReg. Wie die Bundesregierung als Kollegialorgan handelt, ergibt sich aus den Regelungen der GOBReg.

771 Die Fälle, in denen die Bundesregierung *als Kollegium* zuständig ist, ergeben sich im Grundgesetz aus der Bezeichnung „die Bundesregierung“. Wesentlich sind die Ausübung der Gesetzesinitiative und andere Mitwirkungsrechte im Gesetzgebungsverfahren (Art. 76, 77 Abs. 2 Satz 4, Art. 113 GG), der Erlass von Rechtsverordnungen und Verwaltungsvorschriften (Art. 80, 84 GG) oder die Anrufung des BVerfG (Art. 93 Abs. 1 GG)[37]. Auch über den Einsatz von Streitkräften im Inland (Art. 87a Abs. 4 Satz 1, Art. 35 Abs. 3 Satz 1 GG) entscheidet

36 Zu beachten ist die Möglichkeit des Gesetzgebers, durch entsprechende gesetzliche Regelungen in die Organisationsgewalt einzugreifen.

37 Vgl. Übersicht bei *Schröder*, HStR III, § 64 Rn. 24.

die Bundesregierung als Kollegialorgan. Diese grundgesetzlich zugewiesenen Kompetenzen stehen nicht zur Disposition der Bundesregierung, sie kann sie daher nicht etwa auf einen Bundesminister delegieren[38]. Über Meinungsverschiedenheiten unter den Bundesministern entscheidet ebenfalls das Kabinett (Art. 65 Satz 3 GG). Gegenstand eines Kabinettsbeschlusses ist auch die Geschäftsordnung der Bundesregierung (Art. 65 Satz 4 GG). In der GOBReg sind die Zuständigkeiten des Kollegialorgans in den §§ 15, 15a GOBReg aufgeführt.

Das Kabinett entscheidet durch *Beschlussfassung nach dem Mehrheitsprinzip* **772** (§ 20 Abs. 1, § 24 Abs. 2 Satz 1 GOBReg). Jedes teilnehmende Kabinettsmitglied hat eine Stimme. Bei einem Patt ist die Stimme des Vorsitzenden entscheidend (§ 24 Abs. 2 Satz 2 GOBReg). Den Vorsitz hat üblicherweise der Bundeskanzler inne (vgl. § 22 Abs. 1 Satz 1 GOBReg). Möglich ist demnach, dass der Bundeskanzler eine Abstimmungsniederlage erleidet, zumal in den wichtigsten Regierungsfunktionen die Bundesregierung als Kollegium zuständig ist. Nicht zulässig ist, den Gegenstand einer Abstimmung zum Ziel einer Richtlinienentscheidung zu machen und so eine richtlinienkonforme Abstimmung herbeizuführen[39].

Die Tatsache, dass bei wichtigen Regierungsfunktionen die Bundesregierung als **773** Kollektivorgan zuständig ist und der Bundeskanzler über keine Richtlinienkompetenz verfügt, ändert nichts an der dominierenden Stellung des Bundeskanzlers. Der Bundeskanzler kann Bundesminister jederzeit entlassen und könnte auf Abstimmungsniederlagen daher mit Kabinettsumbildungen reagieren.

4. Selbstorganisation

Das Prinzip der Selbstorganisation gilt, wie bei allen Verfassungsorganen, auch **774** für die Bundesregierung. Normiert ist das Prinzip hier in Art. 65 Satz 4 GG. Danach gibt sich die Bundesregierung durch Mehrheitsbeschluss eine Geschäftsordnung, die vom Bundespräsidenten genehmigt werden muss. Diesem steht ein Prüfungsrecht hinsichtlich der Vereinbarkeit mit den sonstigen rechtlichen Vorgaben des Grundgesetzes oder einfachen Gesetzesvorschriften zu. Das Selbstorganisationsprinzip kann insbesondere nicht die verfassungsrechtlichen Organisationsprinzipien der Bundesregierung aufheben. Letztere unterliegen nur dem verfassungsändernden Gesetzgeber.

Die Geschäftsordnung hat *organinternen* Charakter und ordnet den Geschäfts- **775** ablauf innerhalb der Bundesregierung. Verletzungen sind grundsätzlich für die Wirksamkeit und Rechtmäßigkeit des Regierungshandelns unbeachtlich. Anderes gilt, wenn gleichzeitig gegen gesetzliche oder verfassungsrechtliche Vorgaben verstoßen wird, die in der Geschäftsordnung konkretisiert werden.

5. Koalitionsvereinbarung

Seit den 1960iger Jahren sind in der Bundesrepublik ausschließlich Koalitions- **776** regierungen gebildet worden, da es keiner Partei gelang, die absolute Mehrheit (Kanzlermehrheit) im Bundestag zu erringen. Deren parteipolitisches Fundament

---

38 BVerfG, NVwZ 2012, 1239 ff. (1250) – *Einsatz der Bundeswehr im Inland.*
39 A. A. *Hesse*, Verfassungsrecht, Rn. 642; *Stern*, Staatsrecht II, S. 304.

stellen die Koalitionsvereinbarungen dar, in denen die politischen Absprachen für die kommende Regierungsperiode schriftlich niedergelegt werden. Üblicherweise werden die Koalitionsvereinbarungen zwischen dem Wahltag und der Wahl des Bundeskanzlers von den an der zukünftigen Koalition beteiligten Parteien verhandelt und durch Parteitage genehmigt.

777 Die *Rechtsnatur* der Koalitionsvereinbarung ist umstritten. Sie stellt jedenfalls keinen öffentlich-rechtlichen Vertrag dar, da die Koalitionspartner keine Behörden i. S. d. § 54 Satz 2 VwVfG sind. Auch wenn man sie als verfassungsrechtlichen Vertrag begreift, wäre dieser – da er den Kernbereich der politischen Verantwortung berührt – rechtlich nicht durchsetzbar[40]. Naheliegender erscheint es, von vornherein von *rein politischen, nicht rechtserheblichen Absprachen* auszugehen. In jedem Fall können Koalitionsvereinbarungen nicht in das verfassungsrechtliche Kompetenzgefüge eingreifen, insbesondere können sie die Regierungsprinzipien des Art. 65 GG nicht modifizieren. Das zukünftige Verhalten von Staatsorganen wie auch das Stimmverhalten der einzelnen Abgeordneten kann nicht zum Gegenstand verbindlicher Absprachen gemacht werden.

6. Verwaltungsunterbau

778 Die Bundesregierung und ihre einzelnen Mitglieder stehen an der Spitze eines Verwaltungsunterbaus aus Bundesministerien und nachgeordneten Einrichtungen der Bundesverwaltung.

779 Der *Bundeskanzler* verfügt über das Bundeskanzleramt als eigenen Verwaltungsunterbau, der ihn bei der Ausübung seiner Regierungsfunktion unterstützt (z. B. Kontakt zu anderen Staatsorganen, Koordinierung der Bundesregierung, Vorbereitung der Kabinettssitzung, Öffentlichkeitsarbeit etc.). Geleitet wird es vom Chef des Bundeskanzleramts, der häufig zum Bundesminister für besondere Angelegenheiten ernannt wird, bei der Leitung des Kanzleramts jedoch funktionell als Staatssekretär tätig wird und gegenüber dem Bundeskanzler weisungsgebunden ist[41].

780 Die *Bundesminister* werden in ihrer Regierungs- und Verwaltungsfunktion durch ihre Ministerialverwaltung unterstützt. Diese übt auch die Dienst- und Rechtsaufsicht über die nachgeordnete Bundesverwaltung sowie die von der Bundesregierung delegierte Fach- oder Rechtsaufsicht über den Ländervollzug von Bundesgesetzen aus.

IV. Zuständigkeiten

1. Regierungsfunktion

781 Die Bundesregierung besitzt ihre wesentlichen Organkompetenzen im Bereich der Regierungsfunktion, d. h. der Staatsleitung im Ganzen. Die Staatsleitung im

40 *Degenhart*, Staatsorganisationsrecht, Rn. 435.
41 Vgl. *Maurer*, Staatsrecht I, § 14 Rn. 15.

weiteren Sinne teilt sie sich vor allem mit der Legislative, die Mitwirkungs- und Kontrollrechte besitzt.

Die einzelnen Regierungsfunktionen sind über das gesamte Grundgesetz verteilt[42]. **782**
Wesentlich sind die Befugnisse im Gesetzgebungsverfahren (Gesetzesinitiativrecht, Art. 76 Abs. 1 GG, Anrufung des Vermittlungsausschusses, Art. 77 Abs. 2 Satz 4 GG, Zustimmung zu finanzwirksamen Gesetzen, Art. 113 GG), die Befugnisse in der Haushalts- und Finanzverfassung (Entwurf des Haushalts, Art. 110 Abs. 3 GG) sowie im Bereich der Verteidigung (Genehmigungsvorbehalt bei Kriegswaffen, Art. 26 Abs. 2 Satz 1 GG) und den auswärtigen Angelegenheiten (Zustimmung zu Verträgen der Länder mit auswärtigen Staaten, Art. 32 Abs. 3 GG). Aus der Staatsleitungsfunktion wird ferner die Befugnis der Bundesregierung zur Öffentlichkeits- und Informationstätigkeit hergeleitet, die nach der Rechtsprechung des BVerfG auch zu Grundrechtsbeeinträchtigungen durch staatliche Warnungen berechtigt, ohne dass es einer einfachgesetzlichen parlamentarischen Rechtsgrundlage bedürfte[43]. Die Informationstätigkeit wird entweder durch die Bundesregierung als Kollegialorgan oder durch die einzelnen Regierungsmitglieder ausgeübt. Der Bundeskanzler ist mangels eigenen Geschäftsbereichs und aufgrund seiner Richtlinienkompetenz dominierend in der Ausübung der Regierungsfunktionen.

2. Verwaltungsfunktion

Der Schwerpunkt der Verwaltungsfunktion liegt bei den einzelnen Bundesminis- **783**
tern. Sie stehen an der Spitze ihres Geschäftsbereichs. Ihnen unterstehen eine Ministerialverwaltung sowie die nachgeordnete Bundesverwaltung. Außerdem üben sie regelmäßig anstelle der Bundesregierung die Fach- und Rechtsaufsicht beim Vollzug von Bundesgesetzen durch die Länder aus.

Die Gegenstände der Bundesverwaltung ergeben sich insbesondere aus den ver- **784**
fassungsrechtlichen Normierungen (Art. 86 ff. GG, insb. Auswärtiger Dienst, Bundesfinanzverwaltung, Art. 87 Abs. 1 GG, Bundeswehrverwaltung, Art. 87b Abs. 1 Satz 1 GG). Im Übrigen entspricht die Einteilung des Kabinetts in Geschäftsbereiche den Gegenständen der jeweiligen Ministerialverwaltung.

3. Rechtsetzungsfunktion

Rechtsetzend können die Bundesregierung oder einzelne Bundesminister beim **785**
Erlass von Rechtsverordnungen und Verwaltungsvorschriften tätig werden. Rechtsverordnungen stellen Gesetze im materiellen Sinn dar, die nur auf Basis eines formellen Gesetzes durch die Bundesregierung oder einzelne Bundesminister erlassen werden dürfen (Art. 80 GG). Verwaltungsvorschriften (vgl. insb. Art. 86 Satz 1, Art. 84 Abs. 2, Art. 85 Abs. 2 Satz 1 GG) wirken ebenso wie interne Weisungen grundsätzlich nur im verwaltungsinternen Innenverhältnis, eine Auswirkung kann sich nur ausnahmsweise im Wege der Selbstbindung der Verwal-

42 Vgl. Überblick bei *Maurer,* Staatsrecht I, § 14 Rn. 52.
43 Vgl. BVerfGE 105, 252 – *Glykol*; 105, 279 – *Osho*.

tung gem. Art. 3 Abs. 1 GG sowie bei sog. normkonkretisierenden Verwaltungsvorschriften ergeben[44].

Rechtsprechung: BVerfGE 27, 44 – *Parlamentarisches Regierungssystem*; BVerfGE 44, 125 – *Öffentlichkeitsarbeit der Bundesregierung*; BVerfGE 62,1 – *Vertrauensfrage Kohl*; BVerfGE 63, 230 – *Öffentlichkeitsarbeit der Bundesregierung;* BVerfGE 67, 100 – *Herausgabe von Akten für ein parlamentarisches Untersuchungsverfahren*; BVerfGE 90, 286 – *Entscheidung über den Einsatz der Bundeswehr im Ausland;* BVerfGE 91, 148 – *Bundesregierung als Kollegialorgan*; BVerfGE 100, 249 – *Verwaltungsvorschriften für den Vollzug von Bundesgesetzen*; BVerfGE 105, 252 – *Glykol*; BVerfGE 105, 279 – *Osho*; BVerfGE 114, 121 – *Vertrauensfrage Schröder*; BVerfG, NVwZ 2012, 1239 – *Einsatz der Bundeswehr im Inland.*

Literatur:

Zur Vertiefung:
Aktuelle Diskussionen
Busse, V., Organisation der Bundesregierung und Organisationsentscheidungen der Bundeskanzler in ihrer historischen Entwicklung und im Spannungsfeld zwischen Exekutive und Legislative, Der Staat 45 (2006), 245 ff.; *Edinger, F.*, Wer misstraut wem? Die Entscheidung des Bundesverfassungsgerichts über die Vertrauensfrage des Bundeskanzlers und die Bundestagsauflösung 2005, ZParl 2006, 28 ff.; *Kunze, Th./Duhme, E.-H.*, SMS der Bundeskanzlerin – Ist die Informationsfreiheit (fast) grenzenlos?, DVBl. 2013, 837 ff.; *Niclauß, K.*, Auflösung oder Selbstauflösung? Anmerkungen zur Verfassungsdiskussion nach der Vertrauensfrage des Bundeskanzlers 2005, ZParl 2006, 40 ff.

Grundlegende Texte
Berthold, L., Das konstruktive Misstrauensvotum und seine Ursprünge in der Weimarer Staatsrechtslehre, Der Staat 1997, 87; *Böckenförde, E.-W.*, Die Organisationsgewalt im Bereich der Regierung, 2. Aufl. 1999; *Magiera, S.*, Parlament und Staatsleitung in der Verfassungsordnung des Grundgesetzes, 1979.

§ 29 Das Bundesverfassungsgericht

786 Das BVerfG ist das Rechtsprechungsorgan der Verfassungsgerichtsbarkeit des Bundes (vgl. Art. 92 Halbsatz 2 GG). Normative Grundlagen sind neben den verfassungsrechtlichen Vorgaben das gem. Art. 94 Abs. 2 Satz 1 GG erlassene Bundesverfassungsgerichtsgesetz (BVerfGG). Aufgrund seines Verfassungsorganstatus gibt sich das BVerfG im Rahmen der bestehenden verfassungsrechtlichen und gesetzlichen Vorgaben eine Geschäftsordnung (GO BVerfG; vgl. § 1 Abs. 3 BVerfGG).

I. Aufbau und Status

787 Das BVerfG besteht aus *zwei Spruchkörpern* (Senate) mit je acht Richtern, von denen jeweils drei von den obersten Bundesgerichten (vgl. Art. 95 f. GG) stammen müssen (§ 2 BVerfGG). Zwischen den beiden Senaten werden die Verfahren, für die das BVerfG zuständig ist, exklusiv aufgeteilt (§ 14 BVerfGG). Jeder Senat ist bei seinen Entscheidungen das Bundesverfassungsgericht. Im Schwerpunkt beschäftigt sich der 1. Senat mit Grundrechtsfragen, der 2. Senat mit dem Staats-

44 S. dazu ausführlich *Maurer*, Allgemeines Verwaltungsrecht, § 24.

organisationsrecht. Jeder Senat bildet Kammern, die mit jeweils drei Richtern zu besetzen sind (§ 15 a BVerfGG). Besteht in einzelnen Fragen Uneinigkeit zwischen den beiden Senaten, entscheidet das Plenum (§ 16 Abs. 1 BVerfGG)[1].

Die *Richter* des BVerfG werden je zur Hälfte vom Bundestag und vom Bundesrat gewählt (vgl. Art. 94 Abs. 1 Satz 1 GG, §§ 5–9 BVerfGG)[2]. Dieses Verfahren verleiht der Rechtsprechungstätigkeit eine besondere demokratische Legitimation, die der hervorgehobenen Stellung des BVerfG im Verfassungsgefüge der Bundesrepublik Deutschland Rechnung trägt[3]. Teil der Wahl ist auch die Bestimmung von Präsident und Vizepräsident, die jeweils verschiedenen Senaten angehören müssen (vgl. § 9 Abs. 1 BVerfGG). Die einzelnen Vorausetzungen für die Wählbarkeit in das Amt des Bundesverfassungsrichters sind in § 3 BVerfGG geregelt. Danach ist die Vollendung des 40. Lebensjahres, das passive Wahlrecht zum Bundestag, die Befähigung zum Richteramt nach dem Deutschen Richtergesetz (DRiG) sowie das vorab erklärte Einverständnis mit der Wahl in das Amt erforderlich. Die Amtszeit beträgt zwölf Jahre ohne Möglichkeit der Wiederwahl und endet spätestens mit Ablauf des 68. Lebensjahres (§ 4 BVerfGG). Gründe für eine vorherige Beendigung des Amts sind etwa Tod, Dienstunfähigkeit oder nach § 12 BVerfGG die Entlassung auf eigenen Wunsch. Während der Amtszeit gilt eine umfassende Unvereinbarkeit mit anderen Ämtern und Funktionen – zulässig ist lediglich eine Tätigkeit als Hochschullehrer des Rechts (Art. 94 Abs. 1 Satz 3 GG, § 3 Abs. 3 u. 4 BVerfGG). Diese Regelung soll, ebenso wie der Ausschluss von Richtern wegen Verwandtschaft oder Beteiligung in der Sache und die Ablehnung bei Besorgnis der Befangenheit, die Unabhängigkeit der Entscheidung gewährleisten (vgl. §§ 18, 19 BVerfGG). 788

II. Zuständigkeiten

Die besondere Bedeutung des BVerfG besteht darin, dass es unmittelbar in Verfassungsrechtsfragen entscheidet und eine umfassende Kontrolle des Handelns sämtlicher Staatsgewalten am Maßstab der Verfassung vornimmt[4]. Besonders wichtig ist die exklusive Kompetenz zur Verwerfung nachkonstitutionellen einfachen Rechts (vgl. Art. 100 Abs. 1 Satz 1 GG). Dem BVerfG kommt eine enorme Machtfülle und daraus resultierende Verantwortung zu, weil seine Entscheidungen nicht von einer anderen Institution überprüft werden können und die Entscheidungsgegenstände häufig von großer staatspolitischer Bedeutung sind[5]. 789

Dennoch existiert keine Generalklausel zur Begründung der Zuständigkeit des BVerfG. Es ist nur in den *ausdrücklich zugewiesenen Fällen zuständig (Enumerationsprinzip)*. Die Zuständigkeit wird hinsichtlich verschiedener Verfahrensarten etabliert, für die jeweils eigene Regeln gelten. Normative Grundlagen sind neben der enumerativen Auflistung der Verfahrensarten in Art. 93 Abs. 1 GG andere verfassungsrechtliche Zuständigkeiten an gesonderter Stelle, wie etwa 790

1 Zuletzt im Fall des Streitkräfteeinsatzes auf Basis des Luftsicherheitsgesetzes, vgl. BVerfG, NVwZ 2012, 1239 ff. (1239 f.) – *Einsatz der Bundeswehr im Inland*.
2 Zur Richterwahl durch den Bundestag s. oben Rn. 552 f.
3 *Schlaich/Korioth*, Das Bundesverfassungsgericht, Rn. 42.
4 *Schlaich/Korioth*, Das Bundesverfassungsgericht, Rn. 3 ff.
5 Vgl. Beispiel bei *Maurer*, Staatsrecht I, § 20 Rn. 11.

Art. 18 Satz 2, Art. 21 Abs. 2 Satz 2, Art. 61 oder Art. 100 GG. Die Zuständigkeiten werden einfachgesetzlich in § 13 BVerfGG zusammengefasst. Dem BVerfG können darüber hinaus weitere Zuständigkeiten durch einfaches Gesetz eingeräumt werden (vgl. Art. 93 Abs. 3 GG, § 13 Nr. 15 BVerfGG)[6]. Von besonderer praktischer Bedeutung sind neben der Verfassungsbeschwerde (Art. 93 Abs. 1 Nr. 4 a GG, § 13 Nr. 8 a BVerfGG) die konkrete (Art. 100 Abs. 1 GG, § 13 Nr. 11 BVerfGG) und abstrakte Normenkontrolle (Art. 93 Abs. 1 Nr. 2 GG, § 13 Nr. 6 BVerfGG) sowie speziell für staatsorganisationsrechtliche Fragestellungen das Wahlprüfungsverfahren (Art. 41 Abs. 2 GG, § 13 Nr. 3 BVerfGG), das Organstreitverfahren (Art. 93 Abs. 1 Nr. 1 GG, § 13 Nr. 5 BVerfGG) und der Bund-Länder-Streit (Art. 93 Abs. 1 Nr. 3 GG, 84 Abs. 4 Satz 2 GG, § 13 Nr. 7 BVerfGG)[7].

→ *Zu den einzelnen Verfahrensarten siehe Rn. 1032 ff.*

III. Prozessuale Grundsätze

791 Das Verfahren vor dem BVerfG richtet sich grundsätzlich nach den Vorschriften des BVerfGG. Dabei sind vorrangig die Spezialregelungen zu den einzelnen Verfahrensarten im III. Teil (§§ 36–97 BVerfGG) zu beachten. Subsidiär finden sich in Teil II (§§ 17–35 c BVerfGG) allgemeine prozessuale Grundsätze, wobei teilweise, wie etwa beim Öffentlichkeitsgrundsatz (§ 17 BVerfGG), auf die Normen des einfachgesetzlichen Gerichtsverfassungs- und Prozessrechts verwiesen wird. Lücken im Verfassungsprozessrecht können durch die analoge Anwendung von einfachgesetzlichen Prozessnormen geschlossen werden[8].

1. Antragsprinzip

792 Für die Einleitung eines Verfahrens gilt das Antragsprinzip. Das BVerfG wird nur auf schriftlichen, mit Begründung versehenen Antrag und *nicht von Amts wegen* tätig (§ 23 Abs. 1 BVerfGG). Es ist in seinem Untersuchungsrecht allerdings nicht durch den Antrag begrenzt und nimmt anlässlich eines zulässigen Verfahrens auch ohne ausdrücklichen Antrag regelmäßig eine umfassende Sachprüfung vor (uneingeschränkter Untersuchungsgrundsatz)[9].

2. Zulässigkeit und Begründetheit des Antrags

793 Das Bundesverfassungsgericht prüft die Zulässigkeit und Begründetheit des Antrags. Zulässig ist dieser, wenn die verfahrensrechtlichen Voraussetzungen einer Entscheidung in der Sache gegeben sind. Diese Voraussetzungen sind verfahrensabhängig und richten sich nach den Vorgaben des Grundgesetzes und des BVerfGG. Insbesondere werden dabei Vorgaben hinsichtlich zulässiger Antragsteller sowie deren Position zum Verfahrensgegenstand gemacht. So soll etwa bei der Verfassungsbeschwerde das Merkmal der individuellen Betroffenheit („Be-

---

6 Vgl. Beispiele bei *Benda/Klein*, Verfassungsprozessrecht, 3. Aufl. 2011, Rn. 405.

7 Übersicht bei *Schlaich/Korioth*, Das Bundesverfassungsgericht, Rn. 78. Zu den einzelnen Verfahren ausführlich dort, Rn. 79 ff. Knapper *Gersdorf*, Verfassungsprozessrecht und Verfassungsmäßigkeitsprüfung, 4. Aufl. 2009; *Maurer*, Staatsrecht I, § 20.

8 *Schlaich/Korioth*, Das Bundesverfassungsgericht, Rn. 56 ff.

9 Vgl. BVerfGE 15, 249 (253).

schwerdebefugnis“, Art. 93 Abs. 1 Nr. 4 a GG, §§ 13 Nr. 8 a, 90 Abs. 1 BVerfGG) Popularklagen ausschließen, während ein Gericht im Verfahren der konkreten Normenkontrolle Normen nur dann dem BVerfG zur Entscheidung vorlegen soll, wenn es diese einerseits selbst für verfassungswidrig, andererseits im konkreten Fall für entscheidungserheblich hält (Art. 100 Abs. 1 GG, §§ 13 Nr. 11, 80 Abs. 2 BVerfGG). In der Begründetheitsprüfung beurteilt das BVerfG den materiellen Sachvortrag, also etwa bei der Verfassungsbeschwerde, ob tatsächlich eine Grundrechtsverletzung vorliegt, bei der Normenkontrolle, ob die angegriffene Norm verfassungswidrig ist. Vor der endgültigen Entscheidung kann das BVerfG auf Antrag eine einstweilige Anordnung aussprechen, wobei es, wenn der Antrag in der Hauptsache nicht offensichtlich begründet oder offensichtlich unbegründet ist, eine „Doppelhypothese“ vornimmt und die Folgen des Nichterlasses einer einstweiligen Anordnung im Falle späterer Begründetheit der Hauptsache dem umgekehrten Fall gegenüberstellt[10].

3. Entscheidung des Bundesverfassungsgerichts

Abgeschlossen wird jedes beantragte Verfahren durch eine Entscheidung des Gerichts. Entschieden wird nach dem gesetzlichen Regelfall, der in der Praxis jedoch die Ausnahme ist, durch Urteil, d. h. aufgrund mündlicher Verhandlung. Entscheidungen ohne mündliche Verhandlung werden als Beschluss bezeichnet (§ 25 Abs. 1 u. 2 BVerfGG). Zur Entlastung des Gerichts gibt es die Möglichkeit, einen Antrag, der offensichtlich ohne Erfolgsaussichten ist, in einem abgekürzten Vorverfahren durch einstimmigen Beschluss des Gerichts abzulehnen (§ 24 BVerfGG, sog. *a-limine-Abweisung*)[11]. In den Verfahren der Verfassungsbeschwerde und der konkreten Normenkontrolle ist das *Kammerverfahren* vorgesehen, bei der mit drei Richtern besetzte Kammern über die Zulässigkeit des Antrags und die Annahme zur Entscheidung bestimmen; ausnahmsweise können sie Verfassungsbeschwerden auch selbstständig stattgeben (vgl. §§ 81 a, 93 a ff. BVerfGG). **794**

Für die *Beschlussfähigkeit eines Senats*, d. h. die Fähigkeit eine wirksame Entscheidung zu treffen, ist die Anwesenheit von mindestens sechs Richtern erforderlich, so dass nicht immer alle Richter eines Senats an einer Entscheidung mitwirken müssen (§ 15 Abs. 2 Satz 1 BVerfGG). Allerdings sind nach Beginn der Sachberatung die übrigen Richter von der Mitwirkung ausgeschlossen (§ 15 Abs. 3 BVerfGG). Welche Richter mitgewirkt haben, ergibt sich aus der Unterzeichnung der Entscheidung (vgl. § 30 Abs. 1 Satz 2 a. E. BVerfGG). **795**

Ein Senat entscheidet grundsätzlich mit *einfacher Mehrheit* (§ 15 Abs. 4 Satz 2 BVerfGG). Aufgrund der gesetzlich vorgesehenen geraden Anzahl von acht Richtern ist eine *Stimmenparität* möglich. In diesem Fall wird ein Verstoß gegen das Grundgesetz oder gegen Bundesrecht nicht bejaht, so dass der auf diese Feststellung gerichtete Antrag abgewiesen wird (§ 15 Abs. 4 Satz 3 BVerfGG). Bei bestimmten Verfahren ist eine *qualifizierte Zweidrittelmehrheit* der gesetzlichen Mitglieder des Senats erforderlich (6 Stimmen). Dazu gehören die Entscheidung über eine Grundrechtsverwirkung, das Parteiverbot, die Präsidentenanklage **796**

10 Ausführlich *Bäcker*, JuS 2013, 119 ff.
11 *Schlaich/Korioth*, Das Bundesverfassungsgericht, Rn. 70 ff.

sowie die Richterklage (§ 15 Abs. 4 Satz 1 BVerfGG). Das Stimmverhältnis einer Entscheidung kann veröffentlicht werden (§ 30 Abs. 2 Satz 2 BVerfGG).

797 Entscheidungen des BVerfG ergehen *schriftlich* und mit *Begründung* (§ 30 Abs. 1 Satz 2 BVerfGG). Zulässig ist die Beifügung einer abweichenden Meinung (*Sondervotum*), die sich sowohl auf die Entscheidung selbst als auch auf die Begründung beziehen kann (§ 30 Abs. 2 Satz 1 BVerfGG). Zur Wahrung einer einheitlichen Rechtsprechung beider Senate entscheidet bei unterschiedlicher Rechtsauffassung das Plenum, das sich aus allen 16 Richtern zusammensetzt (§ 16 BVerfGG). Die bedeutenden Entscheidungen sowohl des Plenums und der Senate (BVerfGE) als auch der Kammern (BVerfGK) werden in amtlichen Entscheidungssammlungen veröffentlicht.

798 Entscheidungen des BVerfG *binden* nach § 31 Abs. 1 BVerfGG *alle staatlichen Institutionen*, d.h. die Rechtswirkung tritt nicht nur zwischen den Parteien ein („inter partes"). Entscheidungen, die nach bestimmten Verfahren ergehen, haben sogar *Gesetzeskraft*, d.h. sie binden grundsätzlich jedermann („inter omnes"; vgl. Art. 94 Abs. 2 Satz 1 GG, § 31 Abs. 2 BVerfGG)[12]. Dies betrifft Verfahren, in denen das Gericht über die Verfassungsmäßigkeit von Gesetzen entscheidet und diese somit unmittelbar außer Kraft setzen kann. Entscheidungen, denen Gesetzeskraft zukommt, sind auch im Bundesgesetzblatt zu veröffentlichen (vgl. § 31 Abs. 2 Satz 3, 4 BVerfGG).

799 Inhaltlich umfasst die *Bindungswirkung* die *Entscheidungsformel*, nicht dagegen, auch wenn dies das Bundesverfassungsgericht oft behauptet, die *tragenden Gründe* der Entscheidung. Diese ergeben sich aus den der Begründung vorangestellten Leitsätzen sowie der Begründung selbst. In zeitlicher Hinsicht gelten die Rechtswirkungen einer Entscheidung des BVerfG regelmäßig rückwirkend („ex tunc"), wenn sich diese auf die Verfassungswidrigkeit einer Norm bezieht. Ausnahmen gelten, wenn eine rückwirkende Nichtigkeit zu unübersehbaren oder faktisch nicht zu korrigierenden Folgen führt oder der Gesetzgeber mehrere Korrekturmöglichkeiten besitzt. Letzteres gilt hauptsächlich bei einem Verstoß gegen das Gleichheitsgebot in Art. 3 Abs. 1 GG[13].

IV. Verhältnis zu überstaatlicher Gerichtsbarkeit

800 Aufgrund der Einbindung in das Europäische und Internationale Mehrebenensystem können im Bereich der Rechtsprechung Jurisdiktionskonflikte entstehen[14]. Zu klären ist insofern das Verhältnis des BVerfG zum Europäischen Gerichtshof (EuGH), zum Internationalen Gerichtshof (IGH) sowie zum Europäischen Gerichtshof für Menschenrechte (EGMR).

---

12 Zu diesem heutigen Verständnis der „Gesetzeskraft" und deren historischen Wurzeln *Schlaich/Korioth*, Das Bundesverfassungsgericht, Rn. 495 ff.

13 Vgl. Fallgruppen bei *Benda/Klein*, Verfassungsprozessrecht, § 37 Rn. 1267 ff.

14 Ausführlich *Schlaich/Korioth*, Das Bundesverfassungsgericht, Rn. 358 ff. Zum Verhältnis zur Verfassungsgerichtsbarkeit der Länder ebd., Rn. 346 ff.

1. Das Verhältnis zum EuGH

801 Grundsätzlich entscheidet das BVerfG über die Verfassungsmäßigkeit des Handelns der deutschen Staatsgewalt, der EuGH überprüft die Rechtsakte von Unionsorganen am Maßstab des Unionsrechts. Zu *Überschneidungen* dieser eigentlich getrennten Zuständigkeiten kann es kommen, wenn unionsrechtliche Rechtsakte innerstaatliche Wirkung in Deutschland entfalten. Es stellt sich dann die Frage, ob unmittelbar geltende Unionsrechtsakte oder deren Umsetzung ins nationale Recht durch die deutsche Staatsgewalt durch das BVerfG am Maßstab des Grundgesetzes überprüft werden können. Das Verhältnis von EuGH und BVerfG ist weder im deutschen Verfassungsrecht noch im Unionsrecht auf dem Stand des Vertrags von Lissabon geregelt. Abzustellen ist auf das Verhältnis von Unionsrecht und nationalem Verfassungsrecht[15].

Aus der Sicht des EuGH gilt ein grundsätzlicher *Vorrang des Unionsrechts* vor jeder wie auch immer gearteten nationalen Vorschrift, d. h. es besteht ein Anwendungsvorrang des Gemeinschaftsrechts vor entgegenstehendem einfachem nationalem Recht wie auch nationalem Verfassungsrecht[16]. In der Folge nimmt der EuGH für sich die Befugnis in Anspruch, allein letztverbindlich über die Rechtmäßigkeit von Rechtsakten der Gemeinschaft zu entscheiden.

802 Auch das BVerfG erkennt den Anwendungsvorrang des Unionsrecht grundsätzlich an; allerdings versteht es diesen als durch den Integrationsauftrag des Art. 23 Abs. 1 GG vermittelt und daher relativ[17]: Einen eigenen Prüfungsanspruch hält es in Fällen für gegeben, in denen die Fortentwicklung des Unionsrechts die verfassungsrechtliche Ermächtigung nicht einhält. Dies ist erstens der Fall, wenn das Unionsrecht keinen „diesem Grundgesetz im wesentlichen vergleichbaren Grundrechtsschutz gewährleistet".[18] „Solange" ein adäquater Grundrechtsschutz auf Unionsebene gewährleistet ist, verzichtet das BVerfG darauf, das sekundäre Gemeinschaftsrecht am Maßstab des Grundgesetzes zu überprüfen. Im Rahmen einer Verfassungsbeschwerde muss der Beschwerdeführer somit geltend machen, dass das Niveau des Grundrechtsschutzes auf europäischer Ebene, einschließlich der Rechtsprechung des EuGH, deutlich unter das durch das Grundgesetz vorgesehene abgesunken ist. Insofern geht das BVerfG von einem „Kooperationsverhältnis" zum EuGH aus[19]. Eine Reservekompetenz macht das BVerfG zweitens geltend, wenn sich Handlungen der Unionsorgane nicht auf die durch das nationale Verfassungsrecht übertragenen Unionszuständigkeiten stützen können (sog. *ultra-vires-Akte*). Erforderlich ist hier jedoch, da derartiges kompetenzwidriges Handeln wegen des damit verbundenen Verstoßes gegen das Prinzip der begrenzten Einzelermächtigung (Art. 5 Abs. 1 u. 2 EUV) oder das Subsidiaritätsprinzip (Art. 5 Abs. 3 EUV) auch unionsrechtswidrig ist, eine vorherige Vorlage zum EuGH[20]. Ferner muss der Verstoß „hinreichend qualifiziert" sein, d. h.

---

15 Vgl. ausführlich zum Rangverhältnis *Streinz*, Europarecht, Rn. 194 ff.

16 Grundlegend EuGH, RS. 6/64 – *Costa/ENEL*, Slg. 1964, 1251, 1269 f.; für den Vorrang vor nationalem Verfassungsrecht EuGH RS. 11/70 – *Internationale Handelsgesellschaft*, Slg. 1970, 1125; EuGH, RS. 106/77– *Simmenthal II*, Slg. 1978, 629; zuletzt EuGH, RS. C-409/06 – *Winner Wetten*, Rn. 61, 67.

17 Ausführlich *Polzin*, JuS 2012, 1 ff.

18 Vgl. Art. 23 Abs. 1 Satz 1 GG, der den durch BVerfGE 73, 339 (387) – *Solange II* aufgestellten Prüfungsmaßstab kodifiziert.

19 BVerfGE 89, 155 (175 ff.) – *Maastricht*.

20 BVerfGE 126, 286 (304) – *Honeywell*.

„offenkundig" sein und „im Kompetenzgefüge zu einer strukturell bedeutsamen Verschiebung zulasten der Mitgliedstaaten" führen[21]. Schließlich kommt als dritte Kompetenz des BVerfG die Entscheidung im Rahmen der sog. Verfassungsidentitätskontrolle in Betracht, die sicherstellen soll, dass Art. 79 Abs. 3 GG als Grenze der Integrationsermächtigung (Art. 23 Abs. 1 Satz 3 GG) gewahrt bleibt[22]. Mit der Verfassungsidentitätskontrolle kann also eine Verletzung der in Art. 1 und 20 GG niedergelegten Grundsätze vor dem BVerfG geltend gemacht werden. Besondere Bedeutung hat in diesem Zusammenhang das durch Art. 20 Abs. 1 u. 2 GG geschützte Demokratieprinzip erhalten, weil hierdurch der Verbleib substantieller Rechte beim Deutschen Bundestag im Zuge des voranschreitenden Integrationsprozesses justitiabel gemacht wird[23].

2. Das Verhältnis zum IGH

803 Der Internationale Gerichtshof ist das richterliche Hauptorgan der Vereinten Nationen (Art. 92 VN-Charta). Gem. Art. 59 IGH-Statut sind seine Urteile nur zwischen den Streitparteien („inter partes") und in Bezug auf die Sache bindend, in der entschieden wurde. Aufgrund der aus Art. 25, 59 Abs. 2 GG hergeleiteten sog. „Völkerrechtsfreundlichkeit des GG" sind Entscheidungen des IGH grundsätzlich bei der Auslegung internationaler Rechtsnormen zu berücksichtigen[24]. Ein Zuständigkeitskonflikt zwischen BVerfG und IGH besteht schon deshalb nicht, weil vor dem IGH nur Staaten Verfahrensparteien sein können (Art. 34 Abs. 1 IGH-Statut).

3. Das Verhältnis zum EGMR

804 Der *Europäische Gerichtshof für Menschenrechte* ist ein ständiger Gerichtshof, vor dem im Wege der Staaten-, vor allem aber der Individualbeschwerde Verletzungen der Europäischen Menschenrechtskonvention, eines völkerrechtlichen Vertrages, geltend gemacht werden können (§§ 19, 33f. EMRK). Wegen der Parallelität zur Verfassungsbeschwerde zum BVerfG drohen hier in besonderer Weise Jurisdiktionskonflikte. Art. 35 Abs. 1 EMRK verlangt die Erschöpfung des innerstaatlichen Rechtswegs, welcher die Verfassungsbeschwerde einschließt, so dass im konkreten Einzelfall grundsätzlich das BVerfG vorrangig entscheidet. Möglich ist jedoch auch hier eine Berücksichtigungspflicht vorangegangener Entscheidungen durch deutsche Gerichte und insbesondere durch das BVerfG. Grundsätzlich hat die EMRK als völkerrechtlicher Vertrag i.S.d. Art. 59 Abs. 2 Satz 1 GG den Status einfachen Bundesrechts,[25] auch binden die Entscheidungen des EGMR gem. Art. 46 Abs. 1 EMRK die Vertragsparteien nur in den Fällen, in denen sie Beteiligte des konkreten Verfahrens sind. Dennoch leitet das BVerfG auch hier aus der Völkerrechtsfreundlichkeit des Grundgesetzes eine umfassende Berücksichtigungspflicht der nationalstaatlichen Gerichte ab[26] und erhebt die EMRK somit „mittelbar zum verfassungsrechtlichen Prüfungsmaßstab"[27].

---

21 BVerfGE 126, 286 (Ls. 1 a) – *Honeywell.*
22 BVerfGE 123, 267 (354) – *Lissabon.*
23 *Schöbener,* JA 2011, 885 ff. (892). Vgl. zuletzt BVerfGE 131, 152 – *ESM-Vertrag.*
24 BVerfGK 9, 174–198.
25 S. dazu und zur Bedeutung i.R.d. Art. 31 GG oben Rn. 260.
26 BVerfGE 111, 307 (322 ff.) – *Görgülü.*
27 *Voßkuhle,* NVwZ 2010, 1 ff. (4).

Rechtsprechung: BVerfGE 20, 1 – *Befangenheit des Richters Leibholz*; BVerfGE 72, 296 – *Selbstablehnung des Richters Herzog*; BVerfGE 73, 330 – *Ablehnung des Bundesverfassungsrichters Simon*; BVerfGE 89, 155 – *Maastricht*; BVerfGE 102, 192 – *Ablehnung des Richters Jentsch wegen Besorgnis der Befangenheit;* BVerfGE 111, 307 – *Görgülü;* BVerfGE 123, 267 – *Lissabon;* BVerfGE 126, 284 – *Honeywell*; BVerfGE 131, 152 – *ESM-Vertrag.*

Literatur:

Zur Ergänzung:
Ausführlicher die Darstellungen in den Lehrbüchern zum Bundesverfassungsgericht und Verfassungsprozessrecht:
Benda, E./Klein, E., Verfassungsprozessrecht, 3. Aufl. 2011; *Fleury, R.*, Verfassungsprozessrecht, 9. Aufl. 2012; *Gersdorf, H.*, Verfassungsprozessrecht, 3. Aufl. 2010, *Schlaich, K./Korioth, S.*, Das Bundesverfassungsgericht, 9. Aufl. 2012; *Zuck, R.*, Das Recht der Verfassungsbeschwerde, 3. Aufl. 2006.

Zur Vertiefung:
Alexy, R./Kunig, P./Heun, W./Hermes, G., Verfassungsrecht und einfaches Recht – Verfassungsgerichtsbarkeit und Fachgerichtsbarkeit, VVDStRL 61 (2002) 7 ff.; *Böckenförde, E.-W.*, Verfassungsgerichtsbarkeit: Strukturfragen, Organisation, Legitimation, NJW 1999, 9 ff.; *Korioth, S.*, Bundesverfassungsgericht und Rechtsprechung („Fachgerichte"), in: FS BVerfG, 2001, 55 ff.; *Schulze-Fielitz, H.*, Wirkung und Befolgung verfassungsgerichtlicher Entscheidungen, in: FS BVerfG, 2001, 385 ff.

§ 30 Die Parteien als Organe der Verfassung

Politische Parteien sind für die Funktionsfähigkeit repräsentativer Demokratien **805** notwendige Institutionen. In einer repräsentativen Demokratie wird der Staatswille nicht unmittelbar durch das Volk in seiner Gesamtheit, sondern durch eine Volksvertretung gebildet. Die Notwendigkeit der parlamentarischen Repräsentation wie der Entscheidungsfindung nach dem Mehrheitsprinzip führt zu einer Verfestigung von politischen Gruppierungen und Lagern, die für moderne Massendemokratien charakteristisch ist. In diesem System stellen Parteien ein intermediäres, zwischen Volk und Volksvertretung stehendes Organ dar, das einerseits die Bündelung der im Volk artikulierten Interessen, andererseits die Information des Volks über die parlamentarischen Vorgänge ermöglicht. Ihnen kommt daher eine besondere Bedeutung nicht nur innerhalb des Parlaments, wo sich Fraktionen entlang den Parteizugehörigkeiten bilden[1], sondern auch und insbesondere bei der politischen Willensbildung der Öffentlichkeit zu. Diese besondere Rolle der politischen Parteien erkennt das Grundgesetz in Art. 21 GG an und verbindet damit eine besondere rechtliche Stellung der Parteien im Staatsgefüge, aber auch verfassungsrechtliche Vorgaben für Aufbau und Betätigung.

I. Funktion und verfassungsrechtliche Stellung der politischen Parteien

1. Organisation und Vermittlung der politischen Willensbildung des Volkes

Gem. Art. 21 Abs. 1 Satz 1 GG wirken die Parteien bei der politischen Willens- **806** bildung des Volkes mit. Zentraler Akt der politischen Willensbildung des Volkes

1 Vgl. oben Rn. 431 ff.

ist die Wahl der Volksvertretungen (vgl. Art. 20 Abs. 2 Satz 1 GG). Aus diesem Grund spielen die politischen Parteien hier eine hervorgehobene Rolle: sie stellen ihre Kandidaten auf (vgl. auf Bundesebene § 18 Abs. 1 BWahlG) und führen Wahlkampf, um die staatlichen Mandate und Ämter in Parlament und Regierung zu besetzen und so die eigenen politischen Überzeugungen in die Willensbildung der Staatsorgane einzubringen. In dieser vorrangigen Tätigkeit als *Wahlvorbereitungsorganisationen* erschöpft sich die politische Mitwirkung der Parteien aber nicht.

807 Eine wichtige Funktion der Parteien besteht auch über die Wahlen hinaus. Sie sind *Träger der ständigen Auseinandersetzung um den richtigen politischen Kurs*. Sie formulieren die politischen Ziele und vermitteln sie den Bürgern, wodurch dem Einzelnen oft erst eine aktive Teilnahme am Willensbildungsprozess des Staates ermöglicht wird. Die Parteien sind somit das Rückkopplungsinstrument zwischen dem Willen der Bürger und der Willensbildung der Staatsorgane[2]. Die politischen Parteien besitzen zwar kein Monopol, nehmen jedoch eine Schlüsselstellung bei der politischen Willensbildung des Volks ein. Punktuelle Einflussnahme durch Lobbyisten, Interessenverbände, Kirchen etc. findet zwar statt, öffentliche Ämter auf Bundesebene werden aber fast ausschließlich durch Parteimitglieder besetzt.

808 Ausgeschlossen ist die unmittelbare Einflussnahme der Parteien auf die Rechtsprechung und die Verwaltung. Die zuständigen Staatsorgane und Ämter werden nicht direkt durch Volkswahlen nach parteipolitischen Präferenzen besetzt. Für die persönliche Besetzung sind rechtlich nur „unpolitische" Kriterien maßgeblich (vgl. Art. 33 Abs. 2, Art. 97f. GG).

2. Funktionsgerechter Verfassungsstatus

809 Die durch Art. 21 GG normierte Schlüsselfunktion der politischen Parteien erfordert einen besonderen, ihrer Funktion gerecht werdenden Verfassungsstatus.

810 a) **Rechtliche Trennung von Staatsinstitutionen und Parteien.** Ausgangspunkt ist die rechtliche Zugehörigkeit der Parteien zur politisch-gesellschaftlichen Sphäre und damit verbunden die strikte rechtliche Trennung von den staatsorganisatorisch geregelten Abläufen. Parteien sind keine unmittelbaren rechtlichen Akteure der staatlichen Willensbildung, sondern außerhalb der staatlichen Sphäre aktiv. Die politische Willensbildung des Volks, an der die Parteien unmittelbar beteiligt sind, kann nur im *staatsfreien Raum* stattfinden, wenn sie dem demokratischen Prinzip gerecht werden will.

> „Das Verfassungsgebot der grundsätzlich staatsfreien und offenen Meinungs- und Willensbildung vom Volk zu den Staatsorganen wehrt eben wegen dieser Tätigkeit der politischen Parteien jede staatlich-institutionelle Verfestigung der Parteien ab und verbietet ihre Einfügung in den Bereich der organisierten Staatlichkeit."[3]

811 Parteien sind *keine Staatsorgane*[4], ihre Willensbildung wird nicht dem Staat zugerechnet. Das BVerfG hat sie in seiner Rechtsprechung in den frühen Jahren

---

2 BVerfGE 91, 262 (267) – *Parteiverbot „Nationale Liste"*.

3 *Hesse*, VVDStRL 17 (1959), S. 33, zitiert durch BVerfGE 20, 56 (101f.) – *Parteienfinanzierung*.

4 *Ipsen*, Staatsrecht I, Rn. 886.

der Bundesrepublik jedoch als Verfassungsorgane „im inneren Bereich des Verfassungslebens“ bezeichnet[5]. Mittlerweile spricht es stattdessen von *„verfassungsrechtlichen Institutionen“*[6]. Letztlich ist der Unterschied vor allem terminologischer Art: Art. 21 Abs. 1 Satz 1 GG bringt einen Sonderstatus der Parteien als intermediärer Gewalt zwischen Staat und Gesellschaft zum Ausdruck, mit dem eine gewisse verfassungsrechtliche Sonderstellung verbunden ist. Wie man diese bezeichnet, ist von untergeordneter Bedeutung.

b) Verfassungsprozessualer Sonderstatus. Zu beachten ist, dass Parteien im Verfassungsprozessrecht nach der Rechtsprechung des BVerfG *teilweise als Verfassungsorgane* behandelt werden[7]. **812**

- Parteien sollen verfassungsprozessual insoweit die Stellung eines Verfassungsorgans inne haben, als sie ihre speziell *aus der Verfassung herrührenden Mitwirkungsrechte* wie Organrechte im Wege des Organstreitverfahrens vor dem BVerfG geltend machen können. Sie sind insofern andere Beteiligte, „die durch dieses Grundgesetz [...] mit eigenen Rechten ausgestattet sind“ (Art. 93 Abs. 1 Nr. 1 GG). Richtigerweise sollte hier nur die Verfassungsbeschwerde zur Anwendung kommen.
- Parteien sind kein Teil des Staates und keine Träger öffentlicher Gewalt. Sie sind daher *grundrechtsfähig* i. S. d. Art. 19 Abs. 3 GG und können Grundrechtsverletzungen mit der Verfassungsbeschwerde geltend machen. Dabei ist Art. 21 GG kein Grundrecht oder grundrechtsgleiches Recht i. S. d. Art. 93 Abs. 1 Nr. 4 a GG, die dort enthaltene Funktionszuweisung intensiviert aber den Schutz anderer Grundrechte. So wird aus Art. 21 GG insbesondere der Grundsatz der Chancengleichheit aller Parteien hergeleitet, der eine verschärfte formelle Anwendung des Gleichheitsgebots des Art. 3 Abs. 1 GG durch den Staat fordert. Diese Intensivierung der *grundrechtlich geschützten politischen Betätigungsfreiheit* durch Art. 21 GG gilt sowohl für die Parteien selbst, als auch für die in einer Partei organisierten Bürger als selbständige Grundrechtsträger.
- Diese verfassungsprozessuale Differenzierung zwischen der Geltendmachung ihrer Sonderstellung und ihrer Grundrechte wird überwiegend kritisiert[8]. Naheliegender ist es, da Parteien der Sache nach keine Staatsorgane darstellen, durchgehend die Verfassungsbeschwerde als statthaftes Verfahren anzuerkennen. Für die sachliche Prüfungsintensität ergibt sich kein Unterschied. Im Rahmen der Verfassungsbeschwerde sind die Grundrechte Prüfungsmaßstab, allerdings verstärkt durch den Funktionsauftrag in Art. 21 GG. Im Rahmen des Organstreitverfahrens ist Art. 21 GG Maßstab, intensiviert durch die politischen Grundrechte, die die politischen Parteien und ihre Mitglieder über die Parteibetätigung wahrnehmen[9].

---

5 Vgl. BVerfGE 1, 208 – *SSW*; BVerfGE 4, 27 – *Parteifähigkeit politischer Parteien im Organstreit.* Kritik bei *Stern*, Staatsrecht I, S. 457 f.; *Maurer*, Staatsrecht I, § 11 Rn. 23 ff.

6 S. *Maurer*, Staatsrecht I, § 11 Rn. 24; s. auch BVerfGE 20, 56 – *Parteienfinanzierung*; BVerfGE 91, 262 m. w. N. – *Parteiverbot „Nationale Liste“*.

7 Vgl. *Pieroth*, in: Jarass/Pieroth, GG, Art. 21 Rn. 44 m. w. N.; *Maurer*, Staatsrecht I, § 11 Rn. 21 ff. S. dazu auch unten Rn. 1050.

8 Vgl. *Ipsen*, in: Sachs, GG, Art. 21 Rn. 49; *Stern*, Staatsrecht I, S. 465 f.; *Schlaich/Korioth*, Das Bundesverfassungsgericht, Rn. 92.

9 Vgl. *Maurer*, Staatsrecht I, § 11 Rn. 60.

– Im weiteren Sinne zum verfassungsprozessualen Sonderstatus ist auch die Regelung des Art. 21 Abs. 2 Satz 2 GG zu zählen (sog. Parteienprivileg). Anders als andere Verbände können Parteien danach nur verboten werden, wenn sie verfassungswidrig sind, wobei über die Frage der Verfassungswidrigkeit das BVerfG in einem eigenständigen Verfahren entscheidet (vgl. §§ 13 Nr. 2, 43 ff. BVerfGG).

813 Rechtlich bleiben die Parteien zivilrechtliche Vereinigungen (eingetragene oder nicht rechtsfähige Vereine) der außerstaatlichen Sphäre, die jedoch permanent faktisch und funktional in den staatsorganisatorischen Bereich, insbesondere in die Willensbildung der Staatsorgane hineinwirken.
→ *Rn. 1050*

II. Stellung und Aufbau der politischen Parteien

814 Normative Grundlage für Stellung und Aufbau der politischen Parteien ist verfassungsrechtlich Art. 21 GG. Einfachgesetzlich finden zwar grundsätzlich die Vorschriften des Zivilrechts aufgrund des Status der Parteien als zivilrechtliche Vereinigungen Anwendung. Sie werden aber durch öffentlich-rechtliche Regelungen überlagert. Zu diesen gehören in erster Linie das gem. Art. 21 Abs. 3 GG erlassene Parteiengesetz (PartG), die Regelungen des Bundeswahlgesetzes (BWahlG) sowie die spezifische Ausgestaltung des Parteiverbotsverfahrens im Bundesverfassungsgerichtsgesetz (BVerfGG). Spezielle Vorschriften finden sich auch im Steuerrecht im Hinblick auf Steuerbefreiungstatbestände und die Abzugsfähigkeit von Spenden an politische Parteien.

1. Begriff der politischen Partei

815 Das Grundgesetz definiert den Begriff der politischen Partei nicht. Eine einfachgesetzliche Legaldefinition findet sich in § 2 Abs. 1 PartG. Danach sind Parteien *Vereinigungen von Bürgern, die dauernd oder für längere Zeit für den Bereich des Bundes* oder *eines Landes* auf die *politische Willensbildung Einfluss nehmen und an der Vertretung des Volks im Deutschen Bundestag oder einem Landtag mitwirken wollen*, wenn sie nach dem Gesamtbild der tatsächlichen Verhältnisse [...] eine ausreichende Gewähr für die Ernsthaftigkeit dieser Zielsetzungen bieten.

816 Entscheidend sind damit die *Dauerhaftigkeit* und die *Zielsetzung*, *in einem Parlament vertreten* zu sein. Zwar kann eine einfachgesetzliche Norm aufgrund der Normenhierarchie nicht über die Auslegung des Begriffs der Partei in Art. 21 GG disponieren. Es ist jedoch davon auszugehen, dass § 2 Abs. 1 PartG dem von Art. 21 GG vorgesehenen Parteibegriff entspricht und diesen verfassungskonform einfachrechtlich konkretisiert[10].

817 a) **Vereinigung von Bürgern.** Eine politische Partei ist eine Vereinigung von Bürgern, d. h. der freiwillige Zusammenschluss *natürlicher* Personen (vgl. § 2 Abs. 1 Satz 2 PartG). Der Begriff „Bürger“ bedeutet aber zunächst nicht, dass nur

10 BVerfGE 24, 260 (263 f.) – *Politische Partei*; 91, 262 (267) – *Parteiverbot „Nationale Liste“*; *Maurer*, Staatsrecht I, § 11 Rn. 28.

deutsche Staatsangehörige als Mitglieder zulässig sind, was sich im Umkehrschluss aus § 2 Abs. 3 Nr. 1 PartG ergibt. Eine politische Vereinigung ist aber dann keine Partei und *verliert* ggf. ihren *Parteistatus*, wenn nicht die Mehrheit der Mitglieder und des Vorstands deutsche Staatsangehörige sind oder der Sitz oder die Geschäftsleitung sich im Ausland befindet.
Rechtliche Grundlage für die Parteien als Vereinigungen natürlicher Personen sind die Vereinigungsformen, die das Zivilrecht anbietet, also insbesondere die des rechts- oder nichtrechtsfähigen Vereins mit den dafür geltenden Vorschriften (vgl. §§ 21 ff. BGB). Möglich wäre auch die Wahl gesellschaftsrechtlicher Formen zur Parteiorganisation. Traditionell sind die Parteien nichtrechtsfähige Vereine[11].

b) **Ziel der politischen Einflussnahme.** Ziel der Vereinigung muss sein, *dauerhaft* und *langfristig* auf die politische Willensbildung im Bund oder einem Land Einfluss nehmen zu wollen und dafür die Mitwirkung im Bundestag oder einem Landtag anzustreben, d. h. an Wahlen zum Parlament teilzunehmen. Dies entspricht der oben beschriebenen Funktion der Parteien, den politischen Willen des Volks in die Staatsorgane zu tragen und vor allem Wahlvorbereitungsorganisation zu sein. *Ausgenommen* sind deshalb *kommunale Wählervereinigungen*, weil diese keine Mitwirkung in den staatlichen Parlamenten anstreben, sondern nur in besonderen Selbstverwaltungsorganen auf kommunaler Ebene (sog. Rathausparteien). Für diesen Bereich gilt nicht Art. 21 GG, sondern die Regelungen der kommunalen Selbstverwaltungsgarantie (vgl. Art. 28 GG)[12]. Ebenfalls nicht unter den Parteienbegriff würden Vereinigungen fallen, die ausschließlich eine Mitwirkung auf europäischer Ebene anstreben[13]. **818**

c) **Ernsthaftigkeit der Zielsetzung.** Das Tatbestandsmerkmal der Ernsthaftigkeit der Zielsetzung soll einen Missbrauch des Parteienstatus durch Vereinigungen mit anderer Zielrichtung verhindern[14]. Es soll ausgeschlossen werden, dass sich Zufallsbildungen von kurzer Lebensdauer um Wähler bewerben[15]. Die Ernsthaftigkeit hängt neben der nicht effektiv zu kontrollierenden Absicht der Parteimitglieder von einer Gesamtschau objektiver Merkmale wie der organisatorischen Verfestigung, der Gesamtzahl der Mitglieder sowie dem nachhaltigen Hervortreten in der Öffentlichkeit ab[16]. An der Ernsthaftigkeit der Zielsetzung mangelt es, wenn eine Partei sechs Jahre lang weder an einer Bundestagswahl noch an einer Landtagswahl teilgenommen hat (vgl. § 2 Abs. 2 PartG). Auf den erfolgreichen Einzug in die Parlamente kommt es nicht an. Umgekehrt bedeutet dies aber nicht, dass bei einer Teilnahme an einer Wahl zwingend der Parteienbegriff erfüllt ist[17]. Entscheidend ist, ob eine Gesamtschau den Schluss zulässt, dass es eine realistische Chance der dauerhaften politischen Betätigung und **819**

---

11 Ursache war die repressive Haltung des Staates im 19. Jahrhundert, der durch eine möglichst gering staatlich reglementierte Rechtsform ausgewichen werden sollte, insbesondere der staatlichen Aufsicht bei eingetragenen rechtsfähigen Vereinen.

12 Vgl. BVerfGE 99, 69 m. w. N. – *Kommunale Wählervereinigungen*.

13 Für eine analoge Anwendung des PartG *Maurer*, Staatsrecht I, § 11 Rn. 32.

14 Vgl. *Stern*, Staatsrecht I, S. 442.

15 BVerfGE 91, 262 (270) – *Verbotsverfahren „Nationale Liste“*.

16 Die Aufzählung in § 2 Abs. 1 PartG ist nicht abschließend, vgl. BVerfGE 91, 262 (271) – *Verbotsverfahren „Nationale Liste“*.

17 BVerfGE 91, 262 (271) – *Verbotsverfahren „Nationale Liste“*.

Wahrnehmung in der Öffentlichkeit gibt, auch wenn sich dies nicht in gewonnenen Parlamentsmandaten niederschlägt.

Beispiel: Die rechtsradikale Nationale Liste (NL) hat zweimal an den Hamburger Bürgerschaftswahlen teilgenommen und dabei nur Stimmen im absoluten Bagatellbereich gewonnen. Sie tritt in der Öffentlichkeit kaum auf und hat nicht genug Mitglieder, um alle Vereinsämter zu besetzen. Ein regelmäßiges Vereinsleben findet nicht statt. Eine öffentliche Wahrnehmung existiert praktisch nicht, von einer spezifisch rechtsradikalen Szene und dem Verfassungsschutz abgesehen. Daher fehlt es an der Ernsthaftigkeit der Zielsetzung, politisch mitzuwirken. Die NL kann sich im Rahmen eines Vereinsverbots nicht auf den Parteienstatus und das daraus folgende Monopol des BVerfG für ein Parteiverbot berufen (vgl. BVerfGE 92, 262 – *Verbotsverfahren Nationale Liste*)[18].

820 Aufgrund der mangelnden organisatorischen Verfestigung und der fehlenden nachhaltigen politischen Betätigung fallen kurzfristige Wahlkampfbündnisse, Bürgerinitiativen und Aktionsgemeinschaften ebenfalls nicht unter den Parteibegriff[19].

821 **d) Inhalt der Zielsetzung.** Die inhaltliche Zielsetzung selbst ist zunächst irrelevant für den Parteienbegriff. Alle Parteien werden im Hinblick auf ihre politischen Ziele gleichbehandelt, d. h. letztere sind rechtlich unbeachtlich. Welche politischen Ziele eine Partei verfolgt, kann im Rahmen des Parteiverbotsverfahrens relevant werden (vgl. Art. 21 Abs. 2 GG). Im Übrigen gilt der *rein formelle Parteibegriff* des § 2 PartG. Ausgeschlossen sein soll jegliche inhaltliche staatliche Einflussnahme oder politische Zensur. Auch Parteien, die die freiheitlich demokratische Grundordnung bekämpfen, sind bis zu ihrem Verbot durch das BVerfG Parteien i. S. d. Art. 21 GG[20].

2. Politische Betätigung

822 Nach Art. 21 Abs. 1 Satz 2 GG ist die Gründung einer politischen Partei frei. Die politische Betätigung jeglicher Art der Partei wird nicht nur von Art. 21 GG garantiert, sondern auch durch die Grundrechte verfassungsrechtlich geschützt. Dazu gehören vor allem die politischen Grundrechte in Art. 5 und 8 GG, auf die sich die Parteien bei ihrer politischen Betätigung gegenüber dem Staat berufen können (Art. 19 Abs. 3 GG).

823 Dieser Grundrechtsschutz wird durch die Funktionszuweisung des Art. 21 GG verstärkt. Soweit eine (prozessuale) Berufung auf Grundrechte nicht möglich ist, schützt Art. 21 GG die politische Betätigung der Parteien. Prozessual drückt sich dies vor allem in der vom Bundesverfassungsgericht in ständiger Rechtsprechung zugelassenen Möglichkeit aus, ein Organstreitverfahren vor dem BVerfG anzu-

---

18 2009 wurde die von Redakteuren des Satiremagazins „Titanic“ gegründete sog. Partei für Arbeit, Rechtsstaat, Tierschutz, Elitenförderung und Basisdemokratische Initiative (Die PARTEI) nicht zur Bundestagswahl zugelassen, da ihr der Bundeswahlausschuss die Parteieigenschaft absprach. Zum Scheitern ihrer Wahlprüfungsbeschwerde vor dem BVerfG und zur in der Folge vorgenommen Änderung des Rechtsschutzes in Wahlsachen s. oben Rn. 539 ff. Zur Bundestagswahl 2013 wurde „Die PARTEI“ zugelassen, vgl. Sueddeutsche.de vom 5.7.2013: „Sonneborn – angekommen im Establishment“, abrufbar unter *http://sz.de/1 171 3451*.

19 Vgl. *Stern,* Staatsrecht I, S. 441.

20 *Maurer,* Staatsrecht I, § 11 Rn. 30.

strengen. Berechtigte dieser Betätigungsfreiheit sind neben den Parteien selbst auch die einzelnen Parteimitglieder[21]. Auch bei ihrer parteipolitischen Betätigung ist der formelle Parteibegriff zu beachten, d. h. der politische Inhalt darf bei der Reichweite des Grundrechtschutzes grundsätzlich keine Rolle spielen.

Aus der Gründungsfreiheit und dem daraus folgenden Mehrparteienprinzip folgt, **824** dass alle Parteien *formal gleich behandelt* werden müssen[22]. Die freiheitlich-demokratische Grundordnung sieht einen Wettbewerb der Parteien um die Stimmen des Volks vor, der ohne Beeinflussung durch die staatliche Sphäre entschieden werden soll. Voraussetzung sind freiheitliche und gleiche Bedingungen im politischen Kampf. Neben der Gründungs- und Betätigungsfreiheit sowie dem formellen Parteibegriff ist deshalb die Chancengleichheit der Parteien im politischen Wettbewerb erforderlich[23]. Sie korrespondiert mit der freiheitlich-egalitären Ausgestaltung der demokratischen Mitwirkungsrechte der Staatsangehörigen, insbesondere dem allgemeinen, freien und gleichen Wahlrecht, und ist in ähnlicher Weise formell ausgestaltet[24].

Gegenüber dem allgemeinen Gleichheitssatz verschärft die Chancengleichheit die **825** Rechtmäßigkeitsvoraussetzungen für eine staatliche Ungleichbehandlung. Ausreichend für eine Ungleichbehandlung ist nicht ein sachliches Differenzierungskriterium, sondern nur ein zwingender verfassungsrechtlicher Grund. Als rechtfertigender Grund ist aufgrund des formellen Parteienbegriffs die politische Zielsetzung ausgeschlossen. Akzeptiert wird von der Rechtsprechung eine eingeschränkte Differenzierung nach der politischen Bedeutung einer Partei bei der Gewährung öffentlicher Leistungen, wie z. B. der Zuteilung von Wahlkampfzeiten im öffentlich-rechtlichen Rundfunk und Fernsehen[25] oder die Nutzung von öffentlichen Einrichtungen.

§ 5 Abs. 1 Satz 1 PartG normiert das *verfassungsrechtliche Gleichbehandlungsgebot* bei der Gewährung öffentlicher Leistungen als „Soll-Vorschrift". Den **826** Trägern öffentlicher Gewalt wird ein Ermessensspielraum belassen, der durch weitere Kriterien in § 5 PartG rechtlich reguliert wird. Bei verfassungskonformer Auslegung reduziert sich das Ermessen regelmäßig auf eine Verpflichtung zur streng formellen Gleichbehandlung nach den verfassungsrechtlichen Vorgaben, soweit nicht die begrenzte Verfügbarkeit der öffentlichen Leistungskapazitäten eine Ungleichbehandlung erforderlich macht.

Zu beachten ist, dass § 5 PartG und die verfassungsrechtlich gebotene Chancen- **827** gleichheit der Parteien keinen originären Anspruch der Parteien auf Gewährung öffentlicher Leistungen begründen. Aus diesen Anforderungen ergibt sich nur ein abgeleiteter Anspruch im Falle der Gewährung öffentlicher Leistungen an die politische Konkurrenz: werden anderen Parteien öffentliche Leistungen oder Einrichtungen zur Verfügung gestellt (häufig: Vermietung einer Stadthalle für

21 Letztere können nicht als Organteile „Partei" in einem Organstreitverfahren sein.
22 BVerfGE 82, 322 (337) – *Anwendung der Sperrklausel nach der Wiedervereinigung.*
23 Vgl. *Hesse*, Verfassungsrecht, Rn. 176.
24 Vgl. zur Wechselbeziehung auch BVerfGE 82, 322 (337 ff.) – *Anwendung der Sperrklausel nach der Wiedervereinigung.*
25 Vgl. dazu ein Beispiel bei *Maurer*, Staatsrecht I, § 11 Rn. 45.

Parteiveranstaltungen), so kann sich daraus ein Anspruch auf Gleichbehandlung aus § 5 Abs. 1 PartG i.V.m. Art. 3 Abs. 1 GG ergeben.

3. Parteiverbot

828 *Verfassungsrechtliche Grundlage* eines Parteiverbots ist Art. 21 Abs. 2 GG. Das Parteiverbot dient dem Schutz von Staat und Verfassung und ist Ausdruck der „streitbaren" oder „wehrhaften Demokratie", die den Gegnern des demokratischen Staates kämpferisch entgegentritt. Parteien, die auf institutionellem Wege versuchen, die freiheitliche demokratische Grundordnung oder den Bestand der Bundesrepublik Deutschland zu beeinträchtigen oder zu beseitigen, sind verfassungswidrig[26]. An die Verfassungswidrigkeit ist als Rechtsfolge eine umfassende Auflösung der Partei geknüpft, die sich auch auf Ersatzorganisationen erstreckt. Die Entscheidung über die Verfassungswidrigkeit obliegt nur dem BVerfG (sog. *Parteienprivileg*), damit das Parteiverbot nicht im politischen Wettbewerb durch politische Gegner in Exekutive oder Parlament missbraucht werden kann. Vor der Entscheidung des BVerfG kann die Verfassungswidrigkeit einer Partei von niemandem rechtlich geltend gemacht werden. Das Parteienprivileg hindert die Behörden aber nicht daran, eine Partei in Publikationen als „radikal" oder „extremistisch" zu bezeichnen[27] oder sie verfassungswidriger Betätigung zu verdächtigen[28].

829 Eine Partei ist verfassungswidrig, wenn sie nach ihren Zielen oder nach dem Verhalten ihrer Anhänger darauf ausgeht, die freiheitliche demokratische Grundordnung zu beeinträchtigen oder zu beseitigen oder den Bestand der Bundesrepublik Deutschland zu gefährden (Art. 21 Abs. 2 Satz 1 GG)[29]. Das BVerfG definiert die *freiheitliche demokratische Grundordnung* als Ordnung, „die unter Ausschluss jeglicher Gewalt- und Willkürherrschaft eine rechtsstaatliche Herrschaftsordnung auf der Grundlage der Selbstbestimmung des Volkes nach dem Willen der jeweiligen Mehrheit und der Freiheit und Gleichheit darstellt"[30]. Zu den *grundlegenden Prinzipien dieser Ordnung* sind zu rechnen:

- die Achtung vor den im Grundgesetz konkretisierten Menschenrechten, vor allem vor dem Recht der Persönlichkeit auf Leben und freie Entfaltung,
- die Volkssouveränität,
- die Gewaltenteilung,
- die Verantwortlichkeit der Regierung,
- die Gesetzmäßigkeit der Verwaltung,
- die Unabhängigkeit der Gerichte,
- das Mehrparteienprinzip und die
- Chancengleichheit für alle politischen Parteien mit dem Recht auf verfassungsmäßige Bildung und Ausübung einer Opposition.

830 Die *verfassungsfeindliche Grundhaltung* muss politisches Programm und Zielsetzung für den Fall der Erlangung von politischer Macht sein. Sie kann sich auch in

---

26 So BVerfG, NJW 2001, 2076 (2077); BVerfGE 2, 1 (13) – *Sozialistische Reichspartei.*

27 So BVerfGE 40, 287 – *Bezeichnung einer Partei als „verfassungsfeindlich".*

28 BVerfG, 2 BvE 11/12 vom 20.2.2013, Absatz-Nr. 22, abrufbar unter: *http://www.bverfg.de/entscheidungen/es20130220_2bve001112.html* (zuletzt aufgerufen am 9.9.2013).

29 Zur Auslegung der Voraussetzungen im Einzelnen vgl. *Morlok*, Jura 2013, 317 ff. (321 ff.).

30 BVerfGE 2, 1 (12 f.) – *Sozialistische Reichspartei.*

der inneren Struktur und dem Auftreten der Mitglieder in der Öffentlichkeit äußern, welches jedoch der Partei zurechenbar sein muss. Nicht ausreichend sind Ausfälle einzelner Parteimitglieder oder einzelne Programmpunkte, deren Verwirklichung mit der Verfassung kollidieren würde. Maßgeblich ist eine Gesamtschau der tatsächlichen Verhältnisse.

Das Parteiverbot kann sich auch auf einen *rechtlichen* oder *organisatorischen Teil* **831**
einer Partei beschränken, wie z. B. einen Landesverband oder eine institutionalisierte Gruppierung.

Die Rechtsfolgen der materiellen Verfassungswidrigkeit werden erst wirksam mit **832**
der konstitutiven Feststellung der Verfassungswidrigkeit durch das BVerfG (Art. 21 Abs. 2 Satz 2 GG). Vorher darf die materielle Verfassungswidrigkeit grundsätzlich bei keiner staatlichen Entscheidung Berücksichtigung finden. Zulässig sind jedoch einzelne Maßnahmen im Vorfeld eines Verbotsverfahrens, wie die Beobachtung durch den Verfassungsschutz, damit ein effektiver Schutz überhaupt möglich ist. Für das Parteiverbot gibt es im Verfassungsprozessrecht ein spezielles Verfahren (§§ 13 Nr. 2, 43 ff. BVerfGG).

Mit der *Feststellung durch das BVerfG* werden die *Rechtsfolgen* der Verfassungs- **833**
widrigkeit einer Partei *wirksam*. Gem. § 46 Abs. 3 Satz 1 BVerfGG ist die Feststellung der Verfassungswidrigkeit mit der Auflösung der Partei zu verbinden. Nicht nur das zukünftige politische Auftreten ist umfassend verboten, es wird auch der Verlust aller aktuellen parlamentarischen Mandate gesetzlich angeordnet (vgl. § 46 Abs. 1 Nr. 5 BWahlG). Gleichzeitig tritt das Verbot in Kraft, anstelle der verfassungswidrigen Partei eine Ersatzorganisation zu gründen, die an deren Stelle die verfassungswidrigen Bestrebungen weiterverfolgt, um so das Parteiverbot ad absurdum zu führen (§ 33 PartG). Mit der Auflösung kann außerdem die Einziehung des Parteivermögens ausgesprochen werden (§ 46 Abs. 3 Satz 2 BVerfGG). Weitere Rechtsfolgen ergeben sich im Zivil- und Strafrecht[31].

Besondere Bedeutung hat in der gegenwärtigen politischen Diskussion die Debat- **834**
te um ein Verbot der Nationaldemokratischen Partei Deutschlands (NPD) erlangt. Bereits im Jahr 2003 hatte das BVerfG ein gegen die NPD gerichtetes Parteiverbotsverfahren eingestellt, da der hierauf gerichtete Antrag nicht die mit nach § 15 Abs. 4 Satz 1 BVerfGG erforderlichen qualifizierte Mehrheit fand[32]. Drei Richter des BVerfG waren zu der Überzeugung gelangt, dass die vor Einleitung des Verbotsverfahrens erfolgte Beobachtung der NPD durch V-Leute staatlicher Behörden, die als Mitglieder des Bundes- oder eines Landesvorstandes eingesetzt worden waren, einen Verstoß gegen die sich aus Art. 21 Abs. 1 GG sowie 20 Abs. 3 GG ergebenden Grundsätze eines fairen Verfahrens darstellte[33]. Ende 2012 beschloss der Bundesrat, erneut einen Verbotsantrag gem. Art. 21 Abs. 2 Satz 2 GG zu stellen[34]. 2013 scheiterte die NPD mit einem eigenen Antrag vor dem BVerfG, ihre Verfassungskonformität feststellen zu lassen: § 43 Abs. 1 BVerfGG

31 Vgl. *Stern*, Staatsrecht I, S. 214 f.

32 BVerfGE 107, 339 (356) – *NPD-Verbotsverfahren*.

33 BVerfGE 107, 339 (365) – *NPD-Verbotsverfahren*.

34 Die Bundesregierung sowie der Bundestag schlossen sich diesem nicht an. Aktuelle Informationen zum Stand des Verfahrens finden sich auf der Internetseite des Bundesrats *http://www.bundesrat.de/nn_2372724/DE/presse/Thema/Thema-node.html?__nnn=true* (zuletzt aufgerufen am 9.9.2013).

sieht einen solchen Antrag nicht vor. Da der Partei aus der bloßen Tatsache, dass sie von staatlichen Stellen für verfassungswidrig gehalten wird, keine Nachteile erwachsen können, besteht auch keine planwidrige Regelungslücke[35].

4. Innere Ordnung und Aufbau

835 a) **Rechtliche Vorgaben.** Die innere Ordnung und der Aufbau der politischen Parteien wird durch Art. 21 GG, das gem. Art. 21 Abs. 3 GG erlassene PartG sowie die Vorschriften des Zivilrechts geregelt. Für die bedeutsamste Funktion der Parteien, die in der Aufstellung der Kandidaten für die Parlamentswahlen besteht, macht das Wahlrecht die rechtlichen Vorgaben. Diese gesetzlichen Vorgaben schränken das Recht der Partei- oder Gründungsmitglieder ein, die innere Ordnung nur durch die Satzung zu gestalten.

836 b) **Demokratische Grundsätze.** Art. 21 Abs. 1 Satz 3 GG schreibt einen inneren Aufbau der Parteien nach demokratischen Grundsätzen vor. Das Grundgesetz dehnt an dieser Stelle die Anwendung des Demokratieprinzips auf den außerstaatlichen Bereich aus. Es soll keine Partei mit undemokratischen Strukturen Einfluss auf die politische Willensbildung des Volks und der Staatsorgane bekommen. Dies erfordert die *Willensbildung nach dem Mehrheitsprinzip von der Basis der Partei aus*, sei es durch programmatische Beschlüsse oder durch die regelmäßige Wahl der Parteiorgane und die Beschränkung des Mehrheitsprinzips durch den Minderheitenschutz. Vor allem die Mitwirkungsrechte der Parteimitglieder wie das Stimmrecht müssen streng egalitär ausgestaltet sein[36]. Ausgestaltet werden die demokratischen Grundsätze durch das PartG.

837 c) **Föderativer Aufbau.** § 7 PartG schreibt, über die Anforderungen des Art. 21 Abs. 1 Satz 3 GG hinaus, einen föderalen Aufbau der politischen Parteien vor. Sie müssen sich in *Gebietsverbände gliedern*, die dem einzelnen Parteimitglied eine angemessene Mitwirkung an der Willensbildung ermöglichen. Die föderale Dezentralisierung soll den inneren demokratischen Aufbau und die Willensbildung von der Basis aus unterstützen. Üblicherweise läuft der föderative Aufbau parallel zu der staatlichen Gebiets- und Verwaltungsstruktur und reicht vom Bundesverband über die Landesverbände bis zu den Bezirks-, Kreis- und Gemeindeverbänden.

838 d) **Satzung und Programm.** Zwingend erforderlich ist für jede Partei die Schaffung einer *schriftlichen Satzung* sowie eines *schriftlichen Programms* (§ 6 Abs. 1 Satz 1 PartG). Die Satzung ist das innere Organisationsstatut, das Aufbau und Struktur der Partei im Rahmen der gesetzlichen Vorgaben regelt. Das PartG macht für den Inhalt der Satzung detaillierte Vorgaben. Das Programm fixiert die politischen Zielsetzungen der Partei. Über Programm und Satzung wird von der Mitgliederversammlung auf dem Parteitag entschieden (§ 9 Abs. 3 PartG).

839 e) **Parteiorgane.** Das PartG schreibt zwingend die Mitgliederversammlung sowie den Vorstand als Parteiorgane vor (§ 8 Abs. 1 Satz 1 PartG). Die *Mitglieder-*

35 BVerfG, NVwZ 2013, 568.
36 Vgl. *Stern*, Staatsrecht I, S. 445 f.

versammlung ist das oberste Organ; sie wählt den Vorstand und entscheidet über alle wesentlichen, die gesamte Partei betreffenden Fragen, wie etwa das Parteiprogramm, die Satzung und die Beitragsordnung (§ 9 PartG). Der *Vorstand* ist das Leitorgan, das die Geschäfte führt und die Partei nach außen vertritt. Er wird mindestens alle zwei Jahre gewählt (§ 11 Abs. 1 Satz 1 PartG). Als weitere Parteiinstitution muss ein *Parteischiedsgericht* zur Schlichtung von Streitigkeiten zwischen Partei und Mitgliedern eingerichtet werden (§ 14 Abs. 1 Satz 1 PartG). Im Übrigen unterliegt die organschaftliche Struktur der Partei nach Maßgabe der Gesetze der Satzungshoheit der Mitglieder.

f) Beteiligung an privatwirtschaftlichen Unternehmen. Grundsätzlich steht es Parteien als privatwirtschaftlichen Vereinigungen frei, sich erwerbswirtschaftlich zu betätigen und sich insbesondere an privatwirtschaftlichen Unternehmen zu beteiligen. Eine Ausnahme ergibt sich aufgrund des Gebotes der Staatsferne des Rundfunks für die Beteiligung an privaten Rundfunkunternehmen. Aufgrund der personellen Überschneidungen zwischen Partei- und Staatorganen und der Teilnahme der Parteien auch an der staatlichen Willensbildung, gilt der Grundsatz der Staatsferne des Rundfunks, mit dem die freie Meinungsbildung ohne staatliche Einflussnahme verfolgt werden soll, auch gegenüber den Parteien[37]. Aufgrund dieser Zielsetzung kann darauf jedoch nur das (auf Basis landesrechtlicher Normen zu erlassende) Verbot einer Parteibeteiligung an Rundfunkunternehmen gerechtfertigt werden, mit der diese einen bestimmenden Einfluss auf die Programmgestaltung ausüben können. Ein weitergehendes Verbot verstößt gegen die durch Art. 21 Abs. 1 Satz 1 GG verstärkte Rundfunkfreiheit des Art. 5 Abs. 1 Satz 2 GG[38]. 840

5. Parteifinanzen

a) Finanzierung der politischen Parteien. Jede Partei benötigt eine finanzielle Ausstattung. Die Parteien finanzieren sich durch private und öffentliche Zuwendungen. *Private* Finanzquellen sind die Mitgliedsbeiträge der Parteimitglieder sowie gem. § 25 Abs. 1 Satz 1 PartG zulässige Spenden von Parteimitgliedern oder Dritten. Hinzu kommen Gewinne aus erwerbswirtschaftlicher Betätigung und Vermögensanlagen. Neben diese privaten Einnahmen tritt eine *staatliche Teilfinanzierung*, die sich an den Wahlerfolgen der einzelnen Parteien orientiert (§§ 18 ff. PartG). Dabei enthält § 18 PartG sowohl eine absolute, als auch eine relative Höchstgrenze der Parteienfinanzierung: § 18 Abs. 2 PartG regelt den Gesamtbetrag der staatlichen Parteienfinanzierung (2013 für alle Parteien insgesamt 154,1 Mio. €). § 18 Abs. 5 PartG regelt, dass die staatliche Parteienfinanzierung den Betrag nicht übersteigen darf, den die Partei selbst durch Spenden, Beiträge oder sonstige Einnahmen erwirtschaftet hat. Die Orientierung an den errungenen Stimmen (§ 18 Abs. 3 PartG) honoriert den politischen Erfolg der Parteien. Neben dieser unmittelbaren staatlichen Parteifinanzierung trägt der Staat auch mittelbar zur Parteifinanzierung bei, indem er *Spenden* an politische Parteien steuerlich begünstigt. 841

37 BVerfGE 121, 30 (50 ff.) – *Parteibeteiligung an Rundfunkunternehmen.*
38 BVerfGE 121, 30 (63) – *Parteibeteiligung an Rundfunkunternehmen.*

„Der verfassungsrechtliche Grundsatz der Staatsfreiheit erlaubt jedoch nur eine Teilfinanzierung der allgemeinen Tätigkeit der politischen Parteien aus staatlichen Mitteln. Er untersagt – unbeschadet der für den politischen Prozess in der freiheitlichen Demokratie kennzeichnenden Verschränkung der Willensbildung des Volkes mit der Willensbildung der Staatsorgane – eine Einflussnahme des Staates auf die Willensbildung in den Parteien und damit auf den Prozess der politischen Willensbildung insgesamt".[39]

842 b) **Transparenz.** Im Grundgesetz gehört die Transparenz der Parteifinanzen zu den Vorgaben, die Art. 21 GG für den Aufbau der politischen Parteien macht. Gem. Art. 21 Abs. 1 Satz 4 GG müssen die Parteien über die Herkunft und Verwendung ihrer Mittel sowie über ihr Vermögen öffentlich Rechenschaft geben. Die *Rechnungslegungspflicht* ist in den §§ 23 ff. PartG einfachgesetzlich konkretisiert.

„Diesem Verfassungsgebot kommt zentrale Bedeutung zu. Es zielt darauf ab, den Prozess der politischen Willensbildung für den Wähler durchschaubar zu machen und ihm offen zu legen, welche Gruppen, Verbände oder Privatpersonen durch Geldzuwendungen auf die Parteien politisch einzuwirken suchen. Der Wähler soll über die Herkunft der ins Gewicht fallenden Spenden an politische Parteien korrekt und vollständig unterrichtet werden und die Möglichkeit haben, daraus Schlüsse zu ziehen."[40]

843 Wichtigste Regelung in dieser Hinsicht ist die *namentliche Offenlegung von privaten Spendern* ab einer Einzelspende von mehr als 3 300 € gem. § 24 Abs. 8 PartG sowie die *Unzulässigkeit von Spenden in bar*, die höher als 1 000 € sind (§ 25 Abs. 1 Satz 2 PartG).

Rechtsprechung: BVerfGE 1, 208 – *SSW*; BVerfGE 2, 1 – *SRP-Verbot*; BVerfGE 4, 27 – *Parteifähigkeit politischer Parteien im Organstreit*; BVerfGE 5, 85 – *KPD-Verbot*; BVerfGE 8, 51 – *Steuerliche Abzugsfähigkeit von Parteispenden*; BVerfGE 11, 266 – *„Rathausparteien"/Freie Wählervereinigungen*; BVerfGE 20, 56 – *Staatliche Parteienfinanzierung*; BVerfGE 24, 260 – *Politische Partei*; BVerfGE 24, 300 – *Parteiengesetz*; BVerfGE 34, 160 – *Sendezeiten;* BVerfGE 40, 287 – *Bezeichnung einer Partei als „verfassungsfeindlich"*; BVerfGE 41, 399 – *Wahlkampfkostenerstattung für Einzelbewerber – Fall Daniel*; BVerfGE 47, 198 – *Verfassungswidrige Wahlwerbung*; BVerfGE 52, 63 – *Parteispenden – „Niedersachsen-Urteil"*; BVerfGE 69, 92 – *Steuerliche Absetzbarkeit von Spenden an Wählervereinigungen;* BVerfGE 69, 257 – *Zurückweisung von Wahlwerbespots*; BVerfGE 73, 1 – *Globalzuschüsse an parteinahe Stiftungen*; BVerfGE 73, 40 – *Steuerliche Abzugsfähigkeit von Parteispenden, Wahlkampfkostenerstattung*; BVerfGE 78, 350 – *Ausschluss kommunaler Wählervereinigungen von steuerlichen Entlastungen*; BVerfGE 82, 54 – *Teilnahme an Fernsehdiskussionen*; BVerfGE 82, 322 – *Anwendung der Sperrklausel nach der Wiedervereinigung*; BVerfGE 84, 290 – *Vermögen der DDR-Parteien*; BVerfGE 85, 264 – *Parteienfinanzierung;* BVerfGE 87, 394 – *staatliche Finanzierung*; BVerfGE 91, 262– Verbotsverfahren *„Nationale Liste"*; BVerfGE 99, 69 – *Kommunale Wählervereinigungen*; BVerfGE 105, 287 – *Parteienfinanzierung, Nichtberücksichtigung ehrenamtlicher Leistungen*; BVerfGE 107, 339 – *NPD-Verbotsverfahren*; BVerfGE 121, 30 – *Parteibeteiligung an Rundfunkunternehmen*; BVerfG, NVwZ 2013, 568. BVerwGE 31, 368 – *Öffentliche Einrichtungen für Parteien – „Stadthalle";* BVerwGE 75, 67 und 79 – *Wahlwerbesendungen von Parteien im Rundfunk und Fernsehen*; BVerwGE 87, 270 – *Wahlwerbesendungen von Parteien im Rundfunk und Fernsehen*; BVerwGE 106, 177 – *Voraussetzungen für die Genehmigung einer parteinahen Stiftung*; BVerwGE 110, 126 – *Beobachtung einer Partei durch den Verfassungsschutz*; OVG Berlin DVBl. 2002, 1426 – *Rechenschaftsbericht*; VG

39 BVerfGE 85, 264 (287) – *Parteienfinanzierung.*
40 BVerfGE 52, 63 (87) – *Parteispenden.*

Berlin, NJW 2001, 1367 – *CDU-Rechenschaftsbericht 1998*; BGHZ 75, 158 – *Ausschluss aus Parteien*; BGHZ 79, 265 – *Namensrecht der Parteien*; BGHZ 101, 193 – *kein Anspruch auf Aufnahme in eine Partei*; BGH NJW 1994, 2610 – *Parteiausschluss.*

Literatur

Zur Ergänzung:
Morlok, M., Das Parteiverbot, Jura 2013, 317 ff.

Zur Vertiefung:
Aktuelle Diskussionen
v. Arnim, H. H., Ungereimtheiten der Parteienfinanzierung, DVBl. 2011, 1278 ff.; *ders.*, Der Wandel der Parteien zu wettbewerbsbeschränkenden Staatsparteien – und was daraus folgt, JZ 2012, 505 ff.; *Heinig, H. M.*, Sponsoring von Parteiveranstaltungen, JZ 2010, 485 ff. *Höll, S.*, NPD-Verbot: Ein neuer Anlauf, der alte Disput, DRiZ 2013, 211 f.; *Hornig, E.-Chr.*, Direkte Demokratie und Parteienwettbewerb – Überlegungen zu einem obligatorischen Referendum als Blockadelöser auf Bundesebene, ZParl 2011, 475 ff.; *Hufen, Chr.*, Neues Parteiverbotsverfahren gegen die NPD?, ZRP 2012, 202 ff.; *Kumpf, T.*, Verbot politischer Parteien und Europäische Menschenrechtskonvention, DVBl 2012, 1344 ff.; *Meinel, F.*, Chancengleichheit oder Kooptation? Der Zugang kleiner Parteien zur Bundestagswahl, ZParl 2010, 67 ff.; *van Ooyen, R. Chr.*, Kein zweites Verbotsverfahren gegen die NPD, RuP 2013, 84 ff., *Shirvani, F.*, Das Parteienrecht und der Strukturwandel im Parteiensystem, 2010.

Grundlegende Texte
Grimm, D., Politische Parteien, HbVerfR, S. 599; *Hesse, K.*, Die verfassungsrechtliche Stellung der politischen Parteien im modernen Staat, VVDStRL 17 (1959) 11; *Kunig, P.*, Parteien, HStR II, 2. Aufl. 1998, § 33; *Volkmann, U.*, Parteispenden als Verfassungsproblem, JZ 2000, 539.

Teil IV: **Die Staatsfunktionen**

844 Nach der Vorstellung der wichtigsten Verfassungsorgane in den Abschnitten III–VI des Grundgesetzes widmen sich die Abschnitte VII–IX den staatlichen Gewalten, wobei die Einteilung in „Gesetzgebung“ (*Legislative*), „Ausführung der Bundesgesetze und Bundesverwaltung“ (*Exekutive*) und Rechtsprechung (*Judikative*) dem klassischen Gewaltenteilungsprinzip folgt. Von dieser Einteilung der Staatsfunktionen geht das Grundgesetz auch in Art. 1 Abs. 3, 20 Abs. 3 aus. Grundsätzlich kann jedes staatliche Handeln auf der Ebene des klassischen Nationalstaates einer dieser Kategorien zugeordnet werden.
Die Einteilung wird schwieriger, wenn es um das Auftreten des Staates im Verhältnis zur internationalen Staatenwelt geht, welches über klassische völkerrechtliche Rechtsbeziehungen hinaus die Beteiligung am supranationalen Staatenverbund der Europäischen Union sowie an kollektiven Sicherheitssystemen einschließt. Die zunehmende Bedeutung dieser internationalen Rechtsbeziehungen und die Vielschichtigkeit des damit verbundenen staatlichen Handelns lassen es berechtigt erscheinen, von einer zusätzlichen Staatsfunktion zu sprechen (sog. *auswärtige Gewalt*). Einen eigenen Abschnitt für die auswärtige Gewalt gibt es nicht, die verschiedenen Vorschriften sind im gesamten Grundgesetz verteilt, sollen hier jedoch gesammelt dargestellt werden.

§ 31 Die Gesetzgebung

845 Im VII. Abschnitt regelt das Grundgesetz die „Gesetzgebung des Bundes“. Dies betrifft zum einen die bereits dargestellte Abgrenzung der Gesetzgebungskompetenzen zwischen Bund und Ländern, zum anderen das Verfahren beim Erlass von Bundesgesetzen, wobei das Verfahren beim Erlass von sowohl formellen Parlamentsgesetzen als auch von (exekutivischen) Rechtsverordnungen, die lediglich Gesetze im materiellen Sinn darstellen, behandelt wird. Im Folgenden sollen nach einer Klärung der verschiedenen Gesetzesbegriffe die Verfahren beim Erlass von einfachen ebenso wie verfassungsändernden formellen Gesetzen sowie von Rechtsverordnungen dargestellt werden. Diese sind sehr häufig Gegenstand von Klausuren, wobei die Prüfung im Rahmen der formellen Rechtmäßigkeit des Gesetzes, die sich in Zuständigkeit–Verfahren–Form unterteilen lässt, zu verorten ist.

I. Der Begriff des Gesetzes

846 Traditionell wird zwischen einem materiellen und einem formellen Gesetzesbegriff unterschieden. Diese sollen kurz dargestellt werden, ehe der Begriff des Gesetzes im Grundgesetz und die Normenhierarchie in der Bundesrepublik Deutschland thematisiert werden.

1. Der materielle Gesetzesbegriff

Unter einem *materiellen Gesetz* ist, unabhängig von ihrer Form, jede Norm zu verstehen, die eine abstrakt-generelle Regelung trifft. Generell ist eine Regelung, die für eine unbestimmte und nicht bestimmbare Anzahl von Gesetzesadressaten (persönlicher Regelungsbereich) gilt. Abstrakt bedeutet, dass der sachliche Regelungsbereich kein Einzelfall ist, sondern der Tatbestand einer Norm auf eine unbestimmte Zahl von Sachverhalten Anwendung findet. **847**

Bedeutsam ist der materielle Gesetzesbegriff vor allem für das Verwaltungsrecht und dort für die Abgrenzung von Normen und Verwaltungsakten (§ 35 VwVfG). Verwaltungsakte sind Einzelfallregelungen, d. h. konkret-individuelle Regelungen. Sie setzen eine Rechtsfolge für einen konkreten Sachverhalt und betreffen individuell eine bestimmte Person oder zumindest einen bestimmbaren Personenkreis als Adressaten[1]. **848**

Weil der materielle Gesetzesbegriff nur auf den Inhalt einer Norm abstellt, kann ein Gesetz im materiellen Sinn verschiedene Formen haben. Unter den materiellen Gesetzesbegriff fallen Parlamentsgesetze (diese sind zugleich formelle Gesetze), Rechtsverordnungen und Satzungen. Auf europäischer Ebene können Verordnungen und Richtlinien unter den materiellen Gesetzesbegriff subsumiert werden. **849**

2. Der formelle Gesetzesbegriff

Entscheidend für die Qualifizierung als Gesetz im formellen Sinn ist die *Art und Weise seiner Entstehung*. Formelle Gesetze sind solche, die *vom parlamentarischen Gesetzgeber im verfassungsmäßig vorgesehenen Gesetzgebungsverfahren* erlassen worden sind. Auf den Inhalt kommt es nicht an[2]. Ist Gegenstand des Gesetzes eine abstrakt-generelle Regelung, liegt zugleich ein Gesetz im materiellen Sinne vor. Rein formelle Gesetze sind im Wege des parlamentarischen Verfahrens erlassene Einzelfallregelungen, insbesondere Maßnahmegesetze oder Organisationsgesetze. Dies sind insbesondere das Haushaltsgesetz (Art. 110 Abs. 2 Satz 1 GG) und reine Zustimmungsgesetze zu völkerrechtlichen Verträgen (Art. 59 Abs. 2 Satz 1 GG). Weiterhin kommen die Einrichtung von Behörden und sonstigen staatlichen Institutionen (Organisationsgesetze), die Planung von Verkehrswegen (Maßnahmegesetz) und die Bereitstellung von Hilfen in Krisen- und Notsituationen (etwa Flutkatastrophen) als Gegenstände von rein formellen Gesetzen in Betracht. **850**

Anstelle der Bezeichnung „formelles Gesetz“ wird häufig auch der Begriff des *Parlamentsgesetzes* verwendet. Dieser darf aber nicht darüber hinwegtäuschen, dass am förmlichen Gesetzgebungsverfahren nicht nur das Parlament, sondern auch noch weitere Organe beteiligt sind. Der beim förmlichen Gesetzgebungs- **851**

1 Vgl. dazu *Maurer*, Allg. Verwaltungsrecht, S. 188.

2 Ob die Form des Parlamentsgesetzes rechtmäßig gewählt wurde, ist eine andere Frage und betrifft vor allem rechtsstaatliche Fragen und die Einhaltung der Kompetenzgrenzen zwischen den Staatsorganen.

verfahren nach dem Grundgesetz jedoch im Mittelpunkt stehende Bundestag rechtfertigt aber die einprägsame und traditionelle Verkürzung.

852 Keine Gesetze im formellen Sinn sind dagegen Rechtsverordnungen und Satzungen. Sie werden in anderen als den förmlichen Gesetzgebungsverfahren erlassen. Rechtsverordnungen sind von der Exekutive erlassene Rechtssätze mit abstrakt-generellem Inhalt. Satzungen sind die von verselbständigten juristischen Personen des öffentlichen Rechts erlassenen Normen zur Regelung ihrer eigenen Angelegenheiten, wie insbesondere Gemeindesatzungen oder etwa Universitätssatzungen.
Im juristischen Sprachgebrauch werden die Begriffe „Gesetz" oder „einfaches Gesetz" (im Gegensatz zur Verfassung) zumeist zur Bezeichnung eines formellen Gesetzes verwendet.

3. Der Gesetzesbegriff im Grundgesetz

853 Der Gesetzesbegriff wird im Grundgesetz nicht einheitlich gebraucht. Die Bedeutung „ist jeweils aus dem Zusammenhang, in dem er verwendet wird, aus dem Zusammenhang der Vorschrift mit anderen Bestimmungen der Verfassung sowie aus ihrem Sinn und Zweck zu ermitteln"[3].

854 Zum Teil wird ausdrücklich auf das Erfordernis eines formellen Gesetzes verwiesen (vgl. Art. 104 Abs. 1 Satz 1, Art. 59 Abs. 2 Satz 1 GG). Aus dem Budgetrecht des Parlaments sowie aus der Struktur von Art. 110 GG ergibt sich, dass das Haushaltsgesetz ein Parlamentsgesetz ist (vgl. Art. 110 Abs. 2 u. 3 GG). Zu differenzieren ist bei den in verschiedenen Grundrechten enthaltenen Gesetzes- oder Regelungsvorbehalten (vgl. Art. 2 Abs. 2 Satz 2, Art. 8 Abs. 2, Art. 10 Abs. 2 Satz 1, Art. 11 Abs. 2, Art. 12 Abs. 1 Satz 2, Art. 12a Abs. 3 Satz 1, Art. 13 Abs. 7, Art. 14 Abs. 3 Satz 2, Art. 15 Satz 1, Art. 16 Abs. 1, Art. 16 Abs. 2 Satz 1, Art. 16a Abs. 3 Satz 1, Art. 16a Abs. 4 Satz 2, Art. 17a Abs. 1 u. 2, Art. 19 Abs. 1 Satz 1 GG): Heißt es dort „durch Gesetz", ist ein Gesetz im formellen Sinne erforderlich. Ein Eingriff „auf Grund eines Gesetzes" lässt zwar ein Gesetz im rein materiellen Sinn als Rechtsgrundlage des Eingriffs genügen. Allerdings ist zu beachten, dass eine Rechtsverordnung, um rechtmäßig zu sein, stets einer formell-gesetzlichen Ermächtigungsgrundlage bedarf. Für Rechtsverordnungen auf Bundesebene ist dies in Art. 80 Abs. 1 Satz 1 GG ausdrücklich normiert. Im Übrigen ergibt sich der Vorbehalt des Parlamentsgesetzes für Grundrechtseingriffe aus dem in Art. 20 Abs. 3 GG verankerten Rechtsstaatsprinzip.

4. Normenhierarchie

855 Zwischen unterschiedlichen Normkategorien besteht ein Hierarchieverhältnis. Im Fall eines Konflikts zwischen zwei Normen setzt sich die höherrangige Norm

3 BVerfGE 24, 184 (195 f.) – *Zustimmungsgesetz*. Ausführlich *Pieroth*, Jura 2013, 248 ff.

durch, d.h. ihre Rechtsfolgen kommen zur Anwendung. Dabei gilt (im öffentlichen Recht) grundsätzlich diese Rangfolge:

- 1. Verfassung;
- 2. Parlamentsgesetz;
- 3. Rechtsverordnung;
- 4. Satzung.

Zu unterscheiden ist dabei zwischen unterschiedlichen staatlichen Ebenen. Innerhalb des Bundes- und des Landesrechts gilt jeweils die dargestellte Rangfolge. Bundesrecht geht dabei grundsätzlich Landesrecht vor[4]. Im Rahmen der kommunalen Selbstverwaltung (Art. 28 Abs. 2 Satz 1 GG) erlassene Satzungen stehen im Rang unterhalb des Landesrechts. **856**

Von besonderer Bedeutung ist die Einordnung des *supranationalen Unionsrechts* sowie des *Völkerrechts* in die Normenhierarchie. Das unionsrechtliche Primär- (Verträge, insb. EUV und AEUV) und Sekundärrecht (unmittelbar wirkende Verordnungen sowie Richtlinien, die grundsätzlich einer Umsetzung ins nationale Recht bedürfen) gehen nationalem Recht vor. Dieses Hierarchieverhältnis folgt nach Ansicht des BVerfG europarechtlich aus einer „ungeschriebene(n) Norm des primären Gemeinschafts[jetzt: Unions-]rechts“[5], innerstaatlich aus dem auf Basis von Art. 23 Abs. 1 Satz 2 GG erteilten „Rechtsanwendungsbefehl“[6]. Völkerrechtliche Verträge haben grundsätzlich gem. Art. 59 Abs. 2 Satz 1 GG den Rang einfachen Bundesrechts. Dies gilt auch für die Europäische Menschenrechtskonvention, auch wenn diese aufgrund der Völkerrechtsfreundlichkeit des Grundgesetzes bei der Auslegung der Grundrechte zu berücksichtigen ist[7]. Die sog. „allgemeinen Regeln des Völkerrechts“, d.h. Völkergewohnheitsrecht sowie international allgemein anerkannte Rechtsprinzipien (vgl. Art. 38 Abs. 1 lit. b u. c IGH-Statut) sind gem. Art. 25 GG Bestandteil des Bundesrechts und gehen den einfachen Bundesgesetzen vor. Sie stehen jedoch unterhalb der deutschen Verfassung. **857**

→ *S. hierzu auch die Übersichten bei Rn. 1014f.*

Das Grundgesetz regelt das Gesetzgebungsverfahren nur für Bundesgesetze. Die Ausgestaltung des Gesetzgebungsverfahrens auf Landesebene ist den Landesverfassungen vorbehalten. Die Abgrenzung von Bundes- und Länderkompetenzen bei der Gesetzgebung wurde bereits oben dargestellt[8]. Sie ist in der Klausur im vorgelagerten Punkt der Zuständigkeit für den Erlass des Gesetzes zu thematisieren. Auf Bundesebene ist zu unterscheiden zwischen den Verfahren beim Erlass von einfachen und verfassungsändernden Gesetzen sowie Rechtsverordnungen. **858**

4 Im einzelnen oben Rn. 258ff.

5 BVerfGE 75, 223 (244f.) – *Kloppenberg-Beschluss*; 85, 191 (204) – *Nachtarbeitsverbot*.

6 BVerfGE 73, 339 (375) – *Solange*; BVerfGE 75, 223 (244f.) – *Kloppenberg-Beschluss*; BVerfGE 85, 191 (204) – *Nachtarbeitsverbot*; BVerfGE 89, 155 (190) – *Maastricht*.

7 Hierzu oben Rn. 804.

8 S. Rn. 574ff.

II. Das Gesetzgebungsverfahren für einfache Bundesgesetze

859 Das Verfahren beim Erlass einfacher Bundesgesetze ist in den Art. 76–78 GG sowie Art. 82 GG geregelt. Es unterfällt in die folgenden Abschnitte:

- Gesetzesinitiative (Art. 76 GG);
- Verfahren im Bundestag (Art. 77 Abs. 1 GG);
- Mitwirkung des Bundesrats (Art. 77, 78 GG);
- Ausfertigung durch den Bundespräsidenten (Art. 82 GG);
- Verkündung im Gesetzblatt (Art. 82 GG);
- Inkrafttreten des Gesetzes (Art. 82 GG).

Diese Schritte sind bei jedem Gesetzgebungsverfahren einzuhalten, unabhängig vom sachlichen Gegenstand des Gesetzes.

860 Verfassungsrechtliche Vorgaben ergänzende Bestimmungen finden sich in den Geschäftsordnungen von Bundestag (§§ 75 ff. GOBT), Bundesrat (§§ 23 ff. GOBR) und Vermittlungsausschuss (GOVerm). Dabei ist stets zu beachten, dass es sich bei diesen um Organinnenrecht handelt, dem keine Außenwirkung zukommt. Das hat zur Folge, dass ein Verstoß gegen reines Geschäftsordnungsrecht nicht zur Unwirksamkeit der betroffenen Norm führt[9]. Diese ist nur anzunehmen, wenn mit dem Verstoß gegen die Geschäftsordnung zugleich ein Verfassungsverstoß verbunden ist, etwa weil parlamentarische Mitwirkungsrechte der Abgeordneten (Art. 38 Abs. 1 GG) verletzt werden. Verstöße gegen Verfassungsrechtliche Verfahrensvorschriften führen zur formellen Verfassungswidrigkeit und damit Nichtigkeit eines Gesetzes.

861 Auf einzelnen Sachgebieten gelten besondere verfassungsrechtliche Regelungen, etwa im Bereich der Finanzverfassung (vgl. Art. 110 Abs. 3 GG). Weiterhin gelten Modifikationen des Gesetzgebungsverfahrens im Fall des Gesetzgebungsnotstands (Art. 81 GG) sowie im Verteidigungsfall (Art. 115 d GG). Die folgende Darstellung beschränkt sich auf die Behandlung des im verfassungsrechtlichen Regelfall zur Anwendung kommenden Verfahrens.
→ *S. hierzu das Schema bei Rn. 1030: Verfassungskonformität eines formellen Bundesgesetzes sowie die Übersichten bei Rn. 1017 ff. zum Gesetzgebungsverfahren.*

1. Die Gesetzesinitiative (Art. 76 GG)

862 Gesetzesinitiative bedeutet die *Einleitung des Gesetzgebungsverfahrens durch Erstellung eines Gesetzentwurfs* und seine *Einbringung als Gesetzesvorlage* in den Bundestag.

863 Gem. Art. 76 Abs. 1 GG können Gesetzesvorlagen nur

- von der Bundesregierung,
- durch den Bundesrat oder
- aus der Mitte des Bundestags

9 *Degenhart*, Staatsrecht I, Rn. 214.

eingebracht werden. Die Gesetzesvorlage enthält den *Gesetzentwurf*. Gesetzentwurf bedeutet den Vorschlag einer vollständigen Gesetzesformulierung, regelmäßig ergänzt durch eine Gesetzesbegründung. Ziel der Einbringung des Gesetzentwurfes als Gesetzesvorlage beim Bundestag ist, dass der Bundestag die Gesetzesvorlage als Gesetz beschließt. Der Bundestag ist verpflichtet, in angemessener Frist über die Gesetzesvorlage zu beraten und abschließend Beschluss zu fassen[10]. Kommt der Bundestag dieser Pflicht nicht nach, wird das Gesetzesinitiativrecht des einbringenden Organs verletzt. Diese Frage kann Gegenstand eines Organstreitverfahrens vor dem BVerfG sein.

Das Initiativrecht enthält auch die Befugnis, einen Gesetzentwurf – auch nach Beginn des parlamentarischen Gesetzgebungsverfahrens – *zurückzuziehen*[11]. Erforderlich ist ein entsprechender Beschluss des Initiativorgans (actus contrarius), das den Gesetzentwurf eingebracht hat. Ausgeschlossen ist die negative Ausübung des Initiativrechts, wenn eine Pflicht zur Einbringung eines Gesetzentwurfs besteht, wie etwa beim Haushaltsgesetz (vgl. Art. 110 Abs. 2 Satz 1, Abs. 3 GG)[12]. 864

a) **Gesetzesinitiative der Bundesregierung.** Die meisten Gesetzesinitiativen (ca. 80 %) gehen von der Bundesregierung aus. Die Erstellung des Gesetzentwurfs erfolgt durch den Verwaltungsunterbau, d. h. durch die Ministerialbürokratie. Sie besitzt die personellen, fachlichen und organisatorischen Ressourcen, um Gesetzentwürfe für eine moderne Gesellschaft mit einem komplexen Rechtssystem zu erstellen. 865

Gelegentlich wird in diesem Zusammenhang von Referenten- und Ministerialentwürfen gesprochen. Beide Begriffe verweisen auf das Stadium, bevor die Bundesregierung über die Einbringung des Gesetzentwurfs entschieden hat. Zunächst werden die Entwürfe in der Ministerialbürokratie vorbereitet, wobei ein Bundesministerium federführend ist und dort ein Referent des Ministers die inhaltliche Verantwortung trägt (sog. *Referentenentwurf*). Bereits in diesem Stadium können externe Stellungnahmen, wie etwa von Gewerkschaften und Interessenverbänden („Lobbyisten"), Parteifunktionären, externen Fachleuten, Kommissionen oder Ländervertretern einbezogen werden. Hierunter fällt auch die – problematische – Einschaltung von Anwaltskanzleien zur Unterstützung bei der Abfassung des Gesetzentwurfs (sog. „Gesetzgebungs-Outsourcing")[13]. Als *Ministerialentwurf* wird der Entwurf sodann vom zuständigen Bundesminister der Bundesregierung als Vorlage zur Beratung und Beschlussfassung unterbreitet (vgl. § 15 Abs. 1 lit. a GOBReg). Zur Einbringung als Gesetzentwurf der Bundesregierung bedarf es eines entsprechenden Mehrheitsbeschlusses des Kabinetts, wobei der Bundeskanzler nicht von seiner Richtlinienkompetenz Gebrauch machen kann[14]. Nach der Beschlussfassung erfolgt gem. § 28 Abs. 1 GOBReg die Zuleitung als Regierungsvorlage an die gesetzgebenden Körperschaften Bundestag und Bundesrat (vgl. Art. 76 Abs. 1 u. 2 GG). 866

10 Vgl. *Stern*, Staatsrecht II, S. 618; *Pieroth*, in: Jarass/Pieroth, GG, Art. 76 Rn. 4 m. w. N.
11 Vgl. *Pieroth*, in: Jarass/Pieroth, GG, Art. 76 Rn. 4; *Stern*, Staatsrecht II, S. 617 f.
12 Vgl. *Stern*, Staatsrecht II, S. 617; weitere Beispiele bei *Mann*, in: Sachs, GG Art. 76 Rn. 14.
13 *Kloepfer*, NJW 2011, 131 ff.; *Meßerschmidt*, Der Staat 2012, 387 ff.
14 S. oben Rn. 763.

867 *Regelfall* ist der *Ablauf gem. Art. 76 Abs. 1 Satz 1–3 GG*. Die Bundesregierung leitet die Regierungsvorlage dem Bundesrat zu. Der Bundesrat kann innerhalb von sechs Wochen zu der Regierungsvorlage Stellung nehmen. Es besteht allerdings keine Pflicht des Bundesrats, eine Stellungnahme abzugeben. Die Frist kann aus wichtigem Grund auf neun Wochen verlängert werden, bei Vorlagen zu verfassungsändernden Gesetzen und Gesetzen zur Übertragung von Hoheitsrechten beträgt sie stets neun Wochen (Art. 76 Abs. 2 Satz 5 1. Halbsatz GG). Nach Eingang der Stellungnahme bei der Bundesregierung leitet diese die Vorlage zusammen mit der Stellungnahme und ggf. einer Erwiderung an den Bundestag weiter. Das parlamentarische Gesetzgebungsverfahren gem. Art. 77 GG beginnt.

868 Art. 76 Abs. 2 Satz 4 GG berechtigt die Bundesregierung, eine von ihr als *eilbedürftig bezeichnete Vorlage* bereits vor Ablauf der normalen Fristen beim Bundestag einzureichen, ohne den Eingang der Stellungnahme des Bundesrats abzuwarten. Die Stellungnahme ist dann nachträglich von der Bundesregierung an den Bundestag weiterzuleiten. Die Möglichkeit zur Beschleunigung des Gesetzgebungsverfahrens steht der Bundesregierung aber *nicht* bei verfassungsändernden Gesetzen sowie bei Gesetzen zur Übertragung von Hoheitsrechten auf supranationale Einrichtungen zu (Art. 76 Abs. 2 Satz 5 2. Halbsatz GG).

869 Die Funktion der *Zuleitung an den Bundesrat* zwecks Stellungnahme ist, dass dieser frühzeitig Kenntnis über ein Gesetzgebungsverfahren erlangt und Bundestag und Bundesregierung über seine Auffassung informieren kann. Die Bundesregierung kann als Reaktion und mit entsprechendem Beschluss auf die Zuleitung an den Bundestag verzichten und das Gesetzgebungsverfahren abbrechen, ihren Gesetzentwurf modifizieren oder sich in ihrer Antwort mit den Einwänden des Bundesrates auseinandersetzen.

870 Die Zuleitung an den Bundesrat ist die erste obligatorische Mitwirkung des Bundesrats im Gesetzgebungsverfahren (sog. *erster Durchlauf beim Bundesrat*). Eine echte materielle Mitwirkung besteht jedoch nicht, weil dem Bundesrat nur ein Recht zur Stellungnahme eingeräumt wird und die Stellungnahme auch nicht rechtserheblich ist. Fraglich ist, ob die Nichtbeachtung des Art. 76 Abs. 2 GG ein Gesetz formell verfassungswidrig macht.[15] Die Stellungnahme des Bundesrates ist weder rechtlich bindend, noch ist sie zwingend vorgeschrieben. Dies könnte es rechtfertigen, Art. 76 Abs. 2 GG als bloße Ordnungsvorschrift anzusehen, so dass ein Verstoß nicht zur formellen Verfassungswidrigkeit der Norm führen würde. Nach dem Wortlaut des Art. 76 Abs. 2 GG ist die Zuleitung an den Bundesrat jedoch zwingend („sind"). Ferner soll nach dem Sinn und Zweck des Art. 76 Abs. 2 GG der Bundesrat möglichst frühzeitig am Gesetzgebungsverfahren beteiligt werden, was ihm und den durch diesen an der Bundesgesetzgebung beteiligten Ländern eine besonders starke Verfahrensposition verschaffen soll. Dies spricht für den materiellen Gehalt der Vorschrift und damit für die Nichtigkeitsfolge bei deren Verletzung[16].
→ *S. hierzu Rn. 1041: Schema 6: Gesetzesinitiative durch die Bundesregierung.*

---

15 S. dazu auch Rn. 1041.
16 *Degenhart*, Staatsrecht I, Rn. 209.

b) Gesetzesinitiative des Bundesrates. Über das Gesetzesinitiativrecht des Bundesrates haben die Länder, genauer die Landesregierungen die Möglichkeit, ein Gesetzgebungsverfahren auf Bundesebene einzuleiten. Der Bundesrat kann dabei auf die Ministerialbürokratie der Landesregierungen zurückgreifen. **871**

Um einen Gesetzentwurf in den Bundestag einzubringen, ist zunächst von einem Land im Bundesrat ein Antrag auf Abstimmung dieses Entwurfs zu stellen (§ 26 GOBR). Erlangt der Antrag bei der Abstimmung die Mehrheit der Stimmen des Bundesrates (Art. 52 Abs. 3 Satz 1 GG), wird der Gesetzentwurf über die Bundesregierung an den Bundestag weitergeleitet (Art. 76 Abs. 3 GG). Die Bundesregierung hat dabei die Möglichkeit, ihre eigene Auffassung der Gesetzesinitiative beizufügen. **872**

Die Funktion der Weiterleitung über die Bundesregierung ist, dass diese ebenfalls möglichst früh von einem parlamentarischen Gesetzgebungsverfahren Kenntnis erlangt und dabei ihre Auffassung oder ihre Bedenken äußern kann. Auch hier ist eine Stellungnahme jedoch nicht zwingend erforderlich (Art. 76 Abs. 3 Satz 2 GG: „soll“). **873**

Den *Regelfall beschreibt Art. 76 Abs. 3 Satz 1–3 GG*. Die Bundesregierung hat von der Zuleitung durch den Bundesrat an sechs Wochen Zeit, den Gesetzentwurf zusammen mit ihrer Auffassung an den Bundestag weiterzuleiten (Sätze 1–2). Aus wichtigem Grund kann die Frist auf neun Wochen verlängert werden (Satz 3). **874**

Art. 76 Abs. 3 Satz 4 GG ermöglicht dem Bundesrat, das Verfahren der Gesetzesinitiative in der Weise zu beschleunigen, dass der Gesetzentwurf von der Bundesregierung nach nur drei oder sechs Wochen an den Bundestag weitergeleitet werden muss. Dies gilt auch hier *nicht* bei verfassungsändernden Gesetzen sowie bei Gesetzen zur Übertragung von Hoheitsrechten auf supranationale Einrichtungen (Art. 76 Abs. 3 Satz 5 GG). **875**

Mit der Weiterleitung durch die Bundesregierung ist der Gesetzentwurf des Bundesrats als Gesetzesvorlage in den Bundestag eingebracht. Das parlamentarische Gesetzgebungsverfahren beginnt. **876**
→ *S. hierzu Rn. 1019: Schema 7: Gesetzesinitiative durch den Bundesrat.*

c) Gesetzesinitiative des Bundestages. Die Gesetzesinitiative aus der Mitte des Bundestages ist vor allem eine Möglichkeit der parlamentarischen Opposition, eigene Gesetzentwürfe in den Bundestag einzubringen. **877**
Häufig werden jedoch aus taktischen Gründen die Gesetzesvorhaben der Bundesregierung von der Regierungsfraktion als Gesetzesvorlage „aus der Mitte des Bundestags“ eingebracht (sog. „verkappte Regierungsvorlagen“)[17]. So wird die in Art. 76 Abs. 2 GG vorgesehene frühzeitige Beteiligung des Bundesrates bei Regierungsvorlagen umgangen. Als gezielte Umgehung wird diese Vorgehensweise gelegentlich als verfassungswidrig eingestuft[18]. Allerdings entspricht das Verfahren der Staatspraxis und ist richtigerweise verfassungsrechtlich nicht zu beanstanden. Denn das Initiativrecht des Bundestags ist unbegrenzt, so dass der

17 S. dazu auch Rn. 1039.
18 Vgl. *Maurer*, Staatsrecht I, § 17 Rn. 63.

Bundestag auch das Recht hat, sich einen Gesetzentwurf der Bundesregierung zu Eigen zu machen[19].
→ *Rn. 1039*

878 Gem. Art. 76 Abs. 1 GG wird das Initiativrecht *„aus der Mitte"* des Bundestags ausgeübt. Diese Verfassungsbestimmung wird durch § 76 Abs. 1 GOBT konkretisiert. Erforderlich ist, dass die Gesetzesvorlage von einer Fraktion oder einer Anzahl von 5 % der gesetzlichen Mitglieder des Bundestags (Fraktionsstärke) eingebracht wird. Die Verfassungskonformität dieser Regelung, die insbesondere dazu führt, dass dem einzelnen Abgeordneten kein Initiativrecht zusteht, ist umstritten.[20] Dagegen spricht, dass begrifflich durchaus auch ein einzelner Abgeordneter die „Mitte des Bundestages" darstellen kann,[21] das Grundgesetz die Rechte gerade des einzelnen Abgeordneten in besonderer Weise schützen will (vgl. Art. 38 Abs. 1 GG) und kaum Gründe für eine Beschränkung des Initiativrechts bestehen, da es in der Praxis nicht zu einer Überhäufung des Parlaments mit Gesetzesinitiativen einzelner Abgeordneter kommt[22]. Auf die Frage der Verfassungsmäßigkeit des § 76 Abs. 1 GOBT kommt es dann nicht an, wenn das Parlament eine Vorlage, die dieser Vorschrift nicht entspricht (etwa die Initiative eines einzelnen Abgeordneten), dennoch annimmt: Zum einen könnte man dies so werten, dass sich das Parlament die Vorlage zu Eigen gemacht hat und damit eine von der Parlamentsmehrheit und damit in jedem Fall eine von der „Mitte des Bundestags" getragene Vorlage vorliegt. Zum anderen ist zu beachten, dass auch ein Verstoß gegen § 76 Abs. 1 GOBT nicht zur Nichtigkeit des Gesetzes führt; es handelt sich hier um bloßes Ordnungsrecht, das keine Außenwirkung entfaltet. Gem. § 76 Abs. 2 GOBT müssen Gesetzesentwürfe von Mitgliedern des Bundestags mit einer kurzen Begründung versehen sein. Mit der Einbringung beginnt das parlamentarische Gesetzgebungsverfahren.
→ *Rn. 1040*

879 Eine informatorische Beteiligung der beiden anderen initiativberechtigten Staatsorgane Bundesregierung und Bundesrat ist in diesem Fall vom Grundgesetz nicht vorgesehen. Allerdings werden gem. § 77 Abs. 1 GOBT die Vorlagen an die Mitglieder des Bundestags und des Bundesrats sowie an die Bundesministerien verteilt.

2. Das Verfahren im Bundestag (Art. 77 Abs. 1 GG)

880 Das parlamentarische Verfahren ist aufgrund der zentralen Stellung des Bundestages als Legislativorgan der *Kern des Gesetzgebungsverfahrens*. Die Verfahrensvorschriften finden sich jedoch „nur" in der Geschäftsordnung des Bundestags. Im Grundgesetz wird lediglich der Gesetzesbeschluss normiert (vgl. Art. 77 Abs. 1 Satz 1 GG). Darüber hinaus gelten die allgemeinen Grundsätze des parlamentarischen Verfahrens, d. h. insbesondere Öffentlichkeits- und Mehrheitsprinzip.

---

19 Vgl. *Degenhart*, Staatsrecht I, Rn. 210; *Ipsen*, Staatsrecht I, Rn. 225; *Bryde*, in: v. Münch/Kunig, GG, Art. 76 Rn. 21; differenzierend *Mann*, in: Sachs, GG, Art. 76 Rn. 24 ff.

20 S. dazu auch Rn. 1040.

21 So wird dies auch von mehreren Landtagsgeschäftsordnungen gesehen, vgl. etwa Art. 49 Abs. 1 Satz 1 GOLT als Konkretisierung von Art. 71 BayVerf, der ebenfalls von der „Mitte des Landtags" spricht.

22 Ausführlich *Kersten*, in: Maunz/Dürig (Stand 2013), GG, Art. 76 Rn. 46 ff.

Ziel und Abschluss des Gesetzgebungsverfahrens im Bundestag ist der endgültige Gesetzesbeschluss i. S. d. Art. 77 Abs. 1 Satz 1 GG. Danach wird das Gesetz vom Bundestagspräsidenten *unverzüglich an den Bundesrat weitergeleitet* (vgl. Art. 77 Abs. 1 Satz 2 GG). Das Verfahren bis dahin ist in den §§ 75 ff. GOBT geregelt. Es gliedert sich in *drei Lesungen* (*Beratungen*) im Plenum (§ 78 Abs. 1 Satz 1 GOBT), in denen der ursprüngliche Gesetzentwurf inhaltlich bearbeitet wird, bis der Bundestag die endgültige Fassung *in der Schlussabstimmung billigt* (Art. 77 Abs. 1 Satz 1 GG, § 86 Satz 1 GOBT). **881**

Mangels ausdrücklicher verfassungsrechtlicher Normierung führt ein Verstoß gegen das Verfahren der drei Lesungen nicht zur formellen Verfassungswidrigkeit eines Gesetzes[23], solange durch die Verkürzung des Verfahrens nicht die verfassungsrechtlichen Mitwirkungsrechte der Abgeordneten ausgehebelt werden.[24] **882**
→ *Rn. 1042*

Nach Einbringung einer Gesetzesvorlage werden die Vorlagen gedruckt und an die Mitglieder des Bundestags verteilt (§ 77 Abs. 1 GOBT). Anschließend wird die erste Lesung in einer der kommenden Bundestagssitzungen auf die Tagesordnung gesetzt. **883**

Die *erste Lesung* ist in den §§ 79, 80 GOBT normiert. Sie endet mit der Überweisung der Gesetzesvorlage an den zuständigen Ausschuss (§ 80 Abs. 1 GOBT). In der ersten Lesung kann eine allgemeine Aussprache über die Grundsätze der Gesetzesvorlage stattfinden (vgl. § 79 Satz 1 u. 2 GOBT). Sie erfolgt vor allem bei politisch bedeutsamen Gesetzesvorlagen. Dann dient sie der Bundesregierung zur öffentlichen Rechtfertigung vor dem Parlament und der Opposition als Möglichkeit, eine mögliche Ablehnung oder Kritik zu äußern. Regelmäßig wird die erste Lesung des Haushalts (d. h. die erste Haushaltsdebatte) zur Aussprache über die Politik der Regierung genutzt. Bei Gesetzesvorlagen ohne besondere politische Bedeutung wird dagegen meist auf die allgemeine Aussprache verzichtet. Dann erfolgt die direkte Überweisung der Gesetzesvorlagen an die Ausschüsse, so dass die erste Lesung lediglich formalen Charakter hat. Allgemein ist vor den Ausschussberatungen noch kein Sachantrag zulässig (§ 79 Satz 3 GOBT). Die *inhaltliche Arbeit am Gesetzentwurf* soll erst in den Ausschüssen beginnen, was ihrer beschlussvorbereitenden Funktion entspricht. Es ist gem. § 80 Abs. 2 GOBT aber auch möglich, auf Ausschussberatungen zu verzichten und sofort mit der zweiten Lesung zu beginnen, wenn ein Fall überwältigender politischer Übereinstimmung im Bundestag besteht[25]. **884**

Der Gesetzentwurf ist je nach Regelungsgegenstand an den *zuständigen Ausschuss zu überweisen*. Sind mehrere Ausschüsse der Sache nach zuständig, wird ein federführender Ausschuss bestimmt, während weitere Ausschüsse nur beratend auftreten (§ 80 Abs. 1 GOBT). In den Ausschusssitzungen wird der Gesetz- **885**

23 BVerfGE 1, 144 (151) – *Geschäftsordnungsautonomie*; BVerfGE 29, 221 (234) – *Jahresarbeitsverdienstgrenze*.
24 S. dazu auch Rn. 1042.
25 Für diesen Beschluss ist eine Zweidrittel-Mehrheit der anwesenden Bundestagsmitglieder notwendig (vgl. § 80 Abs. 2 Satz 1 GOBT).

entwurf von den Fachpolitikern beraten, überprüft und ggf. inhaltlich abgeändert. Es gelten die für die Ausschüsse normierten Verfahrensvorschriften (§§ 54 ff. GOBT). Der Gesetzentwurf wird schließlich wieder an den Bundestag für die zweite Lesung zurückverwiesen und auf die Tagesordnung gesetzt.

886 Die *zweite Lesung* ist in den §§ 81–83 GOBT geregelt. Sie kann auch mit einer allgemeinen Aussprache eröffnet werden (§ 81 Abs. 1 GOBT). Gegenstand der zweiten Lesung ist die Beratung und Abstimmung über die einzelnen Bestimmungen des Gesetzentwurfes in der Gestalt, die dieser durch die Ausschussberatungen angenommen hat (§ 81 Abs. 2 GOBT). Möglich ist es auch, in größeren Blöcken bis hin zum gesamten Gesetzentwurf abzustimmen (vgl. § 81 Abs. 3 u. 4 GOBT). Von den einzelnen Abgeordneten können Änderungsanträge gestellt werden, was dazu führt, dass Einzelabstimmung erforderlich ist (§ 82 Abs. 1 Satz 1 GOBT). Die zweite Lesung ist erst abgeschlossen, wenn über alle Bestimmungen des Gesetzentwurfs abgestimmt wurde. Solange können Gesetzentwürfe oder Teile davon erneut an die Ausschüsse überwiesen werden mit der Folge, dass die zweite Lesung nicht abgeschlossen ist (§ 82 Abs. 3 GOBT). Werden *alle Teile* eines Gesetzentwurfes in der zweiten Lesung *abgelehnt*, dann ist der Gesetzentwurf *gescheitert* (§ 83 Abs. 3 GOBT).

887 Die *dritte Lesung* regeln die §§ 84–86 GOBT. Im Anschluss an diese findet die *Schlussabstimmung* statt (§ 86 Abs. 1 Satz 1 GOBT). Grundlage der dritten Lesung ist der Inhalt des Gesetzentwurfes, wie er in der zweiten Lesung beschlossen worden ist (§ 83 Abs. 2 GOBT). In der dritten Lesung sind Änderungsanträge nicht mehr durch einzelne Abgeordnete, sondern nur noch durch die Fraktionen oder von Abgeordneten in Fraktionsstärke (5 %) möglich (§ 85 Abs. 1 Satz 1 GOBT). Sachlicher Gegenstand eines Änderungsantrags darf nur noch eine Bestimmung sein, die in der zweiten Lesung geändert worden ist (§ 85 Abs. 1 Satz 2 GOBT). Nur ausnahmsweise ist eine allgemeine Aussprache zu Beginn der dritten Lesung zulässig (§ 84 Satz 2 GOBT). Wurden in der zweiten Lesung keine Änderungen beschlossen, erfolgt direkt im Anschluss die dritte Lesung mit der Schlussabstimmung (§ 84 Satz 1 lit. a GOBT), ansonsten zu einem späteren Zeitpunkt (§ 84 Satz 1 lit. b GOBT). Zulässig ist es allerdings auch, die Schlussabstimmung durch eine (teilweise) Verweisung des Gesetzentwurfes zur Beratung an einen anderen Ausschuss zu verhindern (§ 85 Abs. 2 Satz 1 GOBT). Dann kann erneut eine zweite Lesung erforderlich werden (§ 85 Abs. 2 Satz 2 GOBT).

888 Die Schlussabstimmung i. S. d. Art. 77 Abs. 1 Satz 1 GG bildet den Endpunkt des parlamentarischen Verfahrens. Gem. Art. 42 Abs. 2 Satz 1 GG ist hier die Mehrheit der abgegebenen Stimmen zum Gesetzesbeschluss ausreichend. Das beschlossene Gesetz wird vom Bundestagspräsidenten unverzüglich dem Bundesrat zugeleitet (Art. 77 Abs. 1 Satz 2 GG). „Unverzüglich" ist dabei, wie in § 121 BGB, als „ohne schuldhaftes Zögern" zu verstehen, wobei in der Praxis auf den Sitzungsrhythmus des Bundesrates Rücksicht genommen wird[26].
→ *S. hierzu Rn. 1020: Parlamentarisches Verfahren.*

26 *Kersten*, in: Maunz/Dürig (Stand 2013), GG, Art. 77 Rn. 28.

3. Die Mitwirkung des Bundesrates (Art. 77, 78 GG)

Unabänderlicher Bestandteil des Bundesstaatsprinzips ist die *grundsätzliche Mitwirkung der Länder* an der Gesetzgebung des Bundes (vgl. Art. 79 Abs. 3 GG). Dieses Mitwirkungsrecht ist durch die Beteiligung des Bundesrats am Gesetzgebungsverfahren verfassungsrechtlich konkretisiert. **889**

Die *Mitwirkung des Bundesrats* ist in den Art. 77 Abs. 2–4, 78 GG normiert. **890** Dabei kommen zwei unterschiedliche Arten der Bundesratsbeteiligung in Betracht, die davon abhängen, ob das betreffende Gesetz als Einspruchs- oder Zustimmungsgesetz zu qualifizieren ist. Bei *Einspruchsgesetzen* ist der Bundesrat nicht in der Lage, ein Gesetzgebungsverfahren aus eigener Kraft endgültig scheitern zu lassen. Gegen den Willen des Bundestags kann das Gesetzgebungsverfahren hier *nur zeitlich verzögert* werden. Der Einspruch hat nur den Charakter eines aufschiebenden Vetos, da der Bundestag den Einspruch des Bundesrats (ggf. jedoch nur mit einer qualifizierten Mehrheit) zurückweisen kann (Art. 77 Abs. 3 u. 4 GG). Verzichtet der Bundesrat darauf, durch Einlegung eines Einspruchs am Gesetzgebungsverfahren mitzuwirken, kommt das Gesetz zustande. Für *Zustimmungsgesetze* ist dagegen ein *positiver Mitwirkungsakt*, d.h. die Erteilung der Zustimmung zum Gesetz zwingend. Verweigert der Bundesrat den Zustimmungsakt, ist das Gesetz gescheitert (Art. 77 Abs. 2a GG). Die Verweigerung der Zustimmung hat den Charakter eines endgültigen Vetos.

Weder beim Einspruch noch bei der Zustimmung kann der Bundesrat den Inhalt **891** eines Gesetzes unmittelbar verändern. Inhaltliche Abänderungen nach dem Gesetzesbeschluss des Bundestags gem. Art. 77 Abs. 1 Satz 1 GG erfolgen nur im Vermittlungsverfahren (Art. 77 Abs. 2 GG). In der Praxis beeinflusst der Bundesrat jedoch regelmäßig schon im Vorfeld die inhaltlichen Beratungen und Beschlussfassungen im Bundestag mit Hinweis auf sein späteres Mitwirkungsverhalten.

a) Unterscheidung zwischen Einspruchs- und Zustimmungsgesetzen. Das Tat- **892** bestandsmerkmal zur Unterscheidung zwischen Zustimmungsgesetzen und Einspruchsgesetzen ist die *Zustimmungsbedürftigkeit* eines Gesetzes. Diese besteht nur, wenn *im Grundgesetz ausdrücklich* die „Zustimmung des Bundesrates" *angeordnet* ist, d.h. die Zustimmungsgesetze sind im Grundgesetz einzeln aufgeführt (*Enumerationsprinzip*)[27]. Ungeschriebene Fallgruppen der Zustimmungsbedürftigkeit gibt es nicht. Insbesondere kommt es nicht darauf an, dass aus politischer, gesellschaftlicher oder sonstiger Sicht ein Gesetz elementare Interessen der Länder betrifft. Ist die Zustimmungsbedürftigkeit im Grundgesetz nicht ausdrücklich angeordnet, folgt im Umkehrschluss, dass es sich um ein Einspruchsgesetz handelt. Nach der gesetzlichen Konzeption ist also das Einspruchsgesetz der Regelfall, das Zustimmungsgesetz die einer ausdrücklichen Anordnungen bedürfende Ausnahme.

Im Laufe der Zeit hat sich die Anzahl zustimmungsbedürftiger Gesetze deutlich **893** erhöht[28]. Ein Rückgang sollte sich durch die Änderung des Art. 84 Abs. 1 GG im

27 *Ipsen*, Staatsrecht I, Rn. 353.
28 Vgl. dazu auch *Mann*, in: Sachs, GG, Art. 77 Rn. 15f.

Rahmen der Föderalismusreform ergeben, die bei der Landeseigenverwaltung das Zustimmungserfordernis durch eine Abweichungskompetenz der Länder ersetzt hat und nur noch in „Ausnahmefällen" eine bundeseinheitliche Regelung mit Zustimmung des Bundesrates vorsieht[29].

894 Die in der Praxis wichtigsten Beispiele für Vorschriften, in denen das Grundgesetz die *Zustimmungsbedürftigkeit für ein Gesetz anordnet*, sind[30]:

- verfassungsändernde Gesetze (Art. 79 Abs. 2 GG);
- Übertragung von Hoheitsrechten auf die supranationale europäische Ebene (Art. 23 Abs. 1 Satz 2 GG);
- Zustimmung zu bestimmten völkerrechtlichen Verträgen (Art. 59 Abs. 2 Satz 1 GG);
- Gesetze, die abweichende Regelungen für den Verwaltungsvollzug durch die Länder untersagen (Art. 84 Abs. 1 Satz 6 GG) oder die Einrichtung von Behörden im Falle der Bundesauftragsverwaltung (Art. 85 Abs. 1 GG) anordnen;
- Gesetze, die bestimmte Regelungen für die Bundesverwaltung treffen gem. Art. 87 Abs. 3 Satz 2 GG, Art. 87b Abs. 1 Satz 3 u. 4 GG, Art. 87c GG, Art. 87d Abs. 2 GG, Art. 87e Abs. 5 GG, Art. 87f Abs. 1 GG;
- Gesetze im Bereich der Finanzverfassung gem. Art. 104a Abs. 4, 5 Satz 2, Abs. 6, Art. 105 Abs. 3, Art. 106 Abs. 3 Satz 3 u. 6, Abs. 4 Satz 2, Abs. 5 Satz 2, Abs. 5a Satz 3, Abs. 6 Satz 5, Art. 107 Abs. 1 Satz 2, Abs. 4 Halbsatz 2, Art. 107 Abs. 2 Satz 1 u. 3, Art. 108 Abs. 2 Satz 2, Abs. 4 Satz 1, Abs. 5 Satz 2, Art. 109 Abs. 4, Abs. 5 Satz 3 GG;
- Gesetze über Gemeinschaftsaufgaben gem. Art. 91a Abs. 2; Art. 91c Abs. 4 Satz 2, Art. 91e Abs. 3 GG;
- Gesetze im Bereich des Asylrechts gem. Art. 16a Abs. 2 Satz 2, Abs. 3 Satz 1 GG.

895 Zulässig ist es, *Gesetzentwürfe*, die inhaltlich auf einer Gesamtkonzeption beruhen, so *aufzuspalten*, dass zustimmungsbedürftige und nicht zustimmungsbedürftige Regelungsgegenstände in *getrennten Gesetzgebungsverfahren* ablaufen[31]. Dies geschieht regelmäßig durch Aufspaltung in einen materiell-rechtlichen und einen verfahrensrechtlichen Teil. Ein bekanntes Beispiel dieser Vorgehensweise ist die rechtliche Aufwertung gleichgeschlechtlicher Lebensgemeinschaften durch das Lebenspartnerschaftsgesetz (2001), bei der die oppositionelle Bundesratsmehrheit die Gleichstellung in zustimmungspflichtigen Bereichen, wie der Steuergesetzgebung, verhindern konnte, aber nicht die Einrichtung des Rechtsinstituts der Lebenspartnerschaft selbst[32].

---

29 Vgl. auch *Kersten*, in: Maunz/Dürig (Stand 2013), GG, Art. 77 Rn. 95. Zur vorherigen Rechtslage und dem extensiven Verständnis des Art. 84 Abs. 1 durch das BVerfG vgl. BVerfGE 37, 363 (384f.) – *Zustimmungsgesetz*; 55, 274 (320f.) – *Berufsausbildungsabgabe*; 75, 108 (152) – *Künstlersozialversicherung*.

30 Eine Übersicht über alle zustimmungspflichtigen Gesetze nach dem GG findet sich bei *Masing*, in: v. Mangoldt/Klein/Starck, GG, Art. 77 Rn. 48.

31 *Pieroth*, in: Jarass/Pieroth, GG, Art. 77 Rn. 4a m.w.N.

32 Vgl. hierzu *Beck*, NJW 2001, 1894ff.

Die zunächst so eindeutig erscheinende ausdrückliche Anordnung der „Zustimmung durch den Bundesrat“ wird problematisch, wenn es um die *Bestimmung der Reichweite* der Zustimmungsbedürftigkeit eines Gesetzes geht.[33] **896**

aa) **Erstmalig erlassene Gesetze.** Ein erstmalig zu einem Regelungsgegenstand erlassenes Gesetz ist bereits dann Zustimmungsgesetz, wenn es auch nur *eine einzelne Norm mit einer zustimmungsbedürftigen Regelung enthält.* Die sachliche Reichweite der Zustimmungsbedürftigkeit erfasst das Gesetz als Ganzes, d. h. das vom Bundestag beschlossene Gesetz wird als gesetzestechnische Einheit begriffen, es sei denn, der Bundestag spaltet das Gesetz selbst wie oben beschrieben auf. Ihm kann vom Bundesrat nur insgesamt zugestimmt werden, auch wenn nur eine einzige Regelung die Zustimmungsbedürftigkeit auslöst[34]. Für diese Ansicht spricht, dass das nur partielle Zustandekommen eines Gesetzes nicht dem Gesetzgebungswillen des Bundestags entspricht. **897**

bb) **Änderungsgesetze.** Änderungsgesetze haben die Funktion, den Inhalt bereits erlassener Gesetze abzuändern („Gesetz zur Änderung des Gesetzes ...“). Enthält das Änderungsgesetz selbst zustimmungsbedürftige Regelungen, ist es zustimmungsbedürftig. Problematisch ist der Fall, wenn das Änderungsgesetz selbst keine zustimmungsbedürftigen Regelungen enthält. Für die Frage der Zustimmungsbedürftigkeit kommt es darauf an, ob nur auf das Änderungsgesetz als Gegenstand des Gesetzgebungsverfahrens abgestellt wird oder ob auch die Eigenschaft des zu ändernden Gesetzes beachtlich ist. **898**

Man könnte annehmen, dass auch jede Änderung eines zustimmungsbedürftigen Gesetzes selbst zustimmungspflichtig ist. Dies ließe sich damit begründen, dass der Bundesrat durch seine in der Vergangenheit erteilte Zustimmung die Mitverantwortung für das gesamte Gesetz übernommen hat. Dagegen spricht aber, dass hierdurch eine zu weit reichende Beteiligung des Bundesrates etabliert würde, der gem. Art. 50 GG lediglich an der Gesetzgebung des Bundes mitwirken soll. Es ist daher *grundsätzlich* nur *auf das Änderungsgesetz und dessen Auswirkungen auf die ursprünglich zustimmungsbedürftigen Regelungen abzustellen*[35]. **899**

Ein *Änderungsgesetz* ist somit *zustimmungsbedürftig*, wenn **900**

- das Änderungsgesetz selbst zustimmungsbedürftige Regelungen enthält;
- das Änderungsgesetz Vorschriften des ursprünglichen Gesetzes betrifft, die dessen Zustimmungsbedürftigkeit begründet haben;
- das Änderungsgesetz zwar keine zustimmungsbedürftigen Teile des Ursprungsgesetzes abändert, die Änderungen aber dem Ursprungsgesetz inhaltlich eine wesentlich andere Bedeutung und Tragweite verleihen und damit eine „Systemverschiebung im föderativen Gefüge“ bewirken, die von

---

33 S. dazu auch Rn. 1043.

34 Für die Gesamtbetrachtung s. auch BVerfGE 8, 274 (294 f.) – *Preisgesetz*; 37, 363 (381) – *Bundesrat*; 55, 274 (318, 326 f.) – *Berufsausbildungsabgabe*; *Stern*, Staatsrecht II, S. 145; *Kersten*, in: Maunz/Dürig, GG, Art. 77 Rn. 100; *Pieroth*, in: Jarass/Pieroth, GG, Art. 77 Rn. 4; *Ipsen*, Staatsrecht I, Rn. 368; a. A. und damit für eine Einzelbetrachtung *Mann*, in: Sachs, GG, Art. 77 Rn. 15.

35 BVerfGE 37, 363 (381 f.) – *Bundesrat*; *Pieroth*, in: Jarass/Pieroth, GG, Art. 77 Rn. 5.

der ursprünglichen Zustimmung des Bundesrates nicht mehr als gedeckt angesehen werden können[36].

→ *Rn. 1043*

901 **b) Das Vermittlungsverfahren und der Vermittlungsausschuss.** Das *Vermittlungsverfahren* ist in Art. 77 Abs. 2 GG sowie in der Geschäftsordnung des dafür zu bildenden Vermittlungsausschusses (GOVerm)[37] geregelt. Das Vermittlungsverfahren hat die Funktion, zwischen den unterschiedlichen Auffassungen von Bundestag und Bundesrat über den Inhalt eines Gesetzgebungsverfahrens einen Kompromiss herbeizuführen. Die Einleitung des Vermittlungsverfahrens kann gem. Art. 77 Abs. 2 Satz 1 GG vom Bundesrat binnen drei Wochen nach Eingang des Gesetzesbeschlusses verlangt werden, bei Zustimmungsgesetzen gem. Art. 77 Abs. 2 Satz 4 GG auch von Bundestag und Bundesregierung.
→ *S. hierzu Rn. 1023 f.: Vermittlungsverfahren.*

902 Ursprünglich war das Vermittlungsverfahren auf die *Lösung einer Interessenkollision zwischen Bund und Ländern* ausgerichtet. Bei unterschiedlichen parteipolitischen Mehrheiten in Bundesrat und Bundestag wird der Bundesrat jedoch seit langem und zulässigerweise als Blockadeinstrument der Opposition auf bundespolitischer Ebene genutzt. In diesen Fällen dient das Vermittlungsverfahren häufig nicht mehr dem Ausgleich von Bundes- und Länderinteressen, sondern der Findung eines Kompromisses zwischen Regierungs- und Oppositionsparteien. Es besteht dabei die Gefahr, dass wesentliche inhaltliche Fragen des Gesetzgebungsverfahrens in den Vermittlungsausschuss verlagert werden und es damit zu einer verfassungsrechtlich problematischen „Entparlamentarisierung" des Gesetzgebungsverfahrens kommt: im Vermittlungsausschuss entscheidet eine kleine Gruppe von Vertretern von Bundestag und Bundesrat innerhalb enger Fristen und unter Ausschluss der Öffentlichkeit[38]. Damit der Vermittlungsvorschlag dem Bundestag zurechenbar bleibt, verlangt das BVerfG daher, dass dieser „inhaltlich und formal an den durch den Deutschen Bundestag vorgegebenen Rahmen gebunden bleibt"[39]. Dies hat insbesondere zur Folge, dass im Rahmen des Vermittlungsverfahrens keine vollständig neuen Regelungsgegenstände in ein Gesetz eingebracht werden dürfen[40].

903 Das für das Vermittlungsverfahren zuständige Organ ist der *Vermittlungsausschuss* (vgl. Art. 77 Abs. 2 Satz 1 GG). Seine Zusammensetzung und Arbeitsweise wird nach dem Prinzip der Selbstorganisation durch eine Geschäftsordnung geregelt (Art. 77 Abs. 2 Satz 2 GG). Danach setzt sich der Vermittlungsausschuss paritätisch aus insgesamt 32 Mitgliedern zusammen, von denen jeweils 16 aus dem Bundestag und dem Bundesrat entsandt werden (§ 1 GOVermA). Die vom Bundesrat entsandten Mitglieder unterliegen gem. Art. 77 Abs. 2 Satz 3 GG keinen Weisungen. Der Vermittlungsausschuss tagt nichtöffentlich (vgl. § 6 GOVermA) und wird von einem Ausschussvorsitzenden geleitet (§ 2 GOVermA).

36 BVerfGE 48, 127 (180 f.) – *Kriegsdienstverweigerung.*
37 Gemeinsame Geschäftsordnung des Bundestags und des Bundesrats für den Ausschuss nach Art. 77 GG – *Vermittlungsausschuss.*
38 Vgl. dazu *Wilms*, ZRP 2003, 86 (90).
39 BVerfGE 101, 297 (307) – *Häusliches Arbeitszimmer*; 125, 104 (122) – *Personenbeförderung.*
40 BVerfGE 125, 104 (123) – *Personenbeförderung.*

Nur Vertreter der Bundesregierung haben ein Recht auf Teilnahme an den Sitzungen und können durch Beschluss des Vermittlungsausschusses auch zur Anwesenheit verpflichtet werden (§ 5 GOVermA). Der Vermittlungsausschuss bildet seinen Willen durch *Mehrheitsbeschluss* (vgl. § 8 GOVerm). Ein Vermittlungsverfahren muss jedoch nicht durch Mehrheitsbeschluss enden. Das Verfahren bleibt *erfolglos*, wenn es in zwei Anläufen (Sitzungen) nicht zu einer Einigung durch Mehrheitsbeschluss kommt (§ 12 GOVermA). In diesen Fällen entscheiden die üblichen verfassungsrechtlichen Regelungen des Art. 77, 78 GG über das Schicksal des Gesetzes.

Gegenstand des Vermittlungsverfahrens ist der vom Bundestag beschlossene Gesetzesinhalt. Die Abänderung erfolgt jedoch nicht im Vermittlungsverfahren selbst. Der Vermittlungsausschuss formuliert nur per Mehrheitsbeschluss Einigungsvorschläge für die umstrittenen Bestandteile (§§ 10, 11 GOVermA). Sie sind in keiner Weise bindend für das weitere Verhalten von Bundestag und Bundesrat. Über das weitere Schicksal des Gesetzes und der Einigungsvorschläge entscheiden danach Bundestag und Bundesrat im Rahmen des Einspruchs- oder Zustimmungsverfahrens. Zu beachten ist aber, dass der Bundesrat, wenn kein Zustimmungsgesetz vorliegt, einen Einspruch gem. Art. 77 Abs. 3 Satz 1 GG nur einlegen kann, wenn ein Vermittlungsverfahren vorangegangen ist. 904

c) **Beteiligung des Bundesrates bei Zustimmungsgesetzen.** Ein Zustimmungsgesetz kommt nur zustande, wenn der *Bundesrat ausdrücklich zustimmt* (Art. 78 Abs. 1 Var. 1 GG). Die Entscheidung über die Zustimmung ist durch Beschlussfassung innerhalb angemessener Frist zu fassen (Art. 77 Abs. 2a GG). Verweigert der Bundesrat die Zustimmung, d. h. wird kein Mehrheitsbeschluss über die Zustimmung gefasst (Art. 53 Abs. 3 Satz 1 GG), ist das Gesetz gescheitert. Das gleiche gilt, wenn der Bundesrat untätig bleibt. Der Bundesrat kann die Zustimmung auch ohne Anrufung des Vermittlungsausschusses verweigern (vgl. Art. 77 Abs. 2a GG: „wenn ein Verlangen nach Absatz 2 Satz 1 GG nicht gestellt ist"). 905

Bei Zustimmungsgesetzen können neben dem Bundesrat auch die *Bundesregierung* und der *Bundestag den Vermittlungsausschuss anrufen* (Art. 77 Abs. 2 Satz 4 GG). Weil bei einem Zustimmungsgesetz ein positiver Akt des Bundesrats erforderlich ist und bereits die Verweigerung der Zustimmung zum Scheitern des Gesetzgebungsverfahrens führt, haben hier in erster Linie der Bundestag, d. h. seine parlamentarische Mehrheit, sowie die Bundesregierung ein Interesse daran, mit Hilfe des Vermittlungsverfahrens ein inhaltlich konsensfähiges Gesetz zu formulieren, das die Zustimmung des Bundesrats findet. Grundsätzlich gilt für die Einberufung des Vermittlungsausschusses durch Bundesregierung und Bundestag keine Frist. Aus Gründen der Rechtsklarheit ist allerdings zu fordern, dass das Einberufungsverlangen nach der Zustimmungsverweigerung durch den Bundesrat innerhalb einer angemessenen Frist erfolgt[41]. Für die Anrufung des Vermittlungsausschusses durch den Bundesrat gilt gem. Art. 77 Abs. 2 Satz 1 GG eine Ausschlussfrist von drei Wochen. Art. 77 Abs. 2 Satz 1 GG gilt, da der Wortlaut nicht differenziert und die Bestimmung der in den Absätzen 2a–4 GG 906

41 *Pieroth*, in: Jarass/Pieroth, GG, Art. 77 Rn. 11 m. w. N.; *Masing*, in: v. Mangoldt/Klein/Starck, GG, Art. 77 Rn. 79; a. A. *Stern*, Staatsrecht II, S. 629, der für eine Frist von drei Wochen plädiert.

erfolgenden Unterscheidung von Zustimmungs- und Einspruchsgesetzen vorgelagert ist, auch für Zustimmungsgesetze[42].

907 Wird von einem der Organe der Vermittlungsausschuss angerufen, so sind für den *weiteren Verlauf des Gesetzgebungsverfahrens* zwei Konstellationen zu unterscheiden.

- Schlägt der Vermittlungsausschuss vor, den *Gesetzentwurf unverändert* zu belassen oder endet das Vermittlungsverfahren *ohne eine Einigung* auf einen Vermittlungsvorschlag, dann entscheidet der Bundesrat über die Zustimmung zur ursprünglichen Gesetzesfassung innerhalb einer angemessenen Frist (Art. 77 Abs. 2a GG).
- Schlägt dagegen der Vermittlungsausschuss eine *Änderung des Gesetzentwurfs* vor, so hat der Bundestag erneut Beschluss zu fassen (Art. 77 Abs. 2 Satz 5 GG). Nach der Beschlussfassung durch den Bundestag hat sodann der Bundesrat über die Zustimmung zum (geänderten) Gesetzentwurf Beschluss zu fassen (Art. 77 Abs. 2a GG). Verweigert der Bundesrat seine Zustimmung, ist das Gesetzesvorhaben endgültig gescheitert. Erteilt er seine Zustimmung, kommt das Gesetz zustande (Art. 78 GG).

→ S. hierzu Rn. 1023: Mitwirkung des Bundesrats im Gesetzgebungsverfahren bei Zustimmungsgesetzen.

908 **d) Beteiligung des Bundesrates bei Einspruchsgesetzen.** Das Verfahren bei Einspruchsgesetzen ist in den Art. 77 Abs. 3 u. 4 GG normiert. Ein Einspruchsgesetz kommt nach Art. 78 GG entweder zustande, wenn der Bundesrat effektiv keinen Einspruch einlegt (Art. 78 Var. 2–4 GG)[43] oder ein eingelegter Einspruch durch eine erneute Willensbildung des Bundestags überstimmt wird (Art. 78 Var. 5 GG). Aufgrund der Möglichkeit der Überstimmung durch den Bundestag kann der Bundesrat das Zustandekommen von Einspruchsgesetzen nicht dauerhaft verhindern, vielmehr hat er nur ein aufschiebendes und das Verfahren im Bundestag ggf. aufgrund eines erhöhten Mehrheitserfordernisses erschwerendes Vetorecht.

909 Beabsichtigt der Bundesrat gegen ein Gesetz Einspruch einzulegen, so muss er **zuvor** innerhalb von drei Wochen nach Eingang des Gesetzesbeschlusses zwingend den Vermittlungsausschuss anrufen (Art. 77 Abs. 3 GG). Unterlässt er die Anrufung innerhalb der Frist, so kommt das Einspruchsgesetz zustande (Art. 78 Var. 2 GG).

910 ***Nach Anrufung des Vermittlungsausschusses*** durch den Bundesrat sind für den weiteren Verlauf des Gesetzgebungsverfahrens erneut zwei Konstellationen zu unterscheiden.

- *Schlägt der Vermittlungsausschuss die Bestätigung des ursprünglichen Gesetzentwurfs* vor oder endet das Vermittlungsverfahren *ohne Einigung*

42 *Kersten*, in: Maunz/Dürig (Stand 2013), GG, Art. 77 Rn. 51.

43 Darunter fallen folgende Varianten des Art. 78 GG: der Bundesrat ruft den Vermittlungsausschuss nicht innerhalb von drei Wochen an (Art. 78 Var. 2, Art. 77 Abs. 2 GG), der Bundesrat legt nach Beendigung des Vermittlungsverfahrens und Beschlussfassung über den abgeänderten Gesetzesinhalt durch den Bundestag nicht binnen zwei Wochen Einspruch ein (Art. 78 Var. 3, Art. 77 Abs. 3 GG) oder der Bundesrat nimmt einen bereits eingelegten Einspruch zurück (Art. 78 Var. 4 GG).

auf einen Vermittlungsvorschlag, dann kann der Bundesrat innerhalb von zwei Wochen über den Einspruch entscheiden (Art. 77 Abs. 3 Satz 1 GG). Die zweiwöchige Frist beginnt bei erfolglosen Vermittlungsverfahren nach entsprechender Mitteilung durch den Ausschussvorsitzenden (Art. 77 Abs. 3 Satz 2 Var. 2 GG, § 12 Abs. 4 GOVermA).

- *Schlägt* dagegen der *Vermittlungsausschuss eine Änderung* des Gesetzentwurfs vor, so hat der Bundestag über diese geänderte Fassung erneut Beschluss zu fassen (Art. 77 Abs. 2 Satz 5 GG). Nach dieser Beschlussfassung durch den Bundestag wird der geänderte Gesetzentwurf im Bundesrat behandelt. Dieser kann innerhalb von zwei Wochen Einspruch einlegen (Art. 77 Abs. 3 Satz 1 GG). Die Einspruchsfrist beginnt in diesem Falle nach Art. 77 Abs. 3 Satz 2 Var. 1 GG mit dem Eingang des vom Bundestag erneut gefassten Beschlusses.

Legt der Bundesrat innerhalb von zwei Wochen keinen Einspruch ein, so ist das Gesetz zustande gekommen (Art. 78 Variante 3 GG). Das gleiche gilt, wenn ein eingelegter Einspruch durch den Bundesrat zurückgenommen wird (Art. 78 Variante 4 GG). **911**

Einen fristgemäßen Einspruch des Bundesrats kann der Bundestag allerdings mit einer dem Art. 77 Abs. 4 GG entsprechenden *Mehrheit zurückweisen*. Die für eine Zurückweisung des Einspruchs erforderliche Mehrheit richtet sich danach, mit welchem Mehrheitsquorum der Bundesrat Einspruch eingelegt hat. Bei bloßer Mehrheit der Stimmen des Bundesrates (vgl. Art. 52 Abs. 3 Satz 1 GG) ist – in Abweichung von Art. 42 Abs. 2 Satz 1 GG – die Mehrheit der Mitglieder des Bundestages erforderlich (Art. 77 Abs. 4 Satz 1 GG). Bei Zweidrittelmehrheit im Bundesrat bedarf es auch einer Zurückweisung mit Zweidrittelmehrheit, die mindestens auch die Mehrheit der Mitglieder des Bundestags umfassen muss (Art. 77 Abs. 4 Satz 2 GG). **912**

Weist der Bundestag den Einspruch mit entsprechender Mehrheit zurück, dann kommt das Gesetz zustande (Art. 78 Variante 5 GG). Ansonsten ist das Gesetzesvorhaben gescheitert. **913**
→ *S. hierzu Rn. 1024: Mitwirkung des Bundesrats im Gesetzgebungsverfahren bei Einspruchsgesetzen.*

e) **Umdeutung einer verweigerten Zustimmung in einen Einspruch.** Oft ist die Unterscheidung von Einspruchs- und Zustimmungsgesetzen nicht ganz unproblematisch. Fraglich ist daher, wie zu verfahren ist, wenn der *Bundesrat ein Einspruchsgesetz fälschlicherweise als Zustimmungsgesetz behandelt* und die Zustimmung *ausdrücklich verweigert*.[44] Es erscheint möglich, die ausdrückliche Zustimmungsverweigerung in die Einlegung eines Einspruchs nach Art. 77 Abs. 3 Satz 1 GG oder die Anrufung des Vermittlungsausschusses nach Art. 77 Abs. 2 Satz 1 GG umzudeuten. Gegen diese Umdeutung wird vorgebracht, dass der Bundesrat nach § 30 Abs. 1 GOBR zur Formstrenge verpflichtet sei und daher **914**

44 S. dazu auch Rn. 1045.

nur eindeutig einzuordnende Beschlüsse fassen könne[45]. Allerdings handelt es sich dabei wiederum um bloßes Innenrecht; im Übrigen erkennt die deutsche Rechtsordnung die Umdeutung eines nichtigen Rechtsgeschäftes in ein wirksames grundsätzlich an (vgl. § 140 BGB). Voraussetzung hierfür ist, dass das wirksame Rechtsgeschäft ein „minus" gegenüber dem nichtigen darstellt und die Umdeutung dem hypothetischen Parteiwillen entspricht. Die Anrufung des Vermittlungsausschusses sowie die Einlegung eines Einspruchs stellen aufgrund der geringeren Rechtsfolgen (sie führen nicht unmittelbar zum Scheitern des Gesetzes) ein „minus" gegenüber der ausdrücklichen Zustimmungsverweigerung dar. Mit der Zustimmungsverweigerung bringt der Bundesrat eindeutig zum Ausdruck, dass er die in seiner Macht stehenden Schritte unternehmen will, das Zustandekommen des Gesetzes zu verhindern[46]. Da dies bei einem Einspruchsgesetz allenfalls durch die Anrufung des Vermittlungsausschusses sowie die Einlegung des Einspruchs möglich ist, entspricht dieses Vorgehen dem hypothetischen Willen des Bundestages. Im Fall der ausdrücklichen Zustimmungsverweigerung ist daher eine Umdeutung möglich. Mangels einer der Umdeutung zugänglichen Erklärung kann demgegenüber ein bloßes Untätigbleiben, das ebenfalls zum Scheitern des Zustimmungsgesetzes führen würde, nicht als Einspruch oder Anrufung des Vermittlungsausschusses gedeutet werden.
→ *Rn. 1045*

915 In der Praxis legt der Bundesrat regelmäßig bei einer Zustimmungsverweigerung hilfsweise Einspruch ein, um die dargestellte Problematik zu vermeiden. Der umgekehrte Fall, dass der Bundesrat fälschlich von einem Einspruchsgesetz ausgeht, ist demgegenüber nicht nur unwahrscheinlich (der Bundesrat würde zu seinem Nachteil irren), sondern auch unproblematisch: legt der Bundesrat Einspruch ein oder tut er gar nichts, liegt keine Zustimmung i. S. d. Art. 77 Abs. 2a GG vor.

4. Die Ausfertigung durch den Bundespräsidenten (Art. 82 Abs. 1 GG)

916 Als letztes oberstes Staatorgan ist der Bundespräsident am Gesetzgebungsverfahren beteiligt. Ein nach den Vorschriften des Grundgesetzes zustande gekommenes Gesetz – also ein Gesetz, das das Verfahren gem. Art. 76–78 durchlaufen hat – wird vom Bundespräsidenten nach Gegenzeichnung ausgefertigt (vgl. Art. 82 Abs. 1 Satz 1 Halbsatz 1 GG). Ausfertigung bedeutet die Erstellung der Urschrift des Gesetzes, die dann vom Bundespräsidenten unterschrieben wird[47].

917 Durch die Ausfertigung wird der Bundespräsident seiner staatsnotariellen Funktion im Staatsgefüge der Bundesrepublik Deutschland und seiner Stellung als Staatsoberhaupt gerecht. Er bestätigt in der unterzeichneten Urschrift den Wortlaut des zustande gekommenen Gesetzes durch die förmliche Fassung und bescheinigt den Abschluss des Gesetzgebungsverfahrens. Das Gesetz wird so Teil der Rechtsordnung. Er bestätigt zudem, dass das Gesetz nach den Vorschriften des Grundgesetzes zustande gekommen ist[48].

---

45 Vgl. *Pieroth*, in: Jarass/Pieroth, GG, Art. 77 Rn. 10 m. w. N.
46 Vgl. *Nolte/Tams*, Jura 2000, 158 ff.
47 Vgl. *Maurer*, Staatsrecht I, § 17 Rn. 82 f.
48 Vgl. *Maurer*, Staatsrecht I, § 17 Rn. 82 f.

An der letztgenannten Aussage entzündet sich der Streit um die Reichweite der *Prüfungskompetenz* des Bundespräsidenten. Richtigerweise hat der Bundespräsident sowohl ein formelles als auch ein materielles Prüfungsrecht, d. h. er ist bei formellen und materiellen Verfassungsverstößen berechtigt, die Ausfertigung des Gesetzes zu verweigern[49]. **918**

Zum Akt der Ausfertigung gehört die *Gegenzeichnung*. Dies entspricht der in Art. 58 Satz 1 GG normierten Regel, dass Verfügungen und Anordnungen des Bundespräsidenten der Gegenzeichnung durch den Bundeskanzler oder den zuständigen Bundesminister bedürfen. Durch die Gegenzeichnung, die in der Praxis vor der Unterzeichnung durch den Bundespräsidenten erfolgt, bestätigt auch die Bundesregierung das zustande gekommene Gesetz. Sie verfügt dabei ebenfalls über eine Prüfungskompetenz. **919**

5. Die Verkündung im Gesetzblatt (Art. 82 Abs. 1 GG)

Das ausgefertigte Gesetz – also der Text der Urschrift – wird gem. Art. 82 Abs. 1 Satz 1 Halbsatz 2 GG im Bundesgesetzblatt verkündet. Durch die amtliche Verkündung wird vor allem rechtsstaatlichen Erfordernissen (vgl. Art. 20 Abs. 3 GG) genügt. Jeder Gesetzesadressat hat die Möglichkeit, vom Inhalt des Gesetzes Kenntnis zu nehmen. Erst ab dem Zeitpunkt der Verkündung existiert das Gesetz in rechtlicher Hinsicht. **920**

> „Das Rechtsstaatsprinzip gebietet, dass förmlich gesetzte Rechtsnomen verkündet werden; denn die Verkündung stellt einen integrierenden Teil der förmlichen Rechtsetzung dar, ist also Geltungsbedingung. Verkündung bedeutet regelmäßig, dass die Rechtsnormen der Öffentlichkeit in einer Weise förmlich zugänglich gemacht werden, dass die Betroffenen sich verlässlich Kenntnis von ihrem Inhalt verschaffen können [...].“[50]

In der Praxis erfolgt die Verkündung im Bundesgesetzblatt durch das Bundesjustizministerium. Verkündet ist das Gesetz, wenn das Gesetzblatt gedruckt und sein Inhalt für die Öffentlichkeit allgemein zugänglich ist. Der Wortlaut des Art. 82 Abs. 1 Satz 1 GG lässt die Verkündung eher als zweiten Akt des Bundespräsidenten nach der Ausfertigung erscheinen. Dogmatisch wird dieser Widerspruch dadurch gelöst, dass der Bundesjustizminister einen Verkündungsbefehl des Bundespräsidenten ausführt[51]. **921**

Mit der Verkündung ist das Gesetzgebungsverfahren abgeschlossen. Wirksam wird das Gesetz aber erst mit seinem Inkrafttreten (Art. 82 Abs. 2 GG). **922**

6. Das Inkrafttreten des Gesetzes (Art. 82 Abs. 2 GG)

Der Zeitpunkt des Inkrafttretens soll im Gesetz selbst festgelegt sein (vgl. Art. 82 Abs. 2 Satz 1 GG). Für Gesetze, deren Inkrafttreten sich in die Zeit vor der Verkündung erstreckt, gelten die rechtsstaatlichen Grenzen der Rückwirkung[52]. **923**

---

49 Die Problematik, die in der Klausur an dieser Stelle zu erörtern wäre, wurde bereits oben bei der Stellung des Bundespräsidenten im Verfassungsgefüge der Bundesrepublik behandelt, s. Rn. 693 ff.

50 BVerfGE 65, 283 (291) – *Bundesbaugesetz*.

51 Vgl. *Stern*, Staatsrecht II, S. 632 ff.

52 Zu diesen s. oben Rn. 210 ff.

Grundsätzlich kann das Inkrafttreten des Gesetzes beliebig weit in die Zukunft verlagert werden. Fehlt es an einem durch das Gesetz selbst festgelegten Zeitpunkt, dann tritt das Gesetz 14 Tage nach seiner Verkündung in Kraft (vgl. Art. 82 Abs. 2 Satz 2 GG).

III. Das Gesetzgebungsverfahren für verfassungsändernde Gesetze

924 Das Grundgesetz als Verfassung der Bundesrepublik Deutschland kann durch Gesetz geändert werden (Art. 79 Abs. 1 Satz 1 GG). Erforderlich dafür ist ein förmliches Bundesgesetz, für das das normale Gesetzgebungsverfahren nach Art. 76 ff. GG zu beachten ist. Allerdings sind für Grundgesetzänderungen einige formelle und materielle Besonderheiten zu berücksichtigen. Nach Art. 79 Abs. 1 GG muss ein verfassungsänderndes Gesetz den *Wortlaut des Grundgesetzes ausdrücklich ändern* oder ergänzen. Außerdem sind verfassungsändernde Gesetze stets Zustimmungsgesetze und bedürfen sowohl im Bundestag als auch im Bundesrat einer *qualifizierten Mehrheit* von zwei Dritteln der Mitglieder (Art. 79 Abs. 2 GG).

925 Als materielle Schranke für Verfassungsänderungen sind die in Art. 79 Abs. 3 GG niedergelegten Grundsätze zu beachten[53]. Diese umfassen die für die Verfassungsidentität der Bundesrepublik prägenden Merkmale der Gliederung des Bundes in Länder (bundesstaatliches Prinzip), die grundsätzliche Mitwirkung der Länder an der Gesetzgebung und die Grundsätze des Art. 1 und 20 GG. Dabei ist der verbotene Bereich des Art. 79 Abs. 3 GG erst erreicht, wenn die Grundsätze „berührt", d. h. grundlegend abgeändert werden, nicht etwa im Fall einer bloßen Ausgestaltung oder Modifikation.

IV. Das Verfahren beim Erlass von Rechtsverordnungen

1. Rechtsverordnungen als Gesetzgebung durch die Exekutive

926 Das Grundgesetz räumt der Exekutive in Art. 80 die Befugnis ein, unter bestimmten Voraussetzungen und in einem engen Rahmen *Rechtsverordnungen* zu erlassen. Rechtsverordnungen sind *abstrakt-generelle Regelungen (Gesetze im materiellen Sinn), die von der Exekutive nach Ermächtigung durch die Legislative erlassen werden.* Da ein parlamentarisches Gesetzgebungsverfahren fehlt, sind Rechtsverordnungen nur materielle Gesetze. In der Normenhierarchie stehen Rechtsverordnungen unterhalb der formellen Gesetze (Parlamentsgesetze), aber über Satzungen und Verwaltungsvorschriften. Im Gegensatz zu den Verwaltungsvorschriften beschränkt sich die rechtliche Wirkung von Rechtsverordnungen nicht auf den inneren Verwaltungsbereich, sondern erstreckt sich auch nach außen. Satzungen werden aufgrund der aus der Selbstverwaltungsautonomie stammenden Satzungshoheit erlassen. Rechtsverordnungen leiten sich dagegen von der parlamentarischen Ermächtigung ab.

---

53 Dazu oben Rn. 56 ff.

2. Funktion

Rechtsverordnungen dienen im Wesentlichen dazu, formell-gesetzliche Vorschriften im Einzelnen auszugestalten, Detailbestimmungen als Gesetzesergänzung festzulegen und für spezielle, oftmals technische oder verfahrensrechtliche Problematiken, die beim Gesetzesvollzug auftreten, der Exekutive eigene Regelungskompetenzen einzuräumen. 927

Dadurch wird die Gesetzgebung entlastet, weil anstelle des oft langwierigen, formalisierten parlamentarischen Gesetzgebungsverfahrens das weitaus einfachere Erlassverfahren des Art. 80 GG tritt. Das Fachwissen der Exekutive und der Ministerialbürokratie steht beim Erlass direkt zur Verfügung. Auch der Inhalt des formellen Gesetzes ist übersichtlicher, wenn ihm die grundsätzliche Regelung vorbehalten bleibt und einzelne Detailbestimmungen außerhalb durch Rechtsverordnung geregelt werden. 928

Beispiele: Durchführungsverordnungen betreffend die Durchführung einzelner Gesetzesbestimmungen; Organisationsverordnungen betreffend die Verwaltungsorganisation für den Gesetzvollzug; Zuständigkeitsverordnungen, die Zuständigkeiten im Einzelnen regeln; Polizeiverordnungen wie die StVO etc.

Die Funktion der Rechtsverordnung, den Gesetzgeber zu entlasten und Detailregelungen der gesetzvollziehenden Exekutive zu überlassen, darf sich aber nicht zu weit von der Gewaltenteilung und vom Grundsatz des Vorbehalts des Gesetzes entfernen. Das Demokratieprinzip verlangt, dass wesentliche Entscheidungen grundsätzlich vom Parlament als gewählter Volksvertretung getroffen werden (sog. Wesentlichkeitstheorie)[54]. Aus diesem Grund knüpft Art. 80 GG die Rechtmäßigkeit der Gesetzgebung durch die Exekutive an enge Voraussetzungen.

3. Voraussetzungen und Rechtsfolgen

Gem. Art. 80 Abs. 1 Satz 1 GG ist für jede Rechtsverordnung eine *Ermächtigungsgrundlage* in Gestalt eines Parlamentsgesetzes erforderlich. Diese Ermächtigung kann Bestandteil eines Gesetzes sein, mit dem die Rechtsverordnung zusammenhängen soll. Sie kann aber auch formell durch ein eigenes Gesetzgebungsverfahren erfolgen. Das ermächtigende Gesetz muss gem. Art. 80 Abs. 1 GG bestimmten Anforderungen genügen und darf nur bestimmte Adressaten ermächtigen. 929

a) **Ermächtigungsadressaten.** Adressaten der parlamentarischen Ermächtigung können gem. Art. 80 Abs. 1 Satz 1 GG nur bestimmte Organe der Exekutive sein. Dazu gehören die Bundesregierung als Kollegialorgan, die Bundesminister für ihr jeweiliges Ressort sowie die Landesregierungen. Andere Ermächtigungen sind verfassungswidrig. Der Gesetzgeber kann eine erteilte Ermächtigung jederzeit widerrufen. Da er von vornherein schon nicht zur Erteilung der Ermächtigung verpflichtet ist, stellt es auch keinen Verstoß gegen den Gewaltenteilungsgrundsatz dar, wenn der Gesetzgeber die Ermächtigung unter den Vorbehalt seiner Zustimmung im Einzelfall stellt. Unzulässig ist demgegenüber die spätere Abänderung einer Verordnung durch die Legislative (Eingriff in den Verordnungs- 930

54 S. oben Rn. 187.

bestand). Dem Bundestag steht keine Kompetenz zum Verordnungserlass zu; andernfalls droht eine Umgehung der Mitwirkungsrechte des Bundesrates an der Gesetzgebung. Aus diesem Grund wäre auch ein Änderungsvorbehalt in der Ermächtigungsgrundlage verfassungswidrig. Gem. Art. 80 Abs. 1 Satz 4 GG ist es mittels Rechtsverordnung möglich, die Ermächtigung zum Erlass der eigentlichen Rechtsverordnung weiterzuübertragen, wenn die parlamentarische Ermächtigungsgrundlage dies vorsieht (sog. Subdelegation). Allerdings ist nur eine Delegation zulässig, die sich im Rahmen der verfassungsrechtlichen oder der ursprünglichen parlamentarischen Ermächtigung hält, also nur an die Bundesregierung oder den Bundesministern nachgeordneten Behörden und die Mitglieder der Landesregierung und nachgeordnete Landesbehörden.
Die Zuordnung einer Rechtsverordnung zum Bundes- oder Landesrecht richtet sich nach der Zugehörigkeit des erlassenden Exekutivorgans. Erlässt eine Landesregierung gem. Art. 80 GG eine Rechtsverordnung zu einem Bundesgesetz, dann ist die Rechtsverordnung Landesrecht.

931 b) **Bestimmtheitsgrundsatz und Wesentlichkeitstheorie.** Gem. Art. 80 Abs. 1 Satz 2 GG müssen *Inhalt*, *Zweck* und *Ausmaß* der erteilten Ermächtigung *im Gesetz bestimmt* sein. Für den Adressat der später erlassenen Verordnung muss schon aufgrund der parlamentarischen Ermächtigung vorhersehbar sein, was Inhalt der späteren Rechtsverordnung sein wird, welchem Zweck die Verordnung dient und welche Grenzen der Verordnungsgeber beachten muss. Diese materiellen Schranken haben vor allem rechtsstaatliche und demokratische Funktion, weil sie verdeutlichen, dass die wesentlichen Gesetzesinhalte bereits vom parlamentarischen Gesetzgeber festgelegt sein müssen. Die Gesetzgebung per Rechtsverordnung darf nur in eng bemessenen Bereichen der freien Entscheidungsgewalt der Exekutive überlassen werden.

> „Art. 80 GG soll den Gesetzgeber zwingen, die für die Ordnung eines Lebensbereichs entscheidenden Vorschriften selbst zu setzen und, soweit Einzelregelungen der Exekutive überlassen bleiben, sie nach Tendenz und Ausmaß soweit selbst zu bestimmen, dass der mögliche Inhalt der zu erlassenden Verordnungen vorhersehbar ist. [...]
> Aus dem Rechtsstaatsprinzip ergibt sich, dass die Ermächtigung so genau bestimmt sein muss, dass schon aus ihr und nicht erst aus der auf sie gestützten Verordnung erkennbar und vorhersehbar sein muss, was von dem Bürger gefordert werden kann."[55]
> „Es genügt, wenn sich Inhalt, Zweck und Ausmaß der Ermächtigung aus dem ganzen Gesetz ermitteln lassen. Maßgebend ist der in der Bestimmung zum Ausdruck kommende objektive Wille des Gesetzgebers, so wie er sich aus dem Wortlaut der Ermächtigungsnorm und dem Sinneszusammenhang ergibt, in den die Ermächtigung gestellt ist. Auch die Entstehungsgeschichte kann [...] herangezogen werden [...]."[56]

932 c) **Anforderungen an die Rechtsverordnung.** Im Gegensatz zum parlamentarischen Gesetzgebungsverfahren fehlt – ganz bewusst – ein entsprechend umfassend geregeltes *Verfahren*. Ermöglicht werden soll eine schnelle, flexible Gesetzgebung. Im Grundgesetz wird das Verfahren in Art. 80 sowie in Art. 82 GG normiert. Daneben gilt das Geschäftsordnungsrecht der erlassenden Exekutivorgane. Aus

55 BVerfGE 7, 282 (301 f.) – *Umsatzsteuer-Durchführungsverordnung.*
56 BVerfGE 19, 354 (362) – *Zur Anwendung des Art. 80.*

Art. 80 Abs. 2 GG ergibt sich in bestimmten Fällen das Erfordernis einer Zustimmung durch den Bundesrat. Rechtsverordnungen sind gem. Art. 82 Abs. 1 Satz 2 GG von der erlassenden Stelle *auszufertigen* und vorbehaltlich anderweitiger Regelungen im Bundesgesetzblatt *zu verkünden.* In bestimmten Fällen ist die Verkündung im Bundesanzeiger möglich[57].

Materiell muss sich die Verordnung in den durch die Ermächtigung vorgezeichneten Bahnen (vgl. Art. 80 Abs. 1 Satz 2 GG) halten und mit den sonstigen verfassungsrechtlichen Vorgaben (insb. Grundrechte) in Einklang stehen. **933**

d) Fehlerfolge. Unwirksame Rechtsverordnungen können durch die Entscheidung *eines einfachen Gerichts* aufgehoben werden. Da sie mangels parlamentarischen Gesetzgebungsverfahrens keine formellen Gesetze sind, gilt das Verwerfungsmonopol des Art. 100 Abs. 1 GG nicht. Dieses greift jedoch, wenn das Gericht bereits die zugrunde liegende parlamentarische Ermächtigung für verfassungswidrig hält. **934**

→ S. hierzu das Schema: Rechtmäßigkeit von Rechtsverordnungen, Rn. 1031.

Rechtsprechung: BVerfGE 1, 144 – *Geschäftsordnungsautonomie;* BVerfGE 2, 213 – *Straffreiheitsgesetz*; BVerfGE 3, 407 – *Bundesbaugesetz*; BVerfGE 4, 115 – *Beamtenbesoldung*; BVerfGE 8, 104 – *Volksbefragung über Atomwaffen*; BVerfGE 12, 205 – *Deutschland-Fernsehen*; BVerfGE 13, 230 – *Ladenschlussgesetz*; BVerfGE 18, 305 – *Niedersächsisches LJagdG*; BVerfGE 24, 184 – *Zustimmungsgesetz*; BVerfGE 24, 367 – *Hamburger Deichordnungsgesetz*; BVerfGE 26, 246 – *Ingenieurgesetz*; BVerfGE 26, 338 – *Eisenbahnkreuzungsgesetz*; BVerfGE 28, 119 – *Spielbankengesetz*; BVerfGE 29, 221 – *Jahresarbeitsverdienstgrenze*; BVerfGE 34, 9 – *Hessisches Besoldungsgesetz;* BVerfGE 37, 363 – *Bundesrat*; BVerfGE 42, 20 – *Hamburger Wegegesetz*; BVerfGE 45, 297 – *Hamburger Enteignungsgesetz*; BVerfGE 48, 127 – *Kriegsdienstverweigerung*; BVerfGE 48, 367 – *Hessisches Pressegesetz*; BVerfGE 61, 149 – *Staatshaftungsgesetz*; BVerfGE 65, 283 – *Bundesbaugesetz*; BVerfGE 72, 175 – *Vermittlungsausschuss*; BVerfGE 75, 108 – *Künstlersozialversicherungsgesetz*; BVerfGE 73, 339 – *Solange*; BVerfGE 75, 223 – *Kloppenburg-Beschluss*; BVerfGE 77, 288 – *Annexregelung zur Bauleitplanung*; BVerfGE 78, 249 – *Fehlbelegungsabgabe*; BVerfGE 85, 191 – *Nachtarbeitsverbot*; BVerfGE 89, 155 – *Maastricht*; BVerfGE 98, 106 – *kommunale Verpackungssteuer*; BVerfGE 101, 297 – *Häusliches Arbeitszimmer*; BVerfGE 102, 26 – *Frischzellenherstellung*; BVerfGE 102, 99 – *Abfallbeseitigung*; BVerfGE 103, 197 – *Pflegeversicherung*; BVerfGE 125, 104 – *Personenbeförderung*; VerfGH NW NWVBl. 1987, 13 – *Volksbegehren zur Stilllegung von Kernkraftwerken und Atomgesetz.*

Literatur:

Zur Ergänzung:
Hebeler, T./Deppenkemper, L., Die Rolle des Vermittlungsausschusses im Gesetzgebungsprozess, AL 2012, 87 ff.; *Gröpl, Chr./Loth, A. F.*, Die Gesetzgebung des Bundes, AL 2012, 73 ff.; *Frenzel, E. M.*, Das Gesetzgebungsverfahren – Grundlagen, Problemfälle und neuere Entwicklungen, JuS 2010, 119 ff.; *Möllers, Chr.*, Vermittlungsausschuss und Vermittlungsverfahren, Jura 2010, 401 ff.

Zur Vertiefung:
Aktuelle Diskussionen
Brandner, Th., Parlamentarische Gesetzgebung in Krisensituationen, NVwZ 2009, 211 ff.; *Hebeler, T.*, Ist der Gesetzgeber verfassungsrechtlich verpflichtet, Gesetze zu begründen,

57 Gesetz über vereinfachte Verkündung und Bekanntgabe v. 18.7.1975, BGBl. I S. 1919.

DÖV 2010, 754 ff.; *Kloepfer, M.*, Gesetzgebungsoutsourcing – Die Erstellung von Gesetzentwürfen durch Rechtsanwälte, NJW 2011, 131 ff.; *Meßerschmidt, K.*, Private Gesetzgebungshelfer – Gesetzgebungsoutsourcing als privatisiertes Regulierungsmanagement in der Kanzleiendemokratie, Der Staat 51 (2012), 388 ff.; *Robra, R.*, Gerechtigkeit in der Gesetzgebung, ZG 2012, 34 ff.

Grundlegende Texte
Bullinger, M., Ungeschriebene Gesetzgebungskompetenzen im Bundesstaat, AöR 96 (1971) 237; *Eichenbrecher, K./Novak, R./Kloepfer, M.*, Gesetzgebung im Rechtsstaat: Referate mit Diskussion, VVDStRL 40 (1982) 7; *Karpen, U.*, Verfassungsgeschichtliche Entwicklung des Gesetzesbegriffs in Deutschland, in: GS für W. Martens, 1987, S. 137; *Schneider, H.*, Gesetzgebung, 3. Aufl. 2002.

§ 32 Die vollziehende Gewalt

935 In Abschnitt VIII. (Art. 83–91 e) regelt das Grundgesetz die „Ausführung der Bundesgesetze und die Bundesverwaltung" und damit einen wesentlichen Teil der in Art. 1 Abs. 3, Art. 20 Abs. 3 GG so bezeichneten „vollziehenden Gewalt" (Synonyme: Exekutive, ausführende Gewalt). Neben der Verwaltung fällt unter die vollziehende Gewalt noch die Regierung, die im Grundgesetz jedoch schon im Rahmen der Staatsorgane („Die Bundesregierung", Abschnitt VI, Art. 62 ff. GG) behandelt wird[1]. Im Folgenden soll einerseits die Abgrenzung von Regierung und Verwaltung veranschaulicht, andererseits die Grundzüge der Bundesverwaltung dargestellt werden. Schließlich ist auf die Vorgaben des Art. 87 a u. b GG zur Bundeswehr, d. h. den Streitkräften und der Bundeswehrverwaltung, einzugehen. Da Verwaltungsrecht im wesentlichen Ländersache ist (vgl. Art. 30, 83 GG) und viele Problemkreise auch im Rahmen der Bundesverwaltung das Verhältnis zwischen Bund und Ländern betreffen, kann auch hier in weiten Teilen nach oben verwiesen werden[2].

I. Trennung in Regierung und Verwaltung

936 Die Begriffe Regierung und Verwaltung bezeichnen einerseits (in einem funktionellen Sinn) Teile der Staatsfunktion der vollziehenden Gewalt. Andererseits werden damit (im organisatorischen Sinn) auch die Organe und Institutionen verstanden, die Verwaltungs- und Regierungsfunktionen ausüben.

1. Regierung

937 In einem weiten Sinn ist Regieren die politische Leitung und Lenkung des Staatswesens[3]. In diesem weiten Sinn sind in den Regierungsbegriff neben der Bundesregierung (Art. 62 ff. GG) auch andere Staatsorgane, wie insbesondere der Bundestag und das BVerfG einzubeziehen: durch grundlegende Gesetze und die Zustimmung zu außenpolitisch bedeutsamen Verträgen i. S. d. Art. 59 Abs. 2

1 Oben Rn. 712 ff.
2 S. oben Rn. 293 ff.
3 Vgl. zu den Definitionen *Stern*, Staatsrecht II, S. 674 ff. m. w. N.

Satz 1 GG werden ebenso politische Lenkungsentscheidungen getroffen wie durch zentrale verfassungsgerichtliche Entscheidungen.

Im Bereich der Exekutive wird demgegenüber allgemein ein engerer funktionaler Regierungsbegriff verwendet, der zusätzlich auf die zentrale Organkompetenz der Bundesregierung (Art. 62 ff. GG) abstellt. Nach der grundgesetzlichen Ausgestaltung der Gewaltenteilung nimmt diese die Staatsleitung zwar nicht streng organisatorisch getrennt von den anderen Staatsfunktionen wahr, vielmehr existieren vielfältige Kontroll- und Mitwirkungsrechte[4]. Zentral ist aber dennoch die Wahrnehmung durch die Bundesregierung im Wege politischer Grundsatzentscheidungen, wie etwa den Kabinettsbeschluss über eine Steuerreform, die Planung einer Haushaltssanierung durch den Finanzminister, die Entscheidung des Bundeskanzlers, nicht an einem multinationalen Kriegseinsatz teilzunehmen. Freilich kann die Exekutive diese Beschlüsse häufig nicht ohne Mitwirkung anderer Staatsorgane ausführen (so könnte die Steuerreform etwa nur durch Erlass eines formellen Gesetzes vollzogen werden). Das Regierungshandeln besitzt aber Initiativ- und Anstoßfunktion und gibt eine Richtung der Politik vor[5]. 938

Diese politische Dimension ist wesentliches Merkmal des Regierungshandelns. Politische Entscheidungen sind nur sehr begrenzt rechtlich überprüfbar. Die politische Staatsleitung gibt Entscheidungen vor, die in neue Gesetze oder unmittelbare Verwaltungstätigkeit münden. Sie dürfen natürlich nicht gegen die Verfassung verstoßen. Ob sie aber sinnvoll oder zweckmäßig sind, fällt unter die politische Einschätzungsprärogative der Staatsleitung. Zusammenfassend gehören zur Regierung im engeren funktionalen Sinne alle Akte mit staatspolitischem Leitungs- und Lenkungscharakter, die weder Gesetzgebungs- noch Rechtsprechungsakte sind und die der Bundesregierung zuzurechnen sind. Regelmäßig sind die Handlungen der Bundesregierung als Kollegialorgan (Kabinettsbeschlüsse) Regierungsakte, während bei den einzelnen Bundesministern (Ressortprinzip) untersucht werden muss, ob diese als Verwaltungsorgane oder in ihrer politischen Funktion tätig werden. 939

2. Verwaltung

Gegenüber dem Begriff der Regierung wird der der Verwaltung als Teil der vollziehenden Gewalt überwiegend negativ definiert. Verwaltung ist demnach staatliche Tätigkeit, die funktional nicht Gesetzgebung oder Rechtsprechung ist und auch nicht der Staatsleitung zuzurechnen ist[6]. In einem weiten funktionalen Sinn können wiederum auch Staatsorgane, die zur Gesetzgebung oder Rechtsprechung gehören, Verwaltungsmaßnahmen ausführen, wie etwa Gerichte im Rahmen der freiwilligen Gerichtsbarkeit und der Organisation der gerichtlichen Tätigkeit. Kern der Verwaltungstätigkeit ist aber die Vollziehung der Gesetze durch Verwaltungsbehörden. Soweit das Grundgesetz dem Bund Verwaltungskompetenzen einräumt, besitzt die Bundesregierung die zentrale Organkompetenz. Allerdings werden große Teile der Verwaltungskompetenzen des Bundes 940

4 Zum Konzept der Gewaltenteilung oben Rn. 162 ff.
5 Vgl. *Schröder*, HStR V, § 106 Rn. 1.
6 Vgl. *Schröder*, HStR V, § 106 Rn. 9 ff.

nicht direkt durch die Bundesregierung wahrgenommen, sondern durch organisatorisch oder sogar rechtlich selbständige Bundesbehörden.

941 Die dargestellte rein negative Definition der Staatsfunktion Verwaltung trifft regelmäßig auf Kritik[7]. Positive Definitionsversuche stellen auf einzelne typische Merkmale des Verwaltungsrechts ab[8]. Griffig ist die Definition, dass Verwaltungshandeln die Erfüllung von öffentlichen Aufgaben (Gemeinwohlaufgaben) durch konkrete Maßnahmen ist, die auf Regierungsentscheidungen oder Gesetzesinhalten beruhen[9]. Im Rahmen des Verwaltungshandelns tritt der Staat aktiv und gezielt gegenüber dem einzelnen Bürger auf oder ergreift Maßnahmen zur Lösung eines einzelnen Sachgegenstands.

3. Trennung von Regierung und Verwaltung

942 Die Frage der Trennung von Regierungs- und Verwaltungshandeln stellt sich an der Spitze der Exekutive, weil beide Funktionen durch dieselben Organe oder Organwalter ausgeübt werden[10]. Auf Bundesebene sind die Mitglieder der Bundesregierung Teil der politischen Staatsführung und lenken den Staat durch die Regierungspolitik. Gleichzeitig bilden die Bundesminister die Spitzen der Bundesverwaltung in ihren Ressorts[11]. Wegen dieser engen organisatorischen Einheit muss bei einzelnen Handlungen der Bundesregierung und ihrer Mitglieder genau geprüft werden, ob einzelne Handlungen der Regierungs- oder der Verwaltungstätigkeit zuzuordnen sind. Denn Regierungsakte entziehen sich aufgrund ihres politischen Charakters einer umfassenden rechtlichen Beurteilung, während *Verwaltungshandeln rechtlich weitgehend überprüfbar* ist.
Unterscheidungskriterium ist die politische Leitungsfunktion. Die Regierung lenkt den Staat als Ganzes. Verwaltungshandeln hat dagegen den Charakter eines laufenden Geschäfts ohne besondere Auswirkungen auf das gesamte Staatswesen. Die Verwaltung führt lediglich Regierungsentscheidungen aus und vollzieht Gesetze.

II. Die Ausgestaltung der Bundeseigenverwaltung

943 Wie bereits oben dargestellt, ist beim Verwaltungsaufbau des Grundgesetzes in doppelter Hinsicht zu differenzieren. Zum einen nach der Art der Verwaltungstätigkeit zwischen Gesetzesvollzug (gesetzesakzessorische Verwaltung) und gesetzesfreier Verwaltung (nicht gesetzesakzessorische Verwaltung). Diese Unterscheidung spricht das Grundgesetz in der Überschrift von Abschnitt VIII. an, wenn es von „Ausführung der Bundesgesetze“ und „Bundesverwaltung“ spricht. Zum

---

7 Vgl. *Maurer*, Allg. Verwaltungsrecht, § 1 Rn. 6.
8 Vgl. Beispiele bei *Maurer*, Allg. Verwaltungsrecht, § 1 Rn. 7ff.
9 Vgl. *Stern*, Staatsrecht II, S. 696f.
10 Soweit nachgeordnete Behörden handeln, ergibt sich die Trennung und Zuordnung zur Verwaltung dagegen schon aus der fehlenden Organkompetenz und fehlenden Leitungsfunktion.
11 Der Bundeskanzler hat keine echten Verwaltungskompetenzen. Er übt die zentrale Regierungsfunktion innerhalb der Bundesregierung durch seine Richtlinienkompetenz aus (vgl. Art. 65 Satz 1 GG). Der ihm nachgeordnete Unterbau, das Bundeskanzleramt, unterstützt ihn bei dieser Regierungstätigkeit.

anderen ist danach zu unterscheiden, wer die Verwaltungstätigkeit ausübt, wobei zwischen bundeseigener Verwaltung und Landesvollzug zu differenzieren ist.

Diese Unterscheidung zwischen bundeseigener Verwaltung und Landesvollzug betrifft die oben dargestellte Kompetenzverteilung zwischen Bund und Ländern. Dabei ist gem. Art. 30, 83 GG die Ausführung auch der Bundesgesetze durch die Länder der gesetzliche und (anders als etwa bei der Zuständigkeitsverteilung zwischen den beiden Ebenen im Rahmen der Gesetzgebungskompetenzen) auch tatsächliche Regelfall. Zu unterscheiden ist im Rahmen der Länderzuständigkeit beim Vollzug von Bundesgesetzen (Landesgesetze führen die Länder ohnehin selbst als eigene Angelegenheiten aus) zwischen Bundesaufsichtsverwaltung (Eigenverwaltung der Länder unter Rechtsaufsicht des Bundes, Art. 84 GG) und Bundesauftragsverwaltung (Eigenverwaltung der Länder unter Rechts- und Fachaufsicht des Bundes, Art. 85 GG). Diese Formen der Verwaltung und die damit verbundenen Rechtsbeziehungen zwischen Bund und Ländern sind oben dargestellt worden[12]. **944**

Im Folgenden ist nurmehr auf die sog. Bundeseigenverwaltung einzugehen, also die Ausführung von Bundesgesetzen durch die bundeseigene Verwaltung oder durch bundesunmittelbare Körperschaften oder Anstalten des öffentlichen Rechts (vgl. Art. 86 Abs. 1 Satz 1 GG). Die Verwaltungskompetenzen im Rahmen der Bundesverwaltung werden in den Art. 87 ff. GG enumerativ zugewiesen, wobei zwischen obligatorischer und fakultativer Bundesverwaltung unterschieden wird[13]. **945**

→ *S. hierzu Rn. 1027 Übersicht Verwaltungsfunktionen.*

1. Zuweisung der Organisationsgewalt

Art. 86 GG weist der Bundesregierung im Bereich der bundeseigenen Verwaltung die Organisationsgewalt zu, soweit das Gesetz nichts anderes bestimmt. Diese umfasst, entgegen dem missverständlichen Wortlaut des Art. 86 Satz 2 GG, sowohl Errichtung (Gründung) als Einrichtung (d. h. Ausgestaltung einer bereits errichteten Behörde mit Personal und Sachmitteln) von Behörden. Ebenfalls missverständlich ist die Formulierung „durch bundeseigene Verwaltung oder durch bundesunmittelbare Körperschaften und Anstalten“. Gemeint ist in Art. 86 GG die Organisationsgewalt der Bundesregierung sowohl für die rechtlich nicht selbständige unmittelbare Bundesverwaltung als auch für die rechtlich selbständige mittelbare Bundesverwaltung inklusive des Erlasses der allgemeinen Verwaltungsvorschriften. **946**

Die Organisationsgewalt der Bundessregierung gem. Art. 86 GG gilt aber nur, soweit das Gesetz nichts Abweichendes bestimmt. Solche abweichenden Bestimmungen finden sich in den Art. 87 ff. GG. Sie orientieren sich an der punktuellen, auf einzelne Sachgebiete bezogenen Zuweisung der Verbandskompetenz an den Bund und weisen die Organisationsgewalt in diesem Zusammenhang dem Gesetzgeber zu. Diese Zuweisung erfolgt teilweise obligatorisch, so dass der Gesetzgeber sie ausüben muss und keine Reservekompetenz der Regierung verbleibt. Teilweise **947**

12 S. ausführlich Rn. 293 ff.
13 S. oben Rn. 309 ff.

ist sie aber auch fakultativ, so dass ohne gesetzliche Regelung die Bundesregierung alleinige Inhaberin der Organisationsgewalt bleibt.

948 Wird eine Konstellation aufgrund des Einzelvorschriftencharakters der Art. 86 ff. GG nicht eindeutig geregelt, gelten die allgemeinen Verfassungsprinzipien. Grundsätzlich hat der Gesetzgeber immer die Möglichkeit, durch Erlass eines Gesetzes im Bereich der Verwaltungsorganisation tätig zu werden. Ein unantastbarer Raum wie bei der Regierungsfunktion gilt für die Verwaltung nicht. Soweit der Gesetzgeber keine gesetzlichen Regelungen trifft, begrenzt der Vorbehalt des Gesetzes die Organisationsgewalt der Exekutive.

2. Aufbau der Bundesverwaltung

949 Die Bundesverwaltung ist nicht grundsätzlich – wie etwa die Landesverwaltungen – mehrstufig aufgebaut. Es existiert oft nur eine bundesweit zuständige oberste Verwaltungsstufe, die für eine punktuelle Aufgabe zuständig ist, die den Staat als Ganzes oder das gesamte Staatsgebiet betrifft oder typischerweise eine so intensive Koordinierung auf Bundesebene erfordert, dass eine Zusammenarbeit der Landesbehörden nicht oder wenig effektiv erscheint.

> **Beispiele:** Bundeskriminalamt, Bundeskartellamt, Bundesamt für Verfassungsschutz oder Statistisches Bundesamt.

In einzelnen Bereichen gibt es einen *mehrstufigen Behördenaufbau.*

> **Beispiel:** Auswärtiger Dienst mit dem Außenministerium als oberster Bundesbehörde und den Vertretungen im Ausland als nachgeordneten Behörden; mehrstufige Bundeswehrverwaltung.

950 Zu unterscheiden ist zwischen unmittelbarer und mittelbarer Staatsverwaltung:

- Die *unmittelbare* Bundesverwaltung besteht aus den obersten Bundesbehörden (z. B. Bundesregierung, Bundesminister, Bundesrechnungshof) und den oberen Bundesbehörden (z. B. Bundeskriminalamt, Bundeskartellamt, Bundesamt für Verfassungsschutz). Obere Bundesbehörden sind den obersten Bundesbehörden nachgeordnet und unterliegen grundsätzlich deren Weisungsbefugnis.
- Die *mittelbare* Bundesverwaltung besteht aus rechtlich selbständigen Verwaltungsträgern (Körperschaften, Anstalten, Stiftungen), die durch Bundesgesetz eingerichtet und denen bestimmte Verwaltungsaufgaben zugewiesen werden (z. B. Sozialversicherungsträger, Bundesanstalt für einigungsbedingte Sonderaufgaben, Bundesagentur für Arbeit, Stiftung preußischer Kulturbesitz).

III. Die Bundeswehr

951 Vorgaben über die Bundeswehr enthält das Grundgesetz in Art. 87 a u. b GG. Dabei betrifft Art. 87 b GG die Bundeswehrverwaltung, die gem. Art. 87 b Abs. 1 Satz 1 GG als Bundeseigenverwaltung geführt wird. Art. 87 a GG beschäftigt sich mit den Streitkräften und stellt als „Zentralnorm des Wehrverfassungsrechts"[14]

---

14 *Depenheuer*, in: Maunz/Dürig, GG, Art. 87 a Rn. 59 (Stand 2008).

verfassungsrechtliche Voraussetzungen für deren Einsatz auf[15]. Gem. Art. 87a Abs. 1 Satz 1, Abs. 2 GG dienen die Streitkräfte in erster Linie der Verteidigung des Bundesgebietes gegenüber von außen kommenden Angriffen. Dies schließt neben der Landesverteidigung i.S.d. Art. 115a Abs. 1 GG auch die Bündnisverteidigung im Rahmen kollektiver Sicherheitssysteme ein[16]. Nach der Rechtsprechung des BVerfG bedürfen Auslandseinsätze der Bundeswehr jedoch stets der Zustimmung durch Parlamentsbeschluss[17].

Mit der Abgrenzung von äußerer („Verteidigung" – Art. 87a Abs. 1 Satz 1, **952**
Abs. 2 GG) und innerer Sicherheit bringt das Grundgesetz ein Trennungsgebot zwischen Polizei und Streitkräften zum Ausdruck[18]. Gem. Art. 87a Abs. 2 GG ist der Einsatz der Streitkräfte zu anderen Zwecken als zur Verteidigung auf die ausdrücklich im Grundgesetz genannten Befugnisse beschränkt: Diese umfassen den Objektschutz und die Verkehrsregelung im Verteidigungs- (Art. 115a GG) und Spannungsfall (Art. 80a GG) (sog. „äußerer Notstand", Art. 87a Abs. 3) sowie den Objektschutz und die Bekämpfung Aufständischer zur Abwehr einer drohenden Gefahr für den Bestand oder die freiheitlich-demokratische Grundordnung des Bundes oder eines Landes (sog. „innerer Notstand", Art. 87a Abs. 4 GG).

Von größerer praktischer Bedeutung als die Regelung der Extremsituationen in **953**
Art. 87a Abs. 3 u. 4 GG sind die in Art. 35 GG vorgesehenen Fälle der Amts- und Katastrophenhilfe zugunsten einzelner Länder. Art. 35 Abs. 2 Satz 2 GG bestimmt, dass ein Land bei einer Naturkatastrophe oder einem besonders schweren Unglücksfall die Hilfe der Streitkräfte anfordern kann; gem. Art. 35 Abs. 3 GG ist auch eine überregionale Katastrophenhilfe möglich, wenn mehr als ein Land betroffen ist. Zu beachten ist dabei, dass ein besonders schwerer Unglücksfall keinen zufälligen Schadenseintritt verlangt, sondern auch auf menschliche Absicht, etwa im Fall eines terroristischen Anschlags, zurückgehen kann[19]. Allerdings besteht im Fall innerer Unruhen eine Sperrwirkung von Art. 87a Abs. 4 iVm. Art. 91 GG[20]. Bei Ausführung der Amts- oder Katastrophenhilfe sind die Streitkräfte im Einsatz ihrer Mittel nicht von vornherein beschränkt, sondern können grundsätzlich auf alle verfügbaren Mittel zurückgreifen[21]. Allerdings stellt das BVerfG aufgrund der dargestellten grundsätzlichen Trennung von äußerer und innerer Sicherheit hohe Anforderungen an das Vorliegen eines „besonders schweren Unglücksfalls": Es muss ein Ereignis von katastrophischen Dimensionen zumindest unmittelbar bevorstehen; die eingesetzten Mittel müssen ultima ratio sein[22].

Der Einsatz der Streitkräfte unterliegt also engen Voraussetzungen: Einsätze im **954**
Ausland bedürfen stets der Zustimmung des Bundestages. Einsätze im Inland, die

15 Dazu *Schoch*, Jura 2013, 255ff.
16 BVerfGE 90, 286 (353ff.) – *Auslandseinsatz der Bundeswehr*, AWACS; 121, 135 (137) – *AWACS-Einsatz (Türkei)*.
17 Zuletzt BVerfGE 124, 267 (279) – *Kosovo*. Vgl. insg. oben Rn. 566.
18 *Ladiges/Glawe*, DÖV 2011, 621 (626).
19 BVerfGE 115, 118 (143f.) – *Luftsicherheitsgesetz*.
20 BVerfG (Plenum), NVwZ 2012, 1239 (1244) – *Luftsicherheitsgesetz*.
21 BVerfG (Plenum), NVwZ 2012, 1239 (1243f.) – *Luftsicherheitsgesetz*.
22 BVerfG (Plenum), NVwZ 2012, 1239 (1244) – *Luftsicherheitsgesetz*.

nicht der unmittelbaren Verteidigung gegen äußere Angriffe dienen, unterliegen sehr engen und überdies restriktiv auszulegenden verfassungsrechtlichen Grenzen.

Rechtsprechung: BVerfGE 1, 14 – *Südweststaat*; BVerfGE 8, 274 – *Preisbildung*; BVerfGE 11, 6 – *Dampfkessel-Verordnung*; BVerfGE 11, 77 – *Landesausgleichsabgabe;* BVerfGE 11, 105 – *Familienausgleichskassen*; BVerfGE 12, 205 – *Errichtung von Rundfunkanstalten: Deutschland-Fernsehen*; BVerfGE 14, 197 – *Bundesaufsichtsamt für Kreditwesen*; BVerfGE 21, 312 – *Anwendung von Landesrecht durch Bundesbehörden*; BVerfGE 26, 338 – *Eisenbahnkreuzungsgesetz: Verwaltungskompetenzen des Bundes*; BVerfGE 31, 113 – *Bundesprüfstelle für jugendgefährdende Schriften*; BVerfGE 37, 363 – *Zustimmungsbedürftigkeit*; BVerfGE 55, 274 – *Berufsbildungsabgabe*; BVerfGE 58, 257 – *Schulentlassung*; BVerfGE 63, 1 – *Versorgungsanstalt der deutschen Bezirksschornsteinfeger*, BVerfGE 75, 108 – *Einrichtung von Behörden nach Art. 84 Abs. 1 GG*; BVerfGE 78, 249 – *Fehlbelegungsabgabe*; BVerfGE 81, 310 – *Weisungsrecht bei Bundesauftragsverwaltung – „schneller Brüter"*; BVerfGE 83, 130 – *Besetzung der Bundesprüfstelle für jugendgefährdende Schriften*; BVerfGE 84, 25 – *Weisungsrecht bei Bundesauftragsverwaltung;* BVerfGE 90, 286 – *Auslandseinsatz der Bundeswehr, AWACS*; BVerfGE 91, 148 – *Umlaufverfahren;* BVerfGE 97, 198 – *Übertragung von Aufgaben der Bahnpolizei und der Flughafensicherung auf den Bundesgrenzschutz*; BVerfGE 100, 249 – *Verwaltungsvorschriften gem. Art. 85 II GG;* BVerfGE 101, 1 – *Hennenhaltungsverordnung*; BVerfGE 102, 167 – *Weisungsrecht bei Bundesauftragsverwaltung – Abstufung einer Bundesstraße*; BVerfGE 104, 249 – *Biblis: Maßnahmen im Vorfeld einer Weisung gem. Art. 85 III GG;* BVerfGE 115, 118 – *Luftsicherheitsgesetz*; BVerfGE 121, 135 – *AWACS-Einsatz (Türkei)*; BVerfGE 124, 267 – *Kosovo*; BVerfG NVwZ 2012, 1239 – Luftsicherheitsgesetz; BVerwGE 98, 18 – *Personalausweisdruck*.

Literatur:

Zur Ergänzung:
Detaillierter behandelt wird die Verwaltungsorganisation in den Lehrbüchern zum Allgemeinen Verwaltungsrecht:
Detterbeck, S., Allgemeines Verwaltungsrecht, 11. Aufl. 2013, *Groß, Th.*, Die Verwaltungsorganisation als Teil organisierter Staatlichkeit, in: Hoffmann-Riem, W./Schmidt-Aßmann, E./Voßkuhle, A. (Hrsg.), Grundlagen des Verwaltungsrechts, Bd. 1, 2. Aufl. 2012, S. 905 ff.; *Jestaedt, M.*, Grundbegriffe des Verwaltungsorganisationsrechts in: Hoffmann-Riem, W./Schmidt-Aßmann, E./Voßkuhle, A. (Hrsg.), Grundlagen des Verwaltungsrechts, Bd. 1, 2. Aufl. 2012, S. 905 ff.; *Maurer, H.*, Allgemeines Verwaltungsrecht, 18. Aufl. 2011.

Ferner:
Frenzel, E. M., Grundfälle zu den Art. 83 ff. GG, JuS 2012, 1082 ff.; *Schoch, F.*, Verfassungsrechtliche Anforderungen an den Einsatz der Streitkräfte im Inland, Jura 2013, 255 ff.

Zur Vertiefung:
Aktuelle Diskussionen
Ladiges, M./Glawe, R., Eine dramatische Vorstellung: Zum bewaffneten innerdeutschen Einsatz der Streitkräfte bei Terrorgefahr, DÖV 2011, 621 ff.; *Stein, T.*, Ceterum censeo: „Die Bundeswehr ist ein Parlamentsheer", ZEuS 2009, 681 ff.

§ 33 Die Rechtsprechung

→ *Rn. 1029*

955 Die Rechtsprechung oder Judikative ist die dritte Staatsfunktion neben Gesetzgebung und Exekutive. Das Grundgesetz widmet ihr einen eigenen Abschnitt IX. mit den Art. 92–104 GG, der jedoch keine in sich geschlossene Regelung darstellt.

Insbesondere aufgrund der engen Verknüpfung mit dem Rechtsstaatsprinzip finden sich weitere Verfassungsnormen, die unmittelbaren Bezug zur Rechtsprechung haben, wie z. B. die Richtervorbehalte in den Grundrechtsnormen oder die Rechtsweggarantie in Art. 19 Abs. 4 GG.

Die staatliche Institution, die für die Ausübung der Rechtsprechung zuständig ist, **956** heißt *Gerichtsbarkeit,* wobei zwischen einfacher Gerichtsbarkeit und Verfassungsgerichtsbarkeit unterschieden werden kann. Gegenstand der einfachen Gerichtsbarkeit ist in erster Linie die Anwendung und Auslegung des Gesetzesrechts. Nach Art. 1 Abs. 3, Art. 20 Abs. 3 GG ist das Grundgesetz, insbesondere die Grundrechte, von allen Gerichten zu beachten. Die Verfassungsgerichtsbarkeit befasst sich zum einen mit der Überprüfung staatlichen Handelns am Maßstab der Verfassung. Zum anderen entscheidet sie Streitigkeiten zwischen den obersten Staatsorganen und zwischen Bund und Ländern und hat besondere Anklagefunktionen.
→ *S. hierzu die Übersicht bei Rn. 1029.*

I. Definition und Abgrenzung

Das BVerfG führt zum *verfassungsrechtlichen Rechtsprechungsbegriff* aus: **957**

> „Der Begriff der rechtsprechenden Gewalt ist durch die Verfassung nicht abschließend geklärt. [...] Von der Ausübung rechtsprechender Gewalt kann – in allein organisationsrechtlicher Betrachtung – nicht schon dann gesprochen werden, wenn ein staatliches Gremium mit unabhängigen Richtern im Sinne der Art. 92 ff. GG besetzt ist [...].
> Zu den wesentlichen Begriffsmerkmalen der Rechtsprechung [...] gehört das Element der Entscheidung, der letztverbindlichen, der Rechtskraft fähigen Feststellung und des Ausspruches dessen, was im konkreten Fall rechtens ist [...]. Nach Art. 92 GG ist es Aufgabe der Gerichte, Rechtssachen mit verbindlicher Wirkung zu entscheiden, und zwar in Verfahren, in denen durch Gesetz die erforderlichen prozessualen Sicherungen gewährleistet sind und der verfassungsrechtlich geschützte Anspruch auf rechtliches Gehör besteht [...]. Kennzeichen rechtsprechender Tätigkeit ist daher typischerweise die letztverbindliche Klärung der Rechtslage in einem Streitfall im Rahmen besonders geregelter Verfahren.“[1]

Rechtsprechung kann damit qualifiziert werden als *verbindliche rechtliche Entscheidung über die Rechtslage in einem konkreten Einzelfall auf der Grundlage eines förmlichen, durch Richter durchgeführten Verfahrens, das durch die Initiative eines nichtrichterlichen Antragstellers ausgelöst wurde*[2]. **958**

Anhand der einzelnen Merkmale werden zum einen die wesentlichen Funktionen **959** der Rechtsprechung (Judikative) deutlich. Zum anderen lässt sich an ihnen die Abgrenzung zu den beiden anderen Staatsfunktionen Legislative und Exekutive aufzeigen. Die Abgrenzung zu den beiden anderen Staatsfunktionen hat Bedeutung für besondere Regelungen im Grundgesetz, die sich ausdrücklich auf den Bereich der Rechtsprechung beziehen:

1 BVerfGE 103, 111 (136 ff.) – *Wahlprüfung Hessen.*
2 Ähnlich *Ipsen,* Staatsrecht I, Rn. 758; *Stern,* Staatsrecht II, S. 894 ff.; *Maurer,* Staatsrecht I, § 19 Rn. 4 ff. m. w. N.

- das rechtliche Gehör (Art. 103 Abs. 1 GG), das Recht auf den gesetzlichen Richter (Art. 101 Abs. 1 Satz 2 GG);
- die Unabhängigkeit der Richter (Art. 97 GG).

960 Rechtliche Entscheidung bedeutet zunächst die Anwendung der Rechtsordnung auf einen vorgefundenen Sachverhalt (Subsumtion). Maßstab sind allein die vorhandenen Normen der Rechtsordnung, d.h. in erster Linie die Gesetze (Art. 97 Abs. 1 GG).

961 Die Rechtsprechung *entscheidet endgültig und verbindlich für alle Beteiligten.* Dadurch soll die Rechtslage abschließend geklärt und der Streit um das Recht erledigt werden, um Rechtsfrieden und Rechtssicherheit herzustellen. In Kauf genommen wird dafür, dass verbindlich getroffene eventuelle Fehlentscheidungen endgültig rechtswirksam bleiben. Nur ausnahmsweise sind Entscheidungen noch revisibel, wenn Fehlerhaftigkeit oder Unrechtsgehalt ein für die Rechtsordnung unerträgliches Maß erreichen. Die Rechtsprechung trifft ihre Entscheidungen *nach den Regeln eines förmlichen Verfahrens.* Die besonderen Verfahrensanforderungen sollen Gewähr dafür bieten, dass die nach diesen Verfahrensregeln am Ende gefällten materiellen Entscheidungen rechtmäßig sind. Die zentralen Verfahrensanforderungen sind weitgehend im Rechtsstaatsprinzip verankert. Dazu gehören z.B. das rechtliche Gehör (Art. 103 Abs. 1 GG), der Grundsatz des fairen Verfahrens und das Recht auf den gesetzlichen Richter (Art. 101 Abs. 1 Satz 2 GG). Einfachgesetzlich werden die Gerichtsverfahren in den einzelnen Prozessordnungen ausgestaltet. Auch der Instanzenzug ist eine solche Verfahrensausgestaltung, weil eine (potentielle) Überprüfbarkeit richterlicher Entscheidungen durch eine zweite Instanz mehr Gewähr für eine rechtmäßige Entscheidung bietet. Der Instanzenzug ist zwar verfassungsrechtlich nicht geboten[3], aber rechtspolitisch unverzichtbar.

962 Die Rechtsprechungsfunktion wird durch einen unbeteiligten Dritten auf Antrag ausgeübt. Unbeteiligte Dritte sind die *Richter*, denen Art. 92 GG die Rechtsprechung anvertraut. Richter im Sinne der Verfassung sind Personen, die *persönlich und sachlich unabhängig* sind. Abhängig darf die Gerichtsbarkeit nur von Recht und Gesetz sein (Art. 97 Abs. 1 und Art. 20 Abs. 3 GG).

II. Aufgabe der Rechtsprechung

963 Aufgabe der Rechtsprechung ist in erster Linie, allen Rechtssubjekten, die der staatlichen Rechtsordnung unterworfenen sind, die Möglichkeit zu geben, ihre Rechte gegen andere Rechtssubjekte, aber auch gegen den Staat durchzusetzen. Nimmt der Staat für sich das Gewaltmonopol in Anspruch, muss er Gewähr dafür bieten, dass der Einzelne seine Rechte mit Hilfe der Staatsgewalt auch durchsetzen kann. Aus der allgemeinen Handlungsfreiheit und dem Rechtsstaatsprinzip (Art. 2 Abs. 1, 20 Abs. 3 GG) ergibt sich ein allgemeiner Justizgewährleistungsanspruch, dessen spezielle Ausprägung die besondere Garantie eines Rechtsschutzes gegen die öffentliche Gewalt in Art. 19 Abs. 4 GG ist.

---

3 BVerfGE 87, 48 (61); 92, 365 (410).

III. Organkompetenz der Gerichtsbarkeit

Die Unabhängigkeit der Rechtsprechung bringt die Zuweisung dieser Gewalt an besondere, von den übrigen Gewalten strikt getrennte Staatsorgane mit sich. Dieser sog. *Richtervorbehalt* ist in Art. 92 GG verfassungsrechtlich verankert und Kernbestandteil des Rechtsstaatsprinzips. **964**

Rechtsprechung darf nur durch die Gerichtsbarkeit ausgeübt werden. Allerdings darf nicht im Umkehrschluss gefolgert werden, dass jegliche Richtertätigkeit auch Rechtsprechung darstellt. Rechtspflegende Aufgaben der freiwilligen Gerichtsbarkeit (z. B. Nachlasswesen, Registergericht) sowie die Vollstreckung von gerichtlichen Entscheidungen oder die innere Verwaltungstätigkeit der Gerichtsorganisation gehören nicht zur Rechtsprechung, hängen aber so eng mit ihr zusammen, dass eine gesetzliche Aufgabenzuweisung an die Gerichte sachgerecht ist. Allerdings dürfen die eigentlichen Funktionen der Gerichtsbarkeit durch diese Tätigkeiten nicht beeinträchtigt werden[4]. **965**

Die Zuweisung der Organkompetenz anhand der funktionalen Definition der Rechtsprechung gibt allerdings keinen Aufschluss, welche Sachbereiche Gegenstand der Rechtsprechung sind und der Gerichtsbarkeit vorbehalten bleiben. Spezielle Regelungen finden sich im Rahmen einzelner Grundrechte oder grundrechtsgleichen Rechte (vgl. Art. 13 Abs. 2, Abs. 3 Satz 3, Abs. 4, Abs. 5 Satz 1 GG, Art. 14 Abs. 3 Satz 3 GG, Art. 104 Abs. 2 Satz 1 GG). Die Rechtsschutzgarantie aus Art. 19 Abs. 4 GG bezüglich sämtlicher Akte der öffentlichen Gewalt sowie der aus Art. 2 Abs. 1 GG und dem Rechtsstaatsprinzip (Art. 20 Abs. 3 GG) hergeleitete allgemeine Justizgewährleistungsanspruch führen dazu, dass grundsätzlich jede Rechtsstreitigkeit zum Gegenstand eines gerichtlichen Verfahrens gemacht werden kann. Als Kompensation für das staatliche Gewaltmonopol müssen dem Bürger staatliche Institutionen zur Verfügung stehen, um seine Rechte mittels staatlicher Gewalt durchsetzen zu können. **966**

IV. Gerichtsbarkeit

Die staatliche Gerichtsbarkeit kann definiert werden als die institutionalisierte Gesamtheit aller Rechtsprechungsorgane (Gerichte), denen die Ausübung von Rechtsprechungsfunktionen zugewiesen wird. Zusätzlich gibt es noch ein Bedürfnis nach einer Institution, die Streitigkeiten zwischen Staatsorganen schlichtet, die Verfassungsmäßigkeit staatlichen Handelns, insbesondere auch von Gesetzen, überprüft und die Einhaltung des föderalen Kompetenzsystems überwacht. Es muss daher zusätzlich zwischen der sog. Fachgerichtsbarkeit[5] und der Verfassungsgerichtsbarkeit unterschieden werden. **967**

---

4 Vgl. *Stern*, Staatsrecht II, S. 900 ff.

5 Diese Terminologie (vgl. erstmals BVerfGE 42, 243 [248] und seitdem in st. Rspr.) ist nicht unproblematisch; vgl. *Schlaich/Korioth*, Das Bundesverfassungsgericht, Rn. 22.

1. Verfassungsgerichtsbarkeit

968 Die besondere Rolle des BVerfG wurde bereits oben dargestellt. Es kann Akte staatlicher Gewalt auf ihre Verfassungskonformität hin überprüfen und dabei auch mit Gesetzeskraft (*inter omnes*) Normen verwerfen. Die Zuständigkeiten des BVerfG sind im Grundgesetz aufgelistet, eine Generalklausel existiert nicht. Allerdings ist eine Zuweisung von weiteren Fällen durch Bundesgesetz gem. Art. 93 Abs. 3 GG möglich. Diese Zuweisungskompetenz ist aber durch das Bundesstaatsprinzip begrenzt[6], der Zuständigkeitsbereich der Landesverfassungsgerichtsbarkeit darf nicht angetastet werden. Allerdings können gem. Art. 99 GG auch Landesgesetzgeber dem BVerfG Streitigkeiten auf dem Gebiet des jeweiligen Landesverfassungsrechts zuweisen. Es wäre also nicht erforderlich, dass die Länder eigene Landesverfassungsgerichte unterhalten[7]. Entschließen sie sich hierzu, was inzwischen alle Länder tun, können sie eigenständig über die Zuständigkeiten ihrer Verfassungsgerichte entscheiden.

2. Fachgerichtsbarkeit

969 Die Bezeichnung „Fachgerichtsbarkeit" umfasst die Gesamtheit der staatlichen Gerichte mit Ausnahme der Verfassungsgerichtsbarkeit. Das Grundgesetz selbst regelt neben der Organkompetenz der Richter in Art. 92 GG „nur" die Verbandskompetenz für Organisation, Verfahren und Ausübung der Gerichtsbarkeit. Die einfachgesetzliche Ausgestaltung ist Sache des Gesetzgebers und Gegenstand eigener spezieller Rechtsgebiete wie des Verwaltungsprozessrechts oder des Zivilprozessrechts. Das Grundgesetz macht dafür inhaltliche Vorgaben durch das Rechtsstaatsprinzip und seine speziellen Ausprägungen für die Rechtsprechung.

970 Gem. Art. 30, 92 Halbsatz 2 GG ist auch die Rechtsprechung grundsätzlich Sache der Länder[8]. Auf Bundesebene sieht das Grundgesetz nur das BVerfG und die in Art. 95, 96 GG aufgeführten Bundesgerichte vor, die jeweils am Ende eines Instanzenzugs stehen, der vor den Gerichten der Länder beginnt. Klassisch ist der *Aufbau der Landesgerichtsbarkeit* in eine erste Instanz und eine Berufungsinstanz. Beide Instanzen sind sog. Tatsacheninstanzen, das bedeutet, der Prozessgegenstand wird in tatsächlicher und rechtlicher Hinsicht umfassend für die Entscheidung berücksichtigt. Auf die Berufungsinstanz folgt die Revisionsinstanz, die lediglich die rechtliche Richtigkeit einer Entscheidung überprüft. Ihre Aufgabe ist in erster Linie die Wahrung einer einheitlichen Rechtsauslegung im gesamten Bundesgebiet. Diese Dreiteilung ist allerdings nur das Gerüst. Es wird im einfachen Gerichtsorganisationsrecht und in den Prozessordnungen vielfach modifiziert. Grund ist die Entlastung höherer Instanzen von Bagatellverfahren sowie die Beschleunigung der Gerichtsverfahren oder die Verlagerung besonderer, bedeutsamer Prozessgegenstände an höhere Gerichte.

971 Aus Art. 95, 96 GG folgt, dass die *einfache Gerichtsbarkeit* aus der ordentlichen Gerichtsbarkeit, der Arbeitsgerichtsbarkeit, der Verwaltungsgerichtsbarkeit, der Finanzgerichtsbarkeit sowie der Sozialgerichtsbarkeit besteht. Als ordentliche

---

6 Vgl. Beispiele bei *Benda/Klein*, Verfassungsprozessrecht, 3. Aufl. 2011, Rn. 408.

7 Bis 2008 hat Schleswig-Holstein von dieser Möglichkeit Gebrauch gemacht. Seit der Änderung von Art. 44 Abs. 1 LV Schleswig-Holstein haben alle Länder ein Landesverfassungsgericht.

8 Zur Kompetenzverteilung s. oben Rn. 316 ff.

Gerichtsbarkeit wird traditionell die Gerichtsbarkeit in Strafrechts- und Zivilrechtsangelegenheiten bezeichnet. Die *Gesetzgebungskompetenz für Verfahren und Aufbau* der Gerichtsbarkeit von Bund und Ländern hat der Bund inne (Art. 74 Abs. 1 Nr. 1, Art. 108 Abs. 6 GG). Sowohl die Gerichtorganisation als auch die einzelnen Prozessordnungen sind daher Bundesrecht. Den Ländern bleibt im Ergebnis nur die Ausübung der Staatsgewalt nach den Vorgaben des Bundesrechts durch die eigenen Rechtsprechungsorgane.

V. Rechtlicher Status des Richters

Gem. Art. 92 GG ist die Rechtsprechung „den Richtern anvertraut". Gerichte **972** müssen sich aus Richtern zusammensetzen. Um die Rechtsprechungsfunktion sachgerecht auszufüllen, bedarf es eines besonderen rechtlichen Status, der die Rechtsprechungstätigkeit des Richters als unbeteiligter Dritter gewährleistet. Einflussnahmen durch andere staatliche Institutionen oder Manipulationsversuche, die von außerstaatlichen Quellen ausgehen, müssen ausgeschlossen sein.

Die Gesetzgebungskompetenz zur Regelung des Richteramts ist in Art. 98 Abs. 1, **973** 3 GG geregelt. Hinsichtlich der Bundesrichter hat der Bund gem. Art. 98 Abs. 1 GG die ausschließliche Gesetzgebungskompetenz. Bezüglich der Richter in den Ländern gilt Art. 98 Abs. 3 i. V. m. Art. 74 Abs. 1 Nr. 27 GG. Danach kann der Bund im Rahmen der konkurrierenden Gesetzgebung die Statusrechte und -pflichten, mit Ausnahme der Laufbahnen, Besoldung und Versorgung regeln, wobei ein entsprechendes Gesetz gem. Art. 74 Abs. 2 GG der Zustimmung des Bundesrats bedarf. Danach hat der Bund die ausschließliche Gesetzgebungskompetenz für „seine" Bundesrichter und eine Gesetzgebungskompetenz für den Grundstatus der Richter der Länder. Von diesen Kompetenzen hat der Bund durch Erlass des Richtergesetzes Gebrauch gemacht[9]. Richter stehen in einem Dienstverhältnis zum Bund oder einem Land (§ 3 DRiG).

Die wesentlichen *Vorgaben für richterliche Dienstverhältnisse* finden sich in der **974** Verfassung. Der verfassungsrechtliche Status ergibt sich aus den Art. 97, 98 GG. Gem. Art. 97 Abs. 1 GG sind Richter unabhängig. Die sachliche und persönliche *Unabhängigkeit* der Richter bei der Erfüllung ihrer Aufgabe ist Kernelement des Richterstatus. Sie soll gewährleisten, dass der Richter seine Tätigkeit nur als unbeteiligter Dritter und allein am Maßstab der Rechtsordnung orientiert ausübt. Sachliche Unabhängigkeit besagt, dass Richter bei der Rechtsprechungstätigkeit nur Recht und Gesetz unterworfen sind (Art. 97 Abs. 1, Art. 20 Abs. 3 GG). Die in Art. 97 Abs. 2 GG konkretisierte persönliche Unabhängigkeit soll den Richter davor schützen, dass seine sachliche Unabhängigkeit durch Einwirkungen auf seinen persönlichen Rechtstatus, etwa durch Versetzung, Entlassung, finanzielle Einbußen etc. umgangen wird. Verbunden mit dem Richteramt ist eine umfassende *Inkompatibilität* mit sonstigen staatlichen Tätigkeiten (§ 4 DRiG). Spezielle Vorschriften gelten für die Richter des BVerfG (Art. 94 GG, § 3 BVerfGG).

Die sachliche und persönliche Unabhängigkeit bewahrt den Richter nicht vor **975** Regelungen hinsichtlich der Ausübung seines Amts. Diese Regelungen betreffen

9 Deutsches Richtergesetz (DRiG) v. 19.4.1972, BGBl. I S. 713.

aber nur das persönliche Dienstverhältnis und dürfen nicht die sachliche Rechtsprechungstätigkeit unterlaufen. Eine Grenze für die Unabhängigkeit des Richters beginnt dort, wo der Richter seinen verfassungsrechtlichen Freiraum offensichtlich und vorsätzlich missbraucht, z. B. durch Rechtsbeugung oder durch eine gravierende oder vollständige Verweigerung seiner Dienstpflichten. Die Entscheidung über rechtliche Konsequenzen muss jedoch wiederum durch Organe der Rechtsprechung erfolgen (vgl. Art. 97 Abs. 2, Art. 98 Abs. 2 GG).

Rechtsprechung: BVerfGE 4, 331 – *Gericht i. S. d. GG;* BVerfGE 8, 174 – *Erstinstanzliche Zuständigkeit des BVerwG*; BVerfGE 11, 56 – *persönliche Unabhängigkeit von Ehrenrichtern*; BVerfGE 14, 56 – *Gemeindegerichtsbarkeit;* BVerfGE 17, 252 – *Ausschluss von richterlicher Tätigkeit durch Geschäftsverteilungsplan;* BVerfGE 21, 139 – *Ablehnung eines Nachlassrichters*; BVerfGE 22, 49 – *Strafrechtspflege*; BVerfGE 22, 125 – *gebührenpflichtige Verwarnungen*; BVerfGE 24, 33 – *Verfassungsbeschwerde gegen Vertragsgesetz*; BVerfGE 25, 352 – *Gnadenentscheidung*; BVerfGE 26, 141 – *Richterbesoldung*; BVerfGE 26, 186 – *Senat für Anwaltssachen beim BGH*; BVerfGE 27, 18 – *Ordnungswidrigkeiten*; BVerfGE 30, 108 – *Widerruf einer Gnadenentscheidung*; BVerfGE 30, 149 – *unzulässige Mitwirkung eines Richters*; BVerfGE 34, 269 – *„Soraya"*; BVerfGE 40, 272 – *Rechtsschutzeffektivität*; BVerfGE 40, 356 – *Erneute Wahl eines Bundesverfassungsrichters: „Fall Zeidler"*; BVerfGE 48, 300 – *Ehrengerichte für Rechtsanwälte*; BVerfGE 55, 372 – *Bundesbesoldungsgesetz für Landesrichter*; BVerfGE 65, 76 – *Asylverfahrensgesetz*; BVerfGE 70, 35 – *Normenkontrolle von Bebauungsplänen in Gesetzesform*; BVerfGE 96, 345 – *Bundes- und Landesverfassungsgerichtsbarkeit*; BVerfGE 96, 375 – *richterliche Rechtsfortbildung*; BVerfGE 103, 44 – *Fernsehaufnahmen in Gerichtsverhandlungen*; BVerfGE 103, 111 – *Wahlprüfung Hessen.*

Literatur:

Zur Vertiefung:
Böckenförde, E.-W., Verfassungsfragen der Richterwahl, 2. Aufl. 1998; *Ehlers, D.*, Verfassungsrechtliche Fragen der Richterwahl, 1998; *Papier, H.-J.*, Die richterliche Unabhängigkeit und ihre Schranken, NJW 2001, 1089.

§ 34 Auswärtige Gewalt

976 Die „auswärtige Gewalt" (der Begriff taucht im Grundgesetz nicht auf) umfasst die Wahrnehmung der Außenbeziehungen der Bundesrepublik Deutschland im Verhältnis zu anderen Staaten. Es geht dabei um das Handeln auf dem Gebiet des allgemeinen Völkerrechts – in Zeiten des Friedens insbesondere durch den Abschluss völkerrechtlicher Verträge –, die Beteiligung an kollektiven Sicherheitssystemen und anderen internationalen Organisationen sowie insbesondere die Mitwirkung am Europäischen Einigungsprozess im Rahmen der Europäischen Union. Die Beziehung des deutschen Staates zur internationalen Staatenwelt ist häufig – auch in dieser Reihe[1] – Gegenstand von Lehrbüchern zum „Staatsrecht III" und soll daher hier nur in den Grundzügen dargestellt werden.

977 Das Grundgesetz enthält keinen eigenen Abschnitt, der die auswärtige Gewalt als Staatsfunktion ausgestaltet. Es finden sich jedoch über das Grundgesetz verteilt Kompetenzvorschriften (Art. 32, 59 GG) sowie Bestimmungen zur Beteiligung an

1 *Haratsch*, Staatsrecht III, 2007.

internationalen Organisationen (Art. 23, 24 GG) sowie zur Wirkung bestimmter Völkerrechtssätze im deutschen Recht (Art. 25 GG), aus denen sich ein einheitliches System der verfassungsrechtlichen Vorgaben für das internationale Auftreten der Bundesrepublik Deutschland herleiten lässt. Nachdem die meisten dieser Normen bereits im Zusammenhang mit den Staatszielen und Staatsorganen vorgestellt wurden, geht es im Folgenden darum, ihr Zusammenwirken in diesem System zu veranschaulichen.

I. Art. 32 Abs. 1 GG als allgemeine Regelung der Verbandskompetenz

Art. 32 Abs. 1 GG enthält eine grundlegende Regelung der Verbandskompetenz bei der Wahrnehmung auswärtiger Beziehungen. Die Pflege der Beziehungen zu auswärtigen Staaten ist grundsätzlich Sache des Bundes. Der Begriff der Beziehungen umfasst dabei sowohl rechtsverbindliche Handlungen wie auch politische und informelle Kontakte der Bundesrepublik Deutschland zu anderen Staaten und internationalen Organisationen. Art. 32 Abs. 1 GG soll gewährleisten, dass die Bundesrepublik Deutschland nach außen hin als Einheit auftritt. Besondere Kompetenzen der Länder regeln Art. 32 Abs. 2 u. 3 GG für den Abschluss völkerrechtlicher Verträge. 978

II. Abschluss und Transformation völkerrechtlicher Verträge

Das Völkerrecht im klassischen Sinne regelt die Rechtsbeziehungen zwischen Staaten und internationalen Organisationen. Als Völkerrechtsquellen sind gem. Art. 38 Abs. 1 IGH-Statut anerkannt: 979
Völkerrechtliche Verträge als dem Völkerrecht unterliegende Vereinbarungen zwischen zwei oder mehr Staaten oder anderen Völkerrechtssubjekten;
Völkergewohnheitsrecht als durch allgemeine Übung über einen längeren Zeitraum in der Überzeugung rechtlicher Gebotenheit entstandenes Recht;
Allgemeine Rechtsgrundsätze, die sich in den verschiedenen nationalen Rechtsordnungen finden.

Auf die Regeln des Völkergewohnheitsrechts und die allgemeinen Rechtsgrundsätze bezieht sich Art. 25 GG, der in Satz 1 die unmittelbare Geltung der „allgemeinen Regeln des Völkerrechts“ anordnet. Art. 25 Satz 2 GG bringt die „Völkerrechtsfreundlichkeit des GG“ zum Ausdruck, wenn er diese Regeln in der nationalen Normenhierarchie über einfachen Gesetzen (aber unterhalb des Verfassungsrechts) positioniert. Zur Feststellung, ob eine Regel des Völkerrechts Bestandteil des Bundesrechts i. S. d. Art. 25 GG ist, steht vor dem BVerfG das Normverifikationsverfahren nach Art. 100 Abs. 2 GG zur Verfügung[2]. 980

Im Umkehrschluss zu Art. 25 GG ergibt sich, dass völkervertragliche Regelungen zu ihrer Geltung in der Bundesrepublik Deutschland noch eines Transformationsakts bedürfen (sog. dualistische Theorie)[3]. Bei den Regelungen, die das GG zu völkerrechtlichen Verträgen zu treffen hat, ist somit zwischen dem Abschluss auf 981

2 Vgl. dazu *Ruffert*, JZ 2001, 633 ff.
3 Vgl. *Nettesheim*, in: Maunz/Dürig, GG, Art. 32 Rn. 115 ff.

internationaler Ebene und der Transformation in nationales Recht zu unterscheiden.

1. Der Abschluss völkerrechtlicher Verträge

982 Grundsätzlich gilt für den Abschluss völkerrechtlicher Verträge die in Art. 32 Abs. 1 GG zugewiesene Verbandskompetenz des Bundes. Art. 32 Abs. 2 GG statuiert ein besonderes Anhörungsrecht, wenn ein Vertrag die besonderen Verhältnisse eines Landes berührt. Problematisch ist Art. 32 Abs. 3 GG. Danach können die Länder, denen eigene Staatsqualität zukommt, mit Zustimmung der Bundesregierung Verträge mit ausländischen Staaten abschließen, soweit ihnen innerstaatlich die Gesetzgebungskompetenz in Bezug auf den Vertragsgegenstand zukommt. Das Verständnis dieser Norm ist umstritten. Nach einer Lesart stellt Art. 32 Abs. 3 GG eine Ausnahmevorschrift zu Art. 32 Abs. 1 GG dar: wann immer ein Vertragsgegenstand in den Kompetenzbereich der Länder fällt, sollen diese ausschließlich zum Abschluss völkerrechtlicher Verträge befugt sein, die Verbandskompetenz also entfallen (sog. föderalistische Theorie)[4]. Andererseits könnte man Art. 32 Abs. 3 GG als lediglich die Verbandszuständigkeit des Bundes ergänzende Vorschrift verstehen: die Zuständigkeit der Länder träte dann neben die des Bundes, der umfassend und von den innerstaatlichen Gesetzgebungskompetenzen zum Abschluss völkerrechtlicher Verträge befugt wäre (sog. zentralistische Theorie).

983 In der Praxis wurde diese Frage durch einen Kompromiss gelöst – das sog. Lindauer Abkommen vom 14.11.1957[5]: Danach soll der Bund zwar im Außenverhältnis die Abschlusskompetenz auch dann haben, wenn der Vertragsgegenstand in den Kompetenzbereich der Länder fällt. Allerdings bedarf das außenpolitische Handeln des Bundes dann der Zustimmung der Länder im Innenverhältnis. Der Streit zwischen föderalistischer und zentralistischer Theorie wirkt freilich fort bei der Frage, wie die Rechtsnatur des Lindauer Abkommens zu beurteilen ist: nach der zentralistischen Theorie wird mit der Abschlusskompetenz des Bundes lediglich die grundgesetzliche Rechtslage bestätigt. Nach der föderalistischen Theorie entfaltet das Lindauer Abkommen dagegen kompetenzbegründende Wirkung in der Landesgesetzgebung unterfallenden Bereichen.

984 Die Organkompetenz zum Abschluss völkerrechtlicher Verträge für den Bund ist in Art. 59 Abs. 1 GG geregelt: Sie kommt dem Bundespräsidenten zu, der gem. Art. 59 Abs. 1 Satz 1 GG den Bund völkerrechtlich vertritt und gem. Art. 59 Abs. 1 Satz 2 die Verträge mit auswärtigen Staaten schließt. Dabei bezieht sich Art. 59 Abs. 1 GG jedoch nur auf den förmlichen Akt des Vertragsschlusses, der Bundespräsident muss nicht auf allen Verfahrensstufen persönlich handeln.[6] Da die Gestaltung der Außenpolitik grundsätzlich Sache der Bundesregierung ist, entspricht es vielmehr allgemeiner Praxis, dass der Bundespräsident seine Kompetenzen für das Stadium der Vertragsverhandlungen stillschweigend oder aus-

4 Vgl. *Degenhart*, Staatsrecht I, Rn. 556; *Streinz*, in: Sachs, GG, Art. 32 Rn. 32 f.; *Kempen*, in: v. Mangoldt/Klein/Starck, GG, Art. 32 Rn. 48 ff.; 55.
5 Abgedruckt bei *Streinz*, in: Sachs, GG, Art. 32 Rn. 35.
6 Vgl. dazu BVerfGE 68, 1 (82) – *Nachrüstungsbeschluss*.

drücklich auf die Bundesregierung delegiert, die diese Befugnisse dann wiederum weiter delegieren kann.

Mitwirkungsrechte weiterer Bundesorgane – d.h. des Bundestages und des Bundesrates – bestimmen sich nach Art. 59 Abs. 2 GG. Dabei adressiert Art. 59 Abs. 2 Satz 1 GG völkerrechtliche Verträge, die die politischen Beziehungen des Bundes betreffen oder sich auf Gegenstände der Bundesgesetzgebung beziehen. Hier bedarf es der Mitwirkung und Zustimmung der für das Gesetzgebungsverfahren zuständigen Körperschaften in der Form eines Bundesgesetzes. Es muss also ein Gesetzgebungsverfahren i.S.d. Art. 76ff. GG durchgeführt und ein sog. Zustimmungsgesetz erlassen werden. Dabei hängt die Beteiligung des Bundesrates vom Vertrags- und damit Gesetzesinhalt ab. Bei Verwaltungsabkommen i.S.d. Art. 59 Abs. 2 Satz 2 GG bedarf es des Gesetzgebungsverfahrens nicht, jedoch wird aus Art. 50 GG, wonach der Bundesrat an der Verwaltung des Bundes mitwirkt, ein Zustimmungserfordernis des Bundesrates hergeleitet.[7] **985**

2. Transformation des völkerrechtlichen Vertrages

Die Transformation des völkerrechtlichen Vertrages ins nationale Recht geschieht durch den Erlass eines Gesetzes, wobei sich die Verbandskompetenz nach der Kompetenzordnung der Art. 70ff. GG und damit nach dem Vertragsinhalt richtet. Im Fall der Bundeszuständigkeit wirkt das gem. Art. 59 Abs. 2 Satz 1 GG erforderliche Zustimmungsgesetz zugleich als Transformationsgesetz. **986**

III. Die Beteiligung an internationalen Einrichtungen

Art. 24 GG regelt die Beteiligung der Bundesrepublik Deutschland an internationalen Einrichtungen, wobei zwischen den Bestimmungen über „zwischenstaatliche Einrichtungen“ in Art. 24 Abs. 1 GG und „Systeme kollektiver Sicherheit“ in Art. 24 Abs. 2 GG lediglich graduelle Unterschiede bestehen. In beiden Vorschriften kommt eine grundsätzliche Entscheidung des Grundgesetzes zur internationalen Integration der Bundesrepublik Deutschland zum Ausdruck. **987**

Art. 24 Abs. 1 GG sieht vor, dass der Bund durch Gesetz Hoheitsrechte auf zwischenstaatliche Organisationen „übertragen“ kann. Zwischenstaatliche Einrichtungen sind dabei grundsätzlich alle durch Verträge zwischen Völkerrechtssubjekten geschaffenen Organisationen[8]. „Übertragung von Hoheitsgewalt“ bedeutet den Verzicht des Bundes auf die ausschließliche Ausübung von Herrschaftsbefugnissen, um so die Ausübung von Hoheitsgewalt durch die zwischenstaatliche Organisation zu ermöglichen. Ebenso können gem. Art. 24 Abs. 1a GG die Länder mit Zustimmung der Bundesregierung innerhalb ihrer Kompetenzbereiche die Ausübung von Hoheitsgewalt auf „grenznachbarschaftliche Einrich- **988**

7 *Ipsen*, Staatsrecht I, Rn. 1118.
8 BVerfGE 2, 347 (377) – *Kehler Hafen*.

tungen" übertragen. Beispiele für „zwischenstaatliche Einrichtungen" i. S. d. Art. 24 Abs. 1 GG sind Eurocontrol[9] sowie das Europäische Patentamt[10].

989 Art. 24 Abs. 2 GG ermöglicht die Einordnung in ein System kollektiver Sicherheit und damit verbunden die „Beschränkung" von Hoheitsrechten. Anders als die „Übertragung" sieht die „Beschränkung" von Hoheitsrechten lediglich den eigenen Verzicht auf die Ausübung von Hoheitsgewalt vor, ohne dass diese zugleich einer zwischenstaatlichen Organisation ermöglicht wird. Art. 24 Abs. 2 enthält höhere Anforderungen an die Bestimmtheit des die Ausübung von Hoheitsrechten beschränkenden Gesetzes[11] – die Organisation muss eine „friedliche und dauerhafte Ordnung in Europa und zwischen den Völkern der Welt herbeiführen und sichern." „Systeme gegenseitiger kollektiver Sicherheit" sind auf Grundlage des Völkerrechts gegründete Organisationen, die die Mitglieder vor militärischen Angriffen und Bedrohungen nicht nur untereinander, sondern auch gegenüber Drittstaaten sowie vor terroristischen Angriffen schützen sollen. Das Bündnis muss rein defensiven Charakter haben, wobei gegenseitige Einstandspflichten im Falle eines von außen erfolgenden Angriffs auf einen Mitgliedstaat zulässig sind[12]. Allerdings ist Art. 24 Abs. 2 nicht etwa lex specialis zu Art. 24 Abs. 1 GG: auch im militärischen Bereich könnten Hoheitsrechte gem. Art. 24 Abs. 1 GG übertragen werden[13].

990 Der Beitritt zu einem System kollektiver Sicherheit setzt einen völkerrechtlichen Vertrag und damit gem. Art. 59 Abs. 2 Satz 1 GG ein Zustimmungsgesetz voraus. Von diesem Zustimmungsgesetz sind auch spätere Fortentwicklungen des Bündnisses umfasst, sofern sich diese innerhalb des Integrationsprogramms bewegen, das „der Deutsche Bundestag im Wege des Zustimmungsgesetzes zu diesem Vertrag mitverantwortet" und die Vorgaben des Art. 24 Abs. 2 GG wahren[14]. Das materielle Verfassungsrecht setzt insofern inhaltliche Grenzen: Insbesondere ist die Zielsetzung des Art. 24 Abs. 2 GG einzuhalten, das Gesetz muss aber auch im Übrigen mit der Verfassung in Einklang sein. Die maßgeblichen Systeme kollektiver Sicherheit, denen die Bundesrepublik Deutschland angehört, sind die Vereinten Nationen (UNO) und die North Atlantic Treaty Organization (NATO).

991 Der 1945 gegründeten UNO trat die Bundesrepublik 1973 bei. Jene verfolgt gem. Art. 1 UNO-Charta die folgenden mit Art. 24 Abs. 2 GG in Einklang stehenden Ziele:

- Aufrechterhaltung des internationalen Friedens und der internationalen Zusammenarbeit;
- Entwicklung von freundschaftlichen Beziehungen unter den Nationen, die auf der Achtung des Grundsatzes gleicher Rechte und der Selbstbestimmung der Völker beruhen;

9 BVerfGE 59, 63 (86 f.) – *Eurocontrol*. Zu Eurocontrol in seiner jetzigen Ausgestaltung *Randelzhofer*, in: Maunz/Dürig, GG, Art. 24 Abs. 1 (Stand 1992) Rn. 181.
10 BVerfGK 8, 266 (268) – *Europäisches Patentamt*.
11 *Jarass*, in: Jarass/Pieroth, GG, Art. 24 Rn. 19.
12 BVerfGE 90, 286 (347 ff.) – *Auslandseinsätze der Bundeswehr – Adria, AWACS*.
13 *Jarass*, in: Jarass/Pieroth, GG, Art. 24 Rn. 19.
14 BVerfGE 118, 244 (263, 270) – *ISAF*.

- Herbeiführung einer internationalen Zusammenarbeit bei der Lösung internationaler Probleme.

Diesen Zielen soll die UNO durch die Verabschiedung von Resolutionen in der Generalversammlung, Vermittlungen des Sekretariats, an dessen Spitze der UN-Generalsekretär steht, sowie den Beschluss von verbindlichen friedenssichernden und friedenserhaltenden Maßnahmen durch den Sicherheitsrat dienen. Ein weiteres wichtiges Organ der Vereinten Nationen stellt der Internationale Gerichtshof dar, der Streitigkeiten zwischen Mitgliedstaaten entscheiden und Anfragen der anderen Organe mit Gutachten beantworten kann. Da seine Gerichtsbarkeit jedoch nicht „obligatorisch" ist, fällt der Internationale Gerichtshof nicht unter Art. 24 Abs. 3 GG.

Der 1949 gegründeten NATO trat die Bundesrepublik 1955 bei. Als Bündnis von **992** derzeit 28 Staaten verfolgt die NATO das Ziel der kollektiven Selbstverteidigung. Art. 5 des Nordatlantikvertrages bestimmt, dass bewaffnete Angriffe gegen einen oder mehrere Mitgliedstaaten als Angriffe gegen alle angesehen werden und entsprechende Beistandspflichten auslösen.

Im Zusammenhang des Art. 24 Abs. 2 GG stellt sich die Frage, in wieweit es der **993** Bundesrepublik Deutschland gestattet ist, sich an militärischen Aktionen kollektiver Sicherheitssysteme, insbesondere der UNO und der NATO, zu beteiligen[15]. Das BVerfG hat entschieden, dass Art. 87a GG, der den Einsatz der Bundeswehr nur in engen, durch die Verfassung bestimmten Fällen zulässt, der Beteiligung an solchen Einsätzen nicht entgegensteht[16]. Der Begriff der „Verteidigung" in Art. 87a Abs. 2 GG kann so verstanden werden, dass er neben der Landesverteidigung auch die kollektive Verteidigung i. S. d. Art. 5 Nordatlantikvertrages und Art. 51 UN-Charta erfasst[17]. Für dieses Verständnis spricht, dass die nachträglich ins Grundgesetz eingefügte Norm nicht das Ziel verfolgte, die Mitwirkungsrechte und -pflichten der Bundesrepublik Deutschland in UNO und NATO einzuschränken[18]. Zu beachten ist aber, dass für militärische Auslandseinsätze der Bundeswehr stets ein Parlamentsbeschluss erforderlich ist – auch dann, wenn sie im Rahmen eines Systems kollektiver Sicherheit erfolgen[19].

IV. Die Mitwirkung an der Europäischen Integration

Bis zur Neugestaltung des Art. 23 GG als „Europa-Artikel" 1992 diente der **994** dargestellte Art. 24 Abs. 1 GG als verfassungsrechtliche Grundlage der Europäischen Integration. Erst im Zuge der Zustimmung zum Vertrag von Maastricht wurde Art. 23 GG in seiner jetzigen Form in das Grundgesetz eingefügt und gestaltet nun als lex specialis die Mitwirkung der Bundesrepublik Deutschland am Europäischen Einigungsprozess näher aus. Er etabliert hierzu zum einen Schranken der Integration, zum anderen definiert er die Mitwirkungsrechte der ver-

15 Allg. zu verfassungsrechtlichen Vorgaben für den Einsatz der Bundeswehr s. o. Rn. 951 ff.
16 BVerfGE 90, 286 (353 ff.) – *Auslandseinsätze der Bundeswehr – Adria, AWACS*; BVerfGE 121, 135 (157) – *AWACS-Einsatz (Türkei)*.
17 *Jochum*, JuS 2006, 511 (513).
18 Vgl. *Streinz*, in: Sachs, GG, Art. 24 Rn. 58.
19 BVerfGE 121, 135 (160 f.) – *AWACS-Einsatz (Türkei)*.

schiedenen Verfassungsorgane sowie der Länder in Angelegenheiten der Europäischen Union. Im Folgenden soll ein kurzer Überblick über die Entwicklung des Europäischen Integrationsprozesses sowie die institutionelle Ausgestaltung der Europäischen Union seit Inkrafttreten des Vertrags von Lissabon 2009 gegeben werden. Sodann werden die verfassungsrechtliche Ermächtigung zur Mitwirkung der Bundesrepublik Deutschland und ihre nähere Ausgestaltung in Art. 23 GG präsentiert. Auch hier können nur die Grundlagen dargestellt werden, für ausführlichere Informationen ist auf die Lehrbücher zum Staatsrecht III sowie zum Europarecht zu verweisen.

1. Der Prozess der Europäischen Integration

995 Die heutige Europäische Union geht zurück auf die 1951 und 1957 gegründeten Europäischen Gemeinschaften (Europäische Gemeinschaft für Kohle und Stahl, Europäische Atomgemeinschaft, Europäische Wirtschaftsgemeinschaft). Ziel der Gründungsmitglieder Belgien, Frankreich, Italien, Luxemburg, Niederlande, Westdeutschland, die die 1958 in Kraft getretenen Römischen Verträge unterzeichneten, war einerseits die Kontrolle der Schlüsselindustrien zur Verhinderung erneuter Kriegsvorbereitungen, andererseits das Hinwirken auf eine wirtschaftliche Integration, der möglicherweise eine politische Integration folgen sollte. Nach den Beitritten des Vereinigten Königreichs, Irlands und Dänemarks (1973), Griechenlands (1981), Portugals und Spaniens (1986) sowie der Stärkung der Wirtschaftsgemeinschaft durch die Verwirklichung der Zollunion und des Hinwirkens auf den europäischen Binnenmarkt (Einheitliche Europäische Akte 1986) wurde die Wirtschaftsgemeinschaft zur politischen Union ausgebaut: Der Vertrag von Maastricht (1992) fügte der damaligen Europäischen Gemeinschaft die Europäische Union hinzu; damit kamendie Gemeinsame Außen- und Sicherheitspolitik (GASP) sowie die Polizeiliche und Justizielle Zusammenarbeit in Strafsachen (PJZS) als „zweite und dritte Säule“ neben den Gemeinschaften hinzu.

996 In der Folge kam es zur Verwirklichung der „Wirtschafts- und Währungsunion“ durch die Einführung des Euro (1999 als Buch-, 2002 als Bargeld), der mittlerweile als gemeinsame Währung in 17 EU-Mitgliedstaaten sowie sechs weiteren Europäischen Staaten gilt und zum Beitritt mehrerer neuer Mitgliedstaaten: 1995 kamen Schweden, Finnland und Österreich hinzu, 2004 im Zuge der sog. Osterweiterung Estland, Lettland, Litauen, Malta, Polen, die Slowakei, Slowenien, Tschechien, Ungarn und Zypern, 2007 Rumänien und Bulgarien, 2013 Kroatien.

997 Nachdem 2005 das Projekt einer „Verfassung für Europa“ an den Referenden in Frankreich und den Niederlanden gescheitert war, kam es zu einer umfassenden Reform der Europäischen Verträge im Rahmen des Vertrags von Lissabon, der 2009 in Kraft trat: Dieser führte zur Auflösung der bisherigen Säulenstruktur und zum Aufgehen von EG, GASP und PJZS in der Europäischen Union, der nunmehr gem. Art. 47 EUV Rechtspersönlichkeit zukommt. Weitere maßgebliche Änderungen betreffen die Rolle des Europäischen Parlaments im Gesetzgebungsverfahren, die Möglichkeit von Mehrheitsentscheidungen im Rat der Europäischen Union und die Ausgestaltung des Verfahrens zur Änderung der Verträge.

2. Kompetenzen und institutioneller Aufbau der Europäischen Union

Die Europäische Union ist, in den Worten des BVerfG, ein „supranationaler Staatenverbund". Dessen Grundlagen sind in den Verträgen über die Europäische Union (EUV) und über die Arbeitsweise der Europäischen Union (AEUV) zwischen den Mitgliedstaaten gelegt (sog. Primärrecht). Aufgrund des Verweises in Art. 6 Abs. 1 EUV ist auch die Charta der Grundrechte der EU zum Primärrecht zu zählen. Eigene Hoheitsrechte übt die Europäische Union insbesondere beim Erlass sog. Sekundärrechts aus: dabei wirken Verordnungen als unmittelbar geltendes Recht in allen Mitgliedstaaten (Art. 288 Abs. 2 AEUV), Richtlinien sind demgegenüber zwar gegenüber den Mitgliedstaaten unverbindlich, bedürfen jedoch grundsätzlich der Umsetzung in nationales Recht (Art. 288 Abs. 3 AEUV). Die Europäische Union ist jedoch nur in Sachbereichen zur Ausübung von Hoheitsbefugnissen berechtigt, in denen ihr die Kompetenzen ausdrücklich durch die Mitgliedstaaten zugewiesen worden sind (sog. Grundsatz der begrenzten Einzelermächtigung, Art. 5 Abs. 1 Satz 1 EUV). Art. 2 AEUV unterscheidet dabei – ähnlich den Art. 70 ff. GG in der Bundesrepublik – zwischen ausschließlichen Zuständigkeiten der Union (Art. 2 Abs. 1 AEUV) und sog. geteilten Zuständigkeiten, in denen die Mitgliedstaaten tätig werden, soweit die Union keine Rechtsakte erlassen hat (Art. 2 Abs. 2 AEUV). Maßgebliche Bereiche, die der ausschließlichen Unionszuständigkeit unterfallen, sind die Zollunion (Art. 3 Abs. 1 Ziff. a AEUV), die Festlegung der für den Binnenmarkt erforderlichen Wettbewerbsregeln (Art. 3 Abs. 1 Ziff. b AEUV) und die Währungspolitik für die Mitgliedstaaten, deren Währung der Euro ist (Art. 3 Abs. 1 Ziff. a AEUV). Hauptbereiche der geteilten Zuständigkeit sind der Binnenmarkt (Art. 4 Abs. 2 Ziff. a AEUV), die Sozialpolitik hinsichtlich der im AEUV näher aufgeführten Aspekte (Art. 4 Abs. 2 Ziff. b AEUV) und der Verbraucherschutz (Art. 4 Abs. 2 Ziff. f AEUV). 998

Den institutionellen Rahmen gibt Art. 13 EUV vor. Organe der Europäischen Union sind zunächst danach der Europäische Rat, der aus den Staats- und Regierungschefs der Mitgliedstaaten, seinem Präsidenten sowie dem Präsidenten der Europäischen Union besteht und die für die Entwicklung der EU erforderlichen Zielvorstellungen und Prioritäten festlegt (Art. 15 EUV), das Europäische Parlament, das sich aus in den einzelnen Mitgliedstaaten nach einem System degressiver Proportionalität – die Anzahl der Abgeordneten eines Staates hängt zwar von seiner Einwohnerzahl ab, jedoch wirkt sich diese nach oben hin zunehmend geringer aus – gewählten Abgeordneten zusammensetzt (Art. 14 EUV). Dieses wirkt im Gesetzgebungsverfahren mit dem Rat der Europäischen Union zusammen, der aus je einem Vertreter jedes Mitgliedstaates auf Ministerebene besteht (Art. 16 Abs. 2 EUV). Eine besondere Stellung kommt der Europäischen Kommission zu, die „die allgemeinen Interessen der Union" fördern, die Anwendung der Verträge und des Unionsrechts überwachen und Verwaltungs- und Koordinationsaufgaben übernehmen soll (Art. 17 Abs. 1 EUV). Bislang stellt jedes Land ein Kommissionsmitglied, Art. 17 Abs. 5 EUV sieht jedoch eine Verkleinerung der Kommission für die Zukunft vor. Die Aufgabe des Gerichtshofs der Europäischen Union besteht in der „Wahrung des Rechts bei der Auslegung und Anwendung der Verträge" (Art. 19 Abs. 1 Satz 2 EUV), er besteht aus einem Richter je Mitgliedstaat (Art. 19 Abs. 2 Satz 1 EUV). Die Verfahrensarten vor dem EuGH sind in den Art. 251 ff. AEUV bezeichnet. Von besonderer Bedeutung sind hier das Vertragsverletzungsverfahren (Art. 258 AEUV), die Nichtigkeits- 999 klage (Art. 263 AEUV) und das Vorabentscheidungsverfahren (Art. 267 AEUV)[20]. Weitere Organe der Europäischen Union sind die Europäische Zentralbank und der Rechnungshof. Seit dem Vertrag von Lissabon ernennt die Europäische Union einen Hohen Vertreter für die Außen- und Sicherheitspolitik (Art. 18 Abs. 1 EUV).

3. Die verfassungsrechtliche Ausgestaltung der Mitwirkung an der Europäischen Integration

1000 Art. 23 Abs. 1 Satz 2 GG sieht – ähnlich wie Art. 24 Abs. 1 GG – die „Übertragung" von Hoheitsrechen auf die Europäische Union ausdrücklich vor. Allerdings unterstellt Art. 23 GG diese einer Reihe verfassungsrechtlicher Vorgaben: Nach Art. 23 Abs. 1 Satz 2 GG ist zur Übertragung von Hoheitsgewalt ein Gesetz erforderlich, das überdies der Zustimmung des Bundesrates bedarf. Bei Änderungen, durch die das Grundgesetz geändert oder ergänzt oder die Voraussetzungen dafür geschaffen werden, sind gem. Art. 23 Abs. 1 Satz 3 GG die Vorgaben des Art. 79 Abs. 2 u. 3 GG einzuhalten. Es muss also das für die Änderung des Grundgesetzes vorgesehene Verfahren eingehalten werden. Die Grundsätze des Art. 79 Abs. 3 GG fungieren als absolute Schranke der europäischen Integration auf Basis des Grundgesetzes. Sollte der Europäische Integrationsprozess diese Grenzen sprengen wollen, bedürfte es einer neuen Verfassung. Weitere Voraussetzungen für das Wesen der Europäischen Union stellt (normtechnisch mit Art. 24 Abs. 2 vergleichbar) Art. 23 Abs. 1 Satz 1 GG auf: Danach muss die Europäische Union den in Art. 20 GG festgeschriebenen Grundsätzen der Demokratie, des Rechts- und Sozialstaates und des Föderalismus sowie darüber hinaus dem Subsidiaritätsprinzip (vgl. Art. 5 Abs. 1 Satz 2, Abs. 3 EUV) verpflichtet sein. Dieses besagt, dass die Union grundsätzlich nur tätig werden darf, wenn die verfolgten Ziele nicht genauso gut auf nationaler oder regionaler Ebene verwirklicht werden könnten. Darüber hinaus muss die EU gem. Art. 23 Abs. 1 Satz 1 GG einen dem Grundgesetz im wesentlichen vergleichbaren Grundrechtsschutz gewährleisten.

1001 Auf Basis dieser Bestimmungen ist die Überprüfung jedes maßgeblichen Integrationsschrittes der EU durch das BVerfG möglich. Nach seiner Terminologie in der Entscheidung zur deutschen Zustimmung zum Vertrag von Lissabon prüft das BVerfG, ob die Fortentwicklung des Unionsrechts den aufgrund von Art. 79 Abs. 3 GG unantastbaren „Kern der nationalen Verfassungsidentität" wahrt. Danach muss der Bundesrepublik Deutschland auch als Mitgliedstaat der Europäischen Union „ausreichender Raum zur Gestaltung der wirtschaftlichen, kulturellen und sozialen Lebensverhältnisse"[21] verbleiben. Eine besondere Rolle spielt dabei bereits seit dem Urteil des BVerfG zur Zustimmung zum Vertrag von Maastricht und der damit verbundenen Einführung des dargestellten Art. 23 GG n. F. die Vorgabe, dass angesichts der nicht vollständig verwirklichten Demokratie auf europäischer Ebene die besondere Rolle der nationalen Parlamente gewahrt bleiben muss. Nur wenn diesen ausreichende Kompetenzen zur selbständigen Entscheidung verbleiben, ist der Europäische Einigungsprozess hinreichend demokratisch legitimiert[22]. Dies gilt insbesondere mit Blick auf die Fort-

---

20 Dazu *Thiele*, EuR 2010, 30 ff.
21 BVerfGE 123, 267 (357 f.) – *Lissabon*.
22 BVerfGE 89, 155 (171 ff.) – *Maastricht*.

entwicklung der Wirtschafts- und Währungsunion: Keinesfalls dürfen Maßnahmen auf eine unbegrenzte Haftungsübernahme für Willensentscheidungen der Organe der EU oder anderer Staaten hinauslaufen[23]. Diese Vorgabe gilt nicht nur für Änderungen der Europäischen Verträge, sondern für sämtliche Maßnahmen im Zusammenhang des Europäischen Einigungsprozesses, auch wenn diese im Rahmen völkerrechtlicher Verträge zwischen einzelnen Mitgliedstaaten getroffen werden[24]. Die Verknüpfung dieser Vorgabe des Entscheidungsspielraums nationaler Parlamente mit dem Demokratieprinzip (Art. 20 Abs. 1, 2 GG) einerseits, mit dem Wahlrecht des einzelnen Bürgers (Art. 38 Abs. 1 GG) andererseits, entzieht sie zum einen auch dem verfassungsändernden Gesetzgeber (Art. 79 Abs. 3 GG) und macht sie zum anderen im Wege der Verfassungsbeschwerde justiziabel. Die Kontrollbefugnisse des BVerfG in Bezug auf Rechtsakte der Europäischen Union (ultra-vires- und Grundrechtskontrolle) wurden bereits im Zusammenhang mit der Stellung des BVerfG und seinem Verhältnis zum EuGH thematisiert[25].

Die weiteren Absätze des Art. 23 GG gestalten die Mitwirkungsrechte der verschiedenen Verfassungsorgane sowie der Länder innerhalb der Europäischen Union näher aus. Größtenteils wurden diese Normen bereits im Zusammenhang mit der Kompetenzverteilung im Bundesstaat und der Befugnisse der einzelnen Staatsorgane dargestellt. Daher sollen sie hier lediglich zusammenfassend erwähnt und im System des Art. 23 GG dargestellt werden. Bei der Betrachtung der europarechtlich vorgesehenen Mitwirkungsrechte der Mitgliedstaaten fällt auf, dass diese im Wesentlichen auf die (zentrale) Exekutive (Regierungschef, d. h. Bundeskanzler, Minister, d. h. in der Regel Bundesminister) abstellen. Für die nationalen Parlamente ist lediglich eine Mitwirkung iRd. Art. 10 Abs. 2, 12 EUV vorgesehen, die Länder können allenfalls am sog. Ausschuss der Regionen (Art. 13 Abs. 4 EUV, Art. 305 AEUV) mitwirken. Die verfassungsrechtliche Ausgestaltung der Mitwirkung am Europäischen Integrationsprozess muss daher im Interesse der im Grundgesetz vorgesehenen horizontalen und vertikalen Gewaltenteilung auf einen Ausgleich dieses exekutiven Übergewichts auf Unionsebene hinwirken. **1002**

Art. 23 Abs. 1 a GG setzt das in Art. 5 Abs. 4 Satz 1, Satz 2, Art. 12 Ziff. b EUV angelegte und im Protokoll über die Anwendung der Grundsätze der Subsidiarität und der Verhältnismäßigkeit ausgestaltete Verfahren um, nach dem die nationalen Parlamente bei Nichteinhaltung des Subsidiaritätsprinzips Subsidiaritätsrüge zum Gerichtshof der Europäischen Union erheben können. Art. 23 Abs. 1 a Satz 1 GG weist dieses Recht Bundestag und Bundesrat zu, wobei der Bundestag, um adäquate parlamentarische Minderheitsrechte zu gewährleisten, gem. Art. 23 Abs. 1 a Satz 2 GG auf Verlangen eines Viertels seiner Mitglieder zur Erhebung der Klage verfassungsrechtlich verpflichtet ist. **1003**

Art. 23 Abs. 2 Satz 1 GG bestimmt, dass in Angelegenheiten der Europäischen Union der Bundestag und durch den Bundesrat die Länder mitwirken. Neben der Beteiligung von Bundestag und Bundesrat am zur Übertragung von Hoheits- **1004**

---

23 BVerfGE 129, 124 (179) – *EFSF.*
24 BVerfGE 131, 152 – *ESM.*
25 S. oben Rn. 801 f.

rechten erforderlichen Gesetzgebungsverfahren betrifft dies vor allem Mitwirkungs- und Anhörungsrechte. So hat die Bundesregierung Bundestag und Bundesrat gem. Art. 23 Abs. 2 Satz 2 GG umfassend und zum frühestmöglichen Zeitpunkt zu unterrichten, damit diese Organe über etwaige Stellungnahmen Beschluss fassen können. Diese Bestimmung ist vor dem Hintergrund des Art. 23 Abs. 2 Satz 1 GG, der eine grundsätzliche Mitwirkung von Bundestag und Bundesrat in allen Angelegenheiten, ungeachtet der besonderen Regelungen des Art. 23 Abs. 3–6 GG statuiert, weit zu verstehen.

1005 Dem Bundestag hat die Bundesregierung vor ihrer Mitwirkung an Rechtsetzungsakten Gelegenheit zur Stellungnahme zu geben; seine Stellungnahme muss sie bei den Verhandlungen berücksichtigen. Diese Vorgaben des Art. 23 Abs. 3 Satz 1 u. 2 GG werden im gemäß Art. 23 Abs. 3 Satz 3 GG erlassenen Gesetz über die Zusammenarbeit zwischen Bundesregierung und Deutschem Bundestag in Angelegenheiten der Europäischen Union (EUZBB) näher ausgestaltet. Dabei bestimmt insbesondere § 9 Abs. 4 Satz 6 EuZBBG, dass der Bundesregierung die Möglichkeit verbleibt, aus „wichtigen außen- oder integrationspolitischen Gründen“ von der Stellungnahme des Bundestages abzuweichen.

1006 Die Absätze 4–7 gestalten die Mitwirkungsrechte des Bundesrates oder der Länder näher aus. Dabei bestimmt Art. 23 Abs. 4 GG, dass der Bundesrat an der Willensbildung des Bundes zu beteiligen ist, soweit er an einer innerstaatlichen Maßnahme zu beteiligen wäre oder innerstaatlich die Länder zuständig wären. Wenn im Rahmen ausschließlicher Bundeszuständigkeit Länderinteressen berührt oder konkurrierende Gesetzgebungsbefugnisse betroffen sind, ist gem. Art. 23 Abs. 5 Satz 1 GG die Stellungnahme des Bundesrates ebenso wie nach Art. 23 Abs. 3 Satz 2 GG die des Bundesrates zu berücksichtigen. „Maßgeblich“ zu berücksichtigen ist die Stellungnahme des Bundesrates gem. Art. 23 Abs. 5 Satz 2 GG, wenn im Schwerpunkt Gesetzgebungsbefugnisse der Länder, die Einrichtung ihrer Behörden oder ihr Verwaltungsverfahren betroffen sind. In diesen Fällen ist zwar auch die „gesamtstaatliche Verantwortung des Bundes zu wahren“ (Art. 23 Abs. 5 Satz 2 a. E.), allerdings kann sich die Bundesregierung hier gem. § 5 Abs. 2 Satz 5 des gem. Art. 23 Abs. 7 GG erlassenen Gesetzes über die Zusammenarbeit von Bund und Ländern in Angelegenheiten der Europäischen Union (EUZBLG) gegen einen nach Scheitern einer einvernehmlichen Lösung mit 2/3-Mehrheit gefassten Beschluss des Bundesrates nicht hinwegsetzen. Absatz 6 sieht vor, dass, soweit es um die Länderdomänen der schulischen Bildung, der Kultur oder des Rundfunks geht, die Wahrnehmung der Rechte der Bundesrepublik Deutschland auf einen vom Bundesrat benannten Vertreter der Länder übertragen wird. Unionsrechtlich ist dies möglich, da Art. 16 Abs. 2 EUV lediglich einen „Vertreter auf Ministerebene“ als Mitglied des Rates vorsieht – dies kann auch ein Landesminister sein.

V. Zusammenfassung

1007 Insgesamt stellt sich die Bundesrepublik Deutschland nach den vorgestellten Bestimmungen als „offener Staat“ dar. Die Teilnahme an europäischen und internationalen Einigungsprozessen ist im Verfassungsrecht ausdrücklich vorgesehen. Allerdings sind die angesprochenen Integrationsermächtigungen nicht schrankenlos: zum einen gibt das Grundgesetz Zielsetzungen der Integration verbindlich vor, zum anderen etabliert es Mitwirkungsrechte der Verfassungsorgane; insbesondere verlangt es stets ein Gesetz als Grundlage der völkerrechtlichen Verpflichtung und des Verzichts auf eigene Hoheitsbefugnisse. Schließlich schützt es den auf Basis des Grundgesetzes unzugänglichen Kern der nationalen Staatlichkeit.

Rechtsprechung: BVerfGE 2, 347– *Kehler Hafen;* BVerfGE 59, 63 – *Eurocontrol;* BVerfGE 68, 1 – *Nachrüstungsbeschluss;* BVerfGE 89, 155 – *Maastricht;* BVerfGE 90, 286 – *Auslandseinsätze der Bundeswehr – Adria, AWACS;* BVerfGE 118, 244 – *ISAF;* BVerfGE 121, 135 – *AWACS-Einsatz (Türkei);* BVerfGE 123, 267 – *Lissabon;* BVerfGE 129, 124 – *EFSF;* BVerfGE 131, 152 – *ESM;* BVerfGK 8, 266 – *Europäisches Patentamt.*

Literatur:

Zur Ergänzung:
Vertiefte Darstellung zur Beteiligung der Bundesrepublik Deutschland an internationalen und europäischen Einigungsprozessen finden sich in den Lehrbüchern zum Staatsrecht III sowie zum Europarecht.

Staatsrecht III
Haratsch, A., Staatsrecht III, 2007; *Geiger, R.*, Grundgesetz und Völkerrecht, 6. Aufl. 2013; *Herrmann, Chr.*, Examensrepetitorium Europarecht, Staatsrecht III, 4. Aufl. 2010; *Sauer, H.*, Staatsrecht III, 2. Aufl. 2013; *Schweitzer, M.*, Staatsrecht III, 10. Aufl. 2010.

Europarecht
Bieber, R./Epiney, A./Haag, M., Die Europäische Union, 10. Aufl. 2012; *Frenz, W.*, Europarecht, 2011; *Jochum, G.*, Europarecht, 2. Aufl. 2012; *Herdegen, M.*, Europarecht, 15. Aufl. 2013; *Hobe, S.*, Europarecht, 7. Aufl. 2012; *Streinz, R.*, Europarecht, 9. Aufl. 2012.

Ausbildungsliteratur
Engels, A., Die Integrationsverantwortung des Bundestags, JuS 2012, 210 ff.; *Funke, A.*, Zur Einführung: Außenverfassungsrecht, Jura 2010, 407 ff.; *Herrmann, Chr.*, Der Vertrag von Lissabon – Ein Überblick, Jura 2010, 161 ff.; *Mayer, F. C.*, Der Vertrag von Lissabon im Überblick, JuS 2010, 189 ff.; *Rossi, M.*, Entwicklung und Struktur der Europäischen Union – eine graphische Erläuterung, ZJS 2010, 49 ff.; *Stöbener, P. S./Wendel, M.*, Übungsfall: Streit um den Vertrag von Lissabon, ZJS 2010, 73 ff. (Fallbearbeitung); *Voßkuhle, A./Kaufhold, A.-K.*, Grundwissen Öffentliches Recht: Offene Staatlichkeit, JuS 2013, 309 ff.

Zur Vertiefung:
Calliess, Chr., Der Kampf um den Euro: Eine „Angelegenheit der EU" zwischen Regierung, Parlament und Volk, NVwZ 2012, 1 ff.; *Daiber, B.*, Mitwirkungsrechte von Bundestag und Bundesrat in EU-Angelegenheiten im Überblick, RuP 2011, 209 ff.; *dies.*, Das Integrationsverantwortungsgesetz in der Praxis des Deutschen Bundestages, ZParl 2012, 293 ff.; *Huber, P. M.*, Das europäisierte Grundgesetz, DVBl. 2009, 574 ff.; *Isensee, J.*, Integrationswille und Integrationsresistenz des Grundgesetzes, ZRP 2010, 33 ff.; *Mayer, F. C.*, Rashomon in Karlsruhe, NJW 2010, 714 ff.; *Polzin, M.*, Das Rangverhältnis von Verfassungs- und Unionsrecht nach der neuesten Rechtsprechung des BVerfG; *Guckelberger, A.*, Grundgesetz und Europa, ZEuS 2012, 1 ff.; *Schmahl, S.*, Deutschland und die europäische Integration, BayVbl. 2012, 1 ff.; *Thiele, A.*, Das Rechtsschutzsystem nach dem Vertrag von Lissabon – (K)ein Schritt nach vorn?, EuR 2010, 30 ff.; *Voßkuhle, A.*, Über die Demokratie in Europa, Parl Beilage 2012, Nr. 13, 3 ff.

Teil V. **Übersichten – Schemata – Definitionen**

Die folgenden Übersichten und Schemata sollen der kompakten Wiederholung und Veranschaulichung des oben Dargestellten dienen. Damit geht naturgemäß eine Verknappung der Inhalte einher; zur ausführlicheren Information wird daher auf die entsprechenden Kapitel des Lehrbuchs verwiesen. Für Examenskandidaten werden darüber hinaus einzelne Problemfelder des Staatsorganisationsrechts dargestellt, auch hier ist zur umfangreicheren Auseinandersetzung nach oben zu verweisen.

A. Übersichten

Übersicht 1: **Der Staatsbegriff (Drei-Elemente-Lehre) (vgl. dazu oben Rn. 4ff.)**

1008

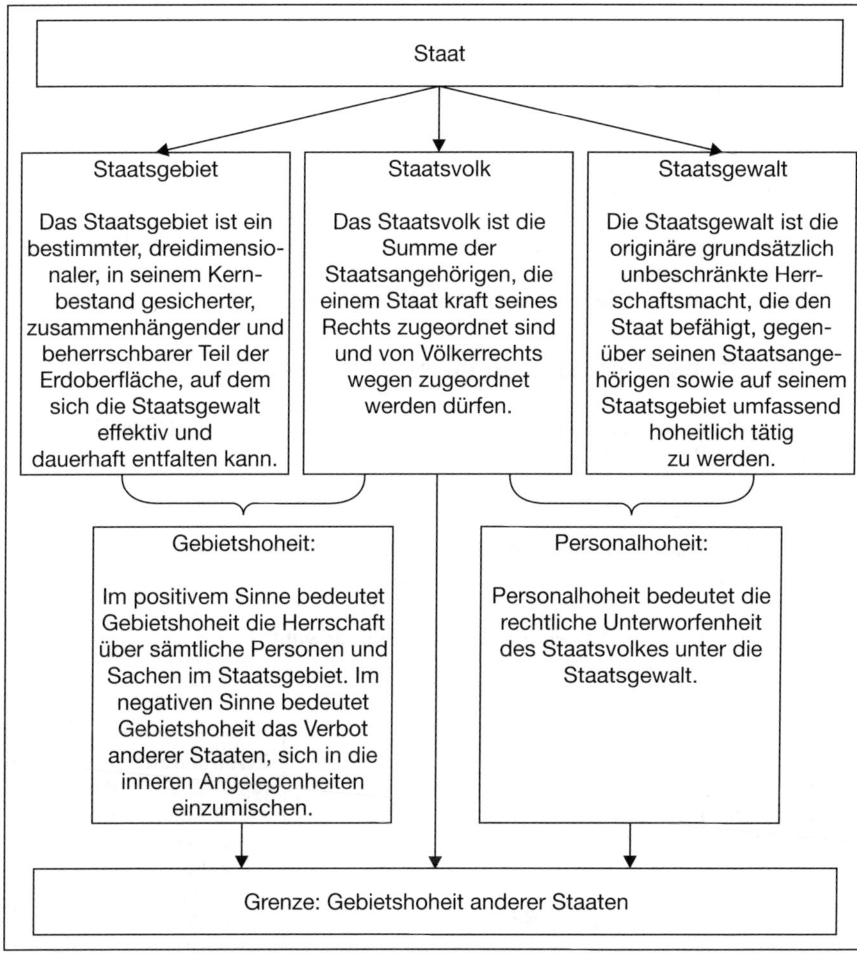

Übersicht 2: **Strukturprinzipien und Staatszielbestimmungen (Rn. 88 ff.)**

1009 Strukturprinzipien

- Bundesstaat (Art. 20 Abs. 1)
- Republik (Art. 20 Abs. 1, Art. 28 Abs. 1 Satz 1)
- Demokratie (Art. 20 Abs. 1 u. 2, Art. 28 Abs. 1 Satz 1)
- Sozialstaat (Art. 20 Abs. 1, Art. 28 Abs. 1 Satz 1)
- Rechtsstaat (Art. 20 Abs. 3, Art. 28 Abs. 1 Satz 1)

Staatszielbestimmungen

- Schutz der natürlichen Lebensgrundlagen (Art. 20 a)
- Tierschutz (Art. 20 a)
- Europäische Integration (Art. 23 Abs. 1 Satz 1)
- Gesamtwirtschaftliches Gleichgewicht (Art. 109 Abs. 2)
- Tatsächliche Durchsetzung der Gleichberechtigung der Geschlechter (Art. 3 Abs. 2 Satz 2)
- Gleichstellung der Behinderten (Art. 3 Abs. 2 Satz 2)

Übersicht 3: **Das Wahlsystem der Bundesrepublik Deutschland**

a) **Das System der personalisierten Verhältniswahl, §§ 1 Abs. 1 Satz 2, Abs. 2 BWahlG (Rn. 447 ff.).**

1010

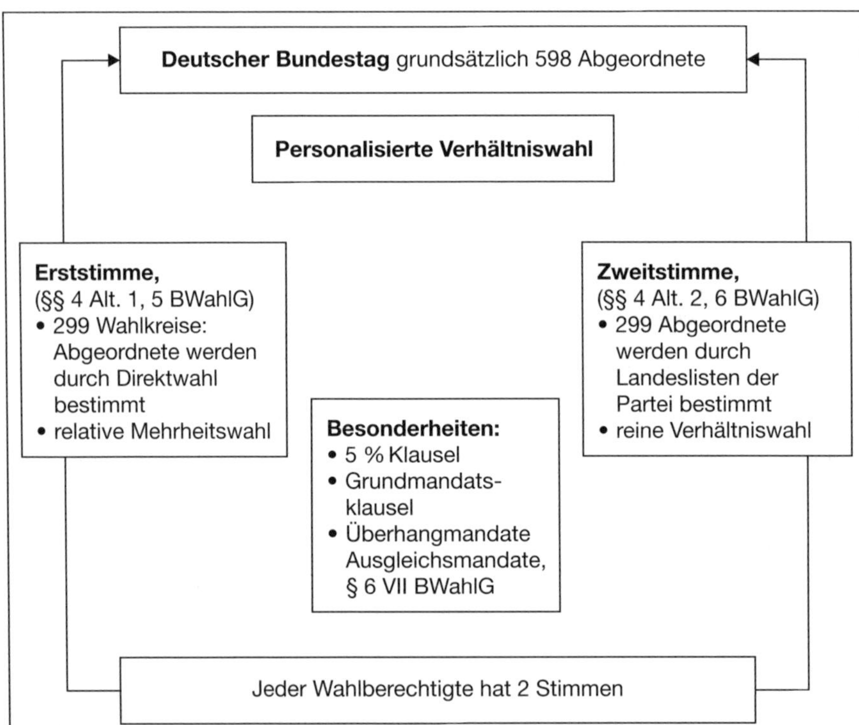

b) Verteilung der Bundestagsmandate

1011

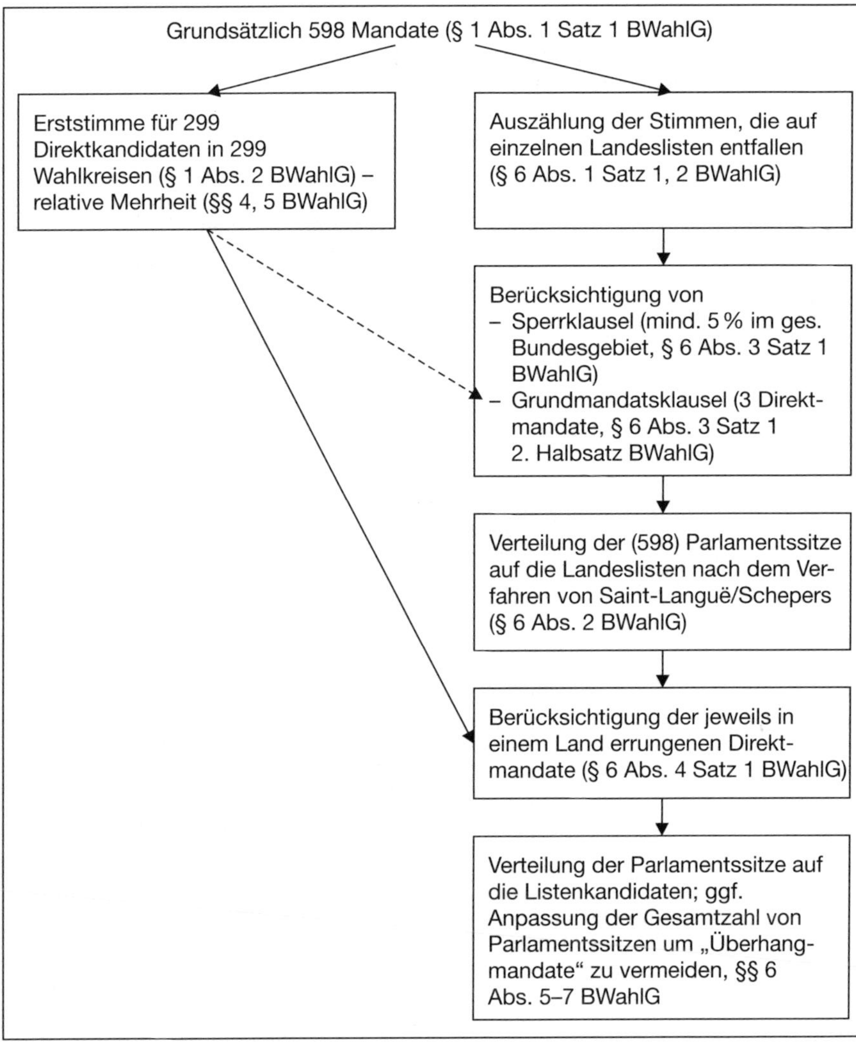

Übersicht 4: **Zuständigkeiten des Bundestags** **→ Rn. 547 ff.**

- Wahlfunktion (Kreationsfunktion) **1012**
- Gesetzgebungsfunktion
- Mitwirkungs- und Zustimmungsfunktion (einschließlich Budgetrecht)
- Selbstorganisation (Parlamentsautonomie)
- Öffentlichkeitsfunktion
- Beschlussorgan
- Anklageorgan

Übersicht 5: **Die Wahl des Bundeskanzlers → Rn. 551**

1013

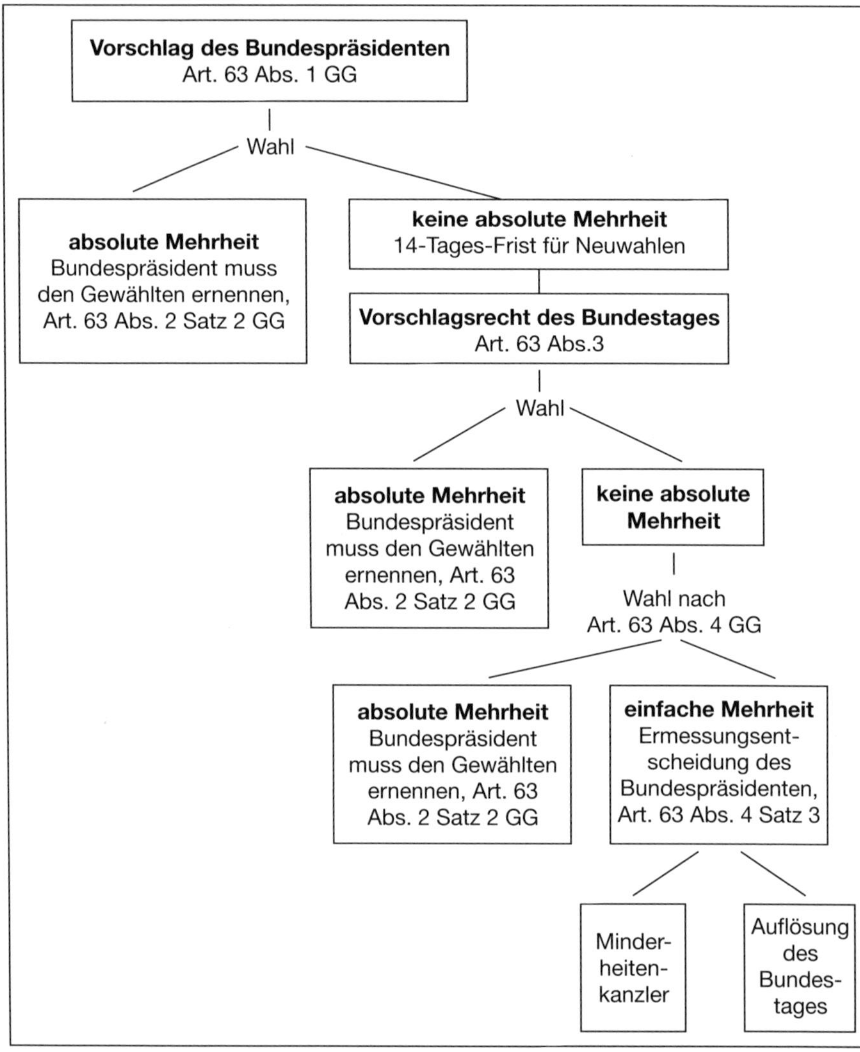

Übersicht 6: **Normenhierarchie**

a) **Normenhierarchie im deutschen Recht.** Die Normenhierarchie bestimmt, 1014
welche Norm sich im Konfliktfall gegenüber einer anderen durchsetzt. Dabei besitzen höherrangige Normen innerhalb des nationalen Rechts Geltungsvorrang, d. h. mit höherrangigem Recht unvereinbare Normen sind nichtig).

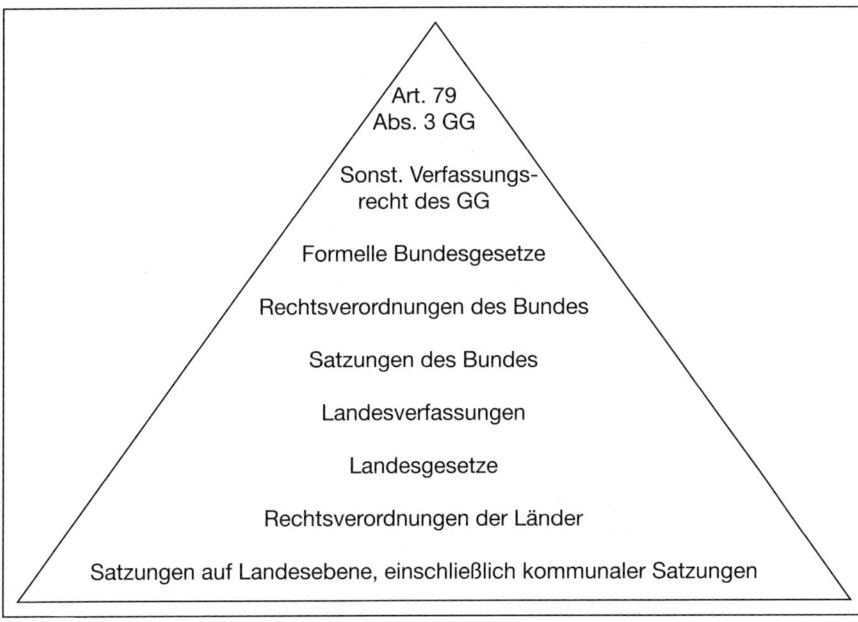

b) **Einordnung des europäischen und internationalen Rechts in die nationale Normenhierarchie (Rn. 859, 980 ff., 1000 ff.).**

aa) **Unionsrecht, d. h.**

- Primärrecht (EUV, AEUV, Grundrechtecharta) und 1015
- Sekundärrecht (vgl. Art. 288 AEUV, insb. Richtlinien und Verordnungen)

genießt grds. Anwendungsvorrang vor nationalem Recht, d. h. unvereinbares nationales Recht ist im Anwendungsbereich des Unionsrechts unanwendbar, verliert jedoch nicht seine grundsätzliche Geltung. Dieser Anwendungsvorrang besteht grundsätzlich gegenüber jeglichem nationalen Recht einschließlich des Verfassungsrechts, jedoch stellt der Kern der Verfassungsidentität eine Schranke der europäischen Integration dar.

Begründung des Anwendungsvorrangs:

- Ungeschriebene Norm des Unionsrechts
- Rechtsanwendungsbefehl des Art. 23 Abs. 1 Satz 2 GG

bb) Völkerrecht

- „Allgemeine Regeln" (Völkergewohnheitsrecht und international allgemein anerkannte Rechtsprinzipien, Art. 38 Abs. 1 lit. b u. c IGH-Statut): Bestandteil des Bundesrechts gem. Art. 25 GG, vorrangig vor einfachen Bundesgesetzen
- Völkerrechtliche Verträge erhalten durch das Transformationsgesetz (vgl. Art. 59 Abs. 2 Satz 1) den Rang einfachen Bundesrechts.

Übersicht 7: **Gesetzgebungskompetenzen im Bundesstaat (Rn. 271 ff.)**

1016 **Grds.: Länderzuständigkeit (Art. 30, 70 Abs. 1 GG)**

Geschriebene Ausnahme: Ausdrückliche Bundeskompetenz	**Ungeschriebene Ausnahme: Ungeschriebene Bundeskompetenzen**
- Ausschließliche Gesetzgebungskompetenz (Art. 70 Abs. 2, 71, 73 GG): Bund ist ausschließlich zuständig, Länder dürfen nicht tätig werden - Konkurrierende Gesetzgebungskompetenz (Art. 70 Abs. 2, 72, 74 GG): Länder sind zuständig, wenn • Bund nicht tätig wird (subsidiär) • Abweichungsgesetzgebung gem. Art. 72 Abs. 3 GG vorliegt - Grundsatzgesetzgebung GG (Art. 109 Abs. 5, Art. 140 i.V.m. 138 Abs. 1 Satz 2 WRV)	- Bundeskompetenz kraft Sachzusammenhangs: Übergreifen in nicht ausdrücklich geregelte Materie unerlässlich für Regelung einer zugewiesenen Materie - Annexkompetenz Ergänzende Regelungen zur Vorbereitung/Durchführung einer dem Bund zugewiesenen Sachmaterie

Übersicht 8: **Gesetzgebungsverfahren (Rn. 861 ff.)**

a) Überblick

1017

1. Gesetzesinitiative
- Einleitung des Gesetzgebungsverfahrens
- Einbringung des Gesetzesentwurfes in den Bundestag (Gesetzesvorlage)
- Art. 76 GG

2. Parlamentarisches Verfahren
- Gesetzesbeschluss, Art. 77 Abs. 1 GG
- i.d.R. 3 Lesungen, vgl. §§ 78 ff. GOBT

3. Mitwirkung des Bundesrates
- Einspruch bzw. Zustimmung
- Vermittlungsverfahren
- Art. 77 Abs. 2–4 GG
- Gesetz kommt zustande (Art. 78 GG)

4. Ausfertigung
- Prüfungskompetenz des Bundespräsidenten
- Art. 78 Abs. 1 GG

5. Verkündung und Inkrafttreten
- Art. 82 GG

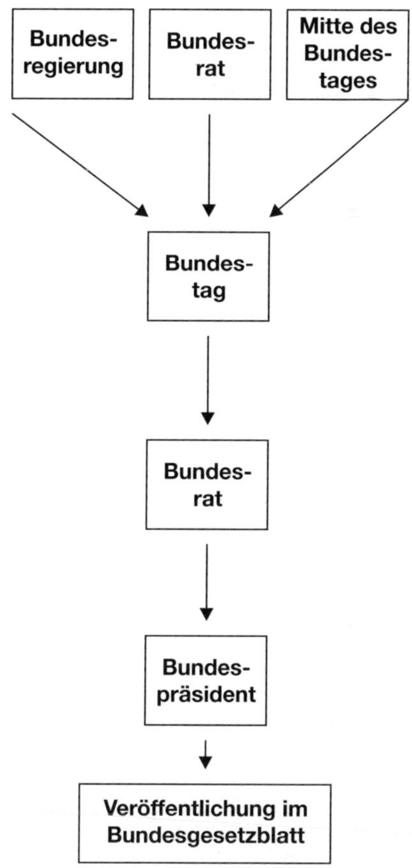

b) Gesetzesinitiative durch die Bundesregierung (Art. 76 Abs. 2 GG)

1018

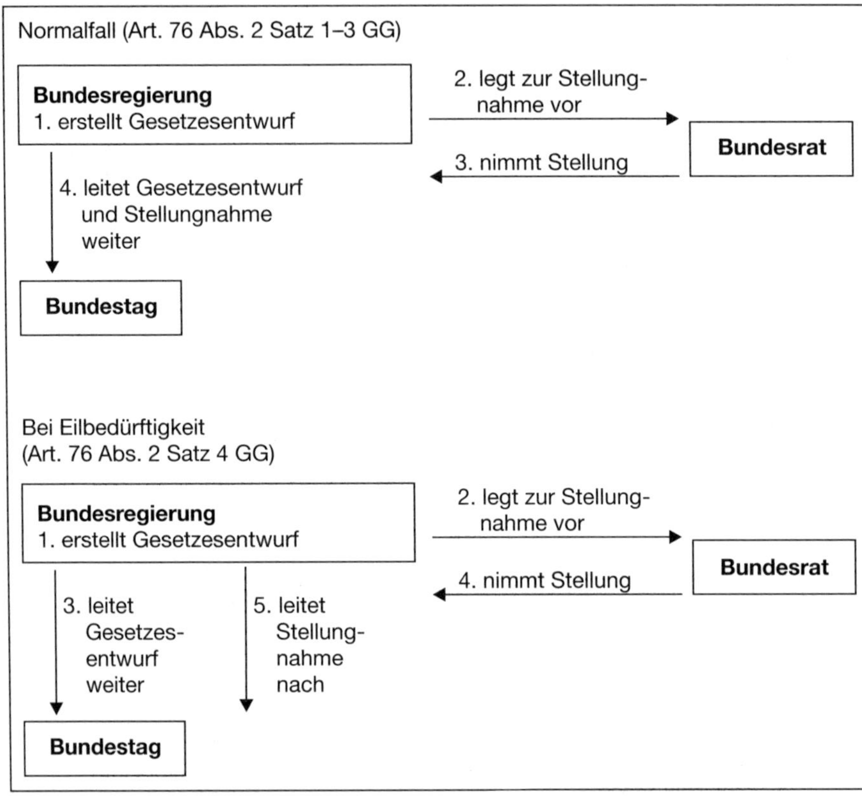

c) Gesetzesinitiative durch den Bundesrat (Art. 76 Abs. 3 GG)

→ *Rn. 877*

1019

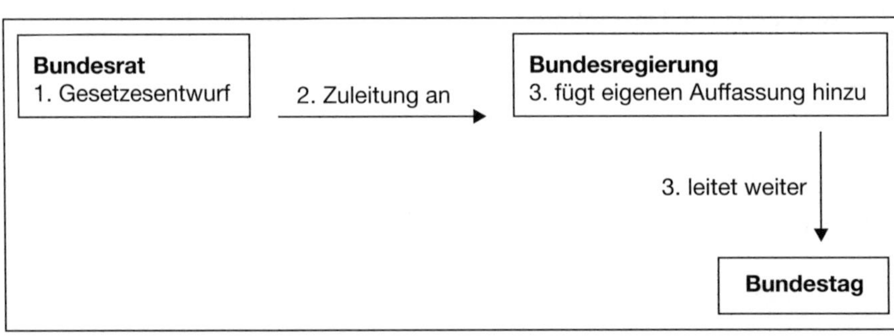

d) Parlamentarisches Verfahren

1020

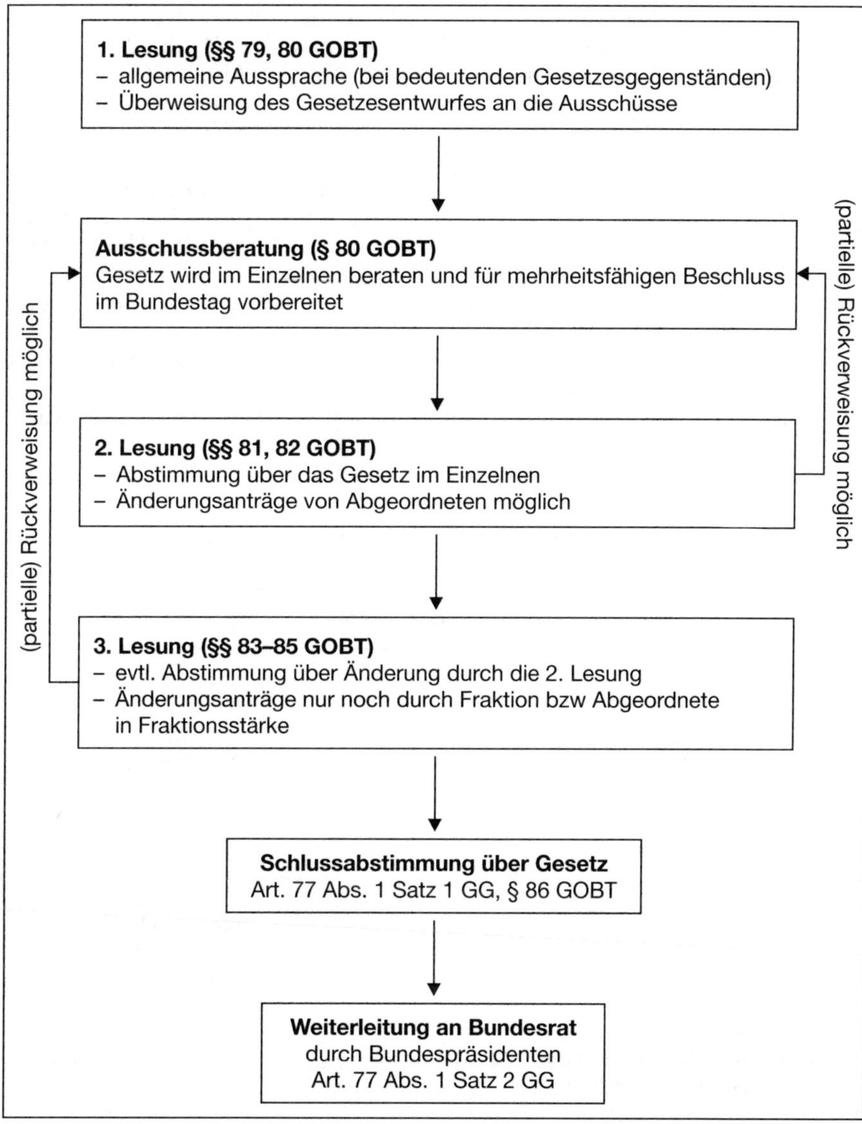

e) Die Mitwirkung des Bundesrates: Unterscheidung von Zustimmungs- und Einspruchsgesetzen (Art. 77 Abs. 2 a u. 3 GG). 1021

Gesetze bedürfen der Zustimmung des Bundesrates nur, wenn die Zustimmungsbedürftigkeit ausdrücklich angeordnet ist. Die wichtigsten Fälle der Zustimmungsbedürftigkeit sind:

- Gesetze, für die dem Bund die Gesetzgebungskompetenz aus Art. 73 Abs. 1 Nr. 9a (Abwehr von Gefahren des internationalen Terrorismus) oder Art. 74 Abs. 1 Nr. 25 (Staatshaftung) oder Nr. 27 (Status von Beamten und Richtern in den Ländern) zusteht, vgl. Art. 73 Abs. 2 bzw. Art. 74 Abs. 2 GG
- Gesetze über Gemeinschaftsaufgaben gem. Art. 91a Abs. 2 GG
- Gesetze, die bestimmte Regelungen für die Bundesverwaltung treffen gem. Art. 84 Abs. 1 Satz 6, Art. 85 Abs. 1 Satz 1, Art. 87b Abs. 1 Satz 3, 4, Art. 87c, Art. 87d Abs. 2, Art. 87e Abs. 5, Art. 87f Abs. 1 GG
- Gesetze im Bereich der Finanzverfassung gem. Art. 104a Abs. 5 Satz 2, Art. 105 Abs. 3, Art. 106 Abs. 3 Satz 3, Abs. 4 Satz 2, Abs. 5 Satz 2, Abs. 5a Satz 3, Abs. 6 Satz 5, Art. 107 Abs. 1 Satz 2 u. 4, Art. 108 Abs. 2 Satz 2, Abs. 4 Satz 1, Abs. 5 Satz 2; Art. 109 Abs. 4. GG
- Gesetze im Bereich des Asylrechts gem. Art. 16a Abs. 2 Satz 2, Abs. 3 Satz 1 GG
- Übertragung von Hoheitsrechten auf die supranationale europäische Ebene gem. Art. 23 Abs. 1 Satz 2 GG
- Zustimmung zu bestimmten völkerrechtlichen Verträgen gem. Art. 59 Abs. 2 Satz 1 GG
- verfassungsändernde Gesetze gem. Art. 79 Abs. 2 GG

f) Das Vermittlungsverfahren (Art. 77 Abs. 2 GG)

1022

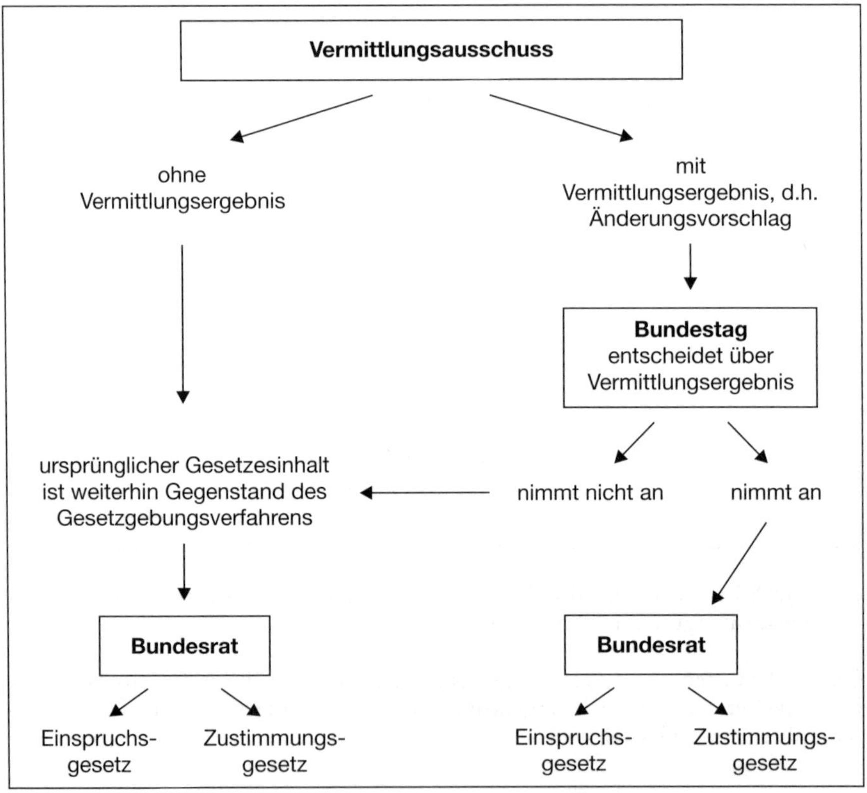

g) Die Mitwirkung des Bundesrates bei Zustimmungsgesetzen (Art. 77 Abs. 2a GG) → *Rn. 643ff.*

1023

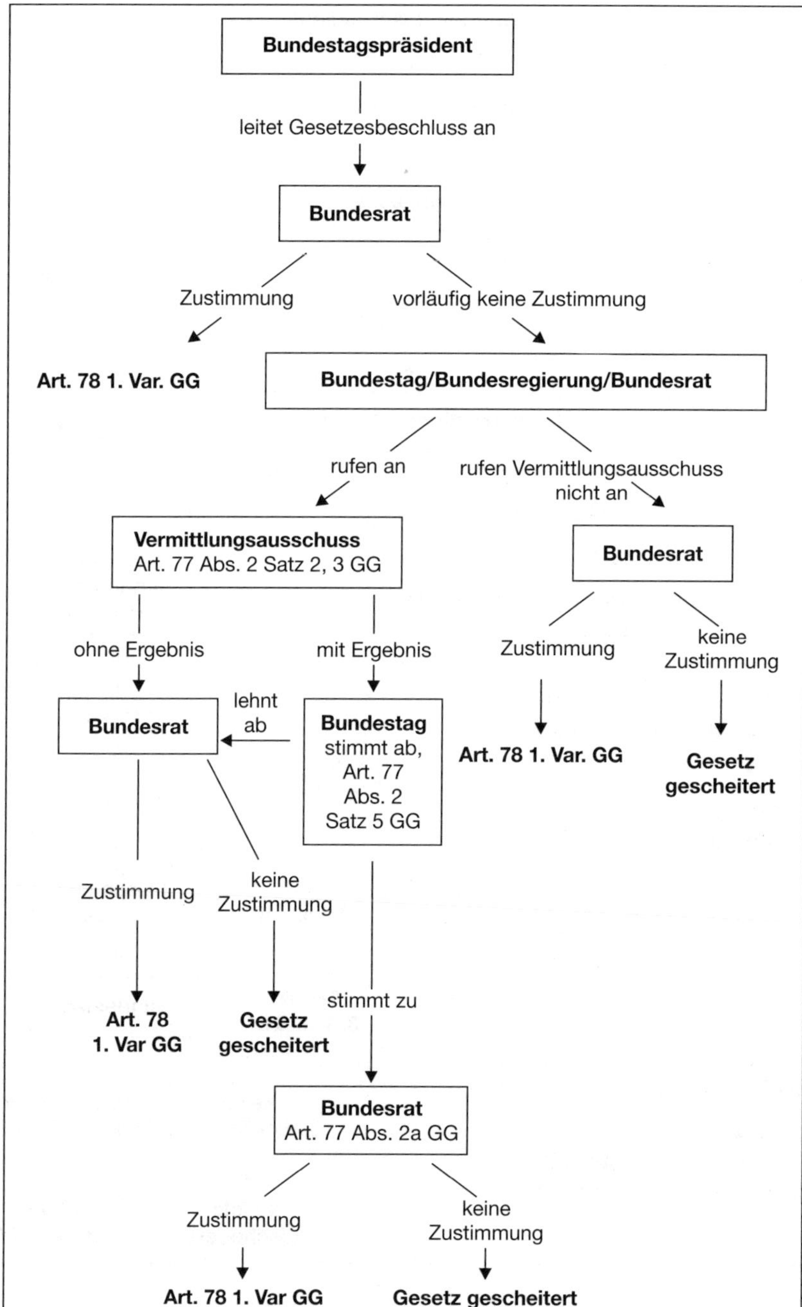

h) Die Mitwirkung des Bundesrates bei Einspruchsgesetzen

1024

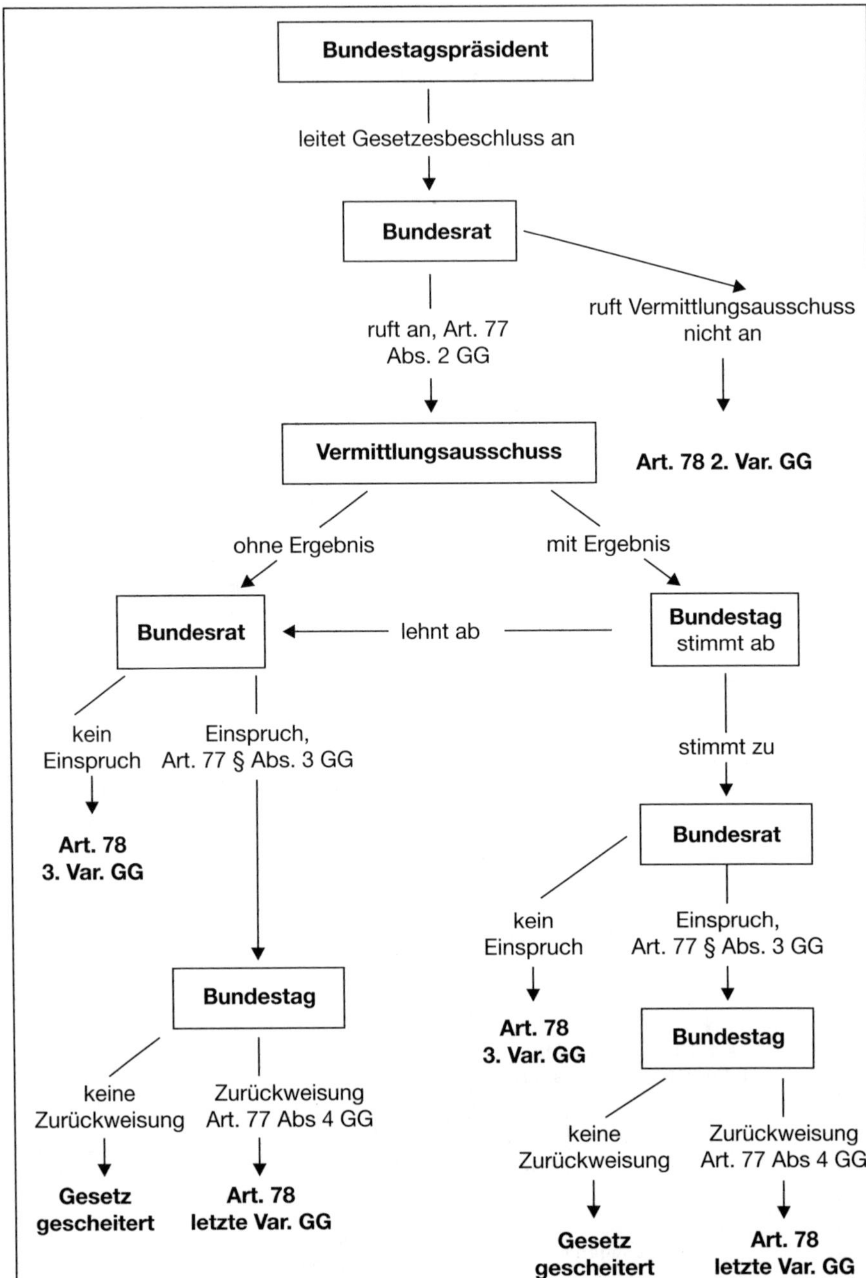

i) Zustandekommen eines Gesetzes (Art. 78 GG). 1025

Ein **Einspruchsgesetz**, das das parlamentarische Verfahren im Bundestag durchlaufen hat, kommt nach Art. 78 zustande, wenn

- der Bundesrat den Vermittlungsausschuss nicht innerhalb von drei Wochen anruft,
- nach Beendigung des Vermittlungsverfahrens und Beschlussfassung über den abgeänderten Gesetzesinhalt durch den Bundestag nicht erneut binnen zwei Wochen Einspruch einlegt,
- der Bundesrat einen eingelegten Einspruch zurücknimmt oder
- der Einspruch des Bundesrats vom Bundestag mit entsprechender Mehrheit überstimmt wird.

Ein **Zustimmungsgesetz** kommt zustande, wenn das parlamentarische Verfahren im Bundestag abgeschlossen ist und der Bundesrat dem Gesetz ausdrücklich zugestimmt hat.

Übersicht 9: **Die Gewaltenteilung nach dem Grundgesetz (Rn. 169 ff.)**

1026

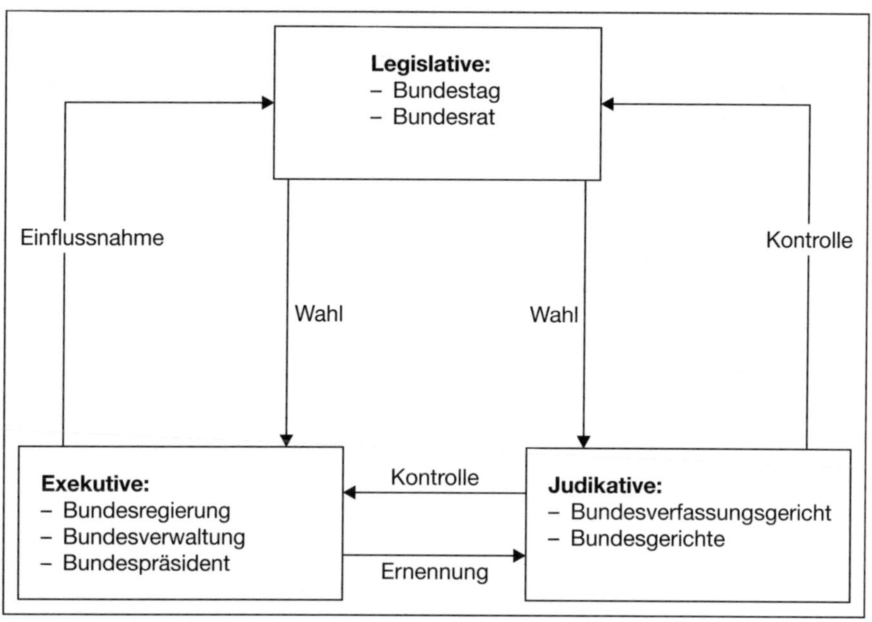

Übersicht 10: **Verwaltungsfunktionen**

1027

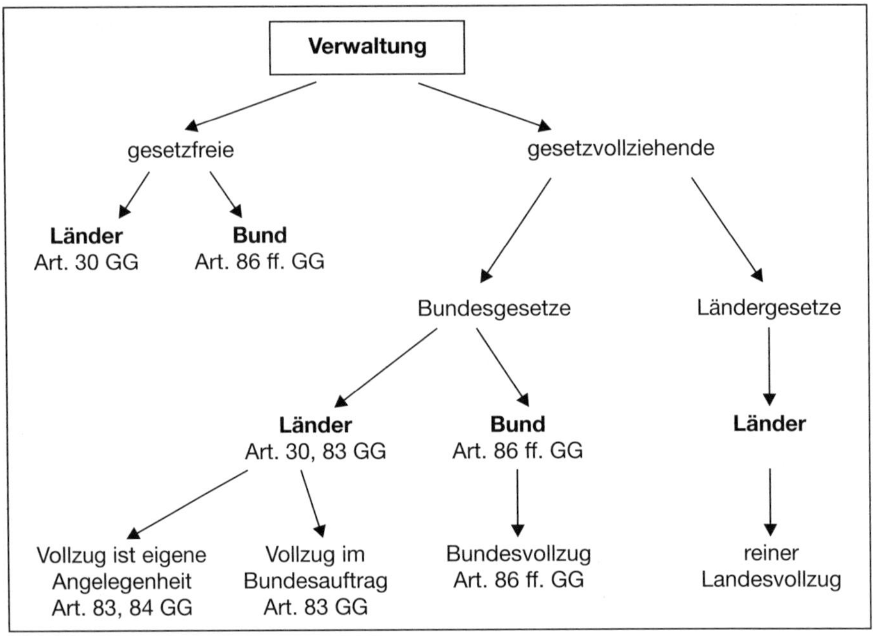

Übersicht 11: **Vollzug von Gesetzen**

1028

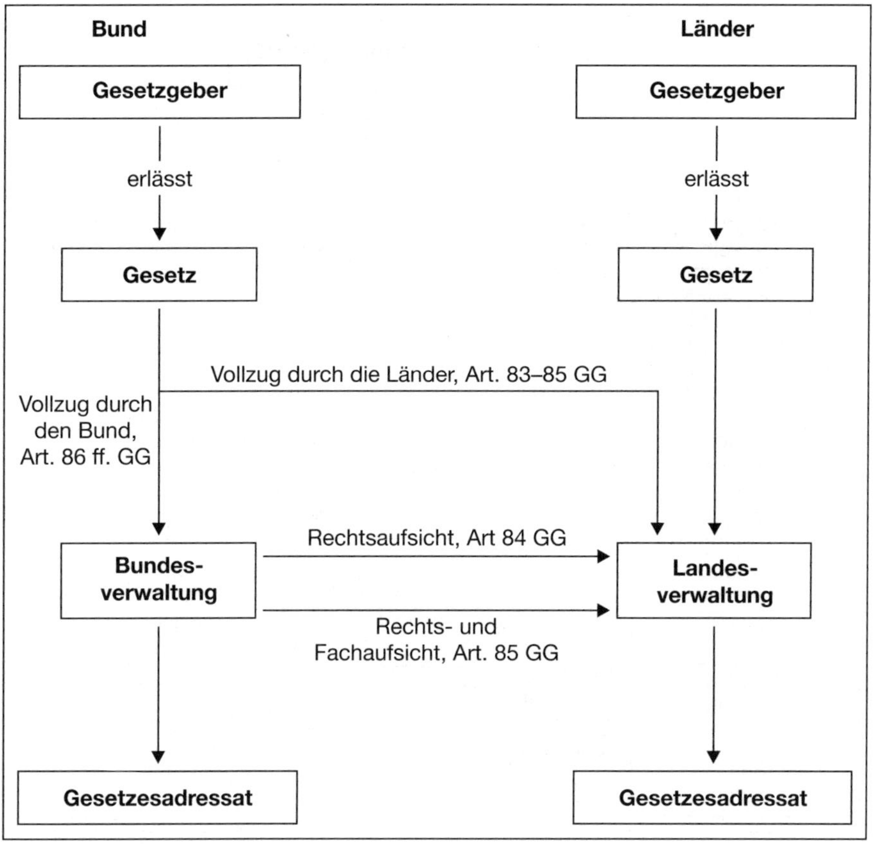

Übersicht 12: **Justiz/Gerichtsbarkeit (Rn. 955 ff.)**

1029

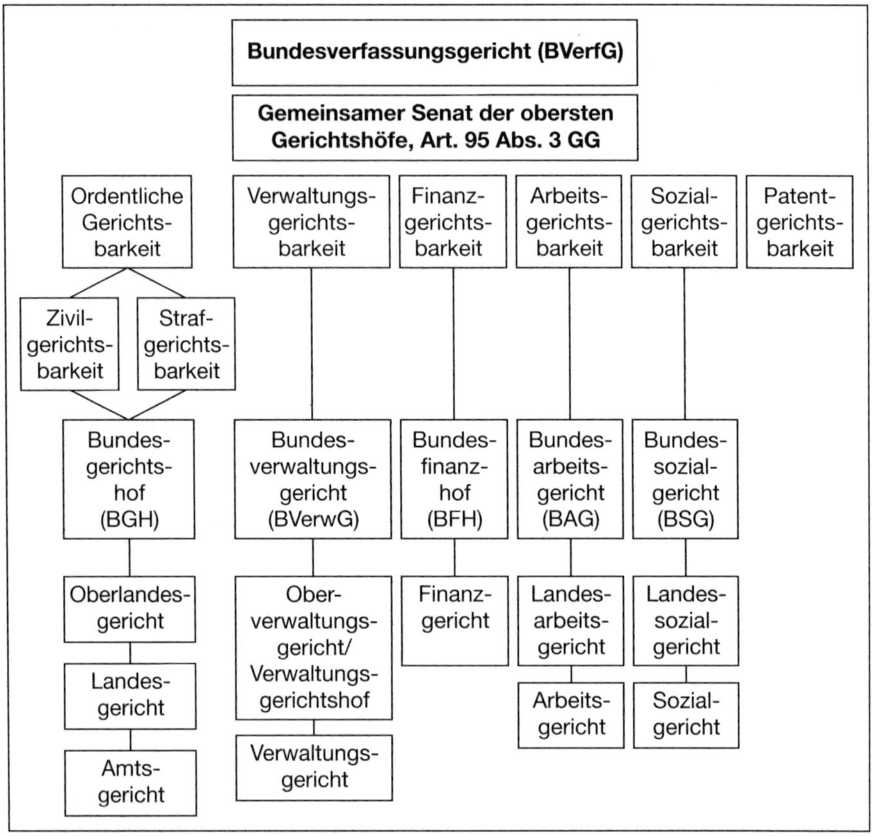

B. Schemata

Schema 1: **Verfassungskonformität eines formellen Bundesgesetzes**

A. Formelle Verfassungsmäßigkeit **1030**

I. Gesetzgebungszuständigkeit des Bundes
- geschriebene oder ungeschriebene Gesetzgebungskompetenz

II. Ordnungsgemäßes Gesetzgebungsverfahren
1. Gesetzesinitiative
   - Gesetzesinitiative durch die Bundesregierung, aus der „Mitte des Bundestags" oder durch den Bundesrat, Art. 76 Abs. 1 GG
   - Vorverfahren nach Art. 76 Abs. 2 u. 3 GG
2. Parlamentarisches Verfahren: wirksamer Gesetzesbeschluss des Bundestags, Art. 77 Abs. 1, Art. 42 Abs. 2 GG
3. Ordnungsgemäße Beteiligung des Bundesrates, Art. 77 f., Art. 52 Abs. 3 Satz 1 GG
4. Ausfertigung und Verkündung, Art. 82 Abs. 1 Satz 1 GG

III. Form

B. Materielle Verfassungsmäßigkeit

I. Kein Verstoß gegen spezielle verfassungsrechtliche Vorgaben
Etwa: Besonders geregeltes Bestimmtheitserfordernis im Fall der Ermächtigung zum Erlass einer Rechtsverordnung, Art. 80 Abs. 1 Satz 2 GG

II. Kein Verstoß gegen die Grundsätze des Art. 20, insbesondere
- Demokratieprinzip
- Sozialstaatsprinzip
- Rechtsstaatsprinzip (Bestimmtheitsgebot, Rückwirkungsverbot, Verhältnismäßigkeit)

III. Kein Verstoß gegen Grundrechte
- Eingriff in den Schutzbereich eines Grundrechts
- Verfassungsrechtliche Rechtfertigung des Eingriffs

Schema 2: **Verfassungskonformität einer Rechtsverordnung des Bundes**

A. Vorliegen einer verfassungskonformen Ermächtigungsgrundlage (Formelles Gesetz, vgl. Art. 80 Abs. 1 Satz 1 GG) **1031**

I. Formelle Verfassungsmäßigkeit der Ermächtigungsgrundlage
1. Gesetzgebungskompetenz
2. Verfahren
3. Form

II. Materielle Verfassungsmäßigkeit der Ermächtigungsgrundlage
1. Vereinbarkeit mit Art. 80 Abs. 1 GG
   a) Bestimmung eines Ermächtigungsadressaten, Art. 80 Abs. 1 Satz 1 GG
   b) Bestimmtheitsgrundsatz, Art. 80 Abs. 1 Satz 2 GG
2. Vereinbarkeit mit sonstigem höherrangigem Recht

B. **Formelle Verfassungsmäßigkeit der Rechtsverordnung**
   I. Zuständigkeit (Handeln des Ermächtigungsadressaten, vgl. Art. 80 Abs. 1 Satz 1 GG)
   II. Verfahren (ggf. Zustimmung des Bundesrates, Art. 80 Abs. 2 GG)
   III. Form
   Insbesondere: Zitiergebot Art. 80 Abs. 1 Satz 3

C. **Materielle Verfassungsmäßigkeit der Rechtsverordnung**
   I. Vereinbarkeit mit der Ermächtigungsgrundlage
   II. Vereinbarkeit mit höherrangigem Recht

Schema 3: **Verfahren vor dem Bundesverfassungsgericht (Überblick)**

1032 Nach Art. 93 GG, § 13 BVerfGG gibt es vor dem BVerfG folgende Verfahren. Hervorgehoben sind die Verfahrensarten, denen in der juristischen Ausbildung ein besonderer Stellenwert zukommt und deren Prüfungsschemata auf den nachfolgenden Seiten dargestellt werden[1].

Verfahrensart	Normen
Organstreit	**Art. 93 Abs. 1 Nr. 1 GG i. V. m. §§ 13 Nr. 5, 63 ff. BVerfGG**
Abstrakte Normenkontrolle	**Art. 93 Abs. 1 Nr. 2 GG i. V. m. §§ 13 Nr. 6, 76 ff. BVerfGG**
Erforderlichkeitsprüfung am Maßstab des Art. 72 Abs. 2 GG	Art. 93 Abs. 1 Nr. 2 a GG i. V. m. §§ 13 Nr. 6 a, 76 ff. BVerfGG
Bund-Länder-Streit	**Art. 93 Abs. 1 Nr. 3 GG i. V. m. §§ 13 Nr. 7, 68 ff. BVerfGG**
Andere öffentlich-rechtliche Streitigkeiten	Art. 93 Abs. 1 Nr. 4 GG i. V. m. §§ 13 Nr. 8, 71 f. BVerfGG
Verfassungsbeschwerde	**Art. 93 Abs. 1 Nr. 4 a GG i. V. m. §§ 13 Nr. 8 a Alt. 1, 90 ff. BVerfGG**
Kommunalverfassungs-beschwerde	Art. 93 Abs. 1 Nr. 4 b GG i. V. m. §§ 13 Nr. 8 a Alt. 2, 90 ff. BVerfGG
Nichtzulassungsbeschwerde	Art. 93 Abs. 1 Nr. 4 c GG i. V. m. §§ 13 Nr. 3 a, 96 BVerfGG
Grundrechtsverwirkung	Art. 93 Abs. 1 Nr. 5 GG i. V. m. Art. 18 GG, §§ 13 Nr. 1, 36 ff. BVerfGG
Verfassungswidrigkeit von Parteien	Art. 93 Abs. 1 Nr. 5 GG i. V. m. Art. 21 GG, §§ 13 Nr. 2, 43 ff. BVerfGG
Wahlprüfungsbeschwerde	Art. 93 Abs. 1 Nr. 5 GG i. V. m. Art. 41 GG, §§ 13 Nr. 3, 48 BVerfGG

1 Eine Statistik der Verteilung der Entscheidungen des BVerfG auf die einzelnen Verfahrensarten findet sich bei Schlaich/Korioth, Rn. 78 sowie auf der Internetseite des BVerfG: http://www.bverfg.de/organisation/gb2012/A-I-5.html">http://www.bverfg.de/organisation/gb2012/A-I-5.html (zuletzt aufgerufen am 9.9.2013).

Verfahrensart	Normen
Präsidentenanklage	Art. 93 Abs. 1 Nr. 5 GG i. V. m. Art. 61 GG, §§ 13 Nr. 4, 49 ff. BVerfGG
Richteranklagen	Art. 93 Abs. 1 Nr. 5 GG i. V. m. Art. 98 Abs. 2, 5 GG, §§ 13 Nr. 9, 58 ff. BVerfGG
Landesverfassungs-streitigkeiten	Art. 93 Abs. 1 Nr. 5 GG i. V. m. Art. 99 GG, §§ 13 Nr. 10, 73 ff. BVerfGG
Konkrete Normenkontrolle	**Art. 93 Abs. 1 Nr. 5 GG i. V. m. Art. 100 Abs. 1 GG, §§ 13 Nr. 11, 80 ff. BVerfGG**
Normverifikationsverfahren i. S. d. Art. 100 Abs. 2, 25 GG	Art. 93 Abs. 1 Nr. 5 GG i. V. m. Art. 100 Abs. 2 GG, §§ 13 Nr. 12, 83 f. BVerfGG
Abweichende Auslegung durch Landesverfassungs-gericht	Art. 93 Abs. 1 Nr. 5 GG i. V. m. Art. 100 Abs. 3 GG, §§ 13 Nr. 13, 85 BVerfGG
Streit über die Fortgeltung alten Rechts	Art. 93 Abs. 1 Nr. 5 GG i. V. m. Art. 126 GG, §§ 13 Nr. 14, 86 BVerfGG

Bei der Prüfung der einzelnen Verfahrensarten ist jeweils zu beachten, dass mangels verfassungsrechtlicher Generalklausel (vgl. § 40 VwGO für den Verwaltungsrechtsweg und § 13 GVG für den Rechtsweg zu den ordentlichen Gerichten) die Eröffnung eines „Rechtswegs“ zum BVerfG nicht zu prüfen ist. Vielmehr ergibt sich die Zuständigkeit des BVerfG für die genannten Verfahrensarten unmittelbar aus dem Gesetz, soweit die jeweiligen Zulässigkeitsvoraussetzungen vorliegen. Diese sind in einem ersten Schritt zu prüfen, ehe die Begründetheit des jeweiligen Vorgehens untersucht wird.

Schema 4: **Organstreitverfahren**

Art. 93 Abs. 1 Nr. 1 GG, §§ 13 Nr. 5, 63 ff. BVerfGG 1033

A. Zulässigkeit

I. Parteifähigkeit von Antragsteller und Antragsgegner, Art. 93 Abs. 1 Nr. 1 GG, § 63 BVerfGG

Antragsteller können sein die obersten Bundesorgane sowie die im GG oder in den Geschäftsordnungen des Bundestags und des Bundesrats mit eigenen Rechten ausgestatteten Teile dieser Organe, wobei § 63 BVerfGG nicht alle tauglichen Antragsteller und -gegner ausdrücklich benennt.

- Bundespräsident
- Bundesregierung mit den Organteilen Bundeskanzler und Bundesminister
- Bundestag mit den Organteilen Bundestagspräsident, Fraktionen, Abgeordnete und Ausschüsse
- Bundesrat mit den Organteilen Bundesratspräsident, Bundesratsmitglieder und Ausschüsse
- Bundesversammlung

- Gemeinsamer Ausschuss
- Politische Parteien, wenn und soweit sie Rechte geltend machen, die sich aus ihrem besonderen verfassungsrechtlichen Status, d.h. aus Art. 21 GG, ergeben.

II. Streitgegenstand, Art. 93 Abs. 1 Nr. 1 GG, § 64 Abs. 1 BVerfGG
Streitgegenstand kann nur eine rechtserhebliche Maßnahme oder Unterlassung des Antragsgegners sein, die sich aus einem verfassungsrechtlichen Rechtsverhältnis ergibt.

III. Antragsbefugnis, § 64 Abs. 1 BVerfGG
Der Antragsteller ist antragsbefugt, wenn er geltend machen kann, dass er oder das Organ, dem er angehört, durch das Verhalten des Antragsgegners in seinen ihm durch das GG übertragenen Rechten und Pflichten verletzt oder unmittelbar gefährdet ist. Die Organteile können also die verfassungsrechtlichen Rechte des Organs im eigenen Namen geltend machen (gesetzliche Prozessstandschaft).
Es genügt dabei, wenn der Sachvortrag des Antragstellers die Verletzung oder Gefährdung von durch das GG übertragenen Rechten und Pflichten als möglich erscheinen lässt.

IV. Rechtsschutzbedürfnis

V. Antrag, Form und Frist, §§ 23 Abs. 1, 64 Abs. 2–4 BVerfGG

B. Begründetheit

Der Antrag ist begründet, wenn die rechtserhebliche Maßnahme oder Unterlassung die verfassungsmäßigen Rechte und Pflichten des Antragstellers verletzt oder unmittelbar gefährdet (vgl. § 67 BVerfGG).

Schema 5: **Abstrakte Normenkontrolle**

1034 *Art. 93 Abs. 1 Nr. 2 GG, § 13 Nr. 6, §§ 76ff. BVerfGG*

A. Zulässigkeit

I. Antragsteller, Art. 93 Abs. 1 Nr. 2 GG, § 76 BVerfGG

- Bundesregierung (Kabinettsbeschluss)
- Landesregierung
- ein Viertel der Mitglieder des Bundestags

II. Antragsgegenstand, § 76 Abs. 1 BVerfGG
Bundes- oder Landesrecht gleichgültig welchen Ranges. Voraussetzung ist lediglich die Verkündung der Norm. Die vorbeugende Normenkontrolle ist unzulässig. Eine Ausnahme gilt jedoch bei Zustimmungsgesetzen zu völkerrechtlichen Verträgen: hier ist, um eine völkerrechtliche Bindung an eine verfassungswidrige Norm zu vermeiden ein Antrag schon vor der Ausfertigung durch den Bundespräsidenten und der Verkündung des Gesetzes zulässig.

III. Antragsgrund/Klarstellungsinteresse, Art. 93 Abs. 1 Nr. 2 GG, § 76 Abs. 1 BVerfGG

Meinungsverschiedenheiten oder Zweifel über die förmliche oder sachliche Vereinbarkeit der zu überprüfenden Norm mit höherrangigem deutschen Recht (§ 76 Abs. 1 BVerfGG, der voraussetzt, dass der Antragsteller die Norm für verfassungswidrig hält, bloße Zweifel also nicht genügen lässt, ist insofern teilnichtig[2]). Darüber hinaus ist ein besonderes objektives Interesse an der Klarstellung der Gültigkeit der Norm erforderlich. Dieses Interesse ist gegeben, wenn die Norm von der zuständigen Stelle gerade wegen ihrer Unvereinbarkeit mit dem GG oder sonstigem Bundesrecht nicht angewandt, nicht vollzogen oder in sonst relevanter Weise missachtet und in ihrer praktischen Wirksamkeit beeinträchtigt wird.

Wichtig: Die Geltendmachung der Verletzung eines subjektiven Rechts ist bei der abstrakten Normenkontrolle gerade nicht erforderlich.

IV. Form, § 23 BVerfGG

B. Begründetheit

Die Antrag der abstrakten Normenkontrolle ist begründet, wenn Bundes- oder Landesrecht mit höherrangigem Bundesrecht unvereinbar ist (vgl. § 78 BVerfGG).

Schema 6: **Bund-Länder-Streit** 1035

Art. 93 Abs. 1 Nr. 3 GG, §§ 13 Nr. 7, 68 ff. BVerfGG

A. Zulässigkeit

I. Parteifähigkeit, § 68 BVerfGG

Parteien des Bund-Länder-Streits sind der Bund und ein oder mehrere Länder. Die jeweiligen Regierungen treten lediglich für diese auf, vgl. § 68 BVerfGG.

II. Richtiger Antragsteller und -gegner, § 68 BVerfGG

Bundesregierung für den Bund, Landesregierung für das jeweilige Land.

III. Streitgegenstand, Art. 93 Abs. 1 Nr. 3 GG, §§ 64 I, 69 BVerfGG

Streitgegenstand kann nur eine rechtserhebliche Maßnahme oder Unterlassung des Antragsgegners sein, die sich aus einem verfassungsrechtlichen Rechtsverhältnis ergibt (§ 69 i. V. m. § 64 BVerfGG).

IV. Antragsbefugnis, § 69 i. V. m. § 64 BVerfGG

Die Antragsbefugnis ist gegeben, wenn der Sachvortrag des Antragstellers die Verletzung oder Gefährdung ihm durch das Grundgesetz eingeräumter Rechte und Pflichten als möglich erscheinen lässt.

---

2 *Schlaich/Korioth*, Rn. 130.

V. Rechtsschutzbedürfnis

VI. Antrag, Form und Frist, §§ 23, 69 i. V. m. § 64 Abs. 2–4 BVerfGG

B. Begründetheit

Der Antrag des Bund-Länder-Streits ist begründet, wenn die beanstandete Maßnahme oder Unterlassung des Antragsgegners den Antragsteller in seinen verfassungsmäßigen Rechten verletzt.

Schema 7: **Verfassungsbeschwerde**

1036 *Art. 93 Abs. 1 Nr. 4a GG, §§ 13 Nr. 8a, 90ff. BVerfGG*

A. Zulässigkeit

I. Beschwerdefähigkeit § 90 Abs. 1 BVerfGG
Beschwerdefähig ist „jedermann", d. h. jeder Grundrechtsträger. Dies ist grundsätzlich jede natürliche Person, wobei bei ausländischen Beschwerdeführern zwischen Menschenrechten und sog. Deutschengrundrechten zu unterscheiden ist. Bei juristischen Personen ist die Grundrechtsfähigkeit mit Blick auf Art. 19 Abs. 3 GG im Einzelfall zu beurteilen.

II. Verfahrens- und Postulationsfähigkeit
Die Verfahrens- und Postulationsfähigkeit (vgl. grds. § 22 BVerfGG) knüpft an die Grundrechtsmündigkeit an.

III. Beschwerdegegenstand, § 90 Abs. 1 BVerfGG
Beschwerdegegenstand kann jeder Akt öffentlicher Gewalt sein, d. h. jede Maßnahme der Legislative, Exekutive oder Judikative

IV. Beschwerdebefugnis, § 90 Abs. 1 BVerfGG
Die Beschwerdebefugnis ist gegeben, wenn der Beschwerdeführer geltend machen kann, „selbst, gegenwärtig und unmittelbar" in einem seiner Grundrechte oder grundrechtsgleichen Rechte verletzt zu sein. Die Möglichkeit einer Grundrechtsverletzung darf also nicht von vornherein ausgeschlossen sein, die Maßnahme muss den Beschwerdeführer in seiner eigenen grundrechtlichen Position schon und noch sowie ohne weitere Vollzugsakte betreffen.

V. Rechtswegerschöpfung, § 90 Abs. 2 Satz 1 BVerfGG, und Subsidiarität der Verfassungsbeschwerde
Der Beschwerdeführer muss den gegen die angegriffene Maßnahme bestehenden Rechtsweg erschöpfen und jeden darüber hinaus bestehenden Rechtsschutz wahrnehmen.

VI. Rechtsschutzbedürfnis

VII. Antrag, Form und Frist, §§ 23, 93 Abs. 1 u. 3 BVerfGG

B. Begründetheit

Die Verfassungsbeschwerde ist begründet, wenn die angegriffene Maßnahme den Beschwerdeführer in einem seiner Grundrechte oder grundrechtsgleichen Rechte verletzt.

Schema 8: **Konkrete Normenkontrolle**

Art. 93 Abs. 1 Nr. 5 i.V.m. 100 Abs. 1 GG, §§ 13 Nr. 11, 80ff. BVerfGG 1037

A. Zulässigkeit

I. Vorlageberechtigung, Art. 100 Abs. 1 GG
Bei der vorlegenden Stelle muss es sich um ein Gericht, d.h. einen zur verbindlichen Entscheidung von Rechtsstreitigkeiten im Rahmen eines vorgesehenen Rechtswegs eingesetzten, aus unabhängigen Richtern bestehenden Spruchkörper, handeln.

II. Vorlagegegenstand, Art. 100 Abs. 1 GG
Vorlagegegenstand kann jedes Bundes- oder Landesgesetz sein.

III. Vorlagegrund, Art. 100 Abs. 1 GG
Das vorlegende Gericht muss das Gesetz entweder für mit dem GG oder im Falle eines Landesgesetzes mit höherrangigem Bundesrecht für unvereinbar halten. Ferner muss das Gesetz entscheidungserheblich sein, d.h. die Entscheidung des Gerichts müsste im Falle der Gültigkeit der Norm anders ausfallen als bei ihrer Nichtigkeit.

IV. Antrag, Form §§ 23, 80 Abs. 2 BVerfGG

B. Begründetheit

Die konkrete Normenkontrolle ist begründet, wenn die Norm mit dem Grundgesetz bzw. im Fall eines Landesgesetzes mit höherrangigem Bundesrecht unvereinbar ist.

C. Problemkreise

1038 Die nachfolgend dargestellten „Problemkreise“ betreffen Fragestellungen, die häufiger Gegenstand juristischer Prüfungsarbeiten sind. In dieser Übersicht soll jeweils ein möglicher Argumentationsgang skizziert werden. Zur ausführlicheren Darstellung wird auf die entsprechenden Stellen dieses Buches verwiesen. Besonderes Augenmerk ist bei der Wiederholung des Staatsorganisationsrechts gerade in der Examensvorbereitung auf das Gesetzgebungsverfahren zu legen, da dieses leicht in jede Prüfung eingebaut werden kann, indem die Verfassungsmäßigkeit eines Gesetzes in Frage gestellt wird.

I. Das Gesetzgebungsverfahren im Bundestag

1. Die sog. „verkappte Regierungsvorlage“ (s. oben Rn. 877)

1039 Nach Art. 76 Abs. 1 GG werden Gesetzesvorlagen durch die Bundesregierung, aus der Mitte des Bundestages oder durch den Bundesrat eingebracht. Dabei sind gem. Art. 76 Abs. 2 Satz 1 GG Vorlagen der Bundesregierung zunächst dem Bundesrat zuzuleiten. Fraglich ist nun, ob die von der Regierung erarbeiteten Vorlagen auch durch eine die Regierung stützende Fraktion in den Bundestag eingebracht werden dürfen.

Ausgangspunkt der verfassungsrechtlichen Beurteilung ist Art. 76 Abs. 1 GG: Danach kommt es bei einer Vorlage nicht darauf an, wer diese entworfen hat, sondern lediglich, wer sie in den Bundestag einbringt. Jedem der in Art. 76 Abs. 1 genannten initiativberechtigten Organ bzw. Organteil steht insofern ein Aneignungsrecht zu. Indem sie die von der Regierung bzw. einem Ministerium vorbereitete Vorlage einbringt, macht sich die Fraktion diese zueigen, es handelt sich um eine Vorlage „aus der Mitte des Bundestages“. Darauf, ob hierdurch eine Bestimmung hinsichtlich der Bundesregierung der Sache nach umgangen wird (Art. 76 Abs. 2 Satz 1), kann es insofern nicht ankommen, als nicht die Bundesregierung handelt, sondern ein von dieser vollständig verschiedenes Staatsorgan von seinen verfassungsmäßigen Rechten Gebrauch macht (Art. 76 Abs. 1 GG).

2. Die Gesetzesvorlage durch einen einzelnen Abgeordneten (s. oben Rn. 878)

1040 Nach Art. 76 Abs. 1 GG können Gesetzesvorlagen „aus der Mitte des Bundestags“ eingebracht werden. Fraglich ist, wie diese Formulierung zu verstehen ist, und ob insbesondere ein einzelner Abgeordneter eine Gesetzesvorlage einbringen kann.

Dabei sind zwei Fragen zu unterscheiden: zum einen, ob ein einzelner Abgeordneter verlangen kann, dass seine Vorlage vom Bundestag behandelt wird; zum anderen, wie es sich auf die Rechtmäßigkeit eines beschlossenen Gesetzes auswirkt, wenn die Vorlage von einem einzelnen Abgeordneten eingebracht worden war.

a) Art. 76 Abs. 1 GG könnte ein organschaftliches Recht des einzelnen Abgeordneten auf Behandlung seiner Vorlage begründen. Zwar konkretisiert § 76 GOBT die Formulierung „Mitte des Bundestags“ als eine Fraktion oder 5 % der Mitglieder des Bundestags. Eine Norm des einfachen Rechts kann jedoch nicht über die Auslegung einer Verfassungsnorm entscheiden; ergibt diese, dass auch einem einzelnen Abgeordneten ein Initiativrecht zusteht, wäre § 76 GOBT verfassungswidrig. Gegen das Initiativrecht des einzelnen Abgeordneten spricht, dass Art. 76 Abs. 1 GG dieses gerade nicht in der (ohne weiteres möglichen) eindeutigen Form zubilligt und so Ausdruck des Bestrebens sein könnte, einer Gefährdung der Funktionsfähigkeit des Parlaments durch zahllose Vorlagen einzelner Abgeordneter vorzubeugen. Allerdings zeigen die Gesetzgebungsverfahren in den Bundesländern, in denen ein individuelles Initiativrecht etabliert ist, dass diese Gefahr in der Praxis nicht besteht. Dies und das Anliegen des GG, starke Stellung des Abgeordneten zu begründen, sprechen eher für ein Initiativrecht des einzelnen Abgeordneten und damit die Verfassungswidrigkeit von § 76 GOBT.

b) Lehnt man das Initiativrecht des einzelnen Abgeordneten entgegen der hier vertretenen Auffassung ab, stellt sich das Problem, wie es sich auf die Verfassungsmäßigkeit eines Gesetzes auswirkt, wenn der Bundestag die von einem einzelnen Abgeordneten eingebrachte Vorlage annimmt. Zwar trifft, wenn man § 76 GOBT für verfassungskonform hält, den Bundestag keine Pflicht über die Vorlage zu beschließen. Durch die Annahme macht sich jedoch die Bundestagsmehrheit die Vorlage zueigen, es liegt dann eine Vorlage „aus der Mitte des Bundestages" i.S.d. Art. 76 Abs. 1 GG vor.

c) Im (in der Klausur häufigeren) zweiten Fall bedarf die Frage nach dem Initiativrecht des einzelnen Abgeordneten (und damit der Verfassungskonformität von § 76 GOBT) somit keiner Entscheidung, da in jedem Fall eine zulässige Vorlage „aus der Mitte des Bundestages" anzunehmen ist.

3. Folgen eines Verstoßes gegen Art. 76 Abs. 2 GG (s. oben Rn. 870)

Gem. Art. 76 Abs. 2 sind Gesetzesvorlagen der Bundesregierung dem Bundesrat zur Stellungnahme zuzuleiten. Fraglich ist, ob sich ein Verstoß gegen diese Vorschrift zur formellen Verfassungswidrigkeit des Gesetzes führt. **1041**

Dies wäre dann nicht der Fall, wenn man Art. 76 Abs. 2 GG als bloße Ordnungsvorschrift verstünde. Hierfür könnte man argumentieren, dass der Bundesrat in diesem Verfahrensstadium noch nicht zur Stellungnahme verpflichtet ist und durch die Vorschriften der Art. 77 Abs. 2–4 GG ohnehin am späteren Gesetzgebungsverfahren beteiligt ist.

Demgegenüber sprechen jedoch der Wortlaut des Art. 76 Abs. 2 („sind zuzuleiten") und der Sinn und Zweck der Vorschrift, den Bundesrat möglichst frühzeitig am Gesetzgebungsverfahren zu beteiligen, für einen materiellen Gehalt der Norm. Ein Verstoß führt dann zur formellen Verfassungswidrigkeit des Gesetzes.

4. Verstoß gegen Vorschriften der GOBT (Bsp.: § 78 Abs. 1 Satz 1 GOBT) (s. oben Rn. 882)

§ 78 Abs. 1 Satz 1 GOBT bestimmt, dass Gesetzentwürfe in drei Beratungen im Bundestag beschlossen werden. Fraglich ist, welche Folgen es hat, wenn der Bundestag ein Gesetz nach weniger Lesungen beschließt. **1042**

Bei Verstößen gegen die Geschäftsordnung des Bundestags ist stets zu beachten, dass die Verfassungswidrigkeit eines Gesetzes nur aus einem Verstoß gegen das Grundgesetz folgen kann. Bezüglich der Anzahl der Beratungen macht das GG aber keine Vorgaben, es regelt nur die Einbringung der Gesetzesvorlage (Art. 76

Abs. 1 GG) sowie den Beschluss (Art. 77 Abs. 1 Satz 1 GG). Eine verfassungsrechtliche Pflicht, eine bestimmte Anzahl von Lesungen durchzuführen, besteht nicht, § 78 Abs. 1 Satz 1 GOBT ist insofern eine bloße Ordnungsvorschrift, deren Verletzung keine Konsequenzen zeitigt. Ein Verfassungsverstoß kann sich im Rahmen des Gesetzgebungsverfahrens allenfalls dann ergeben, wenn durch das verkürzte Verfahren andere verfassungsrechtliche Rechtspositionen, wie insbesondere das Mitwirkungsrecht einzelner Abgeordneter (Art. 38 Abs. 1 Satz 2 GG) verletzt werden.

II. Die Beteiligung des Bundesrates am Gesetzgebungsverfahren

5. Reichweite der Zustimmungsbedürftigkeit (s. oben Rn. 896 ff.)

1043 Art. 77 Abs. 2a u. 3 GG unterscheidet zwischen zustimmungsbedürftigen und nicht zustimmungsbedürftigen Gesetzen. Gesetze bedürfen nur dann der Zustimmung durch den Bundesrat, wenn die Zustimmungsbedürftigkeit ausdrücklich im GG angeordnet wird. Dabei stellt sich die Frage, wie weit diese Zustimmungsbedürftigkeit reicht.

a) Enthält ein Gesetz auch nur eine zustimmungsbedürftige Regelung, bedarf es insgesamt der Zustimmung des Bundestags. Es wird insoweit eine Gesamtbetrachtung vorgenommen.
b) Problematisch ist die Zustimmungsbedürftigkeit von Änderungsgesetzen, wenn das ursprüngliche Gesetz zustimmungsbedürftig war. Richtigerweise ist im Gesetzgebungsverfahren bezüglich des Änderungsgesetzes aber nur auf dieses abzustellen. Eine Zustimmungsbedürftigkeit ergibt sich dann nur, wenn
   - das Änderungsgesetz selbst zustimmungsbedürftige Regelungen enthält;
   - das Änderungsgesetz Vorschriften des ursprünglichen Gesetzes betrifft, die dessen Zustimmungsbedürftigkeit begründet haben
   - das Änderungsgesetz zwar keine zustimmungsbedürftigen Teile des ursprünglichen Gesetzes abändert, die Änderungen aber dem Ursprungsgesetz inhaltlich eine wesentlich andere Bedeutung und Tragweite verleihen und damit eine „Systemverschiebung im föderativen Gefüge“ bewirken, die von der ursprünglichen Zustimmung des Bundesrates nicht mehr als gedeckt angesehen werden können.

6. Uneinheitliche Stimmabgabe im Bundesrat (s. oben Rn. 652 f.)

1044 Vor dem Hintergrund des Art. 51 Abs. 3 Satz 2 GG, wonach die Stimmen eines Landes im Bundesrats nur einheitlich und nur durch anwesende Mitglieder oder deren Vertreter abgegeben werden können, stellt sich die Frage, welche Konsequenzen eine uneinheitliche Stimmabgabe durch mehrere anwesende Mitglieder eines Landes hat und ob der Bundesratspräsident in der Folge auf eine einheitliche Stimmabgabe des Landes hinwirken kann.
Aufgrund der Formulierung „können“ könnte man annehmen, dass eine uneinheitliche Stimmabgabe gar nicht als Stimmabgabe des Landes zu werten ist. Der Bundesratspräsident könnte dann durch erneute Nachfrage auf eine wirksame Stimmabgabe des Landes hinwirken.

7. „Zustimmungsverweigerung bei Einspruchsgesetz“ (s. oben Rn. 914)

Die Frage der Zustimmungsbedürftigkeit von Gesetzen wirft gelegentlich Schwierigkeiten auf, so dass auch eine falsche Einordnung eines Gesetzes als Einspruchs- oder Zustimmungsgesetz durch den Bundesrat möglich ist. Hält der Bundesrat ein Einspruchsgesetz fälschlich für ein Zustimmungsgesetz und erklärt die Verweigerung der Zustimmung ist fraglich, ob diese in einen Einspruch umgedeutet werden kann. § 30 Abs. 1 GOBR, der den Bundesrat zur Formenstrenge verpflichtet ist nicht bindendes Innenrecht. Demgegenüber ist die Umdeutung in der deutschen Rechtsordnung allgemein anerkannt (vgl. § 140 BGB), ihre Voraussetzungen sind hier erfüllt: ein Einspruch stellt gegen-über der Zustimmungsverweigerung ein minus dar, die Erhebung des Ein-spruchs entspricht dem hypothetischen Willen des Bundesrates, da er nur hier-durch auf ein Scheitern des Gesetzgebungsverfahrens hinwirken kann. 1045

III. Abschluss des Gesetzgebungsverfahrens

8. Prüfungsrecht des Bundespräsidenten (s. oben Rn. 695 ff.)

Nach Art. 82 Abs. 1 Satz 1 GG werden die „nach den Vorschriften des Grundgesetzes zustande gekommenen Gesetze vom Bundespräsidenten nach Gegenzeichnung ausgefer-tigt und im Bundesgesetzblatt verkündet“. Fraglich ist dabei, ob und aus welchen Gründen der Bundespräsident die Ausfertigung des Gesetzes verweigern kann. 1046

Ein Recht, die Ausfertigung aus politischen Gründen zu verweigern, besteht nicht. Als nicht unmittelbar demokratisch legitimiertem Staatsorgan darf der Bundespräsident nicht in die politische Staatsleitung eingreifen. Allerdings könnte dem Bundespräsident das Recht zustehen, die Ausfertigung von Gesetzen zu verweigern, die er für verfassungswidrig hält.

Ausgangspunkt ist hier die Formulierung des Art. 82 Abs. 1 Satz 1 GG „nach den Vorschriften dieses Grundgesetzes zustande gekommen“. Den Begriff des „Zustandekommens“ verwendet auch Art. 78 GG und bezieht sich dort auf die formelle Wirksamkeit von Gesetzen. Zumindest die Einhaltung der formellen Vorgaben für das Gesetzgebungsverfahren kann der Bundespräsident somit nachprüfen und die Ausfertigung von ihrer Einhaltung abhängig machen.

Nicht so eindeutig ist die Antwort auf die Frage nach einem materiellen Prüfungsrecht, also eine Überprüfung des Gesetzes auf die Vereinbarkeit mit inhaltlichen Vorgaben des Grundgesetzes. Dabei hilft ein Verweis auf den Amtseid des Bundespräsidenten (Art. 56 GG) bzw. die Präsidentenanklage (Art. 61 GG) ebenso wenig weiter wie die ansonsten im Grundgesetz in Abgrenzung zur Weimarer Reichsverfassung festgelegte schwache Stellung des Bundespräsidenten. Gegen ein Prüfungsrecht des Bundespräsidenten spricht auch nicht ein etwaiges Konkurrenzverhältnis zum Bundesverfassungsgericht: zum einen tritt das Gesetz ohne die Ausfertigung gar nicht in Kraft, der Bundespräsident verwirft also kein geltendes Recht; zum anderen kann gegen die Entscheidung des Bundespräsidenten, das Gesetz nicht auszufertigen, ein Organstreitverfahren (Art. 93 Abs. 1 Nr. 1 GG) angestrengt werden und so eine Prüfung auch der Verfassungsmäßigkeit des Gesetzes durch das Bundesverfassungsgericht herbeigeführt werden.

Entscheidend für ein materielles Prüfungsrecht spricht letztlich die Bindung aller Staatsgewalt und damit auch das Bundespräsidenten an die Verfassung (Art. 1

Abs. 3, 20 Abs. 3 GG). Mit dieser wäre es unvereinbar, wenn der Bundespräsident gezwungen wäre, sehenden Auges ein verfassungswidriges Gesetz auszufertigen und damit Rechtswirkungen herbeizuführen, die seines Erachtens mit der Verfassung nicht vereinbar sind. Es muss somit ein materielles Prüfungsrecht bestehen, dass auch nicht auf „evidente Verfassungsverstöße" begrenzt werden kann: zum einen ist diese Differenzierung im Grundgesetz nicht verankert, zum anderen ist eine Abgrenzung zwischen evidenten und nicht evidenten Verfassungsverstößen praktisch nicht möglich.

IV. Verfassungsfragen der Wahl zum Deutschen Bundestag

9. Verfassungsmäßigkeit der 5 %-Sperrklausel (§ 6 Abs. 1 Satz 1 BWahlG) (s. oben Rn. 517 ff.)

1047 Nach § 6 Abs. 1 Satz 1 BWahlG bleiben (von den Ausnahmen der Grundmandatsklausel und der Bestimmung für Parteien nationaler Minderheiten abgesehen) Parteien bei der Verteilung der Bundestagssitze unberücksichtigt, die nicht mindestens 5 % der Stimmen im gesamten Bundesgebiet erreichen konnten. Diese Sperrklausel führt dazu, dass nicht jede Wählerstimme den gleichen Erfolgswert hat und greift somit in den Grundsatz der Gleichheit der Wahl nach Art. 38 Abs. 1 Satz 1 GG ein. Diese Differenzierung ist jedoch verfassungsrechtlich gerechtfertigt, da andernfalls die Funktionsfähigkeit des Parlaments gefährdet wäre, wenn Splitterparteien in das Parlament gelangen und dort die Mehrheitsbildung verhindern oder zumindest erschweren würden.

10. Verfassungsmäßigkeit der Grundmandatsklausel (§ 6 Abs. 3 Satz 1 Halbsatz 2 BWahlG) (s. oben Rn. 521 ff.)

1048 Gem. § 6 Abs. 3 Satz 1 Halbsatz 2 BWahlG werden bei der Verteilung der Bundestagssitze Parteien von der Wirkung der Sperrklausel (oben Nr. 10) ausgenommen, die im Wahlgebiet in drei Wahlkreisen ein Direktmandat gewonnen haben (sog. Grundmandatsklausel). Auch hierdurch kommt es zu einer Ungleichbehandlung der von der Abmilderung begünstigten Parteien und denen, die mit möglicherweise mehr errungenen Zweitstimmen dennoch nicht ins Parlament einziehen, was zu einer strukturellen Begünstigung von Parteien mit regionalem gegenüber solchen mit thematischem Schwerpunkt führt. Auch hier besteht jedoch ein sachlicher Differenzierungsgrund: in der Wahl von drei Direktkandidaten einer Partei kommt eine besondere Billigung ihrer politischen Anliegen in der Gesellschaft zum Ausdruck, der der Gesetzgeber bei der Ausgestaltung des Wahlrechts Rechnung tragen darf.

V. Sonstige Problemkreise

11. Die Rückwirkung von Gesetzen (s. oben Rn. 210 ff.)

1049 Für Strafnormen regelt Art. 103 Abs. 2 GG ein allgemeines Rückwirkungsverbot. Bei anderen Gesetzen ergeben sich aus dem Rechtsstaatsprinzip (Art. 20 Abs. 3 GG) verfassungsrechtliche Anforderungen an die Rückwirkung von Gesetzen.

Dabei ist eine echte Rückwirkung („Rückbewirkung von Rechtsfolgen"), d.h. die retroaktive Regelung von Sachverhalten, die zum Zeitpunkt des Inkrafttretens bereits abgeschlossen waren, grundsätzlich unzulässig. Ausnahmen, in denen der Vertrauensschutz hinter anderen Erwägungen zurückzustehen hat, ergeben sich in fünf Fallkonstellationen:

- Der Adressat musste ab dem Zeitpunkt, auf den sich die Rückwirkung bezieht, bereits mit einer Neuregelung rechnen.
- Die Neuregelung beseitigt rückwirkend eine so verworrene und unklare Rechtslage, dass der Adressat mit einer klarstellenden Regelung rechnen musste.
- Die Neuregelung ersetzt rückwirkend eine nichtige Bestimmung durch eine rechtlich nicht zu beanstandende Norm.
- Die Neuregelung führt zu einer nur unwesentlichen Verschlechterung der Rechtsposition des Adressaten (sog. Bagatellvorbehalt)
- Schließlich können zwingende Gründe des gemeinen Wohls, die dem Gebot der Rechtssicherheit übergeordnet sind, ausnahmsweise eine Rückwirkungsanordnung rechtfertigen. Wegen des grundsätzlich anzuerkennenden Vertrauensschutzes haben hier jedoch besonders strenge Maßstäbe zu gelten.

Eine unechte Rückwirkung (sog. „tatbestandliche Rückanknüpfung" bzw. Einwirkung), bei der in der Vergangenheit begonnene, aber noch nicht abgeschlossene Sachverhalte geregelt werden, ist demgegenüber nicht grundsätzlich unzulässig. Es bedarf hier einer Gesamtabwägung zwischen dem Gewicht des enttäuschten Vertrauens und dem Gewicht und der Dringlichkeit der die Rechtsänderung rechtfertigenden Gründe.

12. Verfassungsprozessuale Stellung von Parteien (s. oben Rn. 812 ff.)

Parteien sind als zivilrechtliche Vereinigungen Bestandteil der gesellschaftlichen, 1050
nicht-staatlichen Sphäre. Allerdings weist Art. 21 GG, der die Mitwirkung der Parteien „bei der politischen Willensbildung des Volkes" anspricht, diesen eine besondere Stellung als intermediäre, zwischen politischer und gesellschaftlicher Ebene vermittelnde Gewalt zu. Diese besondere Stellung der Parteien ist auch im Verfassungsprozess zu berücksichtigen.

Soweit Parteien in ihrem funktionalen Verfassungsauftrag aus Art. 21 GG durch ein Verfassungsorgan (das ebenfalls parteifähig gem. § 63 BVerfGG ist) beeinträchtigt werden, steht ihnen das Organstreitverfahren offen (Bsp.: Verletzung des Rechts auf Chancengleichheit im Wahlkampf). Prüfungsmaßstab ist dann allein Art. 21.

Andere durch die Verfassung eingeräumten Rechte können die Parteien dagegen wie alle anderen juristischen Personen des Privatrechts nach Maßgabe von Art. 19 Abs. 3 GG vor dem Bundesverfassungsgericht geltend machen (Bsp.: Verletzung des Rechts auf Chancengleichheit bei der Vergabe einer kommunalen Stadthalle). Im Rahmen dieser Verfassungsbeschwerde sind die Grundrechte Prüfungsmaßstab.

D. Definitionen

Abstimmung (vgl. Art. 20 Abs. 2 GG). Entscheidung des Volks über eine Sachfrage.

Allgemeinheit der Wahl (vgl. Art. 38 Abs. 1 Satz 1 GG). Der Grundsatz der Allgemeinheit der Wahl fordert, dass alle Angehörigen des Staatsvolks das aktive und passive Wahlrecht ausüben können.

Angemessenheit. Eine staatliche Maßnahme ist angemessen bzw. verhältnismäßig im engeren Sinne, wenn das mit ihr verfolgte Ziel nicht außer Verhältnis zur Intensität des Eingriffs steht.

Aristokratie (*griech.*). Herrschaft der Besten. Die Staatsgewalt wird von einer Elite ausgeübt.

Ausfertigung eines Gesetzes (vgl. Art. 82 Abs. 1 GG). Ausfertigung bedeutet die Erstellung der Urschrift und (bei formellen Gesetzen) Unterzeichnung eines Gesetzes durch den Bundespräsidenten.

Demokratie (*griech.*). Herrschaft des Volkes. Staatsform, in der das Volk Träger der Staatsgewalt ist bzw. deren Ausübung zumindest auf das Volk zurückgeführt wird.

Erforderlichkeit. Eine staatliche Maßnahme ist erforderlich, wenn es kein milderes Mittel gibt, welches den angestrebten Erfolg in gleicher Weise herbeiführen würde.

Freiheit der Wahl (vgl. Art. 38 Abs. 1 Satz 1 GG). Der Grundsatz der Freiheit der Wahl garantiert, dass die Ausübung des Wahlrechts aus freiem Willensentschluss erfolgt und das Ergebnis eines freien und offenen Meinungsbildungsprozesses ist.

Geeignetheit: Eine staatliche Maßnahme ist geeignet, wenn mit ihrer Hilfe das Erreichen des angestrebten Ziels gefördert werden kann.

Gesetz. Nach dem dualistischen Gesetzesbegriff wird zwischen formellen und materiellen Gesetzen unterschieden. Ein *formelles* Gesetz liegt vor, wenn eine Norm vom parlamentarischen Gesetzgeber im verfassungsmäßig vorgesehenen Gesetzgebungsverfahren (also ggf. unter Beteiligung weiterer Gesetzgebungsorgane) erlassen wird. Der Inhalt der Norm ist dabei unbeachtlich. Unter einem *materiellen* Gesetz versteht man jede Norm, die inhaltlich eine abstrakt-generelle Regelung trifft, unabhängig von der jeweils gewählten Form. Zum Gesetzesbegriff des Grundgesetzes vgl. oben Rn 856.

Gesetzesinitiative. Gesetzesinitiative bedeutet die Einleitung des Gesetzgebungsverfahrens durch Erstellung eines Gesetzentwurfs und seine Einbringung als Gesetzesvorlage in den Bundestag (vgl. Art. 76 Abs. 1 GG).

Gleichheit der Wahl (vgl. Art. 38 Abs. 1 Satz 1 GG). Der Grundsatz der Gleichheit der Wahl gewährleistet eine grundsätzliche formale Gleichheit aller am Wahlverfahren Beteiligten (Wähler, Wahlkandidaten, Parteien).

Immunität. Immunität bedeutet Schutz vor strafrechtlicher Verfolgung (Prozess, Ermittlungsverfahren) während der Zeit des Abgeordnetenmandats mit Ausnahme der Festnahme bei Begehung einer Straftat oder im Laufe des folgenden Tages (vgl. Art. 46 Abs. 2 GG).

Indemnität. Indemnität bedeutet, dass ein Abgeordneter zu keiner Zeit wegen Äußerungen oder Abstimmungen in parlamentarischen Vorgängen oder in parlamentarischer Funktion gerichtlich, dienstlich oder sonst wie verfolgt oder zur Verantwortung gezogen werden darf (vgl. Art. 46 Abs. 1 GG).

Inkrafttreten eines Gesetzes (vgl. Art. 82 GG): Das Inkrafttreten des Gesetzes ist der Zeitpunkt, zu dem das Gesetz mit seinem Inhalt wirksam wird.

Kanzlerprinzip. Der Begriff „Kanzlerprinzip“ steht für die dominierende Rolle, die der Bundeskanzler innerhalb der Bundesregierung besitzt. Das Kanzlerprinzip besteht aus der sachlichen und personellen Organisationsgewalt des Bundeskanzlers, seiner Richtlinienkompetenz sowie seiner Befugnis zur Geschäftsleitung.

Kollegialprinzip. Das Kollegialprinzip meint, dass die Bundesregierung ein Kollegialorgan aus Bundeskanzler und Bundesministern ist, das nach dem Mehrheitsprinzip Beschlüsse fasst.

Korollartheorie. Nach der Korollartheorie darf ein parlamentarischer Untersuchungsausschuss nur zur Klärung von Fragestellungen eingesetzt werden, die in den Zuständigkeitsbereich des Parlamentes fallen.

Mittelbare Staatsverwaltung. Mittelbare Staatsverwaltung erfolgt durch vom Staat rechtlich abgetrennte, eigenständige Organisationen, wie z. B. juristische Personen des öffentlichen Rechts (Gemeinden, Gemeindeverbände, Anstalten, Stiftungen), die ihre Verwaltungsaufgaben eigenverantwortlich erledigen, ohne in die staatliche Hierarchie eingeordnet zu sein.

Monarchie (griech.). Herrschaft eines Einzelnen. Staatsform, bei der eine einzelne Person die Staatsgewalt ausübt und an der Spitze des Staates steht.

Personalhoheit. Personalhoheit bedeutet die rechtliche Unterworfenheit des Staatsvolkes unter die Staatsgewalt.

Rechtsprechung. Rechtsprechung ist die in einem besonderen Verfahren zu treffende verbindliche Entscheidung über einen Rechtsstreit mittels Anwendung von Recht und Gesetz durch den Richter als unbeteiligtes staatliches Organ.

Rechtsstaat. Staat, in dem die Ausübung der Staatsgewalt rechtlichen Bindungen unterliegt. Rechtsstaatlichkeit bedeutet dabei, dass die Ausübung staatlicher Macht nur auf der Grundlage der Verfassung und von formell und materiell verfassungsmäßig erlassenen Gesetzen mit dem Ziel der Gewährleistung von Menschenwürde, Freiheit, Gerechtigkeit und Rechtssicherheit zulässig ist.

Referendum. Sonderfall der Abstimmung, bei der das Volk innerhalb des staatlichen Gesetzgebungsverfahrens über eine Sachfrage mitentscheidet.

Republik: Jede Staatsform, die nicht Monarchie ist.

Ressortprinzip. Das Ressortprinzip besagt, dass die Bundesminister ihren Geschäftsbereich selbständig und in eigener Verantwortung leiten (vgl. Art. 65 Satz 2 GG).

Rückwirkung von Gesetzen. Ein Gesetz wirkt zurück, wenn es sich auf zum Zeitpunkt seines Inkrafttretens in der Vergangenheit liegende Sachverhalte bezieht. Dabei liegt echte Rückwirkung (Rückbewirkung von Rechtsfolgen) vor, wenn der Sachverhalt in der Vergangenheit bereits abgeschlossen war, unechte Rückwirkung (tatbestandliche Rückanknüpfung), wenn an einen bereits begonnenen, aber noch nicht abgeschlossenen Sachverhalt angeknüpft wird.

Souveränität. Äußere Souveränität bedeutet die Fähigkeit eines Staates zu ausschließlicher rechtlicher Selbstbestimmung und Selbstbindung im Verkehr mit anderen Staaten und Völkerrechtssubjekten. Innere Souveränität bezeichnet seine Verfügungsgewalt über die inneren Angelegenheiten.

Staatsgebiet. Staatsgebiet ist ein bestimmter, in seinem Kernbestand gesicherter, zusammenhängender und beherrschbarer Teil der Erdoberfläche, auf dem sich die Staatsgewalt effektiv und dauerhaft entfalten kann.

Staatsgewalt. Staatsgewalt ist die originäre grundsätzlich unbeschränkte Herrschaftsmacht, die den Staat befähigt, gegenüber seinen Staatsangehörigen (*Personalhoheit*) sowie auf seinem Staatsgebiet (*Gebietshoheit*) hoheitlich tätig zu werden.

Staatsvolk. Das Staatsvolk ist die Summe der Staatsangehörigen, die einem Staat kraft seines Rechts zugeordnet sind und von Völkerrechts wegen zugeordnet werden dürfen.

Steuern. Geldleistungen, die nicht eine Gegenleistung für eine besondere Leistung darstellen und von einem öffentlich-rechtlichen Gemeinwesen zur Erzielung von Einnahmen allen auferlegt werden, bei denen der Tatbestand zutrifft, an den das Gesetzes eine Leistungspflicht knüpft; die Erzielung von Einnahmen kann Nebenzweck sein (§ 3 AO).

Unmittelbarkeit der Wahl (Art. 38 Abs. 1 Satz 1 GG). Der Grundsatz der Unmittelbarkeit der Wahl ist dann gewährleistet, wenn von Beginn der Stimmabgabe an das Wahlergebnis nur noch von einer einzigen Willensentscheidung, nämlich derjenigen der Wähler abhängt und kein fremder Wille dazwischengeschaltet ist.

Unmittelbare Staatsverwaltung. Zur unmittelbaren Staatsverwaltung gehören die Verwaltungsinstitutionen, die keine rechtliche Eigenständigkeit besitzen, sondern in die staatliche Organisation und Hierarchie unmittelbar eingeordnet sind.

Verfassungsmäßigkeit eines Gesetzes. Ein Gesetz ist verfassungsmäßig oder verfassungskonform, wen es mit den Vorgaben des Grundgesetzes im Einklang steht. Dabei ist zwischen formellen (Zuständigkeit der erlassenden Körperschaft, Einhaltung der durch die Verfassung vorgegebenen Verfahrens- und Formvorschriften) und notarieller (Einhaltung der inhaltlichen Verfassungsvorgaben) Verfassungskonformität zu unterscheiden.

Verkündung eines Gesetzes (Art. 82 GG). Verkündung bedeutet, dass eine Rechtsnorm in der Weise öffentlich zugänglich gemacht wird, dass sich die Normadressaten.in zumutbarer Weise Kenntnis von ihrem Inhalt verschaffen können.

Verwaltung. Verwaltung ist staatliche Tätigkeit, die funktional nicht Gesetzgebung oder Rechtsprechung ist und auch keine Ausübung von Regierungsfunktionen beinhaltet. Positiv formuliert ist Verwaltungshandeln die Erfüllung von öffentlichen Aufgaben (Gemeinwohlaufgaben) durch konkrete Maßnahmen, die auf Regierungsentscheidungen oder Gesetzesinhalten beruhen.

Verwaltungsträger. Verwaltungsträger ist das Rechtssubjekt, dem die aus der Verwaltungsaufgabe bzw. Verwaltungstätigkeit erwachsenen Rechte und Pflichten rechtlich zugerechnet werden.

Verwaltungsvorschriften. Verwaltungsvorschriften sind von der Verwaltung erlassene Rechtssätze, die das verwaltungsinterne Verfahren regeln. Sie entfalten grundsätzlich keine Außenwirkung, aus Art. 3 Abs. 1 GG i. V. m. den Grundsätzen der Selbstbindung der Verwaltung kann sich jedoch eine Bindung der Verwaltung an in der Vergangenheit zum Vorteil von Bürgern angewandte Rechtssätze ergeben.

Volksbefragung. Die von staatlichen Stellen initiierte, unverbindliche Befragung des Volks, um ein politisches Meinungsbild zu einer Sachfrage zu ermitteln.

Volksbegehren. Antrag aus dem Volk, der auf den Erlass eines Gesetzes durch das Parlament bzw. die Durchführung einer Volksabstimmung gerichtet ist (vgl. z. B. Art. 74 Abs. 1 BayVerf.).

Volksentscheid. Abstimmung des Volkes über den Erlass eines Gesetzes (vgl. z. B. Art. 74 Abs. 1 BayVerf.).

Vorbehalt des Gesetzes. Nach dem Grundgesetz vom Vorbehalt des Gesetzes sind Grundrechtseingriffe durch die staatliche Gewalt nur auf Basis eines formellen Parlamentsgesetzes zulässig.

Vorrang des Gesetzes. Ausprägung des Grundsatzes der Gesetzmäßigkeit der Verwaltung. Der in Form eines Gesetzes geäußerte Staatswille hat Vorrang vor jeder anderen staatlichen Willensäußerung, d. h. Verwaltungshandeln darf nicht gegen das Gesetz verstoßen.

Wahl (vgl. Art. 20 Abs. 2 Satz 2 GG). Personalentscheidung des Volks, in der seine Repräsentanten bestimmt werden.

Wahlrecht. Aktives Wahlrecht ist das Recht, bei der Besetzung des Bundestags durch Stimmabgabe mitzuwirken. Passives Wahlrecht bezeichnet demgegenüber das Recht, sich als Kandidat für den Bundestag zur Wahl zu stellen.

Wahlsystem. Das Wahlsystem ist das im Wahlrecht normierte Wertungsverfahren, das die abgegebenen Stimmen in die Verteilung der Parlamentssitze umwandelt.

Wesentlichkeitstheorie. Die Wesentlichkeitstheorie besagt, dass die wesentlichen staatlichen Entscheidungen durch das Parlament als unmittelbar demokratisch legitimiertes Verfassungsorgan getroffen werden müssen und nicht etwa auf andere staatliche Stellen delegiert werden dürfen.

Sachverzeichnis

(Das Sachverzeichnis verweist auf die Randnummern)